August Dimitz

Vom Regierungsantritte Leopold I. 1657

bis auf das Ende der französischen Herrschaft in Illyrien 1813

August Dimitz

Vom Regierungsantritte Leopold I. 1657
bis auf das Ende der französischen Herrschaft in Illyrien 1813

ISBN/EAN: 9783744611312

Hergestellt in Europa, USA, Kanada, Australien, Japan

Cover: Foto ©ninafisch / pixelio.de

Weitere Bücher finden Sie auf **www.hansebooks.com**

Geschichte Krains

von der ältesten Zeit bis auf das Jahr 1813.

Mit besonderer Rücksicht auf Kulturentwicklung.

Von

August Dimitz,

k. k. Finanzrath, Secretär des historischen Vereines für Krain.

Vierter Theil:

Vom Regierungsantritt Leopold I. (1657) bis auf das Ende der französischen Herrschaft in Illyrien (1813).

Laibach 1876.

ruck und Verlag von Ig. v. Kleinmayr & Fed. Bamberg.

Achtes Buch.

Vom Regierungsantritt Leopolds I. (1657) bis auf das Ende der französischen Herrschaft in Illyrien (1813.)

Erstes Kapitel.

Krain unter Leopold I. (1657—1705).

1. Die Kaiserwahl. Die Huldigung der Krainer Stände.

Als Ferdinand III., müde der Welthändel, die so viel Unglück über die Monarchie brachten, und gebeugt durch den Tod seines ältesten Sohnes Ferdinand IV., die Augen schloss (2. April 1657), war der Thronfolger, Erzherzog Leopold, bereits König von Ungarn und Böhmen, kaum 17 Jahre alt. Ursprünglich zum geistlichen Stande bestimmt und vom Jesuiten P. Müller erzogen, schwacher Gesundheit, scheuen Gemüths, ohne Welterfahrung und daher von der Leitung anderer abhängig, sah er sich durch Schicksalsfügung an die Spitze eines Reiches gestellt, welches durch Religionskrieg und Türkenkämpfe verarmt und entvölkert, unter der geisttödtenden Herrschaft der Jesuiten fast allen Lebensmuth, alles Streben nach selbständiger politischer Thätigkeit und geistiger Fortentwicklung eingebüsst hatte. In der Besprechung, welche noch am Todestage des Kaisers Bruder Erzherzog Leopold Wilhelm mit den geheimen Räthen abhielt, erhob sich eine Stimme für die Einsetzung einer Regentschaft. Es war die des ersten Ministers Ferdinands III., unseres Landsmannes Johann Weichard von Auersperg, gewesener Ajo und Obersthofmeister des verstorbenen Erzherzogs Ferdinand, seit 1653 der erste Fürst aus jenem uralten Geschlechte und seit 1654 durch die Belehnung mit Münsterberg und Frankenthal in Schlesien Herzog von Münsterberg. Ihm entgegen stimmte Johann Ferdinand Graf Porcia,[1] Krainer Landstand, dafür, dass Erzherzog Leopold Wilhelm die Vormundschaft übernehme, der König aber alle Befehle mit seiner Unterschrift ergehen

[1] Aus einem friaulischen Geschlechte, das die Herrschaft Senosetsch um 1550 erwarb. Er war Landrichter in Krain 1635—1650 und starb nach einer glänzenden Carriere in den höchsten Hofbedienstungen 7. Februar 1665. Illyr. Bl. 1838 S 117.

lasse. Die Conferenz, welche infolge dieser Meinungsverschiedenheit einberufen wurde und bei welcher Auersperg sich durch Unwohlsein entschuldigen liess, entschied für die Uebernahme der Regierung durch den König unter Mitwirkung des Erzherzogs; es ergingen demgemäss die Notificationsschreiben an die Höfe, und es wurde den geheimen Räthen und Behörden in den Erbländern befohlen, bis auf weiteres die Leitung der Geschäfte wie bisher fortzuführen.[1] Der Regierungswechsel änderte nichts in der äusseren Stellung Auerspergs. Leopold I. beliess ihm dieselbe, aber er liess sich nicht so unbedingt von ihm beherrschen, wie Ferdinand III. Auersperg wird als Mann von den besten Manieren, von der grössten Arbeitstüchtigkeit geschildert, welchen aber sein Ehrgeiz und seine stete Eifersucht auf Bewahrung seines alten Einflusses in Conflicte mit seinen Collegen verwickelten und unbeliebt machten. Er vertrat im Rathe des Königs den spanischen Einfluss und hoffte sein Glück durch die Heirat des Kaisers mit einer spanischen Infantin zu begründen.[2]

Die wichtigste Angelegenheit der neuen Regierung war die Kaiserwahl. Auf dieser beruhte Oesterreichs Stellung als Grossmacht, sein europäischer Einfluss, denn die materielle Macht des Reiches war keine bedeutende. Bei einer Ausdehnung von 6000 Quadratmeilen und zwölf Millionen Einwohnern hatte Oesterreich damals eine Armee von 80,000 Mann und ein Einkommen von kaum sechs Millionen Gulden.[3] Die Kaiserwahl verzögerte sich durch die Umtriebe Frankreichs, welches in den rheinischen Kurfürsten seine Stütze fand; an der glücklichen Lösung hatte mit den übrigen Ministern auch Auersperg eifrig mitgewirkt. Er war der erste, der den König von dem durch Frankreich angestifteten Versuche unterrichtete, das Haus Oesterreich durch die Wahl des Erzherzogs Leopold Wilhelm zum Kaiser zu entzweien und zu schwächen.[4] Am 18. Juli 1658 erfolgte die Wahl Leopolds. Nach Krain wurde der Hofsecretär Pütterer mit der freudigen Nachricht abgesendet.[5] Am 31. Juli feierte die Landeshauptstadt das glückliche Ereigniss durch eine Danksolennität bei den P. P. Jesuiten und ein Tedeum unter Begleitung von Geschützsalven aus 30 Stücken und 120 Doppelhaken am Schlossberge.[6] Abends wurden alle Häuser der

---

[1] Ad. Wolf, Fürst Wenzel Lobkowitz, Wien 1869 S. 60—62.

[2] L. c. S. 71.

[3] L. c. S. 52.

[4] L. c. S. 87, 88.

[5] Landtagsprot. XVIII. 590.

[6] Valv. X. 370.

Stadt mit Laternen und Transparenten (‚unterschiedlichen schönen Figuren mit Lichtern') erleuchtet. Der Landeshauptmann Wolf Engelbrecht von Auersperg, der Bruder des Fürsten, durchritt mit 50 Cavalieren die Gassen der Stadt, und um neun Uhr verkündeten abermals Geschützsalven die Bedeutung des Tages.[1] Am folgenden Morgen legte der Landmarschall den versammelten Ständen das noch am Wahltage erlassene Notificationsschreiben des neuen Kaisers inbetreff der ‚fürgegangenen und mit einhelliger Stimm und allgemeinen applausu königlichen Wahl' vor.[2] Die Landschaft beschloss aus eigenem Antriebe und einstimmig, dem Kaiser ihre herzliche Freude und ihren Glückwunsch mit einem ‚Present' zu den Reisekosten im Betrage von 20,000 Gulden zu bezeugen.[3]

Die *Huldigung*, als der hergebrachte feierliche Ausdruck des Bundes zwischen Volk und Herrscher, ersteres freilich in dem beschränkten Sinne der Zeit, welche keine Staatsbürger, sondern nur privilegirte Stände kannte, hatte der neue Landesfürst von den österreichischen Ständen noch vor dem Tode seines Vaters im Jahre 1655 empfangen, in Krain verzögerte sich dieser nicht mehr mit der alten Bedeutung verbundene Staatsact bis in das Jahr 1660. Durch ein kaiserliches Schreiben vom 15. Juli wurde den Krainer Ständen bekanntgegeben, dass der Kaiser die Erbhuldigung in eigener Person von ihnen anzunehmen gewillt sei. Am 20. August machte die Landeshauptmannschaft die bevorstehende Ankunft des Kaisers in Laibach bekannt, damit die Lebensmittelzufuhr vom Lande gesichert werde. Am 18. August waren bereits achtzehn, am 20ten zwanzig grosse Fässer mit köstlichem Wein für den kaiserlichen Hofstaat herbeigeschafft worden. Die Bürgerschaft offerirte demselben 100 Säcke Haber, sechzehn Fässer wälschen und ein Fass Malvasier-Wein nebst sechs fetten Ochsen. Kaiserliche Bediente waren bereits früher in Laibach angekommen, um für den kaiserlichen Hof Wohnungen in der Stadt zu bereiten, zu welchem Behufe sie unter Beiziehung von Abgeordneten der Stadt und der Landschaft alle Häuser besichtigten. Die Stände berathschlagten über den würdigen Empfang des Landesherrn. Da die Kürze der Zeit die Errichtung von Ehrenpforten oder ähnlichen Ehrenzeichen der Allerhöchsten Ankunft nicht gestattete, so ward beschlossen, nach dem

---

[1] Radics, Hauschronik der Familie Thalnitscher von Thalberg, Blätter aus Krain 1863 S. 156.

[2] Landtagsprot. l. c.

[3] Valv. l. c.

Abzuge des Kaisers seine Gegenwart durch eine Gedächtnissäule zu verewigen und diesen Beschluss demselben mit der gebührenden Entschuldigung anzuzeigen. Es wurden zwei Commissäre ernannt, um der kaiserlichen Majestät bis Klagenfurt entgegen zu gehen: die Verordneten Freiherr Herbart Kazianer und Johann Jakob von Raunach, welche aber nicht in die Lage kamen, ihren Auftrag zu vollziehen, da der Kaiser den Landeshauptmann an die Landesgrenze hatte entbieten lassen. Am 2. September fand die Huldigung in Klagenfurt statt, und am 4ten reiste der Hof nach Laibach ab. Die Gesandten gingen demselben voraus; am 4. September zwei Uhr nachmittags war der venetianische in Laibach angekommen. Ihm folgte alsbald der päpstliche Nuntius, Caraffa, Bischof von Aversa. Diesem war der Weihbischof von Piben (Pedena) mit den Capiteln von Laibach und Rudolfswerth in zwei sechsspännigen Carossen bis S. Veit entgegengefahren. Vor der Kirche dieses Ortes stieg der Nuntius vom Pferde und bestieg nach ehrerbietiger Begrüssung durch die anwesende hohe Geistlichkeit mit dem Bischof die eine Carosse, während die Domherren mit dem Auditor des Nuntius in der andern Platz nahmen. Unter dem Geläute aller Glocken fuhr der Nuntius durch das Spitalthor in Laibach ein und wurde von dem Abte zu Sittich vor dem Thore des Sitticher Hofes erwartet, welchen derselbe trotz seiner Kränklichkeit dem Nuntius zur vollen Verfügung stellte.

Am Abend des 5. September kam der Kaiser in Neumarktl an. Der Landeshauptmann Wolf Engelbrecht von Auersperg empfing den Landesherrn mit einem auserlesenen Gefolge von Landleuten und hielt eine ‚zwar kurze, aber sehr nette und wohlgesetzte' Begrüssungsrede, dem Allerhöchsten Herrn ‚wegen der bis dahero überstandenen schweren und gefährlichen Reise' Glück wünschend und ihm ‚mit ehrerbietigster Neigung im Namen der von vielen Jahren her ihm allergnädigst anvertrauten Provinz, derselben alleruntertbänigste Dienste und gehorsamste Treuergebenheit' entbietend, worauf der Kaiser in den gnädigsten Ausdrücken antwortete und den Zweck seiner Ankunft in Krain auseinandersetzte.

Der Kaiser nahm sein Nachtquartier am unteren Ende des Marktes in dem, in späterer Zeit dem Stahlgewerken Ignaz Jabornigg, in der Folge aber dem Paul Mally gehörigen Hause; das Gefolge wurde in dem damals einem Grafen Paradeiser gehörigen herrschaftlichen Schlosse auf einem Hügel ober dem Markte untergebracht. Der Kaiser blieb bis zum Mittag des 6. September in Neumarktl, um theils sich und dem Gefolge nach der beschwerlichen Reise Ruhe zu gönnen, theils um den in den engen Pässen noch zurückgebliebenen Theil des letzteren zu erwarten. Mittlerweile kehrte der Landeshauptmann in schnellstem Ritte nach Laibach zurück, um hier alle Anstalten zum Empfange zu treffen. Des Landeshauptmanns Bruder, Fürst Johann Weichard Auersperg, hatte sich mit seiner Gemalin gleichfalls nach Laibach begeben, wo er in der Wohnung des Landeshauptmanns abstieg.

Am 6. September mittags setzte sich der kaiserliche Zug, welchem sich auch der Erzherzog Leopold Wilhelm angeschlossen hatte, von Neumarktl in Bewegung. In Krainburg erwarteten ihn Richter und Rath vor dem Thore und überreichten die Schlüssel der Stadt. Die Bürgerschaft stand zu beiden Seiten der Strasse in Gewehr und gab Musketensalven, worauf mehrere Stücke und ‚Mörsel‘ abgefeuert wurden, leider nicht ohne einen Unglücksfall: Herr Michael Dienstmann, Doctor beider Rechte, liess sich trotz alles Abmahnens der zur Bedienung des Geschützes Aufgestellten nicht abhalten, eines von den Stücken loszubrennen, welches aber wegen zu starker Ladung zersprang und den fürwitzigen Doctor Juris tödtete. Abends wurde auf dem der Stadt nächstgelegenen Berge ein Feuerwerk abgebrannt, begleitet von Salven aus vielen ‚Mörseln‘, um die loyale Freude der Krainburger zu verkünden. Der Kaiser übernachtete hier und verliess Krainburg am frühen Morgen, um nach einer Fahrt von zwei Meilen im bischöflichen Schlosse Görtschach das Mittagmahl zu halten. Die geheimen Räthe Fürst Wenzel Lobkowitz und Hannibal Gonzaga waren am Frühmorgen desselben Tages in Laibach angekommen.

Den Rest des Weges nach Laibach legte der Kaiser noch am nemlichen Tage ‚über einen lieblichen Weg durch ein schönes ebnes Thal‘ zurück, die Stände aber sendeten den Freiherrn Johann Gotthard von Egg ab, um die Allerhöchste Willensmeinung über Ort und Zeit des feierlichen Empfanges und Einzuges einzuholen.

Nachdem die Minister die kaiserliche Willensmeinung kundgegeben, ward eine halbe Meile von der Stadt, unter dem Dorfe S. Veit auf einer Ebene, von welcher man das Laibacher Bergschloss im Auge hatte, unweit einer grossen und schönen Linde ein offenes, mit dem Landeswappen geschmücktes Zelt aufgerichtet, dessen Boden mit rothem Tuche belegt war und welches einen mit rothem Sammt überzogenen Tisch und zwei Sessel, den einen mit rothem Sammt für den Kaiser, den andern mit rothem Atlas für den Erzherzog Leopold Wilhelm, enthielt. Hieher verfügte sich um zwei Uhr nachmittags der Landeshauptmann mit der ganzen Ritterschaft und dem Adel des Landes, alle auf stattlichen Pferden und prächtig gekleidet, um den Kaiser in ‚schöner Stellung‘ zu erwarten.

Gegen 4 Uhr langte Kaiser Leopold an, stieg aus der Carosse und betrat das Zelt, worauf auf dem Laibacher Schloss eine Geschützsalve gegeben wurde. Der General der kroatischen und Meergrenze, Herbart Graf Auersperg, begrüsste im Geleite des Landeshauptmannes und der Herren vom Ritterstande den Kaiser als des ‚Landes Erben‘ mit einer zierlichen Oration, auf welche Se. Majestät mit sehr freundlichem Angesicht kurz und allergnädigst antwortete und darauf alle Anwesenden zum Handkuss liess.

Die Ritterschaft sass nun wieder zu Pferde und der Zug setzte sich dann unter Trompeten- und Paukenschall gegen die Stadt in Bewegung. An der Spitze ritt eine Compagnie auserlesener kroatischer Edelleute von Carlstadt, alle in Tigerhäuten, mit Lanzen, die Leibgarde des Generals, geführt von Christoph Delisimonovitsch.

Zunächst folgte ein krainischer Jüngling, ungefähr 20 Jahre alt, unweit Laibach geboren, in kroatischer Kleidung, mit federgeschmücktem Kalpak, um die Brust die Tigerhaut, mit kurzem Waffenrock und türkischem Krummsäbel, welcher aufrechtstehend auf einem ungesattelten türkischen Pferde, in der einen Hand eine fünf Ellen lange Lanze, mit der andern den Zaum regierte, und nachdem er, vor dem Kaiser windschnell dahinjagend, eine Probe seiner Reitkunst gegeben, den ganzen Einzug auf oft unebenem Pfade und holprigem Pflaster, unter fortwährenden Geschützsalven sattelfest mitmachte.

Diesem ‚sonderbaren‘ Reiter folgten fünf ‚sehr noble‘, mit köstlichen Decken belegte türkische Pferde; nach ihnen zwei Pfeifer und zwei Pauker, welche, wie es die Kroaten im Gebrauch haben, nach türkischer Manier aufspielten.

Nun kam ‚der ganze Schwall‘ der kroatischen Reiterei, 150 Mann in schöner Ordnung, alle auf flüchtigen, mit Gold und Silber gezierten Pferden, mit federgeschmückten Pelzkappen und Tigerhäuten, in der rechten Hand die lange mit seidenen Locken oder Dollen geschmückte Lanze, ‚waren also bei diesem freudenvollen Aufzug mit einer lustvermischten Entsetzung anzuschauen. Und je barbarischer (oder fremder) dieses Spectacul war anzusehen, desto mehr raffte es die Augen der Zuschauer an sich, zumal der Fremden und Ausländer.‘

Nach den Kroaten folgte die krainische Ritterschaft, in vier Compagnien, 800 Mann stark, alle mit Kollern von Elennshaut und mit seidenen Schärpen, die Casquete mit köstlichen Federn geziert. Ihr Obristlieutenant war Baron Johann Ludwig Gall, ‚ein Herr von heroischer Statur, der sich im deutschen Kriege (so nannte man schon damals den dreissigjährigen Krieg) durch Tapferkeit und Kriegserfahrenheit sehr berühmt gemacht.' Unter ihm commandirten die vier Compagnien die Lieutenants Franz Bernhard Freiherr von Lichtenberg; Melchior Hasiber; Johann Jakob Freiherr von Prank, Deutschordensritter und Capitän der deutschen Besatzung von Karlstadt, und Ludwig Valerius Freiherr von Barbo. Fähndriche waren; Andre Bernhardin von Oberburg; Georg Sigmund Freiherr von Raumschüssel; Herr Johann Jakob von Gallenfels; Herr Julius Heinrich Apfaltrer; Wachtmeister: Herr Johann Georg von Hohenwart; Georg de Leo; Gregorius Toperzer; Herr Johann Petschacher von Scheffart; Corporale (deren zwei bei jeder Compagnie) die Herren: Franz Bernhard Gall; Andre Daniel Mordax; Heinrich Bernhardin von Raunach; Karl Franz Freiherr von Barbo; Wolfgang Karl Freiherr von Juritsch; Johann Siegfried Freiherr von Raumschüssel; Ferdinand Ernst Apfaltrer und Johann Georg Rasp. Zwei Compagnien führten blaue, zwei gelbe Federn und Schärpen, die beiden Landesfarben. Ebenso waren die Fahnen entsprechend blau- oder gelb-weiss, jene der zweiten Compagnie führte ausserdem das burgundische Kreuz und das Bild des Gekreuzigten als das christliche Siegeszeichen gegen die Türken.

Es folgte nun die kaiserliche Suite: 1. Der erzherzogliche Hoffourier. 2. Zwei erzherzogliche Bereiter. 3. Sechsundzwanzig mit schönen Decken belegte erzherzogliche Handpferde. 4. Sechs kaiserliche Hatschire. 5. Abermals sechsundzwanzig schöne kaiserliche Handpferde. 6. Der kaiserliche Hoffourier mit seinem Diener. 7. Sechs erzherzogliche Trompeter. 8. Ebensoviel kaiserliche. 9. Ein kaiserlicher Heerpauker. 10. Sechs andere kaiserliche Trompeter. 11. Die kaiserlichen und erzherzoglichen Kammerjunker, Grafen und Barone, welchen sich auch die krainischen Herren vom Adel und andere Fremde angeschlossen hatten. 12. Der Landeshauptmann und der Vicedom Friedrich Graf Attems zu Pferde. 13. Erzherzog Leopold Wilhelm zu Pferde, zu beiden Seiten mit Trabanten umgeben. 14. Die erzherzoglichen Hatschire. 15. Die Herolde der Erbländer und des Reichs. 16. Anstelle des abwesenden Grafen Starenberg als Vicemarschall Franz Graf von Lamberg mit dem blossen Schwert. 17. Der Kaiser selbst zu Pferde, geleitet von den Trabanten mit entblössten Häuptern. 18. Der päpstliche Nuntius; der venetianische Gesandte; Graf Johann Ferdinand von Porcia, Ritter des goldenen Vliesses, als kaiserlicher Oberhofmarschall, und Se. Excellenz Graf von Dietrichstein als kaiserlicher Oberstallmeister. 19. Die kaiserlichen und erzherzoglichen Edelknaben. 20. Ein Heerpauker mit sechs kaiserlichen Trompetern. 21. Der kaiserliche Trabanten-Vicehauptmann, Wilhelm Graf von Oettingen. 22. Die kaiserlichen Hatschire. 23. Vierundzwanzig kaiserliche und erzherzogliche Leibcarossen. 24. Obrist Johann von Arizaga mit seinem damals in Krain cantonierenden Kürassierregiment von acht Compagnien, alle Reiter, mit Ausnahme der Offiziere, mit grünen Cronbeersträusslein auf den Casqueten.

In dieser Ordnung bewegte sich der Zug auf der Oberkrainerstrasse an dem Kloster der Discalceaten (jetzigen Civilspital) vorüber bis zum Kloster der Clarisserinnen (Militärverpflegsamt) und von da an den Klöstern der Augustiner (jetziges Franziskanerkloster) und Kapuziner vorüber zum Vicedomthor (am Eingange der heutigen Judengasse), in dessen Nähe Bürgermeister und Rath den Landesfürsten erwarteten und der erstere ihm nach einer ‚wohlvernehmlichen und nicht weniger auch wohlgefassten' Rede die Schlüssel der Stadt überreichte. Hier waren 100 Mann der bewaffneten Bürgerschaft aufgestellt. Der Kaiser verfügte sich nun unter einem von acht Rathsherren getragenen Thronhimmel durch die Vicedomgasse (jetzige Herrengasse) auf das Landhaus, vor welchem der Rest der bewaffneten Bürgerschaft unter Führung des Stadthauptmannes Ludwig Schönleben (Vater unseres Historikers), in zwei Fähnlein getheilt, aufgestellt war und beim Herannahen des Kaisers Haupt und Gewehr zum Zeichen der Ehrerbietung gegen denselben neigte.

Vom Landhause bewegte sich der Zug über den Neuen Markt und die (jetzige Hradetzky-)Brücke auf den ‚Bürgermarkt' (alten Markt) zum Rathhause (welches damals bereits die jetzige Stelle einnahm) und endete bei der Domkirche, am Eingange des Kirchhofs, wo der Kaiser vom Weihbischof Vaccano im Namen des Klerus begrüsst wurde. Ein feierliches Tedeum schloss den Einzug, nach welchem die hohen Gäste sich in den Bischofhof begaben. Der Kaiser bezog das erste, der Erzherzog das zweite Stockwerk gegen den Platz, die Minister Porcia und Schwarzenberg die andere Seite des bischöflischen Palastes gegen das Wasser.

Während der Abendmahlzeit löste die vor dem Palast aufgestellte Reiterei des Obersten Arizaga ihre Carabiner und auch die Bürgerschaft gab vor dem Abrücken ihre Salven.

Bei einbrechender Nacht erglänzten die Stadt und das Schloss in einem Lichtmeer, in welchem es auch Transparente mit schönen Sinnbildern und Densprüchen gab. Diese Illumination, mit welcher es Laibach allen andern Provinzen und Städten zuvorgethan haben soll, wiederholte sich auch in den zwei folgenden Nächten.

Die Ehrenwache vor dem kaiserlichen Absteigquartier stellte die Bürgerwehr.

Am 9. September, 8 Uhr morgens, empfingen die im Landhause versammelten Stände den Vortrag der kaiserlichen Commissäre, Wilhelm Graf von Tattenbach und Vicedom Johann Friedrich Graf von Attems, welche von den Ständen im Namen des Kaisers die Huldigung begehrten und durch den anstelle des Landeshauptmannes fungirenden Vicemarschall Eberhard Leopold Grafen von Blagay die formelle Zusage erhielten, worauf sie sich, von dem grössten Theile des Adels bis zum Wagen begleitet, wieder entfernten.

Die Stände berathschlagten dann über die Vollziehung der Huldigung und beschlossen einhellig, dass die Landschaft den Eid wie üblich leisten, dem Kaiser aber derselbe erlassen werden sollte, da die Landschaft vollkommenes Vertrauen in das Wort des Kaisers setze, bei ihren Rechten und Freiheiten gelassen zu werden, und daher keine weitere Versicherung begehre, welcher Beschluss durch eine Deputation der Stände dem Kaiser angezeigt wurde.[1]

Den Nachmittag brachten Kaiser und Erzherzog in des Landeshauptmanns Garten zu, dessen Wege mit rothem Tuch belegt waren, das nach dem Abgang des Kaisers dem Volke preisgegeben wurde — Nachahmung einer bei deutschen Kaiserkrönungen üblichen Sitte. Es wurde hier zu Ehren der hohen Gäste eine italienische Komödie von einigen ‚Landschaftsbedienten' aufgeführt, und den Schluss machte eine herrliche Abendmahlzeit mit den Gesandten, den Rittern des goldenen Vliesses und den vornehmsten ‚Hofministris', dabei es sehr fröhlich herging und von welcher die hohen Gäste erst am späten Abend sich zurückzogen.

Am 10. September liess sich der Kaiser eine ‚Entenpirsch' auf der Laibach gefallen. Er bestieg mit dem Stallmeister Grafen Dietrichstein, dem Landbeisitzer Georg Sigmund von Gallenberg, welcher des Gehegs und der Pirsch wohl kundig war, und zwei Edelknaben zum Laden der ‚Röhre' ein mit blauem Tuch beschlagenes Schiff, mit welchem man über die Stadt hinaus den Strom aufwärts fuhr. Hier wurden ‚gemeine Fischernachen' bestiegen und nun der ‚Morgenlust' dieses seltenen Waidwerks genossen, wornach die Allerhöchsten Personen dem zu Ehren des h. Nikolaus von Tolentino bei den P. P. Discalceaten gefeierten Hochamte beiwohnten.

---

[1] Nach Radics, Herbart S. 77, hätte der Landeshauptmann die Stände zu dieser, die neue Zeit kennzeichnenden Abweichung bestimmt.

Der Nachmittag brachte eine Spazierfahrt auf der Laibach mit einer ‚Lustflotte' von zwanzig Schiffen. Zur Anfertigung und Lenkung des kaiserlichen Schiffes hatten die Stände 14 Zimmer- und Bootsleute aus Italien kommen lassen. Es hatte die Gestalt eines Rennoder Caperschiffes (‚Fusten'), war mit künstlichem Schnitz- und Malwerk geziert und reich vergoldet. Den Mast beflügelten drei Segel mit ‚trefflich subtilem rothweissem Gewirk'. Vorn stand Fortuna, ein seidenes Segel ausspannend. Der Bord trug zwei Geschütze. Das Innere war mit rothem Tuch belegt, Tische und Sessel mit Purpursammt und Goldquasten wurden von einem Baldachin in derselben Ausstattung überdacht. Steuermann und Matrosen waren in Wämmser von Silberatlas mit Seidenschärpen, rothe, sehr weite Kniehosen gekleidet und trugen auch rothe ‚Hauben' mit Federn, welche Tracht in ‚angenehmer Mixtur' die österreichischen Farben zeigte. Unter den übrigen, ebenfalls prächtig ausgestatteten Schiffen stachen jene des Capitels und der Stadt Laibach hervor. Das erstere zeigte schönes Schnitzwerk und war mit einem rothsammtnen Himmel ‚überwölkt', das letztere ‚führte sich ganz in schöner grüner Farbe auf' und dessen Obdach lief in eine Spitze aus, auf welcher ein Adler, mit dem Stadtwappen in den Klauen, seine Fittige ausbreitete. Diese Schiffe bestiegen die kaiserlichen und erzherzoglichen Kammerherren und hohen Bedienten, sowie die ‚Grossen des Landes'. Den Landeshauptmann allein hatte der Kaiser zu sich entboten. Die Fahrt auf der sanft strömenden Laibach, unter dem Wehen erfrischender Herbstlüfte, ging eine Meile weit, die rückkehrende Flotte begrüssten Geschützsalven vom Schlosse.

Am 11. September sass der Kaiser zu Rathe wegen der bei der Huldigung zu beobachtenden Curialien. Nachmittags fuhr er in Begleitung des Erzherzogs auf eine ‚Vogelbeiz'.

Tags darauf, nachdem der Kaiser in der Jesuitenkirche der Messe und Predigt beigewohnt, gab der Landeshauptmann dem kaiserlichen Hofe und dem grössten Theile des Adels ein herrliches Bankett, nach welchem um halb vier Uhr nachmittags die beiden Allerhöchsten Personen der von den Jesuiten gegebenen Komödie ‚Rudolf I. von Habsburg' beiwohnten.

Am 13. September endlich leisteten die getreuen Stände die Erbhuldigung nach dem festgesetzten Programme.

Um sieben Uhr früh erschienen die Stände bei Hofe im bischöflichen Palaste, die Commissäre derselben liessen um Audienz ansuchen und baten den Kaiser, die Huldigung entgegennehmen zu wollen. Man begab sich dann zur Kirche in folgender Ordnung: 1. Die Herren und Landleute. 2. Die Inhaber der Erbämter, und zwar: Obrist-Erbhofmeister Heinrich Ludwig Graf von Thurn;[1] Obrist-Erbhofmarschall,[2] als Stellvertreter des Landeshauptmanns, dessen Bruder Herbart Graf von Auersperg; Obrist-Erbhofkämmerer, ebenfalls als Stellvertreter des Landeshauptmanns, dessen nächster Vetter Johann Andreas Graf von Auersperg; Obrist-Erbstallmeister Johann Georg Freiherr von Lamberg;[3] Obrist-Erbjägermeister Johann Jakob Khisel; Obrist-Erbconnetable Gotthard Freiherr von Egg;[4] Obrist-Erbschenk Herbart Freiherr Kazianer in Vertretung des Fürsten von Eggenberg;[5] Obrist-Erbvorschneider Maximilian Graf von Schrottenbach, in Vertretung des Johann Andreas Saurer; Obrist-Erbtruchsess[6] Herr Johann Georg von Hohenwart; Obrist-Erbfalkenmeister[7] Herr Ludwig Ambros Panizoll. 3. Der Landeshauptmann. 4. Der Vice-Landmarschall Graf Eberhard Leopold Blagay mit dem blossen Schwert. 5. Der Kaiser. 6. Der Oberstkämmerer. 7. Der österreichische Herold. Am Kirchenthore empfing der Weihbischof den Kaiser und celebrirte dann das Hochamt, nach welchem der Zug in den Bischofhof zurückkehrte. Hier liess sich der Kaiser auf den Thron nieder, der ‚vor dem Essaal‘ aufgerichtet war und welchen die Inhaber der Erbämter umgaben. Zur Rechten des Kaisers stand der Erblandmarschall mit dem blossen Schwert, weiter rechts, etwas abwärts, der Landeshauptmann, der Bischof von Piben und die übrigen Prälaten des Landes mit Ausschluss des kranken Sitticher Abtes. Linker Hand stand der Reichskanzler Johann Joachim Graf von Sinzendorf. Er trug den Ständen die Willensmeinung des Kaisers inbetreff der Annahme der Huldigung ‚sehr beredsam‘ vor;

---

[1] Achaz Graf und Freiherr von Thurn und seine Brüder erhielten dieses Erbamt 1577 von Erzherzog Karl; Valv. IX. 10.

[2] Seit 1450 war dieses Amt in der Familie Auersperg erblich; Valv. IX. 11.

[3] Seit dem Ende des 15. Jahrhunderts in der Familie der Lamberg von Stein zu Gutenberg. Mit Lehenbrief vom 27. April 1662 verlieh Kaiser Leopold I. dieses Amt an die Linie von Ortenegg in der Person Johann Maximilians und an die Linie von Stein in der Person Hans Georg Grafen zu Lamberg; Valv. l. c.

[4] Seit 1592 in dieser Familie; Valv. l. c.

[5] Mit Resolution Ferdinands II. vom 11. Februar 1622 an Hans Ulrich Fürsten von Eggenberg verliehen; Valv. l. c.

[6] Dieses Amt war zuerst im Besitze der Herren von Kreig, überging nach deren Erlöschen (1339) an die Tschernembl und von diesen an die Hohenwart; Valv l. c. S. 12.

[7] Mit Lehenbrief vom 30. Oktober 1631 erhielt dieses Erbamt Octavio Panizoll, Freiherr von Altenburg; Valv. l. c.

im Namen der Stände erwiderte Graf Herbart von Auersperg, als vom Obersten Land-Erbmarschall, dem Landeshauptmann, hiezu designirt, mit einer ausführlichen Loyalitätserklärung, worauf der Kaiser das Wort nahm und ‚Dero lieben getreuen Stände alles hohen kaiserlichen und landesfürstlichen Schutzes und Handhabung ihrer Privilegien und Rechte auf das kräftigste versicherten'.[1] Der Reichskanzler las sodann die Eidesformel vor, der Landeshauptmann legte zuerst den Eid ab, dann der Bischof von Piben und die übrigen Prälaten, weiter die Landesämter, die geheimen Räthe, der Herren- und Ritterstand, endlich die Abgeordneten der Städte und Märkte. Darauf wurden die Stände zum Handkuss gelassen, und zwar zuerst der Landeshauptmann, dann die Geistlichkeit, die Erbämter und endlich an 200 Adelige des Herren- und Ritterstandes.

Es folgte nun das Tedeum im Dom, bei welchem die Stücke vom Schloss ‚donnerten', und die unter drei Fahnen vor dem Bischofhof stehende Bürgerwehr ‚stimmte dem glückblitzenden Geschütz mit dreimaliger Lösung ihres Gewehrs fröhlich bei.'

Der Kaiser hielt darauf in seiner Residenz Tafel, welche für ihn allein gedeckt war und bei welcher die Erbämter aufwarteten. Zur Rechten des Kaisers hielt dabei Graf Herbart Auersperg als Vicemarschall das blosse Schwert, zur Linken der Erblandhofmeister den ‚versilberten' Stab. Den ersten, dem Kaiser vom Erbschenken gereichten Trunk begleiteten Salven der Bürgerwehr und der Geschütze vom Schlosse. Während der ganzen Mahlzeit wurde ‚sowohl mit Stimmen als Instrumenten sehr lieblich musiciret'.

Die Erbämter tafelten dann in dem grossen Musiksaale der Bruderschaft des Frohnleichnams Christi nächst dem Bischofhofe (wo jetzt der Dompfarrhof). Jedes hatte da seine besondere Tafel, zu welcher es seine Gäste geladen hatte, und es gab noch ausserdem eine Freitafel. Im ganzen gab es da 96 Gäste, ungerechnet die Repräsentanten der Erbämter. Wir finden vom Hofstaat und Gefolge: Sigmund Graf von Dietrichstein, Oberst-Stallmeister; Ferdinand Graf von Harrach,

---

[1] Die Bestätigung der Landesfreiheiten, eingeschaltet in der Landhandfeste, ist vom 13. September 1660 datirt. Es werden darin die Verdienste der Landschaft um Abwehr der Türken, dann im friaulischen Kriege mit Venedig durch Zuzug von Adel und Ritterschaft, dann Landvolk zu Fuss, und durch Verproviantirung der kaiserlichen Armee, endlich durch Uebernahme der Grenzverpflegung (1625), der Hofkammer- und Kriegsschulden per 800,000 Gulden (1632), durch Kriegscontributionen, Einquartierung u. s. w. im Jahre 1633, bare Vorschüsse zur Rekrutenwerbung, Remontirung und Abdankung erwähnt.

Franz Adam Graf von Brandis und Johann Joachim Graf von Slavata, kaiserliche Kämmerer: Wilhelm Graf von Daun, erzherzoglicher Kämmerer; Wilhelm und Friedrich Grafen von Oettingen; Graf Wolfgang Andreas von Rosenberg, Vicedom zu Salzburg; Graf Bernhard von Urschenbeck, Graf Sigmund Helfrich von Dietrichstein, Franz Adam Graf von Wallenstein, Michael Graf Kinsky, Johann Jakob Graf von Attems; Sebastian Wunibald, Truchsess von Waldburg und Graf von Zeil; Georg Sigmund Graf von Herberstein, Leopold Wilhelm Graf von Königseck, Ferdinand Freiherr von Hohenfeld, Franz Adam Freiherr von Langenmantel, Johannes Freiherr von Arizaga, Andreas Freiherr von Fin, Freiherr Paravicini, Johann Andre Freiherr Zebetner: Georg Szelepcsényi, Erzbischof von Calocza, ungarischer Kanzler; Petrus de Argento, Regimentsrath; von Deutschordensrittern einen Herrn von Tschernembl, Georg Gottfried Freiherr zu Lamberg, Georg Andre von Staudach, Johann Jakob Freiherr von Prank; von krainischem Adel: Johann Herbart und Franz Grafen von Lamberg, Johann Anton Freiherr von Lamberg, Trojan Graf von Auersperg, Valerius Maximilian und Ludwig Valerius Freiherren von Barbo; Johann Ludwig, Gottfried und Franz Bernhard Freiherren von Gall, Karl Valvasor, Johann Adam Ursini Graf von Blagay, Herr Johann Wilhelm von Neuhaus, Herr Julius Hermann von Werneck: die Herren Johann Adam und Franz Christoph von Engelshausen; Lorenz und Wolfgang Augustin Freiherren, Georg Sigismund und Johann Ernst Grafen von Paradeiser, Gottfried und Franz Bernhard Freiherren von Gall; die Herren Wolfgang Friedrich und Johann Herbart Posarell, Rudolf und Johann B. Freiherren von Moskon; Weichard, Georg Sigmund, Erasmus und Franz Raimund Freiherren von Raumbschüssel, Herr Leonhard Fabianitsch (Mercheritsch), Georg Sigmund von Aichelburg, Johann Georg und Johann Augustin Rasp, Michael Ernst von Scherenburg, Johann Jakob von Gallenfels, Johann Friedrich und Georg Andre Freiherren von Trilleck, Daniel Freiherr von Egg, Sigmund Friedrich Freiherr von Burgstall, Christoph von Burgstall, Adolf Graf von Wagensperg, Ferdinand Herr von Scharfenberg, Johann Georg und Franz Bernhard Freiherren von Lichtenberg, Johann Josef Taller, Johann Sigmund Guschitsch; Johann Friedrich, Georg Sigismund, Jodoc Jakob Herren von Gallenberg, Wolfgang Karl Freiherr von Juritsch, Georg und Johann B. de Leo, Johann Ludwig von Grimschitsch; Sigmund König, Burggraf des Laibacher Bergschlosses; Otto Hannibal von Isenhausen, Georg von Wust, Melchior Hasiber, Franz Albert Khisel; Andreas Daniel von Raunach, Canonicus in Laibach; Ferdinand Ernst Apfaltrer, Wolfgang Adam

Mordax, Wolfgang Vincenz Freiherr von Wagensberg, Franz Freiherr von Coraduzzi, Georg Jankovitsch und Thomas Chrön.

Am 14. September ging bereits ein Theil des Hofstaates nach Görz ab, der Nuntius begab sich aber den Strom aufwärts nach Idria zur Besichtigung des berühmten Quecksilber-Bergwerkes.

Am folgenden Tage verliess Kaiser Leopold Laibach, während der Erzherzog Leopold Wilhelm einer Unpässlichkeit halber in Laibach zurückblieb, um den kaiserlichen Neffen auf der Rückreise von Görz hier zu erwarten. Der Hof reiste auf dem oben beschriebenen Prachtschiffe über Oberlaibach, Schloss Hasberg, Alben (Planina), Wippach, wo im gräflich Lanthieri'schen Schlosse in der Nacht vom 17ten auf den 18. September verweilt wurde, nach Görz.

Am 16. September dauerte das Unwohlsein des Erzherzogs Leopold Wilhelm fort. Er liess sich am 18. September in des Landeshauptmanns Garten bringen, wo er einem von den anwesenden krainischen Adeligen veranstalteten ‚Zielschiessen' zusah. Am 20. September umritt der Erzherzog, ‚da es ein schöner temperirter Herbsttag war', mit grossem Gefolge den Schlossberg ausser der Stadt. Am 22ten vertauschte er die Wohnung im Bischofhof mit dem Deutschen Hause, um die frische Luft besser zu geniessen und wegen des benachbarten Auersperg'schen Gartens. Am 4. Oktober fuhr der Erzherzog mit seinem Hofstaat und einem grossen Theil des krainischen Adels zu Wasser dem Kaiser entgegen, mit welchem er im Kloster Freudenthal zusammentraf und dort das Mittagmahl einnahm. Nachmittags bestiegen die Allerhöchsten Personen wieder ihr Schiff, ‚welches dann unter Trompeten- und Paukenschall mit ausgespannten fröhlichen Segeln ab- und denen entgegenkommenden Landständen und der Stadt Laibach sänftiglich zufloss'. Hier begrüsste die Ankommenden ein ‚künstliches Lauf- und Ehrenfeuer' von den benachbarten Bergen, der Buchstabe *A*, welcher ‚Austriacum, das österreichische Kleinod' bedeuten sollte, entzündete sich mit einem Blitz, die Stücke von der Festung antworteten den prasselnden Raketen und die Fenster der Stadt ‚sternten allerorten mit schönen helleuchtenden und zierlich gemalten Laternen'. Die Bürgerwehr bildete Spalier vom neuen Markt bis zum Bischofhof und ‚gab bei ihrem Abzuge mit Lösung ihres Gewehrs Ihrer Majestät eine gute Nacht'.

Am 5. Oktober gaben beide Allerhöchste Personen, obwohl der Kaiser von der Reise ermüdet, der Erzherzog noch unpässlich war, einen Beweis ihrer Frömmigkeit, indem sie zu Fusse die Procession zur Uebertragung der Reliquien der h. Peregrina aus der Domkirche zu den Discalceaten geleiteten. ‚Es liefen da viel tausend Menschen zu, theils aus Andacht, theils aus Begierde, die hohen Häupter in der Procession zu sehen.' Alles feierte; die Bürger und die Handwerker zogen mit ihren Fahnen auf, nicht anders als am Frohnleichnamstage selber. An diesem Tage kamen auch der Nuntius und der venetianische Gesandte von Triest zurück; der spanische Botschafter hatte sich ihnen angeschlossen und wurde von dem Fürsten von Auersperg, dem geheimen Rath Markgraf Matei und den Laibacher Canonicis empfangen.

Am 6. und 7. Oktober war der Kaiser mit Ertheilung von Audienzen und Gnadenbezeugungen beschäftigt. Der Landeshauptmann wurde zum geheimen Rath erhoben und auch sogleich zu einer Rathssitzung berufen; die Grafen Eberhard Leopold von Blagay und Johann Andreas von Auersperg erhielten den Kammerherrnschlüssel. Der Landeshauptmann tractirte die vornehmsten Herren des Hofes und die Gesandten.

Am 7. Oktober berathschlagten die Stände über die Bewilligungen anlässlich der Huldigung. Abgesehen von dem Betrage per 12,000 fl., welcher dem Kaiser als Reisehilfe votirt wurde, verehrten sie dem obersten Hofkanzler Grafen von Sinzendorf 1000 Dukaten in Gold, d. i. 3000 Gulden, dem geheimen Secretär Gregor Schidanitsch 1500 Gulden, dem Secretär Christ. Abele 300 Gulden, dem geheimen Registrator Hermann v. Berlingshof 300 Gulden, den zwei Hofkanzlisten Sartorius und Kapitsch 150 Gulden, dem Kanzleidiener 40 Gulden, dem kaiserlichen Hofstaat zuhanden des Controlors 500 Gulden, dem Secretär Püttrer 200 Gulden, dem kaiserlichen Ceremoniar 20 Silberkronen à 1 Gulden 50 Kreuzer, dem kaiserlichen Quartiermeister 100 Silberkronen, dem zuerst nach Laibach geschickten Kammerfourier 30 Kronen, dem Hofstaat des Erzherzogs Leopold Wilhelm 300 Gulden, des Obersthofmeisters Grafen Ferdinand von Porcia Offizieren und Dienern 150 Gulden, dem Secretär des Hofkanzlers 25 Silberkronen, dem österreichischen Herold 12 Silberkronen.[1]

Für 143 Pferde des Hofstaates beim Einzuge bewilligten die Stände 1430 Gulden.[2]

Am 8. Oktober 11 Uhr vormittags brach der Erzherzog, nachmittags der Kaiser von Laibach auf, welches er durch ungewöhnlich langes Verweilen ausgezeichnet hatte. Die Bürgerschaft stand vom

---

[1] Landtagsprot. XVIII. 642, 643.

[2] Landtagsprot. XVIII. 644.

Markt (Platz) durch die Spitalgasse bis zum Stadtthore im Gewehr. Die Ritterschaft hatte für den Hof, da die Hofkutschen schon tagsvorher fortgeschickt worden waren, um denselben jenseits der Save zu erwarten, zehn sechsspännige Kutschen beigestellt. Dort erwartete auch der Landeshauptmann mit dem ganzen Adel des Landes den Hofzug; Ihre Majestät verstattete zum Abschiede nach spanischer Sitte allen den Handkuss. Das erste Nachtlager wurde im Schloss Scherenbüchl gehalten, damals im Besitze des Freiherrn Franz Ernst von Saurau. Am folgenden Tage musste das Mittagmal im Pfarrhause des Dorfes Kraxen genommen werden.[1]

2. Fürst Weichard Auersperg als erster Minister und sein Sturz (1657—1669).

Neben den Kriegen, welche dem sanften und rechtlich gesinnten Leopold I. durch die Gewalt der Umstände aufgezwungen worden und deren Verlauf in Verbindung mit den Geschicken unserer Heimat uns später beschäftigen wird, zieht sich bis zum Schlusse des Jahrhunderts die geschäftige Penelope-Arbeit der Diplomatie in den Verhandlungen wegen der spanischen Erbschaft. Mit dem interessantesten, bis auf unsere Tage geheim gebliebenen Theile dieses Intriguenspiels, mit dem ersten Theilungsvertrag, ist der Name unseres hervorragenden Landsmannes, des Fürsten Weichard *Auersperg*, als ersten Ministers des Kaisers unauflöslich verknüpft. Die Geschichte seines jahrelang mühsam vorbereiteten Triumphes und seines fast unmittelbar darauf folgenden, durch den seltsamsten Zufall motivirten Sturzes kann daher auch von unserer Landesgeschichte nicht getrennt werden.[2]

Die spanische Linie der Habsburger war seit Philipps II. Tode in körperlichem und geistigem Niedergange. Philipp IV. hinterliess, als er (1665) starb, aus seiner ersten Ehe eine Tochter Maria Theresia, aus seiner zweiten eine Tochter Margaretha Theresia und einen Sohn Karl von schwachem Geist und Körper. Noch ehe dieser geboren war, hatte die österreichische Linie durch eine Verbindung mit der älteren Tochter des Königs Philipp ihre Ansprüche zu sichern

---

[1] Valv. X. 370—388.

[2] Die folgende Darstellung beruht auf der neuesten quellenmässigen, das erste Decennium von Leopolds I. Regierung behandelnden Monographie Adam Wolfs: Fürst Wenzel Lobkowitz, erster geheimer Rath Kaiser Leopolds I., 1609—1677. Wien 1869. Vgl. besonders S. 149, 162, 164, 170—179, 185—203.

gesucht. Auersperg, als erster geheimer Rath Ferdinands III., wirkte gleich nach dessen Tode für baldige Vermälung des jungen Königs Leopold mit der älteren spanischen Prinzessin. Aber Spanien verlangte als Gegenleistung Hilfe gegen den übermächtigen Nachbarstaat Frankreich, und Maria Theresia wurde, als die Hoffnungen auf Oesterreichs Hilfe sich nicht verwirklichten, 1659 an Ludwig XIV. vermält, doch gegen Verzichtleistung auf alle Erbansprüche für sich und ihre Erben, welche Bedingung auch von ihrem Gemal anerkannt wurde. Die Rechte Oesterreichs sollten also durch diese Verbindung nicht berührt werden. Der Kaiser warb nun um die jüngere Tochter Philipps, Margaretha Theresia, die Heirat kam jedoch erst nach Philipps Tode am 25. April 1666 zustande. Dass der spanische Erbprinz Karl, obwohl schwach und kränklich, am Leben blieb und als Karl II. zur Regierung gelangte, vereitelte zunächst die französischen Pläne auf das *ganze* reiche spanische Erbe, aber Frankreich erhob bei Philipps Tode Ansprüche auf die spanischen Niederlande, nicht auf Grund der spanischen Erbfolgegesetze, sondern eines in den belgischen Provinzen geltenden Privatrechts, wornach die Kinder verschiedener Gemalinnen das erbten, was der Vater in der Ehe mit der betreffenden Gemalin erworben hatte. Nun waren aber die Niederlande, welche Philipp II. seiner Tochter Clara Eugenia und ihrem Gemal Albrecht von Oesterreich überlassen hatte, an Spanien zurückgefallen, während Philipps IV. erste Gemalin noch lebte.[1] Ehe jedoch Ludwig XIV. zu den Waffen griff, suchte er Oesterreich für den Fall des Ablebens Karls II. zu einem Theilungsvertrage über die ganze spanische Monarchie zu bewegen. Als der Unterhändler Frankreichs, Graf Wilhelm Fürstenberg, in Wien erschien (Jänner 1667), wandte er sich mit Uebergehung des ersten Ministers Fürsten Auersperg an dessen Nebenbuhler in der Hofgunst, den geheimen Rath Fürsten Wenzel Lobkowitz; er fand den Kaiser nicht abgeneigt, und gewann auch die Mehrzahl der Minister, aber Auersperg rächte sich für seine Zurücksetzung, indem er den Kaiser gegen das französische Project einzunehmen wusste. Er sprach besonders gegen die Abtretung Mailands und der Niederlande an Frankreich, als dem Interesse des Kaisers und dem Vortheil des Reichs widersprechend. Graf Fürstenberg erhielt (Februar 1667) eine abschlägige Antwort.

Hatte Auersperg auch das Interesse des Reichs gegen die französischen Intriguen gewahrt, so liess er sich doch nicht weniger als

---

[1] Dr. Mayer, Gesch. Oesterreichs II. 80.

sein Nebenbuhler Lobkowitz durch spanische Sorglosigkeit und französische Ränke in solche Friedenssicherheit einwiegen, dass der französische Gesandte Gremonville den Wiener Hof (26. Mai 1667) durch die Nachricht vom Einmarsch in die Niederlande überraschen konnte. Als Ludwig XIV. jedoch sah, dass er Oesterreich vom Kriege nicht werde zurückhalten können, kam er abermals auf seine Theilungsvorschläge zurück. Diese fanden nun eine günstigere Aufnahme. Fürst Auersperg, der sich früher gegen Frankreich so wenig willfährig gezeigt hatte, liess sich durch Gremonville in der ersten Zusammenkunft (November 1667) für die französischen Pläne gewinnen; von dem schlauen Lobkowitz vorgeschoben, wurde er plötzlich aus einem warmen Vertheidiger österreichischer Interessen ein eifriger Parteigänger Frankreichs. Dass das Gelingen eines so wichtigen Werkes, wie die Einigung Oesterreichs und Frankreichs, der ersten Continentalstaaten, in seinen Händen ruhte, schmeichelte seiner Eitelkeit, und zudem hoffte er bei dieser Gelegenheit einen seltsamen Ehrgeiz befriedigen zu können. Der 53jährige Fürst, glücklicher Familienvater seit 13 Jahren, wünschte — Cardinal zu werden. War es Uebersättigung mit weltlichem Glück, Ueberzeugung von der Wandelbarkeit der Fürstengunst, oder ein den aristokratischen Kreisen jener Zeit nicht fremder pietistischer Zug, oder wollte Auersperg ein österreichischer Richelieu werden, genug der Fürst hatte den Wunsch offen ausgesprochen und der Kaiser selbst hatte 1667 zu seinen Gunsten nach Rom geschrieben. Der Franzose Gremonville beschloss sogleich, diese Schwäche des Ministers im Interesse seines Königs auszubeuten. Er empfahl diesem den Herzenswunsch Auerspergs zur Unterstützung. Keine Belohnung werde zu gross sein, wenn der Fürst die Verhandlungen einem glücklichen Ende zuführe. In der That erhielt dieser am 30. Dezember 1667 vom Kaiser unbedingte Vollmacht zu den Verhandlungen mit Gremonville. Am folgenden Tage tauschten Auersperg und Gremonville bereits ihre Vollmachten aus. In der ersten Conferenz der Minister Auersperg und Lobkowitz mit Gremonville (2. Jänner 1668) wurde das Interesse Oesterreichs noch energisch vertreten. Auersperg legte dar, wie der Kaiser, um Spanien erhalten zu können, in Italien Mailand und Neapel besitzen müsse, Sicilien lasse sich aber von Neapel nicht trennen. Da der französische Unterhändler die geheime Vollmacht hatte, von den italienischen Ländern höchstens Mailand und Finale aufzugeben, Kaiser Leopold aber eben auf jene Länder das höchste Gewicht legte, so stockten die Verhandlungen. Indess versuchte Gremonville alle Mittel, um durch die österreichischen Minister auf den Kaiser einzuwirken, und

Auersperg liess sich durch die Sehnsucht nach dem Cardinalshute zu dem Versprechen verleiten, er wolle die Sache zu einem guten Ende (d. i. im französischen Sinne) führen, wenn Ludwig XIV. bei dem Papste seine Fürsprache für das Cardinalat einlegen wolle. Gremonville übernahm gern diese Verpflichtung, er bestand aber nun auch auf Neapel und Sicilien für seinen König. Am 18. Jänner liess Auersperg den Gesandten zu einem Besuch einladen. Nochmals wurde der bereits entworfene Vertrag durchgegangen, wieder war Italien das Streitobject. Auersperg bestand auf Mailand und Neapel; Gremonville, der gewandte Höfling, rief ihm zu: ‚Streichen Sie den Artikel, wenn Sie die Ehre ernten wollen, der Cardinal des Friedens und der erste Minister aller Höfe Europa's zu sein.‘ Nochmals versprach er dem schwankenden Fürsten die Fürsprache des Königs in Rom. Dies wirkte. Auersperg liess sich herbei, noch einen Versuch beim Kaiser zu machen, und dieser Versuch glückte: am 19. Jänner war der Fürst bereits in der Lage, dem französischen Gesandten mitzutheilen, dass der Kaiser auf Neapel verzichtet habe, um dem König von Frankreich gefällig zu sein, unter der Bedingung jedoch, dass der Vertrag ohne Zeitverlust unterzeichnet werde. Selbstverständlich beeilten sich Auersperg und Gremonville, ihre Arbeit zu vollenden. Um 2 Uhr nach Mitternacht unterzeichneten sie den Vertrag. Auersperg umarmte den Gesandten und beglückwünschte ihn, dass sein König, dem kein anderer an Ruhm und Glück gleiche, der gleich gross als Eroberer sei wie als Regent, mit diesem Vertrage den allgemeinen Bund aufgelöst habe, der im Begriffe gewesen sei, sich gegen ihn zu bilden. Aber auch der Kaiser selbst empfand keine geringere Befriedigung über diesen Vertrag, den er am 28. Februar eigenhändig genehmigte. Frankreich erlangte durch denselben den eventuellen Anspruch auf die spanischen Niederlande, die Franche-Comté, die Philippinen, das Königreich Navarra, die Festung Rosas, die afrikanischen Festungen, Neapel und Sicilien. Der Vertrag ist geheim geblieben bis auf unsere Zeit. In Oesterreich wussten um denselben nur der Kaiser, Auersperg und Lobkowitz. Er verhinderte den Beitritt Oesterreichs zur Tripelallianz, welche am 23. Jänner 1668 im Haag zwischen England, Holland und Schweden gegen die wachsende Uebermacht Frankreichs zustande gekommen war, und erleichterte den Abschluss des Aachener Friedens (2. Mai 1668), der Frankreich den Besitz der niederländischen Grenzgebiete sicherte. Um zweifelhafter Vortheile willen waren die Interessen der Monarchie aufs Spiel gesetzt worden, der Kaiser selbst konnte sich mit dem neuen System nicht befreunden, dessen stärkste Stütze

Auersperg blieb. In diesem wurde der Eifer für die französische Sache noch immer durch die Hoffnung auf den Cardinalshut warm erhalten. Gremonville berichtete ihm, dass Ludwig XIV. zu seinen Gunsten an den Papst sich verwendet habe, was Auersperg mit der lebhaftesten Dankbarkeit erfüllte. Er versprach dafür, das Project der Tripelallianz zu bekämpfen. An ihre Stelle dachte er eine *katholische* Tripelallianz zu setzen, welche von Oesterreich, Spanien und Frankreich gebildet werden sollte, eine Idee, die an dem Widerstande Frankreichs scheiterte. Diesem war es nur um die Erreichung seiner selbstsüchtigen Zwecke, nicht um die Befriedigung Europa's zu thun. Während es den ungarischen Malcontenten seinen offenen Beistand verweigerte, um so dem Kaiser gegenüber mit seiner Loyalität zu prunken, erhielt Gremonville die geheime Weisung, mit den Magnaten zu unterhandeln; der Ban von Kroatien wurde ein Pensionär des Königs von Frankreich und der Gesandte verkehrte mit den Verschwörern Nadásdy und Zrini.

Kaiser Leopold seinerseits ertrug nur schwer die schiefe Stellung, in welche ihn der geheime Vertrag versetzte, gegenüber dem Drängen der Mächte, dem sich vorbereitenden allgemeinen Bunde gegen die französische Herrschsucht beizutreten. Die Spanier erklärten offen, dass sie einen fremden Prinzen als König nicht anerkennen würden, und Lobkowitz nahm ihre Partei. Anderseits war auch Auerspergs Eifer für Frankreich erkaltet, seit er trotz der Empfehlung Ludwigs XIV. bei der Cardinalspromotion übergangen worden war. Da nemlich gleichzeitig der Kaiser den Abt von Fulda, Markgrafen Bernhard Gustav von Baden-Durlach, für den Cardinalshut vorschlug, so fasste man am päpstlichen Hofe den Verdacht eines unlautern Vorganges Auerspergs und liess einstweilen beide österreichische Candidaten, nemlich den von Ludwig XIV. und den vom Kaiser unterstützten, fallen. Als der Kaiser, durch die Ablehnung des Markgrafen unangenehm berührt, in Rom Aufklärung suchte, erhielt der österreichische Resident Baron Plittersdorf aus dem Munde des Papstes und der Cardinäle Azzolini und von Hessen die eingehendsten Aufschlüsse über die von Frankreich unterstützte Candidatur des Fürsten Auersperg. Er erfuhr, wie Ludwig XIV. und sein Minister Lionne in den Empfehlungsschreiben an Papst und Cardinäle die unbegrenzte Autorität hervorgehoben hatten, welche Auersperg beim Kaiser geniesse; Auersperg habe den Frieden zwischen Spanien und Frankreich bewirkt, weil er den Kaiser vom Kriege zurückgehalten; der König von Frankreich werde die dem österreichischen Minister erwiesene Gunst so ansehen, als wäre sie ihm oder den Seinigen erwiesen worden. Man sagte dem Residenten, der Kaiser möge aus diesen Mittheilungen ersehen, dass alle seine Beschlüsse an Frankreich verrathen, ja von dort aus durch den französisch gesinnten Auersperg gelenkt würden. Auerspergs Illoyalität habe den Papst bewogen, ihn von der Bewerbung um den Cardinalshut auszuschliessen. Der Resident wurde ermächtigt, alles Erzählte dem Kaiser zu berichten, und begab sich sogleich nach Wien, wo er sich bei dem Kaiser mündlich seines Auftrags entledigte. Dieser kannte die Absichten Auerspergs auf die Cardinalswürde und hatte dieselben persönlich unterstützt, aber dass die Befriedigung dieser ehrgeizigen Laune der Preis für den zum Vortheile Frankreichs abgeschlossenen Theilungsvertrag war, das musste den Monarchen aufs tiefste verletzen. Von einem Verrath freilich, wie man ihn in Rom dem österreichischen Minister imputirte, war keine Spur, kein Beschluss des kaiserlichen Cabinets war an Frankreich verrathen worden. In Rom hatte man auch keine Ahnung davon, dass man sich in Wien bereits mit Frankreich geeinigt hatte und es daher kein spanisches Interesse mehr gegen Frankreich zu verfechten gab.

Auersperg erfuhr nichts von Plittersdorfs Berichte, er blieb noch den ganzen Monat November hindurch in Amt und Würden. Seit dem Misslingen seines ehrgeizigen Planes neigte er sich den Spaniern zu; Ludwig XIV. bot ihm als Entschädigung für den Cardinalshut ein Geschenk von 200,000 Livres als diejenige Summe, welche der König für nothwendig halte, um zum Cardinalshut zu gelangen, ein Anerbieten, welches Auersperg mit der ganzen Entrüstung eines ehrliebenden Cavaliers zurückwies. Inzwischen regte sich bereits die höfische Intrigue gegen den bisher allmächtigen Minister, und die spanische Regierung forderte vom Kaiser geradezu, er möge sein Vertrauen einem Minister entziehen, welcher die Interessen beider Linien des Hauses Habsburg verrathe. Am 10. Dezember 1669 erhielt der Fürst das kaiserliche Schreiben, das ihm die allerhöchste Ungnade verkündete, indem es ihn vom Hofe verbannte und ihn anwies, sich nach Wels zu begeben und dort in Gehorsam und mit Unterlassung jeder Correspondenz weitere Befehle abzuwarten. Doch gestattete der Kaiser auf Auerspergs Vorstellung, in Wels könne er nicht für die Erziehung seiner Kinder sorgen und die Luft sei ihnen dort schädlich, dass der Fürst sich nach Laibach zurückziehen durfte, wo sein Bruder als Landeshauptmann lebte und wo der Kern der Auersperg'schen Besitzungen lag. In einem Briefe an die Kaiserin verlangte der Fürst Gerechtigkeit gegen seine Feinde, die Spanier und Lobkowitz. Dem Kaiser schrieb er (16ten Dezember 1669): ‚Allergnädigster Kaiser und Herr! Nach etlichen dreissigjährigen Dienst, so Eu. Majestät, Herrn Vater, Herrn Bruder und Ihro selbst ich allergehorsamst geleistet, falle ich hiemit vor die Füsse und nehme allermit Urlaub. Habe ich in dieser Zeit grosse und gute Dienste verrichtet, so ist es allein Gottes Werk gewest; allzeit aber weniger als ich verlangt habe und schuldig war: hab' ich übel gedient, so ist es mein Unvermögen gewest, niemals keine Untreu. Dieses schreibe ich vor dem gerechten Gott und rufe ihn an, diese Wahrheit oder Unwahrheit zeitlich oder ewig zu belohnen oder zu strafen. Eu. Majestät hat bisher beliebt, dass Gott und Eu. Majestät allein und nicht ich die Ursache meines gegenwärtigen Standes wissen sollte, ich aber hoffe, Gott werde einmal belieben, dass Eu. Majestät um all meine Unschuld wissen werden, die jetzt mir und ihm allein bekannt ist. Im übrigen opfere ich diesen meinen Stand dem gütigen Gott auf, für Eu. Majestät und Dero hochlöblichen Hauses Wohlfahrt wünsche Eu. Majestät von ganzem Herzen allen göttlichen Segen, glückliche und lange Regierung und thue Eu. Majestät mich allerunterthänigst empfehlen.'

Auersperg lebte noch mehrere Jahre in Laibach, nur mit der Erziehung seiner Kinder, mit Jagen, Fischen, theologischen und philosophischen Studien beschäftigt; jeden Tag soll er sich zwei politische Sprüche und Aphorismen eingeprägt haben. Der Fürst verzweifelte noch nicht an der Wiedererlangung der Hofgunst und der Wiedereinsetzung in seine Aemter und Würden. Selbst die Hoffnung auf die Cardinalswürde gab er nicht auf, bis Lobkowitz und der Hofkanzler Hocher im Auftrage des Kaisers auch diese letzte Illusion zerstörten. Später zog sich Auersperg auf sein Schloss Seisenberg zurück, wo er am 13. November 1677 starb, 62 Jahre alt. Seinen Leib nahm eine Gruft der Franziskanerkirche auf. Die Geschichte nennt ihn als einen Mann von hohen Talenten, vielen Verdiensten, aber von ungemessenem Ehrgeize, der ihm zum Verderben ward.[1]

3. Bauernaufruhr in Gottschee. Die ungarische Verschwörung. Der Landeshauptmann stirbt. Die Geburt des Prinzen Josef. Die Krainer in den Kämpfen mit Frankreich und der Türkei.

Der unwirthlichste Theil des Krainer Landes, das Waldgebirge von Gottschee mit seinen wenigen, wasserarmen Kulturoasen litt stets am schwersten unter der Last der Gut- und Blutsteuer, welche der

[1] Vgl. Wolf, Drei diplomatische Relationen aus der Zeit Kaiser Leopolds I., österr. Arch. XX.

Herr des Bodens und der Landesfürst einforderten. Hier nahm die erste *Bauernrebellion* ihren Ausgang und hier wurde der letzte Versuch einer gewaltsamen Umwälzung im Blute erstickt. Im Jahre 1662 brachen die Gottscheer wider ihre Herren los. Wir finden nichts näheres über den Verlauf dieser Erhebung, nur das berichtet in schlichten Worten die Chronik,[1] dass der Aufruhr theils durch Hinrichtung, theils durch Landesverweisung mehrerer Rädelsführer gedämpft wurde.

Die *ungarische Verschwörung* (1666—1670) hatte auch Innerösterreich in den Bereich ihrer auf das Leben des Kaisers und die Losreissung von der Monarchie gerichteten Anschläge einbezogen. Der bei derselben betheiligte Ban von Kroatien, Peter Zrini, hoffte auf einen Aufstand in Steiermark, Kärnten und Krain. Er wollte zur Kriegsmacht der Verschwornen 40,000 Mann stellen und erklärte, Steiermark, Kärnten und Krain würden es mit Ungarn halten, er habe dort seine Leute. Nach dem verabredeten Plane sollte er in Steiermark und Krain zum Angriffe auf Oesterreich, als das Herz der Monarchie, schreiten. Er mochte wohl Verbindungen unter den krainischen Edelleuten haben, denn er war Landstand von Krain und durch die Vertheidigung der Grenze in fortwährender Berührung mit dem Adel des Landes, aber es findet sich nicht die mindeste Spur, welche auf ein Einverständniss in Krain hinwiese. Unsere Geschichte, insbesondere der Verlauf der Gegenreformation liefert den augenscheinlichsten Beweis, dass in Krain hochverrätherische Pläne keinen Boden finden konnten. Nur der Landeshauptmann von Görz, Karl Graf Thurn, war in die Verschwörung verwickelt, wurde wegen Mitwissenschaft an derselben verurtheilt und starb 1689 im Gefängnisse des Grazer Schlossbergs. Zu der Versammlung der geheimen Räthe, welche sich am 21. April 1671 auf Befehl des Kaisers zusammenfand, um über das gegen Zrini, Nadásdy und Frangepan gefällte Urtheil zu berathen, war auch der Landeshauptmann von Krain, Wolf Engelbrecht von Auersperg, beigezogen. Wie bekannt, bestätigte sie das Todesurtheil. Nach dem Trauerspiel in Neustadt, Wien und Graz (hier fiel Tattenbachs Haupt am 1. Dezember 1671) sollte die Witwe Zrini's nach Laibach gebracht werden, aber die Nonnen (wohl die Clarisserinnen), deren Obhut man sie anvertrauen wollte, weigerten sich, sie aufzunehmen.[2]

Am 28. April 1673 erlitt das Land einen unersetzlichen Verlust durch den *Tod* seines *Landeshauptmanns*. Die Stände ehrten sein

---

[1] Valv. XI. 200.

[2] Wolf, Lobkowitz S. 245, 249, 266, 287, 311, 327—329, 332.

Andenken, indem sie seiner Familie das Tafelgeld jährlicher tausend Gulden von 1649 (als dem Antritte seiner Stelle) angefangen bis zu seinem Todestage bewilligten.[1] Sein Leib ward in der von ihm gestifteten Kapelle des heiligen Antonius bei den P. P. Franziskanern beigesetzt. Die ‚Liebe des Landes' nennt ihn unsere Chronik, wahrlich der schönste Nachruf.[2]

Die *Geburt* des *Erzherzogs Josef* (des nachmaligen Kaisers Josef I.) erfüllte auch Krain mit loyaler Freude. Die Stände bewilligten dem Hofkammercourier Franz Riva, der die Nachricht überbrachte, 30 Reichsthaler.[3]

In den *Kriegen*, welche Leopolds Regierung erfüllten, haben unsere Krainer tapfer mitgestritten. Valvasor schildert ihre Lust am Waffenhandwerk. So unverdrossen die Hand des Krainers bei der Arbeit, so hurtig folge sein Fuss dem Kalbfell oder der Trompete. In Laibach allein würden jährlich viele hundert Streiter für den römischen Kaiser, oder den König von Spanien, der schier alle Jahre in Krain werben lasse, oder für die Venetianer angeworben. Man finde in allen Regimentern Krainer und man müsse ihnen dies mit Wahrheit nachsagen, dass sie die besten und ausdauerndsten Soldaten seien. Dies könne nicht Wunder nehmen, da der Krainer, noch ehe er den Harnisch anziehe, schon daheim aller Weichlichkeit und Verzärtlung entsage, da er stets gegen den Türken, von dem ihn nur drei Wegstunden trennen, im Kampfe liege und es einen zahlreichen ritterlichen Adel im Lande gebe.[4] Es fehlt uns nicht an Belegen für diese Schilderung. Da sind z. B. die drei streitbaren Söhne des bereits genannten Jakob von Widerkhern. Franz Sigmund war Hauptmann des Arteaga'schen Regiments in mailändischen Diensten; Hans Heinrich war Hauptmann in der Grenzfeste Brünndl in Dalmatien; der dritte, Sebastian Gottfried, nachdem er eine Weltreise durch Europa, Afrika, Indien, China, Japan, Mexico (1695) und Asien (1701) gemacht, trat in polnische Kriegsdienste unter August II., zeichnete sich als Oberstlieutenant und Generaladjutant des Ogulfischen Regiments aus und ward am rechten Fuss blessirt.[5] Als im Jahre 1673 die kaiserliche Armee bei Eger sich sammelte, um gegen die Franzosen zu ziehen,

---

[1] Landtagsprot. XXI. 294.
[2] Valv. IX. 67.
[3] Landtagsprot. XXI. 369.
[4] Valv. II. 103.
[5] Blätter aus Krain 1864 S. 50.

trat Veit Christoph Freiherr von Rauber als Freiwilliger in das Regiment des Generalwachtmeisters Grafen Sylvius Porcia, zeichnete sich bei der Belagerung und Erstürmung von Bonn aus und erhielt zur Belohnung den Befehl eines Fähnleins, mit welchem er auch den folgenden Feldzug mitmachte,[1] und als es 1675 abermals gegen Frankreich ging, zogen über 1200 Krainer mit, darunter viele vom Adel: ein Graf von Thurn, ein Gall, ein Eck, zwei Lichtenberge, ein Ramschissel,[2] ein Karl Weichard Graf von Burgstall, der, nachdem er manchen Türkenzug mitgemacht, 1677 als Oberst des Regiments Niklas Lodron im Treffen bei Kochersberg nächst Strassburg fiel.[3]

Die ruhmvollsten Erfolge hat die Regierung Leopolds I. in den *Türkenkriegen* aufzuweisen. Auch an diesen haben die Krainer wacker mitgeholfen. Als es 1664 wider den Türken ging, unter Montecuculi's Führung, zogen viele krainische Edelleute mit, unter ihnen unser Valvasor selbst,[4] und in der Schlacht bei S. Gotthard, dem ersten grossen Siege über den Halbmond, zeichnete sich unter den Augen Montecuculi's der Krainer Georg Gottfried Freiherr von Lamberg, Comthur der österreichischen Deutschordensballey, als kaiserlicher Major durch glänzende Waffenthaten aus, welchen 1667 seine Erhebung in den Reichsgrafenstand folgte.[5] Leider konnten die Früchte des Sieges nicht geerntet werden, weil es an Geld fehlte, die französischen und deutschen Hilfstruppen sich der österreichischen Führung nicht unterordnen wollten und auf die Ungarn kein Verlass war, welche nur durch die Furcht vor den Türken in Gehorsam erhalten wurden.[6] Das Wüthen gegen die Protestanten in Ungarn, durch die Jesuiten angezettelt und genährt, brachte bald die Empörung zum offenen Ausbruche. Im Augenblicke der höchsten Gefahr ernannte Kaiser Leopold, ein besonderer Verehrer des heiligen Josef, denselben zum Schutzpatron der an das türkische Reich grenzenden Erbländer. So erhielt auch Krain den zweiten Landespatron, nachdem bisher der heilige Georg, dessen Kapelle das Laibacher Bergschloss verwahrt, den Vorrang behauptet hatte. Am 19. März wurde die Statue des heiligen Josef in feierlicher Procession von der Domkirche zu den Discalceaten getragen. Nicht allein die gesammte Geistlichkeit, sondern auch die Stände, Fürst von Eggen-

---

[1] Valv. XI. 636.
[2] Valv. XV. 601.
[3] Valv. XI. 146, Blätter aus Krain 1857 S. 6.
[4] Valv. XV. 601.
[5] Wurzbach, biogr. Lex. XIV. 28.
[6] Wolf, Lobkowitz S. 126 f.

berg, die Grafen Kazianer, Blagay, Thurn, Jankowitsch, der Deutsch-Ordensritter Herr von Saurau und viele andere vornehme Grafen, Cavaliere und ‚Dames' folgten dem Zuge. Zum Te Deum wurden dreimal die Stücke auf dem Schlossberge gelöst.[1]

Krain blieb fortan seiner Aufgabe getreu, ein Hüter der *Grenze* zu sein. Herbart Graf von Auersperg war General der kroatischen Grenze von 1652 bis an seinen im Jahre 1668 erfolgten Tod. Ihm folgte Johann Josef Graf von Herberstein.[2] Die Erhaltung der kroatischen und Meergrenze war bisher den beiden Nachbarlanden Kärnten und Krain allein obgelegen; im Jahre 1677 hielten die drei Lande in Marburg einen Landtag, auf welchem beschlossen wurde, dass Steiermark, welches die sogenannte windische Grenze ganz allein versorgte, die Erhaltung der Festung Petrinia übernehmen sollte, was auch geschah.[3]

Die *kroatische* Grenze umfasste damals die festen Orte *Karlstadt*, *Sluin*, *Krisanitschthurn* (Crisanski Thurn), *Uräschitsch* (Urazich), *Skrödt* und *Barillovitsch* (Zskrad, Barilovich), *Radouschitsch* (Radoushich), *Tohuin* Touuin), *Osteria*, *Plasko* (Plaski), *Kamensko*, *Dobrinitsch*, *Kosau* (Kosay), *Ogulin*, *Modrusch*, *Otok*, *Panor*, *Neu-Castell* (Kostel Novi), *Goyack* (Gojak), *Debica* und *Delnica*, *Sichelberg* (Schumberg); die *Meergrenze: Zengg*, *Ottotschitz* (Otoczacz), die *Fortetz* (Fortezza) zu Ottotschitz, *Pründl* oder *Brinye*, *Ledeniz*, *S. Veit am Pflaum* (Reka, Fiume), *Tersat*.[4] Die *windische* Grenze schloss sich an die kroatische an. Da standen bis zu dem festen *Warasdin*, wo die Generalität residirte, die Plätze *Copreinitz*, *S. Georgenschloss*, *Kreuz*, *Ivanič*, *Lubring*. In der Spitze, die von der Vereinigung der Mur und Drau gebildet wird, erhob sich, durch Lage und Bollwerk gesichert, *Legrad*. Das von beiden Flüssen gebildete Dreieck hiess vom alt-berühmten Geschlechte seiner Grundherren die *Zrini-Insel*. In der Mitte war *Czakathurn* mit Wall und Graben und mit der Waffenkammer und den Schätzen der Zrini. An der Drau endigte die windische Grenze. Ihre Fortsetzung bildete einerseits die kroatische, andererseits die ungarische Grenze, deren südlichstes Bollwerk *Kanischa* war.[5]

Die Grenzorte waren theils förmliche Festungen mit Wall und Graben, theils einzelnstehende Thürme oder Schlösser, oder gar blosse Tschardaken (Wachthäuser auf hölzernen Pfählen). Der General der kroatischen und Meer-

[1] Disc.-Chronik.
[2] Valv. XII. 58; Landtagsprot. XIX. 113.
[3] Valv. XII. 47; Mitth. des historischen Vereins für Steiermark XV. 166 f.
[4] Valv. XII. 59—113.
[5] Hurter, Ferd. II., I. 284—286; vgl. Valv. XII. 39 f.

grenze residirte in Karlstadt. Die Häuser dieses Grenzortes waren von Holz, die Burg oder Residenz des Generals dagegen aus Stein aufgeführt. Ein Wall mit sechs Basteien und einem breiten Graben umgab die ganze Stadt. Eine Bastei führte den Namen der Auersperg'schen, eine andere hiess die krainische. Eine Zugbrücke verband die Festung mit dem Lande und war durch Pallisaden geschützt. An Wasser war Mangel, dagegen Ueberfluss an vortrefflichem Wein. In Karlstadt commandirte Johann Josef Graf von Rabatta, in Sluin Graf Johann Ernst Paradeiser, der aber in Sichelberg residirte und sich durch den Lieutenant Sigmund Ludwig Freiherrn von Ramschüssel vertreten liess. In Krisanitschthurn commandirten nacheinander Rudolf und Wolf Paradeiser; in Zskradt Johann Adam Graf von Purgstall, ein guter Parteigänger und versuchter Soldat, der auch in Ogulin befehligte; in Radouschitsch Johann Georg Gusitsch; in Zengg als Oberlieutenant Hans Carl Portner; in Ottotschitsch Freiherr Bernhard Gall; in Fortetz bei Ottotschitsch Hans Adam Freiherr von Gall; in Pründl Adam Seifried Somenitsch. Die Besatzungen in Ogulin, Ponor, Modrusch, Otok, Neu-Castell, Gojak, Debica und Delnica und in der ganzen Meergrenze wurden von der krainischen Landschaft erhalten. Sie bestanden theils aus ungarischem und kroatischem Fussvolk, theils aus deutschen Knechten mit langen Rohren und aus Arkebusieren zu Pferde, auserlesenen Soldaten; dazu kamen noch die Irregulären: Martolosen, gute Schützen, aber verrufen als Kinderräuber im Einverständnisse mit den Türken.

An diesen Grenzen dauerte der tägliche Parteigängerkrieg fort, ohne Rücksicht auf die Friedensschlüsse der Potentaten. Besonders gross war die Unsicherheit in Kroatien. Jeder Zollbreit dieses Bodens war mit christlichem Heldenblut gedüngt und musste noch täglich, ja stündlich gegen den Erbfeind vertheidigt werden. Wenn der Bauer auf dem Felde ackerte, hatte er jederzeit den Säbel umgegürtet und das gesattelte Pferd neben dem Pfluge, um im Falle des Angriffs sich sogleich zur Wehre setzen und, wenn übermannt, die Nachbarschaft auf windesschnellem Rosse allarmiren zu können. Streifzüge (Tscheten), lediglich zum Zwecke des Raubens und Plünderns mit Vermeidung von Menschenmord und Brand, waren beiderseits gang und gäbe. Von der aus türkischen Ueberläufern (Uskoken) gebildeten Militärgrenzenclave Sichelberg auf krainischem Boden wird gemeldet, dass ihre Insassen wackere Soldaten waren, die aber ohne Raub und Mord nicht lange leben konnten und sich daher von Zeit zu Zeit durch einen Einfall ins türkische Gebiet Luft machen mussten. Gefangene wurden beiderseits so lange geprügelt, bis sie sich zu ranzioniren versprachen, davon rettete nur Uebertritt zum Christenthum oder rücksichtlich zum

Mohamedanismus. Hie und da liessen die Türken einen Gefangenen auch gegen Bürgschaft eines Mitgefangenen los, damit er in die Heimat zurückkehre und sein Lösegeld erbettle. Diese Freigelassenen auf Ehrenwort bekamen vom Commandanten der Grenze ein Zeugniss, sie trugen als Abzeichen ein rothes Herz auf ihren Kleidern und die türkischen Fesseln auf der Achsel. Im ganzen ging man aber weniger darauf aus, Gefangene zu machen, als den Feind zu tödten, seinen Kopf abzuschneiden und ihn auf der Pike als Siegeszeichen triumphirend heimzutragen. Neben dieser Barbarei gab es aber auch nicht selten ritterliche Zweikämpfe beider Theile, wobei Christen und Türken ihre Geiseln für das ruhige Verhalten der Zuschauer stellten und trotz oft tödtlichen Ausganges alles einen friedlichen Verlauf nahm.[1]

Dieses Stilleben der Grenze wurde nur selten durch grössere kriegerische Unternehmungen unterbrochen. Als der letzte grosse Türkensturm sich Wiens Mauern nahte (1683), sammelten sich die Aufgebote der Kärntner und Krainer in Wildon. Letztere, 400 Schützen, befehligte unser Geschichtsschreiber *Valvasor;* ihre Bestimmung war, Fürstenfeld und Radkersburg vor den türkischen Horden zu schützen. Er schlug sein Hauptquartier in Fürstenfeld auf, das er mit 100 Mann besetzte, und vertheilte die übrige Mannschaft auf die umliegenden Orte: den Fähndrich Wolf Albrecht Schwab mit 100 Mann und den Unterbefehlshaber Hans Christoph Portner mit 75 Mann auf Burgau, den Baron Ferdinand de Leo mit derselben Zahl auf Neudau, den Rest auf Hohenbruck, Kapfenstein, Hainfeld. Valvasor kam am 24ten August nachmittags gegen 2 Uhr in Fürstenfeld an, als eben die bisher dort gelegenen kaiserlichen Truppen im Aufbruch, dagegen die ungarischen Rebellen und die Türken im Anzuge begriffen waren (nach den Aussagen der Gefangenen 6000 Mann mit 13 Geschützen), um sich mit den bei Fürstenfeld lagernden Batthyanischen zu vereinigen. Unter diesen gefahrvollen Umständen und ungeachtet durch eine Explosion des Pulverthurms in die Stadtmauer eine Bresche gelegt war, durch welche der Feind leicht hätte eindringen können, hielt sich Valvasor der Ehre der krainischen Landschaft, die ihn hieher geschickt, schuldig, so lange als möglich auszuharren. Gleich hinter ihm marschirten die Batthyanischen ein, während die Bürger die Stadt verliessen, so dass blos wenige Greise und Weiber zurückblieben. Die Rebellen zündeten das Dorf Speltenbach an und legten in der Vorstadt Feuer, so dass Valvasor sie durch sein grösstes Geschütz beschiessen

[1] Valv. XII. Buch.

liess. Graf Karl von Saurau mit seinem Dragonerregiment und Oberstlieutenant Graf von Dietrichstein mit den Metternich'schen Kürassieren eilten herbei, fielen über die Rebellen her, von denen sie 300 erlegten, während die übrigen in ihr Lager zurückflohen. Zwei Dörfer, Rudersdorf und Kaltenbrunn, gingen in Flammen auf. Die Mordbrennerei der Batthyanischen wurde blutig heimgezahlt: täglich wurden Plünderungs- und Verheerungszüge ins batthyanische Gebiet unternommen. Am 2ten September stiessen etliche tausend Kroaten unter dem Commando des Obersten Freiherrn von Stadel, des Vicegenerals der windischen Grenze, Grafen von Trautmannsdorf, und des Grafen von Thurn, Obersten zu Ivanitsch, zu Valvasor. Sie hielten sich, wie er sagt, über alle Massen wohl und er machte oft mit ihnen ‚Parteigänge' wider den Feind. Als es das Ansehen gewann, die Rebellen würden von Pinkafeld auf Hartberg losgehen, rückte Valvasor mit 200 Mann auf Hartberg, doch kam es zu keinem weiteren Zusammenstoss, weil Batthyani sich bald darauf dem Kaiser unterwarf. Als die krainische Mannschaft über Graz rückkehrte, gab die steirische Landschaft ihre Dankbarkeit für die freundnachbarliche Hilfe durch hübsche Ehrengeschenke von goldgestickten Beuteln mit ‚gülldenem Eingeweide' von Dukaten und Doppelthalern, an Valvasor und seine Offiziere, zu erkennen. Herbart von Auersperg, der damalige Präsident des Geheimrathes, händigte diese Angedenken persönlich seinen Landsleuten ein.[1]

Es mögen sich wohl auch bei der tapferen *Besatzung Wiens* Krainer befunden haben, welche überall hin den Ruf ihrer Tapferkeit trugen. Unter dem Entsatzheere finden wir einen *Auersperg* als Adjutanten des Herzogs von Lothringen,[2] wohl derselbe, der später (13ten Juli 1668) bei dem Sturm auf Ofen genannt wird,[3] und unter den bei der Belagerung Wiens Gebliebenen wird ein Major von *Gallenfels* genannt.[4]

Der tiefe Eindruck, den die glorreiche Schlacht unter Wiens Mauern, die erste grosse und folgenreiche Niederlage des übermüthigen Feindes, auf die europäische Welt übte, spiegelt sich auch in dem *krainischen Volkslied*. Die ‚Pesem od Duneja' lässt freilich unhistorisch den Kaiser in Wien weilen und vom ‚wilden' Türken dreimal zur Uebergabe aufgefordert werden; sie lässt ihn mit allem Volk in den Dom von S. Stephan zur Messe ziehen, wo der Priester die Gläubigen an Maria's Hilfe mahnt, die in den Wolken für sie kämpft und dem Feind den Einzug in die Donaustadt wehrt. Da rückt dann

[1] Valv. XV. 604; Hammer VI. 420.
[2] Camesina, Wiens zweite Belagerung 1683, VIII. Band des W. Alterth.-Ver.
[3] Hammer l. c. 471.
[4] Gräffer, Gesch. der k. k. Regimenter I. 106.

zuerst heran der polnische, dann der bairische König und die ‚Holenderca s svojo vojsko'. Sie schlagen so kräftig drein, dass das Wasser der Donau von den Leichnamen aufgestaut wird.[1]

Das auf die Belagerung Wiens folgende Jahr verstrich in Innerösterreich unter patriotischen Opfern und Rüstungen. Die drei Lande steuerten 100,000 Gulden. Am 10. Oktober 1684 kam der berühmte Kapuzinerprediger P. Marcus d'Aviano in Laibach an, predigte am 11ten und 12ten bei den Kapuzinern und in der Domkirche und fuhr am 13ten auf der Laibach nach Freudenthal.[2] Im folgenden Jahre wurde die päpstliche Türkensteuer von der Geistlichkeit in Krain eingehoben, mit 20 Kreuzer von 100 Gulden. Die Discalceaten allein zahlten 79 Gulden 30 Kreuzer, im Jahre 1686 aber 3000 Gulden an die päpstlichen Commissäre.[3]

Als die kaiserliche Armee vor Ofen stand, fastete die Stadt Laibach bei Wasser und Brod (1. September 1686). Eine feierliche Procession ging nach S. Peter, um glücklichen Erfolg der österreichischen Waffen gegen die Türken zu erflehen. Am 6. September brachten jedoch bereits zwei Couriere die Freudenbotschaft von der Eroberung Ofens.[4]

Auch an der Grenze war das Glück den Krainern hold. Am 17. Oktober 1684 überfielen Graf Trautmannsdorf und Graf Johann Ernst Paradeiser an der Spitze von 4000 kroatischen Reitern das wohlverschanzte türkische Lager zwischen Turbina und Slatina, in welchem der Pascha von Possega mit 600 Mann und vier Feldstücklein gelegen, hieben den grössten Theil der Türken nieder, nahmen viele gefangen und machten grosse Beute.[5] Am 22. Juli 1685 machte Josef Graf von Herberstein, der General der kroatischen und Meergrenze, mit 1000 Fussgängern und 300 Reitern einen glücklichen Streifzug in die Licca und Corbavia, eroberte und schleifte die Schlösser Bunich und Udbin; im Herbste dieses Jahres legte er in wiederholten Streifzügen viele türkische Schlösser in Asche, so dass diese türkischen Grenzdistricte ganz verödeten, nachdem der grösste Theil ihrer Bewohner niedergemacht oder in die Gefangenschaft geschleppt worden war.[6] In diesem Feldzuge zeichnete sich auch der Commandant von Ogulin, General-

---

[1] Pesmi krajnskiga naroda IV. 110.
[2] Valv. XI. 728.
[3] Discalc.-Chronik.
[4] Jesuitendiarium im Mus.-Arch.
[5] Valv. XII. 132.
[6] L. c. 133—134; Hammer VI. 460—461.

wachtmeister Graf Hans Adam Purgstall, aus, der 1687 vor Eperies den Heldentod fand,[1] erst 45 Jahre alt. Er hinterliess eine Tochter und zwei Söhne, deren einer kinderlos starb, während der andere Lucretia Gräfin von Porcia heiratete. Ihr Sohn, Anton, wurde Jesuit, und mit ihm erlosch die krainische Linie dieses altberühmten Geschlechts.

Im Jahre 1688 drohte in Oberkrain ein *Bauernaufstand* auszubrechen, als dessen Anstifter ein vornehmer Ausländer Cattin eruirt wurde, wohl ein französischer Agent;[2] indessen drang der General von Karlstadt mit 4000 Mann in Bosnien vor und verbreitete so panischen Schrecken, dass die Besatzung von Gradisca die mit 50 Geschützen bewehrte Feste ohne Widerstand verliess und die umliegenden Palanken fielen,[3] dagegen wurde das Schloss Bihač 1697 vom Banus und dem General Auersperg mit 26 Karthaunen, Feldschlangen, Falkaunen und vier Mörsern einen Monat lang mit grossem Verlust belagert und fruchtlos gestürmt.[4] Doch alle diese partiellen Kämpfe verschwinden vor der glorreichen Befreiung des ungarischen Bodens, mit Ausnahme des Banats und Slavoniens, durch das Feldherrnglück des Kurfürsten Max Emanuel von Baiern, des Markgrafen Ludwig von Baden und des Prinzen Eugen von Savoyen, der die Türken bei Zentha (1697) entscheidend schlug. Der *Karlowitzer Friede* (26. Januar 1699) sicherte dem Kaiser eine Gebietserweiterung von 3147 Quadratmeilen und bannte die Schrecken der Türkenkriege auf immer von unseren Grenzen. Glücklichere Zeiten menschenwürdigen Daseins und geistiger Entwicklung winkten dem hartgeprüften Lande, seit die Grenzhut mehr und mehr gegen Süden vorrückte und (1702) ihre volle militärische Organisation erhielt.

Der *spanische Erbfolgekrieg*, der nach Karls II. Tode (1. November 1700) begann und Kaiser Leopolds Regierung überdauerte, legte den Provinzen grosse Opfer auf: im Jahre 1704 wurde selbst die Ablieferung des entbehrlichen Silbers und Goldes der Kirchen befohlen und auch in Krain durchgeführt. Die Discalceaten reluirten ihr Silber, fünf Mark sechs drei achtel Loth, mit 51 Gulden d. W.[5] Als Prinz Eugen gegen Marschall Catinat in Oberitalien zu Felde zog, näherte

[1] Wurzbach, biographisches Lex. XXIV. 87.

[2] Acten des Grazer Statth.-Arch. nach Prof. Biedermann, die Wiener Stadtbank, österr. Arch. XX. 414.

[3] Hammer VI. 509.

[4] L. c. 633.

[5] Discalc.-Chronik.

sich die Kriegsgefahr auch für Innerösterreich. Um die Convois, welche die kaiserliche Armee von Triest aus mit Rekruten, Lebensmitteln und Munition versahen, aufzufangen, erschien (10. April 1702) Admiral Forbins Geschwader, aus sechs Fregatten und Galioten bestehend, vor Triest und legte sich in einer Entfernung von etwa fünf Seemeilen vor Anker. Am 14. August stiessen andere Schiffe zur Flotte und alle näherten sich dem Hafen auf Kanonenschussweite, um den Meeresgrund zu sondiren, stachen dann aber wieder in See.[1] Inzwischen (2. August) war Laibach allarmirt worden und die Stände trafen Vorsichtsmassregeln.[2] Am 19. August begann die Beschiessung von Triest; von halb elf bis drei und ein halb Uhr wurden 150 Bomben geworfen, welche jedoch geringen Schaden anrichteten.[3] Am folgenden Tage flüchteten viele Triestiner nach Laibach. Hier war bereits die Landmiliz aufgeboten worden, deren Oberbefehl Graf Rabatta übernahm.

Am 6. September sammelte ein kaiserlicher Referendar in Laibach Kriegsbeiträge, von den Vermöglicheren zeichnete niemand weniger als 20 Gulden. Am 5. Oktober rückte General Heister mit 1300 Mann in Laibach ein.[4] Innerösterreich wurde jedoch im Laufe dieses Krieges von keiner Invasion betroffen, wohl aber war es noch wiederholt der Schauplatz von Kriegsvorbereitungen und Vertheidigungsmassregeln. Im Jahre 1703 wurden die Zeughäuser in Laibach mit Kriegsvorräthen ausgerüstet. Am 3. September kamen 2400 Mann deutsche und kroatische Truppen unter Oberst Virmonde in Laibach an und lagerten sechs Wochen an der Save beim Kahlenberg. Am 14. Januar 1704 begann man sogar Laibach in Vertheidigungsstand zu setzen. Die Schlagbrücke wurde aufgezogen, die Wachen wurden verdoppelt und durch Trommelschlag kund gemacht, dass im Falle der Noth jedes Haus einen Mann zu stellen habe.[5] Eugens und Marlboroughs Sieg bei Hochstädt (12. August 1704) wendete jedoch alle Gefahr vom Herzen der Monarchie ab. Nur einmal noch näherte sich dieselbe unseren Grenzen, als Franz Rakoczy's Scharen (Februar 1705) bis in die Steiermark streiften. Mitten unter solchen Kriegswirren starb Kaiser Leopold 5. Mai 1705 im 49. Jahre seiner Regierung.

---

[1] Löwenthal, Gesch. von Triest I. 127 f.
[2] Kluns Archiv I. 64.
[3] Löwenthal l. c.
[4] Kluns Arch. l. c.
[5] Kluns Arch. S. 64—65.

Zweites Kapitel.

Valvasors Kulturepoche in Krain.

1. Biographisches über Valvasor.

Wer Krain im Zeitalter Leopolds I. schildern will, kann nur von Einer bedeutenden Persönlichkeit ausgehen, welche für immer mit der Kulturgeschichte dieses Zeitraumes verknüpft ist. Es ist dies die hochherzige Gestalt *Valvasors*, welche an der Schwelle einer neuen, bessern Zeit steht, die Gestalt eines Mannes, der, selbst eine Personification seines Zeitalters, uns die getreueste Schilderung desselben hinterlassen, der seinem Vaterlande alles geopfert, um dessen ‚Ehre', die Thaten und Werke seiner Söhne, die Wunder seiner Natur, Sitte und Brauch seines Volkes der Nachwelt zu überliefern. Schuldiger Tribut unserer Dankbarkeit ist es daher, wenn wir an den Eingang dieser Kulturschilderung das Lebensbild des grossen krainischen Patrioten stellen.

Johann Weichard Freiherr von Valvasor war zu Laibach am 28. Mai 1641 geboren. Er entstammte einer uralten italienischen Adelsfamilie aus dem Bergamesischen, deren Ahnen schon im elften und zwölften Jahrhundert zu den höchsten Kirchenämtern emporstiegen. Drei von ihnen waren Erzbischöfe von Mailand, einer (Galdino) erlangte den Kardinalshut und war Papst Alexanders III. Legat in Oberitalien. Um das Jahr 1550 kamen Johann Baptista und Hieronymus Valvasor nach Krain. Der erstere ward Oberproviantmeister der windischen, kroatischen und Meergrenze und erwarb zu dem Familienbesitz im Bergamesischen — Gut Tellegat und Schloss und Feste Sperckenthurn — ansehnliche Herrschaften und Güter in Steiermark und Krain; dort Tüffer und Gonobitz, Haus und Grundstücke in und bei Pettau, hier Gallenegg[1] (1562), das früher im Besitze der Gall,

[1] Hier in der Schlosskapelle war die Familiengruft der Valvasor. Unseres Chronisten Eltern, seine erste Gemalin, mehrere Geschwister und Kinder desselben wurden hier beigesetzt. Valv. XI. 164: ‚Jetzt berührte Kapelle beruhet meiner lieben seligen Eltern Gebeine, wie auch etlicher meiner Brüder und Schwestern, dazu unterschiedliche Kinder unsers Geschlechts, darunter fünf meiner selbst Eigen und Leiblichen; wie auch meine vorige Ehelichste, die erst vor einem Jahr hineingelegt worden, welche allda einer fröligen Auferstehung mit einander erwarten.' Valvasors Vater stiftete (2. August 1650) ein mit vier Ganzhuben dotirtes Beneficium für diese Kapelle, zur Lesung einer Seelmesse an jedem Montage für die Verstorbenen von Valvasors Familie, und Messen an allen Marientagen. L. c.

Moskon und Herberstein war, Gurkfeld, Thurn am Hart und andere nicht benannte Güter und Gülten. Er vermälte sich mit Emerentia, der Tochter Veit Khisels, blieb jedoch kinderlos. In seinem Testamente vom 2. August 1581 erliess er allen seinen Unterthanen ihre Ausstände, bedachte die Spitäler in Gurkfeld und Tüffer mit ansehnlichen Stiftungen; der grösste Theil seines Besitzes überging an die Familie Moskon, mit welcher er durch seine Schwester Katharina verschwägert war; an seinen Vetter Hieronymus vererbte er Schloss und Feste Gallenegg mit anderen Gülten und in barem Gelde 10,000 Gulden. Dieser war der Stammvater der krainischen Linie. Er vermälte sich mit Agnes von Scheyer, und seine Söhne waren Bartolomäus (Verordneter und Generaleinnehmer in Krain) und Adam. Ersterer war zweimal verheiratet. Seine erste Gemalin war Maria Elisabeth Freiin von Dornberg, die zweite Anna Maria Freiin von Rauber. Beide Ehen waren reichlich mit Kindern gesegnet. Aus der zweiten stammte unser Geschichtsschreiber.[1]

Johann Weichard Valvasor vollendete seine Studien am Jesuitencollegium seiner Vaterstadt mit dem philosophischen Kurse und wurde dann in seinem 18. Jahre nach der Sitte der Zeit auf Reisen geschickt, um Kenntnisse und Lebenserfahrung zu sammeln. Er durchzog Deutschland, Italien und Frankreich. Hier hielt er sich in Lyon mehrere Jahre auf, um sich dem Studium der historischen Wissenschaft und der Alterthumskunde zu widmen. Im Jahre 1669 war er in Afrika. Ueber alles, was der wissbegierige junge Cavalier sah und hörte, führte er ein genaues Tagebuch. Er strebt unermüdlich nach Wissen und Belehrung, wenn es ihm auch nicht gelingt, sich von dem mystischen Zuge ganz loszumachen, welcher die Zeit beherrschte. Magie und Goldmacherei galten eben damals als ‚noble Passionen‘, welche ihre Adepten in den höchsten Kreisen der Gesellschaft fanden. In unserem Valvasor war jedoch dieser dunkle Drang nach Erweiterung der Grenzen menschlichen Wissens seltsam gemischt mit einem durchdringenden gesunden Verstande und philosophischer Anschauung des Lebens. Jenen nährten schon die ersten Jugendeindrücke, diese wuchsen durch fortschreitende Bildung und Erfahrung. Als Valvasor das Jesuitencollegium besuchte, stand der Teufelsglaube, von welchem die Reformationsperiode nichts wusste, auch in Krain in seiner Blüte. Er erzählt uns, wie ein Syntaxist (Schüler der vierten Klasse) aus vornehmem Hause sich durch einen Teufelsbanner verleiten liess, sich gegen

[1] Valv. IX. 106—109; XI. 162, 163.

Stecknadelstiche unempfindlich zu machen.[1] Auf seiner ersten Reise lernt Valvasor in Bamberg (1659) aus einem Verhörsprotokoll von Unholden und Zauberern manches neue über Teufelspacte. In Paris sieht er den Wahrsagerspiegel eines französischen Herzogs und erfährt von ihm das Geheimniss seiner Anfertigung. In Venedig lässt ihn (1669) ein Jude in einem solchen Spiegel sein Schloss Wagensperg sehen und theilt ihm auch das Geheimniss mit. Valvasor glaubte übrigens, dass sich solche Spiegel auch auf natürlichem Wege ohne Beihilfe des Teufels beistellen liessen. Er hatte schon in Lyon einen solchen ‚katoptrischen' Spiegel selbst hergestellt, der an diejenigen erinnert, welche von modernen Zauberern zu Geistererscheinungen auf dem Theater verwendet werden. Er sagt treffend, dass die Natur von einem ‚Stein der Weisen' nichts wisse, fügt aber gleichwohl hinzu: ‚Ich leugne nicht, es gebe eine Goldtinctur, welche allerlei Metall in das beste Gold tingire.' Dies habe er selbst im Jahre 1670 auf dem grossen Platze Bellecourt in Lyon in der Maison du Pin gesehen, wo ein Engländer anderthalb Pfund Kupfer mit einem Gran in das beste Gold verwandelt habe, ‚ohne einigen Betrug'. Ja in Wien will Valvasor im Oktober 1666 im Arnold'schen Hause nahe beim Rothenthurmthor, wo er bei einem Herrn Meintzer in Kost war, ‚ohn' einigen Betrug' ein Pfund Blei mit einem Gran Tinctur ins köstlichste Gold tingirt haben.[2] Diese Tinctur habe ein Herr Johann de Monte Sniders gemacht, welcher auch zwei chimische Tractate in Druck gegeben, sich aber später von Wien flüchten musste, weil ihm einige betrogene Goldsucher nachstellten. Doch fügt Valvasor dieser Erzählung seines ersten alchymistischen Experiments hinzu, dies sei kein ‚Goldmachen' gewesen, sondern nur eine ‚concentrirte Extraction' des Goldes, wobei ‚Mühe und Arbeit verloren geht und auch etwas Gold dazu'. Valvasor stand mit dieser Liebhaberei auch unter seinen Landsleuten nicht allein, denn er spielt darauf an, dass mehrere ihm befreundete Krainer über den Stein der Weisen schrieben, und ihre Werke in Deutschland Anklang fanden, wie er noch auf einer Reise dahin (1685) wahrgenommen. In Deutschland glaubten sogar einige ‚curieuse Liebhaber der chimia', jene krainischen Alchymisten wären wirklich im Besitze des lapis philosophorum gewesen. Dass jedoch all dieses mystische Zeug nicht vermochte, den gesunden Sinn Valvasors ganz zu umnebeln, zeigt er bei der Beurtheilung des Hexenwesens. Er meint, man solle nur

[1] Valv. XI. 86.
[2] Valv. III. 415.

jene bestrafen, welche wirklich zum Blocksberg fahren, nicht aber jene, welche blos davon *träumen*. Er meint, es werde manche Hexe und mancher Zauberer schuldlos verbrannt, und spricht sich nebenbei gegen die Tortur als Mittel zur Erforschung der Wahrheit aus,[1] das beste Zeugniss für seine Humanität, während sein gelehrter Commentator Francisci die Gelegenheit nicht vorübergehen lassen kann, eine Lanze für die Hexenrichter zu brechen und die humane Ansicht Valvasors, man könne für blosse Vorspiegelungen der Phantasie nicht mit dem Leben bestraft werden, als eine Ketzerei zu erklären. Aus mancher Aeusserung Valvasors ist zu schliessen, dass er den Aberglauben in seiner Geltung als kirchliches Dogma, wie es z. B. der Teufelsglaube war, mit einem gewissen Respect behandelte. So citirt er z. B. in Bezug auf Gespenster den Ausspruch des Joach. Curaeus: ‚Spectra saepius apparere solent timidis, quam cordatis, saepius mulieribus, quam viris' und fügt bei, dieser Meinung seien auch andere, sowohl katholische als protestantische Scribenten; das Urtheil darüber zu fällen, stehe aber nicht ihm (Valvasor), sondern ‚den Herren Geistlichen' zu, welche Worte Francisci, wie immer als Verfechter des Aberglaubens, commentirt. In einer diesem Excurs beigefügten Erörterung Valvasors über den ‚Lebensgeist' (‚spiritus astralis') offenbart unser Chronist nicht undeutlich fast moderne Ansichten, indem er sagt, dass beim Tode dieser ‚astralische' Lebensgeist ‚allgemach in sein primum principium, die astralische Luft, *verschwindet* und *vergeht*', so dass die ausdrückliche Erklärung am Schlusse dieses philosophischen Excurses: ‚Wenn er etwas der römisch-katholischen Lehre Widersprechendes enthalte, so möge es als nichts gelten' — nicht überflüssig erscheint, obwohl es stark wie Ironie klingt, wenn unser Autor gleich darauf fortfährt, er wolle diese seine philosophische Erörterung eben nicht als ‚Glaubensartikel', sondern ‚nur als vernünftige Gedanken' ausgeben.[2]

Von seinen Reisen zurückgekehrt, beschäftigte sich Valvasor eifrig mit dem Studium der Naturwissenschaften und der Mathematik, legte eine mehrere tausend Bände umfassende Büchersammlung und eine Sammlung mathematischer Instrumente an,[3] welche er auch wohl zu gebrauchen wusste; er erzählt selbst, dass er das Land vermessen und willens war, eine Landkarte anzufertigen.[4] Er sammelte ein reich-

[1] Valv. XI. 102. Die Stelle ist beachtenswerth.

[2] Valv. XI. 249.

[3] Valv. XI. 618. 619.

[4] L. c. II. 149.

haltiges Münzkabinet, welches jedoch durch seine Freigebigkeit bald vermindert wurde, indem er mehr als 8000 Stücke in kurzer Zeit an Freunde verschenkte. Eifrig forschte er nach edlen Metallen und brauchbaren Steinarten, wie Krystall, Jaspis, Agat, Adlerstein, Marmor. Er erzählt uns, dass er viele hundert Adlersteine in fremde Länder verschickt habe und dass es in Krain dreizehn Marmorarten gebe.[1] Er trachtete darnach, seine Kenntnisse dem allgemeinen Wohle dienstbar zu machen; er glaubte eine Erfindung zur Auffindung von Quellen gemacht zu haben.[2] Denn ihn beseelte eine besondere Vorliebe für die Naturwissenschaften. Wo er nur einen ‚curiosen' Mann in Erfahrung bringen können, schreibt er, sei er hingereist, kein Weg sei ihm zu weit, keine Gefahr zu gross, keine Mühe zu verdriesslich gewesen; die Hoffnung, etwas ‚Ungemeines' zu erlernen, habe alles versüsst.[3]

Indem Valvasor dem Vaterlande sein Schwert zur Verfügung stellte, eine Hauptmannsstelle in der Miliz (dem Aufgebote des Landvolks) annahm[4] und sich in der Zeit der Gefahr, wie wir gesehen haben,[5] als braver Kriegsmann bewährte, blieb er den Wissenschaften getreu. Er stand im Verkehre mit den bedeutendsten Gelehrten und Schriftstellern des In- und Auslandes, und die königliche Societät in London ernannte ihn zu ihrem Mitgliede. Während er so das Land fleissig durchforschte und seine Kenntnisse bereicherte, entstand in ihm der patriotische Plan zu einer umfassenden Beschreibung des Landes Krain; die reife Frucht unsäglicher Mühen und Opfer war sein unsterbliches Werk ‚*Die Ehre Krains*', eine vollständige historisch-topographische Landesbeschreibung in vier Foliobänden, 1689 in Nürnberg gedruckt und mit Kupferstichen geschmückt, welche von den im Jahre 1678 eigens auf das Schloss Wagensberg (das er 27. September 1672 vom Freiherrn Franz Albrecht Khaysell erkauft) berufenen Kupferstechern (Andreas Trost, Mathias Greyscher, Atzelt, Mungersdorf, Ritter) angefertigt wurden. Ein ehrlicher Patriot, schreibt Valvasor in der Widmung an die Landstände, müsse seinem Vaterlande nicht allein mit dem Schwerte, sondern auch mit der Feder dienen; die Natur, welche uns die Liebe zum Vaterland eingepflanzt, habe uns auch die Pflicht auferlegt, demselben mit allen unseren

---

[1] L. c. III. 430. 434.

[2] L. c. XI. 339.

[3] L. c. II. 416.

[4] L. c. IX. 6.

[5] Siehe oben S. 30.

Kräften zu dienen. Krain, obgleich ein schönes Kleinod unter den kaiserlichen Erbländern, sei, wie er auf seinen Reisen mit Befremden wahrgenommen, viel weniger bekannt, als es verdiene, während doch schon die Römer und die alten Deutschen es als den Schlüssel zu Italien und Deutschland hochgehalten, abgesehen von den vielen Sehenswürdigkeiten des Landes. Anderwärts eile man mit der Verkündung des eigenen Lobes, Krain dagegen habe immer mehr auf Thaten als auf Worte gehalten. Anfänglich, ehe noch Schönlebens Werk: ‚Carniolia antiqua et nova‘ erschienen war, hatte Valvasor die Absicht, sich auf die topographische Schilderung zu beschränken, als aber Schönleben starb und sein Werk unvollendet hinterliess, sah sich Valvasor um so mehr veranlasst, seinen Plan durch Einbeziehung der Geschichte zu erweitern, als, wie Valvasor sagt, Schönlebens Werk lateinisch geschrieben und daher nicht jedermann zugänglich und mehr von fremden Ländern als von Krain darin die Rede war. Der topographische und kulturhistorische Theil Valvasors ist zwar unbedingt der werthvollere, aber auch der historische ist für die Epoche des Mittelalters und der neueren Zeit sehr schätzbar durch die Benützung des landschaftlichen Archivs, eigener und fremder Aufzeichnungen und die Wahrheitsliebe des Autors. Die Reichhaltigkeit des Gebotenen ist staunenswerth in Anbetracht des Mangels aller Vorarbeiten, und die Ausschmückung mit Wappen, Ansichten von Städten, Schlössern u. s. w. durch Kupferstiche, deren sich bisher noch keine literarische Publication in Krain erfreut hatte, eine werthvolle Beigabe, welche freilich auch dem patriotischen Autor die schwersten Opfer auferlegte. Die Zeichnungen hat vielfach Valvasor selbst geliefert, was durch den Beisatz ‚*W D*‘ auf den Kupfern angedeutet wird.[1]

Des Verfassers Brustbild schmückt den ersten Band seines Werkes, ein freundlich wohlwollendes, behäbiges Antlitz, die Haare lang auf den Harnisch niederfallend, den federgeschmückten Helm zur Seite, mit der Umschrift: ‚Herr Johann Weyhart Freyh. zu Gallnegkh und Neudorff, Herr zu Wagensperg und Lichtenberg, Einer löbl. Landt. des Hörzogthums Crain in untern Viertl des Fuessvolkhs Haubtmann und ein Mitglied der Königlichen Societet in Engelland.‘ Unter den Huldigungsgedichten, welche nach der Sitte der Zeit dem Werke vorangestellt werden, finden wir das deutsche einer Katharina Regina, Frau von Greiffenberg, Freiherrin auf Seisenegg; ein krainisches von Josef Sisentschelli, ein kroatisches und ein dalmatinisches von Paul Ritter

---

[1] P. Marc., Biblioth. Carn. S. 8, Art. Atzelt.

aus Zengg. Bezeichnender als diese langathmigen Hymnen klingt aber das dem Haupttitel und Titelkupfer vorangestellte kleine Carmen unbekannten Verfassers:

Crain! wer dich kennt, dem blinkt gar schön dein Ehrenschein,
  Durch manches Kleinod, so Natur dir angehenket;
  Durch der Regierer Glanz, so dich mit Licht beschenket.
Fällt mir dein Ritter-Mut und grosser Fürst dann ein,
So muss *Carniola* ein *Carneol* mir sein:
  Dieweil dein Oberhaupt viel Ehre zu dir lenket.
  Der Himmel ist es selbst, der deiner Ehren denket,
Der angeerbet dich dem Ost-Haus', edles Crain.

Die *Fama* lässt von dir den Ehren-Schall auch hören,
  Dass du den Glauben stets, dem Mond zu Trutz, beschützt,
  Mit tapffrem Stahl und Bley auf Ost-Reichs Feind geblitzt,
Der seine Ruhe kam und deine Treu zu stören,
Die Treu, so manches Land mit Ehren kann belehren.
  Jetzt, da dein Adlerhaupt triumphverehrlich sitzt
  Und der vertbierte Szyth vor Aengsten Blut schier schwitzt,
Muss auch dein' Ehre nun defs Lesers Lust vermehren.

Mit der ‚Ehre Krains' war Valvasors Thätigkeit noch nicht erschöpft, er wurde auch der Topograph Kärntens und versuchte sich auf manchem andern Gebiete der Wissenschaft. Sein Corrector und Commentator Francisci zählt[1] ausser dem Hauptwerke nachstehende Schriften Valvasors auf:

1. Passionsbüchlein. Laibach 1679, in 4°, ‚mit schönen und zierlichen Einfassungen in Kupfer, gezeichnet von Johann Wiriex mit unglaublich grossem Fleiss und Geduld.'

2. Topographia Ducatus Carnioliae modernae das ist Konterfeyt aller Städte, Märkte, Klöster und Schlösser des Herzogthums Krain in ihrem heutigen Stande. Gedruckt zu Wagensperg 1679, in fol., mit mehr als 300 Kupfern.

3. Topographia Arcium Lambergianarum, Castellorum et Dominiorum in Carniolia, ad vivum iconizata. Wagensperg 1679, fol.

4. Metamorphosis Ovidiana auf Kupfern abgebildet, dabei unter jedwedem Kupferstück lateinische Carmina. Wagensperg 1680, fol.

5. Topographia Archi-Ducatus Carinthiae modernae. Das ist, alle des Erzherzogthumes Kärnten heutige Städte, Märkte, Klöster und Schlösser, ihrem gegenwärtigen Stande nach, in Kupfer. Wagensberg 1681, fol. Mit mehr als 200 Kupfern.

---

[1] Anhang zum VI. Buch S. 367 f.

6. Topographia Carinthiae Salisburgensis, id est, Episcopatus, Praepositurae, Civitates, Oppida, Arces et Castella, quae Archi-Episcopatus Salisburgensis in Carinthia possidet. Wagenspergi 1681, in fol.

7. Theatrum Mortis humanae tripartitum das ist Schaubühne des menschlichen Tods in drei Theilen mit schönen Kupfern geziert. Pars Prima: Saltus mortis (Todtentanz). Secunda: Varia Genera Mortis. Tertia: Varia Tormenta Damnatorum (Unterschiedliche Höllenpein der Verdammten). Alles mit aus lateinischen carminibus und teutschen Versen bestehenden dialogis oder Sprachwechslungen, wie auch teutsch und lateinischen Sprüchen heiliger Schrift und schönen Kupferstücken geziert. Laibach 1682, 4°. Die Kupfer in Wagensberg beigedruckt.

8. Im Jahre 1671 liess Valvasor in Bamberg ein Büchlein, aus dem Französischen verdeutscht und ohne Beisetzung seines Namens, drucken.

9. Charta Geographica Carinthiae d. i. Landcharten des Erzh. Kärnten. Wagensperg 1685, ohne Beisetzung des Namens.

10. Charta Geographica Carnioliae, oder Landkarten des Herzogthums Krain. Wagensperg 1684.

11. Charta Geographica Croatiae. Wagensperg 1685.

12. Topographia Archiducatus Carinthiae. Nürnberg 1686, fol.

13. Satyrischer Ovidius mit deutscher Beschreibung und mehr als 170 Kupfern. 12°.

14. Luminis Naturae Tom. I. de Vitro, 4°, in zehn Büchern. Betrifft Glasbläserei und Malerei, Emailarbeit u. dgl.

15. Luminis Naturae Tom. II. de Pasta, 4°, in zehn Büchern. Handelt von Gips, Alabaster, Marmel, von Tingiren, Beizen, Härten etc.

16. Luminis Naturae Tom. III. de Colore, 4°, Zubereitung der Farben, Firnisse, Oele u. s. w. betreffend.

17. Luminis Naturae Tom. IV. de Sympathia et Antipathia, in 4°. Zehn Bücher. Darin wunderliche und seltene Exempel der Sym- oder Antipathie.

18. Luminis Naturae Tom. V. de Fuco (von der Schminke), 4°, ebenfalls in zehn Büchern.

19. Luminis Naturae Tom. VI. de Medicina, 4°, d. i. allerlei Chymische, Galenische und mancherlei andere sonderbare Secreta und Experimenta für allerlei Zustände.

20. Flos Physico-Mathematicus, drei Bände in Fol., Valvasors ‚selbsteigene Experimente und Proben' und viele seiner Erfindungen enthaltend, befand sich im Jahre 1689 noch unter der Feder des unermüdlichen Autors und sollte ebenfalls durch viele Kupferstiche erläutert werden.

Die letztgenannten acht Werke blieben Manuscript.

Eine Beschreibung des Zirknizer Sees unter dem Titel: Lacus Cirknicensis rarissimi Carnioliae Cimelii potiora phaenomena etc. erschien in den ‚Acta Eruditorum Lipsiensium 1689 Mensis Decembris' pag. 634—644.[1] Valvasor hatte den Zirknizer See in den Jahren 1684 und 1685 wiederholt zur Zeit des Zu- und Abflusses besichtigt.[2]

Schon ein Blick auf Valvasors Hauptwerk würde es begreiflich machen, dass die Kräfte eines Privatmannes durch solch grossartigen Aufwand zur Hervorbringung und würdigsten Ausstattung seiner Geistesarbeit erschöpft werden mussten, da dieselbe doch nur einen beschränkten Kreis von Abnehmern — in dem allerdings zahlreichen, doch im allgemeinen nicht reichen Adel des Landes, der höheren Geistlichkeit und Beamtenschaft — finden konnte. Dazu die sonstige schriftstellerische Thätigkeit und die Sammlerlust des Freiherrn, der allerdings ein nicht unbedeutendes Vermögen ererbt, aber auch schon in jüngeren Jahren damit nicht gespart hatte, wo es galt, den Geist und die Erfahrung durch Reisen und Studien zu bereichern. So kam es denn, dass Valvasor, der die Güter Gallenegg,[3] Schwarzenbach,[4] Wagensperg[5] und Lichtenberg[6] besass, im Jahre 1690 sich gezwungen sah, seine reichhaltige Bibliothek dem Bischof Ignaz Mikulič in Agram zu verkaufen, nachdem er dieselbe vergeblich den krainischen Ständen zur Gründung einer landschaftlichen Bibliothek unter sehr billigen Bedingungen angeboten.[7] Seine letzten Lebensjahre verlebte der Geschichtsschreiber Krains in dürftigen Verhältnissen in Gurkfeld, wo er noch im Februar 1693 von Jakob Vodnik, einem Vorfahren unseres berühmten Dichters und Sprachforschers, ein Haus (jetzt Nr. 85) er-

---

[1] P. Marc. Biblioth Carnioliae S. 57.

[2] Valv. III. 632.

[3] Valv. XI. 162.

[4] L. c. 517.

[5] L. c. 619.

[6] L. c. 337.

[7] Details über Valvasors Bibliothek, welche sich gegenwärtig in den Räumen des fürsterzbischöflichen Metropolitanarchivs in Agram befindet, bei Radics: Valvasor, biographische Skizze, Graz 1866 S. 26—30. Unter den Manuscripten werden da aufgezählt: ein über 700 Blätter zählender, schön gebundener Foliant: Miscellanea, auf 449 Blättern die genealogischen Notizen über alle Adelsfamilien Krains von Schönleben und die verloren geglaubten Jahrbücher Chröns etc. umfassend; das grosse Wappenbuch, zusammengestellt von Valvasor und gemalt von Bartl Ramschissl (1688); eine Kupferstichsammlung von 18 Bänden; die Cartons zu den Schlösserbüchern (Topographien) von Krain und Kärnten etc.

kauft hatte.[1] Hier beschloss er sein der Wissenschaft und dem Vaterlande geweihtes Leben im September 1693.

Laibacher Freunde widmeten ihm eine nicht mehr vorhandene Grabschrift, welche der Historiker Johann Gregor Thalnitscher von Thalberg abfasste und welche lautete:

D. O.
JOANNI WAICHARDO VALVASORIO
LABACO ORIUNDO
INCLITI DUCATUS CARNIOLIAE
COSMOGRAPHO
REGIAE SOCIETATIS ANGLIAE ACADEMICO
ANTIQUITATUM STUDIO NULLI SECUNDO
QUI
DOMESTICA MUSIS
AMICA PIETATI
BELLICA LITERIS
ADJUNXERAT
OB
UNDIQUE STRENUE GESTA
FACUNDUM HOC AD POSTEROS
MONUMENTUM
S. P. Q. L.
PONI CURAVIT
III. ID. DECEMB. MDCXCIII.

Valvasor hatte sich zweimal vermält. Die erste Ehe schloss er am 10. Juli 1672 mit Anna Rosina Graffenwegerin, welche 25. April 1687 starb, die zweite am 20. Juli 1687 mit Anna Maximilla Freiin Zetschgerin. Aus der ersten hatte er vier Töchter und fünf Söhne, aus der zweiten eine Tochter.[2] Der Name Valvasor wird noch lange nach dem Tode seines grössten Trägers ehrenvoll genannt. Der Oberstlieutenant Graf Valvasor des Regiments Nr. 18 (Stuart) machte 1737 mit der Schabatzer Garnison den ersten Angriff auf die Türken, indem er am 12. Juli die Schanze Lesnica angriff, den Aga mit 47 Türken erlegte und zwei Fahnen erbeutete.[3]

Das *Schloss Wagensperg*, die Stätte, wo Valvasor in der Mitte seiner wissenschaftlichen Schätze lebte und wirkte, hat, im ganzen

---

[1] Mitth. 1857 S. 115.
[2] Valv. IX. 109.
[3] Gräffer, Gesch. der k. k. Regimenter S. 78.

noch wohl erhalten, seitdem oft den Besitzer gewechselt.[1] Noch vor dem Tode Valvasors gelangte es (8. Oktober 1692) in die Hände Johann Andreas Gandini's von Lilienstein, dann durch Heirat an Anton Alex. von Höffern (1750), durch Zwangsverkauf an Michael Skubc (1793), durch Weiterveräusserung an Johann Nep. Wagathei (1801), von dessen Erben es Weriand Fürst Windischgräz (1853) an sich brachte.

2. Laibach zu Valvasors Zeit. Die Juden. Die Landstädte und Märkte. Bäuerliche Industrie und Landeskultur.

In keinem der entschwundenen Zeitalter blickt uns das Bild unserer Landeshauptstadt so vertraut entgegen, wie in jenem Valvasors. Hier ist es uns, als würde es auf den Gassen und Plätzen der alterthümlichen Stadt lebendig, als blickten wir auf das bewegte Leben und Treiben unserer Altvordern, als gewänne das Bild mit einem mal plastisches Leben und träte aus seinem Rahmen heraus. Wir schlagen die Chronik auf und verweilen mit dem Blick auf der prächtigen Ansicht von Laibach.[2] Sie liegt da in sicherer Hut des alten, schon von den Landeshauptleuten der kärntner Herzoge bewohnten und bewehrten *Bergschlosses*, welches aus dichtem Wald hervorragt, der nur auf der gegen Norden gewendeten Seite sich in dünnes Gehölz verliert. Das Schloss bietet den Anblick einer weitläufigen, mit Thürmen und Basteien versehenen Feste, auf der Nordseite sogar mit einer dreifachen Mauer eingefasst, welche aber, seit die Raubzüge der Türken aufgehört haben, in ziemlichen Verfall gerathen ist, so dass sie, wie unser Chronist versichert, keinen Feindesanfall aushalten könnte. Es hat auch keine eigentliche Besatzung, sondern in Friedenszeiten nur eine Wache von zwölf Mann, welche der Burggraf befehligt. Dagegen lugen von seinen Wällen schussbereit die Geschütze, welche jedoch schon lange mehr die Verkünder festlicher Tage, als todbringende Sturmzeichen sind. Auch die furchtbaren *Verliesse*, in welche man ehemals die gefangenen Türken an Seilen hinabliess, werden nur mehr neugierigen Besuchern gezeigt, denen ein Blick in die ‚abscheuliche Tiefe‘ kein geringes Grausen verursacht. Wohnlichere Kerker sind für christliche Uebelthäter bestimmt. Wir finden auch da eine Sehenswürdigkeit: Ein Laibacher Wirth, Plautz, wegen ‚grosser Schlägereien und Rauf-

[1] Blätter aus Krain 1859 S. 90.

[2] Valv. XI. 666. Vgl. die kleinere Abbildung S. 336.

händel' da oben festgesetzt, hat mit dem Satan einen Bund gemacht, damit er ihn der Ketten und Bande entledige. Wie es dabei hergegangen, hat er an den Mauern seines Gelasses eigenhändig abgerissen und gemalt. Der Böse hat auch Wort gehalten und seinen neu gewonnenen Freund bei hellem lichtem Tage durch alle Thore und Wachen hindurchgeführt, worauf dieser letztere ihn jedoch billig um seine Seele betrogen, indem er nun plötzlich dem Teufel zu Trotz fromm geworden und bis an sein seliges Ende bussfertig gelebt. Auch drei *Wachtthürme* zählt das Schloss, welche mehr friedlichen als kriegerischen Zwecken dienen. Da ist der ‚Pfeiferthurm', wo ein schönes Horn vorhanden, das seiner Kunst halber gar berühmt. Abends, wenn Tag und Nacht sich scheiden, und zuweilen auch des Morgens lässt man es weithin erschallen. Es begleitet auch Solennitäten in der Stadt, Bürgermeister- oder Richterwahl, und auf einem offenen Gange lassen sich hier um 11 Uhr mittags, Sommers fast alle Tage, öfter auch im Winter, die ‚Stadtthurner' in ihrer grünen Liberey, mit drei Posaunen und einer Zinken (Cornet) hören. *Das war die erste Stadtmusik von Laibach.* Sie spielte auch in den Häusern bei Hochzeiten und anderen ‚Ehrenfreuden' und geleitete die Hochzeitszüge aus der Kirche heim. Auf dem Pfeiferthurm wurde auch täglich um 7 Uhr früh eine Glocke geläutet, zum Andenken, dass der ‚türkische Bluthund' um eben diese Stunde von der belagerten Stadt mit Schimpf abgezogen. Hier residirt auch der *Feuerwächter*, der alle von der grossen Thurmuhr schlagenden Stunden auf einer kleinen Glocke nachzuschlagen hat, um dadurch seine Wachsamkeit zu bethätigen. Im Falle eines Feuers hat er die Glocke anzuschlagen und bei Tag, wie noch heutzutage, eine rothe Fahne, bei Nacht eine Laterne auszuhängen, ebenso in Feindesgefahr, und diese Verpflichtung theilten auch die Wächter auf zwei anderen Schlossthürmen, auf der Ostseite und auf der Bastei ober dem Karlstädter Thor.

Die älteste *Befestigung* gehört dem Mittelalter an, doch war sie noch unvollkommen; die erste regelmässige Anlage von Mauern, Thürmen, Brustwehren, Basteien und Gräben begann 1519 und war 1592 noch nicht vollendet. Vom Bergschlosse herab zogen sich zur Stadt zwei *Ringmauern* am nördlichen und südlichen Ende der Stadt, die erstere ungefähr in der Richtung der Studentengasse, die zweite in jener des alten Rathhauses (jetzt Nr. 167 am alten Markt); später, als die Stadt sich in dieser Richtung erweiterte, entstand eine dritte, in der Gegend der S. Florianskirche endigende. Der Laibachfluss bildete gleichsam den natürlichen Festungsgraben, in den sich die

Ringmauer an seinem rechten Ufer hinzog und nur zwei Zugänge über die untere (Spitals-, jetzige Franzens-) und die obere (Schuster-, jetzt Hradecky-) Brücke offen liess. Sechs *Thore* bewachten die Zugänge zur Stadt: das *Karlstädter Thor* (pisane urata) an der Unterkrainer Strasse; das *Wasserthor* (vodne urata) am äussersten südlichen Ende der Stadt, wo der Fluss durch ein an die Wehr sich anschliessendes Fallgatter abgesperrt wurde; das *Deutsche Thor* (Nemške urata) auf der linken Uferseite, an das Deutsche Haus sich anschliessend; das *Vicedomthor* (Vicdomske urata), ebenfalls auf der linken Uferseite, wo jetzt der Eingang zur Herrengasse; das *Spitalthor* (Spetalske urata) auf dem rechten Flussufer, mit einem Brückenkopf auf der linken Uferseite, an der Stelle der jetzigen Franzensbrücke; endlich das nördlichste Thor, wegen des benachbarten Franziskanerklosters (jetziges Gymnasialgebäude) das *Klosterthor* (klosterske urata) genannt. Alle diese Thore wurden von Georgi bis Michaelis um 9 Uhr, und von da bis Georgi um 8 Uhr abends auf ein Glockensignal von dem Pfeiferthurm geschlossen.

Beschauen wir uns das *Innere* der Stadt mit ihren 400 bis 500 meist drei-, selten zwei- bis vierstöckigen, nett gebauten, gegen die Flusseite zu meist mit offenen Gängen und Balconen versehenen Bürgerhäusern, mit einer Bevölkerung von 20,000 Einwohnern, dreissig engen Gassen und zwei Plätzen, dem alten und dem neuen Markt. Sie bietet einen freundlichen Anblick mit ihren *Gärten*, theils in steifem französischem Geschmack mit abgezirkelten Blumenbeeten, theils mit ungekünsteltem dichtem Baumschatten, ja sogar mit einem Naturpark von Buchen und anderen Bäumen und einem ‚schönen lustigen Spazierweg' den Schlossberg hinauf. Die Perle dieser Lustorte, der *Auersperg'sche Garten vor dem Vicedomthore*, mit seinen Volièren und Grotten, Springbrunnen und Wasserkünsten, Marmorbildern und raren Blumen, seinem Kaninchenberg und Schwanenteich, seiner Fasanerie und seinem Sommerhaus hat bereits gebührende Erwähnung gefunden. Er barg ausserdem noch eine Reitschule und ein Schiesshaus für den ritterlichen Adel des Landes, welcher auch ausser der Stadt ein Ballhaus und einen Reitplatz zur Uebung seiner Jugend eingerichtet hatte. Die *Bürgerschaft* hatte aber ihr besonderes *Schiesshaus*, auf welchem im Sommer alle Sonntage nach der Scheibe geschossen wurde. Dies war kein blosses Sonntagsvergnügen, sondern jeder neu aufgenommene Bürger war verpflichtet, durch zwei Jahre auf dem Schiesstande zu erscheinen und sich im Schiessen zu üben, worin ein von der Stadt besoldeter Lieutenant die Bürgerschaft unterwies, damit sie sich dessen auch in ernster Zeit zum Schutze der Vaterstadt bedienen könne. Wie die Alten ihren Schiesstand, hatte aber die Jugend ihre *Fecht-*, *Tanz-* und *Sprachmeister*, damit sie dereinst in Scherz und Ernst, auf dem glatten Parket und auf dem lauten Markt des Lebens ihren Mann stellen könne.

Mustern wir die *hervorragendsten Bauten* des alten Laibach, so ist das *Palais des Landeshauptmannes* Wolf Engelbrecht von Auersperg, dessen Lustgarten wir bereits erwähnt haben und dessen Geschmack die Stadt ihre vielen hübschen und nutzbaren Gartenanlagen zu danken hatte, ein grossartiger Bau im Viereck, mit weitem Hof und Raum für drei fürstliche Hofhaltungen, seinem auf luftiger Höhe angelegten Orangen- und Citronengarten, seiner Bibliothek und seiner Kunstkammer voll seltener Schaustücke und köstlicher Gefässe vor allen zu nennen. Das *Landhaus* bietet nichts bemerkenswerthes, als etwa die Achazikapelle, eine Stiftung der Gegenreformation, in welcher die Stände bei Eröffnung der Landtage die Messe hören, dagegen zeigt das *Rathhaus* mit seinem säulengetragenen Vorbau in seinem Innern die kunstreichen Wandgemälde des Antonio Gerici und an seiner dem Platz zugewendeten Fronte das Wahrzeichen der Stadt Laibach, Eva mit dem Apfel und ihr Gegenstück Adam, zwei Steinfiguren von trefflicher Arbeit. An öffentlichen Gebäuden hatte Laibach noch drei *Zeughäuser*, das landesfürstliche und das landschaftliche am Schlossberge, das bürgerliche zwischen dem Franziskanerkloster und den Häusern des Domcapitels am Laibachufer, dieses wohlversehen mit ‚allerhand Gewehr auf die alte Manier‘ und schönen Geschützen, darunter die sogenannte ‚Pfeife‘, d. i. vier Rohre auf einer Lafette artig zusammengefügt. Ferner war da das *Oberaufschlagamtshaus* am ‚Rain‘ (Rann), das *Wag-*, das *Kornhaus* (oder die sogenannte *Brodkammer*) am alten Markt und das *Salzhaus*. Hier walteten sechzehn von der Stadt bestellte Salz- und Getreidemesser ihres Amtes, schon durch ihre Zahl für den lebhaften Verkehr in diesen Artikeln zeugend. Zwei *Brunnen*, vor dem Jesuitengymnasium und vor dem Rathhause, der erstere 1656, der letztere 1660 kurz vor Kaiser Leopolds Ankunft errichtet, beide von Marmor und durch Wasserleitung gespeist, spendeten der Stadt das unentbehrlichste Lebensbedürfniss.

Kirchen zählt unser Chronist dreizehn auf: den Dom, die Jesuitenkirche bei S. Jakob,[1] U. L. Frau im Deutschen Hause, Mariä

[1] Diese Kirche wurde 1701 nach einer durch Erdbeben erlittenen starken Beschädigung unter dem Rectorate des P. Rudolf von Lewenberg neu hergestellt, und es wurde damals das Chronogramm ober dem Hauptportal angebracht: Magno

Himmelfahrt bei den Franziskanern (jetziges Gymnasialgebäude), die Spitalskirche S. Elisabeth im Bürgerspital, die Kirche S. Lorenz, vordem Fridolin am Rann, S. Florian auf dem alten Markt, S. Georg am Schlossberg, S. Mariae Lauretanae, bei den Discalceaten (jetziges Civilspital), Kapuzinerkirche S. Joannis Evangelistae (am Platze vor dem Vicedomthor, wo jetzt die Sternallee), die Klosterkirche der Clarisserinnen (jetzt Militärverpflegsamt) und endlich die Pfarrkirche S. Peter in der Vorstadt der Metzger, die älteste Kirche Laibachs. Mehrere dieser Kirchen waren nicht allein für den frommen Besucher, sondern auch für profane Wissbegierde von Interesse: jene der Franziskaner umschloss das Erbbegräbniss des ältesten und berühmtesten krainischen Geschlechts, der Grafen von Auersperg; die Elisabethkirche des Bürgerspitals war denkwürdig durch kostbare Grabdenkmäler in Marmor und Bronze, die Kirche von S. Florian verdankte ihre Entstehung einem Gelübde in Folge der grossen Feuersbrunst des Jahres 1660, und auch die Errichtung der *Mariensäule* vor der Jesuitenkirche war die Folge eines Landtagsbeschlusses vom 14. Jänner 1664, womit die Stände über Anregung des Kaisers Leopold erklärten, das Fest der unbefleckten Empfängniss Mariä hinfür auf ewig zu feiern, und zur grösseren Verherrlichung dieses Mysteriums eine Mariensäule aufstellen zu lassen. Der Anfang zur Ausführung dieses Werks ward im März 1680 gemacht; unser Valvasor betheiligte sich in hervorragender Weise an derselben, indem er nicht nur die Zeichnung zur Marienstatue entwarf, sondern das Postament und den Säulenschaft, auf dem sich jene erhob, selbst modellirte. Das Modell der Statue fertigte der Bildhauer Wolf Weisskirchner in Salzburg, und den Guss bewerkstelligte der Laibacher Glockengiesser Christoph Schlag im Giesshause vor dem Carlstädter Thor, am 16. Dezember 1681.

Seit der Gegenreformation hatte der Katholicismus in Laibach wieder allen seinen Einfluss zurückerobert; der Generation, welche an der Bibel festhielt und alles äusserliche Formelwesen der römischen Kirche als Abgötterei verwarf, war eine in der Schule der Jesuiten erzogene gefolgt, welche Klöster gründete und mit Stiftungen bereicherte, Kirchen baute und Denksäulen für neue kirchliche Dogmen setzte, welcher die regelmässigen gottesdienstlichen Formen nicht genügten, daher ihre Freude am geschäftigen Treiben der Bruderschaften

Deo et sanCto IaCobo. Mitth. 1858 S. 68. Zur Erbauung der Kapelle des h. Franz X. hatten die Stände 1667—1669 dem damaligen Rector P. Josef Frey 5500 Gulden und zur Consecrationsfeier 150 Gulden bewilligt. Mitth. 1863 S. 87; Landtagsprot. XXI. 231. 240.

und am Schaugepränge der Wallfahrten und Processionen. Der *Bruderschaften* gab es in Laibach zwölf, von denen die ansehnlichsten die des Frohnleichnams mit einem eigenen Hause nächst der Domkirche, in dessen Hofe sich 2000 Personen versammeln konnten, und jene des heiligen Dismas, gegründet 1688 durch Wolf Sigmund von Kühnbach, kaiserlichen Verweser in Idria, dem sich der Oberbergrichter Franz Jakob von Erberg anschloss. Ihr Historiograph war Johann Gregor Thalnitscher von Thalberg, der die Biographien der Mitglieder schrieb.[1] Der Bruderschaft Redemptoris Christi verdankt die *Laibacher Charfreitagsprocession* ihre Entstehung. Diese bestand aus 23 Figuren oder vielmehr symbolischen Gruppen, unter denen z. B. Andromeda, von Perseus befreit, die Erlösung der hilflos dem Verderben preisgegebenen Menschheit durch den Messias versinnlichte. Der Umgang ging von den Kapuzinern aus durch die Herrengasse, den Neuen Markt, die Schustergasse, Schusterbrücke bis nach S. Jakob, dann zurück und über den Platz bis zu den Franziskanern (das jetzige Gymnasialgebäude am Schulplatz); von hier wieder zurück durch die Spitalgasse, über die Spitalsbrücke, Kapuzinergasse (jetzige Theatergasse) zu den Kapuzinern. Der Zug hielt von Zeit zu Zeit still, das waren die Leidensstationen. Den Heiland stellten anfänglich Personen des hohen Adels vor, später gedungene Leute; die Juden wurden von den Tirnauern und Krakauern, später aber auch von gedungenen Leuten vorgestellt.[2] Eine ähnliche Procession ging am Gründonnerstage von den Jesuiten aus; es gab dabei viele sich selbst Geisselnde und Kreuzträger (die zur Busse ein Kreuz schleppten), und es wurde das Leiden Christi in Figuren dargestellt. Ausserdem hatten noch die Bruderschaften ihre besonderen Umgänge, und fast kein Sonntag oder Jahrmarkt ging ohne eine Wallfahrt vorüber.

Vorstädte zählte Laibach in dieser Epoche nur drei, jene der Metzger ausser dem Spitalthore, und auf der entgegengesetzten Seite der Stadt jene der Fischer — die Krakau — und der Schiffleute — die Tirnau.

Die Stadt Laibach erlangte die *Bestätigung* ihrer alten *Rechte, Freiheiten* und *Privilegien* von Kaiser Leopold, 6. September 1660.[3] Ihr *Stadtrath* theilte sich in den innern und äussern; jener, aus zwölf Personen bestehend, wurde von der Bürgerschaft aus den ‚Reichsten

---

[1] Mitth. 1862 S. 4 f.

[2] Mitth. 1857 S. 100; 1859 S. 92.

[3] Mitth. Dezember 1852; 1866 S. 31.

und Verständigsten' auf Lebenszeit gewählt, und diese ernannten dann jährlich 24 Personen aus der Bürgerschaft für den äussern Rath. Das ,Volk' oder die ,Gemeine', aus 101 Männern bestehend, hatte den Stadtrichter aus zwei vom innern Rath vorgeschlagenen Personen zu wählen, während der Bürgermeister aus dem innern Rath durch Stimmenmehrheit gewählt wurde. Zur Verwaltung der Gerichtsgeschäfte wurden dem Stadtrichter aus dem innern und äussern Rath Bürger beigeordnet, mit deren Hilfe er die bürgerlichen Civil- und Strafsachen schlichtete. Prozesse in die Länge zu ziehen, galt bei den Laibacher Bürgern für ,schändlich'. Die Appellation vom Stadtgericht ging an den Vicedom, als den Vertreter des Landesfürsten.

Vor Zeiten gingen die Zwölfe des inneren Rathes von Laibach in Purpurgewändern, wie die venetianischen Edelleute oder die Flamines der Römer, dagegen die des äusseren Raths in schwarzen ,Talaren'; zu Valvasors Zeit war mit der alten Blüte der Stadt auch die Festtracht ihrer Erwählten geschwunden, bei festlichen Gelegenheiten erschien aber der Rath in schwarzer spanischer Tracht, als dem Hofkleide. Sowohl Bürgermeister als Stadtrichter hatten ihre Bedienten in grüner ,Liberey' (Livrée). Unter den Bürgermeistern Laibachs zeichnete sich Johann Baptist Thalnitscher, seit 1663 wiederholt Stadtrichter, seit 1672 durch das Vertrauen seiner Mitbürger an die Spitze der städtischen Verwaltung berufen, durch gemeinnützige Thätigkeit aus und wurde am 31. Dezember 1688 in den Adelsstand des heiligen römischen Reichs mit dem Prädicate ,von Thalberg' erhoben.[1]

Der *Nationalität* nach war die Laibacher Bürgerschaft sehr gemischt, die meisten Bürger, fast ein Drittel der ganzen Bevölkerung, waren Einwanderer aus der Fremde. Es wohnten da ,unter einander und gleichsam in einem Schafstall' Krainer, Steirer, Kärntner, Kroaten, Italiener, Tiroler, Baiern, Sachsen, Franken, Schwaben, Schlesier, Mährer, Böhmen, ja sogar Dänen, Pommern, Holländer und Franzosen, geeint durch Sitte und ,deutschredliche Treue', beisammen. Man verspürte wenig von Zank und Hader und niemandem fiel es ein, über die ,fremde Ferse' zu klagen, um so mehr, als die gefürchtetsten Concurrenten, die Juden, längst aus dem Felde geschlagen waren. Sie erhielten sich nur mehr auf dem flachen Lande in Pflegen und anderen Diensten, wie ein Patent Kaiser Leopolds vom Jahre 1672 beweist, welches deren Abschaffung anordnet.[2] Am 2. April 1683 fand

[1] Blätter aus Krain 1863 S. 188.

[2] Meine Skizze: ,Die Juden in Krain' Feuill. der Laibacher Zeitung 1866.

man an der Strasse nach Kroisenegg einen hebräischen Denkstein, der auf einen hier bestandenen Judenfriedhof gedeutet wurde.

Der *Handel* machte die Laibacher Bürgerschaft reich; sie lieferte nach Italien Eisen, Wolle, Korn, Vieh und tauschte dafür Seide, Tuch, Salz, Gewürze und die Leckerbissen des Meeres ein. Aus Kroatien bezog man von alters her Pelzwerk und Vieh. Nach Deutschland, insbesondere nach Salzburg und Baiern, gingen jährlich viel tausend Zentner Honig, die feinen Weine Italiens, Quecksilber und Kupfer, und es wurden von dort gegerbtes Leder, Wolle und Gegenstände des Haushalts eingeführt. Der Salzhandel war von Kaiser Leopold mit Patent vom 10. September 1661 freigegeben worden. Man bezog das Salz aus dem venetianischen Istrien, aber auch aus den Salzgärten von Triest. Das nach Laibach gebrachte Salz musste hier verkauft werden.[1] Die Blütezeit der Laibacher *Gewerbe* war jedoch vorüber, die Hutmacher hatten vor der Einnahme Candias durch die Türken fast das ganze Königreich mit Hüten, Baretten- und Kappen versehen. Ehemals gab es auch in der Polana eine Papiermühle und in der Tirnau eine Glashütte. Die Stadt hatte jetzt nur noch einige Industrie in Spitzen nach niederländischer und venetianer Art, die einen Ausfuhrartikel bildeten, und seit einigen Jahren hatte man den Tabakbau begonnen, auf dessen Gedeihen man viel Hoffnung setzte, der jedoch wie es scheint, bald wieder aufgegeben wurde. Dagegen finden wir, wie bereits erwähnt,[2] den ersten Glockengiesser vor dem Karlstädter Thore, also an dem nemlichen Platze, wie heutzutage. Von den zwei Badstuben, welche Laibach im Mittelalter zählte, finden wir nur mehr die capitlische, hinter der Domkirche, genannt, welche im Jahre 1663 verkauft wurde. Im Jahre 1704 besass sie Jakob Menegatti.[3] Die Badstuben waren übrigens im Laufe des siebzehnten Jahrhunderts aus Tummelplätzen geselligen Vergnügens zu Werkstätten der Bader geworden, welche das als Präservativmittel beliebte Aderlassen und Schröpfen und andere Zweige der Wundarzneikunde betrieben.

Die Zahl der *Kleingewerbe* war sehr beträchtlich und daher auch ihre Arbeit sehr billig. Unter den *Taglöhnern* werden Fuhrleute, Eseltreiber, Pferdevermiether, Schiffleute, Fischer, Holzhauer, Boten, Lastträger, Gärtner aufgeführt. Ein Taglohn betrug vier bis fünf Groschen;

[1] Mitth. 1862 S. 72 f.
[2] Siehe oben S. 49.
[3] Vicedomarchiv.

davon genügte ein Groschen für die Tageskost, daher der Taglöhner sein gutes Auskommen fand. Das Leben in Laibach war überhaupt billig; die Stadt wurde nicht allein durch Handel und Gewerbe mit guter und wohlfeiler Ware, sondern auch durch die Wochenmärkte mit Esswaren wohl versorgt. Besondere Sorge verwendete der Laibacher Rath auf *vollwichtiges Brod*. An der Laibach, in der Nähe der sogenannten Brodkammer, war der unredlichen Becken Richtplatz; dort wurden sie nemlich ‚ins Wasser geschupft', worunter wir jedoch wol kein Ertränken, sondern nur ein zwar unangenehmes, doch nicht lebensgefährliches Untertauchen zu verstehen haben. Aus dem Jahre 1696 wird über grosse Theuerung berichtet. Damals kostete ein Star Weizen 14 Gulden und im Laibacher Lazareth befanden sich 500 Bettler.[1]

‚Seit ungefähr 50 Jahren — schreibt unser Chronist im Jahre 1679 — ist die Stadt an Pracht der Gebäuen und Menge der Einwohner (man schätzte diese damals auf 20,000), auch sonst, die Wahrheit zu gestehen, an Gepränge merklich gewachsen. Denn da man, zu Anfang dieses Jahrhunderts, etwan vier Carossen gesehen, so werden nunmehr über 50 gezählt.' Demgemäss stieg auch der *Luxus* in den Genüssen der Tafel. Die Reichen ‚belustigten' sich mit ‚Schleckerbisslein', liessen ‚Schleckereien' aus Italien, Austern von der Meeresküste kommen; diese Feinschmeckerware ward so stark eingeführt, dass sie in Laibach fast leichter aufzutreiben war, als in Triest. Im Fasching steigerte sich das Wohlleben zur Zuchtlosigkeit; es war da in Laibach, nach dem Zeugniss des Laibacher Arztes M. Gerbez, kein Haus, wo es nicht bis Sonnenuntergang Gelage und Excesse gab.[2] Zur Sommerszeit liebte man es, nach eingenommener Mahlzeit des Abends auf der Laibach bei Musikbegleitung spazieren zu fahren, ‚indem der Fluss in anmuthiger Stille fortschleicht und also durch kein Rauschen dem Musikklange einen Eintrag thut'.

Auch in der *Tracht* gab sich der Hang zum Luxus kund. Die Laibacher wichen darin keiner der ersten Städte Deutschlands. Die Vornehmen trugen sich entweder deutsch oder französisch. Bürgerstöchter und Frauen trugen weisse Schleier oder ‚gekräusten Flor', was vormals nur adeligen Matronen aus den vornehmsten Häusern zustand. Als diese sahen, dass ihre Tracht von den Bürgersfrauen nachgeahmt wurde, fingen sie an, um ‚vor dem gemeinen Volk etwas besonderes zu haben', nach deutscher Manier schwarzseidene Kappen oder Flöre

---

[1] Kluns Arch. S. 61.

[2] Lippich, Laibacher Topographie. Laibach 1834, S. 113.

zu tragen. Aber auch in diesem neuesten Modeartikel thaten es ihnen die Frauen und Töchter der Rathsherren nach, welche zu den edlen Geschlechtern gezählt wurden. ‚Und wie diesem Frauenzimmer die Prachtlust gleichsam angeboren ist, also trachtet gemeiniglich eine die andere in Schmuck und Zierrath zu übertreffen.‘

Liebte aber der Laibacher Bürger auch Prunk und Wohlleben fast zu sehr, so lässt es sich ihm nicht nachsagen, dass er darüber den Werth der geistigen Güter verkannt hätte. Er liess seine Söhne die Schulen der Vaterstadt besuchen und schickte sie dann in fremde Länder an eine Akademie, um dort ihre Erziehung zu vollenden. Mancher Bürgerssohn machte oft nicht minder glänzende Carrière als der Adel, denn dieser war durch Gegenreformation und Krieg decimirt und verarmt und hatte nur mehr das Privilegium der Geburt voraus.

Umgangssprache war in Laibach neben dem Slavischen das Deutsche, auch, bei Adel und Kaufleuten, das Italienische; in der Schrift bediente man sich nur des Deutschen.

Da wir schon einmal von dem Laibacher *Leben* reden, so müssen wir, wie unser Chronist witzig bemerkt, auch der *Luft*, als einer zum Leben höchst nothwendigen Sache, gedenken. Die Laibacher Luft wurde ‚von etlichen, die allzu grosse Zärtlinge oder aber davon keine rechte Erfahrenheit haben‘, fälschlich als ungesund verschrien; Merian und Blaeu, dieser in seiner Cosmo-, jener in seiner Topographia, erklärten sie ebenfalls für ungesund wegen des Nebels, der im Herbst und Winter die Luft ‚verdunkle‘, aber unser Valvasor vertheidigt den leider nicht wegzuleugnenden Nebel: im Herbst zeitige er das Wälschkorn, im Winter sei er gesund, und wenn er des Morgens einfalle, mache er zu Mittag einen heiteren Himmel. Der Feuchtigkeitsgehalt der Luft sei für die Schwindsüchtigen gesund; die Pest, welche in nebelfreien Gegenden angeklopft und viele dahingerafft, habe sich im Laufe des Jahrhunderts in Laibach kaum einmal gezeigt. Es kämen auch manche bei diesen Nebeln zu hohem Alter, und es wären deren noch mehrere, wenn es der ‚übermässige Trunk‘ nicht verhinderte. Es seien Exempel vorhanden, dass Männer 50 Jahre mit einer Frau ‚ehlich gehauset‘ und die zweite Hochzeit nicht nur erlebt, sondern überlebt; auch Ehen mit 24 Kindern kämen vor, wobei Valvasor an sein eigenes Haus gedacht haben mag, denn sein Vater Bartolomäus, wenn er die Häupter seiner Lieben zählte, brachte volle zwei Dutzend heraus, und unser Chronist selbst hatte zehn Kinder. Die Vertheidigung der Laibacher Luft haben übrigens auch hochverdiente Laibacher Aerzte, Franciscus de Coppinis[1] und Marcus Gerbez,[2] Zeitgenossen Valvasors, und in neuester Zeit der geistvolle Topograph Laibachs, Dr. Lippich,[3] auf wissenschaftlichem Wege geführt. Dr. Lippich erkennt an, dass schon zu Valvasors Zeit, ‚wo doch mehrere unleugbar gesundheitswidrige Einflüsse noch existirten', das Klima Laibachs in seinen Hauptmomenten vertheidigt werden konnte und musste.[4]

Die Chronik der *localen Ereignisse physischer Natur* und verderbenbringender Wirkung ist in Valvasors Epoche für Laibach geringer als in früheren. Grössere *Feuersbrünste* gab es nur in den Jahren 1660, wo am 17. September fünfzehn Häuser bei S. Florian, in dem ärmsten Stadtviertel, zur Asche wurden, und 1676 am 4. März, wo die Brunst in der Vorstadt nächst dem Spitalthore 40 Häuser verzehrte, während in dem am 23. Juli 1685 in der Vorstadt hinter dem Garten der Clarisserinnen (Galave Ulze) ausgebrochenen Brande nur fünf Häuser zugrunde gingen. Auch die *Pulverexplosion* im Jahre 1686, wo auf dem Schlossberge ein Pulverthurm mit 500 Zentner Pulver in die Luft flog, dabei ein Stück der Ringmauer zertrümmerte und umherschleuderte, auch in der Stadt in fast allen Häusern Fenster und Oefen zertrümmerte, ging ohne bedeutenden Schaden vorüber; einige benachbarte Häuser bei S. Florian stürzten ein, wobei ein Student verunglückte, und schnelle Hilfe rettete die beiden anderen benachbarten Pulverthürme.[5] *Erdbeben* suchten Laibach zwar öfter heim, aber unsere Chronik berichtet nichts von grösseren Verheerungen. Am 1. September 1669 morgens vier Uhr wird das erste verzeichnet, und es wiederholte sich am 29. Dezember desselben Jahres ‚mit unglaublicher Gewalt'. Ob das starke Erdbeben im folgenden Jahre (1670), welches Freudenthal ‚mit grossem Gekrach' erschütterte, auch in Laibach empfunden wurde, wird nicht berichtet, ebensowenig bezüglich des Erdstosses, der am 10. März 1689 vier Uhr früh ganz Krain heimsuchte und von einer seit Menschengedenken unerhörten Heftigkeit war, doch in Oberkrain sich mit geringerer Gewalt äusserte, daher wohl auch Laibach nicht so hart betroffen haben dürfte.[6] Noch wird

---

[1] Bei Valvasor III. 329 f. ist dessen Abhandlung vollständig abgedruckt.

[2] Vindiciae aurae Labacensis, Laibach 1710, 8°.

[3] Topographie der k. k. Provinzialhauptstadt Laibach, Laibach 1834, ein Werk, welches noch heutzutage insbesondere in biostatischer Beziehung seinen Werth behauptet.

[4] Lippich l. c. S. 391.

[5] Valv. XI. Jes. Diar.

[6] Valv. XI. 143, 718; XV. 608.

ein starkes Erdbeben in Laibach am 19. und 27. Februar 1691 und ein sich über ganz Krain ausdehnendes vom Jahre 1699 berichtet.[1] Am 18. Juli 1672 wüthete in Laibach ein *Orkan*, der die schöne alte Linde hinter der Domkirche mit der Wurzel ausriss.[2] Der gefürchtete Würgengel der *Pest*, welche in den Jahren 1679 und 1680 rings um das Land in Wien, Steiermark, Kärnten, Görz und Kroatien wüthete, verschonte Laibach,[3] wo übrigens keine Vorsichtsmassregel vernachlässigt worden war und der Magistrat mehrere tausend Gulden für die Durchführung der strengsten Quarantaine verwendete. Wachen waren an den Landesgrenzen aufgestellt, der Verkehr auf der Save eingestellt und bei Todesstrafe verboten worden, jemand über das Wasser zu führen.[4]

Werfen wir zum Schlusse dieses Abschnittes noch einen Blick auf das Leben und Treiben der Krainer Landstädte und Märkte, an der Hand unseres Valvasor.[5]

Adelsberg, aus dem Besitze Johann Weichards Fürsten von Auersperg in den seines Sohnes Ferdinand übergegangen, wird als ein ‚lustvoller' Markt mit schönen Häusern und ‚zierlichen' Wohnungen für die durchreisenden Fremden, der weltberühmten Grotte — welche Valvasor zwei Meilen weit mit Fackeln durchforschte, ohne ihr Ende zu erreichen, und in deren Stalaktitsäulen ihn seine aufgeregte Phantasie die seltsamsten und abenteuerlichsten Fratzen, Schlangen, Thier- und Teufelsgestalten schauen liess,[6] — und mit einem trefflichen Gestüte der Karster Race, geschildert.

Alben (Planina), in seinem tiefen Gebirgskessel von weiten Wäldern und düsteren Wildnissen umgeben, ehemals der Stammsitz des ausgestorbenen Geschlechts der Herren von Alben, nun im Besitze des Landeshauptmanns von Krain, Fürsten Johann Seifried von Eggenberg, ein offener Markt, dessen Lage die Befestigung ersetzte, hatte wenig Baufelder, aber desto mehr Wald, und seine Bewohner ernährte theils die Viehzucht, theils der Transport von Holz und Kaufmannsgütern auf Triest und Oberlaibach, daher auch hier ein Zoll- oder Aufschlagsamt bestand.

---

[1] Kluns Arch. I. 61, 62.

[2] Valv. XI. 725.

[3] Gerbez, Chronologia medico-practica, Frankfurt 1713, S. 125.

[4] Kluns Arch. I. 58.

[5] XI. Buch, welche Quelle daher nicht weiter citirt wird.

[6] S. besonders die merkwürdige Abbildung der Grotte, IV. 535.

Asling (Jesenice), von der hier häufig wachsenden Esche so benannt, in Oberkrain am Eingang des oberen Savethals, in einem lustigen ‚Geu' zwischen dem hohen Schneegebirge, ein zur Herrschaft Weissenfels gehöriger Markt, dessen Herr Johann Friedrich Graf von Trillek, hatte seine Bedeutung in seinen unterirdischen Schätzen, einem Marmorbruch und den nahen grossen Hammerwerken Sava und Bleiofen, im Besitze der Buccelleni und Locatelli, von denen erstere den edelsten Stahl weit und breit verschickten.

Bischoflack, die alte Bischofstadt, nicht gross, aber volkreich, durch Mauern geschützt, trieb einen lebhaften Handel nach Deutschland und Italien, hatte viele Rosshändler und starke Leinwand- und Zwirnfabrication für den Export. Es hatte eine bewaffnete Bürgercompagnie von 100 Mann.[1]

Crainburg (Krainburg), die alte Markgrafenstadt, deren Privilegien Kaiser Leopold I. am 12. März 1661 bestätigte, hat sich unseres Valvasor Missfallen zugezogen durch die entschiedene Weigerung, ihm Einsicht in ihre alten Freiheitsbriefe zu gestatten. Nachdem er sie wiederholt um Mittheilung derselben zum Zwecke seiner Landeschronik angesprochen und endlich seinen Schreiber zum Stadtrichter geschickt, konnte er nur die mündliche Antwort erlangen: ‚Sie hätten zwar schöne Privilegien, wollten's aber niemanden zeigen.' Deswegen unser Valvasor in seinem Unmuth über das Geheimhalten der Krainburger meint, niemand stelle sonst sein Licht unter den Scheffel; diese guten Leute hätten aber hierin eine besondere Manier, ‚dürfften ihre Privilegien lieber den Schaben und Motten, weder (als) einem Authori communiciren'. Welcher Nachtheil ihnen selbst dadurch zufliesse, bedächten sie nicht, er wolle ihnen aber zeigen, wie leicht man Privilegien durch Unachtsamkeit verscherzen könne. Im Jahre 1495 hätten die Bürger von Laibach und Krainburg ein Beneficium zu Aachen im Niederland an der von Kaiser Karl dem Grossen erbauten Kirche U. L. Fr. gestiftet und daher beide das Recht der Präsentation sich vorbehalten, weil aber die Krainburger ihr diesfälliges Recht nicht ausgeübt, hätten sie es verloren. Valvasor will ferner wissen, die Krainburger hätten ausser uralten Münzen alte krainische Becher, silberne und goldene Geschirre nebst vielen andern Antiquitäten, welche seinem Werk zur Zierde gereicht hätten. Auch die Krainburger nährten sich durch allerlei Hantirung und Handel und hatten am Marcustage einen

[1] Mitth 1863 S. 100.

stark besuchten Pferdemarkt. Am 10. August 1668 hatte übrigens eine Feuersbrunst mehr als die Hälfte der Stadt eingeäschert.

Freienthurn (Podbrezje) an der Kulpa, befestigt zum Schutze gegen die Türken, wie das gleichnamige Schloss im Besitze der Burgstalle, seinen Namen führend von der ritterlichen Vertheidigung gegen den Erbfeind, war ein kleiner Markt mit wenigen schlechten Häusern, mehr ein Zufluchtsort für die umwohnenden Landleute, als eine Stätte bürgerlicher Betriebsamkeit.

Gottschee, zu Valvasors Zeit stark befestigt mit Thürmen und einem den Wall umgebenden Wassergraben, wurde von Kaiser Leopold laut Verordnung der Regierung in Gräz vom 30. September 1667 dem Grafen Wolf Engelbrecht von Auersperg wegen der ‚stattlichen, ansehnlichen und wohl erspriesslichen Dienste', welche er in langjähriger trefflicher Landesadministration, als Landeshauptmann, geleistet, mit Vorbehalt der allerhöchsten Gerichtsbarkeit, der Contribution und Anlagen geschenkt. Im Jahre 1684, 21. Juli mittags zwischen elf und zwölf Uhr, wurden Stadt und Schloss von den Flammen verzehrt, die Einwohner retteten kaum ihr nacktes Leben, im Kirchthurme schmolzen die Glocken.

Kostel (Castel), ein kleiner, auf einem isolirten Bergkegel, dessen Spitze das Schloss Grafenwart krönte, gelegener Markt, mit einer starken Ringmauer, aber wenigen und schlechten Häusern und Bewohnern kroatischer Tracht und Sprache, früher im Besitze der Ortenburger und der Cillier, fiel nach den letzteren an den Landesfürsten und kam endlich als Pfandschillingsherrschaft in den Besitz der Freiherren von Langenmantel.

Gurkfeld, ursprünglich im Besitze eines im vierzehnten Jahrhundert ausgestorbenen gleichnamigen Geschlechts, dann im Besitze der Cillier und von diesen an den Landesfürsten gefallen. Die Herrschaft gelangte zu Ende des sechzehnten Jahrhunderts in den Besitz des Freiherrn Joh. Bapt. Valvasor, von diesem im Erbswege an die Freiherren von Moskon und durch Kauf an die Strassoldos. Die Stadt blieb landesfürstlich.

Laas, ein kleiner aber ziemlich bevölkerter Ort, dessen Stadtprivilegien Kaiser Leopold 1660 bestätigte, hatte Leder-, Salz- und Getreidehandel und weit berühmte Pferdezucht. Die ‚Säumer' brachten das Salz vom Meere auf Saumrossen hieher und setzten es hier gegen Getreide um. Wer Getreide einführte, durfte es nicht wieder fortführen, sondern musste es hier niederlegen, bis sich ein Käufer für dasselbe fand, ein nicht seltenes Vorrecht der Städte, welches allerdings geeignet war, die Versorgung mit diesem wichtigsten Lebensbedürfniss zu sichern.

Landstrass zählte im Jahre 1686 81 kleine hölzerne Häuser. Die Annalen des Städtchens sind ein eintönig Klagelied von Misswachs und Theuerung, Brunst und Ueberschwemmung, Soldateneinquartierung und Plünderung durch die Uskoken, türkische Ueberläufer, welche die österreichische Gastlichkeit schlecht vergalten. Wir lesen da:

1662 hat im Monat Dezember lauter Eis geschniben, ist der Weizen und Roggen den nachgeruckten Frühling ganz verdorben, dass man kein Sichel gebraucht, im Sommer der Schauer geschlagen, dass man in Feld und Weingarten gar nichts gefechst.

1663, 17. April, ist das arme Stättl in eine Feuersbrunst gerathen und damals in die 38 Häuser, Komaun (Gemeindehaus) und S. Niklaskirchen zu Aschen gelegt worden.

1664 ist ein theures Jahr gewest, dass ein Scheffel Heiden ein Gulden dreissig Kreuzer und das Viertel Wein, obschon gar schlecht gewesen, neun Kreuzer d. W. gekostet.

1666 ist ein dürres Jahr gewest, dass das Getreid im Feld wegen der grossen Darr zu nichts worden, hat also die arme Burgerschaft mit grosser Mühseligkeit von andern weiten Oertern mit grossen Kosten das Getreid zu täglichem Unterhalt erkaufen müssen.

1667 ist der Sommer ein Zeit dürr und der ganze Herbst nass und kalt gewesen, dadurch der Wein gar schlecht und nichts nutz gerathen, dass man solchen nicht hat versilbern können, sondern also theils umgestanden, theils selbst austrinken müssen, hat der arme Mann ihm (sich) wiederum nicht helfen können.

1671 ist wiederum gar wenig Getreid gerathen, dass also viel arme Leut vor Hunger gestorben.

1672 mittelmässig das Getreid und der Wein gerathen, dass damals als reich ästimirte Leut nicht ein halbes Jahr das liebe Brod zum Essen gehabt haben.

1674 ist der Heiden mehrmalen verdorben und zu nichts worden, wodurch die Burgerschaft in ziemliche Armuth gerathen. Eodem anno den 20. Oktober ist das arme Stättl durch einen Schelmen rachgieriger Weis mit allem Fleiss angesteckt worden und damals siebzehn Burgershäuser abgebrannt und über die 2000 Gulden zum Schaden gebracht.

1675 ist der Sommer nass und kalt gewesen, dass der Weinstock erst nach Johanni im Sommer geblüht, der Herbst nass erschienen, dass die Weinbeer nicht zeitigen können, sondern seind also hart verblieben, das Getreid in simili nicht gerathen, dass die Leut theils durch Hungersnoth gar gestorben sein.

1681 ist der Wasserstrom Gurk jähling so stark aufgeschwollen, dass derselbe in der Stadt durchaus und in den Burgershäusern bei denen Fenstern aus- und eingeflossen, damals grossen Schaden an Hausmobilien zugefügt, viel Stuck grosses und kleines Vieh zum Untergang gebracht, im Feld viel Getreid überschwemmt, theils verschüttet, theils gar davongetragen, wodurch viel Burger zur Armuth gerathen.

1684 das hoch und niedere Vieh allda in dem armen Stättl schier alles verendt.[1]

In welche Fährlichkeiten das Städtchen mit den Conventualen des Cistercienser-Stifts Maria-Brunn bei Landstrass mitunter gerieth, erzählt uns in drastischer Weise nachstehende Eingabe von Richter und Rath zu Landstrass, 1. August 1662, an Franz Seifried Grafen von Thurn-Valesassina, Vicedom in Krain:

‚Gnedig und hochgebietender Herr Herr Landsvicedom! Euer hochgräflichen Gnaden und Herrn in Gehorsam zu klagen, wie dass sich am Feste S. Jacobi abends um 9 Uhr zwen Conventherren aus dem Kloster Landstrass, nachdem sie von habendem Tanz nach Haus gangen, haben sie auf unserer Pruckhen einen burgerlichen Pupillen, Janschen Kuchar ohn einig ihnen gegebener Vrsach mit Schlägen angegriffen und geschlagen. Darauf ist der arme Pupill flüchtig und sich in eines Burgers Andreen Stehle Behausung retirirt; darauf sein gestracks die andern Conventherren als Herr P. Essich, Herr P. Kamblanz, Herr Fr. Reringer und Herr Fr. Zwetin vor besagten Burgers Behausung mit grosser Furia hingeloffen, daselbsten dem Burger die Fenster eingestossen, das Hausthor eingerannt und einen solchen Gewalt verbracht, dass obbesagter Burger um den Stadtrichter sich verfügen müssen. Indeme, wie die Patres gesehen, dass der Stadtrichter kommen solle, haben sie sich mit ihren Knechten, Dienern und bei sich habenden Leuten mit selbst tragenden Stangen und Prügeln zum Stadtthor retirirt, alsdann die Schlagpruckhen eingenommen, verwacht und gar nicht geistlich, sondern als wann eine halbe Compagnie Dragoner das arme Stattl einzunehmen abgeordnet wären worden, sich solichergestalt verhalten und erzeigt haben. Ueber solchen verbrachten Muthwillen hat unser Herr Stadtrichter im Namen der löblichen Landsobrigkeit bei 1000 Dukaten in Gold (Strafe) protestirt, dass sie weiter

[1] Mitth. 1864 S. 79.

keinen Muthwillen anfangen sollen. Ungehindert solchen starken Protestationen ist Herr Fr. Zwetin zum Stadtrichter gesprungen, denselben bei der Hand ergriffen und laut geschrien: Wir wöllen erstlich den Stadtrichter, hernach aber die anderen alle nach ihm ins Wasser hinunter werfen. Zu diesen allen hat unser Herr Stadtrichter als ein geduldiges Schaffel, damit nicht etwan sollten darunter Mordthaten ablaufen, nachgegeben und aber die nach und nach zusammen geloffene Burgerschaft zuruck und nach Haus geschafft und also alle fernere Ungelegenheiten verhütet. Und weilen uns nicht allein diese obenerzälte, sondern andere mehr grosse Ungelegenheiten durch das Kloster, dero Gesind und Unterthanen zu sagen täglich angethan und wir nun länger solches nicht gedulden können, sondern in solchen Turbirungen Eu. Hochgräflichen Gnaden in Gehorsam referiren etc.‘[1]

Wir finden nicht, dass der demüthigen Klage des Stadtrichters gegen die geistlichen Herren Folge gegeben worden wäre; der Einfluss des Prälaten mag wohl weiter gereicht haben, als jener der Kleinbürger von Landstrass.

Der Markt *Littai* — dessen Benennung Valvasor durchaus von dem lateinischen ‚litus‘ ableiten will, weil es doch possirlich wäre, wenn man den daraus gebildeten krainischen Namen ‚Litja‘, was ‚Menschenfett‘ bedeute, als die Urbenennung gelten lassen wollte, — mit der Herrschaft Weichselburg dem Fürsten Ferdinand Auersperg gehörig, hatte schon mit dem Brande vom 11. April 1636, der nicht nur Markt und Schloss, sondern auch den naheliegenden ‚lusthegenden‘ Eichenforst verzehrte, seinen Wohlstand verloren.

Loitsch, ein kleiner Markt am Eingange des Birnbaumer Waldes; mit schönem ebnen Baufeld und Wiesengründen, im Besitze des Landeshauptmannes Fürsten Johann Seifried von Eggenberg, ward im Juli 1688 durch einen Blitzstrahl getroffen, der sechs Häuser in Brand steckte.

Möttling, unter dem Uskokenberge, nahe der Kulpa, mit schönen ebenen Feldern, Wein und Getreide wohl versehen, war durch die Türkeneinfälle und im Jahre 1646 durch die Pest in solche Armuth gesunken, dass es sich noch zu Ende des 17. Jahrhunderts nicht hatte erholen können. Die Seuche hatte in zwei Jahren 1200 Menschen hingerafft, viele Häuser verödeten, die Ringmauer verfiel; um die Steuer bezahlen zu können, mussten alle der Stadt gehörigen Gründe verkauft werden, und doch blieben noch 1209 Gulden rückständig, um

[1] Vicedomarchiv.

deren Nachsicht die Stadt 6. Mai 1686 sich bittlich an den Vicedom Adam Grafen Ursini-Blagay wendete.[1]

Nassenfuss (Mokronog, Madipedium), ein schön gelegener Markt mit schönen Baufeldern, lustigen Wiesengründen, Obst- und Weinwachs, war durch Krieg und Feuersbrunst in grosse Armuth gerathen. Es gehörte der Freifrau Maria Margaretha Khaysell.

Neumarktl, am Loibl, wurde durch die Landstrasse in zwei Theile getheilt; der obere gehörte zum Schlosse Neuhaus, der untere zum Schlosse Altguttenberg, war voll gewerbfleissiger Leute, welche Corduanleder in rother und schwarzer Farbe bereiteten, das weit und breit nach Italien und in das römische Reich ausgeführt wurde. Ausserdem wurden hier Meslan, kupferne und eiserne Geschirre angefertigt, und der Ort gelangte so zu gedeihlichem Wohlstand.

Oberlaibach war ein grosser Markt, wohlhabend als Stapelplatz für die von Italien nach Laibach gehenden Waren, welche hier auf die Laibach verladen wurden. Es wohnten hier viele Frächter, Rossverleiher und Handelsleute, aber der grosse Brand vom Jahre 1670 versetzte dem Orte einen harten Schlag.

Rudolfswerth, als die ‚fürnehmste‘ Stadt nach Laibach geltend, hatte durch Türkeneinfälle, Pest und Feuersbrunst schon im sechzehnten Jahrhunderte sehr gelitten, doch war es damals noch ein Mittelpunkt der Grenzvertheidigung, der Verproviantirung und Soldzahlung an das Kriegsvolk; diese Vortheile verlor die Stadt, als Karlstadt entstand, und die früher lebhafte Handelschaft nach Kanischa, für welche Rudolfswerth der Niederlagsort war, fiel mit der Einnahme von Kanischa durch den Türken.

Senosetsch war durch Kriegsläufte sehr in Verfall gerathen, es war der Stapelplatz für das Triester Meersalz.

Stein war ehemals reich durch Kaufmannschaft und zur Zeit der Türkenkriege ein Lieblingssitz des Adels. Zur Zeit Valvasors war es aber so in Abnahme gerathen, dass der vierte Theil der Häuser eingefallen, alle Kaufmannsgewölbe bis auf eines gesperrt waren und man das schönste auf ein Jahr um zwei Kronen in Bestand nehmen konnte. Die Bevölkerung war verarmt. Als Ursache des Verfalls gibt Valvasor die Fortschritte der Türken in der kroatischen Grenze an, da die Handelsrichtung nach Kroatien ging. Im Jahre 1660 hatte die Stadt zudem durch eine Feuersbrunst starken Schaden gelitten. Stein hatte seine Gemeindeverwaltung nach dem Muster der Laibacher: einen

[1] Vicedomarchiv.

innern Rath, bestehend aus zwölf Rathsherren und dem Stadtrichter, und einen äussern aus zehn Bürgern, während die ‚Gemeine' aus 24 Bürgern bestand. Die innere Verwaltung führte der innere Rath, der sich jeden Freitag versammelte und alle schweren Händel schlichtete, während die kleineren dem Stadtrichter überlassen wurden. Der äussere Rath versammelte sich jährlich zweimal: am Mittwoch nach Pfingsten zur Reambulirung der Grenzen und Erhaltung des städtischen Besitzstandes, und am Festtage der h. Margaretha mit Zuziehung der ‚Gemeine' und des Stadtschreibers zur Wahl des Stadtrichters, welche jedoch vom innern Rath geprüft wurde. Unter den Beamten der Stadt wird auch der *Schulmeister* genannt; leider liegt nichts näheres über die hiernach in Stein bestandene Schule vor. Die Stadt hatte von ihren alten bedeutenden Privilegien noch das Landgericht und den Anspruch auf Sitz und Stimme im Landtage. Sie besass treffliche Felder, Wälder, darunter den Feistrizwald am Fusse der Alpen, und das Fischereirecht gemeinsam mit der Herrschaft Kreuz. Das Wappen der Stadt war, wie bereits erwähnt, eine Jungfrau mit einem Schlangenschweif ‚zwischen einem Thor', und wurde dessen Entstehung auf die an die sogenannte ‚Kleinfeste' nächst Stein sich knüpfende Schlangensage zurückgeführt. Dort bewachte nemlich eine heidnische Jungfrau Veronica einen Schatz; sie liess sich in Gestalt eines wohlgezierten schönen Frauenbildes früh und abends am Wasser nächst der Kleinfeste sehen, ‚mit dem Fürgeben, wie sie ein heidnisches Fräulein von dem Geschlecht derer, so die Kleinfest innegehabt, und (dass sie) bis auf den jüngsten Tag allda zu leiden verbannt wäre, wofern sie nicht ein reiner Junggesell mit einem dreimaligen Kuss erlösen würde, dem auch nach geschehener Erlösung sie mitsammt dem in diesem Schloss Kleinfest enthaltenen Schatz (so sie öfters durch eiserne Gitter in Lägeln und Häfen aufbehalten neugierigen Personen gezeigt) zufallen würde'. Das arme Fräulein verschwendete fruchtlos seine Beredtsamkeit an die furchtsamen Steiner, bis sich endlich nach langem Suchen ein tugendhafter Jüngling fand, der auf Zureden von Fraumuttern, die ihm den Schatz und das daran haftende Glück mit lebendigen Farben schilderte, sich entschloss, die ‚nicht unliebliche' Jungfrau zu küssen. Aber nach dem zweiten Kuss ward das schöne Fräulein ‚abscheulich und wild' und ihr holdseliger Leib veränderte sich nach unten in einen ‚Schlangenschweif', so dass der tapfere Jüngling vor dieser Missgestalt sich entsetzte und die Flucht ergriff. Darauf liess die Schlangenjungfrau einen Jammerschrei hören, klagte, dass ihre Wiedererlösung nun bis auf den jüngsten Tag unmöglich sei, verschwand und ward nicht mehr gesehen. Den Steinern blieb aber von all den Schatzhoffnungen nichts, als ein — Schlangenschweif.

Die alte Stadt *Tschernembl* hatte sich guten Baufeldes, schöner Heumatten, vielen Obstes, auch guten und starken Weins zu erfreuen. Ihre Einwohner waren Kroaten in Sprache und Tracht; ihre Häuser durfte man nicht übermässiger Pracht beschuldigen. Sie ward auch mehrmals durch Feuer verwüstet, und ihre verfallene und verlassene Ringmauer war kein Schrecken für den Erbfeind mehr, der sie in früheren Jahren so oft und immer vergeblich berannt.

Die uralte Stadt *Weichselburg* — die Sage versetzt ihre Erbauung in das Jahr 552 v. Chr. — war vor Zeiten zierlich und sauber, hatte prächtige Wohnungen; jetzt war sie in Verfall gerathen, manches Haus verödet; hier hatte das Feuer öfter übel gehaust.

Der Markt *Weissenfels* mit rein deutscher Bevölkerung, wie die Umgegend, hatte die Verpflichtung, bei Feindesgefahr seine Bürgerschaft zur Bewachung des Schlosses zu stellen. Es scheint also, dass er ursprünglich von Dienstmannen der Herrschaft bewohnt war.

Der Markt *Wippach* war berühmt durch seinen Wein; hier hatten auch die Grafen Lanthieri als Besitzer der Herrschaft eine Tuchfabrik errichtet.

Während der grösste Theil der Landstädte in Krain mehr ackerbauende als gewerbetreibende Einwohner zählte, äusserte sich in der *Bauerschaft* seit jeher ein von den Grundherren im Interesse ihrer Steuerfähigkeit unterstützter *Handelstrieb* und *Gewerbefleiss*. In Oberkrain gab es viele ‚Sämer', d. i. Warenführer, welche auf Saumrossen Wein, Oel, Salz, Getreide, Leinwand, Eisen, Stahl und andere Kaufmannsgüter bis Graz, Wien, Salzburg, Triest, Görz brachten. Andere führten auf kleinen Wagen (grosse Lastwagen gab es hier nicht) Stahl und Eisen wöchentlich zweimal nach Laibach und nahmen als Rückfracht Getreide und andere Lebensbedürfnisse für die Oberkrainer Bergwerke mit. Viele handelten auch mit Pferden, welche vorzüglich in Feichting, Safniz, Strasisch und Zirklach gezüchtet wurden, und Leinwand nach Italien.

Fast in allen Dörfern Oberkrains wurde der sogenannte ‚Meslan' gewirkt, nicht allein für den heimischen Bedarf, sondern auch für den Export. Das grosse Dorf S. Georgen war der Sitz der Fabrication von grobem Packtuch, Kotzen und Decken. Die Oberkrainer Siebböden gingen bis Sinigaglia und der Schafkäse unserer Alpen wurde in Deutschland für Parmesan verkauft. Das rothe und schwarze Corduanleder, welches in diesem Theile des Landes erzeugt wurde, hatte seinen Absatz weit ins deutsche Reich. Das Fell der Rellmaus (Billich), an deren Fang sich eine wahre Waldromantik in altem Stile knüpft, auf welche wir noch zurückkommen werden, ging seiner Billigkeit und Brauchbarkeit wegen bis ins deutsche Reich, nach Holland, England, Frankreich, Italien und in die Niederlande. Der seltsamste Handelsartikel waren wohl Scorpione, aus denen die Apotheker ein Oel als Gegengift gegen ihren Biss bereiteten; der betriebsame Krainer wanderte damit in weite Ferne, bis Holland, England, Frankreich. Der Unterkrainer brachte sein Hauptproduct, den Wein, auf Wagen nach Laibach; die Waren aus Kroatien und Steiermark führte er auf der Save herauf; er handelte mit Leinwand, Honig und Flachs und lieferte Ochsen bis Venedig. Mitterkrain (die heutigen Bezirke Gottschee, Grosslaschiz, Reifniz, Laas, Möttling, Tschernembl) mit seinen verschiedenen Völkerracen zeigt das mannigfaltigste Bild der Handels- und Gewerbethätigkeit. Die deutschen Gottscheer verlegten sich auf die Fabrication von allerlei Holzwaren; die zwischen Rudolfswerth und Möttling angesiedelten Uskoken, slavische Ueberläufer aus der Türkei, suchten ihre Nahrung meist ‚mit Plündern und Rauben‘ bei Freund und Feind, ‚handelten und betrogen‘ mit Pferden, jagten allen Erwerb geschwind durch die Gurgel, gaben aber sonst gute Soldaten, besonders für den Parteigängerkrieg an der türkischen Grenze ab. Die Kroaten um Möttling, Freienthurn, Weiniz, Tschernembl hatten das beste Weingebirge und treffliche Viehweide, zogen aber einen frischen fröhlichen Stegreifritt über die türkische Grenze auf ihren flinken, ausdauernden Rösslein dem mühvollen Leben des Frächters und Handwerkers vor. Die ‚rechten‘ Krainer endlich waren fleissige Ackerbauer und Viehzüchter und liessen sich keine Mühe verdriessen, nebenbei einen Pfennig zu verdienen. Sie handelten mit Meersalz, das sie auf ihren Saumpferden nicht allein im Lande, sondern nach Steiermark verführten, mit Honig, Wein, Leinwand, Ochsen nach Istrien und ins Venetianische und betheiligten sich am Export der Billichfelle. Die Einwohner von Innerkrain endlich, durch Natur und Anlagen verschieden, waren nicht weniger bemüht, das, was ihnen die Kargheit des Bodens versagte, durch ihren Fleiss zu ersetzen. Hatten noch der Wippacher und der Karstner, rechtschaffen arbeitsame Leute, ihren köstlichen Wein, ihr gesuchtes Obst und ihren Oelbaum, Producte, welche, weit und breit verführt, guten Gewinn brachten, so war der Tschitsche, zwischen Neuhaus und S. Serf, im jetzigen Nordistrien, durch seinen unfruchtbaren Boden auf die Saumfahrt angewiesen, welche auch den Haupterwerb der eigentlichen Krainer bei Oberlaibach, Planina, Loitsch bildete.

Die *Bodenschätze* Krains wurden zuerst von den Italienern ausgebeutet; diese waren als erzkundig wohlbekannt, man glaubte, sie wüssten besser als jeder andere Gold und Silber zu gewinnen. Es wurde unter dem Landvolke erzählt, sie kämen oft ins Land, um heimlich nach Erz zu suchen und es in ihren Ranzen davon zu tragen. Mochte aber auch dem Krainer der wälsche Nachbar im Schürfen nach Gold und Silber den Rang ablaufen, so blieb jenem doch als sichere Beute (was nicht minderen Werth hatte für das rauhe Kriegshandwerk, wie für die Arbeit des Friedens) sein Eisenerz. Da waren in *Oberkrain* die Gewerke von Eisnern; Althammer, einem Herrn von Locatelli gehörig, das älteste unter den drei Werken in der Wochein; Kropp und Steinbüchel mit ihren Nagelschmieden; Jauerburg, den Freiherren gleichen Namens gehörig, aber an Johann von Meyerhofen verpachtet, mit dem besten Stahl, vielbegehrt nach Italien und in andere Länder; Pleyofen bei Assling, im Besitze des Johann Baptist Locatelli, ebenfalls mit Stahlfabrication für Italien, sowie Sava zwischen Assling und Jauerburg, ebenfalls Italienern: dem Domprobst Grafen Ottavio Bucelleni in Laibach und seinem Bruder Johann Andreas Bucelleni gehörig und berühmt durch seinen Büchsenmeister Pietro Botti; Moisterna (Moistrana) und Neumarktl, ebenfalls Eisenwerke; und Weissenfels, Hammerwerk mit Schmelzhütten, dem Grafen von Trilleg gehörig. In *Unterkrain* hatte es ehemals viel Blei- und Eisenwerke gegeben, sie waren aber alle eingegangen bis auf einen Eisenhammer an der Gurk, eine Meile oberhalb Seisenberg, einem Herrn Fanzoj gehörig, und ein uraltes Bleiwerk bei Slatenegg, Malnek (Meelbach), welches aus dem Besitze der Herren von Wazenberg an Andreas Camillo Grafen von Locarno überging. *Innerkrain* zählte, nachdem ein Eisenschmelzofen in Wippach von den Grafen von Lanthieri aufgelassen worden, nur mehr Ein Bergwerk, welches aber an Bedeutung alle anderen weit überwog: die Quecksilbergruben von *Idria*. Damals bereits in landesfürstlichem Besitze, kostete ihr Betrieb, welcher 355 Personen beschäftigte und von zehn Beamten geleitet wurde, jährlich 28,000 Gulden und lieferte im Durchschnitt ein Jahreserträgniss von 2000 Zentnern. Doch haben wir damit die Bodenschätze unserer Heimat noch keineswegs erschöpft. Valvasor meint, sie berge zwar weder Diamant, noch Rubin, aber manchen Jaspis, Agat, Krystall und Hyazinth hat er selbst in verschiedenen Theilen des Landes gefunden; dreizehn Marmorgattungen beschreibt er uns ausführlich; den schönsten schwarzen mit den zartesten weissen Adern lieferte die Herrschaft Ainöd in Unterkrain; aus ihm wurde das Postament der Laibacher Marienstatue gemeisselt.

Dass der *Landbau* bei allem Industriebetrieb nicht vernachlässigt wurde, beweist uns die Erwähnung so mancher Landesproducte; Getreide und Wein, Flachs und Tabak, köstliches Obst wusste die fleissige Hand des Krainers dem kargen Boden abzuringen, und um der wachsenden Bevölkerung Abfluss zu verschaffen und ihr ein neues Feld ihrer Thätigkeit zu eröffnen, versuchte man, freilich immer noch vergeblich, die *Urbarmachung des Laibacher Moors*. Schon im Jahre 1554 war aus Anlass der durch die Mühlendämme der Laibacher hervorgerufenen Beschwerden der benachbarten Gemeinden die Entsumpfung des Laibacher Moors zur Sprache gekommen. Zwei Röhrenmeister Stephan de Grandi und Niklas Vendaholo, welche König Ferdinand vom Herzog von Mantua erbeten hatte, kamen im Jahre 1554 nach Laibach, um mit Beiziehung der Landesbehörden über die für das Landeswohl so wichtige Frage zu berathen. Sie wollten den Laibachfluss um den Schlossberg führen und bemerkten, dass, wenn einige Mühlwehren unter der Stadt abgebrochen würden, das Wasser um fünf und ein halb Fuss mehr Seigerung erhielte. Die Unkosten schlugen sie, mit Inbegriff zweier steinerner Brücken, auf 38,000 Gulden rh. an. Ungeachtet dieser Vorschlag ohne Resultat blieb, so fehlte es doch auch im siebzehnten Jahrhunderte nicht an neuer Anregung zur Durchführung dieser gemeinnützigen Unternehmung. Herr Peter von Wazenberg machte den Vorschlag, den Moor auf eigene Kosten urbar zu machen, wenn ihm auf zehn Jahre die Robot von den neuanzusiedelnden Unterthanen bewilligt würde. Freiherr Hans Jakob von Juritsch, als er (1634) aus dem Kriege nach Hause kam, liess sich an unterschiedlichen Orten verlauten, er wolle das Moor gegen eine geringe Vergütung vonseite der Landschaft austrocknen und mit Dörfern besetzen, ‚es wäre Sünd' und Schad, dass man solches Ort zu keinen Nutzen machet'; aber keiner von beiden fand Gehör. Intriguen vereitelten die besten Absichten. Demungeachtet fehlte es nie an Projecten und Projectenmachern.

Am 3. Juli 1658 verhandelten die Verordneten über das Anerbieten eines Kapuziners aus Italien, Gaiola mit Namen, den Laibacher Moor ‚ob der Stadt gegen Igg' durch Ziehung von Gräben auszutrocknen und mit Bäumen zu bepflanzen. Tausend Personen könnten in drei Tagen den Graben ziehen. Man beschloss, die Arbeit ohne Verzug in Angriff zu nehmen. Bei dem diesfälligen Augenschein betheiligten sich ausser dem obengenannten noch vier Kapuziner. Nach wiederholten Commissionen wurde beschlossen, am 8. Juli mit der Arbeit anzufangen. Am 6. Juli hatte aber bereits der Stadtmagistrat einen Protest eingebracht wegen allfälligen durch die Laibach zu gewärtigenden Schadens und weil es ohne Vorwissen des Landesfürsten geschehe, auch wollten die Laibacher ihren Besitzstand gewahrt wissen. Demungeachtet ging man am 8. Juli ans Werk mit 40 Arbeitern, aber kaum hatte man eine halbe Elle in die Tiefe und fünf Klafter in die Breite gegraben, als die Patres Kapuziner auf einmal ihren Plan ändern und dem Graben eine andere Richtung geben wollten. Die ‚interessirten' Leute waren aber damit nicht einverstanden und ‚verfluchten die Patres; die Kaltenbrunner Jesuiten protestirten wegen des ihnen entgehenden Zehents, auch die Augustiner vor dem Spitalthor überreichten zu Handen des Bischofs von Piben als Verordneten eine ‚gar unbescheidene' Protestation wegen befürchteten Ruins ihrer Mühle, und als ihnen der Landsecretarius rieth, dieselbe zurückzunehmen, weigerten sie sich. ‚Der Pater Ingenieur' — heisst es im Bericht des Landsecretarius — ‚hat viel modos mit Minen und anderen kostbaren Anstellung das Werk prosequiren wollen, aber wenig Erde ausgegraben und keine Kunst bis 20. Juli gesehen, sondern in die 300 Gulden (!) verspendirt worden.' ‚Mihi in principio non placuit', setzt der Landsecretarius, der bei der ganzen Verhandlung intervenirt hatte, hinzu.[1]

Am 20. Juli brachte der Landeshauptmann den Gegenstand im Landesausschusse wieder zur Verhandlung, ‚wie dass P. Giacomo, als Ingenieur, in seinen Anschlag und Determination sehr variiret, zuwider vorigen Vorschlag zu breit und tief zu graben vermeint, wo die drei Tag auf drei Jahr und die Spese der 2000 Gulden in die 150,000 oder 160,000 Gulden (steigen), der Ausfluss verändert, das Baufeld durch die Mitten ruinirt (!), gleichwohl der effectus nit gewiss wäre, ob mit bel modo, dass die Verordneten für sich selbst so viel nicht eingehen und *dass mans aufs Jahr prosequiren wollte* (ad graecas calendas?), dem Pater zu verstehen zu geben wäre?'

Diess wurde auch beschlossen, und durch den Secretär dem Pater glimpflich angedeutet, dass man seiner Dienste nicht weiter benöthige. Er gab zur Antwort: ‚Con il nome di Iddio, sono padroni', meinte aber doch, da man schon 800 Arbeiter daran gewendet, sollte man nicht auf weitere 500 anstehen, er wollte noch einen ‚künstlichen modum' probiren und ‚von Holz ein disegno geben' u. s. w. ‚Vade monache

---

[1] Landtagsprot. XX. 200–203.

ad claustrum' hat schlechte Kunst sehen lassen, mehr Schand und Spott verursacht, ,der Unkosten wäre zu verschmerzen' — fügt der Secretarius in seinem Protokoll hinzu. — ,Der Patres Augustiner vor dem Spitalthor ungereimte, indiscrete, unnöthige, vberwitzige und *nicht unterschriebene* Protestation, deren sie sich schämen sollten', ward also decretirt und zurückgeschickt: ,Dieses Anbringen wird zur gebürlichen Correctur hiemit remittirt.' ,Vor 50 Jahren' — schliesst der Secretarius — ,hat es Herr Peter Waz, hernach Herr zu Edling, gewester Landesverweser, und Herr von Juritsch richten wollen, *denen es nicht verstattet war.* Jetzt haben diese Frati verhudelt, dass man sobald nicht weiter zutreiben wird, *da doch nit* viel Kunst hiebei und mit 150,000 Gulden gerichtet werden könnte.'[1]

Im Jahre 1667 gab wieder der Landschreiber Wolfgang Markovitsch sein Gutachten ab, welches mit jenem von 1554 übereinstimmte; es blieb ebenso erfolglos wie jenes.

3. Die Stände und ihre Verwaltung.

(Der Landtag. Die Verordneten. Ständische Beamte. Justiz. Finanzen. Sanitätswesen. Post. Strassen. Statistisches).

Der krainer *Landtag*, als berathende und beschliessende Versammlung, in deren Hände die Verwaltung des Landes gelegt war, begriff vier Stände in sich: die Geistlichen, die Herren, die Ritter und die landesfürstlichen Städte. Von Geistlichen sassen im Landtage die Bischöfe von Laibach, Freising, Brixen, der Deutschordenscomthur zu Laibach, der Domprobst zu Laibach, der Probst zu Rudolfswerth, die Aebte (Prälaten) von Sittich, Landstrass, Freudenthal, der Domdechant und sechs Canonici des Laibacher Domcapitels. Den Herrenstand bildeten die Fürsten, Grafen und Freiherren, den Ritterstand die übrigen Adeligen oder die im engeren Sinne sogenannten ,Landleute', den vierten Stand endlich die Stadtrichter der landesfürstlichen Städte. Dem Landtage stand es auch zu, die Aufnahme in die Landmannschaft und damit die Theilnahme an allen Rechten der Landstände zu gewähren.

Die *Landesverfassung* blieb im wesentlichen dieselbe, welche bereits in früheren Abschnitten unserer Geschichte geschildert wurde. Der *Landeshauptmann*, als Vertreter des Landesfürsten, von ihm beeidet und besoldet, an der Spitze der Verwaltung; der *Landesver-*

---

[1] L. c. f. 204.

weser (‚Praetor Provinciae') als dessen Stellvertreter im Vorsitz bei dem Landrecht; der *Landesverwalter* als Vertreter des abwesenden Landeshauptmanns; endlich die *Verordneten*, der ständige Ausschuss des Landtags: das war der oberste Verwaltungskörper, welcher die Landesangelegenheiten leitete. Justiz und Verwaltung vereinigten sich nur in der Spitze des ganzen Organismus, indem der Landeshauptmann in beiden Abtheilungen den Vorsitz führte; im übrigen waren sie vollständig getrennt. Den Verordneten als einem berathenden Körper stand die Beamtenschaft als Vollzugsorgan zur Seite; wir finden da einen Generaleinnehmer und einen Buchhalter, einen Landsecretär und einen Registrator, einen Zahlmeister und einen Proviantmeister der kroatischen und Meergrenze, und endlich einen Weisboten, alle auf Lebenszeit ernannt.

Für ritterliche Uebungen und sociale Bildung der adeligen Jugend sorgten Tanzmeister (1671 Peter Granville mit 200 Gulden Gehalt), Fechtmeister (Johann Franz Papiglion 1675 mit 300 Gulden Gehalt), Sprachmeister (Matthäus Erard 1675 mit 100 Thaler), und ein Pallmeister (1680 mit 200 Gulden); auch finden wir sogar schon 1658 einen Tafeldecker als ständischen Diener mit einer Besoldung von 100 Gulden angestellt.[1]

Für die *militärischen Angelegenheiten* war ein *Kriegssecretär* bestellt; wir finden als solchen 1657 Josef Karl von Samburg auf Purgstall, früher landschaftlicher Buchhalter,[2] und 1678 Andreas Ignaz Valtl.[3] Der Landeshauptmann stand als oberster Landesbeamter zugleich an der Spitze der ständischen Streitmacht, der *Ritterschaft* sowohl als des *Aufgebots.* Die *Ritterschaft* bestand aus den Landleuten, jeder mit einem reisigen Knecht; für jedes Pferd war eine Besoldung von 50 Gulden festgesetzt. Sie war in zwei Compagnien, eine blaue und eine gelbe (die Landesfarben), getheilt. Die Zahl der Reiter war nicht festgesetzt. Chargen waren: ein Rittmeister, zwei Lieutenants (ein Capitänlieutenant und ein Lieutenant), zwei Cornets, Trompeter und Pauker, ‚sammt ihrer prima plana'. Zwei Kriegscommissarien und ein Zeugwart vervollständigten den Stand. Zu Georgi jeden Jahres fand die Musterung statt. Das gemeine Fussvolk (Aufgebot) ward durch fünf Hauptleute, entsprechend den fünf Theilen des Landes (Ober-, Unter-, Inner-, Mittelkrain und Istrien), befehligt. Sie hatten ihre

---

[1] Landtagsprot. 95, 273, 304, 306, 307, 387.
[2] Landtagsprot. XXI. 86.
[3] Landtagsprot. XXI. 345.

Fähnrichs und Lieutenants mit der ‚prima plana', den Trommelschlägern und Pfeifern, und erhielten mit diesen ihre jährliche Besoldung von den Ständen. Als Hauptleute fungirten zu Valvasors Zeit, ausser ihm selbst, Wolf Augustin Paradeiser, Johann Baptist Freiherr von Leo, Christoph Franz von Puchenberg und Hans Christoph Portner. Das *Aufgebot* bildete die Bauerschaft, von welcher der zehnte, zwanzigste, dreissigste, oder selbst der fünfzigste Mann nach Bedarf einberufen wurde und mit dem Gewehr erscheinen musste.

Der *Erbämter* Krains wurde bereits bei der Huldigungsfeier Leopolds I. (1660) gedacht; später (1672) gesellte sich zu denselben ein neues, das Silberkammeramt, welches Kaiser Leopold dem Grafen Johann Herbart Kazianer von Kazenstein, Landeshauptmann in Görz, und Landesverweser in Krain, verlieh. Sie waren blose Ehrenämter, ohne praktische Bedeutung, bis auf jenes des Landmarschalls, der den Vorsitz im Landtag führte und dessen Verhandlungen leitete, während der Landeshauptmann im Landtag nur den Vorzug genoss, seine Stimme zuerst abzugeben.

Die *finanzielle Verwaltung* des Landes ruhte in den Händen der Verordneten, welche den drei privilegirten Ständen entnommen wurden, während der Bürgerstand ohne Vertretung blieb. Allerdings ruhten die Landeslasten grösstentheils auf den ersteren. Bei der Gebarung mit den Landesgeldern vermochten sich die Stände wohl kaum dem Vorwurfe zu entziehen, das Privatinteresse dem Wohle des Landes vorangestellt zu haben, wenn auch gegen sie der Vorwurf von Corruption und massloser Selbstbereicherung nicht erhoben werden kann, welcher dem damals allmächtigen Finanzminister Grafen Sinzendorf mit Recht gemacht wurde. In der Finanzverwaltung der krainischen Stände war es das alte System der *Almosen*, *Hochzeitspräsente* und *Gnadengaben*, welches vielfach dazu diente, das Privatinteresse aus dem Landessäckel zu befriedigen. So bewilligten die Stände (1. März 1662) dem Freiherrn Johann Herbart Kazianer von Kazenstein, als Hochzeitspräsent und gegen Verzicht auf allfälliges Gnadengeld, beim Abzuge von seiner Stelle als innerösterreichischer Regimentsrath 4000 Gulden:[1] trotz dieses Verzichtes erhielt er (9. Juni 1668) noch 12,000 Gulden.[2] Zur Hochzeit des Fürsten Ferdinand von Auersperg mit Maria Anna Gräfin von Herberstein wurden (23. Februar 1680) 1000 Gulden als Präsent votirt.[3] Dem kaiserlichen Obersthofmeister, Grafen Porcia,

[1] Landtagsprot. XXI. 171.

[2] L. c. 245.

[3] L. c. 374, 375.

bewilligte man (8. März 1659) für seine Verwendung zur Erlangung günstiger Resolutionen in einer finanziellen Angelegenheit 20,000 Gulden als ‚Präsent'.[1] Der Vicedom, Eberhard Leopold Ursini Graf von Blagay, erhielt (26. Februar 1666) für seine als Landesverweser und in anderen Richtungen geleisteten Dienste 5000 Gulden[2] und schliesslich (21. Januar 1671) noch 12,000 Gulden mittelst eines auf sechs Procent lautenden Schuldbriefs.[3] Als Johann Herbart Graf von Auersperg innerösterreichischer Regimentsrath wurde, erhielt er auf seine Bitte als ‚Uebersiedlungsauswurf' 3000 Gulden.[4] Auch die Dienstleistung als Verordneter konnte einen Anspruch auf klingende Dankbarkeit des Vaterlandes motiviren. Der Laibacher Domprobst Sigmund Christoph Graf zu Herberstein erhielt für nur zweijährige Dienstleistung als Verordneter 2000 Gulden (24. Februar 1676).[5] Ein anderer Graf von Herberstein, Johann Josef, von dessen Verdienst ums Vaterland nichts aufbewahrt worden ist, wurde ‚zur Beförderung seines Privatgebäu's' mit 1000 Gulden unterstützt.[6] Freiherr Georg de Leo erhielt (13. März 1679) ‚zur Hilfe in seiner Noth' 4000 Gulden.[7] Am reichsten ergoss sich aber das Füllhorn landschaftlicher ‚Gnaden' über Georg Sigmund Grafen und Herrn zu Gallenberg. Am 7. Februar 1676 werden ihm ‚in Ansehung seiner und seiner Voreltern Verdienste' 8000 Gulden votirt, welche vom April 1676 bis 9. Dezember 1677 in zehn Raten ausbezahlt wurden; am 22. März 1685 wird demselben — er war inzwischen geheimer Rath und also eine einflussreiche Person am Hofe geworden, — ungeachtet er ‚dawider per expressum reclamirt', ein Betrag von 15,000 Gulden mittelst Schuldbriefs ausgeworfen. Als seine Tochter sich mit dem Ban von Kroatien, Grafen Erdödy, vermälte, wurden 1000 Dukaten als Hochzeitspräsent bewilligt und später mit dem Interesse von einem Jahre ausbezahlt. An Steuernachlass erhielt dieser hochmögende Herr (31. März 1696) 24,737 Gulden, daher alles in allem über 50,000 Gulden.[8] Nahm ein Adeliger Kriegsdienste, so wurde er aus dem Landessäckel bei den nothwendigen Reise- und Equipirungsausgaben unterstützt. So bewilligen die Stände (12. Januar 1668)

---

[1] Landtagsprot. XVIII. 613.
[2] Landtagsprot. XXI. 215.
[3] L. c. 271—272.
[4] L. c. 325.
[5] L. c. 325.
[6] L. c. 275.
[7] L. c. 359—360.
[8] L. c. 322; Landsch. Arch. Cons. Nr. 1, Nr. 134.

dem Franz Rudolf von Edling, ‚an dessen zu den militarischen exercitiis habenden proposito sie ein sonderes Wohlgefallen haben', zur Fortsetzung dieser Studien 200 Reichsthaler, in simili dem Franz Christoph Raumbschissl 50 Reichsthaler.[1] Am 23. Februar 1680 werden dem Hans Adam Freiherrn von Gall, der willens war, sein Glück in Kriegsdiensten zu suchen, 450 Gulden, wenn er ausser Landes gehe, sonst 300 Gulden angewiesen.[2] Am 3. Juni 1681 erhält Ferd. Freiherr von Lewenberg, der zum Hauptmann ernannt war, 300 Gulden, damit er wohlausstaffirt und montirt beim Regimente erscheinen könne.[3] Seltener sind Bewilligungen zu Bildungszwecken oder für treue Dienste in der ständischen Beamtenschaft, z. B. 2000 Gulden an den innerösterreichischen Regimentsrath Wolfgang Markovitsch (wohl denselben, der den Plan zur Morastentsumpfung entwarf), damit er seine Söhne in den Studien leichter ‚verlegen' könne,[4] oder 3000 Gulden bei Verleihung der Landmannschaft an den Landsecretarius und Landschrannenschreiber Gabriel Lukantschitsch ‚in Ansehung seiner langwierigen treuen Dienste.'[5] Die Mendicantenklöster terminirten regelmässig, und nie ohne Erfolg; es ist wohl nicht weniger zu ihren frommen Zwecken aufgegangen, als seinerzeit für den Unterhalt der protestantischen Schulen. Dazu kamen noch die frommen ‚Reisenden', wie z. B. ein gewesener Pascha von Jerusalem und bekehrter Christ, Michael Cigala, dem ein Reisegeld von fünfzehn Silberkronen zutheil wird,[6] oder ein Fr. Stephanus ab Enego, Sacra Sanctae Terrae Vicecommissarius ord. Minorum, der um einen Beitrag zu dem ihm von den Türken in Palästina auferlegten Tribut bittet und mit 25 Gulden befriedigt wird,[7] oder endlich die Schwestern Perpetua und Katharina vom Gotteshaus S. Katharina im Westerwald, welche das respectable Sümmchen von 100 Gulden davon tragen.[8] Eine Einladung des Bischofs von Piben, P. Paulus Budimir, zu seiner Consecration fand sogleiche Erledigung durch ein Geschenk von 200 Silberkronen.[9] Nicht weniger glücklich waren die für das Seelenheil der Stände besorgten Erbauungsschrift-

---

[1] Landtagsprot. l. c. 238.
[2] L. c. 374.
[3] L. c. 411.
[4] L. c. 276.
[5] L. c. 336.
[6] L. c. 196.
[7] L. c. 496.
[8] L. c. 344.
[9] L. c. 250.

steller. So erhielt z. B. (18. Februar 1675) der P. Johann Dedinger, aus dem Dominikanerorden, für eine den krainischen Ständen dedicirte ‚Oeconomia animae' sofort 500 Gulden, obwohl den Herren des Landes eine ‚Oeconomia' in Bezug auf den Landessäckel mehr zu empfehlen gewesen wäre.[1]

Die Organisation der *Gerichtsverwaltung* beschreiben uns gleichzeitige Quellen in detaillirter Weise.[2] Es gab ein Gericht der Landstände, das sogenannte Schrannengericht, ein Gericht der Grundherrschaften über ihre Unterthanen, der Städte und Märkte über ihre Bürger und Inwohner, wie auch über die unter ihrer Jurisdiction gewerbetreibenden Ausländer, die nicht von Adel waren, ein Gericht des Vicedoms über die Städte und Märkte, endlich ein geistliches Gericht des Bischofs über Personalsachen der Geistlichen, aber auch über Angelegenheiten der Weltlichen, besonders ‚strittige Ehen und Verlöbnisse'.

Das *Landschrannengericht* (Forum Nobilium) war das Gericht, vor welchem die Herren und Landleute um ihr Erb und Eigen, Gilt und Lehen zu Recht stehen und sich verantworten mussten oder nach der Definition des Landschrannen-Procurators Burkard von Hitzing ‚Summum tribunal Provinciae, in quo Causae Provincialium petitorio et possessorio judicio ventilantur.' Es begriff eine doppelte Instanz in sich, die *Land-* und die *Hofrechte*. Unter dem *Landrechte* verstand man die Statuten, Freiheiten und Satzungen des Landes, insoweit sie in der Landhandfeste oder anderen Urkunden enthalten waren, und im engeren Sinne alle die Herren und Landleute betreffenden Klagen, ausgenommen ‚Gewalt und Entwehrungen', d. i. Besitzstörungen, welche letzteren in das *Hofrecht* gehörten. Gegenstand des Landrechts waren daher Erbfälle, Testamente, Legate, Fideicommisse, Inventur bei Nachlässen der Herren und Landleute, Vormundschafts-(Gerhabs-)Sachen, Crida- und Edictalverhandlungen, Injurien- und Ehrensachen, Lehensachen u. s. w. Ausgenommen vom Schrannengerichte waren die Verbrechen, welche durch den Landeshauptmann, Landesverwalter und die Herren und Landleute abgeurtheilt wurden (meist ohne Advocaten, oft auch ohne Kläger ex officio und summarissime). Beschwerden der Unterthanen gegen ihre Obrigkeiten wurden von der Landeshauptmannschaft entschieden, welche auch als Appellinstanz für das Stadtgericht

---

[1] Landtagsprot. XXI. 303.

[2] Valv. IX. Buch; dann meine Skizze: Das Landschrannengericht, Mitth. der jur. Gesellsch. 1865.

von Lack fungirte. Die *Procedur* im Landrecht unterschied sich wesentlich von jener im Hofrecht dadurch, dass der Landeshauptmann im Landrecht nicht als Richter die Entscheidung fällte, wie im Hofrecht, sondern einen aus den Beisitzern als ‚Rechtsprecher‘ benannte. Der Landeshauptmann versah sonach im Landrecht gewissermassen die Stelle des Prätors im römischen Recht, indem er nicht selbst das Urtheil fällte, sondern nur den Richter bestimmte (judicem dabat). Das *Personale des Landschrannengerichtes* bestand aus dem Landeshauptmann als Vorsitzenden, den Beisitzern, dem Landschrannenschreiber als Protokollsführer, dem Schrannenadvocaten und Weisboten. Ausserdem gab es für die Aufnahme der Zeugenverhöre eigene Commissarien und geschworne Landboten zur Zustellung der Gerichtsschreiben. Die Ernennung der Beisitzer ward seit 1675 dem Schrannengerichte selbst überlassen; dieselben waren bis 1683 nicht beeidet, in diesem Jahre wurde durch kaiserliches Decret ihre Beeidigung eingeführt. Die Landschrannenschreiber hatten ausser der Protokollsführung auch die Ausfertigung der Urkunden, Gerichtszeugbriefe u. s. w. zu besorgen. Hiefür bezogen sie eine Taxe, aus welcher sie im Landrechte einen Theil dem Landeshauptmann oder dem Landesverweser, je nachdem der eine oder der andere fungirte, abzuliefern hatten, und zwar von Behebnissen und Uebergaben ein halb, von Schirmbriefen ein drittel. Von dem Uebrigen mussten sie Kanzlei und Expedit erhalten und besorgen. Von den Taxen im Hofrecht hatten sie nichts abzugeben. Die Schrannenadvocaten wurden vom Schrannengericht selbst aufgenommen, genossen einen Gehalt von 100 Gulden[1] und hatten das Recht, bei allen Tribunalen ohne Unterschied zu advociren. Das Schrannengericht hatte seinen Sitz in der Landstube. Hier, am oberen Ende der viereckigen Tafel, sass der Landèshauptmann; am untern, ihm gegenüber, der Landschreiber mit dem Protokolle. Wenn der Landesverweser als Stellvertreter des Landeshauptmanns präsidirte, blieb der Sitz des letzteren leer, und der Landesverweser nahm seinen Platz an der rechten Seite, wo im Landtage die infulirten Prälaten zu sitzen pflegten. Auf zwei abgesonderten Bänken, deren eine die Grafen- und Freiherren-, die andere die Ritterbank hiess, sassen die Beisitzer des Gerichts. Ausser der Schranne (den Gerichtsschranken) sassen die geschworenen Schrannenadvocaten ‚gradatim‘ auf ihren Kathedern. So lange das Gericht dauerte, musste der Vorsitzende den Gerichtsstab, das Symbol seiner Gewalt, in den Händen empor-, nach dem

---

[1] Landtagsprot. XXI. 141.

Gerichtsstile ‚schwebend', erhalten; sobald derselbe aus der Hand gelegt ward, war nach uraltem Brauch das Gericht aufgehoben. Bevor der Vorsitzende den Gerichtsstab aufhob, durfte das Landrecht nicht beginnen. Sollte die Stunde der nächsten Sitzung verkündet werden, so wurde der Gerichtsstab dem geschwornen Weisboten zugestellt, der sich mit demselben zur Thür der Landstube verfügte und die Stunde mit lauter Stimme ausrief.

Trotz der Strenge des Gerichtsverfahrens liess die öffentliche Sicherheit viel zu wünschen übrig. Valvasor erzählt (II. 119) von einem gefürchteten Räuber, Klukec, aus dem Dorfe Jama unterhalb Krainburg an der Save. Er stand an der Spitze einer Diebsbande von Zigeunern, Studenten und anderen verwegenen Leuten. Als er des unstäten Lebens überdrüssig geworden war, stellte er sich, nachdem er zuvor zwei seiner Genossen, einen Zigeuner und einen Studenten, erschossen, der Behörde, versprach Besserung und erhielt volle Amnestie in Betracht seiner Gefährlichkeit und weil er, obwohl ein ungelehrter Bauer, einen trefflichen Wundarzt abgab, Beinbrüche, Wunden und andere Schäden heilen konnte. An den Grenzen war die Unsicherheit noch grösser. Das Schloss Schneeberg bei Altenmarkt war wohl befestigt, wie für den Krieg. Hier war ein Wachposten aufgestellt zum Schutze der Reisenden, welche den Weg nach Fiume passirten.

In Laibach gab es ein Collegium der Rechtsfreunde und Juristen, welches am 22. Mai 1698 das erste mal das Fest seines Patrons Ivo bei S. Josef (den Discalceaten) mit Amt und deutscher Predigt feierte. Seine Gründer waren Dr. Floriantschitsch und Mugerle.[1]

Das *landschaftliche Sanitätswesen* finden wir stets im besten Stande. Die Stände sorgten nicht allein für eine genügende Anzahl Aerzte, sondern überwachten, freilich mitunter in etwas kleinlicher Weise, die Gebahrung der Aerzte und der Apotheken. So wurden am 9ten Dezember 1658 die vier Doctoren von Laibach: Coppin, Compiter, Morelli und Repek, vorgefordert, ihnen die ‚Connivenz' gegen die Apotheker inbetreff ihrer alten verlegenen Materialien, dann ihre Unachtsamkeit in Ausfertigung der Rezepte und ‚zu hohem Anschlag' verwiesen und fürderhin bei hoher Bedrohung eingestellt, auch eine Commission zur sogleichen Visitation der Apotheken abgesendet. Es waren dies jene eines gewissen Pempelfurt im carmonischen Hause; des Hauenstein in seinem Hause vor der Brücke und des Brugnoli

---

[1] Blätter aus Krain 1861 S. 184.

am Platz. Es sollten vorerst alle Behältnisse mit den composita und magisterialia versiegelt, dann zuerst des Brugnoli Apotheke visitirt, das schlechte Materiale ins Wasser geworfen werden. Die Commission erhielt den Auftrag ‚ohne respect der Gevatterschaften und anderer Affection und Freundschaft der Billigkeit gemäss' zu verfahren und ihren Bericht an die Verordneten zu erstatten.[1]

Am 20. Dezember wurde die Relation über die visitirten Apotheken des Brugnoli, Pempelfurt und Hauenstein erstattet. Beide ersteren waren gut befunden, dagegen bei Hauenstein falsche Wage und Gewicht und ‚Ausfertigung der Rezepten quid pro quo, aliud pro alio immiscendo' mit ‚verdorbenen viel Syrupen, gebrannten Wässern, Kräutern, falschen Pulverlein, gemeine vor edlen Sachen, und sonst in allen und jeden unrecht, falsch, betrüglich, denen Patienten mit Veränderung der Ingredienzien gefährlich und in der Tax hoch belästlich und ungebührlich.' Es wurden ihm viele Medicamente ‚verworfen', wie Alkermes, perlarum praeparata, et magisteria. In Venedig, heisst es im Landtagsprotokolle, käme er zum wenigsten auf die Galeere, in Oesterreich und andern Orten soll er als falsarius verurtheilt und abgeschafft werden. Man könnte aber seiner, weil es die erste Visitation, noch verschonen. Es wurde beschlossen, den beiden braven Apothekern schriftliche Anerkennung zutheil werden zu lassen, den Hauenstein aber zu einer Geldstrafe von 100 Kronen zu verurtheilen und seinen Laden auf einen Monat zu sperren.[2]

Die Aerzte wurden als landschaftliche Beamte in ihrer Praxis aufs schärfste überwacht. So wurde (1660) dem Dr. Repek auf seine Bitte um eine Gnadengabe bedeutet, dass er durch seine Praxis nicht allein keine Gnade oder Aufbesserung seines Gehaltes, sondern vielmehr einen *Verweis*, der ihm hiemit gegeben werde, verdient, damit er sich in seinem ‚methodo artis medicandi' um so gewisser ‚besser perfectionirt mache' und ‚cautius fürgehe', als ihm sonst nicht nur die bewilligte Praxis eingestellt, sondern auch die ‚keineswegs meritirende Bestallung' benommen werden solle.[3]

Am 28. Februar 1675 erhielt jedoch dieser gemassregelte Doctor ‚in Ansehung vornehmer Recommendationen' und seines Fleisses bei den Patienten eine Remuneration von 600 Gulden;[4] am 15. Juni 1678

---

[1] Landtagsprot. XX. 222.
[2] Landtagsprot. XVIII. 606; XX. 227.
[3] Landtagsprot. XXI. 151.
[4] Landtagsprot. XXI 314.

lesen wir jedoch abermals einen ‚ernstlichen Verweis‘ an ihn, mit *Einstellung seiner Besoldung* und mit der Ermahnung, mit den Patienten künftighin genauer und gewahrsamer zu verfahren.[1]

Am 24. Dezember 1681 wurde über Anregung des Laibacher Bischofs den landschaftlichen Aerzten befohlen, jeden Kranken zum Empfang der Sacramente, der Beicht und Communion anzuhalten, bevor sie noch die vierte Visite gemacht haben.[2]

Das amusanteste Document landesväterlicher Fürsorge ist wohl eine Verwarnung an die jüngeren Aerzte vom 26. November 1683:

‚Es ist uns glaubwürdiger Bericht eingeloffen, wie dass etliche jungere und neuaufgenommene Medici zu nicht geringer Verschimpfung ihrer älteren und wohlmeritirten Mitcollegen sich unterstehen, durch gewisse Weiber und Unterhändler die Patienten aufzusuchen, sich ohne Rath oder vorgehender, höchst erforderlicher Information, wie die Krankheit beschaffen und was für Mittel bishin gebraucht worden, in coram der von anderen Medicis besuchten Patienten einzudringen, und das man die vorher Berufene, welche dem Patienten beigestanden und die Cur fast halb vollendet, abschaffe, Anlass zu geben, auch hierin mit unverantwortlicher Verschimpfung ihrer Mitcollegen ihnen selbst den Weg zur Ehr und zum Gewinn zu bahnen.‘

‚Weil diese ‚sträfliche Anmassung‘ nicht allein gegen die Regeln der Medicin, sondern auch gegen die früheren Vorschriften verstosse, werde dieselbe mit Strafandrohung eingestellt.‘[3]

Der erste *Protomedicus* Krains war Dr. Franz Coppin,[4] (1666); im Jahre 1689 bekleidete diese Stelle Dr. von Qualiza. In Unterkrain finden wir 1689 als landschaftliche Aerzte Johann Baptist Burkhardt, Johann Baptist Ganser und Wolf von Preckerfeld.[5]

Dass die Krainer auch auf dem Gebiete der Heilkunde berühmte Namen zu den ihrigen zählten, beweist uns, abgesehen von den später zu erwähnenden medizinischen Schriftstellern, das Beispiel des Gregor *Carbonarius von Wiesenegg*, von Naklas bei Krainburg, geboren 12ten März 1651, als Sohn des schlichten Landmanns Martin *Voglar*, welcher das gegenwärtig unter Nummer 39 vorkommende, noch jetzt sogenannte Voglar'sche Haus besass. Die spätere Latinisirung des ursprünglichen Namens ist eine bekannte Sitte des Zeitalters; der Zuname von ‚Wiesenegg‘ stammt von dem an die Wiesen stockenden Eck des

---

[1] L. c. 354, 355.
[2] Landsch. Arch. Fasc. 54/4. Conn. I.
[3] Landsch. Arch. Fasc. 54/4.
[4] Landtagsprot. XXI. 227.
[5] Landsch. Arch. l. c. 227.

Dorfes. Wo der später so berühmte Mann seine Studien beschlossen, ist nicht zu ermitteln. Laut einer vorhandenen Urkunde erlangte er in den österreichischen Staaten das Doctorat der Philosophie und Medicin und den Titel eines k. k. Rathes. Sein Ruf als Arzt verschaffte ihm die Anstellung als Leibarzt Peters des Grossen. Noch im späten Alter erhielt er eine Mission nach Rom behufs Wiedervereinigung der getrennten Kirchen. Als er jedoch auf seiner Rückreise seinen Geburtsort Naklas besuchte, fiel er in eine tödtliche Krankheit und starb zu Krainburg am 2. Februar 1717, kinderlos im Alter von 66 Jahren. Er bestimmte in seinem Testamente 5000 Gulden zur Errichtung einer Wasserleitung für seinen Geburtsort. Die Länge desselben beträgt von der Quelle bis zu dem Brunnen in der Mitte des Dorfes 1332 Klafter, und von da bis zum Pfarrhofe und dem Voglar'schen Hause wieder 76 Klafter. Pfarrer Kuss bestimmte vor seinem (1752 erfolgten) Tode 1500 Gulden zur Erhaltung dieser gemeinnützigen Einrichtung. Zur dankbaren Erinnerung an Beide wurde (1765) bei dem Brunnen in der Mitte des Dorfes ein Kreuzzeichen in der Form einer kleinen Kapelle errichtet, deren Front ein Chronographicum: GregorIVs CarbonarIVs has aqVas prIor fVndaVIt, IosephVs KVss serVaVIt in bonVM VICInIae.[1]

Die Lebensadern des socialen Verkehrs, gute *Strassen*, durchzogen zu Valvasors Zeit das Land nach allen Richtungen. Laibach bildete den Brennpunkt aller dieser Linien, welche von da nach Görz, Triest, Karlstadt, Klagenfurt, Wien ausstrahlten. In die Wochein führte von Veldes aus ein Fuss- oder Reitweg, Saumwege führten auch über Oberkrain und über Lack nach Görz. Die natürlichen Hindernisse wurden nicht selten durch Tunnels überwunden. Der bedeutendste war jener durch den Loibel, welchen wir bereits als ein Werk Erzherzog Karls erwähnt haben.[2] Valvasors immer reger Geist führte ihn auf das Project, den Weg über den Loibel durch einen von S. Anna direct durch den Berg auf S. Leonhard zu führenden Tunnel zu ersetzen, den man reitend und fahrend passiren könnte und wodurch die Entfernung auf eine halbe Viertelmeile abgekürzt worden wäre. Er verlangte für die Durchführung dieses Planes, für welchen er bereits die nöthigen Messungen vorgenommen hatte, von Kaiser Leopold eine Subvention und einen ‚ewigen' Zoll, aber die Pest, welche zur Zeit wüthete, verhinderte die Ausführung.[3] Ausser dem Loibler führt

[1] Mitth. 1851.
[2] Siehe oben S. 224.
[3] Valv. II. 170.

uns Valvasor Tunnels auf: an der Wurzen bei Neumarktl; durch den S. Margarethenberg bei Krainburg gegen Bischoflack; in Utschkaberg nach Cosgliaco; bei S. Cantian; bei v pečah, im Moräutscher Boden, durch den Lilienberg in der Gegend von Glogowiz; in Gottschee die Seelengrotte; und endlich in der Herrschaft Lueg, vier Meilen Weges.[1]

Die unter Erzherzog Karl ins Leben gerufene *Posteinrichtung* hatte im 17. Jahrhundert bedeutende Fortschritte gemacht. Die Hauptpost war in Laibach, wohin alle Dienstage die Ordinari-Post von Venedig über Görz, Heiligenkreuz, den Birnbaumerwald, Loitsch, Oberlaibach; von Karlstadt über Möttling, Rudolfswerth, Treffen, Weichselburg, und alle Donnerstage von Wien über Podpetsch ankam. Die Posten von Venedig und Wien gingen sofort nach Wien, respective Venedig weiter; nach Karlstadt zurück ging die Post am Freitag jeder Woche. Nach Klagenfurt, Fiume und anderen Orten verkehrten nur die sogenannten ‚laufenden Ordinari-Boten'. Die Einrichtung der Postverbindung nach Triest erfolgte am 29. Jänner 1688 durch Vertrag zwischen dem Postmeister von Laibach, Wolfgang Sigmund Freiherrn von Strobelhoff, und Domenico dell'Argento, als Bevollmächtigten des Triester Stadtrathes.[2] Für den Briefverkehr mit allen irgend bedeutenden Orten war durch Briefboten gesorgt. Die Post wurde als Regierungssache von der Hofkammer unterhalten, die Landschaft leistete bestimmte jährliche Beiträge. Die Unterkrainer Route wurde von der Landschaft erhalten. Die kaiserlichen Postagenten in Venedig vermittelten zugleich den Bezug der Zeitungen, wofür die Stände eine besondere Vergütung zahlten. Im Jahre 1672 bewilligten sie dem Sebastian Giulietti aus diesem Anlasse zwölf Dukaten.[3] Der Postamtsverwalter in Graz erhielt (1673) für die Zeitungen und als Neujahrsgeld 55 Gulden, die Postbeförderer daselbst 15 Gulden und die Postamtsschreiber zwölf Gulden als Neujahrsrecompens.[4] Als Postmeister nennt Valvasor: in Egg ob Podpetsch Georg Ernst Kraa; in Weichselburg Johann Floriantschitsch; in Treffen Johann Halbertaller; in Rudolfswerth Nicolo Liscutin; in Möttling Adam Peo; in Oberlaibach Johann Hoffmann; im Birnbaumerwalde in dem einsamen, oft von Räubern überfallenen Posthause Johann Baptist Nussdorfer.[5]

---

[1] Valv. IV. 559—560.

[2] Gefällige Mittheilung des Herrn Finanzrathes Baron von Czörnig in Triest, nach Cod. Cap. p. 116.

[3] Landtagsprot. XXI. 457.

[4] L. c. 467.

[5] Valv. II. 129. 177. 217. 258.

In Valvasors Zeitalter sind genaue *statistische Daten* nicht zu erwarten. Unser Chronist hat sich aber mit dem ihn auszeichnenden Eifer um Erlangung derselben bemüht. Er gibt uns bei den Pfarren Krains hie und da Zahlen der Getauften und Gestorbenen.[1] Krain zählte nach ihm 21 Städte, 36 Märkte, 254 Schlösser und über 4000 Dörfer, abgesehen von einzelnen Höfen, wobei freilich auch das Küstenland und Istrien mit einbegriffen ist.[2]

4. Der Adel. Ausgestorbene und blühende Geschlechter und ihre Schlösser, Sitte und Lebensart.

Der krainische Adel ‚blühte aus dem klugen Gehirn und der tapferen Faust hervor', wie sein Historiograph Valvasor treffend sagt, selbst ein sprechender Zeuge, wie der Edelmann seiner Zeit Ruhm und Ehre nicht minder auf den friedlichen Bahnen der Wissenschaft, als im Kriegsgetümmel des sturmvollen Zeitalters suchte. Und die Annalen unseres Landes sind ein Ehrenbuch des krainischen Adels, der, begünstigt durch Stellung und Besitz, gehoben durch die überlieferten Grossthaten der Ahnen, die übrigen Stände an Bedeutung und patriotischem Streben überflügelte. Wehmuth beschleicht uns aber, wenn wir die Blätter unserer Chronik aufschlagen, auf welchen die Geschlechter des krainischen Adels verzeichnet sind. Wie viele waren zu Valvasors Zeit schon dem Fanatismus der Gegenreformation zum Opfer gefallen, im Exil erloschen oder in der Heimat zu Grabe gegangen, und wie wenige haben sich bis auf unsere Zeit erhalten! Manche waren freilich auch in andere Erbländer ausgewandert, zu hohem Rang und Ehren emporgestiegen; wir erinnern hier nur an die Grafen von *Lamberg* und die Fürsten von *Auersperg*, denen Talent und Fürstengunst im Erzherzogthum Oesterreich eine zweite Heimat gründeten.

Im neunten Buche seiner Chronik führt uns Valvasor die Geschlechter, im eilften ihre Sitze auf, reich ausgestattet mit Wappen- und Schlösserabbildungen, mit genealogischen und historischen Notizen und mit eingestreuten Kulturschilderungen.

Valvasor[3] zählt uns folgende *Adelsgeschlechter* auf:

---

[1] VIII. Buch.
[2] II. 104.
[3] IX. 100–120, mit Beifügung der Wappen zu den meisten Familien.

1. Fürsten.

Auersperg;[1] Eggenberg;[2] Porcia.[3]

2. Grafen.

a) Aeltere bis auf 1 und 17 ausgestorbene Geschlechter:

1. Allapi; 2. Altenburg;[1] 3. Cilly; 4. Erdödy; 5. Frangepan; 6. Görz; 7. Heunburg; 8. Khrupa;[2] 9. Ortenburg; 10. S. Peter; 11. Schärfenberg;[3] 12. Schaumburg; 13. Schrattenbach; 14. Zriny (Serin); 15. Seuneg; 16. Sternberg; 17. Tanhausen; 18. Tybein (Duino); 19. Treuen (Treffen);[4] 20. Valsa (italienisirt aus Walsee); 21. Wippach.[5]

---

[1] Die ältere Linie wurde in den Reichsgrafenstand am 11. September 1630, die jüngere in den erbländischen Grafenstand 15. Juli 1673 erhoben. Die Erhebung Johann Weichards in den Fürstenstand wurde bereits oben S. 3 erwähnt.

[2] Joh. Seifried, Fürst von Eggenberg, geboren 1644, war Landeshauptmann in Krain, kaiserlicher geheimer Rath, und starb 1713. Czörnig, Görz S. 939; daher wird sein Geschlecht als ein in Krain durch seine Stellung landständisches aufgeführt.

[3] Die Porcia besassen die Herrschaft Senosetsch seit dem siebzehnten Jahrhunderte, daher sie als Landstände von Krain aufgeführt werden.

[1] Der letzte Herr dieses Namens war 1430: Georg Graf von Altenburg. Von ihm überging das Stammhaus an die Obritschan, und als der letzte von diesen 1615 starb, fiel das Schloss an Bartelmä Valvasor, der es an einen Herrn Matesitsch verkaufte. Zu Valvasors Zeit besass es Franz Albrecht von Seethal. Valv. XI. 15.

[2] Oder Krupp, von dem Schlosse gleichen Namens in Unterkrain. Krupp überging später an die Hohenwart; 1483, nach dem Tode des Andreas von Hohenwart, fiel die Herrschaft Krupp an Moriz von Purgstall durch Heirat mit Margaretha von Hohenwart. Zu Valvasors Zeit besass sie Seifried Graf von Purgstall, Sohn des bei Strassburg 1672 gebliebenen kaiserlichen Oberstlieutenants Karl Weichard Grafen von Purgstall. Valv. XI. 322—323.

[3] Das Stammschloss dieses alten Geschlechts lag bei Ratschach in Unterkrain. Von dem Letzten des Geschlechts in Krain wurde im ersten Theile dieses Werkes, S. 222 f., berichtet. Die Herrschaft fiel an den Landesfürsten zurück. Zu Valvasors Zeit besass sie als Pfandschilling Johann Peter Graf von Wazenberg. Valv. XI. 502. Ueber die weiteren Schicksale des Geschlechts siehe Historisch-heraldisches Handbuch der gräflichen Häuser. Gotha 1855, S. 860 f.

[4] Dieses kärntnerische Geschlecht baute das Schloss Treffen in Unterkrain; von demselben fiel die Herrschaft an die Grafen von Ortenburg und nach ihnen an die Cillier, nach dem Erlöschen dieser an das Haus Oesterreich. Später waren nach einander Besitzer die Schärfenberg, die Gallenberg, die Sauer, Chrisanitsch, Kazianer und Jankovitsch. Freiherr Wolf Konrad Jankovitsch verkaufte sie 1685 an Matthäus Kovatschitsch. Valv. XI. 586.

[5] Die Herrschaft Wippach war Eigenthum der Kirche von Aquileja, welche ihre Vasallen damit belehnte. Nach dem Erlöschen der Patriarchenmacht blieb Wippach in den Händen der Oesterreicher und der Görzer Grafen und gelangte nach dem Aussterben der letzteren ganz an Oesterreich. Die Grafen von Lanthieri

b) Jüngere, in Krain zu Valvasors Zeit noch sesshafte, den Landleuten angehörige Geschlechter:

1. Attems[6] (Attimis); 2. Auersperg; 3. Barbo;[7] 4. Ursini v. Blagay;[8] 5. Bucelleni; 6. Cobenzl;[9] 7. Gallenberg;[10] 8. Kazianer;[11]

---

erwarben die Herrschaft als Pfandschilling schon im sechzehnten Jahrhunderte. Czörnig, Görz I. S. 614; Valv. XI. 655.

[6] Auch Attimis, vom gleichnamigen Schlosse, zwei Meilen nördlich von Udine bei Faedis. Dieses Geschlecht erscheint schon 1106 in der Geschichte. Vgl. Czörnig, Görz I. S. 650 f.

[7] Mit Diplom vom 10. April 1674 erhob Kaiser Leopold I. den Zweig des uralt adeligen Geschlechts der Barbo, gentiluomini di Venezia, welcher sich damals schon seit 200 Jahren in Krain niedergelassen hatte, wegen der hohen Ehren und vorzüglichen Verdienste seiner Vorfahren, wovon einer auf dem päpstlichen Stuhle gesessen (Paul II., 1464—1471), etliche Cardinäle worden (wie Marcus I., Patriarch von Aquileja, 1471—1491), Bernhardin die Landesverwalter- und Landesverweserstelle in Krain versehen und (18. November 1629 von Kaiser Ferdinand II.) in den Freiherrnstand erhoben worden, folgends auch zu der Reichshofrathsstelle gelangt, zudem sich unterschiedliche ihres Namens und Stammes in kaiserlichem Kriegsdienste, als in dem kanischischen Feldzug, in der Hauptfestung zu Karlstadt und sonst anderwärtig, einer aber als Hauptmann von Zengg brauchen lassen, und vor dem Feind ritterlich das Leben gelassen, dann etliche Obristwachtmeister und Rittmeister gewesen, — in den Grafenstand mit dem Titel: ‚Barbo, des heil. römischen Reichs Grafen von Waxenstein (der durch Heirat des Ivan Bernardin mit der Tochter des Martin Moise von Moisevich erworbenen Herrschaft in Istrien), Freiherren auf Guteneck, Pass und Zobelsberg, Herren auf Schlüsselstein, Kreussenbach (Kroisenbach) und Dragomel‘ und mit dem Prädicat: ‚Hoch- und Wohlgeboren‘. Abschrift des Diploms im Landesmuseum. Vgl. Hist.-herald. Handbuch der gräflichen Häuser. Gotha 1855 S. 30 f.

[8] Dieses Geschlecht stammt von der römischen Familie der Ursini und trat schon im zwölften Jahrhundert in Schwägerschaftsverhältnisse mit den Grafen von Görz. Graf Stephan erhielt vom König Bela von Ungarn, dem er gegen die räuberischen Einfälle Alberts von Michova beistand, die Grafschaft Wodicha, welche Belehnung König Andreas 1218 bestätigte. Graf Babo erbaute 1249 das Schloss Blagaj (blagajski turn, Valv. XII. 37) und nahm davon den Namen an. Um 1512 wurde dieses Grenzhaus von den Türken eingenommen, und nach 1545 liess sich die Familie in Krain nieder. Vgl. Historisch-heraldisches Handbuch S. 63.

[9] Christoph Cobenzl von Prosegg (Prosecco) erheiratete mit Anna Lueger die durch Erasmus Lueger berühmt gewordene Burg Lueg bei Adelsberg. Czörnig, Görz I. S. 767 Anm. 2

[10] Georg Sigmund von Gallenberg, Landesverweser in Krain, ward 1666 von Kaiser Leopold I. in den Reichsgrafenstand erhoben. Historisch-heraldisches Handbuch S. 238. Ueber das Schloss siehe Blätter aus Krain 1858 S. 150—151.

[11] Die Kazianer erhielten das Freiherrendiplom 12. Januar 1615 und den Reichsgrafenstand mit dem Erbamt als Oberst-Silberkämmerer in Krain am 28. Mai 1665. Historisch-heraldisches Handbuch S. 399.

9. Lamberg;[12] 10. Lantheri[13] (Lanthieri); 11. Paradeiser; 12. Petazzi;[14] 13. Purgstall; 14. Saurau; 15. Strasoldo;[15] 16. Thurn;[16] 17. Trillek;[17] 18. Wazenberg.[18]

3. Freiherren.

a) Aeltere, theils ausgestorbene, theils nur mehr ausser Krain blühende Geschlechter:

1. Dietrichstein; 2. Dornberg;[1] 3. Freikirchen; 4. Gradenecker; 5. Gregorianiz; 6. Herberstein; 7. Jurischiz; 8. Kevenhüller; 9. Kreyg;

---

[12] Von der Ortenegger Linie dieses Geschlechts stammte Johann Maximilian, geboren 1608, gestorben 1682, Kaiser Leopolds I. Obersthofmeister, der als kaiserlicher Reichshofrath mit seinem Bruder Johann Wilhelm und der ganzen Descendenz bei der Krönung zu Regensburg 1636, 10. November, von Kaiser Ferdinand III. in den Reichsgrafenstand erhoben wurde. Johann Herbart II., von der mittleren Hauptlinie in Krain, wurde 1667 von Kaiser Leopold I. in den Grafenstand erhoben. Vgl. Historisch-heraldisches Handbuch S. 484 f.

[13] Vgl. Czörnig, Görz I. 766, Anm. 1.

[14] Dieses Triester und Görzer Geschlecht, welches durch seinen Besitz in S. Servolo, Castelnuovo und Schwarzenegg auch Krain angehörte, ward 1622 von Kaiser Ferdinand II. in den Freiherrenstand und 1632 in den Reichsgrafenstand erhoben. Czörnig S. 778, Anm. 10.

[15] Eine uralte Familie deutscher Abkunft in Friaul, welche auch das Schloss Duino in Pfandbesitz hatte. In den Reichsgrafenstand erhob sie Ferdinand III. im Jahre 1641.

[16] Eine der ältesten und angesehensten Familien Italiens und Deutschlands, welche sich im sechzehnten Jahrhunderte von Görz und Friaul aus über Spanien, Belgien und Deutschland verbreitete und welcher auch das fürstliche Haus Thurn und Taxis angehört. Die Linie Thurn-Hoffer erlangte 1530, die Friauler Linie 1533 den Reichsgrafenstand. Kaiser Leopold I. ertheilte (1664) dem jeweilig ältesten Mitgliede der letztern Linie den Titel: Oberst-Erblandmarschall in der gefürsteten Grafschaft Görz und Gradisca, Erblandhofmeister in Krain und Erb-Silberkämmerer in Kärnten. Die Mitglieder der Kärntner und Krainer Linie führen den Titel: Erblandhofmeister in Krain und der windischen Mark und jenen eines Erblandmarschalls in der gefürsteten Grafschaft Görz (seit 1660), sowie das Prädicat der Freiherren von Kreuz. Czörnig, Görz I. 676, 677. Historisch-heraldisches Handbuch S. 1002 bis 1005.

[17] Sie besassen das Schloss gleichen Namens (slov. Podkraj) in Innerkrain.

[18] Dieses Geschlecht besass das Schloss Wazenberg in Unterkrain, welches früher Aich (Dob) hiess, von einem schon 1420 erloschenen Geschlechte. Valv. XI. 625, 626.

[1] Görzer Familie, 1575 in den Freiherrenstand erhoben. Vgl. Czörnig, Görz I. S. 636, Anm. 1.

10. Kisl; 11. Lenkovitsch; 12. Mannesis; 13. Neuhaus;[2] 14. Panizol;[3] 15. Petschowitsch; 16. Raikniz oder Raegniz; 17. Wagensperg;[4] 18. Wittowiz.

b) Zu Valvasors Zeit in Krain sesshafte und zu den Landleuten gehörige Geschlechter:

1. Apfaltrer; 2. Brenner; 3. Brigido; 4. Billichgraz;[5] 5. Caraduzzi; 6. de Leo; 7. Edling;[6] 8. Egk;[7] 9. Engelshaus; 10. Gall; 11. Haller; 12. Jankowitsch; 13. Jauerburg;[8] 14. Juritsch; 15. Kaysell; 16. Lampfrizheim; 17. Langenmantel; 18. Leuenberg; 19. Lichtenberg;[9] 20. Lichtenthurn; 21. Marenzi; 22. Moskon; 23. Mordax; 24. Mosheim; 25. Oberburg; 26. Paradeiser; 27. Rampel; 28. Rattenfeld; 29. Rauber; 30. Raumbschissel; 31. Raunach;[10] 32. Raysing; 33. Rossetti; 34. Ruessenstein; 35. Stroblhoff;[11] 36. Taufrer; 37. Valvasor; 38. Wagen; 39. Wernek;[12] 40. Wizenstein; 41. Zetscheker; 42. Zierheim.

---

[2] Stammhaus in Istrien (Novigrad), zu Valvasors Zeit im Besitze des Grafen Benvenuto von Petaz (Petazzi). Valv. XI. 399.

[3] Görzer Familie, 1580 von Kaiser Rudolf II. in den Freiherrenstand erhoben. Octavius Panizoll wurde von Kaiser Ferdinand II. 1631 zum Erblandfalkenmeister in Krain ernannt, welche Würde nach dem Aussterben der Familie auf die Lanthieris überging. Czörnig, Görz I. 775.

[4] Ihr Stammhaus war das gleichnamige Schloss bei Littai, welches später in den Besitz Valvasors überging. In den Freiherrenstand wurden sie 1559, in den Grafenstand 1625 erhoben.

[5] Das gleichnamige Stammhaus bei Laibach. Valv. XI. 32 f.

[6] Görzer Familie, aus Schwaben abstammend; zwei Linien wurden von Kaiser Leopold I. in den Grafenstand erhoben, die dritte führte den Beinamen der Freiherren von Salcano. Czörnig, Görz I. 655.

[7] Jörg von Egg, Vicedom in Krain, baute das gleichnamige Schloss bei Krainburg. Valv. XI. 128.

[8] Besitzer des gleichnamigen Schlosses und Bergwerkes in Oberkrain. Valv. III. 388.

[9] Das gleichnamige Stammhaus der Herren von Lichtenberg lag nahe bei Wagensperg, kam durch Heirat an die Herren Schwab und später durch Kauf an die Freiherren Kheysell, von welchen es (1672) Valvasor erwarb. Es standen jedoch davon nur mehr die kahlen Mauern, denn Georg Kheysell hatte es als Besitzer des nahen Wagensperg niederreissen lassen. Valv XI. 337--339.

[10] Dieses Geschlecht baute das Schloss Raunach (Ravne), bei S. Peter in Innerkrain, ‚das Paradies des Karstes'. Nach dem Aussterben der Raunacher gelangte das Schloss in den Besitz des Joh. Bapt. Freiherrn de Leo, E. E. Landschaft Hauptmann des Fussvolks in Isterreich. Valv. XI. 465.

[11] Ihr Sitz war das Schloss gleichen Namens bei Laibach. Valv. XI. 565 f.

[12] Das Stammschloss dieses Geschlechts in Oberkrain, vier Meilen von Laibach an der Save gelegen, lag zu Valvasors Zeit bereits in Trümmern, aus welchen man Poganig baute. Valv. XI. 649.

4. Ritter.

a) Ausgestorbene Geschlechter:

1. Adelsberg;[1] 2. Aich; 3. Ainkhürn; 4. Ainöd;[2] 5. Alben;[3] 6. Arch;[4] 7. Borsch; 8. Baumkircher;[5] 9. Castlwart; 10. Clainz; 11. Clys; 12. Crennschall; 13. Crusich; 14. Davolitsch; 15. Dominitsch;[6] 16. v. d. Dürr; 17. Erkenstein; 18. Feistriz;[7] 19. Flednik;[8] 20. Frauensteiner;[9] 21. Gerlachstein;[10] 22. Görtschach;[11] 23. Gouardo;[12] 24. Graben;[13] 25. Grä-

[1] Auch Arisperg, Lehensträger der Görzer Grafen und der Patriarchen von Aquileja. Der letzte, Guarin von Arisperg, kommt 1332 vor. Ihr Besitzthum, die Herrschaft Adelsberg, wurde 1371 durch den damaligen Lehensträger Johann von Stegberg an die Herzoge Leopold III. und Albrecht III. von Oesterreich um 20,000 Gulden verkauft. Seitdem blieb sie landesfürstlich bis 1620, wo sie an den Fürsten Joh. Ulrich von Eggenberg fiel; um das Jahr 1680 brachte sie Joh. Weichard Fürst von Auersperg an sich, dessen Sohn Ferdinand sie im Jahre 1707 an Franz von Oblak, Freiherrn von Wolkensperg, überliess. Mittelst Kaufvertrags vom 27. August 1722 erwarb die k. k. Hofkammer die Herrschaft wieder zum Behufe des Karstgestütes, und seitdem blieb sie österreichisches Staatsgut. Mitth. 1860 S. 73 f.

[2] Das Stammhaus gleichen Namens, zu Valvasors Zeit bereits in Ruinen, fiel nach dem Aussterben des Geschlechts an die Herren von Scheyer, welche in dessen Nähe ein neues prächtiges Schloss gleichen Namens aufführten. Valv. XI. 9, 11.

[3] Besitzer des Markts gleichen Namens, heutzutage Planina. Valv. XI. 12, 13.

[4] Sie besassen das Schloss gleichen Namens in Unterkrain. Der letzte gerieth 1471 in türkische Gefangenschaft. Valv. XI. 20.

[5] Dieses Geschlecht besass im Mittelalter ein Schloss, ‚Baumkircherthurm' genannt, bei Hölzenegg. Valv. XI. 277.

[6] Peter Dominitsch baute das Schloss Dominitschhoff. Valv. XI. 118.

[7] Das Stammhaus des Geschlechts war das gleichnamige Schloss bei Dornegg in Innerkrain. Siehe den ersten Theil dieses Werks S. 222. Vgl. Valv. XI. 134.

[8] Der alte gleichnamige Stammsitz lag schon zu Valvasors Zeit in Ruinen. Der Besitz war schon 1374 landesfürstlich. Valv. XI. 137.

[9] Der letzte Frauensteiner endete sein Leben in türkischer Gefangenschaft 1473; das Schloss fiel dann an das Kloster Michelstetten. Valv. XI. 366, 367.

[10] Das alte Schloss gleichen Namens war stark befestigt. Es fiel später an die Hohenwart. Valv. XI. 184 f.

[11] Das gleichnamige Stammhaus der Görtschacher gelangte später an die Ortenburger und Cillier, nach dem Aussterben letzterer an die Erzherzoge von Oesterreich. Kaiser Friedrich schenkte 1461 die Herrschaft dem Laibacher Bisthum. Valv. XI. 190—191.

[12] Die Herren von Govardo waren Inhaber der Herrschaft Neuhaus am Karst, verübten Gewaltthätigkeiten gegen die benachbarten Edelleute und ihre eigenen Unterthanen, nahmen venetianische Besatzung in ihr Schloss auf und forderten so das Einschreiten der landesfürstlichen Macht heraus; das Schloss wurde überfallen, eingenommen und die Gebrüder Govardo auf das Laibacher Castell gebracht. Das Schloss Neuhaus wurde 1551 geschleift, später aber wieder aufgebaut und befand sich zu Valvasors Zeit im Besitze des Benvenuto Grafen von Petazzi.

[13] Ausgestorben im sechzehnten Jahrhundert. Das Stammschloss gelangte in den Besitz der Mordax. Valv. XI. 206 f.

zer;[14] 26. Grettingen; 27. Gresperger; 28. Grosswein; 29. Guetenberg;[15] 30. Gutenfeld; 31. Gumpler; 32. Gurk; 33. Gurkfeld;[16] 34. Gustaschitsch; 35. Guttenegg;[17] 36. Habusperg; 37. Halbenberger; 38. Häcklein; 39. Harrer; 40. Harter; 41. Hassberg;[18] 42. Hegstetter; 43. Herbst; 44. Heritsch; 45. Hermann; 46. Hertenberg; 47. Illebitz; 48. Höffer; 49. Hopfenbach;[19] 50. Hörner; 51. Hundt; 52. Hungersbach;[20] 53. Igg; 54. Katzenberger;[21] 55. Khalloti; 56. Kherschan;[22] 57. Kosiak;[23] 58. Krumperg; 59. Laas; 60. Lack;[24] 61. v. d. Leiter (de la Scala); 62. Landestrost; 63. Landspreiss;[25] 64. Liebenberg; 65. Liebensteiner; 66. Lichtenegg; 67. Lilienberg;[26] 68. Löer; 69. Lueg; 70. Lybek;[27] 71. Mallinger; 72. Mangesspurg;[28] 73. Matscheroll;[29] 74. Mauritsch; 75. Meichau;[30] 76. Merheritsch; 77. Mitterburg; 78. Montpreis; 79. Möttnig; 80. Minkendorf;[31] 81. Min-

[14] Stammschloss Gradec bei Möttling, gelangte später an die Purgstall, Thurn, Wernegg und endlich an die Gusitsch. Valv. XI. 212.

[15] Das Schloss gleichen Namens befand sich im sechzehnten Jahrhundert im Besitz der Lamberge von Stein; zu Valvasors Zeit war es in Trümmern. Valv. XI. 242.

[16] Der letzte 1322. Im J. 1679 war die Herrschaft Gurkfeld, welche Joh. Bapt. Valvasor, ein Ahnherr unseres Chronisten, 100 Jahre vorher gekauft und an einen Herrn von Moskon vererbt hatte, im Besitz des Grafen Orfeo Strassoldo. Valv. XI. 241.

[17] Schloss gleichen Namens, zu Valvasors Zeit in Ruinen. Valv. XI. 244.

[18] Stammschloss gleichen Namens bei Planina. Valv. XI. 268.

[19] Das gleichnamige Bergschloss gedieh durch Heirat an die Auersperge. Zu Valvasors Zeit besass es Freiherr Franz Leopold von Zierheim. Valv. XI. 286.

[20] Wohl identisch mit der Görzer Familie Ungrischpach, deren Besitzungen nach ihrem Erlöschen an die verschwägerte freiherrliche Familie Egg übergingen, welche das Prädicat von Ungrischpach annahm. Czörnig. Görz I. 644—646.

[21] Schloss gleichen Namens bei Stein. Valv. XI. 297.

[22] In Istrien, vier Meilen von Pisino, lag das Stammschloss gleichen Namens.

[23] Nach dem Aussterben dieses Geschlechts kam sein Stammschloss in Unterkrain, zwei Meilen von Rudolfswerth, an die Herren Sauer, welche ihrem Namen das Prädicat ‚zum Kosiak' beifügten. Valv. XI. 315.

[24] Der Letzte des Geschlechts, dessen Stammsitz *Wildenlack* bei Bischoflack war, beschloss sein Leben als Mönch im Minoritenkloster in Laibach (1446). Valv. XI. 36.

[25] Der letzte Herr von Landspreiss wurde 1311 von Dipold von Stein in Krainburg im Turnier getödtet. Valv. XI. 328.

[26] Stammschloss bei Moräutsch. Valv. XI. 341.

[27] Stammschloss, eine halbe Stunde von Watsch entfernt. Valv. XI. 347.

[28] Oder Mannsburg. Zu Valvasors Zeit war das Stammschloss im Besitze des Freiherrn Anton von Leuenberg. Valv. XI. 361—362.

[29] Der letzte 1522. Valv. XI. 364.

[30] Das Stammschloss gleichen Namens, eine Meile von Rudolfswerth, kam später an die Cillier und fiel nach deren Erlöschen an die Erzherzoge von Oesterreich. Valv. XI. 358.

[31] Nach Valv. XI. 369 identisch mit den Herren von Gallenberg, daher nicht unter die zu seiner Zeit ausgestorbenen Geschlechter zu rechnen. Valv. XI. 369.

dorf; 82. Nassenfuss; 83. Näglitsch; 84. Neydeck;[32] 85. Nicolitsch; 86. Nussdorf;[33] 87. Obritschan; 88. Pailikh; 89. Pandorfer; 90. Pasch; 91. Pekach; 92. Petschacher; 93. Petsacher; 94. Pernstein; 95. Pettau; 96. Pfailberg; 97. Piers (Pirsch, Pyrsch);[34] 98. Pleschauvitez; 99. Podwein;[35] 100. Polan;[36] 101. Portendörffer; 102. Praysser; 103. Preisek;[37] 104. Presingen; 105. Prossek; 106. Pichler; 107. Pueller; 108. Rabensberg;[38] 109. Ratschach;[39] 110. Ratt; 111. Reifnitzer;[40] 112. Reichenburg; 113. Reutenberg;[41] 114. Ritschan; 115. Rosek;[42] 116. Rösch; 117. Rosenhart; 118. Samburg; 119. Zara oder Sara; 120. Savenstein;[43] 121. Scharff; 122. Scharfenek; 123. Schenk; 124. Schönpüchel;

[32] Das Stammschloss gleichen Namens war zu Valvasors Zeit im Besitze des Freiherrn Wolf Konrad von Jankowitsch. Valv. XI. 398.

[33] Das Stammhaus bei Adelsberg besass zu Valvasors Zeit Johann Bernhard Freiherr von Rossetti. Valv. XI. 414.

[34] Mit dem Beinamen von Rottenbüchel, dem bei Stein gelegenen Schlosse, das zu Valvasors Zeiten ein Herr Johann Balthasar Rasp besass. Valv. XI. 474–475.

[35] Der Letzte 1397. Valv. XI. 446.

[36] Schloss gleichen Namens in Unterkrain, überging dann von den Ortenburgern an die Cillier und von diesen an das Haus Oesterreich. Zu Valvasors Zeit gehörte es dem Fürsten Ferdinand von Auersperg. Valv. XI. 449, 450.

[37] Das Stammschloss gleichen Namens lag, schon zu Valvasors Zeit eine Ruine, hoch auf dem Gebirge, unter welchem das Wasser Kupzhina entspringt, in der Sichelberg'schen Grenzenclave in Unterkrain. Das neue Schloss gleichen Namens bauten die Auersperg. Valv. XI. 454.

[38] Das Stammhaus gleichen Namens, vom Landvolk Kopriunek genannt. Die letzten des Geschlechts, die Brüder Friedrich und Ulrich, kommen 1301 vor. Valv. XI. 312–313.

[39] Schloss gleichen Namens in Unterkrain, zu Valvasors Zeit im Besitze der Mordax. Valv. XI. 464.

[40] Der letzte von Reifniz lebte noch 1524 in Krain. Die Herrschaft wurde im Jahre 1227 von den Auerspergen an die Herren von Laas verkauft, war später als Aquilejisches Lehen ein Besitz der Ortenburger. Im Jahre 1411 besass Reifniz ein Herzog von Teck, der es durch seine Gemalin, eine geborne Gräfin von Ortenburg, erheiratet. Von den Ortenburgern überging es an die Cillier und ward nach deren Erlöschen österreichisches Staatsgut; zu Valvasors Zeit besassen es die Grafen von Trilleck als Pfandherrschaft. Valv. XI. 467—468.

[41] Das Stammschloss, ein befestigter Wartthurm, in einer Gebirgswildniss ober dem neuen Schlosse in Unterkrain, war zu Valvasors Zeit bereits verlassen und ein neues Schloss gebaut worden, das die Erben Johann Herbarts Grafen von Lamberg besassen.

[42] Das Stammhaus bei Rudolfswerth war zu Valvasors Zeit im Besitze des Daniel Grafen von Gallenberg. Valv. XI. 471—472.

[43] Das Stammhaus, eine starke Veste, lag auf einem Berge an der Save und war schon zu Valvasors Zeit verödet. Das neue, in der Ebene aufgeführte Schloss besassen damals die Herren Reffinger. Valv. XI. 492—493.

125. Schneeberg;[44] 126. Schnitzenbaum; 127. Schomberg; 128. Schönberg; 129. Schutter; 130. Sebel; 131. Sebriach; 132. Seisenberg;[45] 133. Siebenegg;[46] 134. Sicherstein; 135 Silberpeitl (Borsa di argento oder von Carstberg); 136. Sicherberger; 137. Sittich; 138. Slateneg; 139. Spiess; 140. Sumeregg; 141. Stein; 142. Steindorfer; 143. Steiner; 144. Stegberg;[47] 145. Sternsee; 146. Stettenberg;[48] 147. Suchenthal; 148. Toller; 149. Thurner; 150. Tiffer; 151. Triebenegg; 152. Tschernahora; 153. Tschernembl;[49] 154. Verchnitschein; 155. Villanders; 156. Waxensteiner;[50] 157. Weineck;[51] 158. Weisseneck; 159. Weixelberg;[52] 160. Werder (von Werde);[53] 161. Wildenecker; 162. Warischabitz (Worischewitsch); 163. Watsch;[54] 164. Wuckaviz; 165. Zellenberger; 166. Zenger; 167. Zubratscher; 168. Zobelsberg.[55]

---

[44] Das Stammhaus bei Laas besass zu Valvasors Zeit Ferdinand Fürst von Auersperg. Valv. XI. 513.

[45] Der Letzte des Geschlechts war 1386 Heintzel von S. Das Schloss war zu Valvasors Zeit im Besitz der fürstlichen Linie von Auersperg. Valv. XI. 520—521.

[46] Das Stammhaus in Unterkrain überging nach dem Erlöschen des Geschlechts an die Grafen von Heunburg, und im Jahre 1293 verkaufte Ulrich II. es an den Herzog Albrecht von Oesterreich um 12,000 Mark Silber. Zu Valvasors Zeit besass es als Pfandherrschaft Daniel Freiherr von Mordax. Valv. XI. 527—529.

[47] Der Letzte des Stammes kam 1482 bei der Erstürmung des Stammschlosses (bei Laas in der Nähe des Zirknizer Sees) durch den Raubritter Erasmus Lueger um. Das Schloss war zu Valvasors Zeit im Besitze des Fürsten Johann Seifried von Eggenberg, Landeshauptmanns in Krain. Valv. XI. 556 f.

[48] Der Letzte dieses Geschlechts fiel 1291 im Kriege der Steirer mit Erzherzog Albrecht, auf Seite der ersteren kämpfend; siehe den ersten Theil dieses Werkes S. 222. Das gleichnamige Schloss lag zwischen Wördl und Obernassenfuss, zwei Stunden von letzterem entfernt, in einer Wildniss. Valv. XI. 554.

[49] Das Geschlecht ist aus Krain ausgewandert. Vgl. den dritten Theil dieses Werkes S. 361, Anm. 4.

[50] Das Schloss gleichen Namens lag in Istrien, fünf Meilen von Pisino. Die Herrschaft kam, wie oben erwähnt, durch Heirat an die Barbos, und zu Valvasors Zeit besass sie Fürst Ferdinand Auersperg. Valv. XI. 625.

[51] Das Schloss gleichen Namens, zwischen Sittich und Weixelburg, kam im Jahre 1433 als Cillier Lehen an die Familie Rauber. Valv. XI. 635.

[52] Die letzten Weichselberger, Karl und Friedrich, starben 1581. Zu Valvasors Zeit gehörte die Herrschaft dem Fürsten Ferdinand von Auersperg. Valv. XI. 629.

[53] Auch Werth oder de Werde. Das Stammhaus ‚Wördl', auf einer Gurkinsel, überging nach einander auf die Herren von Vilanders, deren letzter 1547 starb und bei den Franziskanern in Rudolfswerth begraben wurde, auf die Lenkovitsch und Davoliz und endlich an die Herren Sonze. Valv. XI. 658.

[54] Das Stammhaus, ein fester Thurm, war schon zu Valvasors Zeit nicht mehr vorhanden. Um ihn entstand der Markt gleichen Namens. Valv. XI. 623.

[55] Der Letzte des Stammes, Georg, starb 1560. Zu Valvasors Zeit besass das Schloss Heinrich Julius Freiherr von Werneck.

b) Ehemalige Landleute von Krain, jedoch dort zu Valvasors Zeit nicht mehr befindlich:

1. Aichelberg; 2. Altenhaus; 3. Diatalevi; 4. Ducainus; 5. Ellacher; 6. Freihofer; 7. Glanhofer; 8. Glovitzer; 9. Grebintschitsch; 10. Guraltitsch; 11. Haunsberg; 12. Hertenfelser; 13. Khüenperg; 14. Knüllenberg; 15. Leysser; 16. Lindeck; 17. Meihofer; 18. Mercheritsch;[56] 19. Muschliz; 20. Naumon; 21. Neyberg; 22. Payrsdorfer; 23. Perneck; 24. Pfaffoitsch; 25. Praunsberg; 26. Scampie; 27. Schränkler; 28. Schrott; 29. Schweitzer; 30. Seepacher; 31. Tadiolovitsch; 32. Weserbach; 33. Wurzenbichler; 34. Zeidler; 35. Zuetkovitsch; 36. Zurler.

c) In andere Länder ausgewanderte Geschlechter:

1. Andrian; 2. Bonhomo; 3. Creuzer; 4. Crisanitsch; 5. Galilei; 6. Hagen; 7. Jörger; 8. Kolobrat;[57] 9. Lengheimer; 10. Moser; 11. Oechsl; 12. Prank; 13. Ratmannsdorf;[58] 14. Sauer; 15. Scheyer; 16. Sigersdorf; 17. Strasser; 18. Stubenberg; 19. Weltzer; 20. Werdenberg; 21. Wildensteiner; 22. Zwickl.

d) Zu Valvasors Zeit noch in Krain sesshafte Ritterschaft:

1. Aichelburg; 2. Benaglia; 3. Buchenberg; 4. Busset; 5. Chrön; 6. Coppinis; 7. Crobath; 8. Dienersberg; 9. Dinzl; 10. Erberg; 11. Fabianitsch; 12. Flachenfeld; 13. Gallenfells;[59] 14. Gandin; 15. Ganser; 16. Grafenweger;[60] 17. Grimschitsch;[61] 18. Gusitsch; 19. Hasiber; 20. Hitzing; 21. Hohenwart zu Gerlachstein; 22. Hohenwart zu Furcht; 23. Isenhausen; 24. Katschitsch; 25. Kirchberg; 26. Kuschlan; 27. König; 28. Kovatschitsch; 29. Lachenheim; 30. Lasarini; 31. Lukantschitsch; 32. Otto; 33. Palmburg; 34. Pelzhofer; 35. Pernburg; 36. Portner; 37. Posarel; 38. Pregel; 39. Preckerfeld; 40. Raab; 41. Rain; 42. Reffenger; 43. Rerenberg; 44. Rasp;[62] 45. Rudolfi; 46. Schernburg; 47. Schmutzenhaus;

---

[56] Der letzte, Leonhard, adoptirte seinen Schwestersohn, den Herrn Leonhard Fabianitsch, und setzte denselben zum Erben ein unter der Bedingung, dass er den Namen ‚Mercheritsch, genannt Fabianitsch', annehme. Valv. XI. 172.

[57] Stammhaus gleichen Namens in Oberkrain. Das Geschlecht wanderte aus. Ihr Besitz fiel an die Freiherren von Rambschüssel, von welchen es zu Valvasors Zeit ein Herr Adam Dinzl erwarb. Valv. XI. 311—312.

[58] Die Herren von Radmannsdorf scheinen noch im Mittelalter nach Steiermark ausgewandert zu sein. Valv. XI. 461.

[59] Das Schloss gleichen Namens zwischen Krainburg und Neumarktl erkauften die Gallenfelser von einem Herrn Creutzer. Valv. XI. 166.

[60] Das Stammschloss in Oberkrain an der Save besass zu Valvasors Zeit Herr Hans Josef Grafenweger. Valv. XI. 222.

[61] Das Schloss Grimschitzhof bei Veldes erbaute ein Herr Grimschitz. Zu Valvasors Zeit besass es Georg Karl Grimschitz. Valv. XI. 226.

[62] Johann Augustin Rasp erhielt 1660 bei der Erbhuldigung den Freiherrenstand. Wurzbach, biogr. Lex. XXV. 3.

48. Schwab; 49. Schweiger; 50. Seethal; 51. Semenitsch;[63] 52. Siberau; 53. Sonze; 54. Stemberg; 55. Supantschitsch; 56. Toparzer; 57. Wiederkher; 58. Ziglfest.

8. Andere Familien von Adel,
welche nicht zur Ritterschaft gehören:

1. Berdarini; 2. Bernarditsch; 3. Bosio; 4. von Brembsfeld; 5. Burkhard; 6. Carminelli; 7. Copenjager; 8. Corditsch; 9. Dannesa; 10. Dienstmann; 11. Dilanz; 12. Distel; 13. Dolnitscher; 14. Dragouanitsch; 15. Floriantschitsch; 16. Forest; 17. Frueperger; 18. Fürnpfeil; 19. Garzaroll; 20. Gladich; 21. von Gojanzell; 22. Gotscheer; 23. von Graffheiden; 24. von Grundlern; 25. Hegler; 26. Hiller; 27. Hingerle; 28. von Höfern; 29. Hofmann; 30. Ingolitsch; 31. Juliani; 32. Khern; 33. Khociainar; 34. Kunstl; 35. Kniffiz; 36. von Krazenbach; 37. Kunst; 38. Labassar; 39. Locatelli; 40. Magaina; 41. Mahortschitsch; 42. Marastoni; 43. Marcouitsch; 44. Marpurch; 45. von Mayrhofen; 46. Michatschauitsch; 47. Mospacher; 48. Mugerle; 49. Muretitsch; 50. Papler; 51. von Perizhof; 52. Petermann; 53. Pipan; 54. Plasmann; 55. Portika; 56. von Pöttenegkh; 57. Prentnar; 58. Rapicius; 59. von Retzenheim; 60. Rigoni; 61. Sargar; 62. Schegga; 63. Schifflinger; 64. Schreiber; 65. Schrott; 66. von Schwitzen; 67 Selenitsch; 68. von Siebeneckh; 69. Sily; 70. Spitzig; 71. Standler; 72. Sternischa; 73. Strassgiettel; 74. Summereckher; 75. Tazol; 76. Tosch; 77. Troyer; 78. Vitnich; 79. von Walneckh; 80. Walter; 81. Waldreich; 82. Wichtelitsch; 83. Widerbal; 84. Wisiak; 85. Wuriackh; 86. Zannetti; 87. von Zergollern.

Die *Sitten* des krainischen Adels, meint unser Chronist in dem leider nur zu kurzen Kapitel ‚von dem Unterhalt, Uebung, Lebensart und Studien des Adels und der Bürger in Krain‘, seien ‚so manierlich, wie andrer wohlgesitteter Völker ihre‘, daher er dieselben ‚einer besonderen Erzählung unnöthig erachtet‘ und uns nur kurzen Bericht von Art und Lebensweise der höheren Gesellschaft in Krain gibt. Der Adel lebe entweder von seinen Gütern oder von seinem Degen im Dienste des Landesfürsten. Er pflege ‚seine Jugend mit freien Künsten und der Pallas aufzuwarten, auch dabei sich mit zuwachsenden Jahren in ritterlichen Exercitien zu qualifiziren, nachmals fremde Länder, bevorab Italien und Frankreich durchzureisen‘, um entweder eine ‚fürnehme Kriegscharge‘ oder ‚leuchtende Regimentswürden‘ oder glänzende

[63] Ein ‚Semenitsch-Thurn‘ stand ehemals bei Schneckenbüchel und gehörte im Mittelalter den Herren gleichen Namens. Seine Mauern lieferten das Materiale zum Bau des Schlosses Schneckenbüchel. Valv. XI. 513.

Ehrenämter zu erreichen und so mit der ‚Feder- oder mit der Degenspitze‘ sein Glück zu machen.[1]

Diese Charakteristik ist kurz, aber treffend, und manche einzelne Züge, wie sie uns hie und da in den vergilbten Blättern unserer Chronik begegnen, vervollständigen das Bild. Auch die aristokratische Gesellschaft Krains war dem allgemeinen Zuge gefolgt, der nach dem Austoben des dreissigjährigen Krieges den deutschen Adel sein Muster und Vorbild in französischer Sitte erblicken liess, der Paris zur Hochschule feiner Erziehung machte. Mit der französischen Tracht war französischer Ton, Sinn für feineren Lebensgenuss eingekehrt, aber die französische Liederlichkeit blieb dieser Gesellschaft fern, welche immer noch den Grundton treuherziger altdeutscher Biederkeit bewahrte, wie Valvasors Lobrednerin, die Freiin von Seisenegg, schreibt:[2]

......Es weist die weise Schrift (Valvasors Chronik)
Den schönen Adel auch, dem Tugend angeerbet.
Der Meisten Theil ist teutsch, Muth findet da sein Stift
Und Höflichkeit den Sitz. Ich selber hab' gekennet
Sehr viel'. In allen war ein Geist der Lieblichkeit,
Der Freundschaft süsse Seel'! ein Herz, da Liebe brennet
In tugendlicher Flamm'. ....

In seiner Heimat huldigte der krainische Adel den ritterlichen Uebungen des Reitplatzes und des edlen Waidwerkes. Er hatte seine Reitschule in Laibach an der Stelle, welche jetzt das Theater einnimmt; prachtvoll war jene auf Schloss Auersperg, an welche noch Fresken — Darstellung von Pferderassen — erinnern. Der Landeshauptmann Wolf Engelbrecht von Auersperg hatte eine Stuterei auf seinem Schlosse Pölland in Unterkrain, Freiherr von Engelshaus auf seinem Schlosse Sonegg.[3] Manches Schloss wies einen prächtigen Marstall mit marmornen Krippen für edle Rosse auf. Berühmt war insbesondere die auch sonst im Lande mit Eifer betriebene Pferdezucht des Karstes.[4] Zur Uebung der edlen Jägerei bot das waldreiche Land einen unerschöpflichen Wildstand. Selbst der so ungemein seltene Steinbock war kein fremder Gast; Gemsen hausten in den Steiner Alpen; den jetzt ausgerotteten Luchs konnte man auf dem Palovitscher Berg bei

[1] VI. 342.

[2] Valv. I. Das erste Lobgedicht der Frau Katharina Regina, Frau von Greifenberg, Freiherrin auf Seisenegg, welche als treue Freundin der Maria Isabella, Gräfin von Zinzendorf, einer gebornen Gräfin von Lamberg aus Krain, an allem, was deren Geburtsland betraf, den innigsten Antheil nahm.

[3] Valv. XI. 435, 539. Blätter aus Krain 1864 S. 120.

[4] Siehe oben S. 56.

Tuchein, im Feistrizer Walde und im Forst Blatnek unter dem heiligen Berge erschleichen; Dammwild hegten noch viele Wälder; Eber, Bär und Wolf erhöhten die Jagdlust durch den Reiz der Gefahr. Die Jagd auf Federwild lieferte die reichste Ausbeute in der fürstlich Auersperg'schen Wildbahn in Gottschee. Hier erlegte der Fürst Ferdinand in drei Wochen 3000 Wachteln, und im Jahre 1666 machte der Landeshauptmann Wolf Engelbrecht in drei Wochen einen Fang von 2259 Wachteln, 120 Haselhühnern und 26 Repphühnern.[1]

Gegen das Zerrbild ritterlichen Muths, die Duellsucht des Zeitalters, regte sich das bessere Gefühl in mancher edleren Brust. Unser Chronist, ein Mann, der den Degen in manchem ernsten Kampfe geführt, zieht tapfer gegen diese Unsitte los. ‚Es werden', sagt er ‚die liederlichsten Ursachen so zu sagen vom Zaun gebrochen, dass einer dem andern den Hals breche und ihn fein warm auf der Post zum Teufel schicke.' Trotz des öffentlichen Verbots reise man lieber hundert Meilen einander nach, als dass man die empfangene Beleidigung gerichtlich ausführen oder gütlich beilegen sollte. Erscheint man nicht, so besorgt man, mit einem ‚Coyon' oder ‚Bärenhäuter' titulirt zu werden; seine Ehre mit Degen und Pistol statt mit Richterspruch behaupten, das werde für ‚cavalierisch, tapfer und für eine Glori' geschätzt. Dazu seien die Duellanten so verwegen, dass sie ohne Schutzwehr nicht nur auf den Hieb, sondern auch auf den Stoss geben, oder Kugeln mit einander wechseln, und zwar nicht nur zu Pferde, sondern auch zu Fuss sich mit dem Pistol schlagen u. s. w.[2] Angesichts der strengen Verbote Kaiser Leopolds gegen den Zweikampf (1687) kam es wohl vor, dass ein Herausgeforderter den Zweikampf ablehnte. Ein solcher Fall mit tragischem Ausgange trug sich um das Jahr 1691 zu. Josef Bernardin Barbo Graf von Waxenstein hatte eine Herausforderung des Freiherrn Johann Franz von Rottenfeld nicht anzunehmen gewagt, sondern Laibach verlassen. Der Freiherr setzte ihm aber nach und holte ihn bei ‚geweihten Brunn' ein. Er schoss zweimal auf den Grafen, wobei er ihn im Gesicht und am linken Arm verwundete. Graf Barbo sah sich demnach genöthigt, sich zu vertheidigen, und er hatte das Unglück, seinen Gegner mit einem Schusse tödtlich zu verwunden, so dass dieser nach acht Tagen den Geist aufgab. Der Graf floh ins Ausland, erwirkte aber 1691 von Kaiser Leopold ‚sicheres Geleite' (salvum conductum) auf zwei Monate, um seine Unschuld darzuthun.[3]

[1] Valv. II. 144 f.; III. 442.

[2] Valv. V. 184.

[3] Mitth. 1862 S. 14.

Schwerer fiel es dem Adel, sich von der geistigen Epidemie loszumachen, welche dem Geheimniss der Lebenskunst und dem angeblich von der grauesten Vorzeit her durch eine ununterbrochene Reihe von Adepten überlieferten ‚Stein der Weisen' in Tiegeln und Retorten nachspürte und selbst wissenschaftlich bedeutende Männer, wie einen Paracelsus, nicht verschonte.

In der Laibacher Studienbibliothek findet sich das seltene Büchlein von dem Assessor der Hof- und Landrechte in Laibach, Johann Friedrich von Rain, zu Sternol und Radelsegg: ‚Praeservativum universale naturale a natura et arte depromptum, in omni morborum genere, est lapis philosophorum, cujus possibilitas realitas existentia et praeparatio quantum licet quodque is solus sit unicus morborum debellator Hercules contra J. Jac. Wenc. Dobrzenski de Nigro Ponte Phil. et Med. Doctorem, Lapidem Philosophorum ejusque indefinitam in omnibus morbis curandis excellentiam negantem remonstratur', Lab. 1680 (laut Anmerkung am Schlusse des Buches: ‚Concludo et scripsi anno 1680), mit Titelabbildung, eine kabbalistische Figur darstellend, in Kupfer, am Rande Mg. fec. Wagenspergi in Carniolia (Mungersdorf Petrus, Chalkograph Valvasors). Zufolge eines an die krainischen Stände gerichteten Vorwortes war das Buch Kaiser Leopold I. und seinem Geheimrathe gewidmet. Kaiser Leopold wird übrigens selbst als Inhaber einer Goldtinctur angeführt. Der Verfasser ist Adept, er glaubt nicht nur an die Möglichkeit, sondern an die Wirklichkeit des Steines der Weisen. Diese Wissenschaft sei aber eine Geheimlehre, die häufig von Betrügern ausgebeutet werde. Nur Unwissende könnten diese Kunst verachten. — Rain schrieb ausserdem ein Buch: De Chymia, Ms. in fol., ‚cum figuris pulcherrime pictis et aureis litteris scripto', welches er dem Kaiser Leopold I. persönlich überreichte und welches derselbe (nach P. Marcus) dem Augustinerkloster in Wien schenkte.[1]

Ein Blick auf die *Schlösser* des krainischen Adels zeigt uns ein anmuthendes Bild italienischen Geschmackes im schönen Stil der Renaissance in Verbindung mit Frescomalereien und Familienporträts von der Hand grosser Künstler. So wird uns z. B. Schloss Ainöd in Unterkrain geschildert, das schönste in Krain, ein weitläufiges Viereck mit hohen, offenen, den Hof einschliessenden Säulengängen; zu ebener Erde, zur Erfrischung in Sommerhitze, die ‚sala terrena', deren Decke, von weisser Stuckaturarbeit, mit drei grossen Kronleuchtern, der Fussboden von Marmor, schwarz und weiss geschachtet, in der Mitte ein

[1] Mitth. 1861 S. 93.; P. Marc. Bibl. S. 44.

Kamin von schwarzem Marmor, rechts seitwärts in einer Nische ein Delphin, links gegenüber ein geflügeltes Pferd aus Stein gehauen, beide als Springbrunnen Wasser und Kühlung spendend. Dazu ein prächtiger Marstall mit steinernen Krippen, Gärten mit Vogelhäusern und seltenen Pflanzen, kunstvolle Malereien und die Gallenberg'sche Ahnengallerie.[1] Auch Ehrenau, Kaltenbrunn, Kroisenegg, Lueg in Unterkrain waren stattliche Schlösser im Geschmacke der Renaissance. Das Schloss Strobelhoff bei Laibach hatte sein Besitzer Wolf Sigmund Freiherr von Strobelhoff (geboren 1645, gestorben 1707), ein Freund Valvasors, neu aufgebaut und schmückte es mit Werken der Malerei; er unterhielt mehrere Jahre daselbst einen niederländischen Maler, Allemak oder Almanach genannt.[2] Im fürstlich Porcia'schen Schloss Senosetsch gab es eine von Titian gemalte Familiengalerie.[3] Gayrau bei Laibach bot einen seltenen Genuss für Blumisten. Der Besitzer, ein Herr Leonhard Mercheritsch, hegte friedlichere Neigungen als sein Vater. Dieser hatte vierundzwanzig Jahre in niederländischen Kriegsdiensten gestanden, indess sein Stammschloss verödete. Während der Vater ‚lieber das Feld von gerüsteten Heerspitzen, als von holdseligen Blumen glänzen sah, und das Blut des Feindes dem Gartenpurpur vorzog', pflegte der Sohn von den holländischen Erinnerungen des alten Kriegsmannes nur die Blumisterei und zog die Botanik allen anderen Wissenschaften vor. Was Italien, Frankreich, England, Holland, Niederland und Deutschland unter dem ‚Blumenwerk' für ‚delikat, rar, ungemein, auserlesen, zierlich und wunderschön' achtete, das fand sich mit Gewächsen des fernen Indiens in Gayrau zusammen. Valvasor und sein Commentator sind beredt in der Schilderung dieses Gartenparadieses. Hyacinthen gab es da über 70 Arten, mehr als 20 Narcissenspecies, viele Rosengattungen und 107 ‚Tulipanen' werden uns namentlich aufgezählt, abgesehen von dem Heer der bescheideneren und weniger berühmten Kinder Flora's. Nicht minder eifrig war der Schlossherr in der Obstzucht, 12 Kirschen-, ebensoviel Pfirsich-, 50 Aepfel- und ebensoviel Birngattungen zählten seine Gärten. Oft sah er vornehmen Besuch bei sich, den der weitberühmte Blumenflor und die Gastlichkeit des Besitzers anzog. Fürst Johann Weichard von Auersperg, der einst allmächtige Minister, suchte da, von seinen Kindern umgeben, im lieblichen Anblick der holden Erden- und Menschen-

---

[1] Valv. XI. Buch.

[2] Valv. l. c.; Blätter aus Krain 1864 S. 55.

[3] Valv. XI. 523.

blüte den Sturz von schwindelnder Höhe der Fürstengunst zu vergessen. Den lebensfrohen und witzigen Begleiter des Fürsten, Jobst Jakob Grafen und Herrn von Gallenberg, inspirirte der Moment zur Improvisation launiger Distichen in der Sprache Ovids, wie folgende:

Antra Leonardi patrio cognomine Gayrau
Irruit infestis nostra quadriga rotis.
Illum surripuit velut ad fatale macellum,
Et qui nos renuit ducere, ductus erat.
Hic ego, quidquid adest, nil non spectabile vidi
Et praeter Dominum caetera cuncta nitent.
Omnia magnifico, quae vidimus, ordine clarent,
Heu mihi, quod Domino splendidiore carent!
Vidimus arboreas, quot fert natura, figuras:
Unica, qua Dominus pendeat, arbor abest.
Flora, sed invideo, Bacchusque Ceresque ministrant,
Siccine Bacche tuas perdere quaeris opes?[1]

Die ersten vier Zeilen spielen auf die scherzhafte Art an, wie Fürst Auersperg sich bei Mercheritsch zu Gaste geladen. Er entführte nemlich, im Einverständnisse mit dem jovialen Grafen Gallenberg, den eben in Laibach anwesenden Besitzer von Gayrau unter dem Vorwande einer Spazierfahrt auf seinen Landsitz.

5. Die Bischöfe. Die Orden. Die Jesuiten in ihrer Wirksamkeit als Lehrer und Schriftsteller. Die Bruderschaften.

Zu Valvasors Zeit schien der *Laibacher Bischofssitz* zu einer Domäne der hohen Aristokratie geworden zu sein. Bei Kaiser Leopolds I. Regierungsantritte hatte ihn noch Otto Friedrich Graf von Puchheim inne, der 1664 in Passau starb, wohin er sich zur Bischofswahl begeben hatte. Er hatte im Lande keine gedeihliche Wirksamkeit zu entfalten vermocht, da er auf ‚Anfechtungen‘ — welcherlei Art, erfahren wir nicht — stiess, die er nicht zu besiegen vermochte, daher er auch grösstentheils ausser seiner Diöcese, in Salzburg, wo er früher eine Domherrnstelle bekleidete, sich aufhielt. Er schickte den Domdechant nach Rom, um die kirchlichen Verrichtungen der Domherren kennen zu lernen und in Laibach als Muster einzuführen. Sein Wahlspruch war: ‚Tempora tempore tempera.‘ Er hat als prunkliebender Cavalier das abgebrannte bischöfliche Lustschloss Görtschach bei

[1] Valv. XI. 179 f.

Laibach von Grund auf neu hergestellt und den Bischofhof um einen Stock erhöht.[1]

Auf Puchheim folgte Josef Graf Rabatta aus einer alten Görzer Familie. In Gradisca 1625 geboren, 1639 als Maltheserritter in das Grosspriorat von Prag aufgenommen, machte er 1641 und 1642 als Ordensritter seinen Kreuzzug gegen die Türken, begab sich dann auf Reisen nach Italien, Spanien und den Niederlanden, kam hierauf an den kaiserlichen Hof nach Wien, wo er zum Dienstkämmerer und Capitän der Leibwache des Kronprinzen Erzherzog Ferdinand (III.) ernannt wurde. Nach dessen frühzeitigem Tode ward er von Kaiser Leopold 1659 zum Ajo von dessen jüngerem Bruder Karl Josef bestimmt. Als auch dieser 1664 starb, widmete sich Rabatta, der das besondere Vertrauen des Kaisers genoss, dem geistlichen Stande.[2] Als in diesem Jahre der Laibacher Bischofsstuhl erledigt wurde, fiel des Kaisers Wahl sogleich auf Rabatta, der in den Hofkreisen durch seine Liebenswürdigkeit sehr beliebt war. Das Laibacher Domcapitel sandte den Dechant Dr. Schönleben dem neuen Präses nach Steiermark entgegen, welchen er mit einer lateinischen Ansprache bewillkommte, in welcher Anspielungen auf das Familienwappen der Rabatta, ein Wagen mit vier Rädern, zwei Flügeln und einem gedoppelten Adler, enthalten waren. In Laibach fand ein feierlicher Einzug in die Domkirche statt. Vom Bischofhofe bis an das Portal des Doms war zu beiden Seiten des Weges ein Schaugerüst aufgerichtet, Säulen mit Genien, welche die Wappen der zwölf Laibacher Bischöfe trugen, darunter ein grosses Schild mit jenem der Rabatta. Die Spitze des Gerüstes zierte das Maltheserkreuz und Herkules, der die Weltkugel und das Wappen des Bisthums Laibach auf seinen Schultern trug. Abends wurde dieses alles mit Fackeln und Laternen erleuchtet. In das Glockengeläute stimmte der Klang von Schalmeien, und die auf dem Markt (Platz) aufgefahrenen kleinen Geschütze gaben drei Salven ab. Aber die Wirksamkeit dieses Bischofs entsprach nicht den Erwartungen, welche der Repräsentant des Domcapitels in seiner phrasenreichen Empfangsrede ausgesprochen. Wir lesen von ihm nur, dass er 1672 den Grundstein zur S. Florianskirche legte. Er starb 28. Februar 1683 und wurde in der Dreifaltigkeitskapelle des Doms beigesetzt.[3]

[1] Valv. VIII. 673. Die Abbildung und Beschreibung von Görtschach im XI. Buche.

[2] Czörnig. Görz I. 669.

[3] Valv. VIII. 675–676; Klun, Archiv I. S. 91.

Bedeutender war die Wirksamkeit des Nachfolgers Sigmund Grafen von Herberstein, früher Domprobst in Laibach und Domherr in Regensburg und Passau, der am 20. April 1683 gewählt wurde. Er begründete mit dem wissenschaftlich thätigen Domprobst Johann Preschern die Seminarsbibliothek (1700), resignirte aber schon 1701 und begab sich in die Congregation des h. Philippus von Neri nach Perugia, wo er 1711 starb.[1] Unter ihm begann der *Bau der neuen Domkirche* (1700), welcher unter seinem Nachfolger Ferdinand Karl Grafen von Künburg (1701—1711) vollendet wurde. Schon unter Rabatta war die Erneuerung des längst baufälligen Gotteshauses beabsichtigt worden, aber an der Ungunst der Zeiten gescheitert. Im Jahre 1699 brachte dieselbe der Domdechant und Generalvicar Johann Anton Thalnitscher Edler von Thalberg[2] wieder in Anregung, nachdem er sich der allseitigen Theilnahme versichert hatte. Der Venetianer Franz Bombasius, ein Laibacher Bürger und Steinmetz, erhielt die Leitung des Baues. Der Mailänder Petrus Janni wurde ihm beigegeben und der Bau mit Hilfe des Maurermeisters Paul Jugowitz, und nach dessen Tode des Gregor Matschek, nach dem Bauplane des Andreas de Puteis, vulgo Pozzo (aus der Gesellschaft Jesu), ausgeführt. Vor der Abtragung des alten Baues gab der Domdechant Thalnitscher ein nachahmenswürdiges Beispiel der Pietät, indem er durch Karl Martinutius den Grundriss und die Ansicht der alten Kirche, wovon die Zeichnung noch vorhanden ist, aufnehmen und alle Grabdenkmäler mit ihren Inschriften abzeichnen liess. Am 6. Juni 1701 war der Grundbau vollendet. Die Hauptmauern waren schon im Jahre 1701 so weit hergestellt, dass man bereits am 28. September den Dachstuhl aufzusetzen im stande war. Zur Bereitung des Kalkes hatte man viel Wein und für die Wölbungen einen ausser dem Franziskanerklosterthor am Fusse des Castellberges gefundenen leichten, porösen Stein verwendet. Im Jahre 1703 übernahm Julius Quaglia,[3] ein Schüler Marcus Antonius Franceschini's, die Ausführung der Gemälde, wobei ihm Carlo Carlini, ein Jüngling von sechzehn Jahren, thätige Hilfe leistete. Am Domherrnchor wurde

[1] Valv. l. c. 676.

[2] Er war auch Mitgründer der ersten öffentlichen Bibliothek in Laibach (1701) und Begründer des Collegium Carolinum (Seminar, 1708), Mitglied der Akademie der Operosen, und starb am 19. April 1714. Im Jahre 1721 errichtete ihm das Domcapitel ein Denkmal in der neben dem Dismasaltare an der Wand angebrachten Büste aus weissem Marmor.

[3] Gebürtig aus Como. Vgl. Wurzbach, biogr. Lex XXIV. 134.

die Arbeit begonnen. Das Gemälde am Plafond des Presbyteriums stellt die Gründungssage des Bisthums dar, wie nemlich der h. Nikolaus dem Kaiser Friedrich IV. im Traume erscheint, um ihn vor den Nachstellungen der Witwe des Grafen Ulrich von Cilli und ihres Feldhauptmanns Wittowitz, bei der Belagerung der Stadt Cilli im Jahre 1458, zu warnen. Auf einer Seite übergibt Kaiser Friedrich IV. als Stifter dem ersten Bischof, Sigmund von Lamberg, die Gründungsurkunde des Bisthums und dessen Privilegien; auf der andern Seite ertheilt demselben Papst Pius II. die Bestätigung. An den Seitenwänden sind die Wunder des h. Nikolaus, wie sie P. Ribadeneira beschreibt, dargestellt, und hier sehen wir auch auf dem ersten Gemälde an der rechten Wand, in der oberen rechten Ecke, das Bildniss Quaglia's mit Pinsel und Palette. Derselbe fertigte auch die Gemälde an den beiden Seitenaltären in dem Rondeau unter der Kuppel. Thomas Ferrata, ein Mailänder, lieferte die Gipsarbeiten, der bereits erwähnte Bildhauer Robba die Marmorsculpturen. Am 29. Oktober 1706 stand die Kirche vollendet da. Obwohl das auf 8000 Gulden veranschlagte Materiale der alten Kirche zum Baue der neuen verwendet und mehrere Handarbeiten und Fuhren unentgeltlich geleistet wurden, so kostete der Bau doch an baren Geldauslagen 36,423 Gulden 54 Kreuzer, ungerechnet die freie Verköstung des Malers [1] und seiner Gehilfen, sowie mehrerer anderer Arbeiten.

Der Katholicismus bethätigte in Valvasors Epoche noch immer seinen Trieb zur Kräftigung des religiösen Lebens in *Klosterstiftungen* und *Bruderschaften*. Schon im Jahre 1698 hatte Maria Eleonora von Strobelhoff, geborne Freiin von Pillichgräz, den edlen Entschluss gefasst, die Bildung und Erziehung der weiblichen Jugend durch Einführung des Ordens der Ursulinerinnen zu fördern, und zu seinem Unterhalte 10,000 Gulden bestimmt. Unvorhergesehene Ereignisse hinderten sie an der Ausführung dieses Vorhabens. Da erklärte Johann Jakob von Schellenburg, ein Laibacher Handelsmann (geboren 24. Juli 1652 in Sterzing), in einem im Jahre 1701 an die Oberin des Ursuliner-Nonnenklosters in Görz erlassenen Schreiben, dass er, im Falle dieselbe eine hinlängliche Anzahl von Chorfrauen zur Gründung eines Ursulinerklosters nach Laibach zu senden geneigt wäre, zur Stiftung eines solchen Klosters und zur Dotirung desselben mit dem Betrage von 20,000 Gulden bereit sei. Dieser Antrag wurde mit Freuden an-

---

[1] Geschichte der Erbauung der Domkirche etc. von der Domkirchenvorstehung. Laibach, 30. November 1836.

genommen, und nachdem die Bewilligung der geistlichen und weltlichen Behörden eingeholt worden war, trafen im April 1702 die ersten Klosterfrauen von Görz in Laibach ein und bezogen vorläufig das Haus des Stifters, von wo sie am 25. Juni 1703 in das für sie gemiethete Haus des Bürgermeisters Gabriel Eder nächst dem Kloster der Clarissinnen (gegenwärtig Militärverpflegsamt) übersiedelten und am 2. Juli 1703 die Schule für die weibliche Jugend eröffneten.[1]

Im Jahre 1705 entstand das Kloster der Kapuziner in Lack.[2] Am 28. März 1700 wurde die Kirche der Discalceaten eingeweiht. Die Gesammtkosten für den Kirchen- und Klosterbau, doch ohne die Gartenmauer und die Kirchen- und Klostereinrichtung, betrugen 29,271 Gulden.[3] Der Orden hatte bei der Klosterstiftung in Laibach einen Revers ausstellen müssen, immer von eigenen Mitteln zu leben und nie in Krain Almosen zu sammeln. ‚So haben wir doch — heisst es in der Klosterchronik — um diese Zeit (1669) schon angefangen, sowohl in Unterkrain die Getreidsammlung als auch im Wippacher Boden die Weinsammlung zu prakticiren, welches auch ohne fernere Widerred' fortgepflogen worden.' Im Jahre 1670 hatte der Orden seinen ersten Besitz, Grubenbrunn (Jama), um 2000 Gulden und 15 Dukaten Leihkauf an Herrn Benaglia verkauft.[4] Dagegen scheint der Deutsche Orden in Krain durch den dreissigjährigen Krieg in missliche Verhältnisse gerathen zu sein, denn im Oktober 1658 schickte Hans Jakob von Prank, Deutschordenscomthur in Möttling, als à Conto-Zahlung auf die ordentliche Steuer Silbergeschmeide an die Stände ein.[5] Zahlreich waren die Bruderschaften nicht allein in der Hauptstadt, sondern auch auf dem Lande. So gab es z. B. bei der Pfarre Zirkniz eine Bruderschaft des Rosenkranzes, welche jeden Monat eine feierliche Procession abhielt, bei welcher 12,000 Menschen erschienen; 47 Fahnen, eine ‚Lade' der h. Jungfrau und ein Bild des Todes wurden im Zuge getragen. Der Pfarrer von Zirkniz berichtete unserem Chronisten, dass in diese Bruderschaft über 46,000 Personen eingeschrieben seien. Zur Aufnahme derselben mag vielleicht auch der Ruf des Pfarrers als ‚Wunderdoctor' beigetragen haben. Er hatte als solcher Zulauf nicht nur aus Krain, sondern aus Kärnten und Steiermark, Kroatien und

---

[1] Carniolia 1839, Nr. 84, nach dem Klosterarchiv.
[2] Kluns Archiv II. 109.
[3] Klosterchronik der Discalceaten im Civilspitalsarchiv.
[4] L. c.
[5] Landtagsprot. XX. 216.

Friaul.[1] Uebrigens arteten die religiösen Schaustellungen nicht selten in weltliche Fastnachtslust aus. Die weltberühmte Charfreitagsprocession der Kapuziner gab selbst den Jesuiten Anstoss. Wiederholt verboten sie den Studirenden, sich an derselben als Acteurs ohne ihre Erlaubniss zu betheiligen. In keinem Falle sollten sie sich dazu herbeilassen, Juden, Lictoren oder Teufel darzustellen oder als Ritter den Zug zu Pferde zu geleiten, denn die ersteren Persönlichkeiten gaben der Volksmenge vielfachen Anlass zu Obscönitäten, und das Gebahren der Reiter passte — nach dem eigenen Ausdruck der frommen Väter — mehr für ein Bacchanal, als für einen frommen Umgang.[2]

Das bedeutendste Glied in der kirchlichen Organisation des Landes war auch in Valvasors Epoche die *Gesellschaft Jesu.* Nicht nur beherrschte ihr Geist die Kirche, deren Seelsorger und Würdenträger von Jesuiten ihre theologische Bildung erhalten hatten und welcher sie die wichtigsten Dienste als Glieder der Propaganda leisteten,[3] sondern auch die einzige höhere Schule[4] des Landes befand sich in ihren Händen, stand unter der ausschliesslichen Leitung ihres Ordensobern, war den bekannten Zwecken des Ordens dienstbar. Am Laibacher Collegium fand ein häufiger Wechsel der Rectoren statt, welche auch im Interesse einer strafferen Disciplin und Centralisation meist fremden Nationalitäten entnommen wurden. Für die Epoche von 1657

---

[1] Valv. VIII. 732.

[2] 1687, 6. Mart. Moniti studiosi, ne sine licentia personas pro processione Patrum Capucinorum acciperent; plane autem prohibiti sunt ad evitandas rixas et pugnas ne ibidem equitent vel personas Judaeorum, lictorum, diabolorum et mortui agant, eo quod sub similibus larvis saepius obscoenissima quaeque cum scandalo civium et omnium bonorum pertulerint, praeterea studiosorum nomini non exiguum dedecus fecerint. Jes.-Diar. — 1688, 26. März, Erneuerung des Verbots: Data autem licentia pro personis agendis in feretris. — 1698, 28. März: Processio R. R. P. P. Capucinorum in qua fuerunt multi studiosi nostri cum facultate data omnibus, ut personas accipere possint, exceptis Judaeorum et Diabolorum. Equites multi fuere studiosi *cum exigua devotione imo cum eius dispendio non modico* circumcursitando plateas urbis, varios status, multos ecclesiasticos repraesentando. Quare interdicatum illis vel equitatus ille ex integro vel vero, ut non circumequitent urbem cum scandalo, *Bacchanalia potius quam Dominicam Passionem celebrando.* L. c.

[3] Im Jahre 1685 finden wir unseren Landsmann P. Marc. Ant. Kappus als Missionär in Sonora (Nordamerika). Er starb 1719. Mitth. 1858 S. 38.

[4] Wir finden zwar im Jahre 1679 einen Schullehrer Hintersinger und im Jahre 1694 einen solchen namens Gregor Wilfan ‚an der Domkirche' erwähnt: Domcapitelarchiv 33/38 und 44/38; allein wir können über den Werth dieser Notiz kein Urtheil fällen, da uns das Archiv des Domcapitels nicht zu Gebote stand, und so können wir auch nicht beurtheilen, ob wirklich eine Domschule bestand, von welcher wir freilich anderweitig in diesem Zeitalter keine Erwähnung finden.

bis 1705 werden als *Rectoren* genannt: 1657 P. Georg Simonski, ein Schlesier; 1658 und 1660 P. Franz Jörger, aus Oesterreich; 1661 und 1663 P. Georg Sautter, aus Schwaben; 1664 und 1666 P. Karl Kugelmann, aus Steiermark; 1667—1669 P. Josef Frey; 1670—1672 P. Ferdinand Achatius, aus Oesterreich; 1673 P. Sigismund Gleispach, aus Steiermark; 1675, 1676 und 1678 P. Justus Locatelli, aus einer adeligen Familie Krains; 1679 und 1681 P. Georg Posch, ein Steirer; von 1682—1688 folgten aufeinander: Johannes Lindelauf, geboren in Wien; Rochus Ampach und Ferdinand Ellwanger, beide wohl auch nicht aus Krain gebürtig; 1695 Anton Gregorin; 1697—1699 P. Jakob Romano, ein Friauler (Forojulii natus 1648), der 1731 in Gräz starb; 1700 bis 1702 Rudolf Lewenberg, aus einer vornehmen krainischen Adelsfamilie; endlich 1704 P. Simon Kärchne, geboren in Wippach 1649 und als Universitätskanzler in Gräz 1722 gestorben. Ausser diesen finden wir als Rector in Laibach, doch ohne Bestimmung des Jahres, noch Konrad Miller, geboren 1641 zu Amberg in der Oberpfalz und gestorben 1696 in Klosterneuburg.[1]

Der *Bau des neuen Schulgebäudes* wurde im Jahre 1657 beendet. Die Stände bewilligten für denselben im Jahre 1657 den Nachlass der ganzen Jahressteuer des Ordens unter der Bedingung, dass der Bau noch in dem nemlichen Jahre vollendet und die Schulen in denselben transferirt werden, und im Jahre 1658 2000 Gulden.[2] Am 5. Januar 1658 veranstalteten die Jesuiten eine dreitägige Dankfeier für die Vollendung des Baues; durch zwei Tage dauerte die Aufführung des grossen Schuldramas: ‚De Theodosio juniore‘ von Josef Selenič; am dritten Tage hielt ein Jesuit, dessen Name nicht genannt wird, eine feierliche Dankrede in Gegenwart der Stände; am 14. Januar begann bereits der Unterricht in dem neuen Gebäude, der jetzigen Redoute, auf deren Portal noch das Chronogramm mit der Jahreszahl 1658 prangt:

NoVae AeDes GyMnasII LabaCensIs
Aere OrDInVM CarnIoLIae.

Dem Jesuitengymnasium fehlte es weder an begabten Lehrern, noch an Lehrmitteln, für welche die stets bereite Hand der Stände und das eigene Vermögen des Ordens sorgte; gross war auch der Zulauf der lernbegierigen Jugend aus hohen und niederen Ständen.[3]

---

[1] Valv. VIII. 713; Mitth. 1858 S. 38; Jesuiten-Diarium im Musealarchiv.

[2] Landtagsprot. XVIII. 551, 601; XXI. 86, 98.

[3] Wir finden die einzige Zahlenangabe für das Jahr 1683 mit 500 (Mitth. 1863 S. 87.), doch ist nicht zu bezweifeln, dass diese Zahl keine aussergewöhnliche war.

allein abgesehen von dem bereits geschilderten verrotteten Lehrsystem litt die Anstalt unter mancherlei Misständen. Der Schulbesuch war ein äusserst unregelmässiger, das verspätete Eintreffen der Studirenden zum Beginne des Schuljahres war regelmässig geworden, eigenmächtige Ferienverlängerung durch die nach Hause Gereisten blieb an der Tagesordnung; jeder zufällige Anlass wurde benutzt, um Ausfertigung von Zeugnissen noch vor Abschluss des Schuljahres zu erlangen. Ein noch gefährlicherer Misstand war das Protectionswesen, welches in Bezug auf das Aufsteigen in höhere Klassen gang und gebe geworden war und von den einflussreichen Gönnern des Ordens, der hohen Aristokratie und Prälatur insbesondere, mit begreiflichem Erfolge geübt wurde. Es bildet eine stehende Klage in dem uns als Quelle dienenden Jesuitendiarium des Laibacher Musealarchivs, einer von den Präfecten der Anstalt geführten Schulchronik, und wird als unausrottbar bezeichnet. Präfect Mechtl (1669—1670) führt ein Beispiel an, wo ihm die Oberen, selbst ‚durch übermächtigen weltlichen Einfluss gezwungen', die früher zurückgenommene Promotion eines Jünglings auftrugen. Das schlimmste Gebrechen war aber sicherlich der Mangel an aller Disciplin und Ordnung im studentischen Leben. Die studirende Jugend hatte, ähnlich wie die Universitätsjugend, ihr Gerichtsprivilegium; ein meist in eigenem Interesse allzu milde richtendes Collegium, aus Präfect und Professoren bestehend, entschied über die nur allzu häufigen Excesse. Das Leben der Gymnasiasten unterschied sich kaum von jenem wüsten Taumel, der auf den Universitäten jener Zeit heimisch war. Gelage in Wein- und Bierstuben, Nachtschwärmen und Schlägereien mit Schreibern und Handwerkern waren gewöhnliche Vorkommnisse, ja selbst gemeine Verbrechen, wie Diebstahl und Einbruch, finden sich in den Annalen unseres Gymnasiums. Mehr als einmal führten diese Zustände zu Conflicten mit dem Stadtgerichte und riefen in der Bevölkerung eine Misstimmung hervor, welche sich zuletzt gegen die Leiter der Schule selbst kehren musste. Am reichsten ist die Schulchronik an solchen Ereignissen in den Jahren 1664—1689. Hören wir ihre für das Haus geschriebenen und daher um so interessanteren Berichte.

Im Oktober 1664 werden drei Studenten bei einem Einbruch ertappt. Einer von ihnen, weil von sehr achtbarer Familie, wird auf freiem Fuss gelassen, die beiden andern werden festgenommen. Um aber den ersteren nicht zu sehr zu compromittiren, werden schliesslich auch seine beiden Complicen im stillen entlassen und fortgeschickt, nachdem der grösste Theil des Gestohlenen zurückgestellt worden. Am 27. November wieder eine Diebstahlsaffaire. 1665 in der Nacht des 14. Januar überfallen vier Studenten einen Schreiber, nehmen ihm Kapuze, Degen sammt Gehänge und Handschuhe ab.

Die Studenten, von den Bedienten des Grafen Barbo angegriffen, rotten sich zusammen; der Präfect begibt sich mit einem Collegen zu ihnen und bewegt sie, nach Hause zu gehen.

Juni. Studenten überfallen in Gesellschaft eines Soldaten ein verdächtiges Haus am Žabnik und nehmen einem dort ertappten Bürger Hut, Wams, Degen und Geld ab. Sie gehen dann mit ihm in eine Kneipe, wo sie einen Dukaten vertrinken, jeder von den sieben Angreifern bekommt einen Dukaten als Schweigegeld. Tagsdarauf führt der Bruder des Beschädigten, ein Beamter der Stadt (Archigrammateus), beim Präfecten Beschwerde. Die Studenten werden vernommen und gestehen den Fall; sie glauben recht gethan zu haben, und zwar infolge der Bitten der benachbarten Bürger, denen das fragliche Haus verhasst war und welche fürchteten, das Treiben in demselben möchte ein göttliches Strafgericht über die ganze Nachbarschaft heraufbeschwören. Abends erscheint der Stadrichter mit dem gedachten Beamten, welcher den Beraubten entschuldigt, dafür aber den Präfecten offen beschuldigt, dass er die Studenten zum Ueberfall angeleitet habe. Die Sache endet mit Verurtheilung von fünf Studenten zum Carcer; das Geld wird seinem Herrn zurückgestellt, zwei Studenten werden später aus der Schule ausgeschlossen.

1677, 1. Juni. Verhaftung eines Casisten durch die Stadtwache. Er wird am nächsten Morgen freigelassen. Der Präfect lässt in den Schulen das Verbot bewaffneter Zusammenrottung verlesen, da die Studentenschaft nicht übel Lust bezeigt, für die Verhaftung Rache zu nehmen. Einige in Waffen ergriffene Rädelsführer werden bestraft.

1682, 13 Juli. Drei Studenten werden von den Schustern, welche sich von allen Seiten zusammengerottet hatten, aus Rache wegen früherer Händel erstochen. Der Pater Präfect und der Professor der Rhetorik begeben sich auf den Schauplatz der Unruhen. Eine ungeheure Menge Bürger sammelt sich. Der Stadrichter mit der Wache erscheint, um nach den Studenten zu fahnden, auf deren Seite er also die Schuldigen suchte; aber sie haben sich bereits aus dem Staube gemacht.

Am folgenden Tage klagen die Schuster, beunruhigt durch das Gerücht, die Musensöhne wollten sich heute rächen, dem Bürgermeister ihr Leid. Dieser lässt die ganze Bürgerschaft durch die Stadtwache auffordern, Abends, bei sonstiger Strafe, in Waffenbereitschaft zu sein, und ‚da der Pöbel ohnehin bei der geringsten Gelegenheit zu allen Unruhen bereit ist', so treffen die Bürger die Anstalt, dass auf das erste Zeichen einer Unruhe die Glocken von S. Florian und vom Schlossberge das Alarmzeichen (‚zur Entfaltung der Fahne') geben sollen. Erst um sechs Uhr erfährt der Präfect davon und begibt sich sogleich auf den alten Markt, wo er alle ihm bewaffnet aufstossenden Studenten anhält und nach Hause schickt, so dass später keiner mehr auf der Gasse zu finden ist; er begibt sich auch zum Bürgermeister, um im Verein mit ihm die tumultuirenden Bürger zu beschwichtigen. Doch hat er kaum mit dem vom Unterthurn rückkehrenden Professor der Rhetorik das Thor des Collegiums erreicht, als ein neuer Tumult entsteht. Die ganze Bürgerschaft strömt gegen das Jesuitenseminar. Seine Fenster werden mit einem Steinhagel überschüttet; man droht das Haus zu zerstören und macht Anstalt die Thüre zu erbrechen, das Collegium mit dem gleichen Schicksal bedrohend; doch bleibt es bei den Drohungen.

Ungeachtet mehrere Studenten, welche beschuldigt wurden, Steine auf die Bürger geworfen zu haben, eingezogen worden, obgleich ferner mehrere von den Bürgern mit dem Tode bedrohte Studenten sich heimlich entfernen, dauern die Tumulte der wüthenden (efferati) Bürger durch mehrere Nächte fort; sie suchen sogar in den Häusern nach den Studenten, doch kommt keiner von diesen zu Schaden. Die einbrechende Pest macht diesen Scenen ein Ende.

1688, im Juli, werden die Studenten wegen ihrer beständigen Excesse und Conflicte mit der Stadt und wegen eines Attentats auf das Stadtgefängniss (die sogenannte ‚Trantsche') strenge bestraft, so dass der Rest des Schuljahres ohne weitere Unruhe vorübergeht. Mit dem Stadrichter wird das Uebereinkommen getroffen, dass jeder in Wirthshäusern oder ausser seiner Wohnung überhaupt vagabundirende Student von der Stadtwache festgenommen und tagsdarauf der Fall dem Präfecten mitgetheilt werde.[1]

1689, 29. April, verbietet der Präfect den Baronen und einigen anderen Adeligen aus der Rhetorik, Degen zu tragen.

Hie und da fand sich allerdings unter den Präfecten ein verständiger Mann, der eine principielle Abhilfe versuchte; so stellt ein solcher im Jahre 1665 den Missbrauch ab, den Söhnen der Vornehmen beliebige Ferien zu gestatten und ihnen vor Schluss des Schuljahres ihre Zeugnisse zu erfolgen, da dieses System, wie er selbst sagt, den Ruin der Schule herbeiführen müsste. Präfect Harrer (1668) weiss manches am Studiensystem auszusetzen; wir finden einen Theil seiner kritischen Bemerkungen durchgestrichen, eine Zeile sorgfältig ausgeringelt. Präfect Mechtl ist auch gegen die Oeffentlichkeit der Schulkomödien, in welchen er lieber ein blos privates Bildungsmittel sehen möchte. Präfect Joh. B. Starnisi (1672) weiss aber kein anderes Mittel

[1] ‚Rei istius processus totaliter descriptus et conservatus apud R. P. Rectorem vel est ad Archivium depositus, ut constet secuturis temporibus, quomodo nos cum Dominis Civibus et vicissim ipsi nobiscum egerint ac differentias hasce *graves* amico et sine strepitu composuerint.' Jes.-Diar.

zur Herstellung der gelockerten Disciplin, als ‚verba et verbera' . . . ‚pusillus enim hic grex timore ducitur vix adhuc capax genuini amoris sociae honestatis'.

Die *Schulkomödien* der Jesuiten zeigen in Valvasors Epoche einen gewissen Fortschritt in den Stoffen und in der Emancipation von der Herrschaft der Gelehrtensprache. Am 20. Februar 1659 führen die Schüler der Rhetorik ‚Fadingers Bauernaufstand' auf; im Jahre 1662 lesen wir von einer ‚Actio de Maria Stuarta', durch P. Willibald Koffer veranstaltet. Am 14. März 1660 wird ein deutsches Passionsdrama am Hochaltar durch den Magister der Grammatik vorgeführt, in Gegenwart der Stände und einer grossen Volksmenge, und am 6. Februar 1670 erhalten einige sehr arme Studirende die Erlaubniss, das Paradies ‚in lingua vernacula' (also wohl in der slovenischen Landessprache) ausser der Stadt (also für das Landvolk) durch einige Tage aufzuführen.

Auch dem weltlichen *Tanz* zeigen sich die Väter nicht abhold, wenn er unter ihren Augen zu löblichen Zwecken prakticirt wird, denn während selbst den adeligen Jünglingen scharf verboten wird: ‚accedere ad choreas vel ducere choreas', findet man es ganz zeitgemäss, den sich in Unterthurn zu Gast ladenden Landeshauptmann durch Seminaristen in der Maske von tanzenden Affen und Satyrn mit Musikbegleitung empfangen zu lassen.

Als *Präfecten* folgten am Laibacher Gymnasium aufeinander: 1658 P. Dolar, der zur Professur der Rhetorik nach Passau berufen wurde (P. Franz Harrer supplirte ihn bis zum Ende des Schuljahres); dann wurde P. Ignaz Thanhausen zum Präfecten bestellt; 1663 P. Joa. Tallat; 1666—1667 P. Michael Matzol; 1668 als Supplent P. Franz Harrer; 1669—1670 P. Alb. Mechtl; 1670—1671 P. Joa. B. Kugelmann; 1672 P. Joa. B. Starnisi; 1674 P. H. Junker; 1675 P. Alois Matthäides; 1676 P. Dom. Carl; 1677 P. Seb. Kneisl; 1678 P. Christoph Reichard; 1682—1684 P. Greg. Wenko; 1684 P. Erasmus Spitzigk; 1685 P. Joa. B. Skerpin; 1686—1687 P. Greg. Wenko; 1688 P. Franz Gentili; 1692 P. Joa. Durs; 1694 P. Joa. B. Rösingk; 1695 P. Karl Haas (in den Humanioren); 1696 P. Wendelin Koch (in den unteren Klassen); 1697, 1698 und 1700 P. Anton Barbo (in den unteren Klassen; 1698 mit P. Karl Haas); 1701 P. Joa. B. Skerpin (in den oberen Klassen) und P. Gotthard Gelb (in den unteren Klassen); 1702 P. Phil. Hofstetter (in den Humanioren) und 1704 P. Karl Haas (in den Humanioren).

Auf *literarischem Gebiete* zählten die Jesuiten einige nicht unberühmte Namen:[1]

1. *Bautscher*, P. Martin, geboren in Bischoflack, trat in den Orden 1638, war ein trefflicher Redner und ein Freund der Geschichte, starb im Professhause zu Wien 1683.

Er schrieb: 1. Rede auf ihre Röm. Kais. Majestät, als Höchstdieselben Ihre Erbländer besuchten. Grätz 1660. 2. Arbor genealogica Imperatorum, Regum, Ducum et Archiducum Austriae e domo Habspurgica. 3. Historia et Annales Norici et Fori Julii (Manuscript geblieben). Er fängt mit dem Jahre 1331 an und geht bis auf Kaiser Ferdinand II., ohne eine andere Verbindung als die chronologische, mit der seinem Zeitalter eigenen Vorliebe für das Wunderbare.[2]

2. *Gotscer* (Gotscheer), P. Martin, Doctor der freien Künste und der Philosophie, Professor derselben an der Universität in Grätz. 1. Philosophia Polemica secundum Aphorismos Aristotelis Stagiritae etc. dedicata Excellentissimi et Illustr. Dni D. Franc. S. R. J. Comitis a Lamberg, Haereditarii in Carn. Stabuli Caesarei Praefecti etc. Nobilissimae amantissimaeque Proli. Graec. 1690, 4⁰. 2. Philosophia universa D. Brunoni, ejusque venerabili Religioni Carthusianae dedicata sub auspiciis Rev. Dni Joa. Bapt. Prioris et Praelati in Seiz etc. Graecii 1690, 12⁰. 3. Bene et male, secundum Praecepta secundae tabulae, juxta id: Declina a malo et fac bonum, dedicavit Rev. Dno Francisco Praeposito Canon. Regularium S. Augustini ad S. Florianum. Lincii, typ. Casp. Freyschmid, 1708, 4⁰. 4. Vita Thomae Mori, Angliae Cancellarii. Graecii 1689, 12⁰. 5. Sententiae et animadversiones Corn. Taciti, sapientissimi Senatoris Romani. Lincii, typ. Raedelmayr, 1687, 12⁰, c. fig.[3]

3. *Gussich*, P. Nic., aus der landständischen Familie gleichen Namens, Doctor der freien Künste und der Philosophie und Lehrer derselben, liess in Tyrnau erscheinen:

Suspiria coronatorum capitum a Rhetorica Tyrnaviensi problematice deducta. 1698, 12⁰.[4]

4. *Haebling*, P. Franc., aus Linz gebürtig, deutscher Prediger in Laibach, schrieb eine Trauerrede auf den Tod Leopolds I. unter dem Titel ‚Höchstvollkommener Schatten etc.' Laib., J. G. Mayr, 1705, 4⁰.[5]

---

[1] Im Jahre 1855 erschien in Wien bei den P. P. Mechitaristen: ‚Scriptores Provinciae Austriacae' S. Jes., 400 pp., siehe: Mitth. 1858 S. 38. Das Werk war mir nicht zur Hand.

[2] Hoff III. 123; Valv. VI 358; vgl. Mitth. 1858 S. 38.

[3] P. Marc. Bibl. S. 22.

[4] P. Marc. Bibl. S. 23.

[5] P. Marc. Bibl. S. 24.

5. *Jellentschitsch*, P. Fried., geboren in Laibach 1632, war Professor der Humaniora, dann deutscher Prediger in Wien, wo er auch zur Zeit der Türkenbelagerung (1683) thätig war und 1690 im Geruche der Heiligkeit starb. Er schrieb: 1. Triumphus Rosarum Illust. et Excell. Comitis Wolfgangi Andreae a Rosenberg, 1656. 2. Firmamentum Regnorum: Oratio funebris Ferdinandi III., Imperatoris, 1657. 3. Lyrica de S. Ignatio, 1657. 4. Triumphus Panegyricus de contrito Serpente, sine labe conceptae Virgini Matri erectus et in Basilica S. Stephani dictus, praesentibus Augusto Leopoldo, Imperatore et Serenissimo Leopoldo Wilhelmo, Archiduce, 1658. 5. Das starke Sclavonische Weib in sittlicher Gleichständigkeit der Hoch- und Wohlgeborenen Frauen, Frauen Judith Eleonora, Gräfin von Tattenbach, gebornen Gräfin von Forgatsch etc., 1662 (ist eine Leichenrede auf diese Gräfin). 6. Neuntägige Andacht zu Ehren dem heiligen Franc. Xaverio, Indian. Aposteln, 1662. 7. Der Indianische Wundermann Franciscus Xaverius, 1666. 8. Ausgeleschtes Licht am Firmament der Wienerischen Kirchen. Das ist Wildericus von Wildersdorf, des heiligen Röm. Reichs Fürst und Bischof zu Wien in Oesterreich, 1680.[1]

6. *Karchne*, P. Simon, bereits oben erwähnt,[2] schrieb ein ‚Jus canonicum'.[3]

7. *Macher*, P. Joh., Doctor der freien Künste und der Philosophie und Professor derselben an der Universität in Gräz:

1. Augustus Hymenaeus Belli pacisque etc. in desponsatione Josephi I. cum Amalia ab Academicis Graecensibus celebratus. Graec. 1699, c. fig., 4°. 2. Sacra naturae prodigia Inclyti ducatus Styriae, oratorio calamo celebrata. Grec. 1700, fol., c. fig. (behandelt die durch Wunder verherrlichten heiligen Orte Steiermarks). 3. Graecium Styriae Metropolis topographice descriptum. Graec. 1706. fol., c. fig. aeri inscriptis.[4]

---

[1] Valv. VI. 358; Hoff III. 128; Mitth. 1858 S. 38. P. Marcus Biblioth. (S. 27) schreibt über diesen Mann: Jellentschitsch (Frideric.) Carn. Labacensis e S. J. vir ampli pectoris et solidae virtutis XI annis in Cathedrali S. Stephani Viennae verba fecit; pestis et obsidionis tempore concionator populum solatus est: semel iterumque pilam tormentariam columnae, cui pulpitum adhaeret, e vicino muro impactam sub ipsa concione in laetum autoribus praesagium vertit. Statim ex morte sua Matriti in Hispania cuidam Sacerdoti apparens, se coelo jam receptum scripto testatus est. Quinquenni puero (Peickhardt) praedixit, eum fore aliquando sua in Cathedra successorem † 1690 aet. 62. *Hoc elogium legi potest in domo Curatorum ad S. Stephani vivae ejus effigiei inter alios concionatores Cathedralis Ecclesiae positae subscriptum.*

[2] Siehe oben S. 102.

[3] Hoff III. 140; Mitth. l. c. Ich halte die Schreibung *Karcher* bei Hoff für einen Druckfehler.

[4] P. Marc. Bibl. S. 33.

8. *Montagnana*, P. Ferd. de, geboren 1599 in Laibach, war viele Jahre Lehrer der Humaniora, vorzüglich in der Rhetorik, später in der Moraltheologie, den Canones und der heiligen Schrift. Er starb in Wien 1674 und hinterliess: 1. Annales Societatis Jesu plurium annorum (Manuscript). 2. Oratio in exequiis Ferdinandi II., Imperatoris (gehalten in der Laibacher Domkirche). 3. Tractat de Quadratura Circuli. Anonym. 1673, und andere kleine Werke.[1]

9. *Mordax*, P. Anton, geboren in Graben bei Rudolfswerth 25. Dezember 1662, gestorben in Leoben am 4. Februar 1725. Er war Professor der Philosophie und Theologie in Graz, Klagenfurt, Linz, Novizenmeister bei S. Anna in Wien, Superior der Feldgeistlichen und Rector zu Leoben. Als die Pest dort wüthete, zeichnete er sich durch aufopfernde Dienste zu deren Bewältigung aus. Er schrieb: 1. Coronatus virtutum magister seu Seren. Austriae Archidux Carolus I., Univ. Graec. fundator, seu gloriosa ejus vita etc. Graec. 1701.[2] 2. De Resignatione voluntatis propriae in divinam. Viennae 1704. 3. De elevatione mentis in Deum. 3. Praxis bonae vitae, mortis, in dies anni singulos distributa. 4. De officiis devoti Mariae filii.[3]

10. *Schega*, P. Joa., liess im Jahre 1684 zu Graz drucken: Jubilus de eo, quisnam sit religiosus et verus Jesu socius.[4]

11. *Skerl*, P. Jac., von Bischoflack gebürtig, war in Laibach viele Jahre Lehrer der Humaniora und Domprediger und starb im Jahre 1673. Er schrieb als Praeses der Bruderschaft des Todeskampfes Christi: ‚Hortulus Myrrhae, d. i. der Myrrhengarten der Gesellschaft Christi Todeskampfes am Kreuz. Darin mancherlei Uebungen gottseliger Andacht für die Mitgesellschafter enthalten.‘ Laibach 1670, 12°. In deutscher Sprache.[5]

Die Jesuiten hatten sich stets der besonderen Gunst der Stände zu erfreuen. Im Jahre 1670 bewilligten sie dem P. Rector, der eine Komödie producirt und Prämien ausgetheilt hatte, 1000 Gulden[6] und dem P. Regens des Seminars zum Bau 600 Gulden.[7] Im Jahre 1675 erhielt der P. Rector 500 Gulden als ‚eine Gnad und Ergetzlichkeit‘, wobei der geringere Betrag noch mit den bekannten geld- und mittellosen Zeiten entschuldigt wurde,[8] und in den Jahren 1678 und 1679

[1] Valv. VI. 353.

[2] Wurzbach, biogr. Lex. XIX. 79.

[3] Hoff II. 52.

[4] Valv. VI. 365.

[5] L. c. 359. Das Buch wurde auch ins Slovenische übersetzt: Bukvize Bratovshzhine britkiga smertniga terplenja Christusoviga. Laibach 1740. 32°. Später häufig wieder aufgelegt in 12°. P. Marc. Bibl. S. 48.

[6] Mitth. 1863 S. 87.

[7] L. c

[8] L. c. Landtagsprot. XXI. 308, 309.

wieder 600 Gulden für die Prämienvertheilung.[1] Selbst der Präpositus des kaiserlichen Professhauses in Wien, P. Ferdinand Herberstein, wurde mit einer Beihilfe von 1000 Gulden bedacht.[2]

6. Kunst und Wissenschaft.

Die Concurrenz mit den verschwenderisch ausgestatteten Schulkomödien der Jesuiten vermochte der ab und zu auf seinen Wanderungen in Krain erscheinende *deutsche Thespiskarren* nicht zu bestehen. Im Jahre 1662 finden wir die *,Innsbruckerischen Komödianten'* in Laibach; im Januar 1666 scheint sich eine Wandertruppe aus dem Reich hieher verirrt zu haben, denn sie wird im Jesuitendiarium als eine ,ketzerische' bezeichnet. Merkwürdig ist das Verhalten der Jesuiten gegenüber dieser doppelten Gefahr für die geistliche Bühne und für das Seelenheil. Als die Schauspieler von den Ständen das Landhaus zu ihren Vorstellungen angewiesen erhalten, geben die frommen Väter wohl einmal einen Ferialtag und verbieten den Schülern nicht, das deutsche Schauspiel anzusehen, geben denselben aber insgeheim den freundschaftlichen Rath, es nicht zu thun (1666, 28. Januar: fuit tota die recreatio. Advenerunt circumforanei comoedi et hodie prima vice exhibuerunt in domo provinciali Germanice, ad quam ob justas causas non fuit prohibitio facta non accedendi studiosis nostris, non tamen accesserunt, quia ita suasum est illis, nisi aliqui. Jes-Diar.), ein Rath, der auch von dem weitaus grössten Theile der Schüler befolgt wurde. Ein offenes Verbot war wohl mit Rücksicht auf die Stände, als Freunde der deutschen Schaubühne, nicht thunlich; also wirkte man in der Stille mit Erfolg dagegen. Aber das deutsche Drama liess sich aus der Gunst der Stände nicht verdrängen. Als diese 1671 im Landtag versammelt waren, widmete ihnen die ,gesammelte Compagnie der hochdeutschen Comödianten' eine ,Action', welche sie zur Darstellung bringen wollte, und es erfolgte 6. Juni günstiger Bescheid: ,Auf die von denen Supplicanten den versammelten geistlichen und weltlichen Ständen beschehene Dedication innvermeldeter Action wollen ermeldte löbliche Stände denenselben zur Exhibirung derselben nicht allein den Tag auf Morgen bestimmt, sondern auch denenselben zu einer Ergetzlichkeit 300 Gulden ausgeworfen haben.'[3] Am 10. Februar 1673 bewilligte die Landschaft

[1] Landtagsprot. XXI. 347, 362.
[2] L. c. 234.
[3] Landtagsprot. XXI 273.

dem Johann Wollgehaben und Petern Schwarz, ‚gewesten Innsbruckerischen Comödianten', zur Recompens der den Ständen dedicirten und sonst exhibirten Komödien 300 Gulden.[1] Als sich dieselben im Fasching 1676 wieder einfanden, erhielten sie zwar ohne Schwierigkeit die Erlaubniss, den Landhaussaal für ihre Vorstellungen zu benützen; aber auf die angesuchte Unterstützung (fügten die Stände bei) hätten sie sich ‚bei diesen schweren Zeiten' nicht zu verlassen. Doch waren die Zeiten nicht schwer genug, um die Stände zu hindern, den Clarisserinnen gleichzeitig einen Steuerausstand von 219 Gulden 24 Kreuzer zu erlassen; indessen erhielten auch die deutschen Komödianten auf späteres Ansuchen nach Abschluss ihrer Vorstellungen (5. Mai 1676) 200 Gulden.[2]

Das Erscheinen der deutschen Komödianten in Krain hat wohl auch die beiden Krainer Martin Höndler und Melchior Harrer zur Verfassung eines *deutschen Dramas* angeregt, welches sie unter dem Titel ‚Der verirrte Soldat oder des Glücks Probirstein' dem kunstsinnigen Landeshauptmann Wolf Engelbrecht von Auersperg widmeten.[3]

Auch von Italien her kam manches Geschenk der heiteren Muse des Gesangs. Schon im Jahre 1660 lesen wir von einer ‚*welischen Oper*, so im Pallhaus am 10. Juli presentiret ward', also zehn Jahre früher als die erste Pariser Oper, und im Jahre 1700 gab es im grossen Saale des Fürstenhofes ‚italienisches Theater' mit grossem Erfolge.[4]

Wie von einem prachtliebenden und feingebildeten Adel auch die *bildenden Künste* gepflegt wurden, ist bereits mehrfach hervorgehoben worden. *Architektur* und *Malerei* fanden ihre Gönner in diesen kunstliebenden Kreisen. Wir erinnern hier nur an die Frescogemälde der Domkirche, an die Malereien Tintoretto's in der Rudolfswerther Capitelkirche, an jene Titians im fürstlich Porcia'schen Schlosse in Senosetsch, an die schöne Rotunde, welche die Bibliothek des fürstbischöflichen Seminars in Laibach beherbergt und deren Fresken im frischesten Farbenreiz, wie eben erst Meister Quaglia's Hand entsprungen, uns entgegenglänzen. Als Maler finden wir genannt Ludwig Clerich, dem die Stände (3. Juni 1679) eine Unterstützung von 75 Gulden bewilligten,[5] und Johann Koch, dessen Altarbild in der Schloss-

---

[1] L. c. 287.

[2] L. c. 319, 333.

[3] Radics veröffentlichte dieses in der Laib. Lycealbibliothek verwahrte Manuscript, Agram 1865.

[4] Keesbacher, Gesch. der philh. Gesellschaft, Blätter aus Krain 1862.

[5] Landtagsprot. XXI. 368.

kapelle von Weinhofen bei Freudenberg, den heiligen Thomas darstellend, um 1682 gemalt, als das Werk eines Meisters galt. Von mehreren Arbeiten Kochs erwähnt Valvasor, und zwar von Trachten und historischen Bildern, welche in Holzschnitt ausgeführt in Valvasors ‚Ehre des Herzogthums Krain' vorkommen.[1] Als Miniaturmaler auf Pergament glänzte Grabovar aus Neumarktl, der sich im Matrikelbuch der Dismasconföderation (1688) verewigte. Hier sind Wappen und Sinnbilder der Mitglieder in den lebendigsten Farben und mit künstlerischer Auffassung ausgeführt.[2]

Die *Bildhauer* waren in Krain meist Italiener, wie der früher genannte Robba; doch finden wir auch Krainer, wie Johann Carl Schell, der (1662) um 100 Kronen (183 Gulden 20 Kreuzer L. W.) die Herstellung des Hochaltars mit Figuren und Zierathen in der Discalceatenkirche übernahm, auch (1664) ein elfenbeinernes Crucifix für dieselbe fertigte,[3] und (1664) Ferfila, der in der Kirche von Mariafeld arbeitete.[4] Als Steinmetz wird Lukas Misle genannt, der (1701—1703) am Jesuitencollegium und an der S. Jakobskirche beschäftigt war.[5]

Die *Tonkunst* wurde, wie wir gesehen haben, schon von den Jesuiten gepflegt, welche sich derselben nicht allein zur Verherrlichung des Gottesdienstes, sondern auch zur Ausstattung ihrer Schuldramen bedienten. Sie hatten in ihrer Gesellschaft einen ‚trefflichen Musicus und guten Componisten' P. Nikolaus Dolar, von welchem viele Stücke um 1665 in Wien gedruckt wurden.[6] Von seinen Lebensumständen wissen wir nicht mehr, als dass er Präfect des Laibacher Gymnasiums war und 1658 nach Passau als Professor der Rhetorik berufen wurde.[7] Die weitere Entwicklung des musikalischen Lebens in Laibach hängt mit jener der Wissenschaft überhaupt zusammen. Nach dem Muster der italienischen Akademien wurde 1693 die *erste wissenschaftliche Gesellschaft Krains* unter dem Titel der ‚*Academia Operosorum*' mit dem Symbol der emsig sammelnden *Biene* begründet. Sie wirkte im stillen bis zum Jahre 1701, wo sie im Landhause ihre erste feierliche Versammlung unter dem Vorsitze des Dompropstes Joh. Preschern hielt und ihre Statuten veröffentlichte. Der Zweck dieser Gesellschaft

---

[1] Wurzbach, biogr. Lex. XII. 198

[2] Mitth. 1852 S. 27.

[3] Discalceaten-Klosterprotokoll 97. 102.

[4] Blätter aus Krain 1865 S. 47.

[5] L. c.

[6] Valv. Anh. zum VI. Buch S. 359; P. Marc. Bibl. S. 16

[7] Jes.-Diar.

war die Vereinigung der Kräfte aus den verschiedensten Gebieten des Berufs und der praktischen Thätigkeit ihrer Mitglieder. Jeder ihrer Angehörigen übernahm die Verpflichtung, ein seinem Berufe und Talente nahe liegendes Werkchen der Oeffentlichkeit zu übergeben, und es sollte eine Geschichte der Entwicklung aller von den Mitgliedern repräsentierten Wissenschaften, vom ersten Jahrhunderte nach Christi Geburt angefangen, systematisch bearbeitet werden. Auf Kosten der Akademiker sollte eine öffentliche Bibliothek mit unbedingtem Zutritt für jedermann errichtet werden. Jährlich sollten vier Privatzusammenkünfte der Akademiker zur Berathung der Gesellschafts-Angelegenheiten und eine öffentliche Versammlung stattfinden, zu welcher der Adel und die Honoratioren, sowie andere Liebhaber der Wissenschaft eingeladen und bei welcher akademische Reden und gelehrte Abhandlungen vorgetragen werden sollten. Im Jahre 1701 bestand die Akademie aus nachstehenden Mitgliedern (die in Parenthese beigefügten Namen sind die üblichen akademischen ,noms de guerre'):

Präsident: Joh. Bapt. Preschern, Doctor der Theologie, Domprobst (Resolutus).

Anton Friedrich von Raab zu Rabenhaimb, Schrannengerichts-Beisitzer und Landeshauptmannschafts-Secretär (Rectus).

Carl Heinrich Schweiger, Schrannengerichts-Beisitzer (Taciturnus).

Carl Josef Kappus von Pichlstein, Secretär des Vicedomamts (Exquisitus).

Franz Erasmus von Hohenwart, Erbmundschenk in Krain und Schrannengerichts-Beisitzer (Innubus).

Franz Wilhelm von Zergollern, Landstand (Delicatus).

Georg Andreas Gladich, J. U. D. Domherr (Inermis).

Georg Andreas Freiherr von Gallenfels, Doctor der Theologie, Erzpriester in Oberkrain (Gelatus).

Georg Sigismund Pogatschnig, Med. Doctor (Sollicitus).

Johann Andreas von Coppini, Landstand (Adultus).

Johann Anton Thalnitscher von Thalberg, Doctor der Theologie, Domdechant und Generalvicar (Sedulus).

Johann Bapt. de Werloschnig (aus Prassberg in Steiermark), Arzt zu Ried in Bayern (Foecundus).

Joh. Berthold von Höffer, Schrannengerichts-Beisitzer (Devius).

Johann Caspar Corusi, Arzt (Acuminosus).

Johann Daniel von Erberg, Schrannengerichts-Beisitzer und Landessecretär (Fidus).

Johann Georg Gottscheer, J. U. D. und Bannrichter (Candidus).

Johann Georg Thalnitscher von Thalberg, J. U. D. Mitglied der Akademie zu Bologna (Providus).

Joh. Jacob Schilling, Doctor der Theologie, Pfarrer von Krainburg (Sedatus).

Jos. Rudolf Coraduzzi, Freiherr von Halberstein, Schrannengerichtsbeisitzer (Generosus).

Joh. Stephan Floriantschitsch, J. U. D. Advocat und Landessecretariats-Adjunct (Tinnulus).

Marcus Gerbez, Arzt und Mitglied der kais. Leopold. Akademie (Intentus).

Marcus Josef v. Perizhoff, ständischer Archivsdirector (Indifferens).

Max. Leopold Rasp, Doctor der Theologie und Pfarrer von Stein (Indefessus).

Franz X. Androcha, Freiherr von Andros (Redivivus).

Franz Christof Wogathai. Secretär des Vicedomamtes und Fiskus zu Laibach (Congruus).

Joh. Bapt. Felber, Schrannenadvocat (Verendus).

Alex. Sigism. Thalnitscher von Thalberg, Doctor der Rechte zu Perugia.[1]

Der obengenannte Johann Berthold von Höffer unternahm es im Jahre 1702, eine *musikalische Gesellschaft* nach dem Muster der italienischen zu gründen. Er nannte sie die *Academia Philo-Harmonicorum*, *‚die Akademie der Herren Philoharmonischen‘*. Diess war die erste schöne Frucht des von der Akademie der Operosen geweckten Geistes. Die neue Akademie schloss sich aber auch enge an die ältere Schwester an und verherrlichte jedes Fest, jedes politische Ereigniss durch ihre künstlerischen Leistungen. Am 30. Juli 1702 feierte die Akademie ihre Eröffnung mit einem Feuerwerk am Laibachflusse. Als am 3. Januar 1703 Prinz Eugen von Savoyen auf dem Wege zur Armee von Italien in Laibach anlangte, bewillkommten ihn die Philharmoniker mit einer ‚extraschönen‘ Musik, und der Prinz liess sich verlauten, er habe nicht sobald eine so schöne Musik gehört. Im folgenden Jahre trugen die Musiker der Gesellschaft zur Erhöhung der geselligen Freuden durch eine Wasserfahrt auf der Laibach bei: in der Dämmerung liessen sie von den Schiffen, welche auf den sanft gleitenden Wellen dahinschwebten, eine auserlesene Musik erschallen, welche ‚amphiongleich‘ die ganze Stadt herbeilockte. Den Manen Kaiser Leopolds brachte die Gesellschaft 20. Juli 1705 ihr Opfer durch die Begleitung eines Trauergottesdienstes in der Kirche der Augustiner (wo jetzt die Franziskaner).[2]

---

[1] Mitth. 1861 S. 41.

[2] Keesbacher l. c.

Die Akademie der Operosen, welche, wie wir gesehen haben, sechs Mitglieder aus dem Stande der Weltgeistlichkeit zählte, keines aber aus dem Jesuitenorden, hat nicht nur die erste grössere Bibliothek im bischöflichen Alumnate [1] gegründet (30. Mai 1701), deren erste Geschenkgeber Fürstbischof Sigmund Graf von Herberstein, Domprobst Johann Preschern und Domdechant Johann Anton von Thalberg waren, und welche ein Capital von 2000 Gulden zur Dotirung eines Bibliothekars erhielt, sondern mehrere ihrer Mitglieder haben auch durch schriftstellerische Leistungen die Literatur unseres Vaterlandes nicht unerheblich bereichert.

Wir haben bereits die dem Jesuitenorden angehörigen *Schriftsteller* der Valvasor'schen Epoche kennen gelernt. Weit zahlreicher und gewichtiger sind jene Männer der Wissenschaft, welche in dem Jesuitengymnasium zwar ihre Vorbildung erhalten, sich aber dann an Universitäten oder durch Selbststudium weiter gebildet haben. Es sind diess:

I. *Barbo*, Jobst Bernard Graf von, schrieb:

Tractatus de criminibus et delictis in genere et in specie, nec non e processu Criminali, quem publicae disquisitioni subjecit, etc. Salisburgi 1687.[2]

II. *Barbo*, Weichard Graf von, schrieb:

Conclusiones legales ex variis Institutionum Imperialium titulis. fol. 1690.[3]

III. *Benaglia*, Joh. de, Secretär und Begleiter des Grafen Caprara bei seiner Gesandtschaft nach Constantinopel, schrieb:

1. Reisebeschreibung von Wien nach Constantinopel des Grafen Albrecht von Caprara, Röm. Kais. Majestät extraordinari-Gesandten, Frankfurt 1687, 8°. Erschien zuerst in italienischer Sprache in Venedig 1685, 8°, und wurde neu aufgelegt unter dem Titel: ‚Relatione del viaggio fatto a Constantinopoli e ritorno in Germania del Sign. Conte Caprara etc.'

2. Historische kurze Beschreibung aller merkwürdigen Begebenheiten, welche sich in Teutsch-, Wälsch- und Ungarland von Anfang bis zu End des abgewichenen 1704. Jahrs durch die Macht der Siegreichisten Waffen Ihrer R. Kais. Maj. etc. ereignet und zugetragen. Wien 1705, 4°, c. fig.[4]

IV. *Callistus*, P. a S. Innoc., Ein Baier, Discalceatenordens in Laibach, Lector der Philosophie und Theologie für die Studirenden

---

[1] Mitth. 1860 S. 44. Diese Bibliothek befindet sich noch im fürstbisch. Seminar.
[2] Hoff III. 123.
[3] L. c. 130.
[4] P. Marc. Bibl. S. 10.

(Novizen) des Ordens, später Ordensgeneral für Italien und Deutschland, schrieb:

Cynosura montis seu Philosophia rationalis Augustiano-Thomistica, 1690, 12° (Disputationsschrift).[1]

V. *Castellez*, Mathias, geboren zu Kellnberg (Killenberg?) an der Poik (bei Prem) am 24. Jänner 1620, war Pfarrer in Tepliz und S. Bartelmä in Unterkrain und seit 1657 Canonicus in Rudolfswerth und Beneficiat der Bruderschaft des h. Rosenkranzes. Im Jahre 1687, als Valvasor seine Chronik schrieb, lebte er noch. Er war der fleissigste slovenische Schriftsteller seiner Zeit auf dem Gebiete religiöser Erbauung. Von ihm haben wir:

1. Krainerisch-deutsch-lateinisches Wörterbuch mit Vergleichungen und Beziehungen auf Dalmatins Bibel (um 1680), 4° (Manuscript in der laibacher Lycealbibliothek).[2]

2. Dictionarium Latino-Carniolicum (Ebenfalls Manuscript in 4° in der Laibacher Lycealbibliothek).[3]

3. Kratki sapopadek potrebnih catoliskih naukoù. Laibach 1685, 12°.[4]

4. Navuk Christianski sive praxis Catechistica etc. Laibach 1688, 8°. 624 SS.[5]

Auf der Rückseite des Titelblattes apostrophirt der Buchdrucker in bombastischem Tone den Verfasser:

Alta Castelli quondam Babylonis ab arce
  Castellez genesim nomine reque trahens
Dum gentes vario hic migrant discrimine linguae
  Insedit pectus Slavica lingua tuum.
Tu nobis illam tu propria verba tulisti
  Slavorum, primos a Babylone typos.
Quod Truber atque Kobila Juri corruperat olim
  Te Castelletum restituisse decet.[6]

5. Viridarium exemplorum, in quo enumerantur Septingenta exempla accomodata pro concionatoribus (Mscr. c. 1687—1688).[7]

6. Simplex translatio Sacrorum Bibliorum Veteris et Novi Testamenti, secundum articulos, in tribus Tomis (Mscr. c. 1678—1688).[8]

---

[1] P. Marc. Bibl. S. 12.
[2] Šafařik, Gesch. der südslav. Literatur I. 65.
[3] L. c.
[4] L. c. S. 115; Valv. VI. 360.
[5] Valv. l. c.; Šafa ik l. c. S. 115.
[6] L. c.
[7] Valv. VI. 360; Šafařik l. c. 121.
[8] Valv. VI. 360; Šafařik l. c. 126.

7. Nebeshki zyl, tu je premishlouaine teh svetih ozhakou. Laibach 1684, 8°, 449 SS.[1]

8. Nebu na semli po boshji voli. V Lubl. 1686, 8°.[2]

9. Thomae a Kempis De Imitatione Christi L. IV (Mscr. carniolice c. 1678 bis 1688).[3]

10. Spegel de Zhistosti, d. i. Spiegel der Reinigkeit (Mscr. c. 1678 bis 1688).[4]

11. Shpeigel duhouni etc. Aus dem Italienischen: ‚Specchio spirituale' übersetzt.[5]

12. Bratouske buqvize Svetiga Roshen Kranza etc. Grätz, Widmanstetters Erben. 1678, 8°, 459 SS. Zweite Auflage, gedruckt in Laibach bei Mayer 1682, 8°.[6]

13. Breve Exercitium matutinum et vespertinum. Labaci 1682.[7]

Castellez hat sich in seinen slovenischen Werken, wie Kopitar sagt, die Orthographie des Bohoritsch aus Dalmatins Bibel ziemlich richtig abstrahirt, aber er hat das Schreibsystem des ersten slovenischen Grammatikers nicht im Zusammenhange und als Sprachforscher durchdacht.[8]

VI. *Coppinis*, Carl Josef de, gab als absolvirter Philosoph am Laibacher Gymnasium heraus:

Theses ex universa Philosophia in Archiducali S. J. Gymnasio Labacensi defensae. 1683.[9]

VII. *Coppinis*, Franc. de, landschaftlicher Physicus in Laibach:

1. Theoremata legalia. Venet. 1671, 4°.

2. Propositio de Carnioliae temperie aeris et praesertim circa Labacum. Abgedruckt bei Valv. III. 329.[10]

VIII. *Cruce*, P. Joa. B. a Sancta:

Sacrum promptuarium singulis per annum Dominicis et festis solemnioribus Christi Domini et B. V. Mariae praedicabile etc. Slavo compositum idiomate (slovenisch). Pars I. Venet. ex offic. Zachariae Conzatti 1691, 4°,

---

[1] Valv. VI. 360; Šafařik 131.

[2] Šafařik l. c.

[3] Valv. l. c.; Šafařik l. c.

[4] L. c.

[5] Valv. VI. 360.

[6] Valv. l. c.; Šafařik l. c. 140—141.

[7] Valv. l. c.

[8] Kopitar, Grammatik S. 61—74.

[9] P. Marc. Bibl. S. 14.

[10] P. Marcus l. c.

14 Bl. Vorstücke und 448 SS. Pars II. Venet. 1691, 4°. P. III. Labaci 1696, 4°, 626 SS. P. IV. Labaci, ex typogr. Mayr 1700, 4°, 490 SS. P. V. Lab. 1707, 4°, 640 SS.[1]

Eine Predigtsammlung. Der Pater, ein Mitglied des Kapuzinerordens, als Akademiker ‚Promptus' genannt, geborner Wippacher, zeigt sich als ‚sehr jovialisch, voll Belesenheit und Historien, citirt den Cicero de Divinatione und den Ovidius, neben S. Gregor und der Apokalypse'.[2]

IX. *Erberg*, Johann Daniel von, aus Gottschee gebürtig, J. U. D. Schrannenschreiber und Landsecretär, der wegen seiner Gelehrsamkeit zum Landstand erhoben wurde, liess als Studirender drucken:

Disputatio juridica de officio Judicis coram D. Georgio Wohiniz, J. U. D. in Universitate Viennensi, Proceribus Carnioliae dedicata. Viennae 1671, fol.[3]

Von ihm erschien auch:

Erbrecht ausser Testament etc. in Dero Erbherzogthum Krain (Neue Satz- und Ordnung Karls VI.), Grätz 1737, fol. Neue Auflage 1775 in Triest, in deutscher und slovenischer Sprache.[4]

X. *Ferfila*, Mathias, geboren in Laibach, im Jahre 1680 Stadtrichter in Wien. Er liess dort im Jahre 1677 drucken:[5]

Abhandlung von den Zünften, Handwerkern und ihrer Ordnung.

XI. *Fischer*, Franz Bernhard, geboren in Laibach, von Adel, Artium liberalium et Philosophiae Magister, Sanctae Theologiae Baccalaureus Juris utriusque Licentiatus, war erst Pfarrer in S. Martin bei Krainburg, dann Canonicus und Pfarrer in Rieggers, Passauer Diöcese, endlich Probst in Zwettl, schrieb:

1. Demonstratio mathematica, qua ostenditur, civitatem Budanam (Buda-Ofen) regale quondam emporium, modico labore a Christianis e barbarica potestate recuperari posse. Lab. 1684, 4°.

Diese ‚mathematische Demonstration', wie leicht die Einnahme Ofens sei, wurde durch den Misserfolg des Jahres 1684 sattsam widerlegt; bekanntlich gelang sie erst 2. September 1686 nach ungeheuren Opfern.

2. Noviciatus Sacerdotum. P. I.

3. Lignum vitae, aqua viva irrigatum. P. II., Viennae typ. Andr. Heyinger 1701, 12°.

---

[1] Šafařik l. c. 121; Kopitar l. c. 74—75.

[2] Nach Kopitar l. c. S. 75.

[3] Valv. l. c. 366; P. Marc. Bibl. Carn. S. 18.

[4] P. Marc. l. c.

[5] Valv. 359; Hoff III. 138.

4. Insignis solemnitatis dies. Der herrliche Freudenfesttag in der kaiserlichen Hauptstadt Laybach, als 1766 (1706?) den 22. Augusti Seine Hochfürstliche Gnaden Herr Loci Ordinarius in der neu erbauten Domkirche der erste die heilige Messe solenniter abgesungen, in einer Rede vorgetragen. Laibach bei J. G. Mayr, in 4°.

5. Terra melle et lacte fluens, d. i. eine schuldige Lobrede von dem grossen . . . Abten Bernardo, welche an seinem hochfeierlichen Festtage in dem hochlöblich und uralten Stift Zwetel vorgetragen, s. l. e. a. 4°.

6. Corona justitiae oder der mit Himmelswaffen triumphirende Röm. Kaiserl. Reichsadler, welchem Eine hochlöbl. Landschaft des Herzogthums Krain in einem Dankmüthig pflichtschuldigsten Te Deum laudamus bei deroselben gesammt Ehrerbietigster Einfindung wegen der letztmalig sieghaften Eroberung der beeden namhaften Vestungen in dem Land Artesien, S. Venant und Ayre, in der Domkirche S. Nicolai der kais. Hauptstadt Laybach den 11. Jenner 1711 die schuldigste Kanzel-Redt. Laybach bei J. G. Mayr, 4°.[1]

XII. *Floriantschitsch*, de Grienfeld, Joa. Steph., J. U. D. landschaftlicher Advocat und Adjunct des Landessecretärs, oben unter den Akademikern erwähnt, schrieb:

1. Bos in lingua, seu discursus Academicus de pecuniis vetero-novis. Lab. 1695, 8°.

2. Votiva Paraenesis, dum Illustr. D. Wolfgang Weichardus S. R. J. Comes, ac D. de Gallenberg etc. in Inclyti hujus Ducatus Carnioliae Locumtenentem et Praetorem feria II post Dominicam Laetare ingenti applausu et populi laetitia inaugurarotur. Lab. ex typogr. Mayr 1702, 4°.[2]

XIII. *Garzarolli*, Franz Josef, J. U. D. Landstand und Rector der wiener Universität:

Regia virtutum coronatio, in coronatione Josephi I. seu Principum Austriacorum virtutes. Viennae 1690, fol. Den Majestäten als Dedicationsschrift bei der Rückkehr von der Krönung Josefs I. überreicht.[3]

XIV. *Ganser*, Joh. B., von Rudolfswerth gebürtig, 1664 landschaftlicher Arzt,[4] schrieb:

De morbis mulierum. 1662.[5]

---

[1] Valv. VI. 365; P. Marc. Biblioth. S. 19—20.

[2] P Marc. Bibl. S. 20.

[3] P. Marc Bibl. S. 21.

[4] Landtagsprot. XXI. 201. Im Jahre 1676 bewilligten ihm die Stände ‚in Erwägung seines gerühmten Fleisses‘ die Erhöhung seines Gehaltes von 200 Gulden auf 400 Gulden. L. c 332.

[5] Valv. VI. 358; Hoff III. 130.

Er starb 1688, 44 Jahre alt, nachdem er 1685 zum Landstand erhoben worden war.[1]

XV. *Georgio*, Joh. Carl de, J. U. D., Protonotarius Caes. et Apostolicus, Secretär des Vicedomamtes, geb. in Laibach 1612, starb in Wien 1669. Er schrieb:

Mittel, die österreichischen Erblanden in einen florissanten Stand zu setzen. Wien 1667.[2]

XVI. *Gerbetz*, Marcus, geboren in Sittich, 24. Oktober 1658, Doctor der Medizin und Physicus in Laibach, Mitglied der kaiserlich Leopoldinischen Akademie ‚naturae curiosorum', bereits oben unter den Akademikern erwähnt, schrieb:

1. Intricatum extricatum medicum seu tractatus de morbis complicatis. Lab. 1692, 8°.

2. Annus primus Chronologiae medicae, continens exactam anni 1697 temporum aurae et humanorum corporum Labacensium alterationem, cum suis historiis, causis et medicinis. Lab. 1699, 4°.

3. Annus secundus, continens annum 1698 etc.

4. Annus tertius seu constitutio anni 1699, philosophice, historice et medice considerata. Lab. 1702, 4°.

5. Annus quartus etc. Augustae Vind., apud Dan. Walder, 1705, 4°.

6. Vindiciae Physico-medicae aurae Labacensis, oder Verthädigung der Laybacherischen Luft etc. Layb. 1710, 8°. Auch deutsch erschienen 1719 (wovon Hoff ein Exemplar besass).

7. Chronologia medico-practica. Francof. 1713, 4°.

8. Observatio de ovo Galli gallinacei semicircularis figurae. Abgedruckt in den ‚Miscellanea Naturae curiosorum'. Dec. III. A. S. observat. 138.

Sydenham erkannte Gerbez' wissenschaftliche Verdienste an (‚Gerbezii scripta suis operibus insertu digna censuit').[3]

XVII. *Globotschnig*, Kaspar, aus Radmannsdorf gebürtig, Magister der freien Künste und der Philosophie, schrieb:

1. Epistolae Poëticae ad totam Domum Austriacam de ejus fortitudine bellica, pietate et aliis Augustissimis dotibus per illius temporis eventus. Vienn. 1698, 8°, c. fig. aen.

2. Phosphori Austriaci. Vienn. 1699, 8°.[4]

XVIII. *Hallerstein*, Georg Sigm. Freiherr von, landschaftlicher Beisitzer in Klagenfurt, war zu Valvasors Zeit ‚zwar bereits ein alter

---

[1] Hoff l. c.

[2] Valv. VI. 359; Hoff III. 127.

[3] P. Marc. Bibl. S. 21; Hoff III. 127.

[4] P. Marc. Bibl. S. 22.

Herr, nichts desto weniger doch noch frisch und wohlvermöglichen Leibes; ein trefflicher und gar glückseliger Poet, der manches kleine Tractäctlein von etlichen Bögen zum Druck verfertigt, darin sich eine so ausbündige Vena, schön und leicht fliessende Art der Poesey ereignet, dass man diesen Herrn mit allen Ehren den krainischen Owenum (John Owen, lateinischer Epigrammendichter, gest. 1622) tituliren mögte'. Er starb im 74. Jahre seines Lebens 1686. Von seinen Epigrammen soll sich eine gedruckte Ausgabe in der freiherrlich Erberg'schen Bibliothek (in Lustthal?) befinden. Als er im Jahre 1682 mit seiner Gemalin, einer gebornen Gräfin Paradeiser, die goldene Hochzeit feierte, schrieb er noch das artige Distichon:

Tot Paradeisera cum conjuge viximus annos,
Non procul hinc vereo jam Paradisus erit.[1]

XIX. *Hozhevar*, Valentin, Doctor der Theologie, Weltpriester, hielt vor dem wiener Universitätskörper in der Kirche von S. Stephan eine Rede, im Druck erschienen[2] unter dem Titel:

,Columna ignis in nocte, in D. Joanne Apostolo et Evangelista, Inclytae Facultatis Theologicae Tutelari pridie Nonas Maji publica laudatione exhibita 1704.' Viennae typ. Joa. Greg. Schlegel, 4°, a.

XX. *P. Joanes Caspari*, Kapuziner mit dem Akademikernamen ,Directus', schrieb:

1. Septimana sancta seu meditationes asceticae Sacerdotum in hebdomadarium manipulum redactae. Accedit directorium Confessariorum. Lab. 1697, 8°.[3]

XXI. *Kappus*, Joh. Georg, ein Verwandter des Laibacher Bürgermeisters gleichen Namens, schrieb:

1. Elementa jurisprudentiae Civilis Labaci 168. 8°.

2. Concordia discors.[4]

XXII. *Karner a Karnburg*, Joh. Jakob, geschworner buchhalterischer Raitoffizier und Kanzlei-Ingrossist, Mitglied der Operosen, veröffentlichte:

1. Teutsch- und Crainerische Währungsveränderung etc. Laybach bei Jos. Thadd. Mayer 1687, 8°. Verbesserte Auflage ebendort 1701, 8°.

2. Drei treue Nationes, welche eine der anderen wahrhaft andeutet, wie ihre Münzen in ihrem Land gieb und gebig sind. Layb. 1700, 8°.[5]

---

[1] P. Marc. Bibl. S. 24; Valv. 360; Hoff III. 129.
[2] P. Marc. Bibl. S. 27.
[3] L. c. 28.
[4] Hoff III. 129.
[5] P. Marc Bibl. S. 30.

XXIII. *Kazianer*, Leop. Engelb. Joh. Graf, veröffentlichte die Promotionsschrift:

Jus civile ad normam Institutionum accurata methodo concinnatum ac in alma et Archi-Episcopali Universitate Salisburgensi, publicae disquisitioni subjectum etc. 12. Dec. 1685. Salisb., 8°.[1]

XXIV. *Lazari*, P. Anton, Lector der Theologie, Lehrer der Philosophie, Ordensprovincial der Minoriten, geboren in Laibach 1642, fürstbischöflicher Consistoriálrath. schrieb:

1. Sanctus Antonius Paduanus vitis vera. Labaci 1680, 4°.

2. Sittliche lehrreiche Revanche, in welcher, als die Hoch- und Wohlgeborne Fräule Fräule Sidonia Dorothea, Gräfin und Herrin von Gallenberg in dem löblichen von ihren hochadeligen Voreltern gestifften uralten Münkendörfischen Clarissen-Klosters Gotteshause den h. Ordenshabit den 25. Februari dieses 1680. Jahrs höchst auferbaulich annahm etc. Laibach 1680, 4°.

3. Hysteron Proteron oder Hinter sich für sich, verstellte Menschen-Einbildungen, Erkenntnissen und Begierlichkeiten, so als die wohl edle Fräule Anna Catharina Waldreichin von Ehrenporten in löblich Laybacherischen S. Clarä Gotteshause des h. Ordenshabits den 19. Januari 1681. Jahrs bewürdigt und Maria Antonia benannt etc. vorgetragen worden. Laibach 1681, 4°.

4. Boëthii de consolatione Philosophiae libri IV. Laibach 1682, 12°.

5. Philoponema tetrateuchum Scotici acuminis acu phrygiatum, hoc est: Universae Philosophiae rationalis et naturalis, moralisque atque transnaturalis corpus apharmacum (Blieb im Manuscript).[2]

XXV. *Locatelli*, Joh. a, von italienischer Abstammung, aber Landstand in Krain und Kärnten, erfand eine Verbesserung des Pfluges, von welcher er 1690, 4°, eine deutsche Beschreibung veröffentlichte.[3]

XXVI. *Marcovizh*, Wolfgang, Landschreiber, schrieb:

‚Meinung von Austrücknen des Morasts um Laybach. Laibach 1680, 4°.[4]

XXVII. *Paradeiser*, Max Engelbrecht Freiherr, publicirte als Studirender am adeligen Collegium in Parma:

Jus universum Decretalium, Codicis, Digestorum, Consuetudinum Feudalium nec non Theoricae Praxis civilis et Criminalibus Thesibus disquisitum, etc. Parma 1678, fol.[5]

XXVIII. *Petschacher*, Benedict, Benedictiner, schrieb:

---

[1] Valv. VI. 366; P. Marc. Bibl. S. 30.
[2] Valv. VI. 365; P. Marc. S. 32.
[3] P. Marc. S. 33.
[4] Valv. XI. 675.
[5] P. Marc. Bibl. S. 39; Valv. VI. 366.

Tractatus de Sacramentis in genere. Salisburgi 1675.[1]

XXIX. *Preschern*, Joh. B. de, Domprobst D. U. J. und der Theologie, Poeta laureatus, Ständisch-Verordneter und später Präses des Verordnetencollegiums schrieb einen ‚Tractatus de jure pontificio et romano', der von Thalberg in seiner ‚Epitome' gerühmt wird.[2]

XXX. *Rossetti*, Marcus Ant. Freiherr v., geboren in Laibach, publicirte als Studirender am adeligen Collegium in Parma:

1. Ex Jure universo, Decretalium etc. decerpta Problemata. Parmae, apud haeredes Galeatii Rosati, 1696, 4°.

2. La sacra lega, ovvero Canti. Paduae 1696, 4°.[3]

XXXI. *Schönleben*, Johann Ludwig, war als Sohn eines angesehenen Bürgers[4] in Laibach, der 1648—1654 Bürgermeister und Stadthauptmann war, 1618 geboren. Er trat in den Orden der Jesuiten, den er 1654 verliess, um in Padua den Doctorgrad zu nehmen und Weltpriester zu bleiben. Er wurde Domdechant in Laibach und bekleidete auch die Würde eines Protonotarius Apostolicus. Er war ein gelehrter Theologe und auch in der Geschichte und Genealogie trefflich bewandert. Er war nicht allein der erste, der Krains Geschichte quellenmässig bearbeitete, sondern ihm gebührt auch der Ruhm, den durch die Gegenreformation abgeschafften Bücherdruck in Laibach wieder eingeführt zu haben. Auf seinen Wunsch beriefen die Stände den Buchdrucker Joh. Bapt. Mayer von Salzburg nach Laibach (1678), welcher alsbald mit seinem ganzen Arbeiterpersonale hieherkam und am 25ten November 1678 als erstes Erzeugniss der nach einem Jahrhundert zu neuem Leben erweckten Laibacher Presse ein ‚Elogium' der Mutter Gottes druckte.[5] Schönleben starb nach einem der Wissenschaft geweihten Leben am 15. Oktober 1681 in seinem ‚anno climacterico', wie er es seinen Freunden vorhergesagt hatte, und wurde in der Jesuitenkirche, in der Gruft vor den Stufen des Altars des sterbenden Christus begraben. Seine Bücher erbten die Jesuiten, seine Manuscripte und historischen Schriften die Landschaft. Valvasor hat den Nachlass Schönlebens durchgemustert und für seine Chronik benützt; er sagt aber, dass er daraus nicht acht Bogen habe gewinnen können, welche

---

[1] Hoff III. 130.

[2] P. Marc. Bibl. S. 44.

[3] L. c. 46.

[4] Nach Radics, Blätter aus Krain 1863 S. 179, stammte die Familie aus Würtemberg, wo 1580 Kaspar Schönleben als Bürger in Heilbronn lebte.

[5] Valv. XI. 725.

Krain beträfen. Dagegen enthielten die Handschriften Schönlebens viel Genealogisches zur Geschichte der krainischen Adelsfamilien.[1]

Ueber das Aeussere und die Lebensweise Schönlebens berichtet uns ein Zeitgenosse: ‚Er war mittelmässiger Statur, eines anmuthig offenherzigen Anblicks, brünett von Haaren, annehmblich und scherzig von Gespräch, mässig in Kost und Trunk, und ehrbar im Aufzug, erlustigte sich in seinem einsamen Haus (denn er pflegte selten auszugehen) mit welischen Hühnern (Kampfhähnen nach Art der Engländer) und einem Budelhund, Solidon genannt, den er wegen vieler Künste sonderlich lieb hatte.‘[2]

Das Hauptwerk Schönlebens war die ‚Carniolia antiqua et nova‘, von welcher im Jahre 1681 der erste Band in Laibach erschien und welche unvollendet blieb. Sie umfasst nur das erste Jahrtausend (seit Christi Geburt) krainischer Geschichte. Unbestreitbar ist das Verdienst Schönlebens, dass er der Erste die Geschichte seines Vaterlandes nach den alten und neuen Quellen, wenn auch nicht immer kritisch genug, bearbeitete. Die Notizensammlung (‚Collectanea pro Annalibus Austriae et Carnioliae‘, 18 Bände) für den II. Band (1000 bis 1600) befand sich noch im vorigen Jahrhunderte im Archiv der krainischen Stände. Ihr gegenwärtiger Verbleib ist nicht bekannt.[3]

Die krainischen Stände haben ihren ersten Geschichtschreiber auf das grossmüthigste unterstützt. Von 1668 bis 1675 erhielt er 1548 Gulden, am 15. Juni 1678 bewilligte man ihm auf vier Jahre lang jährlich 260 Gulden, in der Voraussetzung, dass das Werk in dieser Zeit vollendet werde, was auch der Fall war. Ausserdem erboten sich die Stände, 150 Exemplare der ‚Annales‘ gegen billigen Preis abzunehmen und auch den Corrector zu bedenken.[4]

---

[1] Valv. 353—354; Mitth. 1858 S. 40, 70.

[2] Radics, Blätter aus Krain 1863 S. 183.

[3] Linhart, Versuch einer Geschichte von Krain, Laibach 1788, I., Vorrede. Nach Radics l. c. befinden sich die genealogischen Notizen Schönlebens in der Agramer Metropolitanbibliothek. Vgl. übrigens Šafařik l. c. S. 19. Nach Valvasors Bemerkungen (VI. 356, 357) hätte übrigens der Hauptinhalt der Schönleben'schen Notizen in Genealogischem bestanden.

[4] Landtagsprot. XXI. 247, 264, 281, 310, 330, 334, 347. Wie die Stände bereit waren, jedes auf Krain sich beziehende wissenschaftliche Werk zu fördern, zeigt uns ihr Beschluss vom 2. Mai 1668, womit sie dem Dominikaner Franciscus Calin (wohl ein Krainer? der Name kommt in Unterkrain vor), churbaierischem Bibliothekar und Hofrathssecretarius, der ein genealogisches Werk herauszugeben beabsichtigte, als ‚Ehrung‘ 200 Reichsthaler bewilligten, ihm über nähere Auseinandersetzung seiner Absichten nicht nur die Mittheilung der alten Geschlechter, sondern

Von historischen Schriften hat Schönleben ausser der ,Carniolia antiqua' hinterlassen:

1. Genealogia illustrissimae familiae D. D. Comitum ab Attimis. Labaci 1681, fol.

2. Aemona vindicata, sive Labaco metropoli Carnioliae vetus Aemonae nomen jure assertum. Salisb. 1674, 8°.

3. Dissertatio polemica de prima origine augustae domus Habspurgo-Austriacae. Labaci 1680, fol.

4. Genealogia illustrissimae familiae S. R. J. Comitum et Dominorum de Gallenberg. Lab. 1680, fol.

5. Rosa Ursina in provinciis austriacis florens, sive illustrissimae et antiquissimae familiae Romanae Ursinae Genealogia. Labaci 1680, fol.

6. Genealogia illustrissimae familiae Principum, Comitum et Baronum ab Auersperg. Lab. 1681, fol.

7. Arboretum Austriacum sive plena genealogia Augustae Domus Habspurgo-Austriacae ab anno Christi 600 ad nostra tempora cum 300 et ultra symbolis, aeri incidendis. fol. (Mscr.).

8. Chronologia Austriaca, sive rerum a Comitibus Habspurgicis et Archiducibus Austriae gestarum succincta per annorum seriem ennarratio. fol. (Mscr.).

9. Annus sanctus Habspurgo-Austriacus, sive Sancti et BB. utriusque sexus Habspurgo-Austriacis sanguine et cognatione conjuncti, quingenti per totius anni dies distributi. fol. (Mscr.).

Die übrigen (28) Werke Schönlebens sind theils panegyrischen, theils religiösen, besonders auf die unbefleckte Empfängniss Mariä bezüglichen Inhaltes.[1] Es befindet sich darunter die zweite Ausgabe der Chrön'schen Uebersetzung der Evangelien und Episteln in krainischer Sprache: Evangelia inu lystuvi etc., Gräz, Widmanstetters Erben 1672, 8°. Den Evangelien sind sieben geistliche Lieder und ein kleiner Katechismus nebst einigen Gebeten angehängt; in Orthographie und Wahl der Wörter zeigt sich kein Fortschritt, in letzterer sogar ein Rückschritt zum Unslavischen.[2]

XXXII. *Seiter*, Jakob Ignaz, Doctor der Medizin und Physicus in Laibach, wo er auch geboren war, gab heraus:

Lux septuplex astralis: Id est triumphans sapientum Mercurius etc. Dedicavit Adamo a Lebenwald, Medicinae Doctori etc. Labaci 1684, 4°.[3]

---

auch, wenn die anderen Lande mit concurriren wollen, eine Beihilfe in Aussicht stellen. Landtagsprot. XXI. 243. Ob Calin seine Absicht ausgeführt, liegt nicht vor.

[1] Valv. VI. l. c.

[2] Šafařík I. 100.

[3] Valv. VI. 366; P. Marc. Bibl. S. 51.

XXXIII. *Siezenheim*, Adam Sebastian von, landschaftlicher Kanzleibeamter in Laibach, liess drucken:

Speculum generosae juventutis oder Neubeglänzter Zuchtspiegel der Adelichen Jugend, klärlich entwerffend, wie die edle Jugend von ihren Wiegenjahren bis zur anruckenden reifen Mannbarkeit mit schönen Tugenden seelerspriesslich gezieret, auch in holdseligen Sitten und höflichen Geberden Leibsbehäglich gepflantzt werden sollte. München 1659, 8⁰. Mit drei Kupfern, deren eines eine Ansicht von Laibach enthält.[1]

XXXIV. *Thalberg*, Johann Gregor Thalnitscher von, geboren 10. März 1655 in Laibach, Sohn des Stadtrichters und spätern Bürgermeisters Joh. Bapt. Thalnitscher (Dolnitscher), der am 31. Dezember 1688 in den Adelsstand des h. römischen Reichs mit dem Prädicate ‚von Thalberg' erhoben wurde, und der Maria Anna, gebornen Schönleben, erhielt seine erste Bildung am Laibacher Jesuitencollegium, dann an den Hochschulen von Graz und Ingolstadt, wurde zum Doctor beider Rechte in Bologna am 21. Juni 1679 promovirt und hielt sich zu weiterer Ausbildung vier Jahre in Italien auf. Er wurde 1689 Secretär des Vicedomamts, 1691 öffentlicher Notar und 1713 krainischer Landmann. Er starb am 3. Oktober 1719. Nicht nur die Laibacher Akademie der Operosen hatte ihn zum Mitgliede (mit dem Beinamen ‚Providus') aufgenommen, sondern auch mehrere italienische Gelehrtengesellschaften, die Academia Romana Arcadum, die Academia Gelatorum in Bologna, die Academia Foroliviensis und andere ehrten seine wissenschaftlichen Bestrebungen durch die Aufnahme in ihre nur den besten Namen zugänglichen Kreise.

Das Hauptwerk Thalbergs ist:

1. Epitome chronologica continens res memorabiles Nobilis et antiquissimae Urbis Labacensis Metropolis Inclyti Ducatus Carnioliae ab urbe condito usque ad ann. Christi 1704, dedicata honoribus Nobilis et Eruditae Academiae Operosorum Labacensium. Labaci, formis J. G. Mayr 1713, 8⁰.

Das Buch ist ein chronologischer Auszug aus Schönlebens Annalen und Valvasors Chronik, ohne eigene Zusätze, ausser einigen Nachrichten aus der Lebenszeit des Verfassers.

Weiter veröffentlichte Thalberg:

2. Panegyricum Carmen eruditissimo Viro Marco Gorbezio Academico Operoso Labacensi dicto: Intento. Labaci 1699, 4⁰.

3. Friaulische Kriegsbeschreibung aus dem Italienischen Blasii Rith di Calenberg verteutschet. Laib., 4⁰.

---

[1] Valv. VI. 357; Costa, bibliogr. Notizen.

4. Theatrum Chymicum. Amsterdam 1693.

Von *Handschriften* hinterliess Thalberg:

1. Cypressus Labacensis (Sammlung von Grabschriften in Laibach. Papierheft, gr. 8., 60 Bl., in dem Archiv des fürstbischöflichen Seminars).

2. Historia Cathedralis ecclesiae Labacensis, S. Nicolao Archiepiscopo Myrensi sacrae. Cum chronologica ejusdem fabricae Veteris et Novae narratione, cui accesserunt sacra aedificia et multiplices eruditiones, ipsam Basilicam concernentes. Labaci anno aerae Christianae 1701, kl. fol., geb., 250 Blatt, mit 25 Bl. Abbild., Grundrissen etc.

Wir finden hier nicht allein die Baugeschichte des Doms, sondern auch die Aufzählung aller Denkmale, Bilder etc. desselben. Dieses Manuscript befindet sich im Domcapitelarchiv.

3. Annales Urbis Labacensis, 1660—1719.

4. Patrocinium Labacense, 1689.

5. Rivus Lacrimarum animae Christo compatientis. Edit. Lab., in 8°.

6. Thesaurus Labacensis coelestis, seu exercitia pietatis confraternitatis S. Corporis Christi. Anno 1711.

7. Rerum Labacensium Libri quinque, quibus Urbis Labacensis olim Aemonae origo, situs, interior et exterior facies, rudera, monumenta, inscriptiones, natura solis, imperium majorum, arae, foci, prosperi et sinistri eventus enarrantur, in fol.

8. Antiquitatum Labacensium epitome, seu Urbis Aemonae vestigia antiquitatum, monumenta, rudera et vetust. opum vestigia. 4°.

9. Chronicon Urbis Labacensis Idiomate Germanico. 4°.

10. Corona illustrium ac eruditorum inclytae gentis Carnioliae. 4°.

11. Theatrum memoriae Academicorum unitorum. fol.

12. Marienale Carnioliae c. icon. Tractatus de Terrae motu. Savus fluvius. Ejus origo, cursus et regiones etc. 8°.

13. Ectypon Bibliothecae Publicae Labacensis seu accurata notitia ejusdem, continens memorias virorum litteris illustrium inclytae Gentis Carniolićae.[1]

XXXV. *Thalberg*, Alexis Sigismund de, Sohn des Vorigen, geboren 5. August 1685, gestorben 6. Oktober 1708, in Rom und Perugia ausgebildet und in letzterer Stadt zum Doctor promovirt, Mitglied der Akademie der Arkadier in Rom und der Operosen in Laibach, hinterliess:

Cithara in coelum translata Divus Ivo, ab Inclyto Collegio Juridico Labacensi in Ecclesia S. Jacobi panegyrico sermone celebratus. Anno 1701. Labaci, ex typogr. Mayr, 4°.

---

[1] P. Marc. Bibl. S. 54; Blätter aus Krain 1863 S. 178 f.; Mitth. 1860 S. 47. Nach Radics' Urtheil sind Thalbergs Manuscripte von Werth für unsere Geschichte

Andere Arbeiten kunsthistorischen und ästhetischen Inhalts aus Thalbergs Feder und Zeichnungen seiner geübten Hand bewahrt die Bibliothek des fürstbischöflichen Seminars in Laibach.[1]

XXXVI. *Vogrin*, P. Bened., Augustinerprior in Laibach, starb 23. Oktober 1712 bei der h. Dreifaltigkeit in den windischen Büheln. Er gab heraus:

Acht Predigten vom h. Johannes a. S. Facundo, so zu Gräz 1691, als desselben Heiligsprechungsfeierlichkeit begangen wurde, bei grossem Zulauf des Volks vorgetragen worden sind. Klagenfurt, bei Math. Kleinmayr 1692, 4°.[2]

XXXVII. *Witzenstein*, Franz Freiherr von, Milizhauptmann in Krain, Mitglied der ‚Societas militans', von welcher uns nichts näheres bekannt ist, mit dem Beinamen ‚Armatus', edirte:

1. Schicksal der lieben Bellimire und Corilanders, aus dem Italienischen des Ferr. Pallavicino verteutscht etc. Nürnb. 1671, 12.

2. Vulcani Liebesgarn, verteutschet aus Ebendems. Nürnberg 1671, 12.

Sein Bruder, *Joh. Baptist*, ebenfalls Milizhauptmann und Mitglied der genannten Gesellschaft, unter dem Beinamen ‚Magnanimus', edirte die im Manuscripte hinterlassenen Werke des Vorigen:

3. La muta-loquace, d. i. die Stummredende. Nürnb. 1687, 12°.

4. La Perfetta-maritata, die vollkommene Vermälte. Nürnb. 1687, 12°.[3]

XXXVIII. *Wetzstein*, vulgo Brus, Georg, von Laibach gebürtig, S. Theol. Baccalaureus, Hofkaplan in Wien, dann Canonicus und Stadtpfarrer in Laibach:

Pietatis victoria, das ist, ein geistlich Comödien- oder Freudenspiel. Wien 1672, 8°.

Gewidmet dem Grafen Ferdinand Bonaventura v. Harrach, dessen Söhne er als Hofmeister auf ihren Reisen in Spanien begleitet hatte.[4]

XXXIX. *Wohinz*, Georg, Magister der freien Künste und der Philosophie, J. U. D., Professor der Digesten an der Universität in Wien, Hof- und Gerichtsadvocat, bischöflicher Consistorialrath, Dekan der juridischen Facultät und Rector Magnificus.

Von ihm wurden herausgegeben:

1. Idea Fiscalis, seu assertiones de Jure Fisci. Viennae 1671, fol.

2. Elogium D. Ivoni Inclytae Facultatis Juridicae Patrono, in Basilica D. Stephani Proto-Martyris, coram S. P. Q. Academico. Viennae 1672, 4°.[5]

---

[1] Radics, Blätter aus Krain 1863 S. 190; P. Marc. Biblioth. S. 54.

[2] P. Marc. Bibl. S. 59.

[3] P. Marc. Bibl. S. 61; Valv. VI. 366.

[4] P. Marc. Bibl. S. 60.

[5] P. Marc. Bibl. S. 61.

Anonym sind erschienen:

1. Affectus cordis etc. S. P. Augustini confessionibus singulariter delecti ab aliquo Augustiniano Discalceato. Lab., typ. Thad. Mayr 1684, 8°.[1]

2. Ars metrica seu ars condendi eleganter versus. Labaci 1679, 12°.[2]

3. Breviarii Romani supplementum juxta Decreta Innocentii Papae X et successorum Pontificum usque ad A.1687. Lab., typ. Joh. Thad. Mayr 1687, 8°.[3]

4. Directorium Confessariorum singulis pastoribus animarum curatoribus, pro quovis poenitentium statu perutile DD. Consodalibus Sacerdotibus congregationis sub auspiciis I. M. I. et protectione S. Michaelis Archangeli in superiore Carniolia Monspurgi erectae, in strenam anni 1698, datum Labaci, ex typogr. Mayr 1697, 12°.[4]

5. Directorium agendorum tempore Pestis. Auctoritate Rdm. ac Cels. Principis etc. Josephi Comitis a Rabatta, Episcopi Labacensis. Lab., Joh. B. Mayr 1679, 32°.[5]

6. Fasciculus Josephinus, seu Manuale venerabilis Sodalitatis S. Josephi etc. erectae in Russulach, ecclesia Filiali sub Parochia S. Elisab. in Lauffen. Labaci, typ. Joa. Thad. Mayr 1683, 8°.[6]

7. Landgerichtsordnung des Herzogthums Krain etc. Laibach bei Johann Thad. Mayr 1685, fol.[7]

8. Landschrannenordnung des Herzogthums Krains, nach dem alten Exemplar ganz gleichförmig nachgedruckt. Laib., Mayr 1688, fol. Wieder aufgelegt Laib. 1707, fol.[8]

9. Landhandfest des löbl. Herzogthums Krain etc. Laib. 1687, fol.[9]

10. Meditationes sacrae ad veram poenitentiam ac pietatem excitandam. Additur Exercitium pietatis quotidianum quadripartitum. Lab. 1684, 8°.[10]

11. Rituale novum Labacensis Ecclesiae. Lab. 1700, 4°. Neu aufgelegt 1775 bei Eger in 4°.[11]

12. Septimana sancta, sive Meditationes ascetica Sacerdotum etc. Sodalibus Sacerdotalis Congregationis sub protectione S. Michaelis Archangeli Mons-

---

[1] P. Marc. Bibl. S. 5.
[2] L. c. S. 7.
[3] L. c. S. 11.
[4] L. c. S. 16.
[5] L. c. S. 44.
[6] L. c. S. 19.
[7] L. c. S. 31.
[8] L. c.
[9] L. c.
[10] L. c. S. 35.
[11] L. c. S. 45.

purgi erectae anno 1689 in xenium distributae. Lab., 8°. Wieder aufgelegt daselbst bei Mayr 1697, 12°.[1]

13. Ein Schreibkalender (wurde 1680 in der neu errichteten Druckerei des J. T. Mayr gedruckt, wofür die Stände demselben 100 Reichsthaler bewilligten).[2]

Wie man sieht, gab es in der Literatur der Valvasor'schen Epoche, abgesehen von der Befriedigung des religiösen Bedürfnisses durch einige Erbauungsbücher, keinen Platz für eine Nationalliteratur der Slovenen, wie sie im Reformationszeitalter so vielversprechend emporgeblüht war. Weder war die in kirchlichen Kreisen tonangebende Macht, der Jesuitenorden, einer nationalen Entwicklung überhaupt günstig, denn er kannte nur Eine Nationalität, und das war die römische; noch konnte das slavische Element Kulturelementen gegenüber, wie das deutsche und italienische, irgend eine Bedeutung beanspruchen. Es kann uns daher nicht wundernehmen, wenn Valvasor[3] sagt, dass die ‚windische' oder ‚sclavonische' Sprache von den ‚Dorfzungen und anderen gemeinen Lippen' gesprochen werde. Er behandelt zwar auch dieses Sprachenthema mit seinem gewöhnlichen Fleisse. Er handelt weitläufig vom Alphabet, Erfindung desselben durch Methodius, Aehnlichkeit des Krainischen mit dem Russischen, gibt das Vaterunser in 13 slavischen Sprachen, dann das Alphabet; man habe bis auf Primus Truber in diesen Ländern sich der glagolitischen Schrift bedient (woraus aber noch nicht geschlossen werden kann, dass man vor Truber schon slovenisch geschrieben; wenigstens findet man keine Spur davon). Valvasor gibt auch einige grammatikalische Anleitungen und spricht sogar von der immer mehr um sich greifenden Corruption des Slovenischen, das mit dem Deutschen vermengt werde. Er führt als Beispiel an ‚taužent' für ‚jezer', ‚tištah' für ‚part', ‚luitra' für ‚stop', ‚spanzirat' für ‚sprehajat', ‚frustkat' für ‚zajterkovati' u. s. w. Nicht uninteressant dürfte eine Probe des damaligen Slovenisch aus der Gerichtssprache sein, welche ich den landschaftlichen Protokollen entnehme.[4] Sie gehört dem Jahre 1656 an und lautet:

‚Jest Juri Schubez Perscheschem proti Bogu Vsiga Mogotschimu eno Zisto persego, do Jo Martin Jurina mene od le to rubeschni Is suetam ali delom dali derschau Jonu de ie on Vrsach dau, do so ti prepouedani voli is

---

[1] L. c. S. 51.
[2] Landtagsprot. XXI. 392.
[3] VI. Buch, 1. Kapitel.
[4] Landtagsprot. XIX 427.

nigouiga duora vum issignani ienu de je Suimu hlapzo sapovedal do on ima teiste ven segnati. Kakor meni bog pomagai, diuiza Maria ienu Vse Suetniki na moi puslední dan. Amen'.

7. Tracht und Sitte des Landvolks. Volksfeste und Volksglauben. Hexenprozesse und Geisterbeschwörungen.

Unwiderstehlich dringt die nivellirende Kultur vor und verwischt alles charakteristische Volksthum. Wer wird kommenden Jahrhunderten Tracht und Sitte der Krainer überliefern, wie sie uns noch aus unsern Jugendjahren in frischem Gedächtnisse sind? denn wie vieles ist schon jetzt dem Umschwung aller Verkehrsverhältnisse, den Eisenbahnen und der Mode zum Opfer gefallen! Goldhaube und silberner Gürtel der ehrsamen Bürgers- und Bauernfrau, malerisches Leinenkopftuch des Bauernmädchens, prahlerische Scharlachweste mit den Silberknöpfen, glänzende Kappenstiefel und goldschnurgeschmückter Filzhut des Burschen, und alle ihr bunten Trachten des Krainer Landes, wo seid ihr? Werdet ihr einen Schilderer finden, wie es Valvasor war für seine Zeit?[1] Eingehender noch als Bürger- und Edelmannssitte hat er Tracht, Sitten und Bräuche des Volkes beschrieben; denn, so sagt er treffend, jene sind so wie in aller Welt, diese hatten immer etwas besonderes. Und so wollen wir denn an seiner Hand uns in den verschiedenen Theilen des Landes den alten Krainer ansehen, wie er uns aus der vergilbten Chronik in Wort und Bild entgegenblickt.[2]

Die Männer in *Oberkrain* tragen durchgehends schwarze, oben etwas zugespitzte, ledige Leute aber, sonderlich um Radmannsdorf, aufgeschlagene, breiträndrige Filzhüte. Sie tragen entweder kurze Röcke (Kasaken) oder lange von schwarzem Tuch (Loden) eigener Arbeit. Die Hosen sind grau; aber sie tragen auch an Festtagen feine Kniehosen und saubere Strümpfe. Die Säumer oder Saumrossführer gehen schwarzgestiefelt mit spannbreitem, schwarzem ledernen Leibgürtel. In der Hand führen sie einen langen Knotenstock, meist von Hagedorn, eine gefährliche Waffe, dem modernen Todtschläger nicht unähnlich. Im Sommer tragen die Oberkrainer weisse oder schwarze

---

[1] Die ‚Carniolia' vom Jahre 1844 brachte eine Serie von Kurz von Goldenstein gezeichneter, von L. Zechmayer in Wien gestochener colorirter Trachtenbilder mit Erklärungen. Das Blatt ist bereits sehr selten geworden. Die Bilder, welche man als sehr gelungen bezeichnen kann, sind noch bei Blasniks Erben zu haben.

[2] VI. Buch, II–VIII. Kapitel.

Leinwandhosen und gehen dann meist ohne Rock, im blossen Hemde, welches einen runden Kragen hat. Winters wie Sommers gehen sie mit offener Brust, wie im ganzen Land unter dem Bauernvolk Brauch ist.

Die Weiber bedecken ihr Haupt mit weissen ‚Petschen‘, d. i. mit leinenen, gefalteten Schleiern, ungefähr anderthalb Ellen in der Länge. Auf den Kopf platt aufgelegt, fallen sie in malerischen Falten auf die Schultern herab. Die Brust hüllt das Mieder ein, an welches das zusammengenähte Röcklein (was man in Franken das Schösslein nannte) sich anschliesst, von einem blauen, mit sonderem Fleiss gewirkten, vier Finger breiten Gürtel umwunden. Darauf kommt ein zweiter eiserner oder auch messingener Gürtel (sklepanec), ‚also dass der Rock gar hoch über den Magen geht‘. Um den Hals schlingt sich ein weissleinen Tüchlein; rothe oder weisse Strümpfe und Schuhe oder auch ‚weisse‘ Stiefel vollenden den Anzug. Im Winter gehen sie in kurzen Pelzen.

Die Männer lassen Haar und Bart lang wachsen; bei den Frauen bleibt diese Körperzierde durch das den ganzen Kopf einschliessende Schleiertuch verdeckt.

Originell sind die *Hochzeitsbräuche*; schon die Hochzeitsladung, welche entweder zu Wagen oder zu Pferde geschieht. Da führt der Bräutigam hinter sich die Braut, der Starašina (oder Speisemeister) die sogenannte Teta (oder Brautmutter), der Brautführer aber die ‚Kranzeljungfer‘. So geht es jauchzend und mit lustigem Lärm zu den Wohnungen der Verwandten und Nachbarn. Die geladenen Hochzeitleute kommen dann am Tage der Trauung zu Pferde, die Männer alle den Säbel an der Seite, als gälte es nicht ein fröhliches Fest, sondern einen Zug gegen die Türken. Von den Hüten flattern seidene Bänder und grosse viereckige Büsche von Rauschgold mit Seide überzogen, oder auch von Buchsbaum mit perlenartig aufgeklebten weissgedörrten Haidekörnern. Diese lustige Cavalcade kommt meist nachmittags aufgezogen, wenn man die Braut in des Bräutigams Haus führt. Da reiten dann zwei oder drei Gesellen auf schnellen Rossen voraus in das Haus des Bräutigams, um die ‚Pogatscha‘, eine Art Kuchen, zu holen. Der schnellste führt die leichte Beute heim und überbringt sie der Braut, wenn sie ihm nicht von den auflauernden jungen Burschen abgenommen wird, wobei es mitunter tüchtige Stösse und Püffe absetzt; für die ritterliche That empfängt er von ihr ein ‚Fazinetl‘ (Sacktuch, vom italienischen Fazzoletto). Die Brautmutter trägt mit sich ins Haus des Bräutigams die grosse ‚Pogača‘, ein Laib Brod aus feinstem Weizenmehl, ungefähr 20, auch mehr Pfund schwer, bei etlichen gar mit Schmalz und Eiern gebacken. Obenan prangt allerlei Zierath und ‚Gaukelwerk' von Teig, Büsche von Buchsbaum mit Rauschgold und Flockseide. Ein zweites Hochzeitgebäck, der ‚Presenc', war von gar schauderhafter Mischung. Eier geschlagen in einen klein geriebenen starken, alten Käse oder auch in einen ‚Schmierkäse', dann ziemlich viel gestossenen Pfeffers drein gestreut, dazu ein wenig Milch oder Rahm und alles wohl durcheinander: diese Elemente, innig gesellt und auf schichtenförmig aufgethürmte Scheiben gestrichen, bilden den ‚Presenc', der sowie die Pogača mit Zierathen und ‚Phantaseien' bedeckt wird und von welchem man im Hause des Hochzeiters isst. Wenn es nun an der Zeit ist, dass der Bräutigam die Braut abhole, um mit ihr zur Kirche zu gehen, so beginnt ein Scherzspiel, das vielleicht im Volksbrauch als Erinnerung an Weiberraub sich erhalten hat. Es wird nemlich die Thüre des Hauses, worin sich die Braut befindet, zugesperrt, und wenn der Starašina des Bräutigams die Braut begehrt, so wird ihm ein altes Weib ausgeliefert, das er mit gebührendem Protest zurückweist. Und diess geschieht ihm wiederholt unter kurzweiligen, mitunter auch etwas grobkörnigen Wechselreden, bis die Braut dem ungeduldig Fordernden endlich übergeben wird. Nach der Mahlzeit geht der Tanz an, und die Hochzeitlust währt bis in den dritten Tag. Bei der oberkrainischen *Kindstaufe* war es hie und da Brauch, dass man vier bis sieben Gevattern bat, deren jeder ein Stück Leinwand, drei oder vier Spannen lang, mit in die Kirche bringen und dem Kinde darreichen musste. Man nannte dieses Geschenk ‚Krizmanik'. Ausserdem musste jeder Gevatter ein Geldgeschenk in ‚Fatscheinlein' (Servietten) legen. Zu dem Kindsmahle über 8 oder 14 Tage brachten die Gevattersleute grosse Brodlaibe, die schon früher beschriebenen Pogatschen, Eier, Schmalz und Wein mit, um es der Kindbetterin zu verehren. Bei Krainburg gab es noch einen andern, wohl in hohes Alterthum reichenden, von der Geistlichkeit aber abgestellten Brauch: die Gevattersleute kamen da am dritten Tage nach der Taufe zusammen, wuschen und badeten den Täufling in eigener Weise, vergruben dann das Wasser, wenn es ein Mägdlein war, unter einen Weichsel-, sonst unter einem Nussbaum, von welchem sie einen Ast abbrachen und in der Stube ober dem Bette aufhängten. Er sollte ein eheliches Interdict bedeuten, welches so lange dauern sollte, bis das Kind gross genug wäre, den Ast mit der Hand zu erreichen.

Gross war die *Tanzlust* der Oberkrainer, so dass ihnen, wie Valvasor sagt, das ganze Jahr die Füsse ‚fast wenig stillstanden'. Der Tanzplatz war meist die Tenne. Man tanzte da paarweise, doch alle zugleich, jeder Tänzer steuerte einen ‚Sold‘ (soldo), deren fünf auf einen Groschen gerechnet wurden, für die Spielleute. Nicht einmal grimme Winterkälte mochte die Tanzlust des Bauernvolks dämpfen.[1] Und obgleich aus dem fröhlichen Tanz nicht selten für manchen lebensfrohen Tänzer ein Todtentanz wurde und geistliche und weltliche Obrigkeit wegen Seelen- und Leibesgefahr dagegen donnerten, so liessen sich doch die Bauern diese ihre ‚stara pravica‘ nicht nehmen und hätten wohl eher eine Rebellion angefangen, als dieselbe gemisst. Ausser dem gewöhnlichen Tanz gab es auch einen ‚*Reigen*‘ im Freien. Da hatte der Tänzer den Säbel umgürtet; in der Gegend von Veldes führten aber die zwei vordersten Tänzer den Säbel, bei Flödnig gab es sogar einen Schwerttanz mit blossem Säbel. Die Tanzlust beuteten an manchen Orten die Landgerichtsherren aus, indem sie den Tanz ‚verkauften‘, d. i. ihre Bewilligung an den Erlag eines Golddukatens knüpften. Wer diesen Kaufpreis erlegte, miethete die Spielleute, liess sich dann von jedem Tanzlustigen seinen Tribut entrichten und übte so ein Tanzmonopol.

Fast überall in Oberkrain waren auch die geselligen *Zusammenkünfte in den Spinnstuben* gebräuchlich; es kamen nemlich nach dem Feste der heiligen drei Könige die jungen ‚Dorfgalane‘ ‚*auf das Gespinnst*‘ (‚*na prejo*‘). Sie brachten auch da ihre Spielleute mit, und nachdem sie mit ihren Schönen ‚galanisirt, courtoisirt, chaussirt und auf ihre Weise complimentirt‘, nahmen sie die Jungfer, bei deren Rocken sie sassen, bei der Hand und machten einen Tanz mit ihr, und so that es einer nach dem andern. Nach Mitternacht geleitete jeder seine Tänzerin, ihr die Kunkel tragend, nach Hause. Die Spinnstubenabende,

---

[1] Am 22. April 1686 erging folgende Verordnung der niederösterreichischen Regierung an Franz Adam Ursini Grafen von Blagay, Vicedom in Krain:

‚Wir haben gnädig vernommen, wasmassen in unsern herinigen Landen auf denen *Kirchtagen* und sonsten in denen Wirthshäusern auf dem Land die *öffentlichen Tänze* allzusehr in Schwung gehen und dabei allerhand Sünd und Laster unterlaufen sollen.

Wann nun sonderlich bei denen noch dato gewährenden gefährlichen Kriegsläuften und Umständen nicht allein alle Gelegenheit zu Beleidigung Gottes abzuschneiden, sondern vielmehr die Landseinwohner zu einem frommen und gottesfürchtigen Leben zu ermahnen und darauf gute Absicht zu tragen, damit etwa der Allerhöchste nit fernerer Straf über unsere Erblanden bewogen werde.

Als ist kraft unserer gnädigst geschöpften Resolution und Vdg. de dato 19. d. unser gnäd. Befehl hiemit, dass du dergleichen öffentliche Tänz auf den Kirchtägen und sonsten, vornemlich auf dem Land, jedoch ausser denen Hochzeiten, bis auf weitere gnädige Verordnung gänzlich einstellen sollest.‘ (Vicedomarchiv.)

denen es auch an ihren ‚Gretchen‘ nicht fehlte, beschloss ein lustiger Kehraus am Montag in der Fasten, zu welchem die Burschen ein Fass wälschen Weines beisteuerten. Das nannte man ‚*prejo razdreti*‘ (*das Gespinnst trennen*).

Charakteristisch für das Verhältniss des Bauern zum Herrn war des ersteren *Gruss*. Beide Knie beugend, neigte sich der Bauer mit dem ganzen Leibe und klopfte dabei mit der rechten Hand an die Brust.

Die Oberkrainer hatten auch noch die alte, offenbar noch der Heidenzeit entstammende Sitte, auf dem *Grabe* Speisen an die Freunde und Verwandten des Verstorbenen zu vertheilen.

In *Unterkrain* finden wir manche Abweichung in Tracht und Sitte. Der Unterkrainer trug ein kurzes, vorn an der Brust umgeschlagenes Wamms, die Kasake, deren Kragen bald zugespitzt, bald rund, bald viereckig war, kurze Pumphosen und Kappenstiefel, um den Leib einen spannbreiten Gürtel aus schwarzem Leder. Das Hemd hatte mitunter einen hohen und ‚dicken‘ Kragen, wie es scheint eine förmliche Halskrause. Das Haupt bedeckte im Sommer ein breiträndiger Filzhut mit hohem, schmalem Gupf, im Winter eine trapezförmige ‚rauhe‘ Kappe. Die Haarmode der Männer war jener der Oberkrainer gleich, doch fand sich an einigen Orten der seltsame Brauch, das Haar bis auf einen Büschel ober der Stirne kurz zu schneiden. In den Händen trugen sie, ganz im Gegensatze zu den Oberkrainern, dünne und kurze Stäblein.

Die Tracht der Weiber war dieselbe wie in Oberkrain, nur dass sie keine Vortücher trugen.

Die *Hochzeitsbräuche* stimmen ebenfalls mit den bereits geschilderten überein, nur dass hier auch etwas Humor zum Vorschein kommt; einer von den Spielleuten legt zerlumpte Kleider an und bietet den Gästen einen Ochsen feil, wofür er dann mit barer Münze ‚in Kopfstücken, drauf fünf Finger geprägt sind‘ bezahlt wird. Auch sonst wird von dem leichtlebigen Unterkrainer bei dieser Gelegenheit viel Kurzweil getrieben. An *Gevattersleuten* hat der Unterkrainer dagegen keinen solchen Ueberfluss wie der Oberkrainer; hier werden nur drei genommen, und zwar zu einem Söhnlein zwei männliche und eine weibliche und zu einem Töchterlein zwei weibliche und ein männlicher Pathe. *Getanzt* wurde in Unterkrain nicht so viel wie in Oberkrain. Beim *Hirseaustreten* und beim *Flachsbrecheln* kamen die Burschen mit hölzernen Hörnern und spielten damit den Arbeiterinnen auf, und das Ganze schloss dann mit einem Tänzchen. Im Wirthshaus herrschte die für den Gast nicht eben vortheilhafte Sitte des *Zutrinkens.* Erst that der Wirth einen herzhaften Zug aus dem Glase, das er dem Gast eingeschenkt, dann ging das Glas in die Hand der Wirthin oder eines andern Gastes über, und oft blieb für den durstigen Ankömmling von der Mass kaum ein Schluck übrig. An Gelegenheit zum Zutrinken fehlte es nicht: ein Hobelspan neben dem andern lockte den durstigen Wanderer. Im Dorfe S. Martin bei Littai, welches nur einen Grundbesitz von vier Huben hatte, gab es 18 Wirthshäuser. Aber freilich gab es da manchen durch Saumfahrt oder Gewerbe bereicherten Bauer.[1] In Unterkrain herrschte auch der uralte Brauch des *Todtenmahls* am achten Tage nach dem Begräbniss.

In *Mittelkrain*, bei Freienthurn, Weiniz, Sichelberg hatte sich, wir wir gesehen haben, ein eigenes Völkchen niedergelassen: Ueberläufer aus den benachbarten slavischen Theilen der Türkei, die sogenannten *Uskoken* (wörtlich ‚Entsprungene‘), aber auch Walachen genannt, nach der Benennung ‚Vlahe‘, die sie sich selber gaben. Sie hatten ihre Hauscommunitäten, wie sie noch heutzutage die Militärgrenze aufweist; mehrere Familien wohnten nemlich in einem Hause beisammen, das Hausregiment führte der älteste Mann und das Weib des jüngsten Familienvaters. Sie forderten und fanden unbedingten Gehorsam und leiteten die Hausarbeit, welche von den andern Familiengliedern verrichtet wurde. In jedem solchen Hause gab es zu acht bis zwölf waffenfähige Männer. Diese Colonisten waren steuerfrei, aber zu beständiger Waffenbereitschaft und Bewachung der Grenze gegen die Türken verpflichtet.

Die Uskoken waren wilde Gesellen, die einige fatale Gewohnheiten aus dem wüsten, rechtlosen Leben der türkischen Herren mitgebracht hatten. Treffliche Meister in der Kunst, ‚etwas zu finden, ehe man's verliert‘, und gar willig, ‚etwas zu nehmen, ehe man's gibt,‘[2] holten sie nöthigenfalls ihre Bräute mit bewaffneter Hand, und es war bei ihnen ‚gar was Gemeines‘, dass sie ihre Nase ‚gar tief in Kannen und Gläser steckten.‘ Was sie an Wein und Getreide im

[1] Valv. II. 181.

[2] Valvasor erzählt (VIII. 721), dass bei der Filialkirche S. Nikolaus v gori (im Uskokengebirge) der Pfarre S. Bartolmä jedesmal, nachdem Messe gelesen worden, das Messgewand und sogar die Glocken in eine andere Kirche gebracht werden mussten, weil sie sonst vor den Uskoken nicht sicher gewesen wären. An einer anderen Stelle (XI. 133) erzählt er von einem Uskokenüberfall des Schlosses Faistenberg um 1665, wobei die Freiin von Busot mit ihrer Tochter und der Pfleger Janko durch Säbelhiebe übel zugerichtet wurden.

Herbste geerntet, es musste alsbald durch die Gurgel, und dann ging es aufs Beutemachen, sei es beim Erbfeind, sei es beim nächsten Freund und Nachbarn. Nicht leicht war es, sie zu erwischen, denn sie liefen besser als das schnellste deutsche Pferd, und dann hielten sie so fest zusammen, wie die bestgeschmiedete Kette, so dass es nicht leicht war, sie eines solchen Anschlags zu überführen. In diesen löblichen Eigenthümlichkeiten waren Popen und Weltliche gleich. Die *Hochzeitsbräuche* der Uskoken boten ausser einem an das jus primae noctis erinnernden Brauch nichts eigenthümliches, als die vollständige Vermummung der Braut bei ihrer Abholung und bei dem Gang zur Kirche. Bei der Trauung setzte ihr der Pope einen Kranz, aus einem Rosenstock geflochten, aufs Haupt, ein nicht unpassendes Sinnbild ehelichen Lebens, in welchem jedoch für das südslavische Weib sicher bald nur mehr die Dornen übrig blieben. Die Kinder wurden erst *getauft*, wenn sie erwachsen waren. Die *Beichte* ward nicht vor dem dreissigsten Jahre abgelegt. Erkrankte jemand hoffnungslos, so musste er sich selbst waschen, damit er nach dem Hinscheiden ‚sich fein sauber bei Gott Vater, Sohn und heiligem Geist einfinden möge,' wonach es scheint, dass ihnen für das irdische Leben Reinlichkeit weniger geboten schien. Dem Sterbenden glaubten sie Trost zu bringen, indem sie ihm den feierlichen Empfang im Jenseits schilderten, wie ihm da ein Engel seinen Säbel und sein Rohr, womit er sich ritterlich gegen die Türken gehalten, ein anderer das, ‚was er mit der freien Hand ertappt und weggezogen', wieder ein anderer Rosse und Stuten, die er von fremden Orten nach Hause gebracht, oder die Kleider vorantragen werde. Sie rühmten mit vielen Worten sein mannhaftes und tapferes Leben und die Unvergänglichkeit seines Nachruhms. Sie hatten keinen Friedhof, sondern begruben ihre Todten, wo es ihnen eben gelegen war, legten ihnen ein Stück Brod und eine kleine Geldmünze ins Grab und beschwerten ihnen Kopf und Füsse mit Steinen, um zu verhüten, dass sie etwa als Vampyre wieder kämen. Für eine Seelenmesse forderte aber der Pope vier Gulden krainerischer Währung. Beim Begräbniss eines Wiegenkindes pflegte die Mutter mitzugehen, mit der Wiege auf dem Kopf; beim Einscharren des Kindes dann klagte sie den Tod mit vielen Schmähungen an, dass er ihr das Liebste entrissen, und zertrümmerte zum Schlusse ihrer wüthenden Apostrophe die Wiege auf dem Grabe ihres Lieblings.

Die *Tracht* der Uskoken war selbstverständlich von jener der krainischen Nachbarn sehr verschieden. Die Weiber trugen lange Oberröcke ohne Aermel, Unterröcke von bunten Farben, blau oder roth, und dergleichen, zierten die Brust mit buntfarbigen oder geblümten Tüchern. An den Füssen trugen sie Opanken, eine Art Sandalen, oft aus frischer ungegerbter Haut. Den Kopf umhüllten sie ‚gar artlich' mit einem langen und schmalen, buntgefärbten Leinwandstreifen. Die Männer gingen in kroatischer Tracht, Schnürröcken, den türkischen Säbel am Gürtel hängend, in eng anliegenden Hosen und mit Opanken an den Füssen. Sie trugen Schnurr-, Knebel- und Vollbärte. Das Kopfhaar wurde abgeschoren bis auf einen Schopf an der Stirne, oder nach türkischer Weise am Hinterkopf. Der Pope (Weltgeistlicher) zeichnete sich durch langen Talar und breiträndigen Hut, der Mönch (Kaluger) durch eine runde niedere Kappe aus. Beide wurden von ihren Schäflein sklavisch verehrt und liessen sich den Tribut ihres Schweisses wohlgefallen.

Die *Nachbarn der Uskoken um Möttling und Tschernembl*, heutzutage das Mittelglied zwischen Slovenen und Kroaten, galten zu Valvasors Zeiten noch für wahre *Kroaten;* so zeigt er sie uns im Bild: die Männer im kurzen Schnürrock, mit übergeworfenem langem Pelzmantel, Sporen an den hohen Stiefeln, mit der Reiherfeder auf der Pelzmütze, dem türkischen Säbel und dem Zengger ‚Hacken' und Tschakan; die Frauen mit verschnürtem kurzen Oberrock und mit ähnlichem Kopftuch wie die Krainerinnen. Den Schnurrbart liessen die Kroaten ungehindert seine Fülle entfalten; das Kopfhaar duldeten sie, wie die Uskoken, nur in einem ob der Stirne sich ausbreitenden langen Zopf. Der kroatische Krainer war ein trefflicher Soldat, wohl beritten und streitbar, zum schnellen Angriff und Scharmützel besonders geeignet. Valvasor spendet ihm uneingeschränktes Lob. Er hält es für gewiss, dass, ‚wie resolut und feurig auch ein muthiger Franzos auf den Feind losgeht, dennoch der Ansatz des Krabaten, bevorab in leichten Scharmützeln und Parteien, gemeiniglich ihm (dem Franzosen) den Muth bricht und er den blitzenden Säbel desselben nicht anders als wie der Leu die Flammen alsdann scheuet'. Im Haupttreffen bei Nördlingen haben kroatische Reiter die Ersten den Feind in Verwirrung gebracht. Bei den *Hochzeiten* der Kroaten prangte eine Fahne, mit einem Apfel auf der Spitze, in dem ein paar Pfauen- oder Hahnenfedern staken; es gab da ein Zopforakel: nemlich es wetteiferten Braut und Bräutigam, wer von den Zöpfen der Braut eher einen auflösen möge. Gelang dies dem Bräutigam, so deutete es auf einen Knaben als ersten Sprössling der Ehe, sonst auf ein Mädchen. Die Reichen veranstalteten zur Verherrlichung der Hochzeit ein Pferderennen, und zum Schluss gab es noch andere scherzhafte Bräuche oder ‚Kälbereien‘, wie Valvasor sagt. Zum *Tanze* schritten die Männer immer mit blossem Säbel und vollführten alle Evolutionen so gerüstet mit wunderbarem Geschick. Bei den Begräbnissen sangen Klageweiber in antiker Weise von den Thaten des Verstorbenen.

Als ein gar frommes und friedfertiges Völklein schildert unser Valvasor die *Gottscheer*, welche zwar keine guten Soldaten, aber manch grundgelehrten Mann zum Kampfe gegen Unwissenheit und Roheit stellten, eine Fehde, welche unser Chronist allen anderen vorzieht. Ob diese frommen Gottscheer nicht gar die Schutzengel des Landes seien, das Gott um ihretwillen verschone, frägt er, und vergisst dabei ganz, wie ja nach seinen eigenen Berichten diese Lämmlein bei jedem Bauernaufruhr die ersten waren. Valvasor sagt, dass die Gottscheer ‚ziemlich grob‘ deutsch reden, wie in Franken die Bauern; dass sie sich in der *Kleidung* von den anderen Krainern gänzlich unterscheiden, Filzkappen und lange weisse Leinwandhosen und als Waffe ein Beil (zugleich Axt und Hammer) tragen, während die Tracht der Weiber in kurzen Röcken und langen Oberröcken ohne Aermel bestehe. Er erzählt, wie die Gottscheer den Hagel durch Lufthiebe mit Kehrbesen, Mistgabeln und ähnlichen ‚Dorf- und Hausarmaturen‘ zu beschwören suchen, und erwähnt unter ihren *Hochzeitsbräuchen* ein seltsames Wasseropfer: wie man nemlich am Tage nach der Hochzeit die Braut mit Spielleuten und Schalmeibläsern zu einem Wasser geleitet und ihr da einen Krug mit Wein und drei Stückchen Brod reicht; wie sie von ersterem einen Trunk thut und vom letzteren kostet und alles dann ins Wasser wirft.

Auch die Bewohner des grossen öden Felsplateaus, dass sich an der Küste abdacht zu den sonnigen Gefilden Italiens, des *Karstes*, sind ein Volk von eigener Art und Sitte, rauh wie seine Heimat und voll finsteren Aberglaubens, gleich den wunderlichen Gebilden seiner Tropfsteinhöhlen. Hier sind die Häuser grösstentheils gemauert und die platten Dächer mit Steinen belegt, zum Schutze gegen die wild einherstürmende Bora. Die Männer sind ‚gar grob, wilden und widerlichen Anblickes‘, dunkel gebräunt von der Sonne; sie gehen in breiten Pumphosen von dickem grobem Tuch, kurzen Wämmsern und mit grossen Filzkappen auf dem Kopf, mit einem grossen Tschakan — ein Stock, der in einem starken Hammer endigt — bewehrt. Dagegen sind aber die Weiber mitunter ‚gar schön weiss und recht sauber‘; auch ihre Tracht ist farbenreicher und wohlkleidender als in anderen Theilen Krains. Ihre Kopftücher werden zierlicher gebunden, ihre Röcke sind mit Pelzwerk besetzt und werden von blau-rothen Gürteln gehalten; rothe Strümpfe und schwarze Schuhe vollenden das Bild. Manches besondere gibt es bei den *Hochzeitsbräuchen*, nicht allein dass auf der Brautfahrt, wie der Chronist besonders den Leuten um Grafenbrunn und Dornegg Schuld gibt, nicht die Schönheit, sondern das Geld den Bräutigam gewinnt, was auch anderwärts im conservativen und nüchtern denkenden Bauernvolk vorkommen mag, sondern bei den *Verlöbnissen* eine Art ‚Beilager' nach mittelalterlicher Sitte, wobei dreimaliges Herumschwingen der Braut, Zutrinken, Uebergiessen der zusammengefügten Hände mit Wein und endlich der Braut in den Schoss geworfenes Geld das Versprechen besiegelt; bei der Hochzeit Auswerfen eines runden Brodes durch die Braut, wenn sie in des Bräutigams Haus geht, Ausstreuen von Geld in der Wohnung des Bräutigams; eine Morgengabe von Vieh; ein Brauttrunk am Dorfbrunnen und abermals Werfen von Münzen in den Boden des Trinkgeschirres, so dass Valvasors Diatribe gegen die Geldheiraten der Karstner allerdings nicht ohne Grund zu sein scheint. Das heikliche Kapitel der Schlangengeburten, welches mit vieler Gelehrsamkeit durch den Chronisten und seinen Commentator abgehandelt wird, wollen wir aus Rücksicht auf unsere verleumdeten Landsmänninen und die Nerven der Leser überschlagen.

Jenseits des Karstes in dem freundlichen Thal, das uns wie ein Frühlingsgruss des sonnigen Südens anmuthet, mit seinen Reben und Feigenbäumen, seinem heiteren Himmel und seinen arbeitsamen und harmlosen Menschen, in dem schönen *Wippach*, hauste auch zu Valvasors Zeit ein eigener Menschenschlag, der sich schon in der Tracht von den übrigen Krainern unterschied: in der Halskrause und dem Beilstock der Männer, wie in dem freieren Faltenwurf der Weiberpetschen. Es gab auch da besondere Gebräuche bei Hochzeiten und Tänzen. Das Geld spielt bei jenen nicht die erste Rolle, wie am Karst, sondern man frägt nach der Mitgift erst, wenn man zur Kirche geht; dafür aber wird den Brautleuten überall, wo sie ihr Weg hinführt, Geld abgepresst, damit die durstigen Kehlen versorgt werden. Heiratende Witwer und Witwen erhalten ein Ständchen mit alten Pfannen, Kesseln und Schäffern; dreissigjährige, unversprochene Jungfern müssen sich von den ledigen Burschen am Aschermittwoch eine Haus- oder Stubenthüre anbinden lassen — den Bloch ziehen — oder sich mit Geld auslösen, worüber Valvasor den jungen ‚Tölpeln und Klotzen' tüchtig den Text liest; für das neugeborne Kind muss der Vater mit unbedecktem Haupt den Gevatter suchen gehen, deren man übrigens je zwei von beiden Geschlechtern nahm, zur willkommenen Vermehrung der Pathengeschenke und des geistlichen Tributs, so wie denn auch hier der Geistliche es war, welcher der tanzlustigen Jugend den Tanz ‚verkauft'.

Dem regen Volksleben und dem lebenslustigen Charakter der Zeit entsprechend, gab es auch im Zeitalter Valvasors noch manches *Volksfest* als regelmässige Jahresfeier oder zur Freudenäusserung über wichtige politische Ereignisse. In *Laibach* war das *Repertoire der Volksfeste:* im Winter am Faschingsdonnerstag (Giovedì grasso) um 3 Uhr nachmittags (auf dem Marktplatze) Kampf der Ochsen mit den Hunden, also Thierhetze; Lauf der Knaben um die Wette (vom Marktbrunnen bis zu dem Brunnen auf dem alten Markt); im Frühjahre: Wettlauf bei S. Christoph am Ostermontag (zur Erinnerung an das Türkenlager bei Laibach); Wettsteigen (Baumklettern) bei S. Bartelmä in der Schischka; im Sommer: Schiffrennen auf der Laibach um festgesetzte Preise; öffentliche Production der philharmonischen Gesellschaft; und am Abend Petri und Pauli: Kampf auf der Brücke zwischen Tirnau und Krakau.[1] Zur Feier der Eroberung Ofens veranstaltete der kaiserliche Bergwerksverweser in Idria, Wolf Sigmund von Kühnbach, am 15. September 1686 ein Fest, bei welchem die Bruderschaften, die Knappen, der Adel unter dem Geleite von Musketieren erschienen. Nachmittags wurde ein Maibaum gepflanzt mit Kletterpreisen, Brod und Geld ausgeworfen, ein ganzer Ochse gebraten, zwei Fässer Wein, rother und weisser, ausgeschenkt. Wenn sich jemand unordentlich verhielt, warfen ihn zwei als Wilde gekleidete ‚starke Kerls' ins Wasser. Er bekam aber dann zur Entschädigung einen guten Trunk Wein. Unter einem türkischen Gezelt sassen da Verweser, Geistliche, Adel und Frauenzimmer. Gesundheiten wurden unter Lösung der Doppelhaken tapfer getrunken. Den Tag schloss ein Tanz, an welchem jedermann theilnehmen konnte.[2]

Conservativ in Leben und Sinnesart, bewahrte der Bauersmann noch getreu überlieferte Bräuche, deren Sinn ihm schon längst verloren gegangen war. Das *Fest der Wintersonnenwende (Koleda)*[3] wurde noch in Stadt und Land gefeiert. Dort waren es die Studenten, welche in der Weihnachtswoche unter den Fenstern der Reichen sangen, wogegen die Jesuiten scharfe Verbote erliessen:[4] hier waren es die ‚Um-

---

[1] Radics, Blätter aus Krain 1864 S. 68.

[2] Valv. VIII. 834.

[3] Siehe den I. Theil dieses Werkes S. 114.

[4] Im Jes.-Diar. heisst es: 1700, Jänner 7. Studiosi quidam Rhetores et Poetae in vigilia Epiphaniae formato sibi templo cantarunt sub fenestris Dominorum et

singer', welche in Unterkrain von Nikolai bis Lichtmess, bewaffnet mit Säbeln, Hacken und dergleichen, umherwanderten, den deutschen Sternsingern ähnlich. Was sie an Geschenken einsammelten, hoben sie auf bis Lichtmess, kauften dann gelbes Wachs, formten daraus eine ‚Figur', die sie mit Flitter und Seide, auch Fähnlein, Sternen und allerlei Zierath von gesottenen Birkenschwämmen schmückten und, auf eine Stange gesetzt, in die Kirche trugen, um sie dort weihen zu lassen. Am Neujahrstag gingen sie mit Spielleuten um den Altar zum Opfer. Valvasor scherzt über die Händel, in welche die Koledniker verschiedener Kirchspiele gerathen, wobei sie ‚die Faust nicht in den Sack schieben, sondern wacker arbeiten lassen' und einander ‚das Fünffingerkraut zu riechen geben', daher mancher zum neuen Jahre ein blaues Auge oder wohl gar ein so braun gefärbtes Angesicht bekomme, dass man ihn der Farbe nach unter die Suite der heiligen Könige aus dem Morgenlande zählen könnte.[1] Noch im achtzehnten Jahrhundert erhielt sich dieser Brauch, die Burschen zogen bewaffnet mit Spielleuten herum, brachten aber, ungleich den früheren im Dienste der Kirche arbeitenden Kolednikern, die Nächte mit Tanzen und Schlemmen zu, wobei es natürlich öfter blutige Köpfe absetzte; auch die Abforderung der Gaben mit gewaffneter Hand machte die Koledniker gefürchtet, daher öftere Verbote und Strafen von Seite der Regierung.[2] Die Koledniker hatten ihre eigenen, offenbar aus heidnischen Opferliedern in christliche Hymnen umgegossenen *Gesänge*, welche uns in dieser späteren Bearbeitung noch erhalten sind, übrigens noch immer einigen weltlichen Beigeschmack haben.[3]

In Innerkrain und in Istrien mischten sich noch in die schöne friedliche Feier der *Christnacht* heidnische Bräuche und abergläubische Schrecken. In Istrien pflegte man am Christabend einen grossen Holz-

---

acquisita inde pecunia altero die perpetarunt et quia vino aestuantes fuere, cum Poeta quodam rixas incepere, a quibus cum gladio lusus fuerat, qua de causa publice in auditorio puniti sunt disciplina et Franciscus Buriag Rhetor, qui gladio luserat facta disciplina scholis e nostris est eliminatus, tum ob dictam impertinentiam, tum etiam ob — in studiis negligentiam nullamque spem fructus aliquando futuri. Gregorius vero Feitl pariter hoc in delicto reus cum pariter nullius studii aut spei juvenis fuerat, absque flagellatione manumissus est. Interdicendus aliis annis est cantus in vigilia Epiphaniae.

[1] Valv. VII.

[2] Vicedomarchiv.

[3] Slovenske Pesmi krajnskiga naroda I. 6—15; V. 114; Vergl. Mitth 1865 S. 115 f.

klotz ins Feuer zu werfen, ihn langsam glimmen zu lassen und ihm Speise anzubieten.[1] An der Poik glaubte man, dass an dem heiligen Abend Gespenster umgehen, welche den Kindern das Blut aussaugen, bis sie todt sind. Diesen sollten andere, niedere Gespenster sich entgegenstellen und mit den ersteren streiten. Valvasor verglich diese Erscheinungen mit dem ‚wüthenden Heer' (der ‚wilden Jagd') der Deutschen und dem ‚getreuen Eckart'.[2]

Im Gewande der Sage rettete auch noch manches Gebilde heidnischer Mythe sein Phantasieleben im Schutze der Erzschachte und der dämmernden Karsthöhlen, in altem Gemäuer und in der geheimnissvollen Tiefe der Gewässer. Da waren die *Bergmännlein* in Idria. Oft hörten die Arbeiter sie in den Erzgängen hämmern und arbeiten. Sie wagten nicht zu fluchen und Gott zu lästern, denn das konnten die Männlein nicht leiden. Die Bergleute pflegten ihnen täglich Speise hinzustellen, auch wohl zu Zeiten ein rothes Röcklein als Geschenk darzubringen, weil sie sich sonst gar ungnädig und erzürnt zeigten. That man ihnen aber so zu genüge, so erzeigten sie sich gar gütig und willfährig, denn sie gruben den Knappen dann solche Mengen Metalls heraus, dass sie nimmer so viel mit eigener Kraft hätten gewinnen können. Unser Valvasor selbst macht zwar zu diesen Erzählungen der Knappen ein gar kluges Gesicht und erklärt sie für Märchen, aber auch er glaubte davon so viel, dass es wirklich Kobolde in den Quecksilbergruben gebe, welche den Knappen die reichen Adern anzeigen.[3]

In den Schlössern gab es *Poltergeister;* besonders Sternol bei Krainburg galt als eine rechte Heimat derselben.[4] In *Weixelstein* rumorte vom 15. bis 25. Januar 1684 ein Geist, der sich für die Wittib Elisabeth Gallenberg ausgab, die Einem ‚in der Verraitung um 60 Gulden Unrecht gethan', und regelmässig jede Nacht die Magd Anka um die Veranstaltung von 30 Seelenmessen quälend.[5] An Schloss Katzenstein bei Stein knüpfte sich die Sage, dass bei seiner Erbauung die bösen Geister in der Nacht immer einrissen, was man bei Tage aufgebaut, und damit fortzufahren drohten, wenn man ihnen nicht auch ein Schloss baue, worauf man dann ein Loch in den Felsen gemauert

---

[1] Valv. VII. 476.
[2] L. c. XI. 456.
[3] L. c. III. 419.
[4] L. c. XI. 562
[5] L. c. 645 f.

und eine steinerne Tafel hineingesetzt, es hierauf zugemauert, aber ein kleines viereckiges Fenster offen gelassen.[1]

Der alte *Wassergott*, den die heiligen Gesänge der Christen in die Tiefe bannten, fühlte nicht selten in seinem Kristallpalaste ein heimliches süsses Sehnen nach den Töchtern der Menschen, und dann kam er wohl in der Gestalt eines schönen Jünglings zu ihren Tänzen unter der Dorflinde oder am Ufer der Laibach und holte sich seine reizende Beute mitten aus dem fröhlichen Reigen. Der *Wassermann* oder *Terdoglav*, so hiess ihn das Volk, liess dann die nach der Heimat sich sehnende Erdentochter wohl einmal ins Elternhaus ziehen, indem er noch vor den ihm verderblichen Gebeten der Christen die Geliebte warnt, aber die Sage nimmt hier nicht den tragischen Ausgang Undinens oder Melusinens, sondern die Ungetreue folgt keiner Lockung mehr ins kühle Wassergrab, und der erzürnte Wassermann zerschmettert ihr flutengebornes Kind vor ihren Augen.[2] Wie tief der alte Cultus der Elemente in dem slavischen Volksbewusstsein sich festgesetzt, bezeugt uns noch die Erzählung von dem ‚heiligen Wasser' in einem Loche bei der Filialkirche S. Achazi oberhalb Jasen, das für unerschöpflich, heilig und gesundmachend galt. ‚Guten Morgen, du heiliges Wasser!' redeten die Vorübergehenden es an.[3]

Mächtig musste der Eindruck der unterirdischen Wunderwelt des Karstes auf das Gemüt des Volkes sein, wenn schon Valvasor in den Tropfsteinbildungen der Adelsberger Grotte lauter Teufelsdrachen und Thiergestalten erblickte und sie uns auch so zeichnete.[4] Aus diesen unergründlichen Höhlen kamen nach der Volksmeinung die Ungewittter; es gab fünf solcher *Wetterhöhlen*, die jährlich geweiht wurden, um die aus denselben drohenden Wetter zu beschwören. Es wurde eine Procession dahin angestellt, der Geistliche sprach dann einige Exorcismen aus dem Rituale, beräucherte und besprengte das Loch. Dann setzte man neben dasselbe einen hohen Maibaum und auf dessen Spitze ein Kreuz. Auch warf das Volk allerlei Opfergaben in das Loch. Solche Höhlen waren bei Gutenfeld, nahe bei Altzobelsberg, dann auf der Ilova gora (auf dem Kamen verh), alle drei in der Gutenfelder Pfarre; die vierte auf dem Berge Slivenza in der Zirknizer Pfarre, in dessen Nähe auch der krainische Blocksberg; die fünfte endlich

---

[1] Valv. XI. 548.
[2] L. c. XI. 685. Slovenske Pesmi I. 79; II. 10.
[3] Valv. VIII. 738.
[4] L. c. III. 535.

auf dem Viniverh, ebenfalls in der Zirknizer Pfarre. Man wagte nicht, einen Stein in ein solches Wetterloch zu werfen, um nicht seinen Grimm zu reizen.[1]

Der Teufelsglaube verkörperte sich in den *Hexen.*[2] Sie hausten besonders im Gebiet des Zirknizer Sees, bei Zirkniz, Laas, Planina und um Schneeberg. Valvasor erzählt, dass in den siebziger Jahren seines Jahrhunderts im Dorfe Botschetske (wohl verstümmelt aus Boč-kovo) bei Stegberg, unweit Laas, eine allgemeine Untersuchung, ein *Monstreprozess gegen Hexen und Unholde* (Zauberer) angestellt wurde. Es seien fast alle Leute aus diesem Dorfe verbrannt worden, weil sie ‚des Teufels Werkzeug und Bundesgenossen'. Der Teufel sei ihnen, nach ihrer Aussage, in den Wasserlöchern der Seegegend erschienen und habe ihnen dort Unterricht in der Schwarzkunst gegeben.[3] Im Jahre 1696 führte der landesfürstliche Bannrichter Dr. Gottscheer einen *Hexenprozess in Maichau* gegen Nežka Jeršetka, eine 55jährige Bäuerin aus der Gegend von Seisenberg, welche, nachdem sie am 12. April von zehn Uhr vormittags bis zwei Uhr nach Mitternacht auf der Folter gelegen, alles bekannte, was ein justificirter Dieb wider sie ausgesagt hatte: dass sie Thau gesammelt, dass sie auf den Klek (den Blocksberg der krainischen Hexenzunft) geflogen, dort die üblichen grossen Teufels-soiréen frequentirt, auch einen der Teufel Namens Jakez, der an Händen und Füssen sehr kalt war, zum Buhlen gehabt; sie enthüllte ferner das Recept zur Hexensalbe, nemlich Menschenfett oder das Herz junger Kinder, auch gestohlene Hostien; zeigte, wie der Hagel bereitet werde, nemlich aus Quatemberasche, Sand und Morgenthau. Man war nemlich im Volke, besonders in Unterkrain, wo die meisten verheerenden Hagelschläge niedergingen, der Meinung, der Hagel sei ein Werk böser Geister, der ‚Unholden' und der ‚Hexen'. Die Untersuchung endete mit der Verurtheilung der Inquisitin zum Erhängen und zur Verbrennung des Leichnams auf dem Scheiterhaufen.[4] Am 11. Mai 1701 wurde auch in *Reifniz* Maria Schuscharkin als Hexe zum Tode verurtheilt.[5]

---

[1] Valv. III. 541.

[2] Nach Valv. (VII. 476) kannte das Landvolk seiner Zeit und verehrte als höhere Wesen (Boginje) die weisen Weiber, welche geheime Kunde hatten von den Heilkräften der Kräuter, gestohlenes Gut anzeigten u. s. w., also gegenüber den Hexen das gute Princip repräsentirten. Der Name Boginje deutet darauf hin, dass die altslavische Mythe noch im Bewusstsein des Volkes fortlebte.

[3] L. c. VII. 476; XI. 560.

[4] Blätter aus Krain 1861 S. 110.

[5] Kluns Arch. I. 63.

Auch der geistliche Bannstrahl wurde gegen das Werk der Hexen aufgeboten. Die Geistlichen liessen sich willig finden, den Hagel mit *Exorcismen* zu bekämpfen, und nährten damit die Saat des Aberglaubens zu ihrem eigenen Nachtheile. Denn nun ging der Bauer einen Schritt weiter und glaubte, der geistliche Herr dirigire die unglückbringende Hagelwolke, wohin er wolle. In Hönigstein überfielen die Bauern den Pfarrhof und wollten den Pfarrer mishandeln, weil der Hagel ihre Felder verwüstet hatte.[1]

Geistliche und Edelleute betrieben übrigens die *Zauberei* als *noble Passion.* Valvasor erzählt,[2] wie einem Edelmann in Krain von einem ‚curieusen' Standesgenossen ein Kuhkopf angehext worden. Ein andermal wieder berichtet er, wie ein Geistlicher und ein Edelmann versuchten, den Teufel zu citiren. Ersterer besuchte auch unsern Chronisten, stellte sich als Astrolog von Profession vor, welcher jede müssige Stunde auf diese edle Kunst verwende, und wollte von Valvasor, der allerdings die kleine Schwäche hatte, mit seinen Kenntnissen in der ‚natürlichen' Magie zu prunken, in der Lectüre von Zauberbüchern unterwiesen sein, die er ihm in seiner Bibliothek vorlegte.[3] Der doch sonst so hell denkende Freiherr war Amateur auf dem Gebiete der Magie; er erzählt uns z. B. von einer Lampe aus Menschenblut, welche hell oder dunkel brennen sollte, je nachdem der Besitzer sich wohl oder krank befindet.[4] Er glaubt fest daran und gibt auch zu verstehen, er habe noch andere ähnliche Sachen selbst erprobt oder erfunden. Kann es da wundernehmen, dass die *Apotheken* noch ‚cranium humanum', ‚Menschenschmalz', und Mumien als Heilmittel führten,[5] dass man an die wunderbare Kraft der *Liebestränke* aus Adiantum aureum (gelbes Frauenhaar) und Satyrion (Stendelwurz) glaubte[6] und den *Schlangenbiss* mit Sympathie curirte?[7] Der Wunderglaube beherrschte das ganze *Thierreich.* Blutegel wurden im Zirknizer See durch den Spruch: ‚pij mene piavka' gefangen;[8] Krebse folgten dem Pfiff;[9] Billiche liessen sich vom Teufel auf die Weide führen, denn so

---

[1] Valv. II. 180; III. 312.
[2] L. c. XI. 80.
[3] L. c. XI. 98.
[4] L. c. III. 460.
[5] L. c.
[6] L. c. 356 - 357.
[7] L. c. 461.
[8] L. c. IV. 666.
[9] L. c. III. 453.

deutete man die knurrenden Töne und das Schnalzen der kleinen Nager;[1] am Tage S. Stephani benedicirte man die Pferde, sonst den Göttern geweihte Thiere. Schlangen und Lindwürmer erfüllten die Phantasie des Landmanns mit abergläubischem Schrecken; in einem Erdloch zwischen Loitsch und Oberlaibach hauste ein grauser Wurm, und eine ‚vierfüssige Schlange', also auch ein Lindwurm, hielt sich beim Quellbrunnen nächst Strobelhof auf und setzte den in Todsünden Lebenden nach. Sie wurden endlich durch ein an eine nahe Eiche geheftetes Crucifix gebannt.[2]

So vereinigten sich weltlicher Druck und übernatürliche Schrecken, um den Ackersmann, das Kind der Scholle, an Geist und Leib gefangen zu halten und seinen materiellen wie geistigen Aufschwung zu hindern; doch nicht fern war der Tag, welcher die tyrannische Herrschaft beider brechen und ein menschenwürdiges Dasein auch für die ‚misera contribuens plebs' vorbereiten sollte.

Drittes Kapitel.

Von Josef I. bis auf den Tod Josefs II.

1. Der spanische Erbfolgekrieg. Karls VI. Türkenkriege. Die Friedensschlüsse von Passarowitz und Belgrad. Die pragmatische Sanction. Kulturzustände Krains unter Josef I. und Karl VI.

Die Regierungszeit Josefs I. gestaltete sich nicht minder kriegerisch, wie jene seines Vorgängers. Der spanische Erbfolgekrieg dauerte fort und legte den Erblanden grosse Opfer an Gut und Blut auf. Im Jahre 1705 wurde das Kirchensilber zur Einschmelzung abgefordert, jedoch gegen fünfperzentige Verzinsung und Rückzahlung nach beendigtem Kriege.[3] Die Armee litt den bittersten Mangel, Desertion und Stellenhandel griffen um sich; den eindringlichen Vorstellungen des Prinzen Eugen gelang es jedoch, die Armee wieder kampffertig zu machen. Sie focht in Italien tapfer, aber entscheidungslos an der Adda

[1] L. c. 437.
[2] Valv. XI. 566.
[3] Kluns Arch. I 65.

(16. August 1705). Aber im folgenden Jahre lächelte das Glück wieder den kaiserlichen Waffen. Es bedurfte nicht der Aushebung des zehnten Mannes — der Bauernmiliz, — welche der Laibacher Landtag (3. März 1706) beschlossen hatte,[1] es kam zu keiner Bedrohung der Erblande, denn in den Niederlanden siegte Marlborough bei Ramillies (Mai 1706) und in Italien schlug Eugen die Franzosen vor Turin (7. September 1706). Sie mussten Italien räumen; in drei Monaten gelang auch die Eroberung des Königreichs Neapel. Der drohende Einfall Karls XII., der bereits in Sachsen stand, ward durch den Vertrag von Altranstädt (30. August 1707) abgewendet, und im folgenden Jahre schlugen Marlborough und Eugen die Franzosen bei Oudenarde (11. Juli 1708). Die Friedensunterhandlungen scheiterten an den übermässigen Forderungen der Verbündeten, der Sieg bei Malplaquet (11. September 1709) führte ihre Erneuerung herbei. Abermals verschuldeten die verletzenden Forderungen der Sieger den Wiederausbruch des Krieges, der besonders seit dem Sturze Marlboroughs eine für Frankreich günstige Wendung nahm. Neben den Kämpfen mit Frankreich dauerten die Rakoczy'schen Unruhen in Ungarn fort, und als dieselben nach blutigen Kämpfen zu Friedensunterhandlungen geführt hatten, starb Josef I. (17. April 1711), ein kraftvoller, hochherziger, duldsamer Regent, auf welchen die Hoffnungen und Wünsche aller patriotisch gesinnten Oesterreicher sich richteten. Leider war ihm ein kurzes Leben beschieden. Frankreichs Herrschsucht und die mit dieser verbündeten ehrgeizigen Pläne der ungarischen Malcontenten erfüllten des Kaisers Regierungszeit, liessen das Reich nicht zu Athem kommen und durchkreuzten alle Entwürfe friedlicher Arbeit.

In Ungarn schloss nach des Kaisers Tode der von der Kaiserin-Mutter in Abwesenheit des Thronfolgers sanctionirte Friede (26. Mai 1711) die Aera der Revolutionen. Josefs Bruder, der bisherige König Spaniens, bestieg den Thron als Karl VI. Er führte den Erbfolgekrieg durch die Friedensschlüsse von Rastatt und Baden (1714) seinem Ende zu. Oesterreich behielt seine italienischen Besitzungen: Neapel, Mailand, Sardinien, dann die Niederlande; Spanien erhielt in Philipp V. einen König aus dem Hause Bourbon. Die neuen Erwerbungen bedeuteten für Oesterreich keinen Machtzuwachs; sie bargen die Keime künftiger Verwicklungen in sich. Nie sind diese Provinzen trotz aller Sorgfalt und Gerechtigkeitsliebe des Mutterlandes ihm assimilirt worden; nie haben sie die Opfer vergolten, welche für sie gebracht wurden.

---

[1] Kluns Arch. I. 66

In den Jahren 1713 und 1714 herrschte in Krain die Hungersnoth; am meisten litt Unterkrain. Im Jahre 1714 gesellten sich dazu noch die Verheerungen durch Blattern, ‚Petetschen‘ und das ‚hitzige Fieber‘.[1]

Karl VI. wurde durch das angriffsweise Vorgehen der Pforte gegen Venedig in den Türkenkrieg fortgerissen. Der erste Feldzug (1716) war erfolgreich. Eugen schlug die Türken bei Peterwardein, so dass sie sich erst bei Belgrad wieder sammelten. Temesvar, das durch 165 Jahre im Besitze der Türken gewesen war, ergab sich am 13. Oktober. Das folgende Jahr brachte die Eroberung Belgrads (16ten August 1717). Durch den Passarowitzer Frieden (21. Juli 1718) erwarb Oesterreich das Banat, die kleine Walachei bis zur Aluta, Serbien bis zum Timok, Bosnien bis zur Unna (1435 □M.); allein im zweiten Türkenkriege, wo nicht mehr Eugens Feldherrngeist die Truppen führte (er war 21. April 1736 gestorben) und der durch den schmählichen Belgrader Frieden beendigt wurde, ging alles Erworbene bis auf das Banat (486 □M.) wieder verloren. Die Rückwirkung auf die Verhältnisse der Grenze konnte nicht ausbleiben. Wir lesen auch von wiederholten türkischen Streifzügen nach Krain. Im Jahre 1723 wurde der Probst und Pfarrer von Semitsch, Johann Staricha, von den streifenden Türken ermordet und die Umgegend geplündert. Die Probstei wurde infolge dessen nach Möttling übertragen. Am 29. Juli 1736 ward Landstrass von den Türken überfallen, dabei drei Mönche getödtet.[2]

Mit Spanien war kein Friede geschlossen worden. Philipp V. gab den Gedanken nicht auf, die ehemals spanischen, jetzt österreichischen Länder in Italien wieder zu erobern, und der Kaiser wollte die neue Ordnung der Dinge in Spanien nicht anerkennen; aber die Quadrupelallianz (2. August 1718) nöthigte beide, ihren Ansprüchen zu entsagen, und vermittelte den Umtausch Sardiniens mit Sicilien für Oesterreich.

Der natürliche Wunsch des Kaisers, seine Dynastie zu befestigen, führte zu neuen Verwicklungen. Karl VI. war der letzte Habsburger. Um das Reich für die Dynastie zu erhalten, erliess er (am 19. April 1713) eine neue Erbfolgeordnung, die sogenannte *pragmatische Sanction*, im Grunde deren die Erbprovinzen stets ein untheilbares Ganzes bilden und die Erbfolge im Falle des Aussterbens der männlichen Linie an die weibliche übergehen sollte. Die Stände der deutschen Erblande

[1] Discalceatenchronik.

[2] Kluns Archiv I. 71; Tucheiner Chronik im handschriftlichen Nachlasse Hitzingers.

nahmen dieses erst am 6. Dezember 1724 in Wien feierlich kundgemachte Gesetz ohne Widerspruch an.

In Krain empfing Karl VI. am 29. August 1728 die *Huldigung*. Nachdem dieselbe in Klagenfurt entgegenommen worden, reiste der Monarch am 24. August von dort ab und übernachtete an der landschaftlichen Mauth unter dem Loibel. Tags darauf ging es zu Pferde über den Loibel. Auf der höchsten Spitze des Berges führte der Weg durch den von Valvasor geschilderten Tunnel, welcher indessen, da er den Einsturz drohte, noch vor dem Eintreffen des Kaisers auf gemeinschaftliche Kosten des Staates und der krainischen Landschaft gesprengt und in eine breite, bequeme Fahrstrasse umgewandelt worden war. Hier auf der Ländergrenze bezeugten zwei steinerne Pyramiden mit lateinischen Inschriften den Gruss des Landes an den herannahenden Herrscher und den Dank für die Förderung des Verkehrs durch die Herstellung dieses Weges. Hier empfing der Landeshauptmann Wolfgang Weichard Graf von Gallenberg den Landesfürsten und begleitete ihn bis Neumarktl, wo im Schuttin'schen Hause das kaiserliche Frühmahl genommen wurde. In Krainburg bewillkommte eine Deputation von zwanzig der vornehmsten Ständemitglieder und der dortige Stadtrichter Niklas Adelmann mit Ueberreichung der Stadtschlüssel den kaiserlichen Zug; das Nachtquartier wurde im freiherrlich Eck'schen Hause genommen. Der Einzug in Laibach entbehrte des Prunkes, welcher jenen Leopolds I. ausgezeichnet hatte; die Huldigung fand in herkömmlicher Weise statt. Bei derselben fungirte ein Freiherr Karl v. Valvasor. Von kaiserlichen Gunstbezeugungen wird erwähnt, dass der kaiserliche Oberst-Erblandstallmeister Graf von Lamberg, welcher bei dem Absteigen an der Kirchenthür Seiner Majestät, mit einem Fusse knieend, den Steigbügel gehalten, das kaiserliche Leibpferd mit kostbarem Sattel und Zeug, der Landeshauptmann das mit Diamanten gezierte kaiserliche Bildniss, der Ceremoniencommissär Seifried von Werthenthal eine mit Diamanten besetzte Denkmünze, der Verweser von Idria, Franz von Stemberg und Josef von Schluderbach jeder eine goldene Medaille erhielten. Die Abfahrt nach Oberlaibach erfolgte am 30. August auf dem kostbar geschmückten Schiffe der Landschaft, der Peote ‚Karl Borromäus', welche 22 Gondoliere in seidener Tracht mit den Farben des Landes führten, während zwölf kleinere Schiffe das Gefolge aufnahmen und ein Kaik den nachreisenden Prinzen von Lothringen erwartete. In Oberlaibach übernachtete der Kaiser im Kalin'schen Hause, in Adelsberg im Kreuzberg'schen Hause, in Wippach im gräflich Lanthieri'schen Schlosse. Auf der Rückreise von Triest hatte Krain wieder das Glück, den Monarchen zu beherbergen, der am 20. September im Laibach ankam. Am folgenden Tage wurde den Mitgliedern der philharmonischen Gesellschaft die Ehre zu Theil, durch ihr wirkliches Mitglied, den k. k. Oberstkämmerer Johann Grafen von Cobenzl, Seiner Majestät vorgestellt zu werden und während des Nachtmahls verschiedene Musikstücke ausführen zu dürfen, wofür denselben zum Zeichen allerhöchsten Wohlgefallens bewilligt wurde, sich eine Gnade auszubitten. Am 22. brach der Monarch von Laibach gegen die steirische Grenze auf, wo er auf dem Trojanerberge die dort noch stehende marmorne Ehrenpforte besichtigte, welche in drei Inschriften den Dank des Landes für den allerhöchsten Besuch ausspricht.[1]

Des Kaisers grösste Sorge war die Anerkennung der Garantie der pragmatischen Sanction durch die europäischen Mächte, obwohl Prinz Eugen meinte, die beste Garantie wäre ein wohlgefüllter Staatsschatz und eine tüchtige Armee. Spanien liess sich zuerst dazu bereit finden; Prinz Eugen vermittelte bei Preussen, Hannover und den Seemächten; das deutsche Reich trat unter Widerspruch Baierns und Sachsens bei. Als aber der Kaiser bei Erledigung der polnischen Königskrone den Kurfürsten August III. von Sachsen begünstigte, weil dieser ihm die Garantie der pragmatischen Sanction in Aussicht stellte, nahmen die Geschicke Oesterreichs wieder eine trübe Wendung. Der Krieg, in welchen Karl VI. mit Frankreich und Spanien verwickelt wurde, riss Neapel mit seinen Dependenzen von der österreichischen Krone los, trennte Tortona und Novara von Mailand und gewährte dafür nur Parma und Piacenza. Der Herzog Franz von Lothringen, der Gemal der ältesten Tochter des Kaisers, Maria Theresia's, musste sein Land an Stanislaus Lescinsky, den vertriebenen Polenkönig, abtreten und erhielt dafür Toscana, wo 1737 das Haus Medici erloschen war. Alle Frieden schliessenden Mächte erkannten die Giltigkeit des neuen österreichischen Erbfolgegesetzes an, aber die Hilfsquellen Oesterreichs waren fast erschöpft, und der unglückliche Ausgang des Krieges mit der Pforte untergrub die Gesundheit des Kaisers, der am 20. Oktober 1740 im Alter von 56 Jahren starb, eine Tochter, Maria Theresia, am 12. Februar 1736 mit Franz Stephan von Lothringen vermält, als die Erbin seiner Reiche hinterlassend.

Die Erblande erfreuten sich unter den beiden letzten Habsburgern einer kräftigen und duldsamen, allem religiösen Fanatismus abholden, Künste und Wissenschaften, wie die bürgerliche Thätigkeit begünstigenden Regierung. *Laibachs* Stadtprivilegien bestätigten Josef I. (27. Jänner 1706) und Karl VI. (22. Jänner 1718).[2] Die Stadt erweiterte sich durch die Abbrechung der Vicedombastei;[3] sie baute ihr *Rathhaus*

---

[1] Erbhuldigungsactus im Herzogthum Krain. Laibach, Reinhardt 1739, fol.
[2] Mitth. 1866 S. 31.
[3] Kluns Arch. I. 69.

(1717) im italienischen Stile, welchen alle Bauten jener Zeit tragen, mit einem Kostenaufwande von 8000 Gulden neu auf; die Marmorbüste Karls VI., des Förderers bürgerlicher Thätigkeit, fand hier ihren würdigen Platz in der Vorhalle des Rathssaales.[1] Der *Magistrat* erhielt eine den Bedürfnissen der Stadt nach allen Richtungen Rechnung tragende Organisation. Er bestand aus: Bürgermeister, Stadtrichter, 16 Räthen, Ober- und Unterkämmerer, Stadteinnehmer, Syndicus, Registrator, Stadtamtmann (Oekonom), Ziegelmeister, Forstner, aus vier Provisores sanitatis und zwei Rechnungscommissarien. Der innere Rath, aus 16 Bürgern bestehend, leitete die städtischen Angelegenheiten unmittelbar, während der äussere Rath von 24 Personen etwa dem heutigen Gemeinderathe entsprach.[2] Der *bürgerliche Schiesstand* bestand im achtzehnten Jahrhundert fort; die Bürger waren verpflichtet, sich durch drei Jahre wenigstens sechsmal jährlich im Schiessen zu üben. Neben dem bürgerlichen Schiesstande bildete sich (um 1707) eine *‚adelige und Civilcompagnie des Scheibenschiessens‘*, welche ihre Uebungen im Garten des J. Christ. von Guthaimb auf der Pölandt (Polana) unter dem Schlossberge abhielt.[3] die *erste ständige Schützengesellschaft* Laibachs, welche 1711 vom Vicedom Franz Anton Grafen Lanthieri ihre eigene, aus 44 Artikeln bestehende Schützenordnung erhielt und deren älteste Scheibe vom Jahre 1719 ist, während der erste bescheidene, hölzerne Schiesstand in den Jahren 1737 und 1738 errichtet wurde.[4]

Das Streben Karls VI., die Finanzen durch Ermunterung des Handels und der Industrie zu heben, führte zur Anlegung der *ersten Kunststrassen* durch Inneröstereich bis an's Meer; in Krain begann der Strassenbau 1720, die *Saveregulirung* schloss sich 1732 an. Schon im Jahre 1724 war der Strom bei Tschernutsch überbrückt worden. Meister Jakob Skok von Krainburg stellte diesen Bau her. Die Fürsorge des Kaisers zeitigte auch in Laibach die erste Frucht der *Industrie.* Pierre Toussaint Tabouret legte (1731) am Schlossberge die erste *Maulbeerpflanzung* an. Die erste *Seidenfabrik* gründeten De Werth und Tabouret (1735).[5]

Auf dem Gebiete der *Kunst* zeigte sich grössere Thätigkeit, als auf jenem der Wissenschaft. Im Jahre 1714 entstand der Neubau

[1] Mitth. 1866 S. 33.
[2] Mitth. 1866 S. 33.
[3] Mitth. 1863 S. 51, 52, 100.
[4] Radics, Blätter aus Krain 1862 S. 79.
[5] Vicedomarchiv, Blätter aus Krain 1865.

der *Deutschen Ritterordenskirche* nach dem Plane des Domenico Rossi aus Venedig durch den Landescomthur Guidobald Grafen von Starhemberg. Im März 1713 wurde der Grundstein zum Kloster und am 26. Juli 1718 zur Kirche der *Ursulinerinnen* gelegt, welche in ihrer edlen Einfachheit ein würdiges Denkmal jener Kunstepoche ist. Der Stifter Jakob von Schellenburg hatte für diese menschenbildende Anstalt — die erste Volksschule seit der Reformation — die Gärten der Fürsten von Auersperg und Eggenberg und des Herrn Fabianitsch um 21,000 Gulden gekauft, die Stände hatten ihr anstossendes Ballhaus (das jetzige Schulgebäude) gegen Errichtung eines neuen im Baron Erberg'schen Garten überlassen, wozu Schellenburg sofort den Bauplatz um 1100 Gulden erkaufte. Am 18. Oktober 1726 wurde die Klosterkirche von dem Generalvicar Jakob Schilling benedicirt, der Bau der Kirche und des Klosters wurde jedoch erst im Jahre 1748 vollendet; der Kostenaufwand betrug 93,547 Gulden.[1]

Die *kirchliche* Kunst beschäftigte talentvolle *Maler* und *Bildhauer*. *Valentin Menzinger*, geboren in der Wochein im Anfange des achtzehnten Jahrhunderts, zeigte sich als hervorragender, in der Schule der Italiener gebildeter Maler. Er erlangte in Laibach das Bürgerrecht und schmückte die Kirchen des Landes mit vielen Gemälden. In Laibach finden wir Werke seines Pinsels in den Kirchen der Ursulinerinnen, des Deutschen Ordens (der h. Georg am rechten Seitenaltar), der Franziskaner (der h. Valentin in der ersten Kapelle rechts vom Eingange), S. Peter (Martertod des h. Andreas, Kindermord nach Rubens u. a.); ausserhalb Laibachs in der Pfarrkirche S. Peter bei Wördl (Hochaltar), in der Schlosskapelle von Wördl, in der bischöflichen Schlosskapelle von Oberburg, in Karlstadt, und im Schlosse Lustthal (bei Laibach) in der Sammlung, welche Baron Erberg dort anlegte. Viele von Menzinger für die Kirche der Discalceaten gemalte Bilder wurden bei der Klosteraufhebung versteigert. Interessant ist bei diesem Künstler, dass er ein Krüppel war: vier Finger der rechten Hand waren über dem Daumen verwachsen, und er musste, um zu malen, den Pinsel zwischen Zeige- und Mittelfinger stecken. Menzinger starb in Laibach und wurde in der Gruft der Kapuzinerkirche beigesetzt.[2]

Ausser Menzinger finden wir noch zwei Maler, Franz *Jelouscheg* und *Albert*, in den Jahren 1735 und 1740 bei der Ausschmückung

[1] Carniolia 1839 Nr. 84, Klosterarchiv.

[2] Wurzbach, biogr. Lex. XVII. 379; P. Marc. Bibl. Carn. S. 36; Ill. Bl. 1821 S. 21; Klosterchronik der Discalceaten.

der Discalceatenkirche beschäftigt;[1] von Bildhauern werden uns *Heinrich*, der den Hochaltar der genannten Kirche arbeitete (1735),[2] und als der bedeutendste *Franz Robba* genannt. Dieser letztere, in Venedig geboren, fertigte die in unserem Rathhause aufgestellte Büste Karls VI. und baute den Brunnen vor demselben aus vier genuesischen Marmorblöcken zu 50 und 60 Zentner. Die Arbeit dauerte zehn Jahre (1743 bis 1752), und Robba erhielt für dieselbe 5267 Gulden und das Bürgerrecht. Von ihm sind auch die beiden Engel am Communionsaltar der Domkirche, aus carrarischem Marmor, welche als eine sehr gelungene Arbeit gerühmt werden und für welche er 3250 Gulden in Silber erhielt, ein Preis, der beweist, wie geschätzt die Arbeiten dieses Künstlers waren. Auch die meisterhaften Sculpturen des Hochaltars der Stadtpfarrkirche von S. Jakob, mit dem prächtigen Tabernakel aus vielfarbigem italienischen Marmor, fertigte Robba im Jahre 1732.[3] Von fremden Bildhauern werden ausser Robba noch zwei genannt, welche sich in Laibach durch ihre Werke verewigten: *Jacobus Contierus* aus *Padua* schuf (1709) die herrlichen Sculpturen der S. Francisci X.-Kapelle in der S. Jakobskirche, und *Philipp Ritter von Giorgio* war es, der den prächtigen Hochaltar in der Augustiner- (jetzigen Franziskaner-) Kirche (1736) herstellte.[4] Von einheimischen Künstlern ist noch der Steinmetz Lukas *Mislej* zu nennen, der an dem Seminarbau (1708 bis 1714) mitwirkte, indem er das grosse Thor mit den zwei Giganten um den Preis von 300 Gulden im Jahre 1714 herstellte.[5] Als die Witwe des Landmarschalls Grafen Herbart von Auersperg (1721) sich entschloss, die von jenem 1693 vor dem Discalceatenkloster errichtete hölzerne Statue der heiligen Dreifaltigkeit durch eine steinerne zu ersetzen, wurde die Arbeit an Mislej übertragen um den Preis von 1000 Gulden und 200 Mierling Getreide. Für das Materiale und die fünfmonatliche Arbeit wurden 400 Gulden d. W. bezahlt.[6] An die Kunstgewerbe im Dienste der Kirche reiht sich die *Glockengiesserei* des Antonio Samassa, welcher 1736 den Discalceaten eine 1260 Pfund schwere Glocke lieferte, die ohne Schwengel das Pfund 39 Kreuzer, dieser 7 Gulden 30 Kreuzer kostete; im ganzen, die Weihe inbegriffen, 822 Gulden. Derselbe lieferte dem genannten Orden im Jahre 1737

---

[1] Discalceaten-Chronik.

[2] L. c.

[3] Wurzbach XXVI. 208; Blätter aus Krain 1865 S. 47; vgl. Mitth. 1866 S. 36.

[4] Blätter aus Krain l. c

[5] Mitth. 1854 S. 31.

[6] Discalceaten-Chronik.

abermals eine Glocke von 900 Pfund, welche alles in allem auf 585 Gulden kam.[1]

Die *Tonkunst* fand noch fortan ihre Pflegerin in der *philharmonischen Gesellschaft* bis in die ersten Regierungsjahre Karls VI. Sie wirkte bei der Kirchenmusik mit zur Verherrlichung kirchlicher Feste, wie der Weihnachten, auch durch Aufführung von Messen und Concerten mit Chören, und es ist mit Sicherheit anzunehmen, dass hiebei hauptsächlich italienische Musik betrieben wurde, wie es der Ursprung der Gesellschaft und die ganze Geschmacksrichtung jener Zeit mit sich brachte. Die Geselligkeit wurde durch den Eifer dieser Musikliebhaber erheblich gefördert. So veranstalteten die Philharmonischen am 10. Mai 1716 zur Feier der Geburt des Prinzen Leopold eine ‚Regatta' auf der Laibach mit neun zweirudrigen Rennschiffen. Die Krakau und Tirnau stellten 18 junge Schiffleute. Die Wettfahrer waren in drei Klassen geschieden: die Klasse Oesterreich, welche das erste Best davontrug, führte Roth und Weiss; die krainische Blau und Gelb, die Laibacher Grün und Weiss als ihre Farben. Die Fahrt ging vom Wasserthore bis zum Graf Engelshauser'schen Hof am Rann. Die Sieger erhielten ausser dem Geldbest noch von Adel und Landesobrigkeit reiche Geschenke. Abends gab es Beleuchtung und Ball am Landhause für den Adel, auf dem Stadthause für die übrigen Stände, mit Serenade und Concert der philharmonischen Musikfreunde. Den schmerzlichsten Verlust erlitt die Gesellschaft durch den am 15. Juni 1718 erfolgten Tod des Patriziers Berthold von *Höffern*, welcher am hitzigen Fieber im 51. Jahre seines Alters starb, ‚mit grossem Leid aller hohen und niederen Standespersonen der Stadt und des ganzen Landes wegen seiner sonderlich raren und grossen Qualität'. Er war ‚einer rechtschaften Statur, schön und wohlgestaltet, eines ausbündig grossen Verstands, freundlich im Conversiren, höflich und holdselig in der Rede, daher er alle Gemüther an sich gezogen und von allen ankommenden Forestieren besucht worden, vom hohen Adel in grosser estime gehalten'. Es ist keine blosse Phrase, wenn wir sagen, Höffern war die Seele der Gesellschaft, denn mit seinem Tode erlischt auch ihr Leben; es verliert sich jede Spur einer Thätigkeit der Gesellschaft, deren Productionen er als Kenner geleitet und angeregt hatte, bis auf das Ende des Jahrhunderts.[2] Das bereits erwähnte Institut der Stadtthurner

---

[1] L. c.

[2] Dr. Keesbacher, Geschichte der philharmonischen Gesellschaft; Blätter aus Krain 1862 S. 140, 143.

erfuhr in dieser Epoche eine unwillkommene Concurrenz durch die um das Jahr 1712 auftauchenden *Stadtgeiger*. Die privilegirten Stadtthurner beschwerten sich über diese unzünftigen Musiker beim Vicedom, indem sie denselben vorwarfen, dass sie an den Strassenecken auf Beschäftigung warteten und durch die Gassen musicirten. Der Vicedom wurde um Erlassung einer die berechtigten Interessen der Stadtthurner schützenden Musikordnung gebeten; wir finden jedoch nicht, dass diese Bitte Erhörung gefunden hätte.[1]

Die *Schauspielkunst* wurde, abgesehen von den Schulkomödien der Jesuiten, in dieser Epoche nur durch wandernde Truppen aus Deutschland repräsentirt, welche bald auf dem Rathhause, bald in der Landstube ihre Scene aufschlugen, abwechselnd mit italienischen Opern-Impressarien. So gab es im Jahre 1730 in der Fastenzeit geistliches Schauspiel; in Krainburg wurde am 6. April auf öffentlichem Platze ein *Passionsschauspiel* in fünfzehn Vorstellungen, mit deutschem Text in Knittelversen, aufgeführt, mit grosser Rührung der Zuschauer. Die handelnden Personen waren: Christus mit seinen Jüngern (von welchen jedoch nur Petrus und Johannes sprachen), Judas, die heilige Maria, Maria Magdalena und die heilige Veronica, Herodes, Pilatus mit den Pharisäern (deren sechs redend eingeführt waren), Schriftgelehrte, Annas Kaiphas, Malchus, die Magd des Hohenpriesters, Schergen, vier redende Henker und Henkersknechte, drei Träger der Marterwerkzeuge, ein Stadtwächter (welcher den Tod Christi ausruft), die beiden Schächer, ein redender Engel, ein sprechender und singender Genius, mehrere ebenfalls sprechende und singende Teufel und Lucifer. Die Intervalle zwischen den einzelnen Vorstellungen werden durch Vortrag oder Gesang der Genien mit Musikbegleitung ausgefüllt. Den Epilog spricht Lucifer.[2] Dieses geistliche Schauspiel wurde in der Fastenzeit des nemlichen Jahres auch in Laibach aufgeführt, wozu der Vicedom die Bewilligung ertheilt hatte. Darüber beschwerte sich der Bischof bei Hofe, und der Vicedom erhielt den Befehl, ‚bei gegenwärtiger Fastenzeit und sonstigen gefährlichen Conjuncturen' die Komödie sogleich einzustellen. Er rechtfertigte sich aber, dass die dargestellten Komödien geistliche gewesen und nach dem Gottesdienste gespielt worden. Der Vicedom hatte darüber einen Wortwechsel mit dem ‚allzugeschäftigen' Generalvicar, welchem er schliesslich sagte: ‚Die Leute müssen Brod haben, und ich kann dem Bischof

[1] Mitth. 1863 S. 101.
[2] Mitth. 1857 S. 69.

nicht zu Gefallen handeln', worauf der Generalvicar in gereiztem Tone erwiderte: ‚Genug, wenn der Fürst (Bischof) findet, dass man nicht spielen soll!' (!) Der Vicedom war im vollen Rechte, denn ihm stand es zu, fremden Komödianten über Anmeldung das Spielen am Rathhause zu gestatten.[1] Die Zeit der unbedingten Folgeleistung den Befehlen der geistlichen Macht gegenüber war übrigens längst vorbei. Im Jahre 1738 finden wir einen Schauspieldirector Johann Michael Leopold Brenner am Laibacher Markt, der sich, wie ein anderer Marktfierant, mit dem Stadtrichter um zwei Gulden wegen der Marktfreiheit verglich und der Kämmerei sechs Gulden Rh. für den Platz zahlte.[2] Welcher Art die Darstellungen dieser Truppe waren, finden wir nicht, die Aufführung auf offenem Platze lässt entweder auf ein geistliches Schauspiel oder, und dies ist wohl das wahrscheinlichste, auf Kasperlschwänke schliessen.

Auch die *Akademie der Operosen* erfuhr das Schicksal der philharmonischen Gesellschaft: sie starb mit ihren Gründern und ersten Mitgliedern aus. Sie vermochte nicht, die starre Masse des grossen Haufens, mit welchem aber hier nicht die ungebildete Menge verstanden werden soll, für ihre Zwecke zu erwärmen; vielmehr wurde sie nach einem uralten Strategem als irreligiös verdächtigt. In dem feindlichen Agens, welches bisher allein das Monopol übte, die Geister zu leiten und zu beherrschen, im Jesuitenorden, von welchem wir kein Mitglied in der Akademie finden, müssen wir die Ursache dieses so plötzlichen Verfalls suchen.[3]

Solchen Tendenzen entsprechend, ist auch die *schriftstellerische Thätigkeit* dieser Epoche eine äusserst sterile. Die meisten Schriftsteller gehören dem Jesuitenorden an: P. Ernst *Apfaltrer*, Doctor der Philosophie und der Theologie, Mitglied des wiener Universitätsconsistoriums, gab eine Beschreibung des wiener bürgerlichen Zeughauses. Wien 1740, mit Abbildungen heraus und begann die Herausgabe der Scriptores der wiener Universität, Wien, Kalliwoda 1740; später fortgesetzt von den Jesuiten Rechbach und Dolenz.[4] P. Franz *Breckerfeld*,

[1] Mitth. 1863 S. 60.

[2] Mitth. l. c.

[3] Im Laibacher Wochenblatt 1806 Nr. XXI schrieb ein patriotischer Krainer (Prof. *Supantschitsch*): ‚Man wird sich vielleicht die Ursache ihres Verfalls (*der Akademie der Operosen nemlich*) erklären können, wenn man bemerkt, dass aus einem gewissen Orden (*Jesuiten*), welcher das Monopol der Wissenschaften an sich gerissen hatte, kein Mitglied gewählt wurde.' Vgl. Dr. *Costa*, die ‚Academia Operosorum' in den Mitth. 1861 (Juni), S. 45.

[4] P. Marc. Bibl. Carn. S. 7.

geboren in Laibach 1682, gestorben in Klausenburg als Astronom an der königlichen Sternwarte 1744, schrieb ein ‚Compendium Horographiae‘, Grätz 1725, mit Abbildungen und eine ‚Dissertatio de deviationibus pendulorum ex asperitate superficiei terr.‘ Claudiop. 1742.[1] Otto *Buccelleni*, geboren in Krain 11. August 1674, gestorben in Grätz 16. Mai 1752, schrieb eine Fortsetzung der Chronologia sacra Duc. Styriae von Pusch, Graz 1730.[2] P. Anton *Erberg*, geboren in Lustthal 12. Oktober 1695, Kanzler der Universität Grätz, schrieb ausser theologischen und philosophischen Schriften eine ‚Topographia Ducatus Carinthiae et Carnioliae‘, Wien 1728, und eine ‚Topographia Styriae‘.[3] Er starb als Rector in Laibach am 3. Oktober 1746. Ein zweites Glied der Familie Erberg, P. Georg, schrieb einen ‚Fasciculus rubricorum utriusque Juris‘, 1713.[4] P. Joh. Bapt. *Preschern* schrieb als emeritirter Professor der Philosophie: ‚Exercitationes Poeticae‘, Grätz 1714, und ‚Exercitationes Rhetoricae‘, Grätz 1715.[5] P. Bartolomäus *Bassar* schrieb krainische Predigten, Laibach bei Reinhardt 1734.[6] Von Nichtjesuiten wird uns genannt: Franz Albert *Pelzhoffer*, Baron von Schönau, Herr auf Steinbrückl und Gutenau, geboren 1643, Gerichtsassessor in Krain, dann ständischer Verordneter und vicedomischer Rath, endlich zum kaiserlichen Rath erhoben, gestorben in Rudolfswerth 1710. Seine literarische Thätigkeit beginnt erst mit dem achtzehnten Jahrhundert. Er schrieb ein Lehrbuch der Politik: ‚Lacon Politicus, strictim doctrinam administrandae Reipublicae, quam ajunt Politicam complectens.‘ Augsburg 1706. Wurde ins Italienische übersetzt. Ausserdem werden von ihm angeführt: ‚Arcanorum status libri VIII‘, Lab. 1709, 4°, wieder aufgelegt Frankfurt 1710: ‚Corona virtutis virorum illustrium.‘ Neu entdeckte Staatsklugheit in hundert politischen Reden, Frankfurt und Leipzig, 1710.[7] Doctor Joh. Chrys. *Pollini* (auch Paullini) war ein über die Grenzen Krains berühmter Arzt, der ein Werk über die Heilquellen Krains: ‚Examinatio omnium per Carnioliam existentium thermarum, acidularum et sanitati conducentium aquarum‘ (im Manuscript) hinterliess.[8]

---

[1] Hoff III. 141.
[2] Wurzbach, biogr. Lex. II. 187; P. Marc. S. 11.
[3] P. Marc. Bibl. Carn. S. 18; Wurzbach IV. 61.
[4] Hoff III. 142.
[5] P. Marc. S. 44.
[6] L. c. S. 9.
[7] P. Marc. Bibl. S. 41.
[8] L. c. S. 43.

In der *slovenischen Literatur* war das Andenken der grossen Leistungen der Reformatoren durch die Bücherautodafés der Gegenreformation so vollständig verwischt worden, dass man auch nicht einmal mehr wusste, dass die Slovenen in Bohoritsch bereits einen Grammatiker besassen. Und so mühte sich denn P. Hippolyt, Kapuzinerguardian in Rudolfswerth, der den Thomas a Kempis ins Slovenische übertragen hatte, ab, um eine Grammatik zustande zu bringen. Als er dieselbe dem Buchdrucker übergab, brachte ihm dieser die Bohoritsch'sche Grammatik, von welcher der Pater nichts wusste. Gross war seine Verwunderung, dass die Krainer schon 127 Jahre vor ihm (das war im Jahre 1711) ihre Grammatik hatten. Er ging nun daran, einen Auszug aus Bohoritsch zu machen, der im Jahre 1715 in Laibach bei J. G. Mayr unter dem Titel: ‚Grammatica Latino-Germanico-Sclavonica ex pervetusto exemplari ad modernum in Carniolica lingua loquendi methodum accomodata' etc. erschien. Der Herausgeber nannte Bohoritsch nicht, weil vielleicht auf seinem Exemplar das Titelblatt fehlte, ihm der Verfasser daher unbekannt war, oder absichtlich, weil Bohoritsch ein Protestant war.[1] Die Sprachwissenschaft wurde durch diese Arbeit kaum gefördert. Von dem Wörterbuche, welches P. Hyppolit verfasst hatte, wurde nur der erste Bogen unter dem Titel: ‚Dictionarium trilingue' (deutsch, slovenisch, lateinisch) gedruckt.[2] Es zeigte sich wohl kein Bedürfniss linguistischer Hilfsmittel, denn wir finden in dieser Epoche, abgesehen von einigen Predigten und Erbauungsbüchern, durchaus keine Thätigkeit auf dem Gebiete der slovenischen Literatur, es wäre denn, dass wir die *Bauernkalender*, welche unter dem Namen ‚*Pratika*' (‚Practica' hiess jener Abschnitt der alten Kalender, welcher die Vorausbestimmungen der für Bäder und Aderlässe geeigneten Tage enthielt) seit 1726 in slovenischer Sprache, in Augsburg, erschienen,[3] als eine Vermehrung der Literatur ansehen wollten. Fast gleichzeitig mit dem slovenischen Bauernkalender erschien die *erste deutsche Zeitung* in Krain unter dem Titel: ‚Wochentliche Ordinari- und Extraordinari-Zeitungen von Wien und unterschiedlichen Orten.' (Gedruckt und verlegt in der fürstlichen Hauptstadt Laybach durch Joh. Georg Mayr, Einer löblichen Landschaft in Krain Buchdruckern und Händlern im Jahre 1708.)

---

[1] Šafařik, Gesch. der südslav. Literatur I. 53; Metelko, Mitth. 1857 S. 135.

[2] Metelko l. c.

[3] Neben den slovenischen Bauernkalendern cursirten in Krain, auch auf dem Lande, *deutsche* (Augsburger) Kalender, auf welche der Grazer Buchbinder Fr. Jakob Ludwig ein Privilegium hatte. Tagespost 1864, ‚Zur Kalenderliteratur Innerösterreichs'.

Das Blatt, in kl. 4° auf grobes Papier mit grossen Lettern gedruckt, enthält lediglich politische Nachrichten, und zwar aus Wien über einen Zeitraum von vier bis fünf Tagen, aus der Schweiz, England etc., in bunter Reihe, ohne Paginirung und Angabe der Erscheinungstage. Aus dem März 1708 findet sich ein Blatt mit dem abweichenden Titel: ‚Wochentliche Ordinari-Zeitungen oder Extraschreiben von unterschiedlichen Orten aus ganz Italien', welches Nachrichten aus Venedig und Genua enthält.[1]

Den Zeitungen fast auf dem Fusse folgt die erste Erwähnung von *Kaffeehäusern* (Kaffehgewölbern), welche im Jahre 1713 bereits starken Zulauf hatten.[2]

Fragen wir um den Stand der *Volksbildung* und das Gedeihen des Landes in *materieller* Beziehung, so ist die Antwort theilweise schon durch die geschilderten Literaturzustände gegeben; in Bezug auf den im Volke herrschenden Aberglauben wird uns z. B. berichtet, wie im Jahre 1711 die Bauern von Möttling und Tschernembl die walachischen Mönche aus Smerje mit Gewalt nach Krain bringen wollten, damit sie in ihren Weinbergen und Aeckern Processionen halten und mit ihren ‚walachischen Reliquien' gegen den Hagelschlag wirken sollten,[3] nachdem die Exorcismen des katholischen Klerus sich nicht bewährt hatten. Und wie sollte die materielle Wohlfahrt gedeihen, wenn mehr als die Hälfte des ganzen Grundeigenthums durch das Ueberhandnehmen der Klöster in den Besitz der todten Hand übergegangen war?[4] War es doch so weit gekommen, dass ein Orden die Concurrenz des andern fürchtete und z. B. im Jahre 1716 die Ansiedlung der Elisabethinerinnen in Laibach wegen Einsprache anderer Orden, besonders der Discalceaten, unterbleiben musste.[5] Da sich so feudaler Druck und geistliche Ausbeutung die Hände reichten, so konnte es nicht fehlen, dass es einmal auch wieder in der geknechteten Bauerschaft gährte: im Jahre 1737 brachen in Unterkrain

[1] Mitth. 1859 S. 70 f.

[2] Patent vom 22. August 1713, womit wegen drohender Contagien, ‚alle öffentlichen Freudenfeste, Tänze, Saiten- und andere klingende Spiele, wie auch Trompeten und Jägerhorn' allenthalben verboten und der Vicedom erinnert wurde, die Uebertreter zur Strafe zu ziehen, wie auch allen Obrigkeiten eingeschärft wurde, darauf zu sehen, dass nach gegebenem Zapfenstreich bei schwerer Strafe kein Bier oder Wein mehr ausgeschänkt, noch in den Wirthshäusern, *Kaffehgewölben* ‚das sich *anstockende Volk*' geduldet werde etc. Mitth. 1863 S. 101.

[3] Kluns Arch. I. 67.

[4] Bericht des Vicedoms an Kaiser Karl VI. vom 22. März 1730. Vicedomarchiv.

[5] Discalceatenchronik.

Unruhen aus, zu deren Dämpfung der Hofkriegsrath das Lothring'sche Regiment und die Miliz abschickte und der Landeshauptmann eine Untersuchungscommission einsetzte.[1]

Wie es mit der *öffentlichen Sicherheit* bestellt war, können wir aus der Nachricht schliessen, dass eine kühne Räuberbande im Jahre 1735 bis in die Nähe des kaiserlichen Lustschlosses Laxenburg ihre Raubzüge ausdehnte. An der Ausdehnung des Uebels trug die Nachlässigkeit und Eigennützigkeit der Gutsherren Schuld, welche zum Tode verurtheilte Verbrecher gegen eine Geldstrafe begnadigten und laufen liessen, bei Todschlägen den nächsten Verwandten des Todten den Vergleich ‚gegen ein Bagatell' zumutheten, sich selbst aber mit dem Erlage einer Geldbusse zufrieden stellten, die Gefängnisse und Hochgerichte als unter solchen Umständen überflüssig verfallen liessen. Es kam so weit, dass der Hofkriegsrath zur Herstellung der Sicherheit Militär aufbieten musste.[2]

Die einzige Spur eines Fortschrittes in der *Rechtswissenschaft*, welche noch in den Banden mittelalterlicher und traditioneller Anschauungen lag, finden wir in der Nachricht, dass am 16. Januar 1710 Doctor Bogatai Vorlesungen über das bürgerliche Recht in Laibach begann.[3]

In Bezug auf die *Bildung der höheren Stände* wirkte, wie wir schon an mehreren Stellen zu bemerken Gelegenheit hatten, der Einfluss Italiens bestimmend ein. Er erstreckte sich auch auf die Erziehung der männlichen adeligen Jugend, für welche das Laibacher Jesuitencollegium nicht immer als ausreichend betrachtet wurde. Bologna, Rom, Parma, Modena waren hauptsächlich das Reiseziel, Besuch der Hochschulen oder Aufnahme in die dortigen Jesuitencollegien der Zweck. Doch musste zu jeder Reise ins Ausland die Bewilligung der Regierung erwirkt werden, welche jedoch in der Regel nicht verweigert wurde, wenn auch mitunter eine Unterbehörde dagegen stimmte, weil es in den Erblanden genug wohlbestellte Collegien zur Erziehung der adeligen Jugend gebe.[4]

Wir können die Kulturschilderung dieser Epoche nicht schliessen, ohne der *grossartigen Humanitätsacte* des bereits als Stifters des Ursulinerinnenconventes erwähnten Jakob von *Schellenburg* zu gedenken. Geboren am 24. Juli 1652 in Sterzing, liess er sich in Laibach nieder,

---

[1] Vicedomarchiv, Blätter aus Krain 1865.

[2] Räuberwesen im siebzehnten und achtzehnten Jahrhundert. Tagespost 1864.

[3] Blätter aus Krain 1861 S. 184.

[4] Vicedomarchiv.

wo er einen Handel mit Landesproducten und Manufacten, seit dem Jahre 1696 auch ein Wechslergeschäft betrieb und sich durch redlichen Fleiss und Geschick ein grosses Vermögen erwarb. Er ehelichte Katharina Hofstetter, die Ehe blieb aber kinderlos. Nachdem er der Landschaft ein Darlehen von einer Million gemacht, wurde er unter die Landstände aufgenommen. Er starb 2. Februar 1715, seine Frau 26. Juni 1732. Beide widmeten ihr ganzes Vermögen wohlthätigen Stiftungen für Invaliden, Grenzknaben, Offizierswitwen, adelige Akademien, Studenten u. s. w.

2. Maria Theresia's Thronbesteigung. Sie behauptet ihr Erbe und reformirt die Verwaltung der Erblande. Krain und seine tapferen Söhne im siebenjährigen Kriege. Gründung der neuen Volksschule und ihre Gegner in Krain. Zwei Gutachten zur Abschaffung der Folter.

Als Maria Theresia am 20. Oktober 1740 im dreiundzwanzigsten Jahre ihres Lebens den Thron ihrer Ahnen bestieg, stand Oesterreich an einem bedeutungsvollen Wendepunkt seiner Geschicke. Zwar hatte Karl VI. durch die schwersten Opfer papierne Garantien für die pragmatische Sanction erlangt, welche Habsburgs Erbe für sein Geschlecht sicherstellen sollte, aber wo waren die Mittel, dem neuen Staatsgrundgesetze inmitten der lauernden feindlichen Nachbarn Geltung zu verschaffen, was galten überhaupt in der Politik die Forderungen des Rechts gegenüber dem Machtbewusstsein und der die Völker als willenlose Herde behandelnden Vergrösserungssucht? Und doch hat die letzte Habsburgerin, eine ewig leuchtende Zierde ihres Geschlechts, von Arglist und Gewalt umdroht, im Vertrauen auf Gottes Hilfe und den Sieg des Rechts den schweren Kampf mit all' ihren Feinden aufgenommen, und unter ihrer thatkräftigen Leitung hat die österreichische Monarchie im Erbfolgekriege (1740—1747) ihre Widerstandskraft erprobt. Die wiedergewonnene Ruhe sollte fruchtbar werden für die innere Erstarkung der Monarchie, für die Einigung und nutzbringende Verwerthung der Staatskräfte.

Wir haben gesehen, wie das einst so lebensvolle und entwicklungsfähige Institut der Stände durch die Wechselfälle der Zeit zu voller Bedeutungslosigkeit herabgedrückt worden war, wie es die Kräfte des Landes in finanzieller Misswirthschaft vergeudete und nach keiner Richtung mehr die Forderungen der öffentlichen Wohlfahrt zu erfüllen imstande war. Zwar wurde das altehrwürdige Gebäude ständischer Selbstherrlichkeit mit der ihm gebührenden Pietät geschont; als im

Jahre 1742 Anton Josef Graf von Auersperg zum Landeshauptmann ernannt wurde, stellte der Hof zu seiner Installation eine Eidesformel auf, welche nicht mehr die übliche Stelle wegen ‚Beobachtung der ständischen Freiheiten und Privilegien‘ enthielt, aber auf die Bitte des Landeshauptmanns zögerte die Regierung auch nicht mit der Concession, es für diesmal noch bei der alten Formel bewenden zu lassen.[1] Im Jahre 1747 geschah der erste entscheidende Schritt, mit welchem der moderne Staat von dem wichtigsten Theil der ihm ohne Rücksicht auf veraltete Privilegien zustehenden Rechte im Namen der öffentlichen Wohlfahrt Besitz ergriff. Die ständische Organisation wurde zum ersten male erschüttert, indem die politischen und Finanz-Angelegenheiten des Staates (Politica et Cameralia) ihrem Ressort entzogen und an landesfürstliche Behörden übertragen wurden: die sogenannte landesfürstliche ‚Repräsentation und Kammer‘ und die ihr als Organe untergeordneten ‚Kreisämter‘.[2] Der letzte Vicedom — Heinrich Graf von Orzon — wurde ausser Activität gesetzt und 1749 mit einem Gehalte von 1200 Gulden pensionirt.[3] Mit dem Jahre 1748 traten drei Kreisämter ins Leben: in Laibach für Oberkrain, in Adelsberg für Innerkrain, in Rudolfswerth für Unterkrain. Auch die Grafschaften Görz und Gradisca wurden als Kreise der landesfürstlichen Provinzialbehörde in Laibach untergeordnet, erhielten jedoch schon 1754 ihre eigene Landesstelle. Die Kreisämter übten den wichtigsten Einfluss nicht nur in Landespolizei, Sanitätswesen, Verkehr und Strassenbau, sondern vor allem in dem Schutze und der allmäligen Hebung eines bis dahin lediglich als ‚misera contribuens plebs‘ behandelten Standes, in welchem aber die Kaiserin die ‚Grundlage und grösste Stärke des Staates‘ sah, dessen Aufrechthaltung sie als eine ihrer vorzüglichsten Regentenpflichten betrachtete, der Bauernschaft.[4] Als mit der Ermässigung der Frohndienste und Urbarialschuldigkeiten der erste Schritt zur Befreiung des Grundes und Bodens geschah (1775), als die Grundbücher errichtet wurden (in Krain 1772), waren es diese mit dem Volke in unmittelbarem Verkehr stehenden, dessen Bedürfnisse und Beschwerden kennenden Aemter, welche mit dem Vollzuge betraut wurden. Die Reform der Grundsteuer (1748) vollendete das Werk durch Rectification des Catasters, welche (mit Ausnahme der Periode vom 1. No-

[1] Vicedomarchiv.

[2] Wolf, Maria Theresia, Wien 1855, S. 239—241.

[3] Mitth. 1868 S. 53.

[4] Wolf l. c. S. 252; Kern, Reformen der Kaiserin Maria Theresia in ‚Geschichtliche Aufsätze‘, 1876, S. 230; Czörnig, Görz I. S. 798.

vember 1789 bis 1. Juli 1790) bis 1819 die Grundlage der Steuereinhebung bildete. So ging die friedliche Eroberung ihren Weg, die Gewalt der Stände war schon 1775 auf den Beirath in Steuersachen und die Landesökonomie beschränkt.[1] Indem die Regierung durch Uebernahme der Ausrüstung und Verpflegung der Armee und der Stellung der Pferde die Lasten des Unterthans regelte und erleichterte (1747—1748), sicherte sie zugleich das Interesse des Staates und die Bedürfnisse seiner Machtstellung.[2] Nach dem neuen Militärsystem zahlten die Stände der deutschen und ungarischen Erbländer zur Bestreitung der Kosten für ein stehendes Heer von 108,000 Mann jährlich 14·671,445 Gulden.[3] Es wurde mit dieser Summe ein grösserer Erfolg erzielt, als es bei dem alten System mit seinen Unterschleifen in Naturallieferungen und Musterrollen denkbar war. Zu den Lasten des Krieges wurden jetzt auch Stände beigezogen, welche früher inmitten der allgemeinen Bedrängniss ruhig der Vermehrung ihres Besitzes gelebt hatten. Im Jahre 1747 wurde in Krain eine Kirchensteuer, zu dem Festungsbau in Belgrad. eingefordert. Jeder Klostergeistliche sollte drei Gulden, jeder Prior 75 Gulden erlegen, nur die Discalceaten erlangten Befreiung, nachdem sie an Geldesstatt ihr silbernes ‚turribulum' und ‚navicula' angeboten hatten.[4]

Die Krainer stellten, so lange das Werbesystem aufrecht blieb, ihr Contingent zu den verschiedensten Infanterieregimentern; als jedoch im Jahre 1771 die Regimenter ständige Werbbezirke erhielten, war es das im Jahre 1715 aus den zwei im Türkenkrieg stark decimirten Regimentern Marulli und Heister in Steiermark gebildete Regiment Nr. 41 (Wallis, im Jahre 1768 Freiherr von Butler), welches mit der neuen Nummer 43 das Cantonsregiment im Herzogthum Krain wurde; im Jahre 1775 erhielt es zum Inhaber Anton Graf Thurn.[5]

Als Maria Theresia mit der durch Kaunitz gewonnenen Allianz Frankreichs 1756 in den unaufschieblich gewordenen Kampf mit Preussen eintrat, haben Krains tapfere Söhne an den Ruhmesthaten auf deutschen und österreichischen Schlachtfeldern theilgenommen. Der krainische Adel bewährte seine alte Streitbarkeit. Cajetan Graf

---

[1] Wolf l. c. S. 251—253; vgl. Kern S. 230—234.

[2] Wolf l. c. S. 228.

[3] Oberleitner, Finanzlage der deutschen Erbländer 1761. Oesterr. Arch. XXXIV.

[4] Klosterchronik der Discalceaten.

[5] Geschichte der k. k. Regimenter, 1800. I. 188—189. Manuscript des Veteranen-Oberstlieutenants *Söhnel* im hist. Verein.

von *Lichtenberg*, ein Sohn unserer Landeshauptstadt, machte als Fähndrich bei Hirsch-Infanterie den siebenjährigen Krieg mit;[1] Max Freiherr von *Rechbach*, geboren in Weissenfels (Oberkrain) 1706, der unter Prinz Eugen, fünfzehn Jahre alt, in die kaiserliche Armee getreten und in dem Kriege wegen der polnischen Königswahl und gegen die Türken (1734, 1738—1739) gefochten, im Erbfolgekriege bei Trautenau sich ausgezeichnet, holte sich neue Lorbeeren als Oberst des Kürassierregiments Prinz Birkenfeld im Kriege gegen den grossen Friedrich. In der Schlacht bei Kollin, 18. Juni 1757, welche durch Feldmarschall Dauns Feldherrngeist Prag und mit ihm die Monarchie rettete — Maria Theresia nannte diesen Tag später den ‚Geburtstag der Monarchie' — stand Rechbach bei der Reserve des rechten Flügels. Bemerkend, dass in das vor ihm stehende Dragonerregiment Würtemberg der Feind beträchtliche Lücken gerissen hatte, deren Benützung es ihm möglich gemacht hätte, den rechten Flügel mit Vortheil anzugreifen, warf sich Rechbach mit seinen Kürassieren in jene Oeffnung und drang mit solchem Ungestüm auf den Feind ein, dass derselbe geworfen und der preussische General Dreskow gefangen wurde. Als frische Truppen anrückten, attaquirte Rechbach zum zweitenmale und warf den Feind neuerdings zurück; Pferd und Reiter wurden bei diesem Angriffe mit Wunden bedeckt. Noch fünfmal hieb der tapfere Kürassieroberst auf den Feind ein und blieb jedesmal Sieger. In der Schlacht bei Hochkirch, 14. Oktober 1758, wo Friedrich von Daun und Laudon geschlagen wurde, holte sich Rechbach, der für seine Haltung bei Prag am 22. Juni 1758 zum Generalmajor befördert worden war, den von Maria Theresia für den Sieg bei Kollin gestifteten Maria-Theresienorden, die höchste Auszeichnung österreichischer Krieger.[2] Bei Hochkirch fanden auch den Heldentod die beiden Freiherren von *Lazzarini*, Johann Baptist und Joachim Dismas, Lieutenants im damaligen Franz X. Graf Harrach, heute Freiherr v. Maroičič Infanterieregimente Nr. 7.[3] In der Schlacht bei Maxen, 20. November 1759, wo Daun den preussischen General Fink mit 13,000 Mann zu capituliren zwang, drang Rechbach an der Spitze der ersten Colonne auf die Preussen ein. Im Treffen bei Meissen that sich in diesem Jahre auch Anton Graf *Lanthieri* als Oberstlieutenant beim Regiment Nr. 18 hervor und wurde verwundet.[4] Rechbach aber holte sich seine fünfte

[1] Wurzbach, biogr. Lex. XV. 105.
[2] Wurzbach, biogr. Lex. XXV. 140; Hirtenfeld, M. Theresienorden, 1857, S. 63.
[3] L. c. XIV. 258—259.
[4] Geschichte der k. k. Regimenter, 1800, I. 78.

Wunde in der Schlacht bei Liegnitz, 15. August 1760. Er starb zu Tachau in Böhmen am 30. Juli 1764.[1]

Bei der Eroberung von Schweidnitz (1761) zeichnete sich Lorenz August Freiherr von *Rasp*, geboren in Laibach 1725, als Oberst des siebzehnten Infanterieregiments[2] aus. Als diese Festung im folgenden Jahre (1762) von den Preussen belagert wurde, hatte Rasp grossen Antheil an ihrer tapferen Vertheidigung mit nur 10,000 Mann gegen ein Heer von 21 Bataillons und ebensoviel Schwadronen durch zehn Wochen. Bei dem durch Oberst Freyenfels am 8. August unternommenen glücklichen Ausfall schloss sich Rasp als Freiwilliger an und ermunterte die Truppen durch sein Beispiel der Tapferkeit. Am 14ten desselben Monats unternahm Oberst Caldwell einen erneuerten Angriff auf die feindlichen Sappen und ward tödtlich verwundet. Rasp eilte sofort an die Spitze der durch den Fall des Obersten in Unordnung gekommenen Truppen, flösste ihnen neues Vertrauen ein und führte sie ohne Verlust in die Festung zurück. Diese capitulirte erst, als die Lebensmittel bereits zu fehlen anfingen und die Explosion eines Pulvermagazins eine grosse Bresche verursacht hatte. Für seine Tapferkeit erhielt Rasp in der achten Promotion (21. Oktober 1762) das Ritterkreuz des Maria-Theresienordens. Er starb in Laibach als Feldmarschallieutenant den 12. November 1791.[3]

Im siebenjährigen Kriege brachte auch unsere Landeshauptstadt grosse Opfer; sie zahlte wiederholt hohe Kriegssteuern, so 1760 allein 6000 Gulden, und gerieth ungeachtet ihres damals noch ziemlich bedeutenden Grundbesitzes in Schulden, deren Abzahlung zehn Jahre währte (1774—1784).[4]

Zwei Söhne unserer Landeshauptstadt haben als Staatsmänner sich ausgezeichnet: Joh. K. Philipp *Cobenzl* von Prosegg (Prosecco), geboren in Laibach am 21. Juli 1712, k. k. Kämmerer und Geheimrath, wurde 1735 Reichshofrath, 1746 Gesandter bei den vorderen Reichskreisen, 1753 bevollmächtigter Minister in den österreichischen Niederlanden. Er starb als Ritter des goldenen Vliesses in Brüssel am 27ten Januar 1770.[5] Johann Philipp *Cobenzl*, geboren in Laibach 28. Mai 1741, war k. k. Geheimrath, Conferenzminister, Hofkanzler des italieni-

---

[1] Wurzbach l. c. XXV. 110.

[2] Dieses Regiment ist erst seit 1817 ein in Krain rekrutirtes; früher hatte es seinen Werbbezirk in Jungbunzlau. Dr Steiner, Gesch. des Reg. Nr. 17, Graz 1858.

[3] Wurzbach, biogr. Lex. XXV. 2; Hirtenfeld l. c. S. 160—161.

[4] Mitth. 1866 S. 34.

[5] National-Encyklopädie I. 563.

schen Staatsdepartements, im Jahre 1779 bevollmächtigter Minister bei dem Friedenscongresse in Teschen, später 1801—1805 Botschafter am Pariser Hofe und starb unvermält am 30. August 1810 in Wien, nachdem er den Grafen Coronini zu seinem Erben eingesetzt hatte.[1]

Als die Kaiserin ihre Erblande durch den Hubertsburger Frieden (15. Februar 1763), der den Besitzstand vor dem Kriege wieder herstellte, gesichert hatte, wendete sie ihre hochherzige und erleuchtete Fürsorge wieder ganz den inneren Reformen zu. Die unschätzbarste Wohlthat für die grosse Mehrzahl der Bevölkerung, welche so lange des Lichtes einer besseren Erziehung hatte entbehren müssen, war die Wiedererweckung der auch in Krain, mit einziger Ausnahme des Bergorts Idria, seit den Stürmen der Gegenreformation untergegangenen *Volksschule.*[2] Zwar fand sich hie und da ein Menschenfreund, der seine Glücksgüter zu dem edlen Zwecke der Menschenbildung verwendete, wie der edle P. P. Glavar, von dem noch ausführlicher die Rede sein wird und der um das Jahr 1750 in Commenda S. Peter bei Stein ein schönes geräumiges Schulgebäude baute, einen geschickten, zugleich musikkundigen Schullehrer Namens Jakob Supan aus Stein kommen liess, dann eine Anzahl armer Kinder aus der Umgegend auswählte und ihnen Schul- und Musikunterricht ertheilen liess, sie auch beherbergte, speiste und kleidete.[3] Allein dieses schöne Beispiel blieb vereinzelt, und auch die Glavar'sche Schule scheint bald aufgehört zu haben. Früh wandte Maria Theresia der Volksschule ihre Fürsorge zu, aber nur langsam liess sich bei der Verschiedenheit der Provinzialverhältnisse und der Eigenart der Bevölkerungen eine sichere Grundlage für den aufzuführenden so hochwichtigen Neubau gewinnen.

Blas *Kumerdey*, aus Veldes in Oberkrain gebürtig, von dessen schriftstellerischem Wirken noch an anderem Orte die Rede sein wird, überreichte der Kaiserin einen Vorschlag, wie das Landvolk im Lesen und Schreiben seiner Muttersprache sowohl als der deutschen unter-

---

[1] L. c. S. 564.

[2] Hiedurch berichtigt sich auch die in dem der folgenden Darstellung zugrunde liegenden ausgezeichneten Werke des Freiherrn von Helfert: ‚Die Gründung der österreichischen Volksschule durch Maria Theresia, Prag 1860‘, S. 36 ausgesprochene Ansicht von der Lage der Volksschule zur Zeit der Reformation. Es ist in der Reformationsgeschichte (dieses Werkes III. Theil S. 182—183) nachgewiesen worden, dass die protestantische Volksschule in Krain nicht lediglich als Dienerin der Kirche, sondern als selbständige Bildnerin des Volkes wirkte.

[3] Mitth. 1818 S. 29.

richtet werden könnte (1773). Der Vorschlag des patriotischen Mannes wurde der Landeshauptmannschaft zur Prüfung übergeben, welche hierüber die Kreisämter, die Aebte zu Landstrass und Sittich, den Prälaten von Freudenthal und den Erzpriester und Domdechant des Rudolfswerther Capitels, Martin Jebacin, einvernahm. Alle erklärten sich in der Hauptsache mit Kumerdey's Vorschlag einverstanden, bis auf Jebacin, welcher ein Separatgutachten abgab, das seiner Eigenthümlichkeit wegen eine nähere Erwähnung verdient. In dem ersten Theile desselben wendete der Dechant seine ganze Belesenheit und Redekunst auf, um die Gründe, welche Kumerdey für die Nothwendigkeit einer besseren Unterweisung des Landvolkes vorgebracht hatte, zu widerlegen. Manche Regenten und Gesetzgeber hätten ihren Unterthanen das Lesen- und Schreibenlernen und den Umgang mit fremden Nationen verboten. Nun sei beides heutzutage zwar nicht so gefährlich wie ehemals, aber doch, wie die Erfahrung zeige, dem gemeinen Mann von keinem besonderen Nutzen, sondern vielmehr wie die besten Speisen in einem schlechten Magen. Das blosse Lesen und Schreiben reiche weder hin, um die Religion, noch um die ‚natürlichen Dinge' zu begreifen, auch werde der Fleiss in der Landwirthschaft dadurch nicht vermehrt; die Idioten seien glückseliger als die Gelehrten; wenn aber durch Lesen und Schreiben der Armuth gesteuert werden solle, so müsse man bedenken, dass diese ein ‚nothwendiges Uebel, besser zu sagen ein Kunststück der Providenz sei, dem Staate und der Religion nützlich'. Im zweiten Theil seines Votums überrascht uns der würdige Dechant durch die beredte Beweisführung für das gerade Gegentheil dessen, was er im ersten mit so viel Aufwand von Gelehrsamkeit zu behaupten unternommen hatte. Er führt nemlich den Satz aus, nicht die Wissenschaft, sondern ihr Missbrauch hätte die Sitten verdorben; es sei nicht mehr am Platze, die Weltweisheit als ein Mysterium der Gelehrten, als ein Privilegium einer Kaste zu behandeln. Warum, meint er, sollte Gott eine erleuchtete Andacht im Geiste und in der Wahrheit nicht lieber sein, als eine blinde? Erleuchte denn die Sonne nicht ebensogut die Spitzen der Berge, wie die versteckten Thäler; das kriechende Gewürm, wie den in den Wolken schwebenden Adler u. s. w.? Schliesslich rückt der sich selbst ironisirende Dechant mit einem Vorschlage heraus, der stark an das ‚parturiunt montes' erinnert. Es sollen nemlich in jeder Pfarre, wo sich ein fähiger Schulmeister oder Organist befindet, *über freie Anmeldung und ohne einen Zwang eintreten zu lassen*, ‚weilen alle Neuigkeiten den Bauersleuten anfänglich suspect vorkommen', eine Anzahl Jungen von neun, zehn, fünfzehn Jahren, die *Lust* und Fähigkeit zum Lernen haben, vom Ortspfarrer aus verschiedenen Dörfern ausgeklaubt und das Jahr hindurch an Sonn- und Feiertagen und sonst, wenn keine dringende Arbeit auf dem Feld, im Lesen und Schreiben unterrichtet werden. Auch die Kapläne könnten ‚gewisse verlorne‘ Stunden zum Unterricht ihrer Knechte verwenden. Wenn auf solche Weise in jeder Pfarre nur sechs Buben lesen und schreiben lernten, so wären das in Unterkrain im ersten Jahre bereits 360, in zehn Jahren 3600, welche zur Nacheiferung anregen würden, besonders wenn man die Fleissigeren mit Prämien beschenken würde, ‚dann auch bei dem Bauernstand non raro magnum gloria calcar habet‘.

In Wien fand man keinen Geschmack an dem geschraubten und clausulirten Vorschlage des Rudolfswerther Dechants, trotz der ihm angehängten verlockenden arithmetischen Progression; es wurde mit Hofkanzleidecret vom 12. Juni 1773 angeordnet, dass die Normalschule in Krain wie in den übrigen Erblanden einzuführen und eine Schulcommission einzusetzen, dass ein Schulfond zu gründen und darüber Anträge zu erstatten seien. Für den Anfang wollte die Kaiserin einen Vorschuss von 1000 bis 1500 Gulden machen. Als seinerzeitigen Vorstand der Laibacher Normalschule bezeichnete die Herrscherin unsern Kumerdey wegen der besonderen, bei der Berichterstattung über die Schulverbesserung bezeigten Einsicht. Doch sollte er vorläufig noch seinen Aufenthalt in Wien zum Besuche der Normalschule als Vorbereitung für seinen Wirkungskreis benützen. Die Schulcommissionen in den verschiedenen Erbländern, welchen die Ausführung der Schulverbesserung obliegen sollte, traten noch im Jahre 1775 ins Leben. Jene in Laibach war, unter dem Vorsitze des Landraths Franz Sales Grafen und Herrn von Gallenberg, aus den Assessoren: Niklas Rudolf Freiherrn von Raab zu Rauenheim und Josef Gabriel von Buset, beide Landräthe; den Weltpriestern Tschokl[1] und Pogatschnig[2] und dem Normalschuldirector Kumerdey zusammengesetzt. Mit dem Wintercurse 1775 auf 1776 trat denn auch die Normalschule in Laibach, im Jahre 1776 in Stein und 1778 in Rudolfswerth[3] ins Leben. In

[1] Professor der Logik und Metaphysik am Laibacher Lyceum, der ein Werk ‚de principiis identitatis‘ schrieb. P. Marc. Bibl. S. 56.

[2] Wohl identisch mit dem Exjesuiten P. Lorenz Pogatschnig. Bei P. Marc. S. 43.

[3] Mitth. 1860 S. 68; Programm des Rudolfswerther Gymnasiums 1868 S. 21. In Freiherrn von Helferts citirtem Werke findet sich die Angabe, in Rudolfswerth habe das Franziskaner-Gymnasium der Normalschule weichen müssen; dagegen ist jedoch aus der im Programm des Rudolfswerther Gymnasiums von 1868 veröffent-

Laibach wurde leider ein schlechter Anfang gemacht. Man hatte die Normalschule mit allen vier Klassen auf einmal ins Leben gerufen; es mangelte daher an zweckmässiger Zuweisung der Gegenstände an die einzelnen Lehrer und an entsprechender Eintheilung der Schüler in die verschiedenen Klassen; die natürliche Folge waren schwache Unterrichtserfolge und Erkalten des Berufseifers bei Director und Lehrern. Die Landeshauptmannschaft hatte nichts zur Sache gethan; sie war vielmehr einer Schulverbesserung entgegen, und die Geistlichkeit, an ihrer Spitze der Bischof, hatte offen ihren Widerwillen gegen die neue Einrichtung ausgesprochen und das Volk so in seinen eingewurzelten Vorurtheilen bestärkt. Nur ‚Gesindel und die schlechtesten Subjecte' hatten die Schule betreten, welche auf Hebung des Volkes abzielte. Nach einer im Sommer 1776 in Wien stattgehabten Berathung schickte die Kaiserin den Grafen Emanuel Torres, landeshauptmannschaftlichen Rath und Beisitzer der Schulcommission in Görz, nach Laibach, um den Grund der Uebelstände zu erheben und Mittel zu ihrer Abhilfe zu treffen. Die wahrheitsgetreuen Berichte dieses patriotischen Schulfreundes hatten energische Massregeln zur Folge. Der Landeshauptmannschaft wurde über ihre Unthätigkeit die allerhöchste Unzufriedenheit zu erkennen gegeben, ihr die Obsorge für die genaue Erfüllung der Berufspflichten durch Lehrer und Director eingeschärft, deren Ueberwachung durch Graf Torres ‚unter nicht zu versagender Mitwirkung des Landeshauptmannes und der gesammten Stelle' in Aussicht gestellt. Endlich wurde der Freising'sche Schlosshauptmann in Lack, Johann Nepomuk Graf von Edling, gebürtig aus Haidenschaft, Mitglied der Akademie der Operosen und der Arkadier in Görz, ‚wegen seines für dieses (das Normalschul-) Geschäft bezeugten vorzüglichen Eifers' zum künftigen Referenten in Schulsachen mit dem Charakter eines Landrathes unter der Bedingung ernannt, dass er sich vorläufig noch in Wien die ihm allenfalls mangelnden Kenntnisse im Normalschulwesen aneigne. Edling hatte übrigens bereits im Jahre 1775 bei Eger in Laibach die ‚Allgemeine Landesnormalschulordnung nach dem k. k. Decret' erscheinen lassen, ein Beweis, dass er sich bereits eingehend mit der neuen Einrichtung beschäftigt hatte. Ein besonderes Handschreiben erhielt der Fürstbischof von Laibach, worin nach einer vorwurfsvollen Hinweisung auf das Verhalten anderer Erb-

lichten Chronik zu entnehmen, dass das Gymnasium fortbestand. Die feierliche Eröffnung der Hauptschule fand nach dieser Quelle (S. 21) am 26. Mai 1778 im Gymnasialgebäude in feierlicher Weise statt. Zwei Franziskaner, P. P. Eberhard Butschar und Gottfried Schniderschitsch, waren die ersten Lehrer.

länder, wo die Bischöfe und ihre Geistlichkeit das gemeinnützige Werk eifrig förderten, ja manche, wie der Erzbischof von Prag und der Bischof von Ollmütz, sogar namhafte Beiträge zur Vermehrung des Schulfondes spendeten, die kaiserliche Erwartung ausgesprochen wurde, der Bischof werde ‚das allgemeine Beste der ihm anvertrauten Herde nicht hindern', sondern vielmehr durch künftige kräftige Mitwirkung den gerechten Unwillen der Monarchin, der jede Nichtachtung der Gesetze ohne Rücksicht der Person treffe, abzuwenden trachten.

Ein wesentliches Hinderniss, welches dem Gedeihen der Normalschule in einem Lande mit slavischer Landbevölkerung entgegenstand, wurde durch eine zweckmässige, von Graf Torres für Krain beantragte Massnahme beseitigt. Es war dies die Errichtung eines Elementarklasse für Kinder, welche die Kenntniss des Deutschen nicht schon in die Schule mitbrachten und daher auf Grund ihrer Muttersprache für den Eintritt in die deutsche Normalschule vorbereitet wurden. Graf Edling entwickelte auch in dieser Richtung eine über seine Amtspflicht hinausgehende Thätigkeit zur Popularisirung der Normalschule. Im Jahre 1777 liess er den ‚Kern des Methodenbuchs', ins Krainische übersetzt und der Kaiserin gewidmet, in Wien bei Kurzböck, erscheinen. Im folgenden Jahre gab er bei Eger in Laibach ‚Forderungen an Schulmeister und Lehrer der Trivialschulen in deutscher und krainerischer Sprache' heraus.[1] Auch die Uebersetzung des kleinen Katechismus fertigte er, nachdem Kumerdey die bezügliche Aufforderung der Regierung abgelehnt hatte. Da richtete der Fürstbischof, offenbar durch den Vorgang der Regierung um die hierarchischen Interessen besorgt, an die Kaiserin die Bitte, den Katechismus ins Krainerische übertragen und ihr zueignen zu dürfen, welcher Bitte Maria Theresia willfahrte, ‚um den Bischof, der ohnehin der neuen Methode gar nicht geneigt ist, nicht noch unwilliger zu machen', und Graf Edling wurde bewogen, seine Arbeit zurückzuhalten. Da der Fürstbischof jedoch nach Ablauf von fünf Monaten mit seiner Arbeit noch nicht zu Ende war und einen weiteren Termin von drei Monaten forderte, was auf sein Vorgehen ein ganz eigenthümliches Licht wirft, so erhielt Edlings Arbeit die Genehmigung; die Kaiserin nahm ihre Widmung an und das Werk erschien unter dem Titel: ‚Ta mali Katechismus iz sprashuvanjam etc.' zu Anfang des Jahres 1779 bei Eger.[2]

---

[1] P. Marc. Bibl. Carn. S. 17.
[2] P. Marc. l. c.

Inzwischen sputete sich der Fürstbischof mit der Uebersetzung des grossen Katechismus, welche er erst gegen Ende des Jahres 1778 vorlegen konnte. Er erhielt auch (6. Februar 1779) die Druckerlaubniss. Edling musste zum zweitenmale weichen; die Kosten seiner Arbeit wurden ihm jedoch aus dem wiener Schulbücherverschleisse ersetzt.

Bald zeigten sich die wohlthätigen Wirkungen der dem Lande mit solcher Mühe und mit solchem Widerstande der mächtigsten Factoren gleichsam aufgezwungenen Schule. ‚Unsere rohen Bauernkinder', lesen wir in einer Nachricht aus Krain, ‚lernen nicht allein Deutsch, Religion, Höflichkeit u. s. w., *sondern auch ihre eigene Muttersprache vollkommener als vorhin*. Geht das so fort, so wird in dreissig Jahren die Monarchie ganz umgeschaffen sein. Der Himmel gebe der Sache nur immer einen guten Fortgang, wie es unser Fürstbischof (?) und alle vernünftigen Patrioten von Herzen wünschen.' Dass die hier erwähnten Wünsche wohl nicht durchgehends ganz aufrichtige waren, dass es vielmehr noch genug offene und geheime Widersacher der Normalschule in Krain gab, bezeugt eine Klage des Grafen Edling in einem Promemoria an die Kaiserin, Laibach 3. März 1779. Nachdem er die Förderung der Normalschule im Sitticher Bezirke durch den würdigen Abt von Sittich und den Stiftssecretär Ignaz von Fabiani,[1] einen frommen und gelehrten Priester, gerühmt, sagt er von den ‚schrecklichen Hindernissen', die ihm bei jedem Schritte im Wege seien: ‚In diesem Lande gibt es Hindernisse vonseite der Sprache und vonseite der Leute. Die ersten war ich so glücklich, durch meine Uebersetzung der Normalschulschriften zu heben, allein die zwote Gattung von Hindernissen ist leider so schrecklich, so manchfaltig und so sehr von Tücke gepfropft, dass sie für jenen, der nicht in der Lage ist, sie so wie ich zu fühlen, ganz unbegreiflich ist.'

Trotz all' dieser Hindernisse hatte die Schulreform ihren stetigen Fortgang. Sie war eben eine wahre Herzensangelegenheit der grossen Kaiserin, welche die Behörden zur unausgesetzten Thätigkeit drängte und trieb, damit sie ‚dies heilsame Werk noch zustande bringe'.[2] Für Krain hatte Graf Torres ausser Laibach fünf Hauptschulen, in Krainburg, Stein, Lack, Idria und Radmannsdorf, beantragt. Jene in Stein trat, wie wir gesehen haben, 1775 ins Leben; für die übrigen Orte ordnete die Hofkanzlei an, dass einstweilen, bis die erforderlichen Lehrkräfte vorhanden und Gelder ausfindig gemacht seien, gute Tri-

---

[1] Siehe P. Marc. Bibl. S. 18.

[2] Korn l. ç. S. 285.

vialschulen einzurichten seien. Von der Errichtung einer Mädchenschule in Laibach wurde mit Rücksicht auf das bereits vorhandene Institut der Ursulinerinnen abgegangen, aber die Regierung bethätigte auch in dieser Richtung ihre Fürsorge, indem sie Fräulein Kohllöffel nach Laibach schickte, um den Klosterfrauen die neue Unterweisungsart beizubringen.

Hätte die grosse Kaiserin kein anderes Denkmal ihrer liebevollen Regentenfürsorge hinterlassen, als die Gründung der österreichischen Volksschule, so wäre ihr ewiger Nachruhm gesichert, aber ihre organisirende Thätigkeit äusserte sich in allen Richtungen des Staatswesens. Das *Gerichtswesen* konnte nicht auf einmal von allen seinen mittelalterlichen Härten und Gebrechen befreit werden, aber es wurden wenigstens die ärgsten Missbräuche des alten Strafrechts abgeschafft; am 31. Dezember 1768 wurde das neue Strafgesetz, die ‚Constitutio criminalis Theresiana' kund gemacht. Die Folter, die sogenannte ‚peinliche Frage', war durch das neue Gesetz wesentlich eingeschränkt. Die Gesetzgebung blieb aber dabei nicht stehen, und am 10. Dezember 1773 erfloss eine Allerhöchste Resolution, womit sämmtliche Länderstellen und Gerichte beauftragt wurden, ihr Votum über nachstehende Fragen abzugeben:

1. Ob die *peinliche Frage (Folter)* nicht ganz aufzuheben?
2. Bei welchen Verbrechen dieselbe etwa noch beizubehalten?
3. Was im Falle ihrer Aufhebung an ihre Stelle zu setzen sei?

Diese Umfrage war die Folge einer von *Sonnenfels* der Kaiserin überreichten (im VII. Bande S. 12 der ges. Schriften, Wien 1785, abgedruckten) Vorstellung. Alle Länderstellen gaben ihr Votum ab. Der Referent bei der niederösterreichischen Regierung vertrat die Nothwendigkeit der Folter mit Lebhaftigkeit. Sonnenfels, als Mitglied der Regierung, setzte bei der Berathung mit unerschrockenem Freimuth dem Referenten die Vertheidigung der Menschenrechte entgegen und entschied deren Sieg. Am 1. Januar 1776 wurde die Folter abgeschafft. Im Archive des Schlosses *Raunach* findet sich die Beantwortung obiger drei Fragen durch die beiden Räthe der Justizialabtheilung der Landeshauptmannschaft, G. J. Grafen von *Hohenwart* und Joh. Gabr. von *Buset*.

Buset sagte, die Tortur sei, nachdem bei den Römern nur die Leibeigenen ihr unterlagen, durch Zuthun und Beihilfe derjenigen, welche sich derselben am meisten hätten widersetzen sollen, gleich einer Flut so angewachsen, dass sie jetzt als heilig, unantastbar gelte, dass auch in Deutschland man es höchstens wagen dürfte, die Frage nach ihrer Aufhebung eruditionis gratia zu erörtern.. Scheinbar sei nichts leichter zu behaupten, nichts leichter zu entscheiden, als dass jenes, was durch mehrere Jahrhunderte die Gesetze der gebildetsten Völker (denn Türken, Perser und andere barbarische Völker kannten die Tortur nicht) verordnet haben, auch in Zukunft beizubehalten sei. Die Gesetze verordnen die Tortur, die Gesetze sind ohne reife Ueberlegung und Erwägung der Ursachen nicht gemacht worden, also muss die Tortur ohne Bedenken beibehalten werden — ist die unwillkürliche Schlussfolgerung derjenigen, welche sich gegen die Stimme der Natur und das Geächze der Menschheit die Ohren verstopft haben. Buset entwickelt nun folgende Gründe gegen die Tortur: 1. Sie widerstrebt dem Naturrecht. 2. Sie ist kein taugliches Mittel zur Erforschung der Wahrheit. 3. Sie ist weder sicher noch hinlänglich. 4. Sie ist der Unschuld gefährlich, dem Laster vortheilhaft. 5. Sie kann der Staatsverwaltung zu keinem wahren Nutzen oder Vortheil dienen. Für den ersten Grund citirt er Heineccius, für den zweiten Cicero pro Corn. Sulla: Tormenta gubernat dolor etc., dann den h. Augustin, De civitate Dei l. 19, c. 6.

Wenn schon Verheissungen von Straflosigkeit, schlechte Behandlung des Inquisiten, Misshandlung und Verspottung desselben sub poena nullitatis dem Richter untersagt sind, wie könne man die Tortur rechtfertigen? Weiters folgert Buset, dass die Tortur als Mittel zur Erforschung der Wahrheit nicht beizubehalten wäre, wohl aber als Strafe des Leugnens, sich hiebei auf Sonnenfels berufend, welcher S. 117 a. a. O. die Folter gegen einen überführten Beklagten zur Entdeckung der Mitschuldigen für berechtigt halte. Die Folter sei hier eine Verschärfung der Strafe, weil der Ueberführte durch sein hartnäckiges Schweigen über die Mitschuldigen das allgemeine Wohl in Gefahr bringe (!). — Die dritte Frage, *was an die Stelle der Folter zu setzen wäre*, bekennt sich Buset ausserstande zu beantworten: ‚Ich stelle mir vor, dass wenn ein sichereres und verlässlicheres Mittel, die Wahrheit zu erheben, übrig oder erforderlich wäre, es bei dem bisher üblichen, so unmenschlichen, als die Tortur ist, durch so viele Jahrhunderte nicht würde geblieben sein.‘ ‚Ich halte dafür, dass wenn ein Richter alles, was er ohne Gefahr der Gewissensverletzung an angemessenen Mitteln hat anwenden können, angewendet hat, er der Pflicht seines Amtes genug gethan und sich nicht weiter ängstig zu kümmern habe, wann ihm etwa die Wahrheit gleichwohl noch verborgen geblieben; er solle denken, dass er in der Eigenschaft eines *Richters* zu richten, d. i. Recht zu sprechen, nicht aber zu metzgen und zu peinigen sei berufen worden; gleichwie also das Rechtsprechen sich über nichts als erkannte Wahrheiten erstrecken kann, also soll er auch wissen, dass die über die Grenzen der erkannten Wahrheit sich erstreckende Gewalt kein Richteramt mehr, sondern auf das wenigste eine sündhafte Geschäftigkeit, wenn nicht Muthwillen und Bosheit sei.' Schliesslich räth Buset gute Polizeigesetze, *Bestrafung des Müssiggangs*, unmässiger Pracht, hohen Spieles (als Vorbeugungsmittel) an.

Graf *Hohenwart* weist nach, dass die Tortur in keinem Gesetze, sondern nur in der Gewohnheit wurzle. In Deutschland sei die Tortur ursprünglich nicht bekannt gewesen, Karl IV. sei der erste gewesen, der nach (1349) aufgehobenem Vehmgericht der Stadt Esslingen das Recht gegeben (1391), die Tortur zu gebrauchen. Karl V. hat die Tortur der zu Worms (1521) entworfenen, vermöge Reichstagsabschiedes (1542) gebilligten Halsgerichtsordnung einverleibt, und wie die Artikel XX, XXII und folgende zeigen, eingeschränkt und Behutsamkeit bei der Anwendung vorgeschrieben. Ihre jetzt regierende Majestät Maria Theresia haben endlich diesem ‚Unwesen' die engsten Schranken gesetzt und unter anderem verordnet, dass die Tortur niemals Platz haben kann, als wenn auf das Verbrechen die Todesstrafe gesetzt, und dass keine andere Peinigungsart als die ‚Schnürung', *welche etwan die leidenlichste sein soll*, und diese niemals abgetheilt, gebraucht werden soll. Maria Theresia sei es vorbehalten, die wenigen Ueberbleibsel dieses ganz unsicheren, unmenschlichen und unangemessenen Mittels, die Wahrheit zu erforschen, mit der Wurzel auszurotten. Die Gründe Hohenwarts für Aufhebung der Folter sind identisch mit jenen Busets. Er fügt bei, Unschuldige seien häufig der Tortur zum Opfer gefallen, die Tortur habe eine Menge Hexen und Hexenmeister hervorgebracht, worüber Friedrich *Spee* in Caut. crim. nachgelesen werden könne. Seitdem man auch *diese* Art Menschen anders zu betrachten oder doch menschlicher zu behandeln angefangen, sind Hexen und Hexenmeister ein Gespenst irriger Köpfe geworden, welches aber durch die Tortur wieder Fleisch und Bein annehmen kann. Dass die Abschaffung die Verbrechen nicht vermehre, zeigt das Beispiel Englands, Schwedens, Aragoniens. *In Russland sei die Todesstrafe gänzlich aufgehoben, und dies alles ohne üble Folgen.* Schliesslich gibt Hohenwart die Anwendung der Tortur zu, *um die Mitschuldigen zu entdecken*, jedoch nur, wenn auf das Verbrechen die *verschärfte* Todesstrafe erkannt ist, in partem poenae. *Er geht also in diesem Punkte weiter als Sonnenfels.*[1]

---

[1] *Mein Aufsatz:* Zwei Stimmen aus Krain über die Aufhebung der Folter, Mitth. der jurist. Gesellsch. II. 1866 S. 226—231.

3. Labacensia: Zur Localchronik. Die Juden und der Commercienconsess. Die Humanitätsanstalten.

Es ist für den Chronisten unserer Landeshauptstadt eine sehr bedauerliche Thatsache, dass die Quellen für ihre specielle Geschichte, insoferne sie nicht mit den allgemeinen Geschicken des Landes in Verbindung steht, so spärlich fliessen. Die Arbeit des Jesuiten P. Joa. B. *Pogrietschnig*, Professors der Physik am Laibacher Gymnasium: ‚*Compendiaria descriptio Metropolis Labacensis*', 1766 bei Eger erschienen,[1] ist verschollen, wie die weitaus grösste Zahl der älteren Laibacher Drucke, und nur die Discalceatenchronik berichtet uns von denkwürdigen Localereignissen elementarer Art, welche sich dem Gedächtniss der Zeitgenossen tiefer einprägen. Glücklicherweise ist ihre Zahl gering und waren ihre Wirkungen nicht so zerstörend, wie in früheren Jahrhunderten. Am 31. Juli 1767 gegen Mitternacht brach Feuer auf dem alten Markt neben S. Florian aus. Es wurde die Krenund Rosengasse bis zu den Jesuiten, bei 60 Häuser, eingeäschert. Am 9. September wüthete das Feuer wieder in der Nähe des Jesuitenseminars, 72 Häuser verbrannten. Kaiserin Maria Theresia bewilligte den durch zweimalige Brunst verunglückten Bewohnern Laibachs dreijährige Contributionsbefreiung, dann ex camerali 6000 Gulden und aus dem ständischen Domesticalfond 2000 Gulden.[2] Erdbeben in Laibach verzeichnet die Chronik im Jahre 1750 und am 31. November 1772, fünf Uhr abends.

Bezeichnend für den Comfort der Wohnungen unserer Landeshauptstadt ist die Anordnung der landesfürstlichen Repräsentation (1749), dass die Kamine über die Dächer hinauszuführen seien,[3] wie für den herrschenden Luxus das Patent vom 12. September 1749, welches auch nicht das mindeste Gold oder Silber an herrschaftlichen Livreen, mit Ausnahme der Hutborden, gestattete. Im Jahre 1751 musste Graf Lichtenberg die Uebertretung dieses Gesetzes mit 200 Dukaten büssen.[4] Mit der durch die erleichterte Communication steigenden Zahl der Durchreisenden hielt das Gasthauswesen Laibachs nicht gleichen Schritt. Die Regierung hielt es für ihre Pflicht, auch hier im Namen des öffentlichen Wohles einzugreifen; der Magistrat erhielt

[1] P. Marc. Bibl. Carn. S. 43.

[2] Landsch. Arch. Cons. I. Nr. 134, Hofdecr. vom 14. Mai 1768.

[3] Discalceatonchronik.

[4] Blätter aus Krain 1865 S. 100.

den Auftrag, für Gasthäuser Sorge zu tragen. Er kaufte ein dem Rathhause benachbartes Haus (jetzt Conscr.-Nr. 313), wo das älteste und angesehenste Gasthaus Laibachs ‚Zum wilden Mann' entstand, dessen Räume manch hohen Besuch beherbergten. Der Magistrat stellte zehn Fremdenzimmer her. Auch die distinguirtesten Reisenden zahlten mässige Preise, so ein Graf Chotek im Jahre 1749 für acht Zimmer 12 Gulden.[1]

Die erste Hälfte des Jahrhunderts der Aufklärung erwies sich den *Juden* noch sehr feindlich; im Jahre 1749 wurde noch in Gradisca ein Ghetto errichtet, mit Gittern und Balken vor den Gassenfenstern und mit zwei von Militär besetzten Thoren. Im Jahre 1762 wurde der Laibacher Handelsstand von der Regierung einvernommen, ob nicht den Juden gegen Einstellung des Verkaufs aller fremden Waren der ‚stuckweise Handel mit den erbländischen Erzeugnissen' überhaupt zu gestatten wäre. Der Handelsstand antwortete: dies wäre sein Ruin; dass man nur den Handel mit inländischen Waren erlauben wolle, mache keinen Unterschied, denn die ausländischen wären ohnehin schier alle verboten. Er berief sich auf seine Handelsprivilegien vom Jahre 1756 und auf die von Kaiser Max 1515 ertheilte und von Kaiser Karl VI. bestätigte Befreiung Krains von den Juden. Zum Beweise, dass diese Befreiung noch immer wirksam sei, berief sich der Handelsstand auf den Fall, dass unter Karl VI. ein jüdischer Matrazenmacher sich auf dem Lande aufgehalten und auf Befehl der innerösterreichischen Regierung aufgehoben und durch das Landesgericht an seinen Geburtsort abgeschoben worden sei. Zugleich habe sich der Vicedom wegen dieser Duldung des Juden rechtfertigen müssen. Der sodann von der Regierung einberufene Commerzienconsess — eine Art Handelskammer — zog in seiner Aeusserung gegen die Juden als Gotteslästerer und Wucherer los, berief sich auf die Geschichte, die Juden seien das unnützeste Volk für den Landesfürsten, da sie weder für den Kriegsdienst, noch für die Handarbeit, sondern blos zum Handel zu brauchen seien. Ferner sei stets derjenige Staat der glücklichste, wo Einheit der Münze, Masse und Gewichte und des — Glaubens herrsche. Ihre Majestät hätten bereits in den angrenzenden Ländern die vom katholischen Glauben Abweichenden mit allem Ernst anhalten lassen, entweder zur katholischen Kirche zurückzukehren oder das Land zu räumen, warum sollte daher hierlands das jüdische Volk eingeführt werden?[2]

---

[1] Mitth. 1863 S. 61.

[2] *Meine Skizze:* Die Juden in Krain, Feuilleton der Laib. Zeitung 1866.

Die von der Laibacher Bürgerschaft befürchtete Gefahr wurde auch diesmal noch abgewendet.

Die Zustände des *Armenwesens* werden am besten durch die Thatsache illustrirt, dass man im Jahre 1767 drei- bis viertausend Bettler zählte welche am Charfreitag alle Kirchenthore belagerten.[1] Im Jahre 1771 wurden alle in Laibach bestehenden Versorgungsanstalten vereinigt; infolge dessen wurde das Hofspitalsgebäude Nr. 297, am Schulplatze, feilgeboten und 1774 von der Tabakgefällenadministration laut Erklärung vom 13. Dezember 1774 um 8500 fl. übernommen.[2] Zum Adaptirungsbau des Bürgerspitals spendete 1773 Kaiserin Maria Theresia aus ihrer Privatschatulle 2000 fl.[3] Im Jahre 1780 besass das Armenhaus ein Kapitalvermögen von 58,850 fl. und erhielt jährlich einen Beitrag von 200 fl. aus der Cameralhauptkasse von der neuen Lottopachtung. Im ganzen hatte es ein Einkommen von 2804 fl. und erhielt 55 Arme. Das im Jahre 1761 vom Repräsentations- und Kammerrath Josef Johann von Hoffmann gegründete Waisenhaus hatte im Jahre 1780 ein Vermögen von 58,000 fl. und ein jährliches Einkommen von 3920 fl. Es beherbergte 38 Kinder.[4]

4. Handel, Industrie und Gewerbe. Die Strassen. Die Landstädte.

Die materiellen Interessen des Staates wurden von Maria Theresia mit Sorgfalt gepflegt; ihre Tarife und Mauthordnungen sprechen den Grundsatz aus, die inländischen Erzeugnisse zu begünstigen, die Ausfuhr derselben zu erleichtern, die Einfuhr von Rohstoffen zur Hebung der Industrie zu gestatten und den auswärtigen Handel zu heben. Zum erstenmale erhielt der Handelsstand eine den heutigen Handelskammern analoge Vertretung: es traten die Commerzialconsesse ins Leben; auch in Laibach finden wir eine solche Körperschaft. Zur Erleichterung des Salzankaufes wurden Magazine an verschiedenen Orten errichtet und 1752 eigene Impressarien mit dem Salzverkauf betraut.[5] Laibach erwuchs zur Fabrikstadt. Zu der vorhandenen ersten *Seidenfabrik* von de Werth-Tabouret[6] kam in den vierziger Jahren eine

[1] Raunacher Archiv.
[2] Mitth. 1857 S. 14.
[3] Blätter aus Krain 1862 S. 36.
[4] Archiv des historischen Vereins.
[5] Mitth. 1862 S. 72 f.
[6] Siehe oben S. 152.

zweite von Zebull, welche jedoch nicht recht gedeihen wollte. Die Ursache des Verfalles der Seidenfabrication suchte man in der auf das Fabrikat gelegten Mauth und in dem Umstande, dass das Rohmateriale im Lande nicht erzeugt werden konnte, sondern in Görz angekauft werden musste. Die Abgabe von 100 Pfund Seide betrug vierzehn Gulden. Maria Theresia that viel zur Begünstigung der Seidenzucht. Es wurden Samen und Maulbeerbäume unentgeltlich verabfolgt. Die Unterthanen sollten durch Sachverständige in der Pflege unterwiesen, ihnen Samen und Geräthschaften unentgeltlich beigestellt und die erzeugten Galetten um einen angemessenen Preis abgelöst werden. In der That hatte diese Fürsorge der Regierung den besten Erfolg. Die Grenzgegenden Krains gegen Triest, Görz, Fiume, der grössere Theil des österreichischen Istrien, der Wippacher Bezirk ernährten sich von der Seidenzucht. Im Jahre 1776 entzog die Regierung der Seidenzucht ihre Unterstützung; demungeachtet blühte sie fort, bis die Kriegsjahre vom Beginn der französischen Revolution auch diese hoffnungsvolle Industrie erstickten.[1]

Auch eine *Tuchfabrik* findet sich in Laibach unter der Firma *Ruard-Desselbrunner*; sie beschäftigte im Jahre 1763 neunzig Arbeiter (Reiser, Kämpler, Pettinatori und Wollschläger), 18 Stühle, 4 Meister, 28 Wirker und Gesellen, 409 Spinnerinnen.[2] Die Kaiserin suchte dem Lande auch durch Schaffung neuer Erwerbszweige aufzuhelfen. Im Jahre 1763 beabsichtigte sie, die Fabrication von Berchtesgadener Holzwaren auch in den holzreichen Gegenden Krains und Istriens einzubürgern. Es wurde angeordnet, drei oder vier 12—16jährige Knaben nach Wien zur Erlernung der Holzschnitzerei abzusenden; es wurden auch wirklich zwei Knaben aus der Loitscher Gegend nach Wien geschickt, aber es blieb bei diesem Versuche, wir finden keine weitere Spur der Holzschnitzerei in Krain.[3] Im Jahre 1764 sandte Maria Theresia eine eigene Lehrerin aus Wien zur Anleitung in der Verfertigung von Blonden-, Seide-, Zwirn- und Garnspitzen nach Laibach. Sie wohnte im Baron Zois'schen Hause in der Herrengasse und erhielt ihre Bezahlung vom Commerzialconsess.[4]

Ueber den Stand der *Gewerbe* gibt uns eine ‚Commerzialtabelle des Herzogthums Krain' vom Jahre 1763 interessante Daten.[5] Es

---

[1] Blätter aus Krain 1865 Nr. 14 und 15.

[2] Blätter aus Krain S. 30.

[3] L. c.

[4] Mitth. 1866 S. 35.

[5] Blätter aus Krain 1865 S. 30.

gab darnach sieben Bierbräuer mit fünf Gesellen, welche 63½ Zentner inländischer Gerste, Hopfen und Malz bezogen; sie verarbeiteten davon 31½ Zentner zu 115,600 Mass Bier, welche im Lande abgesetzt wurden. Wir finden ferner sechs Goldschmiede, drei Glockengiesser,[1] drei Geigenmacher, 570 Leineweber mit 31 Gesellen, welche an Material 1139¾ Zentner Leingarn im Inland, 57 Zentner von auswärts bezogen und 1135½ Zentner zu 96,218 Stück Leinwand verarbeiteten; sie verkauften im Land 5990 Ellen, nach auswärts 3843 Ellen. Lodenfabrikanten gab es 98, welche 2278 Zentner Schafwolle bezogen und davon 2256 1/20 Zentner zu 69,718 Ellen verarbeiteten; sie verkauften nach auswärts 32,084 Ellen. Handelsleute gab es 69 mit 14 ‚Gesellen'.

Zur Erleichterung des Verkehres übernahm die Regierung die Verwaltung der *Strassen*, mit Ausnahme der nach Unterkrain führenden, welche die Landschaft fortan besorgte. Im Jahre 1749 erliess Maria Theresia die Anordnung, dass auf der Hauptroute nach dem Süden in Oberlaibach, Adelsberg, Präwald die Wirthe bei Verlust ihrer Schankgerechtigkeit sichere und trockene Schoppen für mindestens sechs Wagen erbauen mussten. Der Wegedirector in Krain, Graf Lamberg, erhielt den Auftrag, die Hindernisse an der Unz wegräumen zu lassen und überhaupt für guten Zustand der Strassen Sorge zu tragen.[2] Ein Sohn des Landes, Josef *Schemerl*, geboren in Laibach 1752, der im Jahre 1769 in Holland den Wasserbau studirt hatte, ward Cameralingenieur und Strasseninspector in Krain, erwarb sich Verdienste um die Saveregulirung, baute die Brücke bei Tschernütsch, stellte die verfallenen Strassen wieder her und führte neue aus, besonders zwischen Oberlaibach und Adelsberg. Später erhielt er einen höheren Wirkungskreis, wurde im Jahre 1811 in den Ritterstand erhoben und starb als Hofbaudirector 1837.[3] Im Jahre 1780 wurde die Instandhaltung der Strassen verpachtet um 21,000 Gulden; sie war übrigens durch die Mauthen mehr als gedeckt, welche 25,000 Gulden betrugen.[4]

Den *Landstädten* drohte im Jahre 1757 ein seltsames Schicksal. Die Laibacher Landesstelle, die sogenannte k. k. Repräsentation, trug in bureaukratischer Missachtung des bürgerlichen Elements und rein fiscalischer Auffassung seines Verhältnisses zur Regierung bei Hofe

---

[1] Im Jahre 1749 lieferten Anton und Josef Samassà den Discalceaten eine Kirchenglocke von 1979 Pfund. Discalc.-Chronik.

[2] Löwenthal, Gesch. von Triest I. 182.

[3] Wurzbach, biogr. Lex. XXIX. 195.

[4] Arch. des hist. Vereins.

darauf an, die Stadt Landstrass und die anderen ‚schwachen' Städte unter Aufhebung ihrer Freiheiten zu verkaufen und ihre Bewohner so aus freien Bürgern zu unterthänigen Erbholden zu machen. Zufolge kaiserlichen Erlasses vom 24. September wurde jedoch der originelle Antrag zurückgewiesen, ‚weil an Aufrechthaltung Unserer landesfürstlichen Städte Uns und dem gemeinen Wesen viel gelegen ist'. Wenn die arme Stadt Landstrass aus ‚Unverstand, Ehrfurcht und Unvermögenheit' sich nicht selbst gegen die Uebergriffe des Stiftes Sittich schützen könne, sollte die Repräsentation eine Commission zur Schlichtung dieser Angelegenheit niedersetzen und der Stadt den Fiscus zur Vertretung ihrer Rechte beigeben.[1] Uebrigens griff die Regierung mitunter in die Gemeindeverwaltung reformirend und beaufsichtigend ein: so wurde im Jahre 1775 die Gemeindeverwaltung des Marktes Nassenfuss wegen Missbräuchen und schlechter Wirthschaft reformirt.[2]

Zur Localchronik der Landstädte erfahren wir, dass Krainburg am 20. August 1749, 3 Uhr nachmittags, in Brand gerieth und vollständig abbrannte; dreissig Personen kamen in den Flammen um.[3] In Lack wurde 1779 durch den Gegenschreiber J. A. Prenner ein ‚bürgerliches Militärcorps' errichtet.[4]

5. Landeskultur:

Die Ackerbaugesellschaft und ihr Wirken. Der Landwirth Černe. Der Bienenzüchter Janscha. Morastentsumpfung. Stand der Bergwerke im Jahre 1780.

Die Befreiung des Ackerbauers von den Fesseln der Hörigkeit, vom Drucke der Robot und der auf erfinderische Weise vervielfältigten Urbarialgaben war nicht das einzige Mittel in dem Plane Maria Theresia's zur Hebung der Landeswohlfahrt. Die neu gegründete Volksschule konnte nur auf die Zukunft berechnet sein. Eine rationelle Bodenwirthschaft sollte die Früchte der Aufklärung schon der gegenwärtigen Generation sichern.[5] Wie sehr diese ihrer bedurfte, zeigt beispielsweise schon der eingewurzelte Glaube an das *Wetterschiessen* zur Abwendung des Hagels, wozu sogar die landschaftliche Kasse einen

---

[1] Vicedomarchiv.

[2] Mitth. 1853 S. 19, 20.

[3] Discalc.-Chronik.

[4] Mitth. 1852 S. 59.

[5] Die Daten zu folgender Skizze sind, wo nicht eine andere Quelle angegeben, dem Aufsatze des Herrn Dr. Bleiweis, Mitth. 1855 S. 19—20, und dessen Festrede bei der Jubelfeier der Landwirthschaftsgesellschaft (gedruckt Laibach 1868, S. 4—5) entnommen.

Beitrag leistete. Die grosse Kaiserin suchte die Abhilfe in der Vereinigung aller Intelligenz und alles Wissens zum Besten des ganzen Landes. Im Jahre 1767 forderte sie nach dem Vorschlage des Commerzienrathes Fremant die damals lebenden praktischen Landwirthe und Gelehrten auf, sich zur Förderung der Landwirthschaft in Gesellschaften zu vereinigen. Auch Krain folgte alsbald dem Rufe. Schon am 26. Oktober 1767 versammelten sich die ersten vom Landeshauptmann Heinrich Grafen von Auersperg gewählten Mitglieder der *Ackerbaugesellschaft* unter seinem Vorsitze. Sie wählten den ersten landeshauptmannschaftlichen Rath Josef Freiherrn von Brigido zum Präses, den Dr. Valentin von Modesti zum Kanzler der Gesellschaft. Keine Statuten sollten die Wirksamkeit der Gesellschaft umgrenzen. ‚Ungebundene Freiheit in den Operationen, ohne Methode, ohne Ceremoniell', proclamirte der erste Präsident als die leitenden Grundsätze ihres Wirkens. Die Thätigkeit, welche sich nun entfaltete, war eine ausgebreitete und Hoffnung erregende. Nicht weniger als dreizehn Mitglieder traten als landwirthschaftliche Schriftsteller auf.[1] Preisfragen wurden ausgeschrieben; es erschien eine ‚Sammlung nützlicher Unterrichte' in drei Jahrgängen, ein ‚Wöchentliches Kundschaftsblatt' (1775); es wurde eine öffentliche Schule gegründet (1771), welche aber im Jahre 1780 wieder einging. Auch die öffentliche Lehrkanzel für Mechanik (1769), an welcher der Jesuit Gabriel Gruber den Gewerbsmann unterrichtete, war eine Schöpfung der Gesellschaft. Ihr Wirken wurde insbesondere von dem ausgezeichneten Naturforscher Professor Balthasar *Hacquet* unterstützt, der in seinen noch zu besprechenden naturwissenschaftlichen Schriften den Interessen des Ackerbaues die grösste Aufmerksamkeit widmete und durch mehrere Werke auch auf dem Felde der Veterinärkunde verdienstlich wirkte. Er war ‚beständiger Secretär' der Gesellschaft und betheiligte sich an der von ihr (1770 — 1779) herausgegebenen ‚Sammlung nützlicher Unterrichte'.[2] Das praktisch thätigste Mitglied der Gesellschaft war der Pfarrer von Commenda S. Peter bei Stein, P. P. *Glavar*, auf dessen humanistisches Wirken und interessante Lebensschicksale wir noch zurückkommen werden. Nachdem er die Herrschaft Landspreis gekauft, hob er die Oekonomie auf eine noch nie gesehene Stufe. Er führte die erste Dreschmaschine in Krain ein, er legte ein Bienenhaus an mit Raum für

[1] P. Marc. Bibl. Carn. S. 6, 7, 9, 10, 11, 17, 22, 23, 31, 43, 60 zählt die betreffenden Werke auf.

[2] Deschmann, Musealheft 1856 S. 7—8.

mehr als 200 Bienenstöcke, pflanzte Nadelholzwaldungen, führte manch kostspieliges Experiment zum Nutzen der ökonomischen Wissenschaft aus und hinterliess ein Werk über Bienenzucht in krainischer Sprache.[1]

Die von der Ackerbaugesellschaft gegebene Anregung fiel auch bei dem Landmann auf fruchtbaren Boden. Wir finden Valentin *Černe* als einen wegen seiner landwirthschaftlichen Kenntnisse berühmten Bauer in Oberschischka (geboren 1723, gestorben 1798) genannt. Krünitz hat sein Porträt in seine Encyklopädie aufgenommen.[2] In einem speciellen Zweige der Landwirthschaft, den Krain zu höherer Blüte gebracht hat als andere, sonst weit entwickeltere Länder, war es einem einfachen Landmann beschieden, in weiteren Kreisen anregend zu wirken und seinen Namen mit der Geschichte der Wissenschaft zu verknüpfen. Anton *Janscha*, geboren in Rodein bei Radmannsdorf, zog durch seine Leistungen als *Bienenzüchter* die Aufmerksamkeit der Behörden auf sich. Er wurde als Lehrer der Bienenzucht nach Wien berufen. Hier eröffnete er 1769 eine öffentliche Schule für Bienenzucht im Augarten (nachmals in den Belvederegarten übertragen), von wo aus später (1775 und 1776) untergeordnete Schulen in Wiener-Neustadt, in Mähren und Böhmen errichtet und geleitet wurden.[3] Als vollkommener Autodidakt musste er anfangs wegen Unkenntniss der deutschen Sprache seine Vorträge in slovenischer halten und sich eines Dolmetschers bedienen, bis er es dahin brachte, auch in deutscher Sprache vortragen zu können, ja sogar seine Vorträge in deutscher Sprache niederzulegen.[4] Nach seinem Tode gab Josef Münzberg, sein Nachfolger im Lehramte, als Janscha's wissenschaftliches Vermächtniss heraus: ‚Des Anton Janscha sel. sehr erfahrnen Bienenwirths und k. k. Lehrers der Bienenzucht hinterlassene vollständige Lehre von der Bienenzucht‘, Wien 1775, 8°, wovon eine Uebersetzung für den Landmann in Böhmen, 1789 in Prag, und eine neue Ausgabe in Wien 1790 erschien. P. P. Glavar bearbeitete dieses Werk in slovenischer Sprache.[5]

Die Vortheile, welche die *Austrocknung des Laibacher Morastes* nicht allein für die Landeskultur, sondern auch für den Gesundheitszustand im Gefolge haben müsse, waren dem Scharfblicke der Herr-

---

[1] Mitth. 1848 S. 29 f.

[2] Lustth. Archiv.

[3] Helfert, die österreichische Volksschule, Prag 1860, I. S. 109—110 u. Anm. 1 zu S. 110.

[4] Abhandlung vom Schwärmen der Bienen, Wien 1774, 8°.

[5] Wurzbach, biogr. Lex. X. 89; Mitth. 1848 S. 41; P. Marc. Bibl. Carn. S. 27.

scherin nicht entgangen. Auf ihren Befehl ward der Commerzienrath Fremant nach Laibach gesandt, um das Erforderliche einzuleiten. Nach seinem Plane betrieb *Zorn* von Mildheim die 1769 angefangene und 1781 vollendete Austrocknung eines Morastdistrictes von 700,000 Quadratklafter nahe an der Stadt, am linken Laibachufer, auf Kosten seines Vermögens. Seine allen Hindernissen Trotz bietende Thätigkeit gab der grossen Angelegenheit der Morastentsumpfung neuen Schwung. Die Fortsetzung der Arbeiten wurde dem P. Gabriel Gruber übertragen, der sie 1762 mit Erbauung einer Kanalschleussenbrücke eröffnete, worauf 1773 die von der Einmündung des Laibachflusses anfangende Aushebung des Kanals hinter dem Schlossberge erfolgte. Der Ueberschlag belief sich auf 635,000 Gulden, allein es kostete die Brücke allein 50,000 Gulden, und die Gesammtkosten beliefen sich in fünf Jahren auf 139,372 Gulden. Das Resultat: eine schöne, aber bald schadhafte Schleussenbrücke und ein bis dahin auf die Länge von 245 Klaftern geführter Kanal, in welchem das Wasser stand, konnte die Stände, welche die Kosten trugen, nicht befriedigen und erregte auch das Missfallen der Kaiserin und der Kenner. Im Jahre 1777 würde die Vollendung des Werkes dem Oberstlieutenant Freiherrn von Struppi aufgetragen, welcher dasselbe am 25. November 1780 beendigte und von den bewilligten Baukosten pr. 72,000 Gulden noch ein Namhaftes ersparte.[1]

Ueber den Stand der *Bergwerke*, als eines wichtigen Zweiges der Landeskultur, zu Ende von Maria Theresia's Regierungszeit erhalten wir aus gleichzeitiger Quelle[2] folgende Daten:

Privatwerke gab es in Kropp, Eisnern, Feistriz, Steinbüchel, Weissenfels, Feistriz in der Wochein, Althammer mit Eisenerzeugung; Jauerburg, Sava (Moistrana), Bleiofen mit Stahlfabrication; Neumarktl und in Unterkrain zu Gurk. Sie erzeugten jährlich 18,573 Zentner Roh- oder Wolfseisen; davon verarbeiteten sie 10,569 Zentner im Geldwerthe von 120,804 Gulden. An Gradel oder Rauhstahl wurden jährlich 14,390 Zentner erzeugt, an Manufacten 11,780 Zentner im Geldwerthe von 66,480 Gulden. Das ärarische Werk Idria erzeugte jährlich 2200 Lagel Quecksilber oder 3300 Zentner im Werthe von 660,000 Gulden, welche nach Abzug der Kosten per 103,207 Gulden einen Reinertrag von 556,793 Gulden lieferten. Eine Zinnoberfabrik war in der Errichtung begriffen. Schon mit der Hofverordnung vom 1. Juli 1747 war in

[1] Lippich, Topographie von Laibach, Laibach 1834, S. 26—27.

[2] Histor. Verein.

Idria ein Oberbergamt errichtet und auch die Arbeitsordnung näher bestimmt worden. Im Jahre 1779 hatte die Bergstadt auch die Criminalgerichtsbarkeit für den eigenen Bezirk erhalten; wegen der sich mehrenden Erzdiebstähle wurde die Todesstrafe über Erzdiebe verhängt.[1]

6. Wissenschaft und Kunst. Druckereien und Schriftsteller. Zeitungen.

Das Zeitalter Maria Theresia's zeigt auch auf dem Gebiete der Wissenschaften und Künste ein mit der Sterilität der verflossenen Decennien dieses Jahrhunderts stark contrastirendes reges Leben, das Wiedererwachen selbständiger geistiger Thätigkeit, durch den allgemeinen Fortschritt des Jahrhunderts und die Fürsorge der Regierung angeregt und gefördert. Im Jahre 1748 sendete Kaiser Franz seinen Hofmathematicus Josef Anton *Nagel* nach Krain, um dieses Land in *naturwissenschaftlicher* Richtung zu erforschen. Dieser Gelehrte wendete sich sofort an den Verfasser der im Jahre 1744 erschienenen grossen Karte Krains (Tabula chorographica Ducatus Carnioliae, jussu sumptuque inclytorum Provinciae statuum geometrice exhibita et aeri incisa per Abrah. Kalkschmid), Pfarrer Dismas *Floriantschitsch* von Grienfeld,[2] um von ihm Informationen zu erhalten, und überreichte als Ergebniss seiner Forschungen noch im nemlichen Jahre dem Kaiser einen umfassenden Bericht, 97 Blätter mit 22 Tafeln Tuschzeichnungen, welcher gegenwärtig in der kaiserlichen Hofbibliothek aufbewahrt wird.[3] Zwei berühmte Namen repräsentiren die Naturforschung in Krain zur Zeit Maria Theresia's. Beide Celebritäten erhielten ihre Wirksamkeit durch Van Swieten angewiesen, dessen Einfluss auf das höhere Studienwesen in Oesterreich ein so unberechenbar wohlthätiger war. Der bereits genannte *Hacquet*, geboren 1739 zu Le Couquet in der Brétagne, stand im siebenjährigen Kriege als Wundarzt bei der österreichischen Armee und verdankte seine Anstellung als Professor der Anatomie, Chirurgie und Hebammenkunst am Laibacher Lyceum der Gönnerschaft Van Swietens. Auf seinen Reisen erforschte er Krain in geognostischer Beziehung und veröffentlichte die Resultate seiner Studien in der bis auf die neueste Zeit einzig dastehenden ‚Oryctographia Carniolica', IV partes, Leipzig 1778—1784.[4]

---

[1] Hitzinger, Quecksilberbergwerk Idria. Bl. a. Krain 1860.

[2] P. Marc. Bibl. Carn. S. 20.

[3] Bl. a. Krain 1862 S. 48. Wurzb. biogr. Lex. XX. 32.

[4] P. Marc. Bibl. Carn. S. 24.

Hacquet verdient aber auch in der Geschichte unseres Landes einen Ehrenplatz als Vorkämpfer des geistigen Fortschritts einer mächtigen Partei gegenüber, welche, wie wir gesehen haben, der Normalschule opponirte, weil sie die Unwissenheit zerstreuen sollte, und welche sich wohl fühlte in der dichten Finsterniss des Aberglaubens und des Fanatismus. Mit Bitterkeit erzählt uns Hacquet in seinen Werken von seinen Kämpfen mit Schwarzröcken und Mönchen und mit dem durch sie aufgehetzten Publicum. Als er in Idria als Werksarzt sein aufopferndes Wirken begann, predigte man auf den Kanzeln gegen ihn, schrie ihn als Ketzer aus und stiftete das Bergpersonale durch Aufrufe an, eine Deputation an die Monarchin zu schicken. Aber Hacquet überwand durch die Gunst des grossen Gerhard van Swieten seine Feinde und harrte durch sieben Jahre in dieser opfervollen Stellung aus. Als er bei der Reorganisation der Studien nach Aufhebung der Jesuiten die erste anatomische Schaubühne in Laibach errichtete, so liess sich das Volk den Glauben nicht nehmen, man habe das anatomische Theater nur erbaut, um rothhaarige Menschen zu tödten, mit deren Blut der Exjesuit Gruber, dessen verunglückter Kanalbau zur Entwässerung des Morastes unglaubliche Summen verschlang und der allgemein als Alchymist galt, das Quecksilber fixire. Dieses Märchen hatte so ernstliche Folgen für den ‚Lutheraner‘, wie man den helldenkenden Hacquet nannte, dass er seine Reisen im Lande in den folgenden zwei Jahren unter einem anderen Namen fortsetzen musste, um nicht misshandelt zu werden. Hacquet entwirft die crassesten Schilderungen von dem religiösen Wahnglauben des Volkes, dem Unwesen der Wallfahrten und Bittprocessionen und der geistlichen Sympathiemittel, und betont wiederholt die hohe Aufgabe, welche der Geistlichkeit bei Hebung dieser socialen Schäden zufallen sollte, welche sie aber auch nur dann erfüllen könnte, wenn sie ihre eigene Bildung vervollständigen würde.

Johann Anton *Scopoli*, geboren 1723 in Fleimsthal (Südtirol), erhielt durch van Swieten das Physicat in Idria (1754), wo er unter den beschränktesten Verhältnissen durch volle sechzehn Jahre wirkte, in der Natur, wie er selbst sagt, nicht allein Studium, sondern auch Trost für Entbehrungen und Schicksalsschläge suchend. In sechs Jahren durchforschte er den Idrianer Bezirk, Wippach, die Gegend um Oberlaibach, Laibach, Planina, Zirkniz, Lack, das Save-Ufer und Reifniz in botanischer Richtung. Die Frucht dieser Excurse war die ‚Flora Carniolica‘, 1760, enthaltend 756 Phanerogamen und 256 Kryptogamen mit den slovenischen Namen der bekannteren Pflanzen. Reichhaltiger und wesentlich verbessert war die zweite Auflage, 1772, in zwei Bänden, mit einer Beigabe von 65 Tafeln zwar roher, aber naturgetreuer Abbildungen. Dieses Werk, das 124 neue, von Linné nicht gekannte Species beschrieb, erregte Aufsehen unter den Botanikern und gilt noch als classisches Werk der Linné'schen Periode. Im Jahre 1761 schrieb Scopoli über das Idrianer Quecksilber und über die Krankheiten der Bergleute; 1763 gab er die ‚Entomologia Carniolica' heraus, worin er 1153 Species beschrieb. Später erschienen als Anhang zu diesem Werke 43 Kupfertafeln mit Abbildungen. Linné schrieb darüber an Scopoli: ‚Obstupesco ad infinitum laborem in colligendo, describendo et disponendo, quem nullus alius intelligere usquam potest nisi qui ipse manum labori admovit.' In den Jahren 1768—1772 veröffentlichte er unter dem Titel: ‚Annus historico-naturalis' Abhandlungen naturhistorischen, chemischen und ökonomischen Inhalts. Sie enthalten wohlgemeinte Bemerkungen und Rathschläge über den Ackerbau in Krain und eine Beschreibung des ‚Proteus anguineus'. Aus Krain wurde Scopoli (1766) nach Schemnitz und später (1776) nach Pavia berufen, wo er 1788 im 65. Lebensjahre starb.[1]

Auf dem Gebiete der *Erdbeschreibung* zeichnete sich ausser dem bereits genannten *Floriantschitsch* der Hofkammerrath *Steinberg* aus. Am 26. Oktober 1684 in Laibach geboren, studirte er hier, dann in Wien, reiste dann nach Deutschland und Italien. Er war Geometer, Mechaniker, Zeichner, Oelmaler; Maschinen, die er selbst gefertigt, sollen sich in Idria befinden. Er stach im Jahre 1716 eine sehr selten gewordene geographische Karte von Krain und schrieb 1758 eine Beschreibung des Zirknizer Sees. Sie zeichnet sich durch gründliche Beobachtung, unverdrossenen Sammelfleiss, genaue Topographie der Gegend, sowie durch werthvolle Notizen über die dortige Jagd und den Fischfang aus. Steinberg starb am 7. Februar 1765.[2]

Entsprechend dem gesteigerten Interesse an der Naturwissenschaft, finden wir auch das Fach der *Heilkunde* gesuchter als je; schon der Umstand weist darauf hin, dass sich unter den Schriftstellern dieser Epoche dreizehn ärztliche finden: Karl *Altmann*, Physiker in Krems; Andreas *Bratasevič*; Valentin *Brusati*; Anton *Castellez* (Prüfung und Gebrauch des warmen Bades zu Töpliz in Unterkrain, Wien bei Kurzböck 1777, und Badeordnung zu Töpliz, Laibach 1776);

[1] Deschmann Musealheft 1856 S. 3—7. Die Aufzählung der Werke Scopoli's bei P. Marc. Bibl. S. 50.

[2] Deschmann l. c.; Mitth. 1862 S. 41.

Thomas *Christan* (Beiträge zur Geschichte und Behandlung natürlicher Pocken, Wien, Ghelen, 1781; Kurze Geschichte und pathologische Schilderung der neuen Epidemie etc., Wien, von Ghelen, 1782); Johann Anton *Haymann*, Protomedicus in Laibach (Dissertatio de aere, Wien 1758); Anton *Jellouscheg*, Physicus in Unterkrain; Franz Xav. *Jugovitz*; Josef *Knee*, Physicus in Rudolfswerth und später in Idria und Laibach; Lorenz *Lackner*; Johann *Mislej*, Feldarzt; Josef *Mislej*, Arzt im Wiener allgemeinen Krankenhause (Kurzgefasste Methode, alle Arten von Scheinbartodten wieder zu beleben etc., Wien 1790); Lukas *Mislej*; Josef *Verhovitz*; Anton *Werdnik*, Physicus in Laibach.[1] Den grössten Ruf erlangte Johann Bapt. Michael *Sagar*, zu Pölland am 2. November 1702 geboren, gestorben 1778. Ueber seine Jugendzeit fehlen uns nähere Nachrichten. Unbekannte Verhältnisse hielten ihn bis in sein späteres Mannesalter von der Vollendung der medizinischen Studien ab. Er hörte in Wien die Vorlesungen der berühmtesten Lehrer: De Haën, Crantz u. a., erlangte aber erst im fünfzigsten Jahre die medizinische Doctorswürde. Bald darauf wurde er Physicus des Iglauer Kreises in Mähren. Er zeichnete sich hier besonders durch Beobachtung der grossen Volkskrankheiten und Thierseuchen, Hungerfieber, Blattern u. s. w. aus, welche er wissenschaftlich verwerthete. Die Wissenschaft von den Krankheitsformen (Nosologie) verdankt ihm das ‚Systema morborum symptomaticum‘ (1771, wieder aufgelegt 1776), welches als der beste nosologische Versuch des 18. Jahrhunderts gilt. Sagar wurde zum Mitgliede der Leopoldinischen Akademie der Naturforscher ernannt und von Maria Theresia 1776 in den Adelsstand erhoben. Er starb im Jahre 1778.[2]

Von *Juristen* finden wir: Johann Bapt. *Dembscher*, Hofrath und Referent beim Hofkriegsrath (Genuina Jurisprudentiae Romanae fundamenta. Wien 1745); Alois *Kappus* von Pichelstein, Landstand, Doctor der Rechte und landschaftlicher Secretär; Josef Freiherr von *Mordax* (Abhandlung über die kaiserlichen Majestätsrechte 1772); Dr. *Klobus*; Dr. Anton *Remiz*, Hofadvocat in Wien und bischöflich Passau'scher Consistorialrath (Dissertatio juridica de justitia Placeti Regii. Wien 1774.[3])

Das weitaus grösste Contingent stellen die *Theologen* (17 ohne die *Jesuiten*, welche abgesondert behandelt werden sollen), deren Werke in das Gebiet der Erbauungsliteratur gehören. Der Geistlich-

---

[1] P. Marc. Bibl. Carn. SS. 6, 11, 12, 13, 25, 28, 29, 30, 31, 36, 59 und 60.

[2] Wurzbach biogr. Lex. XXVIII. 69; Carniolia, I. 343; P. Marc. Bibl. Carn. 47.

[3] P. Marc. l. c. S. 16, 29, 30, 45 und Hoff III. 144.

keit gebührt in dieser Epoche das Verdienst, die Entwicklung der slovenischen Landessprache gefördert zu haben. P. Marcus *Pochlin*, geboren in Laibach am 13. April 1735, studirte die Humaniora am Laibacher Jesuitengymnasium, trat 1755 in den Discalceatenorden, war bis 1775 Prediger in Laibach, von da an Magister der studirenden Kleriker in Wien, 1781 Subprior des Convents in Laibach, 1784 Provinzialsecretär und 1791 Subprior in Wien, endlich seit 1784 Novizenmeister im Kloster von Mariabrunn bei Wien, wo er am 5. Februar 1801 verschied. Er war Mitglied der Akademie der Operosen. Durch zahlreiche Schriften (darunter eine krainische Grammatik, Laibach 1768) regte er eine grössere Thätigkeit auf dem Gebiete des Sprachstudiums an, wenngleich seine Reformversuche mit vielfachen Missgriffen verbunden waren. ‚Er glaubte es *wagen* zu können, sagt der grosse Slavist Kopitar, den Bohoritsch und seinen Epitomator (P. Hippolytus) gänzlich zu ignoriren und sich für den *ersten* krainischen Grammatiker auszugeben. Wohl sieht sein Werk wie ein erster roher Versuch aus, ohne Spur einer Bekanntschaft mit den benachbarten Dialekten, ohne Spur von philosophisch-grammatischem Geist!‘ Demungeachtet erlebte dieses Machwerk zwei Auflagen! Ueber die berechtigten Widersprüche Sprachkundiger wusste sich P. Marcus mit dem Spruche zu trösten, der sein Selbstgefühl bekundet: ‚Pro meritis male tractarunt Agamemnona Graji‘. Dauerndes Verdienst hat er sich aber durch seine Bibliotheca Carnioliae, ein bibliographisches Lexikon aller krainischen Schriftsteller, erworben, welche der historische Verein für Krain 1862 als Beilage seiner ‚Mittheilungen‘ nach der in der Laibacher Studienbibliothek vorhandenen Handschrift in Druck erscheinen liess.[1] Es regte sich auch schon der Sinn für vaterländische Dichtkunst: der Discalceat P. Joann. *Damascenus* wird als warmer Liebhaber der krainischen Muse genannt, und im Jahre 1780 erschien eine krainische Gedichtsammlung ‚Pisanize‘.[2]

Die einzigen Vertreter der *exacten Wissenschaften* sind die *Jesuiten*, von denen später die Rede sein wird.

Dem Aufschwunge der Literatur entsprechend, finden wir in der gegenwärtigen Epoche bereits fünf *Buchdrucker* und *Buchhändler*: Adam Friedrich Reichhardt (1734—1747); Elisabeth Reichhardt, Witwe (1757); Georg Heptner (1760), landschaftlicher Buchdrucker;

[1] Safařik, Gesch. der südslav. Literatur I. S. 23. Die Selbstbiographie in der Bibl. Carn. S. 34—35, mit genauer Aufzählung der Drucke und Manuscripte.

[2] Šafařik l. c. S. 26—27.

Eger (seit 1765);[1] Michael Bromberger (1775).[2] Das *Zeitungswesen* wird ausgebildet. Die landwirthschaftliche Zeitschrift der Ackerbaugesellschaft fand bereits Erwähnung. Das erste grössere regelmässig erscheinende politische Blatt gründete 1778 Ignaz Alois Edler von Kleinmayr, der kurz vorher von Klagenfurt nach Laibach gekommen war. Es war dies die ‚Laibacher Zeitung', welche seither ununterbrochen im Besitze der Familie blieb und eine fortlaufende Jahreschronik bildet. Wohl lag damals die Journalistik noch in ihrer Wiege, die Communicationen waren schwerfälliger und die Correspondenzen noch unzuverlässiger als heutzutage. Ein Zeitungsschreiber war nicht auf Rosen gebettet, so lange man mit ihm verfahren konnte, wie in nachstehender origineller Currende, datirt Laibach am 23. Oktober 1751:

‚Ihro k. k. Majestät haben missfällig vernommen, dass viele geschriebene sogenannte *Zeitungen* in allerhöchst Doro Erblanden verfasset, ohne allen Scheu aller Orten abgegeben und sogar ausser Land verschicket, in welchen Zeitungsnachrichten jedoch meistentheils ungegründet, falsch und allem Ansehn nach vorsätzlich erdichtet sein, worauf jedermann selbst vernünftig begreifen wird, dass diesen Unwahrheiten nicht der mindeste Glauben beigemessen werden könne. Zur Einschränk- und Abstellung dieses so boshaft als sträflichen Beginnens und damit durch solche Unwahrheiten kein übler Eindruck, Verdacht und Missvergnügen in und ausser Land fürohin verursacht werden möge, haben allerhöchst Ihre k. k. Majestät auch respectu diesseitiger Erbländer als des Herzogthums Krain, Grafschaften Görz und Gradisca, dann Fiume, der landesfürstlichen Obrigkeit allhier allergnädigst aufzutragen geruhet, mit gegenwärtiger öffentlicher Kundmachung alle dergleichen Zeitungsschreiber ernstlich zu ermahnen und zu warnen, dass sie von Anführung aller unwahrhaften und nur im mindesten bedenklichen Nachrichten sich also gewiss enthalten sollen, wie im widrigen der hieran schuldig befundene und überzeugte mit schärfster Bestrafung angesehen, auch beschaffenen Umständen nach mit der Fustigation und Relegation fürgegangen werden würde. Zur Erfahrung solcher boshaften Uebertreter dieses allerhöchsten Gebots wird auch denen Denuncianten oder Angebern nebst Verschweigung ihres Namens eine Erkenntlichkeit von 100 Dukaten in Gold hiemit anerboten. Es werden demnach alle dergleichen Zeitungsschreiber sich hierinfalls vor der ganz unfehlbar zu befahren habenden Schärfe und Strafe zu hüten wissen.'

---

[1] Gymnasial-Programm 1860 S. 11.

[2] P. Marc. Bibl. Carn.

In den *bildenden Künsten* hat Krain im Zeitalter Maria Theresia's einige nicht unberühmte Namen aufzuweisen. Andreas *Herlein*, dessen Geburtsjahr unbekannt und der im Jahre 1817 als Zeichenlehrer in Laibach starb, war ein guter Maler im Porträtfache, wie die von ihm herrührenden Brustbilder hervorragender Krainer im Lesesaale der Laibacher Studienbibliothek zeigen. Auch die Schiesstätte bewahrt von ihm Schützenporträts. Für mehrere Kirchen hat er Altarbilder und Fresken gemalt.[1] Ein berühmter Medailleur war Franz Andreas *Schega*, geboren in Rudolfswerth am 16. Dezember 1711, gestorben in München am 6. Dezember 1787. Sohn eines berühmten Büchsenmachers und Waffenschmiedes, ging er in seinem 17. Lebensjahre auf Reisen, hielt sich zwei Jahre zu Stein in Oesterreich auf und kam 1730 nach München, wo er zuerst bei Paul Lienhard, dann bei Johann Georg Dapenberd in Dienst trat, dort vier Jahre blieb und sich hauptsächlich mit gravirter und geschnittener Büchsenarbeit beschäftigte. Er widmete sich dann der Stempelschneidekunst, indem er sich zu diesem Ende, ohne einen Lehrer zu haben, sowohl im Zeichnen als im Bossiren nach der Natur übte. Im Bewusstsein der gemachten Fortschritte fasste er den Entschluss, das Porträt des damals regierenden Kurfürsten Karl Albert in Wachs zu bossiren und es ihm durch den geheimen Kabinetssecretär Johann Ascanius von Tritra, einen grossen Kenner und Liebhaber der Kunst, mit der Bitte zu überreichen, als Stempelschneider angestellt zu werden. Er wurde denn auch am 12. Dezember 1738 als Stempelschneider im Münchener Münzamte angestellt, wo man bishin keinen hatte. Er wurde zweimal (1758 und 1766) nach Wien berufen, um die Kaiserin Maria Theresia in Wachs zu bossiren. Der Kurfürst Karl Albert (Karl VII.) verlieh unserem Schega über Verwendung des Grafen Sigmund von Haimhausen die Stelle eines bairischen Hofmedailleurs. Schega's Ruf war so gross, dass auswärtige Höfe nicht nur seine Arbeiten verlangten, sondern ihm auch Anträge machten, in ihre Dienste zu treten, aber er zog es vor, in Baiern sein Leben zu beschliessen. Der jüngere Bruder Schega's, Barthelmä, lebte im Jahre 1806 noch in Wien. Er hatte in München den Unterricht seines Bruders empfangen und wurde unter die ersten Siegelschneider Europa's gezählt.[2] Schega's Neffe und Schüler Bernhard *Hribernik* (Berger) stand als trefflicher Medailleur

---

[1] Wurzbach, biogr. Lex. VIII, 370; Bl. a. Krain 1864 S. 100.

[2] Wurzbach, biogr. Lex. XXIX. 157–159; Feuilleton der Laib. Zeitung 154 de 1868: ‚Ein berühmter krainischer Medailleur'; Laib. Ztg. 1806 Nr. LI—LII.

in Diensten des Königs von Neapel.[1] Als Bildhauer werden in Laibach Jakob *Gaber* (1745) und Anton *Schwärzel* (1750) genannt, welche für die Laibacher Kirchen arbeiteten.[2]

Die *darstellende Kunst* hatte in der zweiten Hälfte des 18. Jahrhunderts ihre Reformperiode, welche mit der Verbannung der Hanswurstspässe von der deutschen Bühne und dem Durchgreifen des Schauspiels endete. Den Beginn dieser Reform bezeichnet die Errichtung *stehender* Bühnen an der Stelle des wandernden Thespiskarrens. In Laibach beschlossen die Landstände bei dem, Ende Juni 1765 abgehaltenen Landtage wegen der erwarteten Ankunft des damaligen römischen Königs, spätern Kaisers Josef II., die Erbauung eines *stehenden Theaters* oder eigentlich die Umgestaltung der ständischen Reitschule in einen Tempel Thaliens. Der Bau mit Beibehaltung der Hauptmauern begann sogleich und wurde im Dezember vollendet. Der landschaftliche Baumeister Lorenz Prager entwarf den Bauriss und führte ihn aus; der ganze innere Bau, Logen, Gänge, Stiegen, sowie das ganze Bühnenwesen bestand blos aus Holz. Die äussere Länge betrug 20 Klafter, die Breite 9 Klafter 4 Schuh. Die Bühne war 8 Klafter 9 Zoll breit, 5 Klafter tief; der Zuschauerraum zählte, nebst einer Hofloge, 50 zumeist sehr enge Logen zu ebener Erde und in zwei Stockwerken, welche Räume höchstens 850 Menschen zu fassen vermochten, was jedoch für eine Bevölkerung von 7—8000 Einwohnern wohl genügen mochte. Die Baukosten betrugen 11,378 Gulden. Ueber die ersten Jahrzehnte dieses Musentempels fliessen die Nachrichten spärlich. Im Fasching des Jahres 1769 gab die Truppe des Josef Bustolli ein komisches Singspiel: ‚Die verfolgte Unbekannte.‘ Die Genügsamkeit des Publicums kennzeichnet das Theaterinventar von 1775, dessen ganzer Reichthum in acht Decorationen und einigen Versetzstücken bestand. Im Jahre 1780 beherrschte Emanuel Schikaneder, der berühmte Librettist der Mozart'schen ‚Zauberflöte‘, unsere Bühne. Er führte hier auf und liess drucken: Leisewitz' ‚Julius von Tarent‘ und den ‚Barbier von Sevilien‘. Auch Schikaneders Neffe Karl wirkte als Schauspieler und Director in Idria.[3] Die Thätigkeit der deutschen Bühne wirkte anregend auf dem Gebiete der *musikalischen Composition;* Jakob *Suppan*, Schullehrer und Organist in Stein, dichtete

---

[1] Wurzb. IX. 359.

[2] Discalc.-Chronik.

[3] Meine Skizze: Hundert Jahre der Laibacher Bühne (1765—1865) in den Bl. a. Krain 1865 S. 66 f.; P. Marc. Bibl. Carn. S. 48.

im Jahre 1780 die Oper ‚Belin' und schrieb auch andere Compositionen.[1] Philipp Jakob *Repesch* setzte slovenische Volkslieder in Musik.[2] Selbst eine Spur von der fast erloschenen Thätigkeit der *philharmonischen Gesellschaft* finden wir in einer vierstimmigen *Cantate:* ‚il giubilo dell' incoronazione dell' Augustissima Regina d' Ongeria, incoronata Regina di Boemia', welche im bischöflichen Palaste zur Feier der Installation des Bischofs Ernst Amadeus Grafen von Attems (1742) aufgeführt wurde und (1743) im Drucke erschien.[3]

7. Die Geistlichkeit.

(Säcularfest der Discalceaten. Wie ein Ordensgeneral fetirt wird. Die Bruderschaften. Einstellung der Charfreitagsprocession. Aufhebung des Jesuitenordens und Reform des Gymnasiums. Denkwürdige Mitglieder dieses Ordens. Der Humanist P. P. Glavar.)

Die Regierung der Kaiserin Maria Theresia war dem *Klosterwesen* nicht günstig; im Einklange mit den neuen gesunden volkswirthschaftlichen Grundsätzen beschränkte sie den Erwerb der todten Hand und die Erbschleicherei, und strebte sie, den engen Verband mit geistlichen Oberen im Auslande zu trennen. Die milden Stiftungen wurden scharf controlirt und die Einziehung des Kirchenvermögens vorbereitet. Als die *Discalceaten* ihr *Säcularfest* begingen (30. April 1746), hatte die Reformperiode allerdings noch nicht begonnen. Es waren die letzten glücklichen Tage des angesehensten unter den Laibacher Bettelorden. Freilich fiel schon in die Säcularfreude ein bitterer Tropfen uncollegialen Brodneides. Die arglosen Discalceaten hatten nemlich, alten Groll vergessend, einen Festprediger von den ‚feindlichen Brüdern', den *beschuhten* Augustinern, erbeten.

In der krainischen Predigt am 1. Mai hat nun, nach dem Ausdrucke der Klosterchronik, ‚der *wohlunwürdige* P. Petrus Petermann, Ord. Eremit. S. Patr. Augustini, krainischer Feiertagsprediger ad B. V. Annunciatam, als unglückseliger Panegyrist die von ihm verhoffte Lobred in einen satyrischen Model gegossen, daher leicht zu erachten, dass ein nicht andere als unserem heil. Orden höchst nachtheilige Ehrenverletzung an's Licht treten konnte'. Der Prediger sagte nemlich: 1. seien die Discalceaten nicht befugt, ein Säcularfest zu feiern, weil

[1] P. Marc. S. 53: ‚Egregius compositor et Musicus, composuit melodias et modos musicos.'

[2] P. Marc. S. 45.

[3] P. Marc. S. 54 unter dem Titel: Thereside, Laibach, in Fol.

sie erst 1648 angekommen; 2. habe der heil. Augustin viele Orden, aber keine Discalceaten gestiftet, weil er selbst allzeit Schuhe getragen; 3. folglich seien die Discalceaten keine rechtmässigen, sondern Nebenkinder des heil. Augustin, weil sie ihr Statut nicht vom heiligen Vater (Augustin) unmittelbar, sondern nur von einem seiner Söhne erhalten haben. Dagegen beriefen sich die Patres auf ihr Klosterleben in Grubenbrunn seit *1643.* Wenn aber Augustin nie ohne Schuhe gegangen, woher hätten dann die Augustiner Ordensritter ihren Degen, Harnisch, Stiefel und Sporen? ‚Und sei es, dass P. Petermann die Schuhe von einem kränklichen Augustinus ererbt, woher hat er dann seine *schlampete Elephanten-Aermel?*‘ In dem Originalcontrefait des heil. Augustin im Vatican finden sich keine dergleichen. Vors Dritte, wann P. Petermann seine Ordensregel immediate von Augustino erhalten, so muss er ein so altes als nachlässiges Kind eines so heiligen Vaters sein, wenn er in so viel hundert Jahren auch sogar die ersten zwei Zeilen derselben: ‚Ante omnia, fratres carissimi, diligatur Deus, *deinde proximus*, quia ista praecepta sunt principaliter nobis data‘, nicht besser hat lesen und verstehen gelernt, etc. Infolge dieser perfiden und in ihren Folgen vielleicht unberechenbaren Improvisation verfügte sich der P. Prior der Discalceaten zum Klostervorstand der Augustiner Eremiten, der anfangs ‚gut Petermannisch‘ war, endlich aber doch gelindere Saiten aufzog, jedoch die Sache auf die Ankunft des neuen Priors verschieben wollte. Schliesslich wurde jedoch Petermann verurtheilt, den Discalceaten jene Satisfaction zu leisten, welche sie verlangen würden. Er leistete dem P. Prior der Discalceaten im Kloster Abbitte, womit endlich diese ‚besänftigt und die von P. Petermann an's Licht gebrachte Missgeburt möglichst vergraben wurde.‘

Bei der kirchlichen Feier am 1. Mai fuhr der Bischof Graf Ernst Amad. Attems mit sechs Pferden vor. Im Klostergarten waren 22 Pöller aufgestellt, welche dreimal abgefeuert wurden. Die Landschaft hatte dazu 72 Pfund Pulver gespendet.

Ueber die Feier erschien bei Adam Friedr. Reichhardt, Laibacher Buchdrucker, 1746 eine Schrift: Hochfeierliche Begängnuss etc., welche der Klosterchronik beigeheftet ist. Nicht uninteressant ist die Beschreibung des vor der Kirche behufs der Feier errichteten 59 Schuh hohen, 45 Schuh breiten Portals, unten mit sechs Lesenen, in der Mitte mit einer Gallerie, oben mit einer ‚freien Archt‘ nebst Colonnen und Cartellen, welche eine Kuppel schliesst. Am Gipfel des Gebäudes auf der Weltkugel ein Genius mit zwei Trompeten; in der mittleren Oeffnung oben Gott Vater auf dem Thron mit seinen Attributen, ferner S. Augustin abgeschildert, wie er auf einem mit Adlern bespannten Triumphwagen in das neu erbaute Kloster fährt und ‚den Seinigen auf Gott Vater den Fingerzeig gibt'; seitwärts der heil. Josef als Schutzpatron, der den heil. Augustin apostrophirt. Die Gallerie mit den Symbolen der Ordensgelübde, auch ein ‚*Sternseher*', der aus den Planeten alles Günstige vorhersagt. Unter dem Gesimse das k. k. Wappen; eine Inschrift unter demselben besagte, dass die ‚barfüssige Brut des scharfsinnigsten Kirchenadlers Augustini von dem allerdurchlauchtigsten Erzhause, besonders von der Kaiserin Maria Theresia, Speise und Trank abzuholen habe.' In der mittleren Oeffnung des untern Theils ober der Kirchenpforte war der egyptische Josef abgebildet, der seinem Vater und seinen Brüdern den besten Ort in Egypten zur Wohnung auszeichnet, was eine Anspielung auf die angenehme Gegend und gesunde Luft der Stadt Laibach sein sollte. In der Höhe der Oeffnung steckte ein Todtengerippe, aus der Erde kam eine feurige Hand, welche von einer lebenden, mit einem Rosenkranz behängten Hand ergriffen und herausgezogen wurde, eine Anspielung auf die Erlösung vieler armen Seelen durch das Gebet der Lebenden in der Todtenkapelle der Discalceaten. Unten an den Lesenen sechs Tugenden mit den Wappen der vorzüglichsten Gutthäter: Bischof Attems (Religion); Eggenberg und Sternberg (Freigebigkeit); Landschaft in Krain (Wohlthätigkeit); Stadt Laibach (Liebe des Nächsten); Auersperg (gratia, Gunst); Codelli (Hoffnung)[1] — weil dieses Geschlecht bereits zu Ehren des heil. Josef einen Altar erbaut und noch mehr hoffen lässt, — alles mit versificirten deutschen Inschriften und lateinischen Sprüchen und Chronogrammen. In der Kirche ähnliche Decorationen, darunter die Stadt Laibach, beschützt von dem heiligen Josef, der in der einen Hand das Scepter vom Jesuskind empfängt, in der andern den Erzherzog Josef hält. Inschrift: Protegam urbem istam 4. Reg. c. 20 v. 6. In deutscher Inschrift wird Krain und Laibach beglückwünscht, dass der Himmel ihnen zwei Josefe geschickt: einen, der sie beschützt, den andern, der über sie herrschen soll:

---

[1] Die ursprünglich görzische Familie Codelli wurde 1666 von Kaiser Leopold I. in den Adelstand mit dem Prädicate ‚Fahnenfeld' erhoben. Augustin Freiherr von Codelli, geboren in Görz 1683, gründete das Bisthum Görz und stiftete einen Domherrenplatz in Laibach. Er wurde 1749 von Maria Theresia in den Freiherrenstand erhoben und starb am 20. Juli desselben Jahres in Laibach. Er liegt in der erzbischöflichen Kapelle in Görz begraben. Czörnig, Görz I. S. 781, Anm 4.

Es hat dies hundert Jahr wohl doppelt dir geglücket.
O werthes Crainer Land! o Edle Laybach Stadt!
Indem des Himmels Huld zwei Josef dir geschicket
(Einen, der dich beschützt, Ein der dich herrsche) hat.
Der grosse Josef ist
Dein Maur und Sicherheit,
Der kleine wird zur Frist
Dir helfen in dem Streit.
Weil dann zwei Josef hast, kannst sicher unter Plitzen
Und vielen Donnerknall in Ruh und Freuden sitzen!

Die Kirche war durch einen Kronleuchter mit hundert Oellampen und zwölf Wachskerzen erleuchtet; am Hochaltar brannten sechzig Wachskerzen.

Wie in dieser Blütezeit des Ordens ein General desselben in Laibach empfangen wird, berichtet uns gar anschaulich die Klosterchronik. Am 19. Januar 1754 kommt der Ordensgeneral der Discalceaten in Laibach an. Der Orden ersucht den Landeshauptmann um seinen *sechsspännigen* Zug, den hohen Besuch damit einzuholen und in Laibach einzuführen. Es folgt nun die Becomplimentirung durch die Mendicantenorden. Der General macht bei hohem und niederem Adel seine Etiquettebesuche. General Baron de Fin, Baron Valvasor und Freiherr Codelli stellen ihm ihre Equipagen zur Verfügung. Nun folgen die Tractements. Die Discalceaten tractiren den hohen Adel, Landeshauptmann u. s. w. Der General aber wird fast täglich vom Adel tractirt: er ist der Gast des Landeshauptmanns, des Generals de Fin, des Grafen Franz Lamberg, des Deutschordenscomthurs Grafen Wildenstein, des Freiherrn Codelli. Der Stadtmagistrat verfehlt nicht, beim Ordensgeneral seine ‚Aufwartung‘ zu machen. Dieser erwidert mit einer Visite auf dem Rathhaus (27. Januar) und übergibt den Herren von Laibach als klösterliches Dankzeichen für die dem Orden bewiesenen Aufmerksamkeiten einen auf den Magistrat lautenden ‚Filiationsbrief‘, das ist eine Urkunde über die Aufnahme des ganzen Magistrats unter die weltlichen, dem Orden ‚affiliirten‘ (verbrüderten) Mitglieder.

Mit der Blüte der Orden innig verknüpft war jene der *Bruderschaften*, welche meist den ersteren ihr Dasein verdankten. Ihre Mitglieder zählten nach Tausenden. Als die Regierung im Jahre 1774 sie zur Fatirung ihres Vermögens aufforderte, zählte man 396 solche fromme Vereine; nicht alle leisteten der Aufforderung Folge, dem ungeachtet zeigte sich ein fatirtes Vermögen von 90,000 fl. C.-M.[1] Auch

[1] Mitth. 1849 S. 46.

die ‚todte Hand' des Discalceatenordens war nicht unthätig gewesen: im Jahre 1750 beliefen sich die Messenstiftungen allein auf 190,000 fl. C.-M. für 1006 Messen.

Das erste Opfer der Aufklärung des achtzehnten Jahrhunderts waren die *Charfreitagsprocessionen*, anfangs sicher ein wirksames Fanatisirungsmittel, zuletzt, wie wir gesehen haben, eine Fastnachtsposse. Im Beginne der siebziger Jahre erliess die Kaiserin einen strengen Befehl gegen die Charfreitagsprocession wegen der dabei vorgekommenen Skandale; darauf richtete der Laibacher Magistrat ein Gesuch an die Kaiserin mit dem Vorschlag, wie der Umgang künftighin gehalten werden möchte (1773—1774). Doch blieb es vorläufig, wie es scheint, beim Alten; im Jahre 1778 aber wurde die Procession durch die Regierung eingestellt.[1] Die Rudolfswerther Procession theilte das Schicksal der Laibacher, nur das heilige Grab durfte noch am Charfreitag herumgetragen werden.[2]

Spurlos ging aller Fortschritt der Zeit an den *Jesuitenschulen* vorüber, welche auch in unserem Vaterlande in ihrer Jahrhunderte alten Abgeschlossenheit verharrten. Die Studienreformen von 1752 und 1764 wurden hier wie anderwärts ignorirt.[3] Die Aufhebung der Gesellschaft Jesu, herbeigeführt durch die Ueberzeugung von ihrer Schädlichkeit für die zeitgemässe Entwicklung des Staates und den Frieden in der Kirche (1773 mit Bulle des Papstes Clemens XIV. vom 21. Juli), sollte auch der längst unumgänglichen Reform auf dem Gebiete des Gymnasialunterrichts Bahn brechen. Freilich konnte diese Reform nur eine äusserliche sein, so lange es an einem Ersatz für die Jesuitenprofessoren fehlte. Diese blieben in den ersten Jahren (bis 1779) des neuen Systems auf ihren Lehrkanzeln. Im Aufhebungsjahre zählte das Jesuiten-Collegium in Laibach 43 Mitglieder, und zwar 27 Priester, 4 Magister und 12 Coadjutoren. Rector war P. Christ. Rieger seit dem 11. Juni 1772, Präfect des philosophischen Studiums P. Ignaz Rasp. Als Professoren lehrten P. Bernardin Graf von Hohenwart: Logik und Metaphysik; P. Ignaz Rosenberger: Moraltheologie; P. Josef Dollhopf: Kirchenrecht; P. Gabriel Gruber: Mechanik; P. Georg Schöttl: allgemeine und besondere Physik und Moralphilosophie; P. Josef Maffei: Mathematik und Geschichte; P. Josef Giell: Landwirthschaft. Präfect des Gymnasiums war P. Innocenz Freiherr von Taufrer. An demselben

[1] Mitth. 1866, S. 36.
[2] Mitth. 1865, S. 34.
[3] Kollo, Jesuitengymnasien, Prag 1873, S. 79, 84.

lehrten Rhetorik: P. Jakob Knauer; Poesie: P. Johann Hormayr; Syntax: Mag. Franz X. Novak; Grammatik: Mag. Franz Salomon Kappus; Princip: M. Andreas Schemerl; Parva: M. Martin Naglitsch. Bibliothekar war P. Josef Erber.[1] In den theologischen Studien musste die Casuistik der Moral, die Decretalen dem Kirchenrecht und der Kirchengeschichte weichen; kein Studirender der Philosophie sollte ohne vorläufig gehörte Physik und Mathematik zu den theologischen Studien zugelassen werden. Am Gymnasium wurde eine strengere Aufnahmsprüfung festgesetzt und die Bedingungen für das Aufsteigen in höhere Klassen verschärft. Der Uebertritt aus dem Gymnasium zur Philosophie wurde an eine Maturitätsprüfung geknüpft. Mit Beginn des Schuljahres 1778 wurde die Zahl der Grammatikalklassen um eine vermindert. Das im Jahre 1774 durch Feuer verheerte Schulgebäude hatten die Stände neu und prächtig hergestellt.[2]

Die Jesuiten zählten auch in dieser letzten Periode ihres Wirkens Männer in ihren Reihen, deren wissenschaftliche Leistungen dem Vaterlande zur Ehre gereichen.

Leopold Freiherr von *Apfaltrer*, geboren zu Grünhof 1731, gestorben zu Raab in Ungarn 9. Dezember 1804, Professor der Mathematik am Lyceum in Klagenfurt und Mitglied der Ackerbaugesellschaften in Steiermark, Kärnten und Krain, liess eine Schrift: ‚De motu Rhombi conici' in Klagenfurt 1772 erscheinen und hinterliess eine Abhandlung vom Drucke der Gewölbe auf ihre Seitenwände im Manuscript.[3]

P. Anton *Ambschel*, Doctor der Philosophie, aus Ungarn gebürtig, Professor der Philosophie am Laibacher Lyceum und dann an der Wiener Universität, Mitglied der Akademie der Operosen, schrieb eine ‚Dissertatio de centro gravitatis in subsidium suorum discipulorum,' Laibach, Eger 1779, 8°, und ‚Dissertatio de motu', Laibach 1780, 8°.[4]

P. Karl *Dolenz*, Doctor der Philosophie und Professor in Gräz und Wien, Senior und Consistorialmitglied der Wiener Universität, schrieb unter anderm: ‚Scriptores Universitatis Viennensis ordine chronologico propositi,' Vienn. 1741.[5]

P. Bernhard Freiherr von *Erberg*, geboren in Laibach 20. Mai 1718, gestorben in Krems 1773, war zuerst Professor der Mathematik und Philosophie in Laibach, dann Präfect am Theresianum in Wien und Regens des Linzer

---

[1] Gymnasialprogramm 1860 S. 12.
[2] Gymnasialprogramm 1861 S. 3—4.
[3] P. Marc. Bibl. Carn. S. 7; Wurzbach biogr. Lex. XXII 466; Hoff, III. 146.
[4] P. Marc. Bibl. Carn. S. 6.
[5] P. Marc. S. 16

Seminars. Er bekleidete am Theresianum die Stelle eines Historiographen und Bibliothekars und hinterliess: Notitia illustris regni Bohemiae. Wien 1760, dann im Manuscript ‚Notizen‘ über das Wirken und die Schriften der Jesuiten der österreichischen Ordensprovinz 1551—1764.[1]

P. Innocenz *Taufrer*, geboren zu Ende des 17. Jahrhunderts, war Missionär in Paraguay, wo er im Jahre 1766 starb. Er gab im Jahre 1727 eine Karte dieses Landes heraus.[2]

P. Augustin Freiherr von *Hallerstein*, geboren 18. August 1703, aus einer freiherrlichen Familie, welche ihren Ursprung im fränkischen Baiern (Nürnberg) hatte, in Ungarn, Siebenbürgen und Steiermark sich ausbreitete und von dem letztgenannten Lande nach Krain kam, wo wir sie im sechzehnten Jahrhunderte antreffen. P. Augustin kam 1735 als Missionär nach Ostindien und China, war 1736 in Mozambique, 1737 in Goa, 1738 in Canton. In China war unter dem Kaiser Kien-long, der den Thron 1706 bestieg, das Christenthum geduldet. In Peking hatten die Jesuiten drei Collegien und ebensoviele Kirchen. In jeder wurden 60 Erwachsene und 1000 Kinder jährlich getauft. Wohl fanden hie und da Christenverfolgungen in den Provinzen statt, aber in Peking selbst schützte der Kaiser die Jesuiten wegen ihrer wissenschaftlichen Verdienste. Im Jahre 1749 unternahm P. Augustin eine Reise in die Tartarei zur Aufnahme einer geographischen Karte über das kaiserliche Jagdgebiet. Im Jahre 1752 erhielt er vom Kaiser den ehrenvollen Auftrag, die portugiesische Gesandtschaft von Macao nach Peking zu geleiten. Zum Zeichen der besonderen Gunst verlieh der Monarch dem Pater die Würde des dritten Ranges und liess ihm 2000 Unzen Silber anweisen. P. Augustin wurde als zum Hofe des Kaisers gehörig angesehen.

Er fungirte als Präses des mathematischen Tribunals in Peking, welchem auch die Astronomie zugewiesen war, und veröffentlichte seine astronomischen Beobachtungen in Wien 1768. Er verfasste auch 1761 aus den Registern des Tribunals der Einkünfte eine Bevölkerungsübersicht China's, deren Resultat eine Zahl von 198.213,718 Menschen ergab. Die Briefe P. Augustins an seinen Bruder Weikhard, Beichtvater Herzogs Karl von Lothringen 1743 – 1766, veröffentlichte Pray: ‚Imposturae CCXVIII in dissertatione P. Benedicti Cotto Clerici Regularis e scholis piis de Sinesium imposturis detecta et convulsae‘, Ofen 1781, typis regiae universitatis. Der letzte Brief P. Augustins ist vom 24. September 1766. Unter dem Schutze des Kaisers fühlte sich der gealterte Mann glücklich. Die Propaganda hatte zu jener Zeit in Peking zwei Kirchen, aber P. Augustin hebt mit Stolz hervor, dass die

---

[1] Wurzbach, biogr. Lex. IV. 62; P. Marc. S. 18.

[2] Wurzbach l. c.

der Jesuiten die Aufschrift in chinesischer Sprache trugen: ‚Errichtet auf kais. Befehl dem Herrn des Himmels‘, während jene der Propaganda keine Aufschrift hatten, daher nur als geduldete galten. P. Augustin nimmt von uns Abschied als zufriedener Bürger des Reiches der Mitte mit Lobeserhebungen der chinesischen Rechtspflege, der Unermüdlichkeit, Wachsamkeit, Scharfsicht des Kaisers in allen Geschäften, der auch die Provinzen nicht blos zum Vergnügen, sondern um ihr Bestes zu fördern besuche. Aber der herbste Schmerz war P. Augustin vorbehalten. Als er die Nachricht von der Aufhebung des Ordens erhielt, sank er vom Schlage getroffen zu Boden.[1]

Franz X. Freiherr von *Wulfen*, geboren 1728 in Belgrad, trat 1745 in den Jesuitenorden, kam 1762 aus Görz nach Laibach, wo er am Jesuitencollegium die Logik und Metaphysik und (1763) der erste in Laibach die Newton'sche Physik lehrte. Er beschäftigte sich auch mit der krainischen Flora, für welche er Scopoli Beiträge lieferte, und schrieb ausserdem auf Krain Bezügliches in Jacquin's *Flora Austriaca* und in seinen *Collectaneen.*[2]

Eine leuchtende Zierde des geistlichen Standes war P. P. *Glavar*, dessen Verdienste um Volksbildung und Hebung der Landwirthschaft wir bereits gewürdigt haben. Seine Lebensschicksale haben einen romanhaften Anstrich. Geboren 1721 in Commenda S. Peter (einem Besitzthum des Maltheser-Ordens) bei Stein, das Pflegekind einer Bauernfamilie namens Bassaj, wird er erst im 14. Lebensjahre nach Laibach geschickt, wo er drei Gymnasialklassen zurücklegt und dann die Grazer Universität bezieht nach dem krainischen Sprichworte: ‚Katir v nemškem Gradcu studira, ta kaj po svetu vé‘, ausgerüstet mit seinen Zeugnissen, mit einem Bündel Wäsche, drei Siebzehner in der Tasche und einen Laib Brod unter dem Arm. Hier sorgte sein Bruder Bartelmä Bassaj für ihn, und er gelangte bald als Informator in glücklichere Verhältnisse. Während Bassaj bald den Musen Lebewohl sagte und der Trommel eines durchmarschirenden kroatischen Regiments folgte, absolvirte Glavar die Theologie, und als er den Pfarrer seines Heimatsdorfes aufsuchte, gab ihm dieser, ohne ihm das Geheimniss seiner Geburt zu enthüllen, den dringenden Rath, den Commendator von S. Peter, Ritter Testaferrata, in Malta aufzusuchen. Glavar machte sich sogleich auf die Reise, welche über seine Zukunft entscheiden sollte. Er ging über Laibach und Fiume nach Zengg, wo er sich nach Malta einschiffen wollte. Hier fand sich jedoch kein nach Malta gehendes Schiff; die leichte Börse des jungen Rei-

[1] Mitth. 1861 S. 81 f.; Wurzb. biogr. Lex. VII. 244.

[2] Deschmann, erstes Musealheft S. 9; Gräffer, Nat.-Encyklopädie VI. 200.

senden schwand während des gezwungenen Aufenthaltes rasch dahin, so dass er genöthigt war, bei einem angesehenen Handelsmann als Informator Dienste zu nehmen, in welcher Stellung er sich Kenntniss der italienischen Sprache erwarb und die allgemeine Achtung genoss, so dass ihn der Bischof von Zengg zurückhalten und zu seinem Notar machen wollte, als endlich das ersehnte Schiff erschien. Als der schüchterne junge Kleriker in dem prächtigen Palaste von La Valette vor dem Cavaliere Testaferrata stand, empfing ihn dieser mit aller Zärtlichkeit eines Vaters; er stattete ihn mit der Kleiderpracht eines Priesters und Cavaliers jener Zeit aus, liess ihn ein Jahr lang den Glanz des Ordens bewundern und an seinen Genüssen theilnehmen, und sendete ihn dann nach Zengg zurück zum Empfange der Priesterweihe. In Tersat feierte Glavar seine Primiz und eilte dann den väterlichen Fluren zu. Der alternde Ortspfarrer nahm ihn mit offenen Armen auf, übergab ihm nach dem Willen des Commendators alle Pachtgefälle und nahm ihn als Vicar auf. Glavar hatte nicht mehr die Freude, seine Pflegeeltern am Leben zu finden, aber ihre Tochter versorgte er mit brüderlicher Liebe. Zweimal schiffte er wieder nach Malta, um seinen väterlichen Wohlthäter zu besuchen, und sah die vornehmsten Städte Italiens. In Rom wurde er dem Papste vorgestellt, der ihn mit heiligen Gebeinen aus den unerschöpflichen Katakomben Roms beglückte. Der Pfarrer von S. Peter starb und hinterliess unserem Glavar die Hälfte seines Vermögens. Glavar trat nun an dessen Stelle und übernahm die Verwaltung des Ordensvermögens. Immer grossartiger entfaltete sich nun seine humanitäre Wirksamkeit. Die bereits erwähnte Errichtung einer Schule, die Erbauung einer Beneficiatenwohnung und einer Kapelle und die Stiftung des Beneficiums ‚Corporis Christi‘ fällt in diese Zeit. Im Jahre 1765 berief ihn sein schwer erkrankter Wohlthäter nach Malta und setzte ihn in den Stand, einen Auftrag auszuführen, welchen der Commendator als sein Vermächtniss für die Wohlfahrt seiner Mitmenschen betrachtet wissen wollte. Glavar kaufte noch vor der Abreise nach Malta die Herrschaft Landspreis um 25,000 fl. und ein Schlüsselgeld von 100 Dukaten vom Grafen Alois Auersperg. Dann eilte er nach Malta, um vom Commendator auf immer Abschied zu nehmen, der ihm nochmals ans Herz legte, sein Leben der Sorge für seine nothleidenden Nebenmenschen zu widmen. Kaum hatte Glavar die Heimat wieder betreten, als ihn die Nachricht von dem Hinscheiden seines väterlichen Freundes erreichte. Er überliess nun die Verwaltung des Beneficiums seinem Zögling Josef Tomelli, übergab die Pfarre seinem Nachfolger und eilte nach Landspreis. Wie er da als rationeller Landwirth anregend und fördernd, wohlthätig nach allen Seiten wirkte, haben wir bereits geschildert. Eine grosse Freude und einen grossen Schmerz brachte ihm noch sein vorgerücktes Alter. Sein Milchbruder Bartelmä Bassaj überraschte ihn am 12. Januar 1784 mit seinem Besuche. Unter des Kaisers Fahne hatte es der Bauernsohn aus Commenda S. Peter zum commandirenden General von Karlstadt gebracht; seiner Bravour verdankte er den Freiherrnstand. Da schwelgten denn die beiden alten Knaben in Jugenderinnerungen, bis spät in die Nacht sassen sie traulich zusammen; endlich begab sich der General zur Ruhe. In der Nacht aus zweistündigem Schlafe erwachend, fühlt er sich unwohl, kaum vermag ihm der herbeigeeilte Freund noch die letzten Tröstungen der Religion zu spenden, und er hält eine Leiche in den Armen. Dieser Schicksalsschlag bricht dem gemüthvollen Glavar das Herz. Als er den Jugendfreund zur Erde bestattet, sprach er offen die Todesahnung aus, die ihn durchschauerte, und sie wurde zur Wahrheit. Am 24. Januar 1784 starb Glavar, nachdem er die leidende Menschheit zum Erben seines Vermögens eingesetzt. Eine Inschrift an der linken Altarseite der Schlosskapelle von Landspreis bezeichnete die Ruhestätte des edlen Menschenfreundes.[1]

8. Statistisches. Fiume von Krain getrennt und zu Kroatien geschlagen.

Für das Zeitalter Maria Theresia's stehen uns Daten statistischer Art aus den Jahren 1761, 1771, 1773 und 1780 zu Gebote. Sie mögen, wenn auch unvollkommen, das Bild ergänzen, welches wir von den Zuständen unserer Heimat zu entwerfen versucht haben.

Im Jahre 1761 betrug die Militärcontribution in Krain, Görz, und Gradisca 278,457 fl., in den Jahren 1749—1758 hatte sie 2.820,573 fl. betragen.

Für die Cameralschulden bezahlte Krain für ein Jahr 17,209 fl., in den Jahren 1749—1758: 156,668 fl.

Die Brutto-Einnahme in Krain belief sich bei einer Bevölkerung von 344,564 Seelen auf 102,399 fl.;

die Erbschaftssteuer betrug			24,062	fl.
das Erträgniss der Siegelämter			5,822	„
„	„	„ Stempelgebühren	4,846	„
„	„	„ Spielkarten	263	„

[1] Mitth. 1848 S. 29 f.

das Erträgniss der Kalender	248 fl.
die Briefporto-Einnahme in Laibach	7,893 „
das Hauptpostamt in Laibach hatte 8 Filialen und 9 Angestellte und verursachte eine Ausgabe von	1,662 „
die Besoldungen für die Landesämter betrugen .	41,596 „
jene für Pensionen	16,475 „

Das Personale der *Landesämter* war folgendes:

1. Repräsentation und Kammer: Präses Graf Herberstein mit 8000 fl. Gehalt; 1 Rath mit 15 Beamten; 3 Kreishauptleute; 1 Fiscal; 3 Kreisoffiziere; 1 Steueranschläger; 2 Pagamenteinlöser.

2. Die Landrechte: Präses der Landeshauptmann mit 6000 fl. Gehalt; 2 Vicepräsidenten; 6 Räthe der Herrenbank; 6 Räthe der Ritterbank; 2 Räthe des Gelehrtenstandes und 2 Beamte; 1 Bannrichter und 1 Adjunct.

3. Landtafelamt mit 3 Beamten. — Im ganzen 51 Beamte.[1]

Im Jahre 1771 zählte Krain 16 Städte, 22 Märkte, 3308 Dörfer. Es hatte damals 214 Q.-M.; seine grösste Länge betrug 30, die Breite 25 Meilen.[2] Allerdings ist darunter auch das damals noch dazu gehörige Küstenland und Istrien begriffen.

Im Jahre 1773 lieferte Krain dem Staate ein Erträgniss von 1.250,000 fl.[3]

Im Jahre 1780 zählte Krain mit dem Küstenland und Istrien eine Bevölkerung von 412,298 Seelen, davon 206,940 weiblichen und 205,358 männlichen Geschlechts; ohne die partes annexae, d. i. für den heutigen Gebietsumfang betrug die Bevölkerung 359,205 Seelen. Die Einkünfte der Güter und Gilten wurden in runder Summe auf 600,000 fl. und ihr Kapitalswerth auf 12.000,000 fl. geschätzt. Die jährliche Weinfechsung Krains wurde auf 183,643 Eimer angeschlagen; seit 1756 hatte sie sich um 20,000 Eimer gehoben.

Die Gesammteinkünfte Krains betrugen:

Cameralgefälle	228,230 fl.	17 1/4	kr.
Landschaftliches Gefälle	402,182 „	03	„
Bancalgefälle	905,358 „	04	„
zusammen .	1.535,770 fl.	24 1/4	kr.
die Ausgaben .	463,149 „	37 3/4	„
der Ueberschuss .	1.072,620 fl.	46 1/2	kr.

---

[1] Oberleitner, Finanzlage der deutschen Erblande, österr. Arch. XXXIV.

[2] Mitth. 1849 S. 46, 96.

[3] Wolf, M. Theresia, S. 284.

Von diesem Ueberschusse von		. . . .	1.072,620 fl. 46½ kr.
flossen in die Miliärkasse	260,457 fl. 18 kr.		
wurden auf Passivinteresse verwendet . . .	150,816 „ —½ „		
		zusammen .	411,273 fl. 18½ kr.
		blieben rein .	661,347 fl. 28 kr.

für den Landesfürsten.[1]

Im Jahre 1776 erfolgte ein staatsrechtlicher Act, welcher mittelbar auch Krain berührte. Die Hafenstadt Fiume, welche, wie wir gesehen haben, ehemals zu Krain gehörte, deren Commandant, da sie als Grenzplatz galt, von den Krainer Ständen oder doch über ihren Vorschlag ernannt zu werden pflegte, und deren Zusammenhang mit den deutsch-österreichischen Erbländern bisher ein ununterbrochener gewesen war, wurde infolge der eingetretenen Verwaltungsreformen der ungarischen Krone einverleibt (Hofdecret vom 14. Februar 1776). Bedenken, die sich noch in letzter Stunde gegen diesen Beschluss erhoben hatten, indem der uralte Zusammenhang Fiume's mit den deutschen Erblanden geltend gemacht worden war, wurden durch die Bemühungen des Grafen Theodor Batthianyi, der sich eben in Wien aufhielt, behoben, und die Krainer Stände, an denen es gewesen wäre, die Interessen der Erblande zu wahren, fügten sich schweigend. Später allerdings (1791, dann 1802 und 1803) haben sie die Wiedervereinigung Fiume's, wie vorauszusehen war vergeblich, angesprochen.[2]

9. Josef II. als Alleinherrscher.

Seine Reformen in der Verwaltung. Aufhebung der Landeshauptmannschaft und Errichtung des innerösterreichischen Guberniums. Der Kaiser in Laibach (1784 und 1788).

Maria Theresia's erstgeborner Sohn Josef II. hatte schon seit 1765 an der Regierung theilgenommen, sich jedoch auf die Leitung der militärischen Angelegenheiten beschränkt, seine Musse aber mit Reisen nicht allein in seinen Erblanden — 1775 war er auch in Krain,[3] — sondern in den wichtigsten Staaten Europa's ausgefüllt. Er war in Rom zur Zeit des Conclaves, welches Clemens XIV. wählte; er sah

[1] Archiv des historischen Vereines

[2] Engel, Geschichte des ungrischen Reichs V. 339; Dr. Racki, Fiume, Agram 1869, S. 17; Mitth. 1846 S. 43.

[3] Hermann, Geschichte Kärntens II. 234. Näheres ist über den damaligen Aufenthalt des Kaisers leider nicht bekannt.

Paris am Vorabend der grossen Revolution; er traf mit dem bittersten Feinde Oesterreichs, Friedrich II. von Preussen, zusammen, und im letzten Lebensjahre seiner Mutter knüpfte er das Freundschaftsband mit der grossen Kaiserin Katharina, durch welches die preussische Allianz mit Russland aufgelöst wurde. Er sah in Frankreich einen starken Staat altern, in Preussen ein aus kleinen Anfängen erwachsenes Reich durch das Genie und die Kraft seines Königs zur höchsten Blüte und Bedeutung sich emporschwingen. Wohl mochte er in dem letzteren das in seiner Brust schlummernde Ideal des österreichischen Zukunftsstaates verwirklicht sehen. Oesterreich sollte ein mächtiger Einheitsstaat werden, in welchem alle Religionen, alle Nationalitäten, alle Stände durch die Bildung und den Fortschritt auf allen Gebieten des materiellen Lebens versöhnt und befriedigt werden sollten. Kaiser Josef setzte das Werk fort, das seine hochherzige Mutter begonnen. Sie hatte die letzten Reste ständischer Herrschaft noch geschont; wenn sie auch in ihrer Macht aufs äusserste eingeschränkt wurden, so blieben doch die alten Formen noch aufrecht. Kaiser Josefs entschiedenem Vorgehen sollten sie zum Opfer fallen. Mit dem Jahre 1781 begann die *Justizreform.* Der Beamte des Gutsherrn ward nicht mehr diesem, sondern dem Appellationsgerichte, also dem Staate, verantwortlich, gewiss eine wichtige Bürgschaft gegen persönliche Willkür des Gutsherrn. Im Jahre 1783 wurden die unter dem Namen der *Landeshauptmannschaften* fortbestandenen Länderstellen aufgehoben; für Steiermark, Kärnten und Krain wurde ein *Gubernium* in *Graz* errichtet, Graf Johann Franz von *Khevenhüller* als Gouverneur eingesetzt. Am 13. Februar 1783 kam der neue Gouverneur in Begleitung des Grafen Josef Gaisruck, Gubernialrathes und Administrators der sämmtlichen Bancalgefälle Inneröstereichs, in Laibach an und stieg im Hause des Grafen Franz Lamberg ab. Er verweilte bis 6. April, an welchem Tage er nach Klagenfurt abreiste.[1] Doch behielten die Länder auch in der neuen Eintheilung ihre Landtage; wir finden, dass jener von 1785 (September) vom Grafen Khevenhüller eröffnet wurde.[2]

Kaiser Josef, der sich selbst nur für den *ersten Beamten* des Staates erklärte, behielt die Controle der neuen Einrichtungen fest im Auge. Zweimal hatte Laibach das Glück, den verehrten Herrscher in seinen Mauern zu sehen. Am 20. März 1784 kam er nachmittags 1 Uhr von seiner nach Rom und Neapel unternommenen Reise in

---

[1] Laibacher Zeitung von 1783.

[2] Laibacher Zeitung von 1785.

Laibach an, stieg beim ‚Wilden Mann' ab und begab sich nach kurzem Verweilen in Begleitung des Grafen Franz Kinsky, des Generals von Wenkheim und des Kreishauptmanns Baron Taufrer in das Bürgerspital, das Militärkrankenhaus, das Militärwaisenhaus und zu den Ursulinerinnen. Dann kehrte er in das Gasthaus zur Mittagstafel zurück, wo viele Bittschriften überreicht wurden. Abends um 6 Uhr war Audienz für jedermann. Um halb 8 Uhr wohnte der Kaiser einer Abendgesellschaft des Adels beim Grafen Alois Auersperg bei. Am folgenden Tage fuhr er in sechsspännigem Wagen zur Domkirche, wo ihn der Bischof Graf Herberstein empfing, besuchte dann auch die Kirchen der Franziskaner und von S. Jakob, besichtigte das Zuchthaus und die Militärkaserne und beehrte auch das Naturaliencabinet des Prof. Hacquet, grösstentheils aus Mineralien und 4000 Stück Pflanzen (herbaria viva) bestehend, sowie dessen anatomisches Theater mit seiner Aufmerksamkeit. Nachmittag 3 Uhr wurde die Reise nach Wien fortgesetzt, nachdem der edle Monarch alle seine Schritte mit Wohlthaten bezeichnet und allein für die Pfarrarmen 100 Dukaten zur Vertheilung zurückgelassen. Das erste Nachtlager wurde in Kraxen gehalten.[1]

Der Kaiser hatte, wie er gewohnt war, in alle Verhältnisse der von ihm besuchten öffentlichen Anstalten genaue Einsicht genommen, und die nöthigen Verfügungen folgten mit der ihm eigenen Raschheit und Schärfe. Schon von Laibach aus schickte er eine Denkschrift über seine Wahrnehmungen an den Gouverneur Grafen Khevenhüller, und in Graz erliess er (28. März) ein Handbillet an ihn. Er gibt darin sein Missfallen über den schlechten Zustand der Strasse zwischen Präwald und Adelsberg zu erkennen und ordnet die sogleiche Leistung des Ersatzes durch die Schuldtragenden an. Er befiehlt, die Angelegenheit der Morastentsumpfung, auf welche schon so viel Geld fast ohne Nutzen verwendet worden, wieder in Angriff zu nehmen, doch mit grösserer Vorsicht und Sachkenntniss als bisher. Er bestimmt die Klöster der beschuhten und unbeschuhten Augustiner zur Aufhebung und verfügt die Versetzung von Barmherzigen Brüdern nach Laibach zur Uebernahme des Krankenhauses. Das leerstehende Clarissinnenkloster soll zum Militärspital und für das Erziehungsinstitut des einheimischen Regiments Graf Thurn sowie für das Verpflegsamt gewidmet werden. In dem Zuchthause findet der Kaiser die Züchtlinge zu gut gehalten, denn ‚sie haben Betten, geheizte Zimmer, 4 Kr.-Kost, spinnen und kehren nur die Gassen.' Dies müsse anders werden; statt Betten

[1] Laibacher Zeitung von 1784; Mitth. 1857 S. 146.

haben sie Pritschen mit Wasser und Brod zu erhalten, und es ist ihnen nur nach Massgabe ihres Fleisses im Spinnen und Arbeiten ein solcher Lohn zu setzen, womit sie sich beiläufig 4 kr. täglich und nicht viel mehr erarbeiten können, wie es in Wien beobachtet wird. Aus dem Versorgungshause sollen die alten Leute, die es wünschen, gegen Stipendien entlassen und für die Findelkinder besser Sorge getragen werden.[1]

Zum zweiten male sah unsere Landeshauptstadt den Kaiser am 3. März 1788. Um 2 Uhr nachmittags angekommen, stieg er bei den Barmherzigen ab, besichtigte das hier an der Stelle des Discalceatenklosters eingerichtete Krankenhaus, sodann das neue Militärspital und Erziehungshaus und bezeigte seine Zufriedenheit. Hierauf nahm der Kaiser das ehemalige Kloster der Franziskaner (das jetzige Gymnasialgebäude), welches nach seinem Willen für die Schulen eingerichtet werden sollte, in Augenschein und besprach sich lange darüber mit dem Ingenieur Schemerl; dann erst nahm er sein Absteigquartier im ‚Wilden Mann', wo er noch verschiedenen Personen hohen und niederen Ranges Audienz ertheilte. Am folgenden Tage um 4 Uhr morgens wurde die Reise nach Triest fortgesetzt.[2]

Im Sommer des nemlichen Jahres verweilte auch des Kaisers Bruder, Erzherzog Franz, in Laibach. Er traf am 23. Juni um 2 Uhr nachmittags in Laibach ein, stieg beim ‚Wilden Mann' ab und besichtigte nach eingenommenem Mittagmahl mehrere öffentliche Gebäude. Am folgenden Tage reiste er über Rudolfswerth und Karlstadt zur Armee ab.[3]

Die neuen Verwaltungsreformen waren auch auf dem Gebiete der *Armenpflege* und des *Sanitätswesens* von Erfolg begleitet. Das Armeninstitut wurde in Laibach am 28. September 1786, in Idria am 3. Dezember 1786 ins Leben gerufen. Dort sammelten die Bürger wöchentlich in Begleitung des Seelsorgers für die Armen; hier ward eine kirchliche Feier abgehalten, mit Tedeum und Predigt in beiden Landessprachen. Nach derselben begaben sich die Anwesenden unter Vortritt der Armen in einen Saal, wo 42 Arme reichlich gespeist und dabei von den angesehensten Personen bedient wurden. Abends gab es Komödie zum Besten der Armen. Madame Weiss sprach den Epilog ‚mit aller einer so berühmten Actrice eigenen Stärke des Geistes.'

---

[1] A. Wolf, Ein Handbillet Kaiser Josefs II. Beiträge zur Kunde steiermärk. Geschichtsquellen XII. 1875.

[2] Laibacher Zeitung von 1788.

[3] L. c.

Das gesammelte Almosen dieses Tages betrug 113 fl., die wöchentlichen Zuflüsse waren reichlich. Auch in Laibach widmete Director Friedel dem Armeninstitut eine ganze Tageseinnahme. Dilettantenvorstellungen halfen das Vermögen der Armen vermehren.

Zur Förderung der *Gesundheitspflege* ernannte Kaiser Josef einen *Ober-Landeschirurgus* in Dr. Kachelmayer, der zugleich die Kanzel der Wundarzneikunst in Laibach übernahm.[1]

Weniger glücklich war der Kaiser in der von ihm angestrebten *Steuerregulirung*, welche eine gleichmässige Besteuerung des Grundertrages ohne Unterschied des Besitzers bezweckte, in Krain aber, wie überhaupt in den Gebirgsländern, allgemeine Unzufriedenheit unter den nun höher besteuerten Gutsbesitzern hervorrief.

10. Das Toleranzedict. Bischof Karl Graf von Herberstein und sein Hirtenbrief. Pamphlete der Gegner. Die Angelegenheit des Laibacher Erzbisthums. Des Bischofs Testament. Die Klosteraufhebung.

Auf kirchlichem Gebiete war schon seit Maria Theresia's kräftiger Initiative vieles anders geworden. Das Werk eines deutschen Bischofs (Febronius-Hontheim, Weihbischof von Trier) vindicirte die Rechte der Bischöfe im Gegensatze zur päpstlichen Allgewalt, das Placetum regium wurde erneuert, der unmittelbare Verkehr mit Rom untersagt, die Strafgewalt der Kirche eingeschränkt, den Geistlichen verboten, von den Staatsgesetzen ungebührlich zu reden, ihre Steuerfreiheit hörte auf, Klostergründungen wurden beschränkt, der Eintritt in Klöster beaufsichtigt, ja sogar im Mailändischen einige Klöster eingehoben.[2] Die Kaiserin, deren tiefe Religiosität einen harten Kampf mit ihrem Pflichtgefühl als Staatsoberhaupt kämpfte, war bei jenen Reformen stehen geblieben; ihr Sohn, ein Kind des Jahrhunderts der Aufklärung, voll starrer Consequenz und Energie in der Durchführung des einmal als nothwendig und gut Erkannten, erhob sich zu einer höhern Anschauung in Bezug auf religiöse Freiheit. Während Maria Theresia noch an dem Begriffe der Staatsreligion in seiner ganzen mittelalterlichen Schärfe festhielt, den Uebertritt zum Protestantismus hart bestrafte, ja in elterliche Rechte eingriff, wo es sich ihr um das Seelenheil der Kinder handelte, erhob sich Josef zu der ersten Concession gleicher staatsbürgerlicher Rechte an alle Confessionen. Das auch in Krain kund-

[1] Laibacher Zeitung vom Jahre 1786.
[2] Dr. Mayer, Geschichte Oesterreichs II. S. 234; Korn l. c. S. 236–265.

gemachte *Toleranzedict* von 1781 gewährte den Protestanten und nichtunirten Griechen Bürger- und Meisterrechte, das Recht der Erwerbung von Gütern, der Bekleidung von akademischen Würden; die Kindererziehung in gemischten Ehen wurde nach dem Glaubensbekenntnisse der Eltern geregelt, die Protestanten erhielten ihre kirchliche Oberbehörde in Wien.[1] Das waren Reformen, deren Berechtigung heutzutage niemand mehr leugnet; damals reichten sie hin, um allen Widerstand jener Macht hervorzurufen, welche durch Jahrhunderte in Oesterreich an Alleinberechtigung und Alleinherrschaft in kirchlichen Dingen gewöhnt war.

Man pflegt bei Schilderung dieser Epoche Josef II. als einen Regenten zu bezeichnen, der seinem Zeitalter vorauseilte und daher einem zuletzt unüberwindlichen Widerstande aller verletzten Interessen, aller beleidigten Traditionen erliegen musste. Wäre es nicht vielleicht richtiger, zu sagen, dass der grosse Kaiser nur im Einklang mit den Ansichten aller Aufgeklärten und besser Denkenden handelte und dass der leider nur zu erfolgreiche Widerstand gegen seine, wenn auch im einzelnen vielleicht mit unnöthiger Härte und Ueberstürzung durchgeführten Reformen eben nur von *jener* Macht ausging, welche noch immer infolge unvollkommener Schuleinrichtungen und durchschnittlich mangelhafter Bildung die grosse Masse beherrschte und mit Leichtigkeit fanatisirte? Ist denn dieser welthistorische Kampf in unserem, doch in allen Richtungen so weit vorgeschrittenen Jahrhundert schon ausgekämpft, und bietet er nicht ganz ähnliche Erscheinungen?

Fanden ja doch des Kaisers Reformpläne selbst in hochstehenden Würdenträgern der Kirche eifrige Anhänger und Förderer.

In unserem Vaterlande war es der geistliche Oberhirt der Diöcese, Carl Graf von *Herberstein*, geboren 7. Juli 1719 in Graz als Sohn des Landesverwesers von Steiermark, Ernst Grafen von Herberstein, und der Dorothea Gräfin von Dietrichstein, — 1769 Coadjutor in Laibach und 1772 Fürstbischof, ein um das Schulwesen hochverdienter Mann, rechtschaffen und vorurtheilsfrei, ein Feind der Jesuiten und der Kanzelagitation gegen die Staatsgesetze, welcher eifrig in die Ideen des Kaisers einging, sich offen zu denselben bekannte und seine auf Reinigung des Kirchenthums und Revindicirung der Rechte des Staates gerichteten Bestrebungen thätigst förderte. Von diesem Geiste beseelt, erliess er noch im ersten Regierungsjahre des Kaisers[2] einen *Hirtenbrief*

[1] Dr. Mayer, Geschichte Oesterreichs II. 237.

[2] P. Marc., Biblioth. Carn. S. 25: Hirtenbrief an die Geistlichkeit und das Volk der laybachischen Diözes. Laibach bei Eger 1780.

an seine Diöcesanen, in welchem er mit den Waffen des Geistes und der christlichen Milde die kaiserlichen Reformen vertheidigte und das religiöse Bewusstsein mit denselben zu versöhnen suchte. Dieses Actenstück erregte Aufsehen weit über die Grenzen der Laibacher Diöcese hinaus; in Wien wurde es in der Sonnleithner'schen Druckerei wiederholt aufgelegt,[1] und es erschien dort auch eine französische Uebersetzung desselben.[2]

Leider liegt uns der vollständige Wortlaut dieser denkwürdigen Kundgebung nicht vor, aber auch aus den dem Zusammenhange entrissenen Stellen, welche von einem modernen Schriftsteller ultramontaner Richtung mitgetheilt werden,[3] lässt sich die wahrhaft humane und christliche Tendenz des Hirtenbriefes zur Genüge entnehmen. Der Bischof sagt in seinem Sendschreiben, er wolle seine Diöcesanen über die landesfürstlichen, bischöflichen und päpstlichen Rechte belehren, auch über das Mönchswesen, die Ehedispense und die Toleranz einiges erinnern und die Gemüther vorzubereiten suchen, wenn da und dort einige Andachtsübungen in der Zukunft unterlassen werden sollten, welche ‚weder den Geist noch die Würde der katholischen Kirche betreffen'. Was die landesherrlichen Rechte betrifft, so verweist der Bischof sehr richtig auf die Geschichte, welche lehre, dass die Landesfürsten, welche die christliche Lehre annahmen, nicht die Absicht hatten, dadurch ihre Rechte preiszugeben. Es wird dann sehr treffend als Summe der ‚Kirchenregierung' definirt, dass der Staat die *äusseren* Verhältnisse (‚die äusserliche Disciplin'), die Kirche die *inneren*, dasjenige, ‚*was man eigentlich Religion heisst*', mittelst der Bischöfe zu regeln habe. Der Papst endlich habe durch seine Aufsicht über die Bischöfe Sorge zu tragen, dass diese die Religion in ihrer Reinheit bewahren. Die weisen Massregeln des Monarchen dürften also die Gemüther der Diöcesanen nicht beunruhigen, da sie nur die ‚*äusserliche Disciplin*' und Missbräuche betreffen, welche für Staat und Kirche gleich schädlich seien. Was das Mönchswesen anbelangt, so vermag der Bischof in demselben keinen nothwendigen Bestandtheil des Systems christlicher Sittenlehre zu erkennen, die Mönche hätten das Christenthum auf keine höhere Stufe gehoben, als die ihm schon ursprünglich eigen war. Sie hätten sich fremden Gesetzen unterworfen (den Geboten

---

[1] Laibacher Zeitung vom J. 1783, Nr. XI vom 12. März.

[2] P. Marc. l. c.: Haec pastoralis in Gallicum translata: Lettre Pastorale de Msr. L'Evêque de Lab. au Clergé et aux fidèles de son diocèse. Vienne 1781.

[3] Brunner, Die theologische Dienerschaft am Hofe Josefs II., Wien 1868, S. 339–343.

Roms, wo ihre Generale residirten) und seien dadurch dem Staatswohle oft hinderlich gewesen. Sollten auch alle Klöster aufgehoben werden, so wäre dies kein Unglück für die Religion, um so mehr, als der Kaiser Bedacht nehme, alles beizutragen, damit fromme, aufgeklärte und bescheidene Seelsorger gebildet würden, die dem Volke die reinen Glaubenssätze der Religion beibrächten.

In gleichem Sinne bespricht der Bischof das Toleranzedict. ‚Unser anhaltendes Gebet, unser tugendhafter Lebenswandel, unsere von abergläubischen Gebräuchen gereinigte Religion wird die Glaubensgegner am besten von der Wahrheit unserer Lehre überzeugen. Er verweist auf das Beispiel des Heilandes, welcher die Irrenden mit Sanftmuth besserte, und sagt über die Absichten des Kaisers: ‚Ob und wie weit die Akatholiken in Glaubenssachen der reinen Wahrheit zugethan sind, darüber wirft sich der Monarch nicht zum Richter auf, er überlässt es ihrer eigenen Einsicht, *weil jeder das angeborne Recht hat, sich an die Religionspartei zu halten, die ihm nach seiner Einsicht und gewissenhaften Prüfung die wahre zu sein dünkt.*‘ Nachdem sich der Bischof dagegen verwahrt, als ob er hiemit unkirchlichen Indifferentismus predigen wollte, empfiehlt er seinen Diöcesanen billige Nachsicht mit denjenigen, welche es ‚bei aller angewendeten Sorgfalt und Mühe‘ nicht so weit bringen konnten, mit den Katholiken ‚gleich zu denken‘.

Aus diesem, wie gesagt, aus ultramontaner Quelle herrührenden Auszuge möge man die Manifestation des Bischofs von Laibach beurtheilen und deren Wirkung im gegnerischen Lager ermessen. Sofort spitzten sich die geistlichen Federn, von der ihnen durch Kaiser Josef gewährten Pressfreiheit Gebrauch machend, zu anonymen Schmähschriften. Die erste erschien 1782 unter dem Titel: ‚*Hirtenbrief von dem Bischof von Laibach, mit unentbehrlichen Anmerkungen nach seinem ganzen Inhalte begleitet*‘, mit dem Motto: *Angelo Laodiceae Ecclesiae scribe — Dem Engel der Kirche von La . . . . schreib (Joh. Offenb. III, 14)*, 74 Seiten 4°; bald darauf als Fortsetzung: ‚*Noch etwas an den Bischof zu Laibach und seinen Concepisten in Betreff seines Hirtenbriefs als ein höchst nothwendiger Beitrag zu den erst neulich erschienenen unentbehrlichen Anmerkungen*‘. Motto: *Dieses habe ich euch von denjenigen geschrieben, die euch verführen (I. Sendschr. Joh. II, 29; 4°).*[1] Der Pamphletist, der, wie unser ultramontaner Gewährsmann

[1] P. Marc. Bibl. S. 25.

sagt, den Hirtenbrief ‚*Satz für Satz völlig zermalmte*‘,[1] will die Autorschaft desselben durchaus auf die Kanzlei der geistlichen Hofcommission in Wien zurückführen.

Eine zweite Broschüre, ebenfalls geistlichen Ursprungs: ‚*Dem Fürstbischof von Laibach abgelegtes öffentliches Glaubensbekenntniss von Hans Michael Vörwetz, einer landesfürstlichen Hauptstadt im Herzogthum Krain Bürgers*‘, *Gradetzi 1783*, 56 Seiten, ist speziell auf die bürgerlichen Kreise berechnet. Der Verfasser gibt sich als Mann des Volkes, der nach alter ehrsamer Handwerkssitte weit gewandert, dem Kaiser als Reitersmann in Welschland und Germanien gedient und nun mit seiner Nadel die Herrschaften und Klöster treu und redlich bedient. Der wackere Meister rühmt sich als fleissigen Bibelleser (wol um so die aussergewöhnliche biblische Belesenheit zu erklären), den seine Mitbürger lieben, den Adel und Klöster gern sehen. Auf diese Art bekomme er bald beim Franziskanerprocurator, bald beim Kapuzinerlector, bald beim Augustinerprediger, bald beim P. Subprior der Discalceaten, zuweilen auch bei einem Weltpriester manches ‚*Büchel von den jetzigen Modegelehrten*‘. Wenn Bürger in Wien und Klagenfurt ihre Glaubensbekenntnisse veröffentlichen, warum sollte dies einem Bürger von Laibach nicht erlaubt sein, um so mehr, als die Bürger von Laibach in der katholischen Welt verschrien sind, als wären sie mit ihrem ‚*allergnädigsten, allerhochwürdigsten, allerhochgelehrtesten*‘ Fürstbischofe ‚*halblutherisch*‘! Der von seinen geistlichen Freunden so wohlinformirte Bürger deutet darauf zart an, der Hirtenbrief sei keine ‚*Frucht aus dem hochfürstlichen Garten*‘, sondern das Werk der Loge, welche in Wien im Hause des Herrn V . . . . ihre geheimen Versammlungen abhalte, bei denen sich auch der Fürstbischof während seines Wiener Aufenthalts fast täglich eingefunden, doch hätte dieser letztere das Concept wohl lesen und censiren sollen, ehe er es zum Druck befördert. Ironisch rühmt dann der Gelehrte von der Nadel den Eifer des Bischofs, mit welchem er bestrebt sei, ‚den Gesinnungen des Kaisers sogar zuvorzukommen‘, und erzählt schliesslich einige ‚*Beweise von der Aufrichtigkeit, Redlichkeit und Offenheit der Laibacher Bürger*‘, d. i. angebliche ‚*freimüthige*‘ Aeusserungen von malcontenten Laibacher Ultramontanen, welche dem Bischof sagten, dass er ihnen ‚nicht gut katholisch, sondern halb lutherisch‘ scheine, dass er nicht nöthig habe, sie erst über die Verehrung der Heiligen zu belehren, dass er Unrecht habe, Processionen der Brüderschaften

[1] Brunner l. c. S. 343.

abzustellen[1] u. s. w., und es werden noch die Bauern zu Zeugen für die Ketzerei des Bischofs angerufen, der bei ihnen ‚die lutherische Perücke' heisse. An diese Polemik schliesst der beredte Bürgersmann sein in 19 Absätze getheiltes, wohl auch nicht im eigenen Garten gewachsenes ‚*Glaubensbekenntniss*', an welchem festzuhalten er seine Mitbürger beschwört.[2]

Diese Bürger- und Bauernhetze gegen den menschenfreundlichen Bischof war nicht die einzige traurige Folge seines Hirtenbriefs: in Rom wurden die christlich-milden Lehren desselben als ‚Irrsätze' erklärt und vor allem der doch so streng kirchlich verclausulirte Begriff der *Toleranz* so anstössig befunden, dass der Papst Anstand nahm, dem Wunsche des Kaisers wegen Erhebung Laibachs zum Erzbisthum zu willfahren, insolange der Bischof sich nicht formell von allen seinen ‚*Irrthümern*' losgesagt habe. In diesem Sinne sprach sich Pius VI. noch in seinem vom 7. Januar 1787 datirten Breve an den Kaiser aus. Dieser aber hörte nicht auf, diese Angelegenheit lebhaft zu betreiben, denn er schätzte den Laibacher Bischof hoch und hatte ihn (in einem Erlasse vom 27. November 1781) den Bischöfen der Monarchie als Muster vorgestellt. Mitten unter diesen Verhandlungen starb der Fürstbischof am 7. Oktober 1787 im Alter von 68 Jahren, nachdem er seiner Diöcese seit dem Jahre 1772 mit echt apostolischem Eifer vorgestanden. Ein Zeitgenosse schrieb über ihn: ‚Seine erhabene Tugend, seine echte Frömmigkeit, seine Menschenliebe, tiefe Gelehrsamkeit, grosse Einsicht und genaueste Verwaltung seines bischöflichen Amtes, die christliche Klugheit, mit der er zwischen die Religion und den Staat hintrat und beide schwesterlich vereinigte, die Stärke seines apostolischen Geistes, mit der er die Heuchelei und den Unglauben, diese zwei mächtigsten Feinde der Kirche und des Staates, die gemeinschaftlich beiden den Umsturz drohten, verbannt hat, und seine christliche Duldung machen ihn dem Staate und der Religion gleich verehrungswerth und unvergesslich'.[3]

In seinem *Testamente* setzte der Bischof die *Armen* und die *Normalschule* zu Erben seines ansehnlichen Vermögens ein und

[1] Eine kaiserliche Verordnung vom 27. Dezember 1782 stellte die Processionen ab; die Bittwoche ausgenommen, sollten jährlich nur zwei stattfinden. Es wurde jedoch dem Ordinarius überlassen, wegen ‚Regens, der Ernte oder sonstiger allgemeiner Anliegen' Umgänge anzuordnen. Also war das Verbot kein unbedingtes und die Autorität des Ordinarius blieb gewahrt, was freilich den an allen ihren Traditionen unverbrüchlich festhaltenden Frommen im Lande nicht genügte.

[2] Brunner l. c. S. 344—346, Bl. a. Krain 1861; S. 107—108.

[3] Laibacher Zeitung vom Jahre 1787.

empfahl im Interesse derselben dem Domcapitel, übertriebenen Prunk bei der Beerdigung zu vermeiden.[1]

Wir haben noch eine vielfach angefochtene Massregel Kaiser Josefs zu erwähnen: die *Klosteraufhebung*, von welcher auch Krain betroffen wurde. Im Jahre 1780 zählte Krain auf dem jetzigen Gebietsumfange 15 Klöster; von diesen wurden 11 in den Jahren 1782—1786 aufgehoben. Wie wir gesehen haben, hatte schon Maria Theresia die Aufhebung dieser religiösen Gemeinschaften, wo sie ihr mit dem Staatswohle im Widerspruche zu stehen schienen, als Majestätsrecht geltend gemacht. Die Klöster hatten längst ihre Mission überlebt. In Krain hatten sie übrigens weder für Landeskultur noch für die Interessen der Bildung je etwas erhebliches geleistet. Um die Reformation zu bekämpfen, hatten die Söhne Loyola's berufen werden müssen, und auch diese waren der übereinstimmenden Verurtheilung aller weisen Staatsregierungen bereits gewichen. Demungeachtet wurde nicht vollständige *Aufhebung* der Klöster decretirt, sondern nur ihre *Einschränkung*. Diese war schon eine Forderung gesunder volkswirthschaftlicher Principien, welche der Anhäufung des Besitzes zur todten Hand entgegen sind. Durch das eingezogene Vermögen bereicherte sich nicht der Staat, sondern es floss dem Religionsfonde zu und diente zur Dotirung der Seelsorge. Wenn bei der Aufhebung Gegenstände der Kunst oder der Wissenschaft der Zerstörung anheimgefallen sind, so ist dies gewiss zu bedauern, in Krain hat aber die Kunst sicher keine unersetzlichen Verluste erlitten: die Klostergebäude und ihre Einrichtungen waren keine Denkmäler der Kunst, und die Klosterarchive und Bibliotheken sind erst durch die Säcularisirung dem allgemeinen Gebrauche, der wissenschaftlichen Benützung zugeführt worden, während sie bis dahin unbenützt dem Ruin entgegengingen.

Das erste Aufhebungsedict erfolgte am 12. Januar des Jahres 1782. Es verfielen diesem Lose die Klöster der *Karthäuser* in *Freudenthal*, der *Clarissinnen* in *Laibach*, *Lack*, *Münkendorf*, der *Dominikanerinnen* in *Michelstetten*. Sie besassen im ganzen ein Vermögen von 753,544 fl. Die kostbarste Bibliothek besass die Karthause Freudenthal mit 3428 Bänden; das Archiv derselben war wohlgeordnet. Die Cisterze *Sittich*, das älteste Stift des Landes, wurde am 25. Oktober 1784 aufgehoben. Der letzte Abt Franz X. *Taufrer*, der sich Verdienste um die Einführung der Normalschule erworben hatte, erhielt ausnahms-

[1] Diese menschenfreundliche Erbseinsetzung des Bischofs hat die ‚sichere' Laibacher Quelle bei Brunner S. 339 anzuführen vergessen!

weise eine Staatspension in dem hohen Betrage von 2000 fl. Das Reinvermögen betrug 238,985 fl. Die schöne Stiftskirche blieb als Pfarrkirche und behielt ihre Kapitalien und Paramente. Bibliothek und Archiv waren genau katalogisirt. Die *Cisterze Mariabrunn* bei *Landstrass* erhielt am 3. Januar 1786 ihr Aufhebungsedict. Ihr reines Vermögen betrug 168,758 fl. In *Laibach* theilten die feindlichen Brüder, *beschuhte* und *unbeschuhte Augustiner* das gemeinsame Los der Säcularisirung; jene verfielen ihm 1784, diese 1786. Beider Vermögen betrug 125,683 fl.

Die Erbschaft der Discalceaten traten die *barmherzigen Brüder* an, welche Kaiser Josef im Jahre 1785 zur Uebernahme der Krankenpflege nach Laibach berief und welche im Jahre 1788 bereits 207 Kranke in ihrem Kloster (an der Stelle des jetzigen Civilspitals) beherbergten.[1]

Die *Kapuziner* in *Rudolfswerth* und *Krainburg* wurden 1786 säcularisirt. Das Vermögen der letzteren betrug nur 2518 fl. und wurde dem Orden belassen; über das der ersteren findet sich keine Angabe. Das Vermögen der Klöster war grösser, als man bei der schlechten Wirthschaft der meisten erwartet hatte, und doch war bei aller Aufmerksamkeit der Regierung vieles verschleppt worden, nicht von den Commissären, wie mitunter behauptet worden ist, sondern von den Geistlichen selbst zum Nachtheile der Kirche.[2]

11. Blüte der Volksschule. Umgestaltung des Gymnasiums. Aufhebung der philosophischen Facultät. Zwei Krainer als verdiente Schulmänner.

Kaiser Josef, ein für das Volkswohl begeisterter Fürst, pflegte sorgsam die von seiner hochherzigen Mutter gegründete *Volksschule*. In Krain leitete Johann N. Graf von *Edling* noch immer das gesammte Schul- und Studienwesen. Es war die Blütezeit der Volksschule. In Laibach sorgte der Magistrat als Patron der Vorstadtpfarre Tirnau in aufopfernder Weise für die Bildung der heranwachsenden Jugend. In den Jahren 1787—1790 wurden in der Tirnau zwei Trivialschulen errichtet und ein Schulhaus daselbst gebaut.[3] In der Stadt war für die Normalschule ein Privatgebäude gemiethet worden, welches seiner Bestimmung nicht entsprach. Der Gouverneur von Innerösterreich, Graf

[1] Acten des Civilspitals, mitgetheilt vom Herrn Prof. Dr. Valenta und Laibacher Zeitung vom Jahre 1788.

[2] Wolf, Die Aufhebung der Klöster in Innerösterreich. 1871, SS. 84—89; 145—149.

[3] Mitth. 1866 S. 35.

Khevenhüller, hatte sich im Jahre 1785 bei der Bereisung seines Amtsgebietes von den Misständen der Schulräume überzeugt und forderte das Kreisamt auf, ihm Plan und Kostenüberschlag für ein neues Schulgebäude vorzulegen. Dies geschah, und die Stände erklärten zu den auf 9000 fl. veranschlagten Kosten 3000 fl. beitragen zu wollen. Nun handelte es sich um den Platz für das neue Schulgebäude. Das Kreisamt schlug dafür den Garten der aufgehobenen Augustiner-Eremiten (des jetzigen Franziskaner-Klosters), der Ingenieur Schemerl den Platz nächst dem Kapuzinerkloster (die jetzige Sternallee) vor, das Gubernium beantragte dafür die Stelle des ehemaligen (im Jahre 1774 abgebrannten) Jesuitencollegiums. Die Hofkanzlei genehmigte den Antrag des Guberniums. Inzwischen waren jedoch Umstände eingetreten, welche eine Aenderung dieses Planes herbeiführten. Die barmherzigen Brüder, welche nach ihrer Ansiedlung in Laibach zuerst das Kloster der Franziskaner bezogen hatten (das jetzige Gymnasialgebäude), räumten dasselbe, indem sie in das Kloster der Discalceaten übersiedelten, und nun machte der damalige Kreisamtsprotokollist, unser verdienstvoller Geschichtschreiber Linhart, am 14. Juli 1786 dem Gubernium den Vorschlag, das nunmehr leer stehende Franziskaner-Kloster zum Normalschulhause umzugestalten, in welchem auch die höheren Lehranstalten nebst der Bibliothek untergebracht werden könnten. Diesem Antrage stimmten die Stände bei und verpflichteten sich, sowohl Normalschule als Gymnasium mit mehreren öffentlichen Aemtern und der Garnisons-Monturkammer in dem neu herzustellenden Gebäude unterzubringen, wenn ihnen das Eigenthum desselben überlassen werde. Dieser Antrag wurde angenommen, und es begannen sofort (28. Januar 1788) die Adaptirungsarbeiten, welche im Herbst des Jahres 1790 mit einem Kostenaufwande von 33,169 fl. vollendet waren. Sie führten zur Demolirung des Franziskaner-Thores, wodurch einer der schönsten Plätze gewonnen wurde.[1]

Auch in den Landstädten war das Institut der Normalschule im Aufnehmen begriffen. Die Schule in *Idria* zählte im Jahre 1781 in vier Klassen 320 Schüler, während vor der Errichtung der Normalschule der Idrianer Schullehrer kaum 60 Zöglinge zu unterrichten hatte.[2]

Das Laibacher *Gymnasium*, an welchem im Jahre 1780 noch immer Exjesuiten als Lehrer fungirten, erhielt im Jahre 1781 einen

---

[1] Mitth. 1860 S. 93 f.

[2] Versuch über die slavischen Bewohner der österr. Monarchie, Wien 1804, II. 40; Hermann, Reisen durch Oesterreich, II. 46, Anm.

neuen Studienplan, aus welchem wir hervorheben, dass für die fünfte Klasse die *Landes-* und die habsburgische Familien-*Geschichte* vorgeschrieben war. Neben dem Gymnasium bestand bei Kaiser Josefs Regierungsantritte noch eine theologische und eine *philosophische Lehranstalt.* Im Jahre 1784 wanderte der ganze theologische Lehrkörper nach Innsbruck,[1] und mit Hofdecret vom 20. Oktober 1785 wurde die philosophische Facultät als den herrschenden Grundsätzen nicht entsprechend und wegen der gegen einen Lehrer vorgebrachten Beschwerde ‚zur Vermeidung ähnlicher Auftritte' aufgehoben.[2] Der Hergang verdient eine nähere Erwähnung.

Lehrer der Philosophie war im Jahre 1785 der Professor *Novak*, Director der Anstalt der *Exjesuit Ambschel.* Professor Novak war ein Freund der Aufklärung, gegen welche, wie wir in der Geschichte des Herberstein'schen Hirtenbriefs gesehen haben, die Anhänger der alten Traditionen noch immer einen meist in Maulwurfsgängen sich bewegenden erbitterten Kampf führten. Ueber die Lehrmeinungen des Professors Novak hatte man in der Stadt schon durch längere Zeit Gerüchte verbreitet, durch welche sich auch die Eltern der Schüler beunruhigt zeigten. Da erschien einer der besten Schüler Novaks vor dem Director mit nachstehender *schriftlicher* Anzeige: ‚Hochwürdiger Herr Director! Weil ich Endesgefertigter sowohl die üblen Folgen als auch einen Nachtheil unserer Religion befürchte, wenn man den Satz annähme, *die Seele sei nicht einfach*, und doch ein öffentlicher Lehrer der Philosophie, Herr Novak, diesen Satz in der Schule mir zu behaupten oder doch wenigstens für diesen mehr als für den entgegengesetzten, nemlich: ‚die Seele ist einfach', geneigt zu sein schien, welches ich mir aus seinen Worten zu erweisen getraue, *und da mir überdiess gelehrte und fromme Männer sagten*, dass der Satz: die Seele ist nicht einfach, falsch ist, so hielt ich mich in diesen Umständen für verpflichtet, Solches Ihnen, Herr Director, anzuzeigen, um den Irrthum, welcher sich mit der Zeit ausbreiten könnte, abzuwenden. (Folgt nun in der hier wörtlich nach den Acten gegebenen Schrift eine lange Denunciation über die Ansichten des Professors Novak von der Einfachheit der Seele.) Director Ambschel hatte nun natürlich nichts eiligeres zu thun, als den Professor Novak beim Kreisamte als Atheisten zu denunciren, womit er die Bitte verband, der Untersuchung ja keinen Exjesuiten beizuziehen, damit es nicht

---

[1] Wilde, Mitth. 1860 S. 68.

[2] Nečasek, Gesch. des Laib. Gymnasiums, Programm 1861 S. 6.

heisse, es sei dies eine ‚*Exjesuiten-Intrigue*'. Speciell führte Ambschel noch folgende ‚*Irrlehren*' des Professors Novak an: 1. Die Ohrenbeichte ist keine Einsetzung Christi. 2. Vielleicht ist keine Spur mehr von jener Religion vorhanden, die Christus gelehrt hat. 3. Die Welt steht vielleicht schon Millionen Jahre. 4. Die Kirche besteht aus einzelnen Menschen, die nicht unfehlbar sind; wir sind also nicht sicher, ob sie uns den wahren Sinn der Schrift angibt.

Die Untersuchungs-Commission des Kreisamtes, als modernes Ketzergericht, war aus dem Kreishauptmann von Claffenau, dem Geschichtschreiber Linhart und dem Director Ambschel zusammengesetzt. Linhart zeigt sich in seinen Werken als ein freisinniger Mann, aber der Kreishauptmann Claffenau war ein Anhänger der Jesuiten oder hatte doch nicht Charakter genug, um der von den Exjesuiten dirigirten ‚öffentlichen Meinung' entgegenzutreten, und so darf es uns nicht wundernehmen, dass als Resultat der Untersuchung die Suspendirung des Professors Novak sich ergab, welcher auf die an ihn gerichtete Vorladung wegen Krankheit und Furcht vor einer Gewaltthat nicht erschienen war, sondern eine schriftliche Verantwortung eingeschickt hatte. Aber das Gubernium fällte mit Berufung auf eine Allerhöchste Entschliessung vom 18. Oktober 1785 eine überraschende Entscheidung. Es wurde dem Kreisamte schärfstens verwiesen, dass es in einer *blos wissenschaftlichen* Angelegenheit eine Untersuchung eingeleitet, Professor Novak wurde über Verwendung van Swietens an das Wiener Theresianum in eine bessere und einträglichere Stellung versetzt, der Denunciant Ambschel seiner Stelle entsetzt und das philosophische Collegium aufgehoben. Nicht lange aber genoss unser Freidenker das Glück, unter dem Schutze des Monarchen und van Swietens frei athmen zu dürfen, er erkrankte und wählte das Stift Sittich zum Aufenthalte. Der dortige Exprälat, Baron Tauffrer, verbitterte die letzten Stunden des sterbenden Gelehrten, indem er in ihn drang, seine angeblichen Irrlehren zu widerrufen. Seine letzten Worte waren: ‚Sie haben mich nicht verstanden!'[1]

Ueber Verwendung des Laibacher Fürstbischofs und der krainischen Stände, welche zwei Bittschriften an Kaiser Josef richteten, wurde das philosophische Studium mit Hofdecret vom 24. April 1788

---

[1] Siehe die Skizze: Die Aufhebung der philosophischen Facultät in Laibach. Ein Curiosum aus der josefinischen Zeit. Tagespost 1864, und ‚Die Jesuiten in Krain', III, im Feuilleton des ‚Laibacher Tagblatt' vom Jahre 1869, nach den Originalacten.

nach einem neuen, dem Fortschritte der Wissenschaften entsprechenden Plane wieder eingeführt.[1]

Um das *Unterrichtswesen Oesterreichs überhaupt* haben sich in der josefinischen Periode zwei Krainer geistlichen Standes hervorragende Verdienste erworben: Anton *Spendou*, geboren zu Möschnach 1739, wurde Domherr, dann Domcustos bei S. Stephan in Wien, unter Cardinal Migazzi Spiritual im dortigen Priesterhause. Er erwarb sich als Director der theologischen Facultät Verdienste um die theologischen Studien und wurde unter Rottenhann als Hofrath und Beisitzer in die Studien-Hofcommission berufen.[2] Im Jahre 1769 liess er seinen im Jahre 1757 geborenen *Bruder Josef* nach Wien kommen, wo dieser in das akademische Gymnasium eintrat. Derselbe erwarb sich in den theologischen Studien die Zuneigung des Professors der Kirchengeschichte, Ferdinand Stöger, der ihn bei seinen gelehrten Arbeiten verwendete. Im Jahre 1782 Katechet an der Normalschule, lehrte er nach einer eigenen Methode, welche van Swieten, der Präsident der Studien-Hofcommission, bei jeder öffentlichen Prüfung mit seinem Beifall begleitete. Im Jahre 1785 ward er Vicedirector des für die Ausbildung des Klerus von Kaiser Josef errichteten Generalseminars, im Jahre 1788 Schul-Oberaufseher und Domscholast, was er bis 1816 blieb. Es werden als seine Verdienste Verbesserung der Lehrmethode nicht nur in der Religion, sondern in allen Gegenständen des Elementarunterrichts, mildere Schulzucht, Entfernung der körperlichen Strafen gerühmt.[3]

12. Die Akademie der Operosen und die Ackerbaugesellschaft. Aufblühen der slovenischen Literatur. Vodniks erste dichterische Versuche. Die Bibelübersetzung. Deutsche Literatur. Linhart. Drucker und Zeitungen. Die Schaubühne.

Das rege geistige Leben der josefinischen Zeit verbreitete seine Schwingungen bis in die äussersten Grenzen des Reiches. In Krain feierte die *Akademie der Operosen* ihre Wiedergeburt 1781. Graf *Edling*, dessen gemeinnütziges Wirken auf dem Felde der Volksschule wir bereits gewürdigt haben, war auch ein Freund der Literatur über-

[1] Nečasek l. c. S. 8.
[2] Oesterr. Nat.-Encyklopädie VI, 602.
[3] Nat.-Encyklopädie V, 98.

haupt.[1] Er wurde zum Director, der Präsident der Stände, Sigmund Freiherr von *Gussitsch*, zum Vorsitzenden gewählt. Wir lesen von zwei feierlichen Sitzungen am 5. April und 15. Mai 1781. Zwar löste sich die Gesellschaft verschiedener äusserer Hindernisse wegen schon 1787 wieder auf,[2] doch knüpft sich an ihre kurze Thätigkeit das Wiedererwachen des wissenschaftlichen Geistes auf dem Gebiete beider Landessprachen.

Die *Landesgeschichte* wurde durch den kritischen Geschichtsforscher Anton *Linhart* erheblich gefördert. Geboren 11. Dezember 1756 in Radmannsdorf, wollte er sich erst dem Jesuitenorden zuwenden, dessen Lehrthätigkeit seiner wissenschaftlichen Neigung zusagte, wurde aber durch die Auflösung dieses Ordens daran verhindert. Er hörte dann in Wien unter Sonnenfels Polizei, Handlung und Finanzwissenschaft. Nach Laibach rückgekehrt, fand er in der bischöflichen Kanzlei eine ‚magere' Anstellung, trat dann beim Kreisamte ein, wo er Protokollist ward. Später, als seine Fähigkeiten allgemeiner bekannt wurden, erhielt er als Kreis-Schulcommissär und landschaftlicher Secretär einen weiteren Wirkungskreis. Seine ersten literarischen Versuche waren poetischer und dramatischer Art. Er dichtete eine Ode auf den Tod Maria Theresia's (1780, Laibach bei Eger, 8°) und schickte einen Almanach: ‚Blumen aus Krain' (Laibach bei Eger, 1780, mit Silh., enthaltend ein Singspiel und Gedichte, darunter Uebersetzungen aus dem Krainischen, wie die Volkssage von Lamberger und Pegam) auf den poetischen Markt. Auch ein Trauerspiel ‚Miss Jenny Lowe' erschien von ihm (in Augsburg bei Conrad Heinrich Stade, 8°). Das Werk aber, das seinen Namen verewigt, ist die erste kritische, quellenmässige Bearbeitung einer Partie der krainischen Landesgeschichte: ‚*Versuch einer Geschichte von Krain und der übrigen südlichen Slaven Oesterreichs*' (Laibach 1788 und 1791 bei Eger, in 2 Bänden). Sie reicht bis auf die Unterwerfung Krains unter die Franken und behandelt mit besonderer Ausführlichkeit die Kulturgeschichte, insbesondere Sitte und Lebensart der alten krainischen Slaven, mit vergleichenden Sprachproben der verwandten Slavenvölker. Auch Karten aus römischer und karantanischer Zeit sind dem Werke beigefügt. In der Vorrede bespricht

---

[1] P. Marc. Bibl. Carn. S. 17 verzeichnet von Edling eine in Augsburg erschienene ‚Idylle': ‚Der Isonz (Isniz = Isonzo) und die Laibach' und eine poetische Epistel: ‚Gedanken des Herrn und Grafen von Edling an einen jungen Barden Freiherrn von S.', Laibach 1781, in 8°.

[2] Annalen der Landwirthschafts-Gesellschaft in Laibach 1822 und 1823, Laibach 1830, S. 1 f.

der Verfasser seine Vorgänger und schliesst mit den, seine echt wissenschaftliche Tendenz charakterisirenden Worten: ‚*Mit Vergnügen unterwerfe ich mich der schärfsten Prüfung. Wenn auch ich dabei verliere, so gewinnt doch die Wahrheit*‘.[1]

Die *Naturgeschichte Krains* ward durch fortgesetzte Publicationen Professor *Hacquets* bereichert; im Jahre 1782 edirte er die ‚*Plantae alpinae carniolicae*‘; im Jahre 1784 die ‚*Mineralogisch-botanische Lustreise von dem Berge Terglou in Krain zu dem Berge Glockner in Tirol. Mit Kupfern*‘, und im Jahre 1785 liess er in Leipzig die ‚*Physikalisch-politische Reise aus den dinarischen durch die julischen, carnischen, rhätischen in die norischen Alpen, 1781 und 1782 unternommen*‘ (in 2 Theilen, mit Kupfern) erscheinen.[2] Der Jesuit Tobias *Gruber*, Bruder des bereits genannten Kanalbauers, schrieb ‚*Briefe hydrographischen und physikalischen Inhalts aus Krain*‘ (Wien 1781, 8°, mit Abb.)[3]

Der Bauernsohn Georg *Vega*, geboren 1754 zu Sagoriz in der Moräutscher Pfarre, betrat unter Kaiser Josef seine Ruhmesbahn. Nachdem er in Laibach die philosophischen Studien absolvirt, wurde er als Navigationsingenieur angestellt, trat aber am 7. April 1780 als gemeiner Kanonier in das zweite Artillerieregiment. Binnen Jahresfrist zum Lieutenant avancirt, veröffentlichte er im Jahre 1783 bereits seine ‚*Mathematischen Vorlesungen*‘, ausgezeichnet als Lehrbücher, und die ‚*Logarithmentafeln*‘, welche seinen Weltruhm begründeten und im Jahre 1875 bereits in 59. Auflage, besorgt durch Dr. Bremiker, erschienen sind. Im Jahre 1782 ward Vega Lehrer der Mathematik bei der Artillerieschule, im April 1785 Oberlieutenant, im Jahre 1787 Hauptmann und wirklicher Professor der Mathematik und machte den Türkenkrieg mit Auszeichnung mit.[4] Wir werden seine Laufbahn unter Franz I. weiter verfolgen.

Die *slovenische Literatur* begann ihre ersten hoffnungsvollen Blüten zu treiben. In der Gedichtesammlung ‚*Pisanize*‘, die P. Marcus Pohlin 1779—1781 herausgab, bewährte ein junger Franziskaner, P. Marcelianus *Vodnik*, seinen Beruf als Volksdichter. Vodniks Familie stammte aus S. Jakob an der Save, von wo der Grossvater unseres Dichters, Georg,

[1] Wurzbach, biogr. Lex. XV. 213; P. Marc., Bibl. Carn. S. 32; Šafařik I. 28 und 29; Mitth. 1862, S. 40.

[2] Deschmann, Musealheft 1856 S. 7—8.

[3] P. Marc. l. c. S. 23.

[4] Oesterr. Nat.-Encyklopädie V. 513; Gräffer, Geschichte der k. k. Regimenter, Wien 1800, IV; Hirtenfeld, Militär-Maria-Theresienorden, Wien 1857, S. 469.

1689 geboren, durch Verehelichung nach Trata und Podgora ob Dravlje nächst Laibach zum ‚Žibert' kam. Georg erkaufte später in der Ortschaft Schischka bei Laibach ein Haus, dem der Vulgarname ‚Žibert' noch heute anklebt (Gasthaus ‚zum steinernen Tisch'). Georg starb hier im 85. Lebensjahre mit Hinterlassung eines Sohnes Josef. Dies war der Vater unseres Vodnik, der am 3. Februar 1758 im Hause ‚beim Žibert' geboren wurde. Ueber seine Jugendzeit schreibt er in seiner kurzen *Selbstbiographie*: ‚Devet let star popustim jegre, lushe, inu dersanje na jamenskeh mlakah, grem volán v' ſholo ker ſo mi oblubili de snam nehati, kader ozhem, ako mi uk nepojde od rok. Pisati inu branje me je uzhil ſholmaster Kolenez 1767; sa pervo ſholo ſtriz Marzell Vodnik Franziskanar v' Novim Mesti 1768 inu 1769. Od 1770 do 1775 poſluſham per Jesuitarjih v' Lublani ſhest latinskeh ſhol. Tiga leta me shenejo muhe v 'Kloster k Franziskanarjam, ſhlishim visoke ſhole, berem novo masho, ſe s'oblubami saveshem; al 1784 me Lublanski ſhkof Herberstein vun poshle, dushe paſt. Krajnsko me je mati uzhila, nemſko inu latinſko ſhole; lastno veſele pa laſhko, franzosko, inu ſploh Slovensko.'[1]

Im Slovenischen als Schriftsprache bildete sich Vodnik unter Anleitung des P. Marcus Pochlin aus; schwerfällig waren seine ersten poetischen Versuche nach fremden Vorbildern, der Klopstock'schen Ode und Gessner'schen Idylle, aber glücklich traf er den Volkston in seinem ‚*Zadovoljni Krajnc.*'[2] Wir werden Vodniks Fortschritte noch in den kommenden Zeitabschnitten verfolgen, begleitet uns doch sein Name bis an das Ende der französischen Herrschaft in Illyrien. Neben Vodnik wird ein Augustinermönch, P. *Dismas* (*Zakotnik*), gestorben 1793, Curat in Brause (Schlesien), genannt, der im Volk die *ältesten Lieder* (von *Pegam*, von *Jur Kobila*, *Kralj Mathjaš*, von der *Linde*

---

[1] Deutsch: Neun Jahre alt verlasse ich die heimatlichen Spielplätze, Wassertümpel und Eisbahn von Grubenbrunn (Jama, Gut in der oberen Schischka) und gehe willig in die Schule, weil man mir versprach, dass ich aufhören könne, wenn mir das Lernen nicht von statten ginge. Schreiben und Lesen lehrte mich der Schulmeister Kolenec 1767; für die erste Lateinschule bereitete mich der Vetter Marcellian Vodnik, Franziskaner in Neustadtl, 1768 und 1769 vor. Von 1770 bis 1775 besuche ich bei den Jesuiten in Laibach die sechs lateinischen Schulen. In diesem Jahre (1775) treiben mich Grillen ins Kloster zu den Franziskanern, ich besuche die höheren Schulen, lese die erste Messe, lege die Gelübde ab, aber 1784 schickt mich der Laibacher Bischof Herberstein hinaus in die Seelsorge. Krainerisch lehrte mich die Mutter, Deutsch und Lateinisch die Schulen, eigene Neigung Italienisch, Französisch und die slavischen Sprachen überhaupt.'

[2] Vodnik-Album, herausgeg. von Dr. Costa 1859, S. 3 und 24—25; Šafařík I. 29.

am alten Markt, von der *schönen Vida* etc.) sammelte, welche jedoch, wie es scheint, Manuscript geblieben sind.[1] Das erste grössere Werk der neuslovenischen Literatur, mit welcher dieselbe an die Erinnerungen der Reformationszeit anknüpfte, war aber die *Bibelübersetzung*, welche Georg *Japel*, geboren im Stein 11. April 1744, Mitglied der Akademie der Operosen, von Bischof Herberstein 1773 zu seinem Secretär und Hofcaplan ernannt, über Anregung und mit Unterstützung desselben begann. Es galt eben, Dalmatins Bibel, die noch immer die Grundlage für den gottesdienstlichen Gebrauch bildete, durch eine katholische Bibelübersetzung zu ersetzen. Japel und *Kumerdey* unternahmen das Werk mit Zugrundelegung der Vulgata; ihre Arbeit wurde von einer dazu niedergesetzten Commission, deren Beisitzer in der Vorrede genannt werden, geprüft. Die Uebersetzer bedienten sich unter anderen Hilfsmitteln der kirchenslavischen Bibel von Ostrog (1581) aus der bischöflichen Bibliothek, in linguistischer Beziehung aber der Bohoritsch'schen Grammatik. Nach Kopitars Urtheil waren ihre Sprachkenntnisse weit gründlicher und umfassender, als jene des P. Marcus. Des Werkes erster Theil erschien unter dem Titel: ‚*Svetu pismu Noviga Testamenta id est Biblia sacra Novi Testamenti etc. in Slavo-Carniolicum idioma translata per G. Japel etc. et Blasium Kumerdey. Pars I. Lab. typ. Jo. Frid. Eger 1784. 8°. 8 Bl. 550 S. Pars II. 1786. 8°. 8 Bl. 623 S.*‘[2]

Wurde so auf dem Felde geistiger Kultur in beiden Landessprachen wacker gearbeitet, so ist es nicht weniger erfreulich zu sehen, wie sich auch in *volkswirthschaftlicher* Beziehung ein reges Leben offenbarte. Die *Ackerbaugesellschaft* setzte ihre erspriessliche Thätigkeit fort. Im Jahre 1785 erklärte sich Professor *Hacquet* unentgeltlich zu öffentlichen Vorträgen über medizinisch-gewerblich-ökonomische Chemie bereit. Die Gesellschaft wollte ihre vollständige Ausstattung mit Lehrmitteln besorgen, aber die bald darauf folgende Versetzung Hacquets nach Lemberg vereitelte dieses vielversprechende Unternehmen. Der Ingenieur *Schemerl* eröffnete eine Zeichenschule für Handwerker und Künstler, welche ebenfalls von der Gesellschaft mit der nöthigen Einrichtung versehen wurde, aber leider nach zwei Jahren einging. Im Jahre 1786 errichtete die Gesellschaft eine Spinnschule. Sie vertheilte Prämien für Bienenstöcke, Maulbeerpflanzungen und Erdäpfelerzeugung. Das Solanum tuberosum hatte in Krain bei seiner von oben prote-

---

[1] P. Marc., Bibl. S. 16; Šafarik I; 34.

[2] Wurzbach, biogr. Lex. X. 92–94; P. Marc. S. 27; Šafarik I. 26, 106.

girten Einbürgerung mit einem starken Vorurtheil zu kämpfen, bald aber wurde ,gospod krompir' als ein ,guter Gast' in gar mannigfaltigem Gewande, als eine Schutzwehr gegen Hungersnoth im Volksmund gefeiert.[1] Das war das Verdienst der Ackerbaugesellschaft. Leider hörte ihre Thätigkeit mit dem Jahre 1787 auf. Wir kennen nicht die Ursachen, welche dies veranlassten; der Verlust so ausgezeichneter Mitglieder wie Hacquet und Schemerl, welche Krain verliessen, mag wohl jedenfalls dazu beigetragen haben. Die Bibliothek der Ackerbaugesellschaft überging an die Stände.[2]

Die gesteigerte geistige Thätigkeit der Zeit übte naturgemäss ihre Rückwirkung auf die *Presse*. Die Zahl der *Druckereien* vermehrt sich um jene der Firma Ignaz Aloys Edler von *Kleinmayr*, welchem am 20. Dezember 1782 die Buchdruckereigerechtsame und das Zeitungsbefugniss verliehen ward. Die *Laibacher Zeitung* erschien bis Ende 1783 unter dem Titel: ,Wöchentlicher Auszug aus Zeitungen', ihren jetzigen Titel führt sie seit dem Jahre 1784. Die Nummer war nur zwei Blätter in kleinem Quartformat stark. Bis zum 17. Februar 1785 ziert jede Nummer ein Motto in Versen im Geschmacke Rabeners oder Lessings, in der Nummer vom 24. Februar 1785 ist der gewöhnliche Raum des Mottos leer; ob eine Censurlücke oder ein leerer Raum im Redactionsoberstübchen daran Schuld, wir wissen es nicht. Eine interessante Beigabe sind statistische Tabellen des innerösterreichischen Guberniums über Geburten, Trauungen, Todesfälle im Gouvernementsgebiete. Seit dem Jahre 1787 wird das Blatt reichhaltiger und geschickter redigirt. Den Unterschied zwischen alter und neuer Zeit illustriert uns hie und da treffend ein weisses Blatt, unbedruckt geblieben, weil der Zeitungsschreiber es damals noch nicht verstand, leeren Raum mit Phrasen zu füllen. Die politischen Nachrichten, welche das Blatt fast allein bringt, sind sehr gedrängt und ohne allen Phrasenballast abgefasst; von localen Ereignissen leider sehr wenig verzeichnet.

Im Jahre 1789 findet sich eine Druckerei Ignaz *Merk*, so dass Laibach zu Ende des Decenniums, die ältere *Eger*'sche eingerechnet, bereits drei Druckereien zählte, immerhin ein Beweis für ein gesteigertes literarisches Bedürfniss des Publicums. Dem *Umfange* nach war die Production jedenfalls die stärkste auf dem Gebiete der *slovenischen* Literatur, dem *Inhalte* nach musste diese noch vor der deutschen zurückstehen, welche einen *Linhart* aufzuweisen hat.

[1] Pesmi krajnskiga naroda, III. 1841, S. 120: ,Podsèmeliske jabelka.'

[2] Mitth. 1855 S. 20; Bl. a. Krain 1864 S. 87.

Die *deutsche Schaubühne* fand in der Hauptstadt des Landes eine gesicherte Stätte. ‚*Immer hat sich auf der hiesigen Bühne* — so schrieb die Laibacher Zeitung am 24. April 1785 — *eine gute deutsche Gesellschaft von Schauspielern mit Vortheil erhalten, und man kann mit Grund sagen, dass der Geschmack fürs Theater bei einem grossen Theile des hiesigen Publicums nahe an Leidenschaft grenzt. Noch niemal ist ein Directeur, der dem Publicum genug that und sonst Ordnung hielt, unzufrieden von hier abgegangen.*‘ Im Winter 1785 war es die Gesellschaft des Herrn *Zöllner*, die beste in Innerösterreich, welche mit ihren ‚ausgesuchten abwechselnden Trauer-, Schau-, Lust- und Singspielen‘ die Laibacher unterhielt; im Juni, dann von Juli bis Oktober 1786 gastirte die *Friedel*'sche Gesellschaft, nachdem sie in Klagenfurt und Triest gespielt, auch in unserer Hauptstadt. Die letzte Vorstellung am 1. Oktober war Schröders ‚Ring‘. Friedel widmete die ganze Einnahme einer Vorstellung zwei durch Feuer verunglückten Familien. Im August 1787 veranstaltete er wieder Sommervorstellungen, welche stets volle Häuser machten. Das Repertoire vervollständigten hie und da italienische Opernimpressarien. So finden wir, dass am 20. August 1788 zur Feier der Installation des Erzbischofs Brigido die Oper ‚Le nozze in contrasto‘ und am 21. Juni 1790 zur Feier der Anwesenheit des Gouverneurs von Innerösterreich die Oper ‚L'arbore di Diana‘ bei festlich beleuchtetem Theater gegeben wurde.

Nun mehren sich auch *Dilettantenvorstellungen*, meist zu wohlthätigen Zwecken. So führen am 11. Januar 1787 die Kinder der ‚militärischen Pflanzschule‘ des Graf Thurn'schen Regiments unter Anleitung des Oberlieutenants von Grossilier im landschaftlichen Theater ein militärisches Lustspiel ‚Soldatenliebe‘ auf. Am 11. April 1787 gibt das Regiment Thurn abermals zwei Stücke zum Besten des Armeninstituts. Das erste war ein ‚Gesellschaftsstück‘, welches den Zweck des Armeninstituts beleuchten sollte, das zweite ein Trauerspiel in fünf Aufzügen: ‚Graf Wallenstein‘, also eine Bearbeitung dieses dankbaren Stoffes lange vor Schiller; beide Stücke wurden ‚mit vielem Anstand und allgemeinem Beifall‘ aufgeführt. Das Regiment Thurn scheint den Dilettantenvorstellungen Bahn gebrochen zu haben, denn der Theaterreferent ergreift die Gelegenheit, bei Besprechung obiger Vorstellung die ‚*Theaterfeinde*‘ und die *Damen* zu apostrophiren, ‚*welche zwischen vier Mauern mit vieler Natur bald eine Dalila, bald eine Lykoris spielen, aber eher überall als auf dem Theater in einer Rolle erscheinen wollen.*‘ Am 14. Mai 1787 gab es wieder eine Dilettantenvorstellung zum Besten des Armeninstituts: ‚Moleshoff und Sylvie‘, ein militärisches Trauerspiel, also wieder eine Production militärischer Dilettanten.

Die ersten Anfänge einer *nationalen Bühne* in *slovenischer* Landessprache brachte das Jahr 1789. Am 28. Dezember 1789 wurde Linharts ‚*Županova Micka*', nach Richters ‚Feldmühle' bearbeitet, von Dilettanten aus den besten Kreisen der Gesellschaft aufgeführt: Tuchfabrikant Desselbrunner — Tulpenheim; Frau von Garzarolli — Frau Sternfeld; Dr. Makoviz, Linharts Schwager — Monkof; Dr. Merk, später Hofrath in Wien — Jaka Zupan; Frau Linhart — Micka; Dr. Piller — Anže; Dr. Repitsch — Glažek; Souffleur: Linhart selbst.[1] Der Beifall war ausserordentlich. ‚*Gestern* — schrieb die Laibacher Zeitung vom 29. Dezember 1789 — *haben unsere Theaterfreunde abermal die Schaubühne betreten und uns zugleich den überzeugendsten Beweis geliefert, dass auch die krainische Sprache Biegsamkeit, Geschmeidigkeit, Nachdruck und Melodie genug besitze und sich gleich der russischen, böhmischen und polnischen Sprache in Thaliens Munde gar gut hören lasse .... ‚Shupanova Mizka' oder ‚Marie, des Dorfrichters Tochter', eigentlich das bekannte Lustspiel ‚Die Feldmühle', frei und ganz nach dem Costüme der krainischen Nation bearbeitet. Die treffliche Uebersetzung gab diesem Stücke alle innerliche Vollkommenheit, und die schon bekannte Kunst dieser Schauspieler und Schauspielerinnen übertraf alle Erwartung des Publicums. Euch, meine Herren und Frauen dieser Gesellschaft, dankt nicht nur der Arme aus Herzensfülle* (die Vorstellung fand zum Besten der Armen statt); *auch die ganze Nation ist stolz auf Euch und wird Euch in den Jahrbüchern der Literatur verewigen und sagen: Diese waren es, die den Grund zur Vervollkommnung ihrer Muttersprache gelegt und sie auch für den Soccus brauchbar gemacht haben.*' Noch in demselben Jahre erschien ein zweites Stück Linharts: ‚*Veseli dan ali Matiček se ženi*', Lustspiel nach dem Französischen des Beaumarchais: ‚La folle Journée ou le mariage de Figaro' (im Jahre 1840 neu herausgegeben von Smole).[2]

Dem Slovenischen hatte übrigens schon der erste krainische Mäcen, der hochherzige Förderer und Mittelpunkt aller wissenschaftlichen Bestrebungen in Krain, Baron Sigmund *Zois*,[3] den Weg auf

---

[1] Bl. a. Krain 1865 S. 67.

[2] Bl. a. Krain l. c.

[3] Die Familie Zois stammte aus der Schweiz und kam von dort nach Italien, wo sie im XVII. Jahrhunderte in der Lombardei zu Verbeno und Alzano begütert war. Der Gründer des Hauses Zois in Krain, Michael Angelo Zois, kam zu Anfang des XVIII Jahrhunderts nach Laibach, wo er im Jahre 1735 ein Eisen-Exportgeschäft

die Bühne geebnet, indem er für die in den siebziger und achtziger Jahren meist im Carneval in Laibach debutirenden italienischen Operisten slovenische Lieder als Einlagen schrieb, welche ihren Eindruck nicht verfehlten.[1]

Mit der italienischen Oper und dem Ballet, meist von venetianischen Impressarien importirt, verbreitete sich auch der Geschmack an italienischem Carnevalsvergnügen, den maskirten Bällen oder sogenannten Redouten. Als der marokkanische Gesandte Muhamed Ben Saraxes am 6. Februar 1783 mit den kaiserlichen Commissarien und einem Gefolge von 24 Personen in Laibach ankam, wurde von den Ständen dem Gast zu Ehren im Theater ein ‚maskirter Ball' veranstaltet, dem 600 Personen beiwohnten. Die ‚gewählten' Masken bezeichnete der Gesandte durch ‚freundliches Lachen und Complimente'. Im Februar 1786 wurde im Schulhause der Jesuiten zur Unterhaltung des Publicums ein prächtiger und geräumiger Saal hergestellt, wo in der Faschingszeit wöchentlich zweimal maskirter Ball gehalten wurde. Der Eintritt stand jedermann — ‚Livree und Dienstmägde mit den sogenannten Schlepphauben ausgenommen' — offen. Am 20. August 1788 gab es zur Feier der Installation des neuen Erzbischofs Brigido Freiball im Redoutensaale für 600 Personen.

13. Laibacher Annalen.

Handel und Industrie. Noch einmal die Judenfrage. Schiesstätte und Bürgercompagnie. Krainische Bauerntracht im Jahre 1783.

Unsere Landeshauptstadt begann zuerst unter Kaiser Josef den *Mauerring* zu durchbrechen, der sie in mittelalterlicher Weise einengte, ihren Verkehr hemmte und ihren ohnehin meist engen Gassen Licht und Luft, die wesentlichen Bedingungen der Gesundheit, benahm. Die Abtragung des *Franziskanerthors*, durch welche der schöne Schulplatz entstand, ist bereits erwähnt worden. Dieses Thor war eines

---

übernahm, welches er durch Errichtung von Filialen in Triest und Venedig und den Ankauf mehrerer Gewerkschaften in Oberkrain derart erweiterte, dass er sozusagen den Gesammthandel mit Eisenwaren aus Krain und einem Theile Kärntens vermittelte. Ob seiner Verdienste um Hebung der Eisenindustrie und des Handels wurde er von Karl VI. 1739 in den Adels-, von Maria Theresia 1760 in den Freiherrnstand erhoben. Betrauert von seinen Mitbürgern, deren Achtung und Liebe er sich im vollsten Masse erworben hatte, starb er im Jahre 1777. Sein Universalerbe war der erstgeborne Sohn zweiter Ehe mit Johanna Kappus von Pichelstein, *Sigmund* Baron Zois, von dem oben die Rede ist.

[1] Bl. a Krain l. c.

der stärksten, ganz von Quadersteinen aufgeführt, hatte zwei Stockwerke und war mit zwei kleinen Zugbrücken versehen. An der Wand des ersten Stockwerkes war ein geharnischter Mann mit einer Lanze angebracht. Das *Spitalthor* fiel 1786; es bestand aus einem zwei Stockwerke hohen viereckigen Thurm, der auf der rechten Seite an das Bürgerspital, auf der andern an das Deschmann'sche Haus stiess. Auf der letzteren wurde nach Abtragung dieses Thors ein schöner Brunnen angebracht. Auch das Stadtgefängniss, die sogenannte ‚*Trantschen*', ein massiver Bau, der zugleich die Brücke sperrte, ward 1789 abgetragen.[1] Wir finden einen Beweis für die weitgehenden Verschönerungspläne jener Zeit in der im Jahre 1782 angeregten Collecte zur Abreissung der feuergefährlichen Häuser am sogenannten ‚*Reber*',[2] welche leider nicht zustande kam und noch heutzutage ein Bedürfniss wäre.

Die *Humanitätsanstalten* Laibachs gewannen unter Kaiser Josef eine bessere Organisation. Die Berufung der Barmherzigen Brüder und ihr gedeihliches Wirken haben wir bereits erwähnt. Im Jahre 1787 trennte man die im Bürgerspitale befindlichen Anstalten in der Art, dass daselbst nur das Waisenhaus und die Pfründner des Bürgerspitals, des Armenhauses, der Graf Lamberg'schen Stiftung und der Hofspitalstiftung beibehalten blieben, die Kranken und Irren aber den Barmherzigen übergeben wurden. So lange noch keine Gebäranstalt existirte, wurden die Findlinge auf so lange in das Bürgerspital aufgenommen und daselbst durch gedungene Ammen ernährt, bis sie auf das Land abgegeben werden konnten. Die im Bürgerspital verbliebenen Pfründner blieben auch mit Kost und Kleidung versorgt, mussten aber schon im Jahre 1789 aus dem Hause treten, indem daselbst eine Gebäranstalt errichtet wurde, welche am 21. Februar 1789 ins Leben trat. Die ausgetretenen Pfründner erhielten als Entschädigung bestimmte Geldportionen, um sich ausser dem Hause Wohnung und Verpflegung zu verschaffen.[3] Im Jahre 1789 wurden auch die Fonde des Hofspitals, des Bürgerspitals, des Waisen- und des Armenhauses zu einem Hauptarmenfonde vereinigt, der bis 1822 fortbestand. Der Waisenhausfond war bis 1788 auf 64,000 fl. gestiegen; heutzutage beträgt er mehr als 100,000 fl.[4] Um der Noth zuvorzukommen, regte im Jahre 1788 ein um Laibach hochverdienter Bürger, der Tuchfabrikant Dessel-

---

[1] Hoff, Gemälde von Krain I. 93, 96; Mitth. 1860 S. 95.

[2] Domcapitelarchiv.

[3] Lippich, Topographie S. 268.

[4] Mitth. 1864 S. 88. Vgl. Erster Bericht der Commission wegen Errichtung eines Waisenhauses. Laib. 1866.

brunner die Errichtung eines freiwilligen Arbeitshauses an, welche jedoch von der Regierung nicht bewilligt wurde.[1]

Die *politischen Rechte* der Stadt Laibach waren im Laufe der Staatsveränderungen mancher Gefährdung ausgesetzt. Einmal war es die Eifersucht der ohnehin durch die landesfürstliche Macht auf ein geringes Mass von Bedeutung heruntergedrückten Stände, welche den Städten ihr uraltes Recht der Landstandschaft verkürzen wollte, so dass die Stadt Laibach am 27. November 1788 um dieses Recht petitioniren musste und es im Landtage 1790 auch zugestanden erhielt;[2] ein andermal wurde die Wahlfreiheit der Gemeindevertretung durch höhere Weisungen beschränkt, wie z. B. im Jahre 1785 Michael Vogou zum Magistratsrath nur unter der Bedingung gewählt wurde, dass sich während des Verlaufs zweier Monate keine Militärperson um diesen Posten melden würde.[3]

Von *ausserordentlichen Naturerscheinungen* verzeichnet die Chronik unserer Landeshauptstadt für das Jahr 1786 in der Nacht vom 22. auf den 23. April ein sehr starkes Nordlicht, welches gegen eine Stunde anhielt. Das Wetter war damals ungemein angenehm, die Tage heiss, während die Berge noch mit Schnee bedeckt waren. Am 6. Dezember 1784, 11 Uhr nachts, und am 11. April 1786, gegen 10 Uhr vormittags, gab es starke Erderschütterungen.[4]

Der *Handel* Laibachs war trotz der ungünstigen Zeitverhältnisse im Anfange dieser Periode noch bedeutend. Der Leinen- und Spitzenhandel, vorzüglich nach Italien (Sinigaglia), trug jährlich gegen 400,000 fl., die Ausfuhr von Nägeln, Draht, Stahl, Eisen beinahe 150,000 fl., die Nägel allein 70,000 fl. Gewinn. Die vorzüglichsten Handelshäuser waren in Laibach: *Zois* (schon 1735); *Desselbrunner*, dessen Tuchfabrik bei Laibach 1000 Arbeiter beschäftigte und ihre Fabrikate meist nach Italien ausführte; *Weitenhiller*; *Damian*.[5] Das Ausfuhrverbot, welches Josef II. 1784 erliess, hatte die wohlwollende Tendenz der Emancipation von dem Auslande, aber es wurde in dem Umfange und der Strenge, mit der es ausgeführt wurde, für den Verkehr verderblich. Dass der Schmuggel dabei florirte, zeigen die wiederholten Waren-Autodafés in Laibach. So wurden am 27. Juli 1785

---

[1] Mitth. 1866 S. 33.

[2] Mitth. 1866 S. 32.

[3] Laibacher Zeitung.

[4] Laibacher Zeitung.

[5] Reise von Venedig über Triest etc., Frankfurt und Leipzig 1793, S. 47; Hermann, Reisen durch Oesterreich, 2. Bdch., Wien 1781, S. 126.

vor dem Hauptzollamte Tuch, seidene Strümpfe, Tabaksdosen, Confect, Pickelhäringe öffentlich verbrannt. Am 28. September wurde confiscirter Cipro und Malvasier in den Laibachfluss ausgegossen, eine Wagenkrippe mit falschem Boden zerschlagen. Am 28. Juni 1788 brannten Stockfisch und Kaffee; Malvasier und Rosoglio mischten sich mit den Fluten der Laibach; Fayence- und Majolicageschirre wurden zertrümmert![1]

In die Jahre 1783 und 1789 fallen neue Verhandlungen über *Judenzulassung* in Krain. Im ersteren Jahre beriefen sich die Stände gegenüber dem Verlangen der Juden, auf innerösterreichischen Märkten zugelassen zu werden, auf Kaiser Max' Freiheitsbriefe, und im Jahre 1789 hatte der ständische Ausschuss sich über die Frage zu äussern: ob den Juden nicht der Aufenthalt, Handel und Wandel ohne Ausnahme auch in Innerösterreich zu gestatten sei. Graf Hohenwart erstattete im Namen des Ausschusses das Gutachten; es fiel, wie vorauszusehen war, verneinend aus. Er wolle nur kurz erinnern, dass es immer schädlich sei, eine die Masse des Landesvermögens lediglich verzehrende und noch dazu ‚parasite Gattung Menschen' zu begünstigen oder dort, wo sie noch nicht sei, einzuführen. Die Juden seien bekanntermassen eine Nation, welche sich wenigstens bis jetzt mit dem Ackerbau, mit Fabriken und Manufacturen nicht abgebe, deren Geschäft der Kleinhandel, Wucher, Betrug und die äusserste Sparsamkeit ist, wodurch sie sich grosses Vermögen erwerben und es durch allerlei Wege aus dem Lande zu bringen wissen. Ob die Versuche, die man unternommen, diese ‚*Geschöpfe*' zu einer ‚*arbeitenden und nützlichen Menschengattung*' zu gestalten, gelingen werden, sei dem Ausschuss nicht bekannt, gewiss werden sie viel Zeit erfordern, wenn nicht ihre ‚*Grundsätze*' alles vereiteln werden. Es sei die allgemeine Klage, dass die Juden seit einigen Jahren, als sie ohne Befugniss die Märkte besuchen, den Handelsleuten grossen Schaden verursachen, da sie ihre Waren dem unverständigen grossen Haufen um einen geringen Preis verkaufen, freilich auch in schlechter Qualität; sie könnten sich auch leichter mit einem geringeren Gewinn begnügen, da sie sehr einfach leben. In Görz hätten die Juden das Volk durch Wucher ausgesogen. Der Ausschuss berief sich nochmals auf die alten ständischen Privilegien und schloss: Da es nach dem Wortlaute des hohen Decretes vom Jahre 1781 ohnehin nicht die Absicht der Regierung sei, die Juden dort, wo sie nicht sind, einzuführen, in Krain aber

---

[1] Laibacher Zeitung.

Juden derzeit weder vorhanden seien, noch geduldet würden, so könne von Einführung oder Tolerirung derselben in Krain keine Rede sein.[1]

Die Laibacher *Schützengesellschaft* wurde im Jahre 1789 zum ersten male ein Mittelpunkt südösterreichischen Schützenlebens. Zu dem Freischiessen am 2. Juli waren zum ersten male die Nachbarlande geladen; Steiermark, Kärnten, Tirol hatten ihre Vertreter gesendet. Am folgenden Tage veranstaltete Baron Sigmund Zois ein Freischiessen. Die Kärntner holten sich in beiden Schiessen über 800 fl. an Besten.[2]

Die *Bürgercompagnie* Laibachs erhielt in den achtziger Jahren manche Gnadenbeweise von der Regierung, der Stadthauptmann die goldene Medaille und das Corps einen Vorrath von Gewehren; den Offizieren wurde gestattet, kaiserliche Porte-épées zu tragen. Die Bürgerwehr leistete Dienste bei Epidemien, in Ermanglung des Militärs, und bei ‚Feuersnöthen‘.[3]

Sitte und *Tracht* in den Städten folgten seit jeher dem Gebote der Mode; in Krain finden wir aber die interessante Erscheinung, dass auch der *Bauernstand* von der nemlichen Tendenz ergriffen wurde. In der nachstehenden Schilderung eines Zeitgenossen[4] finden wir schon manche Abweichung von dem Valvasor'schen Typus:

‚*Weibliche Tracht*: Stöckelschuhe mit weissen überhangenden Laschen. Die wollenen Strümpfe roth gefärbt, nicht aufgebunden. Rock oder Kittel aus grün, braun oder schwarz gefärbtem *Meslan* (Masselan), stark gefaltet und unten mit einem blauen Band garnirt. Fürtuch insgemein von weisser Leinwand. Das Mieder ist steifer, als mans in Steiermark trägt, ohne Brustlatz, aus schwarzem Zeuge, mit gleichfärbigen seidenen Borden garnirt und an den Enden und Nähten mit weissen Bändern und Spitzen besetzt, vorne sehr kurz. Die obere Hälfte des Hemdes ungemein klein gefältelt und die Aermel mit Spitzentazzeln oder Manschetten besetzt. Die Haare, in einen Zopf geflochten und in einen Bund zusammengelegt, werden durch ein fingerbreites, schwarzsammtnes Band festgehalten, welches so gebunden ist, dass die eine Hälfte desselben auf die Stirne, die andere über die Haare reicht. Haube gemeiniglich aus schwarzseidenem Zeug, mit weissen Spitzen garnirt. Der übrige weibliche Schmuck besteht in dem Gürtel und

---

[1] Meine Skizze: Juden in Krain, Feuill. der Laib. Ztg. 1866.

[2] Laibacher Zeitung.

[3] Bl. a. Krain 1862 S. 79, 90.

[4] Hermann, Reisen durch Oesterreich, 3. Bd., Wien 1783, S. 39—43, mit Beigabe von zwei Kupferstichen nach Zeichnungen von Prof. Herrlein in Laibach.

in den Häkchen am Busen. Die Gürtel sind gegen zwei Finger breit aus Leder und stark mit messingenen und zinnernen Blechen beschlagen, auch wohl öfters mit unechten Steinen und Glasflüssen besetzt. Die Häkchen sind aus Messing- oder Silberdraht, mit falschen Steinen und Flittergold besetzt und so gemacht, dass sie eine Art Rose vorstellen. Uebrigens sind die weissen Kopftücher eines der gewöhnlichsten Kleidungsstücke; sie sind, besonders die Gallatücher, aus der feinsten Leinwand gemacht und mit Spitzen, die oft 3 bis 6 Zoll breit sind, besetzt. So ein Kopftuch kommt nicht selten auf 2 bis 3 Dukaten.

‚Die *männliche Tracht* ist nur darin von der steierischen und kärntnerischen verschieden, dass die wollenen *Strümpfe* gemeiniglich blau oder grau gefärbt und sehr fest gewalkt sind; man nennt sie Socken. *Beinkleider* aus grünem oder schwarzem Meslan (Masselan). Um die Mitte trägt der Krainer immer eine *Binde* von wollenem rothen oder blauen Zeuge. Die *Hüte* grösstentheils aus Stroh, Filzhüte sehr selten. Der Strohhut ist insgemein schwarz gefärbt und mit einem breiten, herabhängenden seidenen oder wollenen Bande geziert.‘

Vodnik singt in seinem ‚Zadovoljni Krajnc‘ von der Tracht des Krainers:

Imám oblačilo
Domač'ga pad'vana,
Žonica pa krilo
Iz prav'ga mezlána;
  So sveti na lico,
  Ko pirh moj škrlát,
  Njo šapelj, iglico
  Njo moderc je zlat.

14. Der Türkenkrieg (1788—1789). Des Kaisers Tod.

Durch die Allianz mit Russland ward Kaiser Josef in den Krieg mit der Türkei fortgerissen. Schon im August 1787 brach das vaterländische Regiment Graf Thurn von Laibach über Klagenfurt nach Tirol auf, wo es bis auf weiteren Befehl Halt machen sollte. Im September marschirte es durch Laibach nach Agram, um dort auf den Kriegsfuss gesetzt zu werden, und Anfangs Dezember lag es zu Valpo in Slavonien in den Winterquartieren. Ausser der Rekrutenlieferung für das heimatliche Regiment musste Krain im Oktober 650 Pferde stellen. Der Oberkrainer und der Rudolfswerther Kreis hatten für die vier kroatischen Regimenter schon im September 168 Zugpferde und

62 Fuhrknechte beistellen müssen, und im Dezember wurde in Laibach für die Jäger-Feldbataillone in Ungarn geworben.

Am 9. Februar 1788 erfolgte die Kriegserklärung. Unsere Krainer waren zu ruhmvoller Mitwirkung in diesem siegreichen Feldzuge berufen. Die beiden Feldbataillone waren bei der Eroberung von Schabatz bei der Attake gegen die Zworniker Vorstadt (24. April 1788) und im Jahre 1789 bei der Belagerung von Belgrad. Das dritte Bataillon deckte 1789—1790 das Littorale bei Triest.[1] Ritterlich kämpfte der krainische Adel. Ein *Rauber* war Hauptmann im Grenz-Infanterie-Regiment Nr. 15 (zweites Szekler). Im März 1788 mit zwei Compagnien im Kloster Sinai in Besatzung liegend, wurde er am 24. März von 2000 Feinden wüthend angegriffen, empfing sie aber mit dem lebhaftesten Feuer, und obschon sie das hölzerne Gebäude angezündet, konnten die Türken doch nichts ausrichten, sondern mussten mit Verlust von 300 Todten (darunter ein Pascha und ein Aga) sich zurückziehen.[2] In dem Treffen bei Fokschani (1. April 1789) blieben zwei *Auersperge:* Graf Josef, Oberst im 44. Infanterieregiment,[3] und Graf Emanuel, Oberst von Belgiojoso-Infanterie.[4] Die glänzendste Tapferkeit entfaltete Cajetan Graf *Lichtenberg*, der schon als Fähndrich von Hirsch-Infanterie den siebenjährigen Krieg mitgemacht. Bei der Eroberung von Belgrad holte er sich neue Lorbeeren. Bei dem Sturm auf das Konstantinopler Thor (30. September 1789) drang er an der Spitze der freiwilligen Grenadiere vom Regiment d'Alton im heftigsten Kanonen- und Gewehrfeuer bis unter die Pallisaden vor. Nun fiel er mit dem linken Flügel des Bataillons von Nikolaus Esterházy und einigen Grenadieren über die zersplitterten Pallisaden in die linke Flanke und den Rücken des Feindes und zwang denselben zur Flucht. Hierauf liess Lichtenberg ein Bataillon des Regiments Preiss, bei welchem er stand, über die Pallisaden setzen und rückte in die Stadt vor. In der folgenden Nacht bemächtigte er sich auch des übrigen Theiles der Wasserstadt vom Widdiner Thor bis an die Donau und nahm dem Feinde sechs grosse und sechzehn kleinere Schiffe ab.[5] Ein Major Graf *Auersperg* erhielt am 20. September vor Belgrad die Todeswunde.[6]

[1] Gräffer, Geschichte der k. k. Regimenter, 1800, I. S. 188

[2] L. c. II. 354.

[3] Hirtenfeld, Milit.-Kal. 1852 S. 142.

[4] Gräffer l. c. I. 30.

[5] Hirtenfeld, der Militär-Maria-Theresien-Orden, Wien 1857, S. 312.

[6] Gräffer l. c. I. 48.

Während der Kampf vor den Mauern von Belgrad wüthete, wurden auf Befehl des Kaisers am 20., 21. und 22. September in allen Pfarrkirchen Laibachs unter Aussetzung des Hochwürdigsten öffentliche Gebete abgehalten, um den Segen des Himmels für die christlichen Waffen zu erflehen. Am 18. Oktober traf die Nachricht von der Capitulation Belgrads (9. Oktober 1789) in Laibach ein. Der Oberpostverwalter Edler von Fischer liess die Siegesbotschaft durch einen Postoffizier und 12 Postillone zu Pferde feierlichst verkünden. In der Domkirche wurde das Te Deum gesungen. Abends war die ganze Stadt festlich beleuchtet, auf dem Landhause erblickte man das Portrait des Kaisers, auf dem Rathhause jenes Laudons. Türkische Musik durchzog die Gassen. Eine musikalische Akademie im landschaftlichen Theater schloss den Tag. Am folgenden Tage wiederholte sich die Illumination in noch glänzenderer Art, Laudons Bildniss wurde vom Rathhause im Triumphe unter Vortritt einer Musikbande in den ständischen Redoutensaal gebracht, wo bereits Josefs Bild in passender Decoration aufgestellt war. Ober demselben prangte der Doppeladler, im Munde den türkischen Turban haltend und im Begriffe, den Halbmond mit seinen Klauen zu zertrümmern, mit der Inschrift: ‚Dem Vater des Vaterlandes, dem grössten Kaiser.' Ober Laudons Bilde las man die Inschrift: *‚Zur Verewigung des 9. Oktober 1789. Zur Dankbarkeit dem erhabenen Mitstande.*[1] *Dem Schrecken der Osmanen, dem Eroberer Belgrads.*' Die Feier schloss erst am 20. Oktober mit einem Festball. Aehnliche Festlichkeiten fanden in den kleinsten Landstädtchen statt.[2] Die Einnahme Belgrads lebt im krainischen Volksliede fort.[3]

Nach einem so siegreichen Feldzuge verdüsterten sich dennoch die politischen Verhältnisse: Preussen schloss am 31. Jänner 1790 ein Schutz- und Trutzbündniss mit den Türken. In Frankreich stiegen die Wogen der Revolution immer höher und bedrohten das deutsche Reich, die Niederlande waren im Aufstande, Rom eiferte die mächtige Geistlichkeit Belgiens zum Widerstande an gegen Josefs, nur das Wohl seiner Länder bezweckende Reformen. Mitten unter diesen Wirren starb der Kaiser am 20. Februar 1790 im Alter von 49 Jahren, nach-

---

[1] Am 4. Mai 1789 hatte der Krainer Landtag Laudon zum Landstand aufgenommen. Rittmeister Graf Rosenberg überbrachte dem Feldmarschall das Diplom. Laib. Ztg.

[2] Mitth. 1859 S. 71. Ueber die Jubelfeste in Laibach erschien eine Broschüre: ‚Laibachs Jubelfest 1789', bei Kleinmayr, 4°. P. Marc., Bibl. Carn. S. 32.

[3] Slovenske Pesmi krajnskiga naroda, I., Laibach 1839, S. 60: ‚Lávdon.' Nach der Eingangsstrophe ‚*Lansko* leto' ist das Lied im Jahre 1790 gedichtet.

dem er seinen Bruder Leopold, der in Toscana regierte, nach Wien berufen hatte. Die Inschrift auf dem 1807 gesetzten Standbilde des Kaisers in Wien ist sein schönster und wahrster Nachruf: ‚*Non diu, sed totus patriæ vixit.*'

Viertes Kapitel.

Die Zeiten Leopolds II. und Franz I.

1. Reaction gegen die Josefinischen Reformen. Denkschrift der Krainer Stände an Leopold II. Veränderungen in der Verwaltung. Skizze der Leopoldinischen Gesetzgebung.

Leopold II., der Nachfolger Josefs II., hatte in Toscana 25 Jahre weise und glücklich regiert. Man wusste in Oesterreich, dass er Kaiser Josefs Reformen nicht durchwegs gebilligt hatte, man baute auf seine Friedens- und Gerechtigkeitsliebe, und die Anhänger des Alten gingen in ihren Hoffnungen so weit, eine vollkommene Restauration der Kastenprivilegien und der Kirchenmacht zu erwarten. Unter den Ständen der deutschen und böhmischen Erblande zeigte sich eine übereinstimmende Bewegung, gerichtet auf Wiederherstellung ihrer seit Maria Theresia's Herrschaft gebrochenen politischen Macht.

Die Krainer Stände richteten am 27. Juli 1790 eine ausführliche *Denkschrift*[1] an Kaiser Leopold, in welcher die revolutionären Grundsätze der französischen Philosophen zur Revindicirung der ständischen Sonderrechte ausgebeutet wurden. Die Stände beriefen sich auf den ‚*Vertrag der Unterwerfung*', den sie ‚*im Namen der Nation*' mit dem Landesfürsten eingegangen, um ihre ‚*ursprünglichen*' Rechte und jene der ‚*Nation*' zu schützen, und der jederzeit bei der Erbhuldigung erneuert wurde. Sie baten um Wiederherstellung ihrer Privilegien mit Bezug auf die Aufforderung Kaiser Leopolds, ihre Wünsche und Beschwerden freimüthig vorzutragen. Die Denkschrift überging dann zu einer sehr mangelhaften und unhistorischen Darstellung der Ständeverfassung und der ständischen Finanzen. Die Stände beschwerten sich insbesondere über Verletzung ihres Gerichtsstandes, Verkürzung der grundherrlichen Abgaben, die doch aus einem ‚freien' Vertrage

---

[1] Mitth. 1859 S. 29 f.

entsprungen seien, über das neue Steuersystem, baten um Wiederherstellung des Klosters Landstrass, um feierliche Bestätigung der Rechte des Landes, der Nation und der Stände überhaupt, um Besetzung aller Aemter mit Eingebornen, Wiederherstellung der Landeshauptmannschaft und des ständischen Einflusses in Landesangelegenheiten, um Abstellung der Gleichstellung des Adels mit dem ‚Pöbel' vor dem Strafgesetze. Wenn neue Gesetze gegeben werden sollten, so mögen die Stände über die Ausführung derselben, über die Kräfte und Bedürfnisse der Nation vorläufig einvernommen werden. Die Josefinische Gesetzgebung erfuhr eine scharfe Kritik. Die Stände baten um eine neue Gerichtsordnung, Verminderung der Zahl der Advocaten von 25 auf 12 oder 8, welche mit 1000 fl. besoldet und deren Verdienst an die besoldende Kasse abgeführt werden solle, um Aufhebung des bürgerlichen Gesetzbuches, um Aufhebung der Schulgelder an Gymnasien und Lyceen, Aufhebung der Trivialschulen auf dem Lande, als ihren Zweck verfehlend wegen des Schulzwanges, der den Gemeinden auferlegten Lasten und der schlechten Besoldung der Lehrer, welche diese herabwürdige. Schulen sollten nach ständischer Ansicht nur in Städten und Märkten und auch da ohne allen Zwang bestehen und die Kosten derselben von der Staatskasse bestritten werden. Die Denkschrift protestirt ferner gegen die gezwungene Anlegung der Stiftungsgelder in öffentlichen Fonden, wodurch der Privatbetriebsamkeit im Lande die nöthigen Kapitalien entzogen würden, eifert gegen den Wucher, den die Gesetzgebung begünstige, und beschwert sich über die drückenden neuen Steuern: Schuldensteuer, Erbsteuer, Mortuar, Accise. Schliesslich baten die Stände auch um Beibehaltung der probeweise eingeführten Aerarialstrassenregie und Wiederherstellung der 1773 errichteten, aber 1781 aufgehobenen Schiffahrtsdirection.

Die ständischen Wünsche wurden von dem besonnenen Monarchen in reifliche Erwägung gezogen. Das kaiserliche Patent vom 28. Juni 1791 stellte die ständischen Körper in der Verfassung aus der Theresianischen Zeit mit dem Befugniss des Beiraths in Steuersachen und der Landesökonomie wieder her; auch die althergebrachte Autonomie der einzelnen Länder fand Berücksichtigung durch Wiederherstellung ihrer abgesonderten Administration. Der centralistische Verband Innerösterreichs wurde gelöst, Krain erhielt mit 15. November 1791 wieder seinen eigenen ‚Landeschef', der an die Spitze der wieder errichteten Landeshauptmannschaft und der Landrechte gestellt wurde. Graf Gaisruck, bisher Gubernialrath in Graz und Administrator der Bancogefälle in Inneröstcrreich, wurde der neue Landeschef Krains, welcher die

Stelle eines Landeshauptmanns und Präsidenten der Landrechte in seiner Person vereinigte. Zu Ehren des früheren Gouverneurs von Innerösterreich, Grafen Franz Anton Khevenhüller, liessen die krainischen Stände noch im Jahre 1790 eine Denkmünze prägen, welche seine Verdienste um das Landeswohl feiern sollte. Ihr Avers zeigt das krainische Wappen und die Inschrift: Grati ordines Carnioliae; der Revers lautet: Franc. Ant. C. a Khevenhvller Prov. Praesidi de Patria opt. merito, von einem Kranz umgeben, und am Rande: Aere Procerum MDCCXC.[1]

Am schnellsten wurde der Beschwerde über die *Josefinische Steuer- und Urbarialregulirung* folgegegeben. Bereits mit Patent vom 20. Mai 1790 wurde das *alte Steuersystem* wieder eingeführt. Doch ging diese Restitution der grundherrlichen Rechte nicht ohne tumultuarische Auftritte vonseite der Unterthanen vor sich, welche sich zusammenrotteten, Gewaltthätigkeiten ausübten und die Befreiung von allen obrigkeitlichen und landesfürstlichen Abgaben zu erzwingen suchten, daher die Regierung sich genöthigt sah, einerseits Massregeln zur Beilegung dieser Unruhen zu treffen[2] und andererseits die Herrschaften zu guter Behandlung ihrer Unterthanen zu ermahnen.[3]

Geringere Berücksichtigung fanden die Wünsche der mit der ständischen Aristokratie verbrüderten *Hierarchie.* Zwar wurden die *Generalseminare*, jene Schöpfung Kaiser Josefs, welche auf Erziehung vorurtheilsfreier und gesetzestreuer Staatsbürger im katholischen Klerus abzielte, aufgehoben, die Obsorge für den theologischen Unterricht wieder den Bischöfen eingeräumt, doch mit der Verbindlichkeit der Kleriker, die Prüfung an Universitäten oder Lyceen abzulegen.[4] Eine spätere Anordnung[5] regelte den Unterricht in den bischöflichen Seminarien, bestimmte die Erfordernisse der Lehrer, die Eintheilung der Fächer, wies das Kirchenrecht als einen ‚juridischen Gegenstand' den Staatsschulen zu. Die *Aufsicht* über das *Vermögen* der *Stifte*, *Klöster* und *Kirchen* wurde verschärft; es wurde angeordnet, dass sie ein Inventar ihrer Pretiosen und Kirchenschätze einzureichen, von fünf zu fünf Jahren den Zuwachs nachzuweisen hätten und von dem bereits Inventirten ohne Vorwissen der Landesstelle nichts veräussern dürften,

[1] Parapat: Spominska svetinja krajnskih stanov 1790. leta. Letopis Matice 1869 S. 34—35.

[2] Hofentschliessung vom 9. Juli 1790.

[3] Hofdecret vom 10. Juli 1790.

[4] Hofrescript vom 4. Juli 1790.

[5] Hofdecret vom 7. August 1791.

worüber das Gubernium wachen sollte.[1] Da von Mitgliedern aufgehobener Klöster Gesuche um Wiederherstellung derselben an den Kaiser gerichtet worden waren, so war eine offene Erklärung der Regierung über ihre Absichten nicht zu umgehen. Sie zögerte auch nicht damit, sie erklärte unumwunden, es habe von der Wiederherstellung aufgehobener Stifte und Klöster gänzlich abzukommen.[2] Seit dem Jahre 1780 waren im gesammten Umfange der österreichisch-böhmisch-galizischen Erbstaaten 309 Manns- und 104 Frauenklöster aufgehoben worden; es bestanden aber noch 420 Manns- und 49 Frauenklöster, von denen noch 129 zur Aufhebung und Vereinigung mit anderen Klöstern bestimmt waren.[3]

Die Leopoldinische Gesetzgebung athmet durchaus einen Geist der Milde, der Mässigung und Versöhnlichkeit; sie beseitigte manche Härten des früheren Systems, ohne doch seine Principien ganz zu verleugnen. In Studiensachen war die Einführung der Lehrkörper und deren Vereinigung zu einem *Studienconsess*[4] sicher als ein Fortschritt zu bezeichnen, der den Einfluss der Lehrer auf das Studienwesen sicherte. Die Errichtung der *Laibacher Studienbibliothek* (1791) ist ein Werk Kaiser Leopolds. Professor Wilde war ihr erster Bibliothekar und die Büchersammlungen der aufgehobenen Klöster bildeten ihren Grundstock.[5]

2. Wiederholte Besuche Kaiser Leopolds in Krain. Der Türkenkrieg. Kulturzustände. Statistisches.

Die Krainer Stände sahen ihren Wunsch einer feierlichen Erneuerung des ‚*Vertrages zwischen Fürst und Volk*‘ — der Erbhuldigung — nicht in Erfüllung gehen, aber das Land wurde für das Unterbleiben eines Staatsactes, der nur bei völligem Umschwung der Verhältnisse von Bedeutung sein konnte, durch den wiederholten Besuch des leutseligen Monarchen entschädigt, der sich alle Ehrenbezeugungen verbat, indem er ‚*ganz unbemerkt in seinen Ländern zu reisen und seine Gegenwart den Unterthanen auf keine andere Art, als durch das Gute, das er ihnen hie und da schaffen könne, kundbar zu machen verlange*‘.[6]

---

[1] Hofdecret vom 3. August 1791.
[2] Hofdecret vom 17. Januar 1792.
[3] Amtlicher Bericht.
[4] Hofdecret vom 4. Oktober 1790.
[5] Mitth. 1857 S. 61 f.
[6] Hofdecret vom 19. September 1790.

Am 24. August 1790[1] traf Leopold II. in Begleitung des Erzherzogs Leopold um 9 Uhr abends in Laibach ein. Die Bürgercompagnie war in Parade aufgestellt, wurde jedoch vom König sogleich mit dem gnädigen Beifügen entlassen, er behalte sich diese ‚*traute Bedeckung*‘ für seine Rückkehr von Fiume, welches vorläufig sein Reiseziel war, vor. Am folgenden Tag ertheilte er von 6 Uhr früh bis 12 Uhr mittags und dann wieder nach dem Diner allgemeine Audienz und nahm die ihm überreichten Bittschriften mit der ihm eigenen Leutseligkeit entgegen. Um 4 Uhr nachmittags besichtigte der Monarch in Begleitung des Erzherzogs Leopold, des Kreishauptmanns Baron Ankershofen, des Obersten Struppi, der beiden Verordneten Baron Schweiger und Rosetti und des Landesingenieurs Josef Schemerl alle öffentlichen Gebäude und die Desselbrunner'sche Tuchfabrik. Am 26. August, halb zwölf Uhr mittags, zog das aus Anlass des königlichen Besuchs neu errichtete *Scharfschützencorps* mit einer aus 8 Mann bestehenden ‚*Hautboistenbanda*‘ vor dem Absteigquartier des Monarchen auf. Dieses aus ‚*wohlgewachsenen und von ihrer Geschicklichkeit bekannten*‘ Männern gebildete Elitecorps zählte 70 Mann und 5 Offiziere: Karl Krobat, ehemals Auditor im Infanterieregiment Erzherzog Ferdinand, nun Bannrichter im Herzogthum Krain, als commandirender Hauptmann; Doctor Morak; Samassa, bürgerlicher Glockengiesser; Anton Hofer, Güterexpediteur, und Garzaroli. Uniform und Bewaffnung wird uns beschrieben, wie folgt: Weisse Beinkleider und Westen, grünes Röckel, gewichste Stiefel, Hut à la Corse mit weissgrüner Cocarde und weissem Federbusch; an der rechten Seite hing an einer grünen Schnur ein Pulverhorn, in der rechten Hand trug der Laibacher Scharfschütze ein gezogenes Rohr, an der linken Seite führte er den Hirschfänger.

Dieses Corps paradierte mit der Bürgergarde am 26. August, als die Erzherzogin Elisabeth, aus Innsbruck kommend, gegen halb 7 Uhr in Laibach eintraf und ihr Absteigquartier im ‚Wilden Mann‘ nahm. Um 9 Uhr abends ertönte die türkische Musik der Scharfschützen durch die Gassen der Stadt. Am folgenden Tage, 12 Uhr mittags, liess die Erzherzogin die ‚Noblesse‘ von Laibach zum Handkusse vor,

---

[1] Der folgenden Schilderung ist, soweit nicht eine andere Quelle citirt wird, durchgehends die ‚Laibacher Zeitung‘ zugrunde gelegt, welche bereits bei der Schilderung der Josefinischen Epoche benützt wurde. Dieses bereits sehr selten gewordene Blatt, die einzige officielle Quelle unserer Localchronik, wurde dem Verfasser durch das freundliche Entgegenkommen des Herrn Grossgrundbesitzers und Reichsrathsabgeordneten Victor Franz *Langer* von Podgoro zur Verfügung gestellt, wofür hier schuldiger Dank gezollt wird.

nachmittags besuchte sie den Fürsterzbischof und besichtigte das für den ebenfalls erwarteten sicilianischen Hof in der bischöflichen Residenz bestimmte Quartier. Abends ‚unterhielt sich' die Erzherzogin in dem seit 1782[1] in Laibach bestehenden Casino, ‚wozu nicht nur der hohen Noblesse, sondern allen Honoratioren der Zutritt offen stand'. In der Nacht des 27. August um dreiviertel auf 12 Uhr setzte der König mit dem Erzherzog die Reise nach Fiume fort, während die Erzherzogin in Laibach blieb, um da die Rückkehr ihrer hohen Verwandten abzuwarten. Am 28. August besuchte die hohe Frau das Militär-Erziehungshaus, das Kapuziner- und Ursulinerkloster und besah auch das landschaftliche Theater; nachmittags nahm sie den Gruber'schen Kanal und die Brücke über denselben in Augenschein und wohnte abends im Casino der ihr zu Ehren gegebenen musikalischen Akademie bei. Sie spendete ihren Beifall besonders der Gräfin Porcia und der Frau von Bonazza, welche trefflich Fortepiano spielten, und der Silberstimme des sich in einer Arie auszeichnenden Fräuleins Fanny von Gasparini. Am folgenden Vormittage machte die hohe Frau eine Spazierfahrt in die Zois'sche Allee, nachmittags begab sie sich in das dem Rittmeister von Szöghenyi gehörige Lustschloss Leopoldsruhe und abends nach Unterthurn (Tivoli), wo sie eine zahlreiche Gesellschaft von Adel und anderen Personen mit ihrer Gegenwart beehrte. Am 30. August besuchte die Erzherzogin das Spital der Barmherzigen, verfügte sich dann in das Haus des Baron Sigmund Zois und fand sein Naturaliencabinet ihres besonderen Beifalls würdig. Abends verweilte sie wieder im Casino.

Der Nachmittag des 31. August ward einer solennen Spazierfahrt auf der Laibach gewidmet. Um 4 Uhr setzte sich die kleine Lustflotte in Bewegung. Den Zug eröffneten zwei Barken, welche das Militär an Bord führten, auf diese folgte eine Barke, auf welcher Trompeten- und Paukenschall mit den Productionen einer Musikbande abwechselten, endlich kam die aus mehreren schön geschmückten Schiffen bestehende Flottille. Das erste Schiff führte die Erzherzogin mit Gefolge, begleitet vom Erzbischof und Kreishauptmann, die übrigen die Damenwelt und ‚*übrige hohe Noblesse*' an Bord. Den Schluss machten wieder zwei Barken mit Militär an Bord. Ein der Flottille voraneilendes Kanonenboot bewillkommte sie in der Nähe des Kanals mit dem Donner seiner Geschütze und begleitete sie dann weiter auf der Fahrt gegen Oberlaibach. Der heitere Himmel, die Munterkeit des an das Ufer herbeieilenden oder auf Kähnen den Fluss durchkreuzenden Volkes

---

[1] Mitth. 1864 S. 97.

verschönerte diese Wasserfahrt. Nach dreimaliger Decharge des an Bord befindlichen Militärs nahm die Flottille ihren Rückweg in die Stadt, wo sie gegen halb 7 Uhr abends ankam, worauf die Erzherzogin die Gesellschaft bei der Excellenz Louise Gräfin von Auersperg mit ihrer Gegenwart beehrte.

Am 1. September wurde das Mittagsmahl in Unterthurn bei dem Erzbischof genommen, abends war daselbst ein ‚*angenehmer*‘ Ball. Am 2. September, halb 1 Uhr Nachmittag, verkündete Kanonendonner vom Castell die Ankunft des Königs, seiner Schwester (der Königin Maria Karolina von Neapel), der beiden königlichen Prinzessinnen Maria Theresia und Amalia Louise (Bräute der beiden erstgebornen Söhne des Königs, Franz und Ferdinand) und des Erzherzogs Alexander Leopold. Die Bürgergarde und das Scharfschützencorps waren in Parade aufgestellt, Feldmusik ertönte. Der sicilianische Hof nahm sein Absteigquartier in der bischöflichen Residenz, König und Erzherzog im Gasthause zum ‚Wilden Mann‘. Das Mittagsmahl wurde für alle hohen Gäste im Bischofhofe bereitet. Abends veranstalteten die Stände einen Freiball, welchen die Anwesenheit aller hohen Herrschaften auszeichnete.

Um 7 Uhr abends wurde die Stadt festlich beleuchtet. Ein Lichtstrom, schreibt der officielle Berichterstatter, ergoss sich durch alle Gassen. Am Rathhause war eine Ehrenpforte angebracht. Jeder ihrer beiden Flügel bestand aus sechs Arkaden im römischen Stile und betrug in der Länge 9 Klafter und 3 Schuh, in der Höhe bis zum Gesimse 3 Klafter 7 Schuh. Ueber den Arkaden waren zwei Gallerien für die Musik angebracht. Die Fenster des Rathhauses und der von beiden Seiten anstossenden Häuser waren mit grünen Festons behangen. Weit über 4000 Lampen verbreiteten einen blendenden Glanz. Der Landesingenieur Schemerl hatte diesen Glanzpunkt der Festlichkeit arrangirt. Nicht minder prächtig nahmen sich Landhaus und Gymnasialgebäude, jedes mit 200 Lampen und Wachskerzen beleuchtet, aus. Der Kreishauptmann Freiherr von Ankershofen, der höchste Beamte Laibachs, da sich die Regierung damals noch in Graz befand, hatte seine Wohnung mit den Wappen von Oesterreich, Toscana und Sicilien, Pyramiden mit Hochzeitsfackeln und Kränzen und der folgenden Inschrift in Flammenbuchstaben verziert: ‚Leopoldo II. Hung. et Boh. Regi, Archiduci Austriae, etc. etc. Pio. Provido. Justo. Sapienti. Borussiam Pace; Gemino Hymenaeo Utramque Siciliam Austriae Adunanti. Quum Mariam Theresiam Francisci filii sui primogeniti Archid. Austriae ſponsam et M. Amaliam Ludovicam Ferdinandi Filii sui secundogeniti M. Hetr. D. sponsam, Regias Utriusque Siciliae Principes, Neptes, jam Nurus Suas, Earumque Regios

Genitores Ferdinandum IV. Caroli III. Reg. Hisp. Filium, Regem et M. Carolinam A. A. Caes. Franc. I. et M. Theresiae Filiam, Reginam Utriusque Siciliae, Eadem classe advolantes Comitante Archid. Austr. Filio Suo quartum genito Leopoldo Flumine per Labacum Ducatus Carnioliae Metropolim IV. Non. Septembris 1790 adduceret, hoc laeti animi monumentum D. D. D. Capitaneatus Circuli Labacensis.' Das königliche Oberamt brachte Sinnbilder, welche sich auf das Warenlager und die Schiffahrt des Laibachflusses bezogen, mit der Inschrift: ‚Opes Subditorum opes Principum.' Von Privathäusern werden das Muley'sche, Cargniati'sche, Rode'sche, Fanton'sche und Pichler'sche hervorgehoben; alle Hausbesitzer und Einwohner aber wetteiferten, ihre Freude über die Anwesenheit der Majestäten durch Ausschmückung ihrer Wohnungen mit Wachskerzen und Glaslampen an den Tag zu legen.

Am 3. September ertheilte der König von 7 Uhr morgens bis 12 Uhr mittags und von 3 bis 7 Uhr nachmittags jedermann Audienz. Zu Mittag war in der fürstbischöflichen Residenz bei Ihrer Majestät der Königin für die hohe Noblesse Handkuss. Um 3 Uhr nachmittags marschirte das Scharfschützencorps vor dem Absteigquartier der sicilianischen Herrschaften auf und liess seine treffliche Feldmusik durch anderthalb Stunden hören. Während der König sich keine Erholung von den Geschäften gönnte und sich rastlos mit den Angelegenheiten des Landes befasste, nahmen die übrigen Allerhöchsten Herrschaften die eine halbe Stunde von der Stadt gelegene Tuchfabrik des Josef Edlen von Desselbrunner in Augenschein, hierauf begaben sie sich nach der Zois'schen Allee, wo Ihrer Majestät der Königin von der Excellenz Gräfin von Lamberg die Damen vorgeführt wurden, bei welcher Gelegenheit Höchstdieselbe dem zahlreich versammelten Adel die königliche Prinzessin Maria Theresia als künftige Erzherzogin von Oesterreich vorstellte. Endlich verfügten sich die hohen Herrschaften, vom Adel begleitet, in das landschaftliche, prächtig mit Wachs erleuchtete Schauspielhaus, wo von einer Dilettantengesellschaft das von dem ‚*berühmten Präsidenten in Reval, Herrn August Kotzebue, verfasste und allgemein beliebte*' Drama ‚*Menschenhass und Reue*' zum Besten der Armen aufgeführt wurde. Der reine Ertrag belief sich auf 235 fl. 40 kr. Nach dem Schlusse der Vorstellung durchzog türkische Musik die Stadt.

Am 4. September morgens zwischen 6 und 7 Uhr verliessen die Majestäten Laibach, um die Reise nach Wien fortzusetzen. Die Erzherzogin Elisabeth begleitete sie bis Podpetsch und kehrte dann nach Laibach zurück. Am Abend dieses Tages langte der König von Neapel in Begleitung seines am österreichischen Hofe bevollmächtigten Gesandten Marquis von Gallo von Triest in Laibach an, nachdem er auf der Herreise das Gestüt in Lipiza und das Quecksilberbergwerk Idria besichtigt (hier begab sich der König in Bergmannskleidung zur Grube, arbeitete wie ein anderer Knappe und geruhte *,ein ganzes Bergtrögl voll Erz abzusteffen*), und wurde von der Erzherzogin und der gesammten *,hohen Noblesse'* unter dem Donner der Kanonen und Paradirung der Bürger und Scharfschützen empfangen. Die Stadt illuminirte. Am folgenden Tage früh halb 8 Uhr verfügte sich der König, ein leidenschaftlicher Jäger und Schütze, in der Grossmeister-Uniform des Ordens der Jagdgöttin Diana zur Wasserjagd auf die Laibach, in Begleitung mehrerer Barken mit dem Scharfschützencorps und Mitgliedern des Dianenordens. Gegen 12 Uhr mittags wurde wegen des regendrohenden Wetters die Rückkehr zur Stadt angetreten. Nachmittags beehrte der König die Schiesstätte mit seiner Gegenwart, wo sich die Laibacher Schützen durch ihre Geschicklichkeit den Beifall des hohen Gastes in solchem Grade erwarben, dass der König den bürgerlichen Zinngiesser Michael *Reitter* in seine Jägerannalen einschrieb. Auch nahm er 25 Damen und 71 Herren des höchsten Adels, grösstentheils Krain angehörig, in den *Dianenorden* auf.[1] Abends gab es wieder Beleuchtung, und die Laibacher Mitglieder des Dianenordens veranstalteten einen Freiball im landschaftlichen Redoutensaale, bei welchem der König in der Grossmeisteruniform des Ordens erschien. Am 6. September früh nach 4 Uhr setzte der hohe Gast seine Reise nach Wien fort, und nach 6 Uhr verliess auch Erzherzogin Elisabeth Laibach, wo sie seit 28. August ununterbrochen verweilt hatte, um sich nach Triest und Venedig zu begeben. Zur Bezeugung des Allerhöchsten Wohlgefallens über die Festlichkeiten in Laibach beschenkte die Königin beider Sicilien den Kreishauptmann Freiherrn von Ankershofen mit einer goldenen Tabatière, den Kreiscommissär Hubert Grafen von Barbo und den bischöflichen Administrator Utschan, einen ,Ex-Sitticher,' mit goldenen Sackuhren, die Feldmusik der Scharfschützen mit 20 Dukaten, welche auch vom König von Neapel 12 Dukaten erhielt, die Militärwache mit 15 Dukaten und die Domestiken ihres Absteigquartiers mit 60 Dukaten. Die Erzherzogin Elisabeth bedachte das Armeninstitut, das Militär-Erziehungshaus und die Militärwache reichlich, die türkische Musikkapelle erhielt von ihr 12 Dukaten.

---

[1] Radics, Geschichte der Laib. Schützengesellschaft, Bl. a. Krain 1862 S. 83.

Auch im Jahre 1791 hatte unsere Landeshauptstadt das Glück, den Monarchen wieder in ihren Mauern zu sehen. Der Kaiser traf am 17. März in Begleitung der Erzherzoge Ferdinand, Karl und Leopold zwischen 2 und 3 Uhr nachmittags in Laibach ein, — wo ihn die Fürsten Adam Auersperg, Karl Lichtenstein und Nikolaus Esterhazy, dann Generalmajor Graf von Auersperg (der Sieger von Orsowa) und Gubernialrath Graf Gaisrück mit seinem älteren Sohne erwarteten, — um hier mit dem König von Neapel zusammenzutreffen, auf dessen Wunsch Fürst Johann Adam von Auersperg auf der dem Grafen Josef Maria von Auersperg gehörigen Herrschaft Sonegg eine *Bärenjagd* für den 17. und 18. März arrangirt hatte. Der Fürst hatte selbst in Begleitung seines Neffen, des Generals Grafen Karl Auersperg, einige Tage vorher alle Reviere in Augenschein genommen und liess darüber eine ordentliche Karte entwerfen. Nach dem Plane des Fürsten wurde das Gewild durch 4500 Treiber acht Meilen weit aus Berg und Wald zusammengetrieben, und mehr als 20,000 Feuer wurden angezündet, um das im Kreise der Treiber eingeschlossene Wild vom Durchbrechen abzuhalten.

Am 16. März traf der König von Klagenfurt hier ein, und am folgenden Tage fuhr er auf der Laibach unter Begleitung der Musikkapellen bei Pauken- und Trompetenschall mit den zur Theilnahme an der Jagd gewählten Cavalieren nach Sonegg und begab sich sogleich auf die Hochstände, die kaum 500 Schritte unter dem Schlosse errichtet waren. Um 10 Uhr begann die Jagd unter 10,000 Schreckschüssen. Nach 3 Uhr brachen endlich drei Bären bis an die Stände vor. Einer davon wurde von dem königlichen Kammerherrn Marquis Priore Tanucci vor dem Angesichte des Königs erlegt. Die übrigen zwei brachen in ein nahes Wäldchen durch, wurden aber durch die geschickten Anstalten des Fürsten Auersperg wieder eingeschlossen und aufgejagt. Der König erlegte einen sehr grossen Bären, der auf der Stelle blieb, und gleich darauf einen Wolf. Er bezeugte eine ausserordentliche Freude über dieses Jagdglück und versicherte, dass er, obschon er in Neapel 200 ausgewählte Jäger habe, doch ausser stande wäre, eine so ganz ungewöhnlich angelegte und ausgeführte Jagd zu veranstalten. Gegen Abend begab sich derselbe unter lautem Zurufe ‚Es lebe der König!‘ und Freudengeschrei in das Schloss Sonegg, wo ihn die drei vom Kaiser aus Laibach abgeschickten Erzherzoge begrüssten. Am 18. März früh morgens begab sich der König zu einer zwei Stunden entfernten Gebirgshöhle, in welcher ein grosser ‚Raubbär‘ eingeschlossen war, der sich jedoch durch alle angewendeten

Mittel nicht aus der Höhle hervorlocken liess. Er zeigte kaum seinen Kopf am Ausgange, als er schon vom König niedergestreckt wurde. Die Erzherzoge belustigten sich indessen im Thiergarten des Schlosses mit der Jagd auf einen Bären und einen Gemsbock.

Um 4 Uhr nachmittags fuhren die hohen Herrschaften auf dem Laibachflusse in die Stadt zurück. Am Einflusse der Ischza in die Laibach empfingen sie mehr als 20 schön geschmückte Schiffe mit dem Adel, den Damen und Cavalieren vom Jägerorden, dem Offiziers-corps und vielen Honoratioren, unter türkischer und Feldmusik, bei Pauken- und Trompetenschall, und geleiteten sie unter Vivatrufen des an den Ufern zusammengeströmten Volkes und stetem Flintenknall in die Stadt. König und Erzherzoge begaben sich zunächst in den ‚Wilden Mann' zum Kaiser und von da in ihre Wohnung, in deren Hofe die Jagdbeute zur Schau ausgestellt ward. Professor Herrlein verewigte die Sonegger Bärenjagd durch ein Gemälde, das er am 16. April dem aus Venedig rückkehrenden Fürsten Auersperg bei dem Besuche desselben in der Laibacher Zeichenschule vorlegte und welches ungetheilten Beifall erntete. Am 20. März verliessen beide Majestäten Laibach. In Adelsberg verabschiedete sich der Kaiser von seinem königlichen Schwager, der sich mit der Königin nach Triest begab, während der Kaiser seinen Weg nach Görz nahm.

Nicht zum letzten male hatte Laibach den Kaiser in seinen Mauern beherbergt. Am 14. Juli 1791 kam er auf der Rückreise von Italien mit den beiden Erzherzogen Karl und Leopold zwischen 7 und 8 Uhr abends in Laibach an und nahm sein Absteigquartier beim ‚Wilden Mann'. Abends besuchte er mit den beiden Erzherzogen und dem Fürsten Karl Lichtenstein das Theater, die Stadt wurde beleuchtet. Am folgenden Tage wohnte er abermals mit den Erzherzogen der Vorstellung bei. Es wurde ein italienisches ‚Lustspiel': ‚*Il tremendo Giudizio di Pluto a favor d'Arlechino, operatore di Portenti et d'incanti*' gegeben. Der Monarch beschenkte die Truppe mit 30 Dukaten und setzte nach eingenommenem Abendmahl die Reise nach Wien fort.

Unter Leopold II. dauerte der Türkenkrieg fort. Unser ausgezeichneter Landsmann Cajetan Graf *Lichtenberg* holte sich neue Lorbeeren beim Sturm auf das verschanzte feindliche Lager bei Kalafat (26. Juni 1790). Hier führte er den rechten Flügel der Sturmcolonne und liess mit seiner Artillerie die feindlichen Tschaiken so wirksam beschiessen, dass zwei derselben in den Grund gebohrt, mehrere aber stark beschädigt wurden. Hierauf drang er mit Heldenmuth an der Spitze des Leibbataillons von Stein-Infanterie über die feindlichen Verschanzungen vor und schlug den Feind in die Flucht. Dann liess er dieses Bataillon ein Carré formiren und eilte zu dem noch in Kampf verwickelten Bataillon von Erzherzog Karl, welches, durch sein Beispiel angefeuert, auch seinerseits die Türken bis an die Donau zurücktrieb. Lichtenberg erhielt für diese Bravour am 19. Dezember 1790 das Ritterkreuz des Maria-Theresienordens.[1] Am 4. August 1791 schloss Leopold den Frieden von Szistowa, in welchem er alle Eroberungen zurückgab, aber in einem Nebenvertrage den Bezirk Alt-Orsowa und einen Theil des Unnaer Districts erhielt.[2] Das vaterländische Regiment Thurn war am 6. Oktober 1790 in Laibach wieder eingetroffen, nachdem es durch drei Jahre im Felde gelegen.[3]

Die Regierungszeit Kaiser Leopolds war in Bezug auf die Kultur, wie wir schon aus der Skizze seiner gesetzgebenden Thätigkeit entnommen haben, keine Epoche des Rückschritts. Er entledigte auch die Städte der ihnen unter Kaiser Josef auferlegten Pflicht, zu erledigten Raths- oder anderen Stellen Militärpersonen zu wählen;[4] er befreite ihre Gemeindewahlen von der allzu kleinlichen Aufsicht der Staatsverwaltung. Laibach sah unter Leopold noch drei seiner mittelalterlichen *Thore* fallen: das *Burgthor* (1791), das *Deutsche* und das *Karlstädter* Thor (1792). Das Burgthor hatte eine eiserne Pforte, war von aussen mit Säulen geziert, ober demselben war das Bildniss Karls VI. von weissem Marmor in einer schwarzen Nische mit ‚Armaturen' angebracht, welches jetzt in der Vorhalle des Rathhaussaales aufbewahrt wird. Das Deutsche Thor erstreckte sich von der Gartenmauer der Commenda bis zu jener des Auersperg'schen Gartenzwingers. Das Karlstädter Thor grenzte links an den Schlossberg, rechts an die bis zum Laibachfluss sich erstreckende Ringmauer. Von den sechs Thoren Laibachs stand nur noch der Vicedomthurm am Wasser, der Burg gegenüber.[5] Laibach zählte im Jahre 1792 14,000 Einwohner, Militär und Fremde inbegriffen.[6] Die Bevölkerung von ganz Krain wird mit 419,000 Menschen angegeben, wobei Istrien inbegriffen ist.[7]

---

[1] Hirtenfeld, Militär-Maria-Theresienorden, Wien 1857, S. 313.

[2] Dr. Meyer, Geschichte Oesterreichs II. 176.

[3] Laibacher Zeitung.

[4] Hofdecret vom 12. Juli 1790.

[5] Hoff, Gemälde von Krain, 1808, S. 88, 93 f.

[6] Teutschlands Nationalkalender 1794, Leipzig, S. 224; Reise von Venedig über Triest, Krain etc., Frankfurt und Leipzig 1793, S. 34. Im ersteren werden 14,300, im letzteren 14,000 Einwohner angegeben.

[7] Siehe die eben citirten Quellen. Erstere gibt ‚über 400,000', letztere 419,411 Einwohner an.

Nur dreiviertel Prozent dieser Bevölkerung, 3000 in runder Summe, wird als schulbesuchend bezeichnet. Und auch dies war nur das Resultat von Maria Theresia's Schöpfung, der Normalschule, auf welche von obiger Gesammtzahl 2756 Kinder entfallen. Die Regierung Kaiser Leopolds forderte im Jahre 1792 statistische Daten über den Stand der Unterrichtsanstalten in Krain, aus welchen wir unsere Angaben entnehmen.[1]

An den einflussreichsten Ständen der Bevölkerung waren die Josefinischen Reformen nicht ohne Frucht vorübergegangen. Ein Reisender aus Deutschland[2] rühmt die Aufklärung, die er in Laibach unter den Mittelklassen und bei dem Adel fand. Auch unter den Geistlichen lernte er aufgeklärtere Köpfe kennen, deren Benehmen, Weltkenntniss und Bildung er rühmt. Sie seien nicht nur mit den besten Schriften protestantischer Gottesgelehrten bekannt, sondern auch wirklich für sie eingenommen und wüssten ihren Werth zu schätzen. Er sei Augenzeuge gewesen, wie katholische Geistliche in den Buchläden Laibachs Schriften protestantischer Theologen kauften und andere sich verschreiben liessen. Es klingt diese Schilderung nicht unwahrscheinlich, denn der Nachfolger des freisinnigen Bischofs Herberstein, Erzbischof Freiherr von Brigido (1787 — 1806), war nicht der Mann des thätigen Eingreifens für oder wider die moderne Richtung, und die natürliche Entwicklung auf der Bahn der von Josef angeregten und auch von Leopold im wesentlichen festgehaltenen Reformen fand an ihm daher kein Hinderniss. Er war ein prunkliebender und verschwenderischer Cavalier, dessen Name sich an keine That humanen oder religiösen Interesses knüpft.

3. Franz I. Der erste französische Revolutionskrieg (1792–1796).

Leopolds ältester Sohn, Franz, war 24 Jahre alt, als die schwere Bürde der Regierungssorgen durch des Vaters unerwarteten Tod (1. März 1792) auf seine Schultern gelegt wurde. Oesterreich stand am Vorabend des Krieges mit Frankreich. Schon Leopold hatte ihn wegen des Drängens der Jakobiner, in deren Händen factisch bereits die Gewalt lag, für unvermeidlich gehalten und zu demselben gerüstet. Franz war jung und kriegslustig, und der neue Minister des Aus-

[1] Haupttabelle über den Zustand der Unterrichtsanstalten, Mitth 1860 S. 65 f.

[2] Siehe die oben citirte Reise von Venedig etc. S. 42—44.

wärtigen in Paris, Dumouriez, kam ihm zuvor, indem er am 20. April 1792 durch den willenlosen König Oesterreich den Krieg erklären liess. Mit diesem Tage begann der Weltkampf, welcher durch 23 Jahre mit wenigen Pausen Europa durchwüthete. Wir treten in eine Phase unserer Geschichte, welche, von Waffenlärm durchtobt, wenig Raum bietet für friedliche Entwicklung, welche aber desto mehr hervorleuchtet durch Ruhmesthaten im Kampfe gegen französische Herrschsucht mit Jakobinermütze und Kaiserkrone.

Der Feldzug des Jahres 1792 war resultatlos für die zum erstenmal wieder gegen den gemeinsamen Feind vereinigten deutsch-österreichischen Armeen, vielmehr besetzten die Franzosen die österreichischen Niederlande mit Ausnahme Luxemburgs. Ludwigs XVI. Hinrichtung war das Signal zum zweiten Feldzuge. Unerschrocken trat der Nationalconvent der Coalition der europäischen Mächte entgegen. Dumouriez drang noch im Februar 1793 in Holland ein und schritt siegreich vor, aber die Verbündeten siegten bei Aldenhofen und Ruremonde; die Oesterreicher entsetzten Mastricht und siegten bei Tongern, bei Neerwinden, wo Erzherzog Karl seine junge Schläfe mit dem ersten Lorbeer schmückte, und bei Löwen (22. März 1793). Hier fiel einer unserer Heldensöhne: Franz Jakob Freiherr von Lazarini, Major bei Langenlois-Infanterie, erhielt den Befehl, Bierbeck (bei Löwen) um jeden Preis zu nehmen. Er stürmte das Dorf mit seinem Bataillon, ohne einen Schuss zu thun. Haus um Haus musste dem Feinde mit dem Bajonnet entrissen werden. Lazarini fand den Heldentod an der Spitze der Seinen.[1] Am 25. März zog Erzherzog Karl in Brüssel ein, und die Niederlande wurden in wenigen Tagen von ihren Drängern befreit.

Unser vaterländisches Regiment Thurn folgte dem Siegeszuge General Wurmsers am Oberrhein. Ein Bataillon stand bei der Defension der Posten bei Hagenbach im Bienwalde (17. September) und hielt sich (18. und 19. September) standhaft bei Berg. Im November war es bei der Belagerung von Fort Louis, wo unser *Vega* als Major die Artillerie mit Ruhm dirigirte und sich das Ritterkreuz des Maria-Theresienordens erwarb. Die Feste galt für uneinnehmbar und widerstand allen Angriffen so hartnäckig, dass man die Hoffnung aufgab, sie zu bezwingen. Da machte sich Vega anheischig, binnen 24 Stunden den Platz zur Capitulation zu zwingen, wenn ihm bezüglich der Aufstellung der Geschütze freie Hand gelassen würde. Dies geschah.

---

[1] Wurzbach, biographisches Lexikon XIV, 258–259.

Vega führte drei zehnpfündige Haubitzen in eine vortheilhafte Position ein und bewarf den Platz mit Granaten in voller Ladung, das ist mit sechziglöthigen Patronen, unter 15—16 Grad Elevation. Nach zwölfstündigem Bombardement capitulirte der Platz.[1] Am 1. Dezember war unser Regiment bei Vertheidigung der Position von Davendorf; es bemeisterte sich eine Division des Gloriets, am 2. Dezember hat eine Division das verlorne Daugendorf wieder erobert.[2] Bei der Einnahme des Bienwaldes zeichnete sich Graf *Gallenberg*, Oberlieutenant des Infanterieregiments Erzherzog Karl, aus. Bei dem Sturm auf die Weissenburger und Lauterburger Linien (13. Oktober 1793) theilte er den Ruhm mit dem bereits genannten Veteranen Grafen Cajetan *Lichtenberg*, der die Avantgarde der ersten Colonne führte,[3] und mit Vega, der bei der dritten Colonne sich auszeichnete, als Freiwilliger die Stadt Lauterburg besetzte und nach dem Verluste der Mannheimer Rheinschanze aus freiem Antriebe das sämmtliche Geschütz und die Munition rettete.[4]

Im Feldzuge von 1795 stand unser Regiment bei der lombardischen Armee und rückte unter Feldzeugmeister de Vins im Juni in die Riviera ein. Zwei Feldbataillone und ein Bataillon Karlstädter nahmen den verschanzten Berg S. Giacomo im Genuesischen. Ein Krainer aus altem Geschlecht, Johann Nep. Baron *Apfaltern*, zeichnete sich als Oberstlieutenant des Regiments Nr. 39 (Nadasdy) bei der Einnahme der Verschanzungen im Genuesischen aus und ward dabei blessirt. Unsere Krainer hielten sich wacker, als die Verbündeten am 23. und 24. November 1795 auf der ganzen Linie von den Franzosen angegriffen und das Centrum und der linke Flügel nach hartnäckiger Vertheidigung zum Rückzuge gezwungen wurden. Baron Apfaltern erhielt ein Grenadierbataillon, mit welchem er sich im Gefecht bei Giessen (16. September) tapfer gehalten, und ward 1797 Oberst des Regiments Nadasdy.[5]

Bei der Belagerung Mannheims im Herbst 1795 wirkte unser *Vega* wesentlich mit durch die von ihm erfundenen neuen weittragenden, neunzölligen Bombenmörser, mit einer Triebkraft von 15—1600 Klafter, also fast um die Hälfte mehr, als bisher erreicht worden.

---

[1] Hirtenfeld, Militär-Maria-Theresienorden, 1857, S. 470.
[2] Gräffer, Geschichte der k. k. Regimenter, 1800, I. S. 188—191
[3] Gräffer l. c. I. 25; Wurzbach, biogr. Lex. XV. 105 - 106.
[4] Hirtenfeld l. c.
[5] Gräffer l. c. 174, 188 191; Wurzbach l. c. I. 51.

Im Feldzuge des Jahres 1796 war Vega bei der Vertheidigung von Mainz, wohnte der Belagerung von Kehl und den folgenden Feindseligkeiten bei. Erzherzog Karl gab ihm das Zeugniss, dass er bei der Vorrückung der Armee an die Lahn und bei der Verfolgung des Feindes sich besonders ausgezeichnet habe.[1]

4. Erzherzog Karl in Laibach. Die erste französische Invasion Krains (17. Februar bis 8. Mai 1797). Die Krainer in den Kämpfen von 1799 und 1800. Der Friede von Luneville (9. Februar 1801) und die Säcularisirung von Lack (1803).

Der Herbstfeldzug des Jahres 1795 hatte durch die Siege der Generale Quosdanovich, Clerfait und Wurmser einen glücklichen Ausgang genommen. Der Krieg in Deutschland 1796 war durch Erzherzog Karls Feldherrntalent ein ruhmvoller für die österreichischen Waffen. Da erstand ihm ein ebenbürtiger Gegner in dem jungen *Bonaparte*. Am 27. März traf dieser in Nizza ein. Er versprach der hungernden und zerlumpten Revolutionsarmee, sie in reiche Provinzen zu führen; grosse Städte sollten ihre Beute, Ehre, Ruhm und Reichthum ihre Losung sein. Der feurige Ungestüm, die Siegesgewissheit seiner genialen Jugend riss alles zur Bewunderung hin, flösste allen neues Vertrauen ein. Des Corsen neu aufgehender Stern siegte über die veraltete Taktik Beaulieu's bei Montenotte und Millesimo. Der Friede mit Sardinien (15. Mai), die Abtretung Nizza's und Savoyens waren die unmittelbare Folge. Nach der Schlacht von Lodi zog Bonaparte (15. Mai) in Mailand ein. Mantua wurde belagert, unter grossen Opfern von Wurmser entsetzt und wieder belagert, bis es am 4. Februar 1797 der Hunger zur Capitulation zwang. Das durch so viele Fehler und Niederlagen entmuthigte österreichische Heer, auf 20,000 Mann zusammengeschmolzen, war bereits hinter die Piave zurückgeführt worden, Bonaparte aber stand mit 43,000 Mann siegesgewisser Truppen zwischen Brenta und Piave bereit, nach Carnots kühnem Entwurfe über die Alpenpässe in das Herz der österreichischen Monarchie vorzudringen. Da wandten sich die Rettung suchenden Blicke auf Erzherzog Karl. Er wurde von der Rheinarmee abberufen und eilte nach Italien; am 11. Februar in Conegliano angekommen, überzeugte er sich von dem traurigen Zustande der Armee, ordnete ihren Rückzug hinter den Tagliamento an und eilte wieder

---

[1] Hirtenfeld l. c.; Geschichte der k. k. Regimenter, 1800, IV.

nach Wien, um dem Kaiser über die Lage der Dinge Bericht zu erstatten und die nöthigen Verfügungen zur Verstärkung der Armee und Versorgung derselben mit Kriegsbedarf zu erwirken.

Am 17. Februar 1797 kam der Erzherzog auf der Durchreise nach Wien in Laibach an und stieg beim ‚Wilden Mann' ab. Die Bürgercorps rückten mit Musik vor sein Absteigquartier. Der Platz war von einer dichten Volksmenge besetzt, welche in den Ruf ausbrach: ‚Es lebe Prinz Karl!' Der Erzherzog trat ans Fenster und dankte. Der Jubel steigerte sich, das Volk rief: ‚Lange lebe Prinz Karl!' Abends war die Stadt beleuchtet. Im Theater, wo der Erzherzog nicht erscheinen konnte, da er von der Reise ermüdet war — von Codroipo bis Laibach war er ohne Aufenthalt gefahren, — stimmte das patriotisch erregte Publicum die Volkshymne an, welcher der vaterländische Dichter Vodnik die Schlusstrophe beigefügt hatte:

‚Torka nam Francoz na vrata,
Dobri Fronc za nas skerbi,
Pošlje svojga ljubga brata,
Korel rešit nas hiti.
Z nami sta cstrajska orla,
Premagujta vekomaj!
Var' Bog Franca, varuj Korla,
Srečo, zdravje Bog jim daj!'

Am andern Morgen stand der Erzherzog früh auf, schrieb zwei Briefe, dankte dem Bürgercorps für die bei ihm bezogene Wache und lobte sein Aussehen, seine Haltung und Schulung. Um halb sechs Uhr bestieg er den Reisewagen. Das Volk rief ihm zu: ‚*Es lebe hoch Prinz Karl, er sei unser Laudon!*' Er antwortete: ‚*Mit Gott, meine Lieben, auf Wiedersehen!*'[1]

Zum ersten male seit den Türkenkriegen zog sich nun die Wetterwolke des Krieges über Laibach zusammen. Als ihre Vorboten passirten die in Mantua kriegsgefangenen Generale und Mannschaften die Stadt. Am 26. Februar langte Graf Wurmser an und stieg im Damian'schen (jetzt Galle'schen) Hause am Hauptplatze (Nr. 2) ab. Am 1. März befanden sich ausser ihm in Laibach die Generale Provera, Quosdanovich, Funk, Klenau, Ott, Meszaros, Hohenzollern, Sebottendorf. An diesem Tage traf die erste Colonne der Besatzung Mantua's, 2572 Mann mit 200 Pferden, in Laibach ein. Am 2. März reiste Erzherzog Karl durch zur italienischen Armee, und es rückte die zweite

[1] Vodniks Novice 1797

Colonne von Mantua, 4640 Mann mit 352 Pferden, und am 5. März die dritte mit 4640 Mann und 352 Pferden ein.[1]

Am 4. März war der Erzherzog in Udine. Vertrauen und Disciplin kehrten wieder. Man hoffte die Gebirgspässe gegen Italien noch befestigen zu können, da Bonaparte noch einen Kriegszug ins Römische vorhatte. Allein die Römer waren entartete Söhne der weltunterjochenden Legionen. Bald war mit ihnen der Friede von Tolentino geschlossen, und in den ersten Tagen des März rückte Bonaparte bereits gegen die Piave. Da war es, wo er die seinen Gegner ehrenden Worte sprach: ‚Bisher habe ich *Heere ohne Feldherren* besiegt, jetzt eile ich, *einen Feldherrn ohne Heer* zu bekämpfen.' In drei Colonnen zogen die Franzosen heran: Joubert über Tirol, Massena gegen Pontafel, Bonaparte selbst wollte mit der dritten Colonne die Pässe der Julischen Alpen gewinnen und so gegen Wien ziehen. Die Natur selbst begünstigte den kühnen Plan, die Witterung war mild, die Bergströme seicht. Bonaparte überschritt am 12. März die Piave und erzwang am 16. den Uebergang über den Tagliamento. Erzherzog Karl zog sich vor der Uebermacht hinter den Isonzo zurück. Auf dem Fusse folgten ihm die Franzosen in zwei starken Colonnen (Bernadotte und Guyeur). Gradisca fiel am 19., Görz am 20. März. An letzterem Tage nahm der Erzherzog seinen Rückzug gegen Laibach in zwei Colonnen über Wippach und Optschina. Er beabsichtigte, von Villach mit gesammelten Verstärkungen durch die Alpenpässe gegen Udine vorzudringen, allein als er in Krainburg ankam, erfuhr er, dass Massena den Pass von Pontafel gegen Ocskay errungen und bereits Tarvis besetzt habe. Zwar wurde dieser wichtige Punkt durch einen Ueberfall des Husaren-Oberstlieutenants Fedák am 22. dem Feinde entrissen und dadurch die Reserveartillerie und das Gepäck gerettet, allein vor dem stürmenden Andrange Massena's konnte das schwache Häuflein österreichischer Reiter nicht standhalten, vergebens war alle heldenmüthige Aufopferung. Der Erzherzog, mittlerweile herbeigeeilt — die vier Meilen von Villach bis Tarvis legte er zu Pferde in ununterbrochenem Jagen zurück, — war der Letzte auf dem Kampfplatze und entging der Gefangenschaft nur durch die heldenmüthige Aufopferung eines gemeinen Dragoners.[2] Er zog sich langsam, bei Friesach und Unzmarkt noch Gefechte bestehend, nach Steyer zurück.

---

[1] Kluns Archiv I. 77.

[2] Hermann, Geschichte Kärntens III. 123.

Während Massena auf Klagenfurt losrückte, nahm *Bernadotte* die Richtung nach *Krain*. Am 23. zog er in Idria ein, wo bedeutende Quantitäten von Quecksilber und Zinnober confiscirt wurden und wo eine französische Abtheilung bis zum Mai verweilte. Am 27. März kamen die ersten feindlichen Husaren über die Rebernica unter den Nanos, lagerten in Präwald und Ubelsko und nahmen die von Adelsberg kommende Post weg. In Adelsberg blieben österreichischerseits nur eine Escadron Husaren und einige Uhlanen. Auf einmal verbreitete sich ein panischer Schrecken, das Kreisamtspersonale verschwand und die meisten Hausbesitzer des Marktes flüchteten sich in die benachbarten Wälder und Berge, nur der Pfarrer Wenigar (dessen Aufzeichnungen diese Erzählung entnommen ist), der Postmeister und ein Amtsschreiber blieben in Adelsberg zurück. Früh morgens zwischen 7 und 8 Uhr traf die feindliche Avantgarde in Adelsberg ein, an ihrer Spitze General *Murat*. Er beruhigte die ihm entgegenkommenden drei Repräsentanten von Adelsberg, verhiess ihnen volle Sicherheit der Person, des Eigenthums und der Religion und forderte den Pfarrer auf, sein Amt unbeirrt auszuüben. Die Franzosen erhalten von unserem Gewährsmanne das Lob, dass sie sich sehr höflich gegen den Pfarrer von Adelsberg bezeugten, keine Erpressungen verübten, die Kirche respectirten und sich bei dem Gottesdienste, den sie Sonntags besuchten, sehr anständig benahmen. Am 2. April verliess die feindliche Cavallerie Adelsberg und am Nachmittag desselben Tages zog die Division Bernadotte mit klingendem Spiel und fliegenden Fahnen durch Adelsberg auf Laibach zu.

Hier verliessen uns die letzten österreichischen Truppen vom Corps des Generals Seckendorf am 28. März und zogen über die Save nach Steiermark und Kroatien ab. In Laibach herrschte ein panischer Schrecken vor den erwarteten Sansculotten, alles flüchtete mit Hab und Gut nach allen Seiten, wenigstens ein Drittel der Einwohner wanderte aus. Die Franzosen unterliessen indessen nichts, die Bevölkerung zu beruhigen. Bernadotte richtete aus dem Hauptquartier Loitsch, 29. März, eine Proclamation in deutscher, französischer und krainischer Sprache an die Bewohner Krains und der angrenzenden Länder.[1] Bonaparte selbst, der inzwischen am 30. März in Klagenfurt eingetroffen war, erliess nachstehende charakteristische

---

[1] Mitth. März 1853.

Proclamation.

Französische Republik.

Freiheit. Gleichheit.

Hauptquartier zu Klagenfurt, den 12. Germinal im 5ten Jahre der einen und untheilbaren französischen Republik

Buonaparte
an die Bewohner Krains.

Die französische Armee kommt nicht in Euer Land, um es zu erobern, nicht, um Eure Religionsübungen, Eure Sitten, Eure Gebräuche auch nur von ferne zu verändern. Sie ist die Freundin aller Nationen, besonders der braven Völker Deutschlands.

Die ausübende Macht der französischen Republik, das Directorium, hat keinen Ausweg unversucht gelassen, um die Trübsale, die schwer auf Ländern liegen, zu entfernen. Ja es entschloss sich, den ersten Schritt zu thun, und den General Clarke als Bevollmächtigten nach Wien zu senden, um dort den Grund zu den Friedensunterhandlungen zu legen. Allein der Kaiserhof hörte nicht auf ihn, erklärte vielmehr zu Vicenza durch den Herrn de S. Vincent, dass er die französische Republik nicht anerkenne. Hierauf begehrte General Clarke einen Reisepass, um mit dem Kaiser persönlich sprechen zu können, doch die Minister fürchteten nicht ohne Ursache, dass dessen bescheidene Vorschläge den Kaiser zum Frieden bewegen möchten, und betrogen, geblendet durch englisches Gold, Kaiser und Reich, da sie für sich keinen Willen mehr hatten, welcher bereits von den treulosen Engländern, dem Schrecken Europens, seine Richtung erhielt.

Bewohner Krains! Ich weiss es, Ihr hasset wie wir die Britten — das Volk, welches nur allein durch den gegenwärtigen Krieg gewinnt — und Eure Minister, dessen Miethlinge. Wir leben schon seit sechs Jahren im Kriege, allein wir wissen es, dass der Wille des braven Hungars, des aufgeklärten Bewohners Wiens und des gutmüthigen unverdorbenen Krainers daran keinen Theil hat.

Doch lasst uns auf England, auf die Minister des Kaiserhofs vergessen, seien wir Freunde. Der französischen Republik stehen gegen Euch die Rechte des Eroberers zu. Doch ein Einverständniss, das uns gegenseitig bindet, soll sie verschwinden machen. Ihr werdet Euch nicht in einen Krieg mengen, der Euren Beifall nicht hat, Ihr werdet uns Lebensmittel reichen, deren wir nothwendig haben dürften. Ich meinerseits will Eure Religion, Eure Sitten, Euer Eigenthum beschützen. Ich werde Euch keine Contribution auflegen. Ist der Krieg nicht an sich schon fürchterlich genug? Leidet Ihr nicht schon genug, Ihr unschuldige Opfer der Fehltritte anderer? Alle Gaben, die Ihr bis nun an den Kaiser zu entrichten pflegtet, werden Euch den Schaden, den Euch der Durchzug der Armee nothwendig verursachen muss, ersetzen und zugleich zur Bezahlung der gelieferten Lebensmittel dienen.

In Bezug auf das Gesagte befiehlt der General en Chef folgendes:

Erstens: Die Religionsübungen werden ohne mindester Abänderung fortgesetzt, den Bischöfen und Religionsdienern, die sich aus einer übel verstandenen Furcht von ihrer Herde entfernten, steht es frei, zurückzukehren und ihrem Dienste vorzustehen, auch will ihnen der Generalstab in dieser Absicht Reisepässe ausfertigen.

Zweitens: Krain wird von einer Commission regiert werden, die aus zehn Gliedern bestehen und den Namen eines Centralguberniums, dem die politische, bürgerliche und verwaltende Macht eingeräumt ist, führen soll.

Drittens: Alle bereits bestehenden bürgerlichen und Criminalgesetze werden beibehalten.

Viertens: Alle mittelbaren oder unmittelbaren Abgaben, die bisher dem Kaiser oder der Provinz zuflossen, werden von nun an von gedachter Commission eingehoben und für die öffentlichen Nothdurften, zum Ankaufe der Lebensmittel für die Armee und zur Entschädigung der Privaten, die durch den Durchzug der Armee gelitten haben, verwendet werden.

Fünftens: Die Commission wird alle Anstalten treffen, alle Massregeln nehmen, die zum Behufe der bürgerlichen, richterlichen und Finanzverwaltung des Landes dienen können.

Sechstens: Dieselbe wird sich in verschiedene Abtheilungen trennen, wird ihren Präsidenten und Secretär benennen, welcher letztere jedoch nicht aus den Gliedern der Commission gewählt werden darf.

Siebentens: Das Gouvernement wird aus folgenden Gliedern bestehen, als:

Anton Podobnig,
Friedrich Kastelliz,
Baron Bernard von Rosetti,
Karl Baron Hallerstein,
Johann Gollmaier,
Anton von Nikoletti,
Raigersfeld, Eveque suffragant,
Josef Luckmann,
Josef Kokail,
Johann von Desselprunner.

Diese haben den Eid geleistet, den Befehlen, die sie in Hinsicht auf die französische Republik erhalten werden, zu gehorchen.

Der General *Bernadotte* wird diese Glieder einsetzen, gegenwärtige Anordnung aber ist in französisch, deutsch und krainerscher Sprache in Druck zu legen und öffentlich anzuschlagen.

Buonaparte.[1]

Am 30. März früh halb 8 Uhr sah Laibach den ersten feindlichen Parlamentär. Ein Oberstlieutenant mit einem Trompeter und einer Bedeckung von fünf Wurmser Husaren ritt durch die Stadt zur Savebrücke bei Tschernutsch, wo er seine Depeschen an den k. k. General Hohenzollern abgab. Zu Mittag war er wieder zurück, speiste in Laibach und begab sich dann mit drei städtischen Abgeordneten, welche bei General Bernadotte für Laibach Fürbitte einlegen sollten, nach Oberlaibach zurück. Am folgenden Tage (31. März) 9 Uhr früh sprengte ein französischer Rittmeister mit einem Lieutenant und dreissig Chasseurs in die Stadt und machte vor dem Rathhause Fronte. Er stieg sodann ab und begab sich auf das Rathhaus, wo er den Einzug der französischen Armee verkündete und eine aus Kärnten für Bernadotte angelangte Depesche des Obergenerals Bonaparte in Empfang nahm. Er wurde nebst seinen Begleitern gut bewirthet und ritt dann gegen Mittag zu den Vorposten zurück. Das ruhige Benehmen des feindlichen Offiziers und die freundliche Zusprache eines Chasseurs, welcher deutsch sprach, beruhigten in etwas die vor Gewaltthaten zitternden Einwohner. Nachmittags 2 Uhr kamen 95 Mann eines berittenen Freicorps an, welche alle Gassen mit gespanntem Hahn durchritten und abends 320 Grenadiere, welche sämmtlich im Landhause bequartiert wurden.

Am 1. April rückte *Bernadotte* mit klingendem Spiel in Laibach ein und stieg im Bischofhofe ab. Sogleich liess er eine dreisprachige Proclamation vertheilen, welche die strengste Mannszucht und jede mögliche Schonung für die alten Einrichtungen und Gesetze, für Leben und Eigenthum verbürgte. Bernadotte's Benehmen wird sehr gerühmt. Er wusste die trefflichste Ordnung zu erhalten; Laibach hatte, wie jeder Ort, wo dieser humanste der französischen Generale befehligte, seiner Güte und Gerechtigkeit, vor allem aber seiner Uneigennützigkeit, die von der Habgier anderer Generale so sehr abstach, viel zu danken. Selbst die für die Truppen nothwendigen Lieferungen wurden nicht mit jener Herzlosigkeit eingetrieben, wie anderwärts, auch selbst durch befreundete Mächte, geschah. Noch ist das abschreckende Exempel nicht vergessen, das Bernadotte statuirte, als ein Grenadier am

[1] Original im historischen Verein für Krain.

2. April dem Weibe eines Fabriksarbeiters in der Gradischavorstadt einige Kleinigkeiten geraubt und die goldenen Ohrgehänge ausgerissen hatte. Am 4. April um 3 Uhr nachmittags wurde der Räuber an der Mauer der Domkirche erschossen. Ein Mädchen aus der Stadt, dem ein Soldat drei Gulden abgenommen hatte, entschädigte Bernadotte mit einem holländischen Dukaten. Am 3. April hatte sich der General selbst aufs Rathhaus verfügt und dem Magistrat und der versammelten Bürgerschaft die Versicherung ertheilt, dass er niemandem ungestraft ein Leid zufügen lassen und die strengste Mannszucht zu erhalten wissen werde. Zugleich befahl er allen Behörden, ungestört fort zu amtiren, dagegen aber die Armee unentgeltlich zu verpflegen, wofür seinerseits der Obergeneral Bonaparte Krain jede Brandschatzung erlassen wolle. Der Magistrat wurde unter dem Namen ‚*Municipalität*‘ aus zehn Rathsmitgliedern neu zusammengesetzt, und die neue von Bonaparte eingesetzte provisorische Regierung führte unter dem Titel eines ‚*Centralguberniums*‘ die öffentliche Verwaltung und erliess am 7. April eine Proclamation, worin sie alle bisherigen Obrigkeiten, Gesetze und Abgaben in ihrer Wirksamkeit bestätigte.[1] Am 3. April musterte Bernadotte eine eingerückte Infanterie-Division und schärfte ihr persönlich die strengste Ordnung ein, widrigens er jeden Excess ohne Gnade mit dem Tode bestrafen werde. Einen Befehl, noch am selben Tage für 12,000 Mann Brod zu backen, und die leicht abzusehende Aussicht auf ähnliche Lieferungen suchte er durch die harte Nothwendigkeit des Krieges zu entschuldigen.

Am 5. April erhielt Bernadotte von Bonaparte den Befehl, mit seiner Colonne eilends nach Klagenfurt aufzubrechen. Brigadegeneral Friant folgte ihm im Commando, Oberst Picard ward Stadtcommandant von Laibach. Obwohl aber ersterer schon von Triest aus (17. April) eine Proclamation an die Bewohner Krains erlassen hatte,[2] welche die bisher gehaltenen Versprechungen wiederholte, machte sich die Abwesenheit des streng rechtlichen Bernadotte bald fühlbar; unter dem Vorwande von Requisition kam es oft zu Plünderungsscenen, an welchen sich besonders Oberst Picard betheiligte.

Bonaparte hatte sich inzwischen beeilt, zu *Leoben* das Friedenswerk einzuleiten, denn von weiterem Vordringen in Oesterreich konnte bei dem Vorrücken der Oesterreicher im Rücken der Franzosen, dem in Italien ausgebrochenen Aufstande und der Gährung in Tirol keine

---

[1] Mitth. 1853.
[2] Mitth. 1853.

Rede sein. Am 7. April wurde zu Leoben der Waffenstillstand abgeschlossen, und Bonaparte eilte nun nach Italien zurück, um den Aufruhr zu bändigen. Am 28. April, 8 Uhr früh, sah Laibach den berühmten Gast ankommen und im Bischofhofe absteigen, mit ihm die Generale Massena, Murat und andere berühmte Schlachtgenossen. Der Obergeneral zog sich sogleich zurück, um kurze Zeit auszuruhen. Nach zwei Stunden stand er jedoch wieder auf und sah lange Zeit zum Fenster hinaus, um sich dem zahlreich herbeigeeilten Volke zu zeigen. Ein Laibacher Bürger schildert uns den Mann des Jahrhunderts als einen ‚jungen, kleinen Herrn mit eingefallenen Wangen und sonnverbranntem Gesichte‘, und ein anderer Zeitgenosse entwirft von ihm folgende Personsbeschreibung: ‚*Kleiner Statur, Gesichtsfarbe braungelb, Wangen eingefallen, Nase erhaben; seine dunklen, tiefliegenden, aber geistvollen Augen werfen bedeutsame Blicke umher; seine Sprache ist lakonisch, aber deutlich; seine Stirn verräth den Denker; auf äusserlichen Prunk hält er, was seine Person betrifft, wenig.*[1]

Um 11 Uhr nahm Bonaparte die Aufwartung aller Offiziere an und speiste dann mit einigen Generalen in seiner Wohnung, wozu er auch einen gemeinen Grenadier von der Wache eingeladen hatte. Er ertheilte den Befehl, das ‚*Centralgubernium*‘ bis zum Abmarsch der Franzosen ‚*k. k. Landesverwaltungsamt*‘ zu benennen, womit den Forderungen des Waffenstillstandes Rechnung getragen und die Geltung der kaiserlichen Autorität wieder officiell anerkannt war. Um 2 Uhr nachmittags reiste Bonaparte mit seinem Adjutanten und einer Bedeckung von zwölf Chasseurs nach Triest ab. General Murat und Massena blieben noch einige Tage in Laibach. Am 29. April hatte man hier wieder die Freude, die österreichische Uniform zu erblicken. General Meerveldt, der den Frieden zu Leoben mit unterzeichnet hatte, war beauftragt, den Ausmarsch der Franzosen, welche nach Italien rückten, zu überwachen. Auch General Bernadotte kam an diesem Tage wieder nach Laibach und gab bald einen neuen Beweis seiner liebenswürdigen Humanität. Als eine Wirthstochter um Mitternacht zu ihm kam, um über Excesse zu klagen, welche einige Franzosen im Hause ihres Vaters verübten, reichte er ihr selbst den Arm, geleitete sie nach Hause und schaffte Ruhe.

In den nächsten Tagen dauerten die Rückmärsche der Franzosen nach Italien fort, die Colonne des Generals Massena, bei 10.000 Mann stark, bekannt durch ihre Tapferkeit, machte sich durch ihren Mangel an Disciplin in unangenehmer Weise bemerkbar. Weil es am Tage

[1] Hermann, Geschichte Kärntens III 135.

ihres Einrückens — 4. Mai — regnete, so quartierte sie sich in die Kirchen der Ursulinerinnen, der Franziskaner und Kapuziner ganz gemächlich ein, in welchen es dann eben nicht erbaulich zuging. Nur der Klosterfrauenkirche wurde einige Schonung zutheil, weil General Victor eine Wache zum Hochaltar gestellt hatte. Drei Generale waren im Kloster einquartiert.

Am 7. Mai erfolgte endlich die Uebergabe der Regierung von Krain durch General Bernadotte an General Meerveldt, und am 8. Mai räumten die letzten Franzosen Laibach. Nach ihrem Abzuge brach an drei Orten Feuer aus, welches aber bald gelöscht wurde. Am 9. Mai flatterten wieder die kaiserlichen Fahnen in Laibach.[1] Am 12. Juni 1797[2] kam der erste Zug österreichischer Kriegsgefangener aus Italien, 700 Mann stark, durch Laibach, und am 16. marschierten fünf Bataillone von den Regimentern Erbach, Hoff, Reisky, Thurn und Mittrowsky, welche von nun an die Laibacher Garnison bilden sollten, in Laibach ein, mussten aber lange in dem ärgsten Regenwetter an der Triester Strasse ausser der Gradischa campiren, da die Stadt noch voll Militär war. Diese Truppendurchzüge galten der Besetzung des infolge der Friedenspräliminarien an Oesterreich abzutretenden venetianischen Istriens und Dalmatiens, an welcher zu Anfang Juli auch unser vaterländisches Regiment theilnahm. Bis 20. Juli passirten Laibach 104 Bataillone Infanterie, 77 Compagnien Grenadiere, 94 Escadrons Cavallerie, 27 Generalmajors, 9 Feldmarschall-Lieutenants und 2 Feldzeugmeister. Am 26. September brach der k. k. Generalstab, der bisher in Laibach gelegen, nach Görz auf, und am 19. Oktober brachte General Fürst Lichtenstein die Kunde des am 17. Oktober 1797 zu Campo-Formio geschlossenen Friedens.

Der Friede von Campo-Formio (17. Oktober 1797) brachte Oesterreich den Verlust Belgiens und der Lombardie, entschädigte es aber

[1] Carniolia 1844 Nr. 38, 75—77. ‚Briefe eines Bürgers in Laibach an seinen Gvatter in Laass über das Betragen der Franzosen während ihrem Aufenthalt in Krain, Laibach 1797, 61 S.‘ Ein sehr selten gewordenes Büchlein, von welchem die k. k. Studienbibliothek ein Exemplar besitzt. In Laibacher Dialekt und mit derbem Humor geschrieben, enthält es das Tagebuch eines Laibacher Bürgers über alle Vorfälle vom 28. März bis 8. Mai 1797.

[2] Laibacher Schulzeitung Nr. 15 de 1875: ‚Krain unter französischer Herrschaft.‘ Nur wo diese Quelle ausdrücklich citirt wird, ist sie vom Verfasser benützt worden, dessen Materialien zur ‚Geschichte Krains‘ längst gesammelt waren, als der sehr schätzbare Artikel in der ‚Schulzeitung‘ erschien, was hier lediglich zu dem Zwecke bemerkt wird, um allfälligen, bei der Gleichheit der Quellen möglichen Missdeutungen vorzubeugen. Uebrigens geht obiger Artikel nur bis 18. November 1809.

dafür durch Abtretung Venedigs mit der terra ferma bis zum Gardasee, des venetianischen Istriens und Dalmatiens nebst Cattaro. Aber dieser Friede war ein Scheinfriede. Die französische Republik ging im Kirchenstaat, in der Schweiz, in Egypten aggressiv vor und reizte alle Mächte zum Widerstand. England drängte zum Kriege. Pitt bewirkte leicht eine Coalition gegen das alle Welt herausfordernde Frankreich. Als in Italien im Frühling des Jahres 1799 die Feindseligkeiten eröffnet wurden, war unserem vaterländischen Regiment eine ehrenvolle Rolle beschieden. Im Treffen bei Magnano (5. April), als die erste Colonne zum Weichen gebracht war, kam das Regiment Thurn mit denen von Nadásdy und Reisky zur Unterstützung. Feldmarschall-Lieutenant Baron Kray führte sie in Person an. Sie nahmen den vorgerückten Feind in die linke Flanke und stellten das Gefecht wieder her; fünf Offiziere unseres Regimentes wurden verwundet. Im Mai stand das Regiment in Mailand in Besatzung, im Juni ein Bataillon in Parma. Im Juli waren unsere Krainer bei der Belagerung von Mantua, nach dessen Eroberung kamen sie dahin in Garnison. Im September war eine Abtheilung bei der Besetzung des Kirchenstaats und unterstützte am 21. die bei Monte Rotondo unweit Rom angegriffenen Neapolitaner.[1] Zwei Träger alter Adelsnamen bethätigten an der Spitze fremder Regimenter den Ruf ererbter Mannhaftigkeit: Baron Johann Nepomuk *Apfaltern* leuchtete als Oberst des Regiments Nadásdy Nr. 39 im Treffen bei Legnago, wo Feldmarschall-Lieutenant Kray die Angriffe des französischen Generals Scherer zurückwies, durch Geistesgegenwart und Tapferkeit hervor; im Treffen bei Magnano wurde sein Wohlverhalten gerühmt; bei der Einnahme von Brescia führte er sein Regiment mit Ruhm, ebenso in den Treffen bei Cassano und zwischen Tidone und Trebia; in letzterem wurde er verwundet.[2] Graf Franz Xaver *Auersperg*, 1796 Oberst des Regiments Nr. 36, führte es in der Schlacht von Novi zum Siege (15. August). In dem entscheidenden Treffen bei Savigliano (4. November) gab er den Truppen ein Beispiel persönlichen Muthes und entschlossenen Sinnes. In diesem Jahre avancirte er zum Generalmajor.[3]

Die Erfolge in Italien paralysirte der Sieg des aus Egypten rückgekehrten Bonaparte bei *Marengo* (14. Juni 1800); in Deutschland wurde Erzherzog Johann von den Franzosen bei Hohenlinden (3. Dezember 1800) geschlagen. Die Folge war der Friede von *Luneville*

---

[1] Gräffer, Geschichte der k. k. Regimenter I. 188 – 191.

[2] L. c. I. 174.

[3] L. c. I. 164.

(9. Februar 1801), welcher den Besitzstand Oesterreichs nicht wesentlich änderte. Der Reichs-Hauptdeputationsrecess (25. Februar 1803) säcularisirte die Bisthümer Trient und Brixen zugunsten Oesterreichs und die Freising'sche Herrschaft Bischoflack wurde österreichisches Staatsgut.

5. Oesterreich ein Kaiserthum (10. August 1804). Die dritte Coalition. Die Franzosen zum zweiten male in Krain (1805—1806).

Die zerrütteten Verhältnisse des deutschen Reichs, in welchem die Kaisermacht zu einem Schattenbild herabgesunken war, während der französische Einfluss immer mächtiger wurde, drängten Oesterreich zu einheitlicher Gestaltung, zur Zusammenfassung aller seiner Kräfte. Napoleon hatte, 18. Mai 1804, sich zum Kaiser ausrufen lassen, da fasste Kaiser Franz den Entschluss, der neuen französischen Militärmonarchie ein in seinem Haupt geeinigtes, keine Sonderinteressen mehr kennendes mächtiges Oesterreich entgegenzustellen. Am 10. August 1804 versammelte er eine Staatsconferenz, in welcher er verkündete, dass er den Titel eines Erbkaisers von Oesterreich annehme, doch ohne Verletzung der (allerdings nur mehr historischen Werth behaltenden) ‚*Titel, Verfassungen und Vorrechte*' der einzelnen Provinzen.[1] Es war dies gleichsam der Schlusstein der pragmatischen Sanction.

Die Uebergriffe Frankreichs, welches mit seiner italienischen Königswürde Oesterreich direct bedrohte, welches in der Schweiz und in Deutschland den Herrn spielte, führten zur dritten Coalition, welche zuerst England mit Russland und Schweden bildete und in welche dann, 9. August 1805, auch Oesterreich eintrat. Im August 1805 zeigten bereits die immer stärkeren Durchmärsche nach Italien die Richtung an, in welcher der Kampf entbrennen sollte. Auch die Garnisonen wurden vermindert oder zum Ausmarsche beordert. In Laibach bezogen bereits am 6. September die Bürgercorps, Grenadiere und Jäger (Scharfschützen), die Wachen und hielten sie durch mehrere Tage besetzt. Am 25. September erliess Kaiser Franz sein Kriegsmanifest. In Deutschland führte das schnelle Vorrücken der Franzosen gegen die isolirten Oesterreicher zu der Katastrophe von Ulm, der Capitulation einer Armee von 23,000 Mann mit 59 Geschützen (18. Oktober 1805), womit der Feldzug in Süddeutschland beendigt war. In Italien war die österreichische

---

[1] Mayer, Geschichte Oesterreichs II. 199.

Streitmacht durch Abberufung eines starken Corps nach Deutschland geschwächt worden. Erzherzog Karl schlug die dreitägige siegreiche Schlacht bei *Caldiero* (29. bis 31. Oktober) gegen Massena nur mehr für die Ehre der österreichischen Waffen und zur Maskirung des Rückzugs. An diesem Ruhmeskampfe nahm ein tapferer Sohn unserer Heimat hervorragenden Antheil. Sigmund *Novak*, geboren zu S. Peter in Krain im Jahre 1774, hatte schon im Türkenkriege und in den beiden ersten französischen Feldzügen wacker mitgekämpft und in den Schlachten bei Zürich und Hohenlinden Beweise unerschrockenen Muthes gegeben. Im Jahre 1805 stand er bei der Armee in Italien als Hauptmann von Hohenlohe-Bartenstein-Infanterie Nr. 26. In der Schlacht bei Caldiero, als (am 30. Oktober) der Feind eine Redoute stürmte und bereits die Brustwehr des Laufgrabens erstiegen hatte, eilte Novak mit seiner Compagnie unaufgefordert der bedrängten Division zu Hilfe. Mit gefälltem Bajonnet stürzte er dem Feind in den Rücken, machte den Commandanten der stürmenden Abtheilung auf der Brustwehr nieder und zwang dieselbe, die Flucht zu ergreifen. Erzherzog Karl rühmte in seiner Relation über die Schlacht von Caldiero die That des Hauptmanns Novak und ernannte ihn auf dem Schlachtfelde zum Major. Das Capitel des Maria-Theresienordens verlieh ihm (April 1806) das Ritterkreuz.[1]

Am 1. November trat Erzherzog Karl den Rückzug über Piave, Tagliamento und Isonzo, dann über Laibach nach Cilli an. Am 22. November traf er in Begleitung der Erzherzoge Johann, Ludwig, Maximilian und seines ganzen Generalstabes in Laibach ein und stieg im Bischofhofe ab. Nach eintägigem Aufenthalt wurde am 24. die Reise nach Cilli fortgesetzt. Bald verliessen auch die letzten kaiserlichen Truppen Krain auf dem Rückzuge gegen Steiermark, Kroatien und Ungarn, und das Land musste im Wechsel des Kriegsglückes seinem Schicksale überlassen werden. Gouverneur Trautmannsdorf war schon am 20. November mit den öffentlichen Kassen und Archiven nach Agram abgezogen.

An demselben Tage, an welchem Erzherzog Karl Laibach verliess, 24. November, traf um 9 Uhr früh der Vortrab der Armee Massena's, bestehend aus Chasseurs à cheval, bereits in Adelsberg ein; am folgenden Tage rückte die von General d'Espagne geführte Avantgarde ein. Bald folgte das ganze Corps Massena's, welches requirirte und

---

[1] Hirtenfeld l. c. S. 788—789; Wurzbach biogr. Lex. XX. 407; Mailath, Geschichte Oesterreichs V. 267.

die Leute misshandelte, so dass sie aus Adelsberg flüchteten. Diesmal war jedoch das Personal des Kreisamts, seiner Pflicht getreu, geblieben; Kreiscommissär *Wilcher* und seine Unterbeamten erleichterten nach Möglichkeit die Lage der Adelsberger.[1]

Am 28. November vormittags sprengten in Laibach die ersten Franzosen, 10 bis 15 Chasseurs, eiligst über die Schusterbrücke, den Platz, die Spitals- (jetzige Franzens-) Brücke gegen das Militärverpflegsamt, in der Elephantengasse noch mit der österreichischen Nachhut, Erdödy-Husaren, einige Schüsse wechselnd. Ihnen folgte die französische Avantgarde unter General Merlin. Sogleich wurden die Stadt- und Landesbehörden versammelt und für die sorgfältigste Verpflegung der französischen Armee verantwortlich gemacht. Es begann nun ein massloses Erpressungs- und Brandschatzungssystem, das nicht nur alle Bedürfnisse, sondern auch alle Wünsche und Launen der Eroberer befriedigen sollte. Alle Gemeindekassen wurden geleert, alle Vorstellungen über die Unmöglichkeit, mehr aufzutreiben, durch Hinweisung auf den Befehl Napoleons, der keine Schonung zulasse, erwidert. Von Massena, der Triest eine Contribution von 6 Millionen auferlegt hatte, war der Befehl eingelangt, in Krain 3 Millionen einzutreiben, zu deren Sicherstellung aber Geisseln einzustellen. Baron Baselli, Magistratsrath Alborghetti, die Herren Damian, Birsutti, Mayer und andere wurden als solche festgenommen. Am 11. Dezember traf Massena in Laibach ein und schlug sein Hauptquartier im Bischofhofe auf. Der Abschluss des Waffenstillstandes infolge der Dreikaiserschlacht (Austerlitz, 2. Dezember) bewirkte zwar die Entlassung der Geisseln, aber nicht den Nachlass der Kriegssteuer, welche dem Lande tiefe Wunden schlug.

Unter Massena befehligte in Laibach General Molitor. Er gab am 22. Dezember den Laibachern das ungewohnte Schauspiel einer Kirchenparade in der Domkirche, bei welcher die Musikbande hinter dem Hochaltar spielte und die Tambours während der Messe das Zeichen gaben.

Das Neujahr 1806 brachte die sehnlichst erwartete Friedenskunde. Am 26. Dezember war zu Pressburg der Friede geschlossen worden, der für Oesterreich schwere Verluste nach sich zog. Venedig, Dalmatien, Tirol und die deutschen Vorlande mussten gegen Salzburg und Berchtesgaden aufgegeben werden.

---

[1] Mitth. 1853, Aufzeichnungen des Cooperators Magajna in Adelsberg.

Am 4. Januar 1806 verliess Massena Laibach, nachdem das Contributionscomité noch 50,000 Gulden für ihn hatte auftreiben müssen. Er hatte sich durch seine Erpressungen verhasst gemacht. Es cursirte ein slovenisches Schimpflied auf ihn. Am Tage nach Massena's Abreise feierten die Bewohner Laibachs den Friedensschluss durch Hochamt und Tedeum, wobei die Bürgercorps in Parade erschienen. Am 1. Februar kam das kaiserliche Regiment Erzherzog Rudolf mit einer Abtheilung von Erzherzog-Josef-Husaren von Venedig in Laibach an und wurde, weil die Stadt noch mit französischem Militär angefüllt war, in der Schischka bequartiert. Sogleich veranstalteten patriotische Bürger eine Sammlung, um die lang vermissten Freunde zu bewirthen. Am 12. Februar traf General Bellegarde, am 16. Gouverneur Graf Trautmannsdorf ein, um die Regierung wieder zu übernehmen und den Abmarsch der Franzosen zu überwachen. Dieser erfolgte am 25. Februar.[1] Am 27. rückte das k. k. Regiment St. Julien ein[2] und bezog die Posten. Die beiden Bürgercorps[3] bewirtheten das Offizierscorps in der bürgerlichen Schiesstätte und betheilten auch die Mannschaft mit 20 Kreuzer per Kopf. Doch blieb das Regiment nicht in Laibach, es wurde am 6. März vom vaterländischen Regiment Graf Thurn abgelöst, welches seit April 1801 in Dalmatien stationirt gewesen war, wo es am 21. Juli 1805 eine Affaire mit den Montenegrinern zu bestehen gehabt hatte. Das Regiment hatte in dieser an Gefahren, Entbehrungen und Strapazen reichen Epoche unter der ausgezeichneten Leitung seines Obersten Vitalis Edlen von *Kleimayrn* allen Erwartungen entsprochen. In dem vom Erzherzog Karl am 13. August 1807 erlassenen Generalbefehl wurde es unter diejenigen gezählt, welche die neuen Reglements am vollkommensten sich angeeignet, indem es schon die schwierigsten Manöver mit Leichtigkeit ausführte. Auch seine Haltung und Adjustirung, der Geist der Ordnung und des Zusammenwirkens, der vom Chef durch alle Chargen bis zum

---

[1] Carniolia 1844 Nr. 79—80.

[2] Schulzeitung l. c.

[3] Die Laibacher Bürgercorps bestanden im Jahre 1805 aus einem Grenadier- und einem Jägercorps mit je zwei Compagnien und einer Musikkapelle. Die angesehensten Bürger bekleideten Offizierstellen und Chargen. Es gab 2 Obristwachtmeister mit Adjutanten, 2 Corpspaters, 2 Rechnungsführer, 2 Chirurgen, 2 Fahnencadetten, 4 Hauptleute, 4 Ober- und 4 Unterlieutenants, 4 Fähnriche, 2 Feldwebel und 2 Oberjäger, 2 Führer, 12 Corporale und 12 Unterjäger, 95 gemeine Grenadiere und 132 gemeine Jäger, 4 Tambours, 2 Pfeifer, 3 Trompeter und 2 Musikcapellen von 7, resp. 8 Mann. Schulzeitung l. c. Nr. 16 de 1875.

gemeinen Mann herabgedrungen, wurde vom Generalissimus hervorgehoben.[1] In dem Schreiben, das Feldmarschall-Lieutenant Chasteler am 12. November 1807 an Oberst Kleimayrn richtete und worin er ihn wegen seiner Beförderung zum Generalmajor beglückwünschte, bezeichnete er das Regiment Simbschen (im Jahre 1806 hatte das Regiment Thurn den Feldzeugmeister Simbschen als Inhaber erhalten) als eines der ersten der Armee.[2]

6. Neue Kriegsvorbereitungen gegen Frankreich. Die Organisirung der Landwehr (1808 — 1809).

Die Uebergriffe Napoleons, welche die Selbständigkeit so vieler Staaten bedrohten oder vernichteten; die Errichtung des Rheinbundes, welche das alte deutsche Kaiserreich sprengte; die Usurpationen in Neapel, der batavischen Republik, Hannover und Spanien liessen nicht auf die Dauer des mit Oesterreich in Pressburg geschlossenen Friedens hoffen, Oesterreich musste der Gefahr ins Angesicht sehen, bald auch zu einer Statthalterschaft, einem Vicekönigthum Napoleons erniedrigt zu werden. Es folgte nur dem Gebote der Selbsterhaltung, wenn es nach dem damals mehr als je geltenden Grundsatze: ‚Si vis pacem, para bellum‘ sich zum Kriege vorbereitete. Dazu kam noch das trotz der Zertrümmerung des Reichs immer noch lebendige Verhältniss zu Deutschland. ‚Man hat den kaiserlichen Geist in der Wiener Burg niemals genügend anerkannt,‘ schreibt ein conservativer deutscher Schriftsteller[3] — ‚der letzte deutsche Kaiser, wenn auch lange durch Thugut irre geführt, durch Unglück gebeugt und von denen, die er zu Werkzeugen wählte, im hergebrachten verknöcherten Hofkriegsrathssystem schlecht bedient, fand doch im Gefühl seiner angebornen Würde und der auf ihm ruhenden majestätischen Tradition eines tausendjährigen Reiches den Muth und die Kraft, immer und immer wieder die Doppeladler auf seinen Fahnen zu entfalten und, in hundert Schlachten besiegt, zum hundert und erstenmal wieder gerüstet auf dem Kampfplatz dazustehen, zäh, unermüdet, vertrauensvoll, ganz so wie das edle Volk der Spanier.‘

Zum ersten male dachte man in Oesterreich an die Ergänzung des stehenden Heeres durch den nie vergebens angerufenen Patrio-

---

[1] Carniolia 1842, S. 402.
[2] Manuscript des Oberstlieutenants Sühnl im historischen Verein.
[3] Menzel, Geschichte Europa's, 1789—1815, II. 174.

tismus der Völker. In *Erzherzog Johanns* Geiste entstand der Gedanke der *Volkswehr*, er arbeitete das System derselben schon im Laufe des Jahres 1807 aus; hätten des Erzherzogs Ideen nicht mit Unentschlossenheit und übel angebrachter Sparsamkeit zu kämpfen gehabt, der Erfolg hätte sie krönen müssen. So aber wurde vieles versäumt, auch das einmal nothwendig Erkannte nicht mit der nöthigen Energie betrieben.[1] Am 9. Juni 1808 erschien endlich das Patent über die Bildung der neuen österreichischen Volkswehr, der ‚*Landwehr*'. Sie sollte aus allen waffenfähigen, nicht in der Armee dienenden Männern von 18 bis 45 Jahren bestehen und nach Provinzen und in diesen wieder nach Kreisen eingetheilt werden. An Sonn- und Feiertagen sollte die Mannschaft sich in den Waffen üben, einmal im Monate dagegen in grössere Abtheilungen vereinigt werden. Ihre Offiziere wurden jenen der Linie vollkommen gleichgestellt. Als Uniform wurde eine Art Nationaltracht: grauer Rock mit rothen Aufschlägen und einem runden, auf einer Seite aufgekrämpten Hut mit Messingschild, eingeführt. Die Waffen sollte die Regierung liefern. Die Männer von 45 bis 60 Jahren sollten Wach- und Transportdienste verrichten.

Erzherzog Johann bereiste selbst die Provinzen, um die Durchführung der Organisirung zu beschleunigen. Am 1. Juli 1808 war er in Laibach, wo er sich an dem ihm zu Ehren veranstalteten Festschiessen betheiligte und einen Bestschuss that, und an diesem Tage erschien die von ihm und dem Hofcommissär Grafen Saurau unterzeichnete Circularverordnung zur Bildung der Landwehr und der Reserven in Krain. Am 4. Juli begann die Rekrutirung. Es zeigte sich allenthalben im Lande die regste Theilnahme für das neue Institut. Beim Losziehen baten die Bergleute in Eisnern die Commission, die Zettel in die Luft zu streuen, sie riefen: ‚Kein Los soll über uns entscheiden, wir wollen alle freiwillig unserem geliebten Kaiser dienen!', ebenso die Bergleute in Idria. In Laibach wurden auch die Studenten bewaffnet, und *Vodnik*, seit 1806 Corpspater der bürgerlichen Grenadiere, belebte den patriotischen Aufschwung durch seine Landwehrlieder im Geiste Collins: ‚*Pesmi za brambovce*'. In der ihnen vorangeschickten Ansprache an die Slovenen (‚Predgovor') wies er auf die Nothwendigkeit des Entscheidungskampfes um Oesterreichs Existenz hin, auf den Schimpf fremder Unterjochung, rief die ruhmvolle Erinnerung an die Türkenkriege wach, an die Niederlage Hassans unter den Mauern von Sissek. Er traf in seinen Liedern den echten Volks-

[1] Vgl.: Das Heer von Innerösterreich, Leipzig 1848, S. 29 f.

ton, indem er sich an den Frohmuth, die Sanglust, die Loyalität des Krainers wendete. Es waren darunter Lieder, ganz dazu gemacht, auf dem Marsch gesungen zu werden, wie ‚Radovoljni brambovci' oder ‚Brambovska dobra volja', und solche, welche das alte unbesiegbare Oesterreich feierten, wie ‚Estrajh za vse'.

Ako le hče
Je bil Estrájh in bo za vse!
Zdaj brambovci zavkajte:
Bit' čo, bit' čo
Estrajh za vse!

Die religiöse Saite tönte wieder in der ‚Brambovska molitev' und ‚Brambovska prisega'.

Mogočni Bog!
Tvoj dih je vstvaril solnca nove
Tvoj dih je v stan' podrot' svetove,
Zato pohlevno mol'mo Te:
Obrni milostiv' obraz
Na brambo našo in na nas!
Pred sodbo klič' sovražnike —
Usliš' nas Bog!

Aufopfernde Thätigkeit bewiesen bei der Bildung der Landwehr die Commandanten und Offiziere der im Lande bestehenden Bürgercorps, und der Kaiser lohnte diesen patriotischen Eifer noch im nemlichen Jahre (1808), indem Oberschützenmeister Valentin Dreo, zugleich Major des bürgerlichen Jägercorps (am 26. Oktober), und Joh. Bapt. Jager, erster Major des bürgerlichen Grenadiercorps (am 20. November), die goldene Civil - Ehrenmedaille erhielten. In Unterkrain entwickelte Franz Xaver *Langer*, Besitzer des landtäflichen Gutes Poganiz, patriotischen Eifer. Als ältester Hauptmann des Neustädtler Bataillons übernahm er dessen Commando, als der pensionirte Oberstlieutenant von Reutenburg wegen seines hohen Alters von demselben zurücktrat. Am 16. Juli 1808 rückten bereits 372 Freiwillige aus dem Adelsberger Kreise mit Feldmusik in Laibach ein, sie waren die ersten; am 31. Juli war das Reservecorps complet und feierte diesen Moment mit einer Feldmesse, bei welcher sich hohe Begeisterung kundgab. Viele Freiwillige mussten, da die Zahl voll war, zurückgewiesen werden. Nun begannen die Uebungen. Die Adelsberger Reservemänner beendeten sie zuerst und marschirten am 13. August in die Heimat ab.[1]

---

[1] Schulzeitung Nr. 17 do 1875.

Im Januar 1809 war bereits die Organisirung der Krainer Landwehr in sieben Bataillone beendet. Ihre Ausrüstung hatte 329,000 fl. gekostet. Am 2. Januar gaben die Offiziere der Landwehr den Offizieren des Regiments Simbschen und der Bürgercorps auf der Schiessstätte ein ebenso glänzendes als herzliches Verbrüderungsfest. Am 4. April inspicirte Erzherzog Johann die Landwehr und erliess zur Fahnenweihe der innerösterreichischen Wehrmänner einen Tagesbefehl in beiden Landessprachen, in welchem der Schöpfer der Landwehr sie in folgenden Worten charakterisirte: *‚Liebe zum Vaterland, Enthusiasmus für Selbständigkeit, Hass gegen alle fremde Tyrannei, erhabenes Bewusstsein des eigenen Werthes, lebendiges Gefühl unserer Kraft, echter Altösterreicher Sinn gab der Landwehr ihr Dasein. Ganz Europa erstaunt, wie es nur eines Wortes des geliebten Kaisers bedurfte, um die Nation zur Armee und die Armee zur Nation umzuschaffen*', und er schloss: *Ich bin gewiss, geschätzte Waffenbrüder, diesen Schwur zur Fahne werdet ihr halten, ihr werdet der Zeitgenossenschaft sowie der Nachwelt das Zeugniss abnöthigen: ‚Sie verdienten es, Oesterreicher zu sein!*'[1] Am 30. April wurde die Fahne des zweiten Laibacher Bataillons auf dem Schulplatze durch den Bischof Kautschitsch eingeweiht.[2] Ihre Majestät die Kaiserin hatte demselben ein Fahnenband mit dem Allerhöchsten Namenszuge gewidmet.[3]

Trotz alles patriotischen Aufschwunges und aller Opferwilligkeit konnte die Landwehr Innerösterreichs keine grossen Hoffnungen wecken, ihre Bewaffnung war mangelhaft, sie erhielt die alten von der Linie längst abgelegten Musketen und ihr Exercitium war noch nicht so weit vorgeschritten, dass sie sich in Bataillonsmassen verwendbar gezeigt hätte.

7. Angriffsdisposition des Erzherzogs Johann. Armeebefehl des Erzherzogs Karl. Einmarsch in Italien. Unglückliche Wendung des Krieges. Der Rückzug nach Krain. (4. März bis 15. Mai 1809.)

Seit 1. März war die österreichische Armee auf den Kriegsfuss gesetzt und in neun Armeecorps getheilt worden. Am 4. April verliess Erzherzog Johann Graz, besichtigte in Laibach die Befestigungen und die Landwehr und reiste dann durch das Savethal nach Villach ab,

[1] Original im Besitze des Herrn von Langer-Podgoro.

[2] Carniolia 1843; Schulzeitung Nr. 20 de 1875.

[3] Landschaftliches Archiv.

wo er den Feldmarschall-Lieutenant Marquis Chasteler und den für Tirol bestimmten Intendanten Josef Freiherrn von Hormayr traf. Zur Armee des Erzherzogs Johann, welche den Krieg in Italien eröffnen sollte, während jene des Erzherzogs Karl nach Deutschland bestimmt war, gehörte das achte Armeecorps (Marquis Chasteler, 23 Bataillons, 21 Schwadronen) und das neunte Armeecorps (Graf Gyulay, 30 Bataillons, 28 Schwadronen). Die Truppen des neunten Armeecorps stellten sich staffelförmig im Savethal von Laibach, wo Graf Gyulay sein Hauptquartier aufschlug, bis Tarvis, die gegen Tirol bestimmten des achten Corps gegen Oberdrauburg, die anderen von Arnoldstein bis Tarvis auf. Ueber den Predil auf Cividale sollte der Einmarsch in Italien erfolgen.

Am 6. April erliess der Generalissimus, Erzherzog Karl, einen schwungvollen Tagesbefehl, in welchem er mit berechtigter Hindeutung auf das erniedrigte Deutschland sagte: ‚*Auf Euch, meine theuren Waffengefährten, ruhen die Augen der Welt und aller, die noch Sinn für Nationalehre und Nationaleigenthum haben. Ihr sollt die Schmach nicht theilen, Werkzeuge der Unterdrückung zu werden; Ihr sollt nicht unter entfernten Himmelsstrichen die endlosen Kriege eines zerstörenden Ehrgeizes führen. Ihr werdet nie für fremdes Interesse und fremde Habsucht bluten; Euch wird der Fluch nicht treffen, schuldlose Völker zu vernichten und auf den Leichen erschlagener Vaterlandsvertheidiger den Weg zum geraubten Throne einem Fremdling zu bahnen! — Auf Euch wartet ein schöneres Los; die Freiheit Europa's hat sich unter unsere Fahnen geflüchtet; Eure Siege werden ihre Fesseln lösen, und Eure deutschen Brüder — jetzt noch in feindlichen Reihen — harren auf ihre Erlösung. Ihr geht in rechtlichen Kampf, sonst stünde ich nicht an Eurer Spitze.*‘ Der Erzherzog erinnert an die Siegestage von Würzburg und Osterach, Liptingen und Zürich, Verona, der Trebia und Novi und bezeichnet als den Zweck des Krieges, ‚*dem theuren Vaterlande einen dauerhaften Frieden zu erkämpfen.*‘ Am 9. April schloss sich an die Kriegserklärung der *Aufruf an die deutsche Nation*, in welchem die französische Eroberungssucht als der Grund des nur zur Selbstvertheidigung geführten Krieges bezeichnet, die Sache Oesterreichs mit der Sache Deutschlands identificirt wurde: ‚*Unsere Sache ist die Sache Deutschlands. Mit Oesterreich war Deutschland selbstständig und glücklich; nur durch Oesterreichs Beistand kann Deutschland wieder beides werden.*[1] Vergebens, der Aufruf weckte kein Echo

[1] Hirtenfeld l. c. S. 830, 831.

in der Heimat Armins. Ueber Leiber und Geister gebot noch unbedingt der Zauber des corsischen Eroberers, man fühlte sich glücklich in der Schande, man überhäufte Oesterreich mit Hohn für sein hochherziges Wagniss, man denuncirte seinen Appell an die Freiheit als Jakobinismus!

Am 10. April begannen beide Feldherren ihre Operationen. Die innerösterreichische Armee war am 8. April bei Tarvis concentrirt. Am 10. April begann der Vormarsch des Gros über den Predil nach Cividale. Die Colonne des Generals Gavasini überschritt am 11. den Isonzo bei Görz und besetzte Udine, wo sich am 13. die ganze Armee vereinigte. Am 14. April wurde Palmanova durch General Tomassich cernirt, wobei auch zwei Bataillone Adelsberger Landwehr verwendet wurden.[1] An diesem Tage zog sich der Vicekönig hinter die Livenza zurück. Erzherzog Johann schlug ihn am 15. April bei Pordenone und am 16. bei Sacile und Fontana fredda. Aus dem Hauptquartier Sacile, 17. April, schrieb der Erzherzog an die krainischen Stände: ‚Den höchsten Befehlen gemäss bin Ich mit der mir unterstehenden Armee am 10. und 11. d. über Ponteba, Cividale und Görz in die Ebenen Friauls debouchirt und den 13. nach einigem Widerstande bis am Tagliamento vorgedrungen. Der Feind hatte sich über diesen Fluss rückgezogen, um sich mit denen von rückwärts kommenden Trouppen zu vereinigen. Diese Vereinigung geschah wirklich den 14. bei Sacile, wodurch die feindliche Armee auf eine Stärke von fünf Divisionen anwuchs. In der Nacht vom 14. rückte Ich mit der Avantgarde bis Cordenons vor, das übrige der Armee folgte mit Tagesanbruch. Die feindliche Avantgarde war zu Pordenone, seine Armee zwischen da und Sacile bei Fontana fredda aufgestellt. In dieser Lage kam es zur Schlacht, welche nach einem zweitägigen blutigen Gefechte gänzlich zu unserem Vortheile entschieden worden. Der Vicekönig commandirte die französische Armee. Der Ausgang war so entscheidend, dass diese sich nicht mehr hinter der Livenza aufstellen konnte, sondern sich eiligst hinter die Piave zurückzog. An Gefangenen wurden bisher über 6000 gemacht, es werden ihrer noch immer mehrere eingebracht, worunter sich die Generale Pazé und Bressan befinden. Der Verlust an Todten und Verwundeten übersteigt weit diese Zahl, 16 Kanonen und 3 Adler wurden erbeutet. Die Armee, welche nach so vielen ausgestandenen Beschwerden des Marsches durch die Gebirge diesen glänzenden Sieg erfochten, hat alles geleistet, was man nur von den vortrefflichsten Truppen erwarten kann. Sie zeigte ebensoviel Muth im Gefechte, als Geduld und Standhaftigkeit im Ertragen der Fatiguen.[2]

[1] Heer von Innerösterreich, S. 86.

[2] Landschaftliches Archiv, Fasc. 17, Exh. 957, de 1809.

Die Stände liessen die Siegesbotschaft durch gedruckte Placate im Lande verbreiten. Der Jubel war gross, aber leider folgte ihm bald bittere Enttäuschung. Erzherzog Johann durfte seinen Siegeslauf nicht verfolgen. In der Nacht vom 30. April auf den 1. Mai musste infolge der ungünstigen Gestaltung der Ereignisse in Deutschland der Rückzug über die Piave angetreten werden. Der Erzherzog beabsichtigte, die Verbindung mit Tirol wieder herzustellen und sich in Innerösterreich so lange zu halten, bis es ihm wieder möglich würde, die Offensive zu ergreifen oder durch einen Marsch auf Wien zu, wohin nach den Unfällen in Deutschland der Feind seine Richtung nahm, die Macht desselben zu theilen. Das neunte Armeecorps des Banus Grafen Gyulay (Brigaden Splenyi und Gavasini) wurde nach Krain entsendet, wo Präwald, Podwelb mit Loitsch und Laibach als Vertheidigungspunkte befestigt worden waren. Am 15. Mai traf der Banus in Laibach ein. Hier waren die Verschanzungen zwar schon in haltbaren Stand gesetzt, aber noch nicht vollendet. Der Schlossberg und Golovc liessen sich halten, besonders der erstere, der mit allem Kriegsbedarf versehen war. Der Banus sandte das überflüssige Geschütz nach Kroatien und versah die Schanzen mit Besatzung: ein schwaches Bataillon Simbschen, ein ebenfalls schwaches Landwehr - Bataillon und vier Compagnien Szluiner. Zum Befehlshaber gab man dem Fort den Feldmarschall-Lieutenant Moitelle, einen Greis, dessen früherer militärischer Ruf vortheilhaft war, und als Platzmajor den Franzosen Lefebvre.[1]

8. Gefechte bei Präwald, Podwelb und Loitsch (17. Mai). Rückzug der Oesterreicher nach S. Marein. Präwald capitulirt (20. Mai).

Nach dem am 8. Mai an der Piave gelieferten Treffen und den Gefechten von S. Daniele und Venzone hatte die österreichische Armee die Grenze Kärntens überschritten und nahm am 13. Stellung zwischen Pontafel und Tarvis. Der Erzherzog wendete sich nach Steiermark, die Franzosen griffen zu gleicher Zeit die Forts von Malborghet und Predil in Kärnten und die befestigten Punkte von Präwald, Podwelb und Loitsch an. Malborghet fiel am 17., Predil am 18. Mai nach ruhmreicher Vertheidigung. Gegen Krain marschirte das fünfte französische Armeecorps unter Marschall Macdonald, bestehend aus den beiden Infanteriedivisionen Broussier und Lamarque und der Dragonerdivision

---

[1] Hormayr l. c. 169.

Grouchy, 12,000 Mann Infanterie und 1100 Mann Cavallerie.[1] Die Schanzen von *Präwald* waren durch General Zach mit Linie und zwei Bataillonen krainischer Landwehr besetzt. Am 17. wurden sie von der Division Broussier angegriffen. Der Angriff wurde abgeschlagen. Die Landwehr stritt gut.[2] Die Division Lamarque rückte über Zoll und den Birnbaumerwald gegen *Podwelb* und *Podraga* vor, wo General Kalnosy stand, und drückte denselben bis Loitsch zurück. Der Banus hatte den Oberstlieutenant Collenbach dahin gesendet, um Kalnosy aufzunehmen, allein er war zu schwach und musste ebenfalls weichen. Der Verlust bei Podwelb und Loitsch betrug 2 Offiziere, 560 Mann an Todten, Verwundeten und Gefangenen. Als Zach nach abgeschlagenem Sturm erfuhr, dass Kalnosy Podwelb und Loitsch verloren habe, verliess er seine Stellung bei Präwald und zog sich über Adelsberg, wo den Verwundeten unter Leitung des Verwalters Karl Schmoll alle mögliche Hilfe geleistet wurde, nach Zirkniz zurück. In den Schanzen von Präwald blieben zwei Bataillone der Linie und ein Landwehrbataillon.[3] Am 20. Mai liess General Broussier das Fort von Präwald zur Uebergabe auffordern. Es capitulirte, 2000 Mann legten die Waffen nieder. Die Franzosen nahmen 15 Geschütze, welche sie zur Bewehrung von Triest verwendeten, und beträchtliche Magazine von Kriegs- und Munitionsvorräthen.[4]

9. Die Oesterreicher verlassen Laibach (18. und 19. Mai). Einrücken der Franzosen daselbst (20. Mai). Das Castell capitulirt (22. Mai). Marschall Marmont rückt auf Laibach.

Infolge des schnellen Vorrückens der Franzosen sah sich Feldmarschall-Lieutenant Gyulay am 18. Mai genöthigt, Laibach zu verlassen und sich über S. Marein und Weixelburg auf der Strasse nach Neustadtl zurückzuziehen, wo er, vereinigt mit der Abtheilung des Generals Zach, die von Präwald daselbst ankam, am 20. Mai aufgestellt war. General Splenyi blieb als Arrièregarde mit acht Escadrons in Laibach zurück, um den General Kalnosy aufzunehmen. Am Abend des 19. Mai erschienen bereits französische Truppen in der Stärke von

[1] Welden, Krieg von 1809, S. 28.

[2] Hormayr l. c. S. 170.

[3] Hormayr l. c. S. 170.

[4] Off. Bericht: Armee von Italien. Wiener Zeitung Nr. 42 vom 29. Mai 1809; Löwenthal, Geschichte von Triest II 77.

4000 Mann vor Laibach, und General Splenyi zog sich infolge dessen auf S. Marein zurück. Die Rückzugslinie ging auf Unterkrain und Karlstadt, wo der Banus sich durch die kroatische Insurrection verstärken wollte. Am 28. Mai stand General Zach bereits bei Karlstadt, General Kalnosy bei Rann und Ainöd und die Brigaden Gavasini und Splenyi bei Neustadtl.[1]

Am 20. Mai sah Laibach den Feind zum dritten male in seinen Mauern. Es war das Armeecorps des Marschalls *Macdonald*. Tags darauf begann die *Beschiessung des Castells*. Am 22. Mai wurde General Lamarque beordert, links, und General Broussier, rechts anzugreifen; die Reiterei wurde so aufgestellt, dass sie den Belagerten den Rückzug abschnitt. In der Nacht vom 22. auf den 23. Mai capitulirte das Castell. Während bei Aspern die österreichische Armee die herrlichsten Beweise von Heldenmuth und Patriotismus gab, wurde die brave Besatzung von Laibach durch ihre Befehlshaber schmählich verrathen. Der achtzigjährige Feldmarschall-Lieutenant Moitelle war nicht mehr derselbe, der er 1793 gewesen, als er mit dem damaligen Ingenieur-Oberstlieutenant Chasteler das völlig geschleifte, an den Breschen nur mit Faschinen hergestellte Schloss von Namur durch volle vierzehn Tage gegen eine französische Uebermacht vertheidigte. Er liess sich von dem Verräther Platzmajor Lefebvre bethören. Die ehrliebende Besatzung lehnte sich gegen die Uebergabe mit bewaffneter Hand auf und konnte nur durch Beihilfe der Franzosen und Italiener überwältigt und zur Ruhe gebracht werden.[2] Der Feind fand in den Forts und in den verschanzten Lagern 65 Feuerschlünde, 4 Fahnen, 8000 Flinten und beträchtliche Vorräthe.[3] General Moitelle und Major Lefebvre begaben sich in französischen Schutz. Die Besatzung wurde kriegsgefangen abgeführt. Die Franzosen, welche am 20. Mai bereits Innerkrain und Triest besetzt hatten, wurden durch den Fall Laibachs auch Herren von Oberkrain, während die unter dem Befehl des Banus stehende Streitmacht, wie wir gesehen haben, Unterkrain noch besetzt hielt.

Am 31. Mai verliess Marschall Marmont Fiume und schlug die Strasse über Lipa und Adelsberg gegen Laibach ein, wo er am 2. Juni ankam, um seine Vereinigung mit der italienischen Armee zu bewerkstelligen. Infolge dieser Bewegung zog Feldmarschall-Lieutenant Gyulay

---

[1] Hormayr l. c. 170, 179; Wolden l. c. S. 12.

[2] Hormayr l. c. S. 129 Anm.

[3] Officieller Bericht der Armee von Italien, Nr. 42 der Wiener Zeitung vom 29. Mai 1809.

die ganze Streitmacht, darunter auch die zwischen Neustadtl und Ainöd aufgestellten 5000 Mann unter den Generalen Gavasini und Splenyi, an sich, indem er nur den Major Du Montet mit zwei Bataillons und zwei Escadrons in der Gegend von Neustadtl mit dem Auftrage zurückliess, den bei Laibach aufgestellten Feind zu beschäftigen und zu beobachten, bei günstigen Umständen einen Versuch auf Laibach zu wagen, und wenn er vom Feinde mit Uebermacht angegriffen würde, sich nach Rann, nahe der kroatischen Grenze, zurückzuziehen.[1]

Marschall Marmont blieb in Laibach, bis er von Kaiser Napoleon (13. Juni) den Befehl erhielt, sich mit der Armee in Steiermark zu vereinigen.[2]

10. Die kroatische Insurrection streift bis Wippach (20 bis 21. Juni). Major Du Montet überfällt Laibach (27. bis 28. Juni). Er schliesst neuerdings Laibach ein (11. bis 27. Juli). Bauerninsurrection in Innerkrain und Oberkrain (Juni bis Juli 1809).

Mit dem Falle Laibachs waren die grossen strategischen Operationen, insoweit sie sich auf Krain bezogen, abgeschlossen, es begann nun ein Parteigängerkrieg, in welchem die Operationen der kroatischen Insurrection und der Ueberfall Major Du Montets auf Laibach Erwähnung verdienen.

Die kroatische Insurrection, eine Division Husaren unter Graf Oršič, streifte bis Adelsberg und Wippach. Am 20. Juni hatte sich dieses Corps in der Gegend von Ubelsko verirrt. Da gab ein Landmann, der Župan von Ubelsko, Matthäus *Premrou*, ein nachahmenswürdiges Beispiel von Patriotismus. Ohne Rücksicht auf die Gefahr, der er sich in dem von den Franzosen besetzten Lande aussetzte, zeigte er den Husaren ein sicheres Versteck und bot alles auf, die Hungernden zu sättigen.[3] Am folgenden Tage überfiel Graf Oršič Wippach, wo eine Abtheilung des sechsten französischen Husarenregiments von der sechsten Armee (leichte Cavalleriedivision unter General Gerard) lagerte. Ein Offizier, 40 Gemeine und 26 Pferde wurden gefangen, der Rest zersprengt. Erst das Einrücken der italienischen Brigade Bertoletti in Adelsberg machte den kühnen Unter-

---

[1] Welden l. c. S. 137; Beilage zur Wiener Zeitung Nr. 46 vom 2. Juni 1809.

[2] Hermann, Geschichte Kärntens III. 243.

[3] Mitth. 1853: Dechant Kurz; Dekanatspfarre Adelsberg.

nehmungen der kroatischen Insurrection ein Ende, aber die besetzten Orte litten unter der schlechten Mannszucht der Italiener.[1]

In Unterkrain war, wie bereits erwähnt, ein Streifcorps unter *Major Baron Du Montet* beim Abzuge des Feldmarschall-Lieutenants Gyulay nach Kroatien zurückgelassen worden. Es bestand aus zwei Compagnien unseres vaterländischen Regiments Baron Simbschen Nr. 43, sechs Compagnien kroatischer Landwehr und einer Escadron Frimont-Husaren. Mit diesen vereinigte sich erst später das vierte inner-österreichische Freibataillon, meist von Baron Du Montet selbst bei Beginn des Krieges angeworben und aus der kampflustigen Jugend von Krain, Görz, Triest bestehend. Da Baron Du Montet einsah, dass es zur Deckung der Operationen des Feldmarschall-Lieutenants Gyulay von wesentlichem Nutzen sein würde, sich des wichtigen Punktes Laibach zu bemächtigen, so beschloss er, diese Stadt und deren Befestigung zu überrumpeln.

Die Franzosen hatten das Laibacher Schloss stark befestigt und mit 1200 Mann Infanterie und 200 Reitern besetzt, so dass es gegen einen Angriff mit stürmender Hand ganz gesichert war. Die Franzosen hatten aber die Unvorsichtigkeit begangen, den grössten Theil der Besatzung bei den Bürgern in der Stadt, die Reiterei aber in den Vorstädten einzuquartieren. Hierauf baute Du Montet seinen Plan, die Besatzung zu überfallen und zu vernichten, um sodann die von der Mehrzahl ihrer Vertheidiger entblösste Festung mit geringerem Verluste zu stürmen oder wenigstens die geschwächte Besatzung mit gleichen Kräften im Zaume zu halten. Rasch folgte dem Gedanken die That. In der Mitternacht des 27. Juni erfolgte der Angriff. ‚Franz' war das Feldgeschrei. Kein Gewehr durfte geladen werden, das Bajonnet musste alles entscheiden. Die erste Colonne unter Major Du Montet selbst drang in die S. Petersvorstadt ein. Er liess durch eine Abtheilung die feindliche Cavallerie in der Kapuzinervorstadt angreifen und rückte mit der Hauptcolonne über die Spitalbrücke in die Stadt. Die zweite Colonne unter Hauptmann Ballerini rückte in die Polanavorstadt, fand hier die feindliche Cavallerie im Begriffe sich zu sammeln, und griff dieselbe schnell mit dem Bajonnete an. Einige Reiter wurden niedergestossen, viele gefangen, der Rest rettete sich durch die Flucht nach Krainburg. Diese Colonne griff sodann die über die Polanavorstadt angelegte Festungspallisadirung an. Die dritte Colonne

---

[1] Welden l. c. S. 142; Mitth. 1853 l c.

unter Hauptmann Colson führte den Angriff auf die Karlstädter Brücke und Vorstadt aus, sollte dann schnell bei S. Florian und im Rebergässchen den Eingang zum Castell gewinnen und dieses überrumpeln. Die vierte Colonne unter Hauptmann Francolini wurde auf Schiffen den Laibachfluss abwärts gebracht und am Rann ausgeschifft. Sie drang in die Tirnau- und Krakauvorstadt ein, bemächtigte sich der Schusterbrücke und hatte die Aufgabe, sich in der Stadt mit der ersten Colonne zu vereinigen. Alles, was vom Feinde beim Eindringen der Colonnen angetroffen wurde, wurde niedergemacht oder gefangen. Major Du Montet, an der Spitze von 20 Husaren, ritt im Galopp über den alten Markt bei S. Florian vorbei, um die Barrière der Festung zu erreichen. Er hoffte sie zu überfallen und dadurch den Eingang zu gewinnen. Doch fand er die Franzosen schon in Bereitschaft hinter den Pallisaden. Der feindliche General Guetard, aufmerksam gemacht durch eine voreilige Plänkelei an der Karlstädter Strasse, hatte Zeit gehabt, aus der Stadt in das Castell zu entfliehen, einige Truppen in die Festung werfen, drei Signalschüsse geben und Lärm schlagen zu lassen. Er entging nur dadurch der Gefangenschaft, dass er sich aus seiner Wohnung in der Stadt am Hauptplatz Nr. 2 über eine Leiter eiligst auf den Castellberg zurückzog. Nun sammelte sich die Besatzung von allen Seiten. Major Du Montet zog sich gegen die Schusterbrücke zurück, wo er sich aber durch eine über 200 Mann starke feindliche Abtheilung, welche die Schusterbrücke gegen die vierte Colonne nachdrücklich vertheidigt hatte und sich nun gegen die Festung zurückziehen wollte, abgeschnitten und von seiner Infanterie getrennt sah. Mit den wenigen Husaren, welche Oberlieutenant Cheminski commandirte, griff Du Montet nun die Franzosen an, welche gleichzeitig im Rücken von den herbeigeeilten zwei Compagnien Simbschen-Infanterie gedrängt wurden, sich aber verzweifelt wehrten. Ein Theil rettete sich durch den Reber aufs Castell, die übrigen wurden gefangen oder niedergemacht. Somit war das Castell von allen Seiten eingeschlossen. Was sich von französischen Truppen noch ausserhalb desselben befand, musste sich ergeben. Dies war auch mit der französischen Cavallerie der Fall. Zwar hatte sie sich, bereits früher durch die zweite Colonne aus der Polanavorstadt mit Verlust vertrieben, gegen die erste Colonne, welche über die S. Petersvorstadt und Elephantengasse vordrang, bei dem Malitsch'schen- und dem Elephantenwirthshause sehr hartnäckig vertheidigt, als jedoch eine Abtheilung der ersten Colonne von der S. Petersvorstadt durch die Kothund Barmherzigengasse bei dem Civilspital in den Rücken der französischen Cavallerie gelangte, musste sich diese theils kriegsgefangen ergeben, theils durch die Flucht gegen Krainburg retten.

So war nun Laibach im Besitze des kühnen österreichischen Parteigängers, der auch den französischen Finanzagenten *Nadal* und den Kriegscommissär Ledière gefangen nahm.[1] Der Feind hatte einen bedeutenden Verlust erlitten, es wurden 23 Offiziere, 225 Mann gefangen, überdiess 100 österreichische Gefangene aus dem Spital in Kaltenbrunn durch Hauptmann Aichlehner von Simbschen-Infanterie befreit, ein Vierundzwanzigpfünder, viele Gewehre, ein ansehnlicher Munitionsvorrath erbeutet. Die Oesterreicher stellten sich nun längs des Hauptplatzes bivouakirend auf und schoben nach allen Seiten, vorzüglich gegen die Ausgänge vom Castell, starke Posten vor. Um sich gegen einen Ueberfall zu sichern, errichteten sie Barricaden am Bischofhofe bis an das gegenüberstehende Haus Nr. 307, am Alten Markt von Nr. 15 quer hinüber zu Nr. 166, in der Fronte der Schusterbrücke zwischen den Häusern Nr. 168 und 234 und eine vierte in der Fronte der Spitalsbrücke zwischen Nr. 270 und 271. In dieser Stellung blieben sie den ganzen 28. Juni unbelästigt, abgesehen von dem Geplänkel, das auf Schusslinie stattfand und wobei sich Major Du Montet grosser Gefahr aussetzte, sowie auch die Husaren Proben muthwilliger, todesverachtender Herausforderung gaben. In der Nacht vom 28. auf den 29. Juni marschirte Major Du Montet ab, bei hellem Mondschein, im Kartätschenbereiche der Festung, ohne einen Mann zu verlieren. Die beinahe um die Hälfte verminderte Besatzung war so um ihre Fassung gekommen, dass sie alle Streifzüge und Requisitionen aufgab und sich nur mit der Vorbereitung für einen neuen Angriff beschäftigte; Bauern und Taglöhner wurden zur Schanzarbeit eingefangen.[2]

Der verwegene Ueberfall Major Du Montets hatte Laibachs Einwohner fürchten gemacht, dass die Stadt wieder der Schauplatz des Krieges werden könnte; die angesehensten Familien flüchteten, der Gouverneur (Regierungspräsident), der Kreishauptmann und die Mitglieder der Regierung folgten diesem Beispiele. Baron Franz Xaver *Lichtenberg* wurde zum Vicepräsidenten der Regierung ernannt, aber mit keinerlei Vollmacht versehen, und seine Autorität wurde in denjenigen Theilen des Landes nicht anerkannt, welche der Regierungs-

---

[1] Schulzeitung Nr. 21 de 1875.

[2] Mitth. 1851 S. 43 f.

präsident Graf Joh. Nep. *Brandis* von Rudolfswert aus, wohin er sich zurückgezogen hatte, verwaltete.[1]

Nachdem Major Du Montet sich durch sein eigenes Freibataillon verstärkt hatte, rückte er am 11. Juli wieder gegen Laibach vor, besetzte die vom Feinde zerstörten Schanzen auf dem Golovc und schloss Stadt und Castell aufs engste ein. Er schnitt der Besatzung jede Zufuhr von Lebensmitteln sowie die Verbindung mit Triest, Görz und Klagenfurt ab und deckte dadurch die Operationen der österreichischen Armee in Steiermark. Zuzeiten drangen seine Plänkler bis zum Castell vor, fingen einzelne Franzosen in der Umgebung auf, plünderten die französischen Magazine und wechselten lebhaft Schüsse mit den auf den Brücken und am Castell aufgestellten Posten. Am 25. Juli machten bei 200 Mann der französischen Besatzung einen Ausfall auf den vom Freicorps Du Montets besetzten Golovc, verloren aber dabei einen Offizier und die Hälfte der Mannschaft. Major Du Montet erhielt erst am 27. Juli die Nachricht vom Waffenstillstand (der am 12. d. M. zu Znaim abgeschlossen worden war), worauf er mit seinen Truppen den Golovc verliess, welchen die Franzosen sofort besetzten.[2]

Auch ausser Laibach war die Lage der französischen Truppen durch den *Landsturm*[3] gefährdet, der am 12. Mai durch eine Procla-

---

[1] Corresp. Fargues, Mitth. 1868.

[2] Mitth. 1851 l. c.; Schulzeitung Nr. 21 de 1875.

[3] Die Action der *Landwehr* war zu jener Zeit mit Ausnahme des von Franz Xaver *Langer* befehligten Unterkrainer Bataillons bereits zu Ende. Dieses Bataillon war von ihm bei Ausbruch des Krieges nach Sachsenburg in Kärnten geführt worden. Nach dem Falle dieser militärischen Position kam er Ende Mai 1809 mit dem Bataillon in die Werbbezirksstation Neustadtl zurück. Als Baron Du Montet seinen Handstreich auf Laibach ausgeführt hatte, führte ihm Langer mit vieler Aufopferung und patriotischem Eifer in wenigen Tagen sein Bataillon zu. Allein das Bataillon kam zu keinem weiteren feindlichen Zusammenstosse. Nach abgeschlossenem Waffenstillstand marschirte es auf Befehl Erzherzog Johanns nach Szamobor in Kroatien. Da die Landwehr nur zur Vertheidigung des Vaterlandes die Waffen ergriffen hatte und dasselbe jetzt in den Händen des Feindes zurücklassen sollte, so ist es begreiflich, wenn auch nicht zu entschuldigen, dass ein grosser Theil der Mannschaft desertirte, wogegen Langer nach dem Zeugnisse Du Montets alles mögliche aufbot. Auch er selbst wagte ja viel, als er dem Rufe des Kaisers folgte. Hatte doch Kaiser Napoleon schon mit Befehl vom 14. Mai 1809 die Landwehr aufgelöst und angeordnet, dass die Häuser der Offiziere, welche nicht binnen 14 Tagen nach dem Einrücken der französischen Truppen sich in ihre Heimat begeben, verbrannt, ihr bewegliches Eigenthum confiscirt werden solle. (Orig. im hist. Vereine). Mit dem Rest des Bataillons rückte Langer nach Szamobor und von dort nach Kesztelly in Ungarn in

mation aus Laibach aufgeboten worden und bei dessen Organisirung besonders der Kreishauptmann Graf Franz Josef Hannibal *Hohenwart*, derselbe, welcher später das krainische Landesmuseum gründete, eine grosse Thätigkeit entwickelte.[1] Der Zweck des Landsturms war ursprünglich Besetzung der Grenzpunkte durch Massen bewaffneten Landvolks und Abwehr des Feindes vom Innern der Monarchie nach dem Beispiele der tapferen Tiroler. Nachdem dieser Zweck, wie wir gesehen haben, durch das unaufhaltsame Vordringen der Franzosen vereitelt worden, kam es zu keiner einheitlichen Action des Landsturms. Er zersplitterte sich in einzelnen Mord- und Plünderungsscenen. So wurden am 19. Juni sechs französische Offiziere, welche über S. Oswald nach Cilli reisen wollten, auf der Mitte des Weges von 30 Bewaffneten, grösstentheils Deserteuren, angefallen, ausgeplündert und getödtet. Auf der Strasse waren Verhaue aufgeführt, Schuss auf Schuss fiel. Ein zweiter, an diesem Tage nachmittags 4 Uhr von Franz in S. Oswald ankommender Offizier und ein Türke (Mameluk?), der Depeschen an Marschall Marmont zu überbringen hatte, wurden von einer 30 Mann starken Bande gefangen genommen und am Weiterreisen gehindert. Das Postamt S. Oswald erstattete hievon die Anzeige an die Regierung. Am 25. Juni berichtete General Guetard der provisorischen Regierung in Laibach, dass laut Rapporten von allen Seiten Militärs aller Grade und Beamte der französischen Armee angehalten, beraubt und häufig auch getödtet würden; er verlangte strenge Massregeln gegen diese ‚brigandage', er selbst wolle schreckliche Exempel statuiren und die Gemeinden für die in ihrem Bereiche begangenen Verbrechen verantwortlich machen, damit fernerhin jeder Franzose mit Sicherheit in allen Theilen des Landes reisen könne. Als besonders compromittirt

---

Erzherzog Johanns Hauptquartier, wo das Bataillon zur Verrichtung von Garnisons- und anderen Diensten verblieb. Am 5. November 1809 wurde es aufgelöst, wobei es das Zeugniss ganz vorzüglicher Dienstleistung und Disciplin erhielt. Es marschirte über Czakathurn, Gross-Kanischa nach Agram, und Langer liess sich durch die inzwischen auf seinem Gute, wo seine Gattin allein zurückgeblieben war, herrschende französische Wirthschaft nicht abhalten, seine Dienstgeschäfte pflichtmässig zu ordnen. Im Spätwinter 1809/10 kehrte er endlich nach Hause zurück, allein seine Gesundheit war untergraben: er starb am 5. August 1811, und zwei Monate später folgte ihm die Gattin im Tode nach. In Anerkennung des allerhöchstenorts zur Kenntniss genommenen patriotischen Wirkens des Verewigten wurde später sein Sohn Fr. Heinrich Langer, kaiserlicher Rath und Kreiscommissär, der in seiner Thätigkeit als Beamter und Patriot sich ebenfalls Verdienste gesammelt, in den Adelstand erhoben.

[1] Mitth. 1851.

bezeichnete der General die Gemeinden Adelsberg, Planina, Loitsch und S. Oswald und schloss mit den Worten: ‚L'Humanité vous dicte votre devoir.'

Die Regentschaft erwiderte, sie befinde sich in Verlegenheit, etwas zur Unterdrückung der Unruhen zu thun, es stehe ihr keine bewaffnete Macht zur Verfügung, die Gerichte genössen weder Macht noch Ansehen mehr, doch wolle sie ein Circulare an die Gemeinden erlassen. Sollte es ihr gelingen, einen Schuldigen festzunehmen, so werde sie selbst den General bitten, ihn so zu strafen, dass es zur Einschüchterung hinreiche. Die Regentschaft erlies auch in der That am 26. Juni ein abmahnendes Schreiben an die Gemeinden, während ihr General Guétard am nemlichen Tage anzeigte, er werde auf diejenigen, welche ‚sich zusammenrotten, um beim Allarmiren der französischen Truppen ihre Sympathien für die Rückkehr der österreichischen Armee durch Geberde oder auf andere Art kundzugeben', feuern lassen!

Noch im Juli 1809, nachdem der Waffenstillstand bereits abgeschlossen war, wurden die Strassen in Oberkrain von Bauerninsurgenten unsicher gemacht.

11. Rückblick auf die Kulturzustände von 1792 bis 1809.

In dem Momente, in welchem der kurze unglückliche, aber ruhmvolle Kampf Oesterreichs um seine Machtstellung durch den, neue Zustände vorbereitenden Waffenstillstand beendigt wird, erscheint es angemessen, einen Rückblick auf die Kulturverhältnisse unseres Vaterlandes zu werfen, wie sie sich seit Kaiser Franz' I. Regierungsantritte gestaltet haben.

Unter dem fast ununterbrochenen Waffengeräusch, welches die vorliegende Epoche erfüllt, ist in unserem Vaterlande das bekannte Sprichwort des Römers nicht zur Geltung gekommen, die Musen wurden nicht zum Stillschweigen verurtheilt. Es regte sich frisches Leben auf den Gebieten der Kunst und Wissenschaft, unsere vaterländischen Annalen verzeichnen manchen Namen von dauernder Geltung im In- und Auslande. Einen müssen wir aber als den vordersten nennen, weil sein Träger nicht nur selbst in gediegener Weise wissenschaftlich thätig war, sondern nach allen Seiten anregend, alles Gute, Schöne und Edle fördernd wirkte. Es ist dies der bereits als Förderer der slovenischen Landessprache genannte *Freiherr Sigmund von Zois.*[1]

---

[1] Ueber die Familie Zois siehe oben S. 226, Anm. 3.

Zois' Lieblingsstudien waren seit den Jugendjahren Mineralogie, Chemie, Berg- und Hüttenwesen. Diese Richtung war ihm nahe gelegt durch die Aufgabe, welche ihm als dem Repräsentanten der ersten industriellen Firma des Landes zufiel, in deren Händen sich der namhafte Eisenhandel concentrirte. Als in den Jahren 1775—1777 die Concurrenz der Russen und Schweden die heimische Industrie bedrohte, zeigte sich Zois der veränderten Lage gewachsen; er war bestrebt, durch Hebung der Production der fremden Concurrenz entgegenzuwirken, er bereiste die Schweiz, Deutschland, Holland, Frankreich, Italien, um überall die fremden Erfahrungen und Fortschritte kennen zu lernen und Ideen zur Hebung der vaterländischen Industrie zu sammeln. Er besuchte die grössten Eisenwerke, leitete mit berühmten Naturforschern und Chemikern unterrichtenden Briefwechsel ein und erlangte eine so gründliche Bildung in der Chemie und Mineralogie, dass ihn viele gelehrte Gesellschaften zum Mitgliede wählten. Mit den ‚naturforschenden Freunden' in Berlin blieb er in steter Correspondenz und wissenschaftlichem Ideenaustausch, die Akademie ‚Leopoldino-Carolina Naturae curiosorum' machte ihn zu dem Ihrigen ‚non solum ob variam istam, multiplicem et amplam eruditionem, sed imprimis ob insigne istud studium, quod colligendis et asservandis rebus naturalibus liberalissime impendis.' Die von Zois mit grossen Kosten gesammelte und gegenwärtig im Landesmuseum aufbewahrte Mineraliensammlung ist ein Ergebniss unermüdeten, kenntnissvollen Sammeleifers und wissenschaftlichen Austausches. Wenige Naturforscher sind durch Krain gereist, ohne diese Sammlung zu besichtigen. Viele brachten Seltenes und empfingen solches oder doch willkommene Winke und Aufklärungen. Zois zu Ehren stellte Professor Klapproth in Berlin den ‚Zoisit' auf. Die von Zois namentlich in den Wocheiner Alpen entdeckten Versteinerungen bieten dem Geognosten einen erwünschten Schlüssel zur Lösung mancher schwierigen Fragen über die Structurverhältnisse unserer Alpen. Das Interesse an der Naturforschung theilte auch Sigmunds Bruder *Karl*, dessen Verdienste um die krainische Flora die Campanula und Viola Zoisii, beide ‚Bürgerinnen' der Julischen Alpen, stets in frischem Andenken erhalten werden.[1]

Sigmund Zois hob nicht nur den krainischen Bergbau auf eine hohe Stufe und belebte die Erwerbsthätigkeit der Bevölkerung, er war auch stets uneigennützig thätig, vaterländische Talente zu unterstützen, literarische Bestrebungen für die Volksbildung zu fördern,

---

[1] Musealheft 1856 S. 9.

wie im Verkehr mit Vodnik, an dessen Werken er durch Rath und That sich betheiligte, da er selbst ein vorzüglicher Kenner und Freund der Volkssprache war. Laibach verdankt seinem menschenfreundlichen Geiste den ersten öffentlichen Belustigungsort. Er brachte den südlichen Theil der Stadtmauern sammt Graben an sich, liess jene niederreissen, diesen verschütten und legte so einen botanischen Garten an, welcher gewöhnlich die Zois'sche Allee genannt wurde. Man konnte hier im Freien Erfrischungen nehmen, auch eine Sommerreitbahn stand bereit. Der menschenfreundliche Schöpfer dieses Laibacher Augartens, auch ein ‚Schätzer aller Menschen', hatte darauf 30,000 fl. verwendet. Die Vorstädte Tirnau und Krakau erhielten durch die Niederreissung der Stadtmauern einen geraden und bequemen Zugang zur Stadt.

In den Kriegsdrangsalen bewährte der edle Mann stets patriotische Aufopferung. Als im Jahre 1805 bei dem schleunigen Rückzuge der österreichischen Armee aus Italien 300 Kranke zurückgelassen werden mussten, erhielten sie von dem edlen Baron durch fünf Wochen den täglichen Bedarf an Rindfleisch und Wein unentgeltlich.

So ausgezeichnete Verdienste, so edle, gemeinnützige Bestrebungen blieben auch an höchster Stelle nicht unbemerkt. Am 30. April 1809 schmückte Kaiser Franz die Brust des ehrwürdigen Greises mit dem Commandeurkreuz des Leopoldordens.

Leider waren die Lebensjahre des edlen Zois durch eine Krankheit getrübt, welche ihn seit dem Jahre 1797 an sein Zimmer fesselte. Seine übrige Lebenszeit brachte er theils im Bette, theils (da er den Gebrauch seiner Füsse verloren hatte) in einem nach seiner eigenen Angabe construirten, mit einer Vorrichtung zum Lesen und Schreiben versehenen Rollstuhl zu, mit echt philosophischer Ruhe die Prüfung tragend, seinen Geist durch Verkehr mit den Celebritäten der Wissenschaft, der Gesellschaft und des Cabinets (Erzherzog Johann, Metternich) und durch Studium erheiternd. Seine ausserordentlichen Kenntnisse, sein Conversationstalent in den meisten europäischen Kultursprachen, seine ausgebreiteten Verbindungen und Erfahrungen machten ihn jedem Besucher unvergesslich.[1]

Die Bewegung auf dem Gebiete der *slovenischen Literatur* war seit Kaiser Josefs Zeiten in gedeihlicher Zunahme begriffen. Wir zählen eine Reihe verdienter Männer auf diesem Gebiete. *Japels* und *Kumer-*

---

[1] Richter, Sigmund Zois, Laibach 1820; Musealheft 1856 S. 9; Šafařik l. c. I. 32. 33.

dey's Thätigkeit reicht auch in diese Epoche hinein. Ersterer gab 1802 die Uebersetzung des Alten Testaments heraus (Laibach 1791 bis 1802, in 9 Theilen), eine gründliche, sorgfältige Arbeit, bei welcher neben Kumerdey die Pfarrer Josef Rihar, Josef Skrinar, Modest Schrei, Anton Traun und Matthäus Wolf mitwirkten.[1] Eine slavische Sprachlehre, für den Gebrauch aller slavischen Hauptstämme eingerichtet, mit einem Wörterverzeichnisse und zwei grossen Tabellen zur Vergleichung der Hauptdialekte hinterliess Japel im Manuscript ganz druckfertig, als er (11. Oktober 1807) als Domherr, Diöcesan-Schuloberaufseher und Schulreferent in Klagenfurt starb, in demselben Momente, als er die Nachricht erhielt, dass er zum Bischof von Triest ausersehen sei.[2] Auch *Kumerdey*, dessen Thätigkeit im Schulfache bereits gewürdigt wurde und der im Jahre 1793 Kreis-Schulencommissär in Laibach wurde, hinterliess eine Grammatik im Manuscripte und druckfertig, in vergleichendem Systeme abgefasst, doch nach Kopitars Urtheile manchmal mehr durch Raisonnement als durch getreue Analyse der Facta bestimmt.[3] Auch Fragmente eines krainischen Lexikons haben sich in Japels handschriftlichem Nachlass erhalten.[4] Das Bedeutendste leistete aber auf dem Gebiete der Grammatik der später zu so hohem Ruf gelangte Bartelmä *Kopitar*, geboren als Bauernsohn in Repnje 23. August 1780, gestorben in Wien 11. August 1844 als erster Custos der Hofbibliothek. Im zehnten Jahre in die Schule nach Laibach geschickt, ersetzte er den Zeitverlust durch sein natürliches Talent. Im Jahre 1799 kam er als Hauslehrer eines Neffen des Baron Sigmund Zois in dessen Familie, was auf sein weiteres Schicksal den grössten Einfluss hatte, denn auch nachdem der Zögling seine Studien in Laibach vollendet hatte, blieb Kopitar durch acht Jahre, die er in seiner Selbstbiographie zu den angenehmsten seines Lebens zählte, im Hause seines edlen Gönners als dessen Secretär, Bibliothekar und Custos. Hier füllte er durch Studium die Lücken seiner Schulbildung aus. Anfangs 1808 ging Kopitar nach Wien, widmete sich durch zwei Jahre dem juridischen Studium, wurde sodann slavischer und griechischer Censor und bald darauf Bibliotheksbeamter.[5] Im Jahre 1808 erschien seine ‚Grammatik der slavischen Sprache in Krain, Kärnten und Steiermark. Laibach bei Wilhelm Korn 1808. 8°,' welche in der slovenischen

---

[1] Šafařík l. c. 27, 109; Wurzbach, biogr. Lex. X. 92—94.
[2] Wurzbach l. c.; Šafařík l. c. S. 57.
[3] Šafařík l. c. S. 56—57.
[4] Šafařík l. c. S. 69.
[5] Mitth. 1857 S. 141; Bl. a. Krain 1857 S. 59; Wurzbach, biogr. Lex. XII. 437.

Literatur Epoche machte, indem sie die theils auf Systemliebe, theils auf Vorurtheile gegründeten Irrthümer mit Kraft bekämpfte. Sie enthält die gründlichsten Untersuchungen, voll gesunder Kritik und geläuterten Geschmacks, und bringt zugleich Nachrichten über die Werke der Reformationsliteratur.[1]

Vodniks Gesichtskreis erweiterte sich, seit er als Caplan in Koprivnik in der Wochein mit Baron Zois in Berührung kam. Er gab über dessen und Linharts Anregung einen Bauernkalender (Velika Pratika) in den Jahren 1795—1797 in Laibach bei Eger heraus, welcher ökonomische Anleitung und Landeskunde vereinigen und so für Verbreitung der Volksbildung wirken sollte.[2] Derselben Absicht entsprang auch die Herausgabe der ersten politischen Zeitung der Slovenen: ‚*Lublanske novice od vsih krajov zeliga svejta* (*skusi Valentina Vodnika*)‘ (1797—1800). In den ersten zwei Jahren erschien sie zweimal, in den beiden letzten nur mehr einmal wöchentlich. Liebe zum Heimatboden und zu Oesterreich beseelt diese Blätter, in welchen die hohle Eroberungssucht der Neufranken in verdienter Weise gegeisselt und der patriarchalisch-milden altösterreichischen Regierung als ein abschreckender Contrast entgegengestellt wird. Das Blatt brachte ausserdem manches zur Landeskunde, statistische Daten, gemeinnützige Belehrungen, wie über Kuhpockenimpfung, Landbau u. dgl. Mangel an materieller und geistiger Unterstützung verursachte das Eingehen des Blattes, welches ohnehin über die Grenzen Krains nicht zu dringen vermocht hatte.[3]

Im Jahre 1798 war Vodnik als Professor der Poetik am Laibacher Gymnasium angestellt worden. Nach Thanhausers Tode war er Gymnasialpräfect vom 21. Juli 1806 bis 7. April 1807, wo Hladnik an seine Stelle trat. In der neuen Stellung konnte Vodnik manche Frucht einsamen Schaffens leichter zur Reife bringen. Im Jahre 1806 liess er die erste Sammlung seiner Gedichte unter dem bescheidenen Titel ‚*Pesmi za pokušno*‘ (‚Lieder zum Verkosten‘) in Druck erscheinen, Laibach bei Johann Retzer, nur 46 Seiten umfassend. Als Illustration ist dem Büchlein der allerdings sehr rohe Umriss der ‚Savica‘, des Ursprungs der Wocheiner Save, des castalischen Quells volksthümlicher Dichtung, beigegeben. Die grossartige Natur des vaterländischen Hochgebirges, ihre himmelanragenden Berge, ihre gleich Silberfäden durch das verwitterte Gestein sich schlingenden Wasserfälle, ihr bunter

---

[1] Šafařik l. c. S. 36, 58.

[2] Šafařik l. c. S. 29—32; 93.

[3] Vodnik-Album S. 31 f.; Šafařik l. c. S. 87.

Blumenteppich wurden zum erstenmal in ungekünstelt wahrem Volkston besungen. Auch manches Lied zum Lobe des Weins ist dem heiteren Sänger gelungen, die bereits erwähnten Landwehrlieder des Jahres 1809 athmen patriotischen Schwung, und in Wahrheit konnte der Dichter von sich sagen:

No hčere no sina
Po meni ne bo,
Dovolj je spomina
Mo pesmi pojó.

Früh beschäftigte sich Vodnik auch mit der Idee eines *slovenischen Wörterbuchs.* Schon im Jahre 1802 erwähnte dieser Arbeit das Brünner Tagblatt (Nr. 63, 11. August) und im Jahre 1806 brachte das ‚Laibacher Wochenblatt' Nr. XXV/XXVI eine ‚*Vorläufige Nachricht*' von diesem patriotischen Unternehmen, welches sie als der Vollendung nahe bezeichnete und Proben daraus mittheilte. Vodnik sammelte den Sprachschatz aus dem Munde des Volks, und nur wo kein Ausdruck in demselben sich fand, griff er zur nächsten Quelle, den übrigen slavischen Dialekten. Er benützte, von Baron Zois auch auf diesem Felde unterstützt, dessen reiche slavische Bibliothek und suchte Germanismen möglichst zu beseitigen. Wir werden das Schicksal dieser verdienstlichen Arbeit noch in der Epoche der französischen Occupation verfolgen.

Nach dem im Jahre 1806 beabsichtigten neuen Schulplane sollte der Unterricht in der Geschichte mit der Geschichte des Vaterlandes beginnen. Vodnik erbot sich im September 1806, ein Lehrbuch der heimischen Geschichte zu schreiben. Am 28. Oktober legte er den Entwurf vor, erhielt ihn aber zurück mit dem Auftrage, ihn durch Berücksichtigung von Görz und Triest zu vervollständigen. Der Landesausschuss bewilligte ihm die Benützung des Landesarchivs, und am 24. September 1808 legte Hladnik das neue Manuscript der Regierung vor, es als eine kernige Arbeit empfehlend. Es wurde als Schulbuch für Krain und Kärnten, Görz und Triest genehmigt, und Vodnik erhielt eine Remuneration von 300 fl. Im Jahre 1808 übernahm Vodnik, bisher Professor der Poetik, den Unterricht in der Geschichte und Geographie.[1] Ihm bleibt das Verdienst, die vaterländische Geschichte der Erste in zusammenfassender Uebersicht in die Schule eingeführt zu haben. Sein Werk (die erste Ausgabe unter dem Titel: ‚*Geschichte*

[1] Prof. Pleteršnik: Vodnik, im Programm des Laibacher Obergymnasiums 1875 S. 25—27.

des Herzogthums Krain, des Gebietes von Triest und der Grafschaft Görz', 58 S., erschien 1809 im Schulbücherverlage in Wien) enthält am Rande, doch ohne Beziehung im Text, die Quellenangaben und ist für den damaligen Stand der Localgeschichte und in Anbetracht seines Zweckes schätzenswerth.

Die Reihe der Slavisten Krains schliesst in dieser Epoche mit Johann Nepomuk *Primiz*, geboren zu Zalog in Unterkrain um 1790, gestorben 1818. Seine Wirksamkeit fällt infolge der französischen Occupation Krains ausser dessen Grenzen. Er bildete in Steiermark 1810 eine Privatgesellschaft slovenischer Theologen (societas slovenica) zu grammatikalischen Studien, übersetzte mit derselben die sonn- und festtäglichen Evangelien ins Slovenische. Im Jahre 1812 erhielt er die neu errichtete Lehrkanzel der slovenischen Sprache in Graz. Er hinterliess ein deutsch-slovenisches Lesebuch (Nemško-slovensko branja) und zwei Abcdarien für Slovenen.[1]

Um die vaterländische Literatur und die Landeskunde überhaupt machte sich auch Professor *J. A. Supantschitsch* verdient, der das Volkslied vom Ritter Lamberger und seinen Zweikampf mit Pegam getreu ins Deutsche übertrug und im ‚Laibacher Wochenblatte' von 1806 ausserdem ‚*Fragmente über die krainer'sche Poesie*' und eine ‚*Geschichte der Gesellschaften der Operosen und des Ackerbaues*' veröffentlichte.

Auf dem Gebiete der *Naturwissenschaften* wirkte ausser den Brüdern Zois seit 1803 Franz de Paula *Hladnik*, geboren 29. März 1773 in Idria als Sohn eines Grubenhutmannes. Baron Sigmund Zois war sein Wohlthäter; bei ihm brachte er seine Ferien zu und fand er die beste Gelegenheit zur Fortbildung in den Naturwissenschaften, zu denen er sich von Jugend auf hingezogen fühlte. Er wurde Theolog, war im Jahre 1795 Scriptor an der Lycealbibliothek, trat dann zum Lehrfache über und widmete sich seit 1803 seinem Lieblingsstudium, der Botanik, in eifrigem wissenschaftlichen Verkehre mit Wulfen und anderen Naturforschern. Zu bescheiden, um als Schriftsteller glänzen zu wollen, beschränkte er sich auf Förderung aller gelehrten Bestrebungen auf diesem Gebiete,[2] auf welchem, wie bereits erwähnt, auch Baron *Karl Zois* thätig war. *Hacquet*, obwohl nicht mehr Krain angehörig, veröffentlichte (1804—1808) die ‚Beschreibung der südwestlichen und östlichen Wenden, Illyrier und Slaven, 5 Hefte, Leipzig', eines der besten ethnographischen Werke.[3]

[1] Mitth. 1861; Wurzbach, biogr. Lex. XXIII, 309; S. Šafařik l. c. I. 37, 50.

[2] Mitth. 1849; Musealheft 1856 S. 10; Wurzbach IX. 60.

[3] Musealheft 1856 S. 8.

Als *Physiker* wird Anton von *Ambschel* genannt, der, 10. Dezember 1749 in Zirkniz geboren, in den Jesuitenorden trat, Professor der Physik am Lyceum von Laibach, sodann Professor der Experimentalphysik und Mechanik an der k. k. Universität in Wien ward und als Domherr am Domcapitel in Pressburg und infulirter Abt in Csuth 14. Juli 1821 starb. Er schrieb: Anfangsgründe der allgemeinen Naturlehre, 6 Abtheilungen, Wien 1791—1792, m. Kpfr.; Elementa Physicae, ebend. 1807, m. Kpfr., und Elementa Matheseos, 2 Theile, ebend. 1807, m. Kpfr.[1]

Unser berühmter Landsmann Freiherr von *Vega* fuhr fort, als Schriftsteller auf dem Gebiete der Mathematik und verwandter Disciplinen zu wirken. Er veröffentlichte im Jahre 1794 seine ‚Vollständige Sammlung grösserer logarithmisch-trigonometrischer Tafeln', 1801 die ‚Anleitung zur Zeitkunde'; sein ‚Natürliches Mass-, Gewichts- und Münzsystem' gab Kreil 1803 heraus. Am 26. September 1802 verunglückte Vega in der Donau, und nach vielen Jahren soll es an den Tag gekommen sein, dass ihn ein Müller ermordet und in die Donau geworfen.[2]

Auch im *ärztlichen* Fache hatte Krain gute Namen aufzuweisen. Der kaiserliche Leibchirurg *Kern*, zugleich Professor der Chirurgie in Laibach, machte sich verdient um die Einführung der *Impfung* (1797). Er verfasste eine von den Ständen in 1500 Exemplaren verbreitete Schrift: ‚Aufruf zur allgemeinen Annahme der Kuhpockenimpfung,' welche Vodnik ins Slovenische übersetzte und welche den ‚*Lublanske Novice*' des Jahres 1798 beigegeben wurde. Dr. Kern impfte 61 Kinder, von denen keines an den Blattern starb.[3] Doch hatte die Impfung noch lange mit Vorurtheilen zu kämpfen. Im Jahre 1806 rief noch Professor Supantschitsch die Poesie zu Hilfe, um der Einsicht zum Sieg zu verhelfen. Im ‚Wochenblatt' dieses Jahres lesen wir von ihm: ‚Die Kuhpockenimpfung. Ein Gedicht an die Herzen der Mütter'. Eine gedeihliche Wirksamkeit entfaltete der am 20. August 1763 in Rudolfswerth geborne Dr. Bernhard *Kogel* als glücklicher und beliebter Praktiker wie als Lehrer. Im Jahre 1790 ward er Leiter des Garnisonsspitals und Lehrer der Thierarzneikunde in Laibach, 1807 Protomedicus, 1809 Hofarzt in Wien. In den Jahren 1816—1820 war er wieder

---

[1] National-Encyklopädie I. 75; Wurzbach, biogr. Lex. XX. 463.

[2] Hirtenfeld l. c. S. 470, 471.

[3] Vodnik-Album S. 34.

Protomedicus in Laibach und starb 14. März 1839.[1] Dr. Natalis *Pagliarucci* erwarb sich als Arzt wie als Staatsbürger durch patriotisches Verhalten zur Zeit der französischen Einfälle (1797 und 1805), ferner durch seine industrielle Unternehmung einer Siebboden-Manufactur in Krainburg solche Verdienste, dass er in den erbländischen Ritterstand mit dem Prädicate von Kieselstein erhoben wurde.[2]

An der Spitze des *Studienwesens* stand im Jahre 1806 als Vorsitzender der Studienhofcommission ein Mann, welchen Krain mit Stolz zu den Seinigen zählt. Sigismund Anton Graf von *Hohenwart*, geboren zu Gerlachstein 2. Mai 1730, Mitglied des Jesuitenordens seit 1746, als Novize in Wien ein Freund des Dichter Denis, 1752 bis 1754 Lehrer in Triest und Laibach, 1761 Präfect des Theresianums und später Lehrer der Universalgeschichte daselbst, 1778 in Florenz Lehrer der Söhne des Grossherzogs, ein hochgebildeter, mit Herder und anderen berühmten Männern in brieflichem Verkehr stehender Mann, ward im Jahre 1792 Bischof von Triest, 1794 von S. Pölten, 1804 Erzbischof in Wien, wo er am 30. Juni 1820 starb.[3] Der bereits genannte Dr. Josef *Spendou* verfasste im Jahre 1807, als die Volksschule den bischöflichen Consistorien und unter deren Oberleitung den Dechanten als Schuldistrictsaufsehern anvertraut wurde, als Schuloberaufseher und Mitglied der Studienhofcommission, unter Mitwirkung des damaligen Regierungsrathes und Schulreferenten, späteren Bischofs von Laibach (1815—1824) und Fürsterzbischofs von Salzburg, Augustin *Gruber*, einen *Schulcodex*, der unter dem Titel: ‚Politische Verfassung der deutschen Schule. Wien 1806‘, gedruckt erschien und alle Schulgesetze enthielt. Er gründete auch ein Witweninstitut für Schullehrer in Wien.[4] *Kumerdey's* Wirken im Schulfache hat bereits Erwähnung gefunden.[5] Ausser Krain sammelte sich ein Laibacher, der Cillier Bannrichter Nikolaus Ignaz *Lippich*, geboren 6. November 1746, gestorben in Marburg 11. November 1817, grosse Verdienste um das Schulwesen. Die Gründung des Gymnasiums in Cilli (1808) ist sein Werk, indem er, im Lande herumreisend, in uneigennützigster Weise in kurzer Zeit mehr als 150,000 fl. sammelte.[6]

---

[1] Illyr. Bl. 1839 S. 77.

[2] Wurzbach, biogr. Lexikon XXI. 174.

[3] Wurzbach, biogr. Lex. IX. 208.

[4] Oesterr. National-Encyklopädie V. 98.

[5] S. oben S. 167 f.

[6] Wurzbach, biogr. Lex. XV. 232,

Zwei hervorragende *Juristen* hat Krain unter Kaiser Franz aufzuweisen in Dr. Thomas *Dolliner*, dem berühmten Kirchenrechtslehrer, geboren 12. Dezember 1760 zu Dörfern in der Pfarre Altlack, 1788 Lehrer an der Orientalischen Akademie, 1797 Professor der Reichsgeschichte, des Lehenrechts und des deutschen Staatsrechts, 1805 Professor des Kirchenrechts an der Wiener Universität, Historiker (*Codex Epistolaris Primislai Ottocari Bohemiae regis*, *Wien 1803*), betheiligt bei der Legislative (Theilnahme an der Abfassung des allgemeinen bürgerlichen Gesetzbuchs 1811 und der Hofcommission in Justizsachen), Verfasser mehrerer geschätzter juridischer Werke, insbesondere über das *Eherecht*;[1] und Anton *Pfleger Ritter von Wertenau*, geboren 24. März 1748 zu Eisnern, gestorben 27. Mai 1820 als wirklicher Geheimer Rath, Staats- und Conferenzrath und Kanzler des Ordens vom goldenen Vliess, für seine Verdienste im Lehr- und praktischen Justizfache am 12. Dezember 1806 in den Ritterstand erhoben und von Kaiser Franz, dessen vollstes Vertrauen er genoss, mit den wichtigsten Staatsgeschäften betraut.[2] Erwähnung verdienen auch F. X. *Jellenz*, geboren in Selzach 26. November 1749, gestorben in Innsbruck als Appellationsrath und Director der juristischen Facultät, schriftstellerisch thätig als Mitarbeiter an Posselts Archiv und anderen Journalen,[3] und Josef Edler von *Pototschnig*, geboren zu Kropp 6. Februar 1753, gestorben in S. Martin 7. oder 8. August 1808, Advocat, Stadtsyndicus, Bürgermeister in Laibach, dann Appellationsrath in Klagenfurt, für seine Verdienste bei Stillung einer Parteiaufregung in dem österreichischen Theil von Schwaben und an den Grenzen von Wälschtirol als Hofcommissär in den erbländischen Adelsstand erhoben, eine Zierde des österreichischen Ritterstandes, dem er zuletzt als Hofrath bei dem Handelsgerichte in Triest angehörte.[4]

Auf dem Gebiete der *Kunst* zählt Krain in dieser Epoche einige begabte Adepten. Als *Maler* werden die Gebrüder *Janscha* und *Leyer* und Josef *Pototschnik* genannt. *Lorenz Janscha*, geboren zu Rodein in Oberkrain 1744, gestorben in Wien 1. April 1812, bildete sich erst im späteren Alter unter Weirotter und Joh. Chr. Brand, erhielt im Jahre 1771 drei Preise, wurde im Jahre 1790 kaiserlicher Pensionär der Akademie der bildenden Künste in Wien und 1796 Adjunct des

---

[1] Wurzbach, biogr. Lex. III. 350—352; Mitth. 1852 S. 17.

[2] Wurzbach, l. c. XXII. 199; Mitth. 1867 S. 27.

[3] Wurzbach, l. c X. 152—153.

[4] Wurzbach, l. c XXIII. 175.

Lehrers der Erzverschneidungs- und Manufacturistenschule an derselben. Da Prof. Brand leidend war, leitete Janscha fast ausschliesslich den Unterricht im Landschaftzeichnen und erhielt nach Brands Tode dessen Stelle. Janscha war Landschafter. Ein Panorama Wiens von seiner Hand hat seinerzeit viel Beifall gefunden. Sein Bruder *Valentin*, geboren 1743, gestorben 11. August 1818 in Wien, bildete sich an der Wiener Akademie zum Künstler, an welcher er seit 1801 als Adjunct des Lehrers der historischen Zeichnung thätig war.[1] *Leopold Leyer*, geboren in Krainburg 21. November 1752, gestorben 12. April 1828, hatte sich ebenfalls in Wien in der Malerei ausgebildet; von ihm lernte die Kunst sein Bruder *Valentin*, geboren 6. Februar 1763, gestorben 5. Juli 1810. Beider Werke sind in Oberkrain häufig zu finden. Die Kirchen in Krain enthalten beachtenswerthe Altarbilder von ihrer Hand, so das heilige Abendmahl in der Hauptkirche, der gekreuzigte Christus auf der Friedhofskapelle von Krainburg.[2] Josef *Pototschnik*, geboren in Kropp 20. Juni 1752, gestorben 1835, an der Wiener Akademie gebildet, malte Porträts und Kirchengemälde. Von Kaiser Nikolaus erhielt er bei dem Congresse 1821 den Auftrag, ein Altarbild für des Kaisers Privatkapelle zu malen.[3]

Die *Laibacher Bühne* sah im Jahre 1803 die zweite *nationale Vorstellung*, Kotzebue's ‚*Hahnenschlag*‘ unter dem Titel ‚*Tinček petelinček*‘ mit Gesang, durch eine Kindergesellschaft aufgeführt.[4] Die *deutsche* Bühne blieb ihrer Aufgabe würdig. Vom 1. September 1800 bis 14. Februar 1801 spielte die Gesellschaft von Wilhelm *Frasel*. Sie zählte manch gutes Mitglied, so den später berühmt gewordenen Wenzel *Scholz*. Am 6. Oktober 1800 führte sie zum erstenmal ein Schiller'sches Stück, die ‚*Räuber*‘, auf; es folgten *Shakespeare's Hamlet*, *Bezähmte Widerbellerin*, *Macbeth* und eine *Travestie Hamlets*. Sonst beherrschte *Iffland* das Repertoire, später auch *Schikaneder*. Am 1. Dezember 1801 gab man die ‚*Zauberflöte*‘, die von Beethoven am höchsten gestellte Oper Mozarts. Der Theaterzettel brachte die Worte: ‚Diese grosse Oper bedarf keiner Empfehlung, da der Name Mozart Empfehlung genug ist.‘ Reprisen folgten am 2. und 13. Dezember. Am 7. Oktober 1802 eröffnete *Lessings* ‚*Emilia Galotti*‘ die Saison; in der Saison 1803/4 kam auch seine ‚*Minna von Barnhelm*‘ auf die Scene. Ausser dem *Schauspiel*,

---

[1] Wurzbach, biogr. Lex. X. 90; Illyr. Bl. 1839 S. 117.
[2] Wurzbach, l. c. XV. 57.
[3] Wurzbach, l. c. XXIII. 173.
[4] Laibacher Wochenblatt 1806 Nr. XXXIII-XXXIV.

welches die besten Stücke Lessings und Schillers brachte, hatte das Laibacher Publicum mitunter gute *Opernaufführungen*, selbst zeitweise ein *italienisches Ballet* und stets einen guten *Komiker*. *Scholz* war schon 1800/1 hier aufgetreten, und 1804 — 1806 finden wir ihn wieder als Komiker und Schauspieldirector. Wurde eine Beneficevorstellung gegeben, so brachte der Theaterzettel immer eine bewegliche Ansprache des Beneficianten ,an die hohen Gönner'. Am 14. Januar 1805 schloss z. B. Scholz als Beneficiant eine solche Ansprache an das Publicum mit den Worten: ,Kommen Sie nur alle gewiss, und Sie werden sehen, dass ich als Frauenzimmer gar nicht schlecht aussehe. Mein Solo, was ich tanze, ist der Seltenheit wegen gar nicht zu bezahlen. Meine Füsse werden in keine kleine Verlegenheit kommen, u. s. w. In der Saison 1806 speculirte Scholz bei seinem Benefice: ,Spitzkopfs Abenteuer', auf die nationale Empfänglichkeit durch krainische Uebersetzung des Titels und eine krainische Apostrophe auf dem Theaterzettel.[1]

Der fruchtbare Volksdichter und Parodist Karl *Meisl*, dessen erstes Stück 1802 erschien und der die Glanzrollen für Schuster, Raimund, Korntheuer, Scholz, Carl und selbst noch für Nestroy schrieb, war ein Laibacher Kind (geb. 30. Juni 1775, starb er in Wien 8. Oktober 1853).[2]

Die *philharmonische Gesellschaft* hatte ihr Wiederaufleben im Jahre 1794 dem Laibacher Bürger *Karl Moos* und dem bereits genannten *Dr. Kogel* zu danken. Tüchtige Dilettanten, bildeten sie mit Baudirectionskassier *Jellemitzky* und Kasseoffizier *Flikschuh* ein Quartett, welches der Anziehungspunkt für viele Musikfreunde wurde und zur Regenerirung der philharmonischen Gesellschaft führte. Moos wurde ihr Director. Neue Statuten wurden veröffentlicht (1796). Die Mitglieder bewährten ihre Opferwilligkeit, indem sie abwechselnd die Kosten der Akademien trugen und Namhaftes zur Beischaffung von Instrumenten beisteuerten. Das Kriegsjahr 1797, in welchem die Gesellschaft durch eine zum Besten der Verwundeten gegebene Akademie ein Erträgniss von 453 Gulden erzielte, brachte eine lange Pause in ihr Wirken; im Jahre 1799 starb ihr verdienstvoller Director Moos. Die Gesellschaft ehrte sein Andenken, indem sie das Begräbniss durch freiwillige Beiträge bestritt und der Witwe 100 Gulden übergab. Nach Moos folgte Dr. Kogel in der Direction. Die Gesellschaft ver-

---

[1] Bl. a. Krain 1865: ,Hundert Jahre der Laibacher Bühne (1765—1865).'

[2] Wurzbach, l. c. XVII. 284.

einigte alle Musikfreunde ohne Unterschied des Standes und der Nationalität. Domherren spielten im Orchester oder sangen im Chor, der Volksdichter Vodnik war dem Vereine schon 1796 beigetreten. Berühmte Künstler spielten in den Concerten des Vereins, wie Hummel (5. Februar 1796), und der unsterbliche *Haydn* ehrte den Verein durch die Annahme der Ehrenmitgliedschaft. Die verwitwete Kurfürstin von der Pfalz interessirte sich bei ihrer Anwesenheit in Laibach lebhaft für die Gesellschaft, besuchte jedes Fest, jede Akademie und bereicherte die Musikaliensammlung in wahrhaft fürstlicher Weise. Als *Nelson* (1800) mit Lady Hamilton in Laibach weilte, gab die Gesellschaft dem Seehelden zu Ehren eine Akademie mit einer Schlachtsymphonie und dem Vortrag der Arie ‚La virtù britanna'. Die Mitgliederzahl war in fortwährender Zunahme begriffen, sie vereinigte die Elite der Bewohner Laibachs, Ansehen und Geltung der Gesellschaft wuchs auch nach aussen, sie wirkte überall im Lande zur Hebung der Musik, sie war an der Gründung der noch heute bestehenden öffentlichen Musikschule betheiligt. Das Kriegsjahr 1805 unterbrach ihre Wirksamkeit nur auf kurze Zeit, allein das opfervolle und unglückliche Jahr 1809 brachte mit dem Eintritt der französischen Herrschaft einen völligen Stillstand.[1]

Nächst der philharmonischen Gesellschaft bildete fortan die *bürgerliche Schiesstätte* einen geselligen Vereinigungspunkt. Im Jahre 1804 begann der Neubau des Schützenhauses, zu welchem Freiherr Sigmund Zois 2000 Gulden beisteuerte. Professor Herrlein malte die äussere Façade des Gebäudes. Als Erzherzog Johann im Juni 1807 in Laibach verweilte, betheiligte er sich an einem glänzenden Festschiessen in der Schiesstätte, wobei seine Schussdevise das Hauptbest gewann. Am 4. Oktober wurde sein Bildniss in feierlicher Weise im Schützensaale aufgestellt. Die im Anschlusse an die Schiesstätte gebildeten Bürgercorps bestanden fort; sie übernahmen im Kriegsfalle die Wachen und die Erhaltung der öffentlichen Sicherheit. Im Jahre 1793 weist die Rangliste der Bürgerdivision 116 Mann mit 2 Hauptleuten, 2 Ober- und 2 Unterlieutenants, 1 Fähnrich, 2 Feldwebeln, 2 Führern, 15 Corporalen und 6 Stabsparteien auf; das Schützencorps unter dem Commando eines Barons Codelli zählte im Jahre 1793 zwei Compagnien mit dem Effectivstande von 160 Mann.[2]

---

[1] Bl. a. Krain 1862: Dr. Keesbacher, Geschichte der philharm. Gesellschaft.

[2] Bl. a. Krain 1862: Radics, Geschichte der Laibacher Schützengesellschaft.

Fünftes Kapitel.

Die französische Herrschaft in Illyrien (1809 bis 1813).*

1. Vom Waffenstillstand bis zum Friedensschluss. Die erste Organisation der Finanz- und Militärverwaltung. Die Kriegscontribution. Der Oktoberaufstand.

Der Abschluss des Waffenstillstands bezeichnete eine Epoche des unruhigen Schwankens zwischen Krieg und Frieden, ausgebeutet von den feindlichen Mächten zu ihrer Stärkung oder zu Pressionen auf den Gegner zur Erlangung besserer Friedensbedingungen. Die Franzosen organisirten sich in der offen ausgesprochenen Absicht, aus den besetzten Provinzen so viel auszupressen, als die Kürze der Zeit erlauben möchte, während in den durch österreichische Beamte verwalteten Landestheilen die Hoffnung auf den Wiederausbruch des Krieges wacherhalten und das bedrückte Volk zu tumultuarischem Widerstand gestachelt wurde.

Die zu Znaim verabredete Demarcationslinie der beiderseitigen Armeen begriff von den südösterreichischen Provinzen Krain und Istrien bis Fiume in sich; unser Vaterland musste in diesem Augenblicke eine hervorragende Wichtigkeit behaupten als die Pforte Italiens und wegen der Verbindung mit Tirol, und so schritten denn die Franzosen sofort nach Abschluss des Waffenstillstands zur militärischen und finanziellen Organisation der Behörden für die besezten Provinzen im Süden Oesterreichs. Graf *Baraguay d'Hilliers*, General-Oberst (Colonel-Général) der Dragoner, wurde Obercommandant der Provinzen Kärnten, Krain, Istrien und der Territorien von Fiume und Triest, mit dem Sitze in Laibach und dem Titel eines Generalgouverneurs. Commandant der die Provinz Krain occupirenden Division der italienischen Armee ward General *Severoli*, des Adelsberger Kreises General *Bertoletti*, des Neustädtler Kreises *Tarducci*. Zum Generalintendanten ward Graf *Daru* ernannt, unter welchem als Intendanten die Staatsrathsauditore Graf *Fargues* für Krain, *Cochelet* für Triest und *Arnauld* für Görz fungirten. Kriegscommissär (Commissaire-Ordonnateur) war Mr. *Siauve*; Contributions-Einnehmer für

* Die Quellen, auf welchen die folgende Darstellung beruht, werden in dem am Schlusse dieses Werkes beigefügten Verzeichnisse mit Genauigkeit aufgeführt.

Krain Mr. *Deguer*, für Triest Mr. *Besson*, für Görz Mr. de *Frès*. Generaldirector im Zollwesen wurde Joh. Bapt. *Lacoste*, im Salzwesen Staatsrathauditor *Finot*. Die durch diese Organisation nicht unmittelbar berührten österreichischen Behörden blieben in ihrer Wirksamkeit. Am 4. August traf Gouverneur Graf Brandis, der durch die Scharmützel mit Du Montet verscheucht worden war, mit dem Kreishauptmann und den übrigen Gliedern der Regierung wieder in Laibach ein. Intendant Graf Fargues kam am 28. Juli, General Baraguay d' Hilliers am folgenden Tage in unserer Landeshauptstadt an, wo der Waffenstillstand erst am 27. abends bekannt geworden war. Da die Strassen in Oberkrain noch immer durch Bauerninsurgenten unsicher gemacht wurden, hatte Graf Fargues von Cilli aus durch eine Militärescorte bis zu den Vorposten geleitet werden müssen.

Der Intendant ging mit Energie an seine Aufgabe, die Finanzen zu organisiren. Er forderte von dem Vicepräsidenten der Regierung eine Uebersicht der Einnahmen und Ausgaben des Landes und ihrer Verwaltung und verständigte die öffentlichen Kassen, dass sie von der französischen Regierung ermächtigt seien, in ihren Amtsverrichtungen fortzufahren, dass sie aber nur auf ausdrücklichen Befehl des Intendanten über ihre Gelder verfügen dürften. Es gelang dem Intendanten, eine von der österreichischen Regierung bei mehreren Banquiers deponirte Summe von 35,000 Gulden aus den Einnahmen von Tabak, Stempel und Gebühren ausfindig zu machen und einen Theil davon einzubringen. Bei ihrem Abzuge hatte die Regierung Tabak zurückgelassen, der von fünf Handelsleuten in Laibach angekauft wurde, welche hierüber Tratten an die Regierung austellten. Graf Fargues liess diese Handelsleute kommen, erklärte ihnen, dass er ihre Schuld an die österreichische Regierung zum Vortheile der französischen Armee confiscire und dass ihnen kein anderer Ausweg bleibe, als zu zahlen oder ins Gefängniss zu wandern. Auf ihre Bitten wurde ihnen die Frist bis 14. August bewilligt. Sie zahlten bis auf Herrn Kandutsch, dem infolge dessen fünf Garnisaires ins Haus geschickt wurden und der sodann in zwei Raten ebenfalls seine Tangente von 14,015 Gulden erlegte.

Die nächstwichtige Sorge des Intendanten war die Einbringung der *Kriegscontribution*, welche Kaiser Napoleon schon am 7. Juli aus dem Lager zu Wolkersdorf für die eroberten Provinzen ausgeschrieben hatte und von welcher auf Krain 15.260,000 Francs entfielen. Sie sollte unverzüglich eingetrieben werden, und der Kaiser ertheilte allen französischen Behörden die bestimmtesten Befehle, alle in ihrer Macht stehenden Mittel zu ergreifen, um seinen Willen ohne Verzug zur Ausführung zu bringen. Die nach dem kaiserlichen Erlass requirirten Lieferungen sollten jedoch in Anrechnung kommen. Der Intendant forderte demnach von der Regierung die Zahlung einer Summe von zwei Millionen spätestens bis 18. August, unter Androhung strenger Massregeln; doch wurde dieser Termin später bis 25. und 30. August erstreckt, und der Intendant machte den Vicepräsidenten für die Einhaltung desselben persönlich verantwortlich. Da jedoch die Regierung fortwährend Schwierigkeiten erhob, offenbar nur um Zeit zu gewinnen, während der Generalintendant einen Courier an Graf Fargues mit der Mittheilung abschickte, es sei der Wille des Kaisers, dass Krain bis 1. September zwei Millionen zahle, so traf der Intendant Anstalten, seine Drohungen zu verwirklichen. Am 26. August forderte er vom Laibacher Magistrat die Mittheilung einer Liste von zwölf der angesehensten Personen der Bürgerschaft der Stadt und des Kreises Laibach, davon acht aus ersterer, 4 aus letzterem. Die Hälfte sollte den Höchstbesteuerten angehören. Da bis 30. August erst 72,488 Gulden auf Rechnung der Contribution eingezahlt waren, so wendete sich der Intendant am 31. August an den Generalgouverneur mit dem Ersuchen, die *Verhaftung* nachbenannter Personen zu verfügen: Im Kreise *Laibach:* Generalvicar Georg *Gollmayer*, Joh. Nep. Freiherr v. *Taufferer*, Domherr am Laibacher Domcapitel und Mitglied der Regierung; Graf *Brandis*, Gouverneur der Provinz; Alois von *Canal*, Mitglied der Regierung; die Handelsleute Franz X. *Damian* und Nikolaus *Recher*; die Gutsbesitzer Franz Freiherr von *Hallerstein* und Franz Freiherr von *Wolkensperg*; im Kreise *Neustadtl*: die Gutsbesitzer Graf *Blagay*, Alexander Graf *Auersperg*, Graf *Lichtenberg*, Graf *Barbo*, Herr von *Mordax*, Freiherr Ludwig von *Lazarini* von Zobelsberg, v. *Fichtenau;* im Kreise *Adelsberg:* die Gutsbesitzer Graf *Lanthieri*, Baron *Lazarini* von Jablanitz, Baron *Reymond*, Graf *Thurn*, Graf *Brigido*. Sämmtliche Laibach angehörige Personen, mit Ausnahme des Freiherrn von Hallerstein, wurden in der Nacht vom 31. August auf den 1. September aufgehoben, auf das Castell gebracht und am folgenden Tage um 5 Uhr nachmittags in die Festung Palmanuova abgeführt, um dort als Geisseln bis zur Bezahlung der auf die Provinz gelegten Contribution festgehalten zu werden. Am 3. September wurden von Unterkrain Baron Lazarini, Fichtenau und die Handelsleute Skrem und Jakomini durch Laibach nach Palmanuova geführt. Graf Blagay hatte sich der Verhaftung durch Flucht auf das benachbarte Schloss Zobelsberg entzogen. Am 5. kamen Hallerstein und Mordax nach. Graf

Alexander von Auersperg wurde zwar verhaftet, aber wegen Krankheit in Neustadtl belassen. Graf Thurn befand sich nicht in Krain und Graf Barbo hatte sich geflüchtet; beide wurden verfolgt. Die Innerkrainer Geisseln wurden direct nach Palmanuova abgeführt. Gegen einige dieser Personen, sagte Graf Fargues in einem Schreiben vom 4. September an den Intendanten, lag nichts Ungünstiges vor, da sie aber wegen ihres Vermögens grosses Ansehen im Lande besassen, so zog Graf Fargues daraus den Schluss, dass ihre Festnehmung ebenso nothwendig sei, wie die der andern, um so besser ‚auf die öffentliche Meinung zu wirken'. Es scheint also, dass die Festnehmung der Geisseln nicht allein wegen ihres Widerstandes gegen die Contribution, sondern auch wegen der gut österreichischen Gesinnung derselben erfolgte, welche die französische Regierung für ihre Stellung besorgt machte.

Die Gewaltmassregel der Franzosen hatte für den Moment allerdings die von Graf Fargues erwartete Wirkung: der Kreis Laibach hatte am 5. September das erste Achtel der Contribution fast ganz eingezahlt; am schlechtesten ging es in Adelsberg, wo am 8. die Einzahlungen erst 17,000 Gulden betrugen. Am 5. September wurde die Zahlung des zweiten Achtels der Contribution mit zwei Millionen ausgeschrieben und die Frist für den Kreis Laibach auf den 12., für jene von Neustadtl und Adelsberg, wo man noch mit dem ersten Achtel im Rückstande war, auf den 15. September festgestellt. Der Papiergulden wurde hiebei im Verhältniss zum Silber mit 297 zu 100 Silbergulden angenommen, welche einen Werth von 258 Francs 50 Cent. repräsentirten. Obwohl die Franzosen zur Militärexecution griffen, wollte es mit den Zahlungen doch nicht vorwärts gehen. Verfuhr aber auch der Intendant, man möchte sagen mit pflichtmässiger Härte, so werden doch andererseits Beispiele von Edelmuth einzelner französischer Offiziere erzählt, welche für exequirte Parteien die schuldige Contribution erlegten.

Am 25. September wurde das dritte und vierte Viertel der Contribution mit je 4 Millionen Francs zur Zahlung ausgeschrieben und als letzter Termin der 12. Oktober bestimmt. Demungeachtet betrug am 20. Oktober die ganze bis dahin eingezahlte Summe 898,600 Gulden österreichischer Währung. Neben der Contribution wurde aber am 9. Oktober noch ein Zwangsanlehen zu 6 Percent für alle Grundobrigkeiten, Kapitalisten u. s. w. ausgeschrieben und dafür die Frist bis 1. November gegeben. Zudem sollte für jede Person, vom fünfzehnten Lebensjahre angefangen, eine Kopfsteuer von 30 Kreuzer entrichtet werden.

Wurde der Druck der französischen Gelderpressungen schon in der Hauptstadt schwer empfunden, um wie viel grösser musste die Wirkung in den Landstädten und bei der Bauerschaft sein, welche sich der letzten Hilfsquellen entäussern sollten, um die Forderungen der Sieger zu befriedigen. Ohnehin herrschte in Krain allgemein die Ansicht, dass der Krieg in Kürze wieder ausbrechen und das Land durch denselben von der Contribution befreit werden würde, indem man überzeugt war, dass sich zu wenig französische Truppen im Lande befänden, um dasselbe vertheidigen zu können. Da kamen die Siegesnachrichten aus dem treuen Tirol, das Mitte August zum dritten male den Feind aus dem Lande gejagt hatte, und nun pflanzte sich die Bewegung wie ein elektrischer Funke durch Oberkärnten in das unter harten Erpressungen schmachtende Krain fort. Hier wurden jedoch nicht die Alpenthäler der Schauplatz eines Volkskrieges, der von Erfolg hätte sein können, sondern der alte Schauplatz der Bauernkriege: Unterkrain und Innerkrain war es, auf dessen historischem Boden sich ein tumultuarischer und planloser *Aufstand* entwickelte, welcher Brand und Plünderung über die armen Bethörten heraufbeschwor.

Wie immer waren die *Gottscheer* die ersten, welche losschlugen. Um den 10. September hatten sich bereits 600 Bauern in Gottschee zusammengerottet und verweigerten die Bezahlung der Kriegscontribution. General Baraguay d'Hilliers schickte den General Souchy mit einem Bataillon zur Dämpfung des Aufstandes ab. Bei seiner Annäherung zerstreuten sich die Aufständischen, der Rest des Monats verfloss in Ruhe. Aber in der Nacht des 8. Oktober brach der Aufstand wie auf Verabredung in den Bezirken Gottschee und Möttling aus. Die Pöllander waren die ersten, welche die in den Häusern zerstreuten Soldaten überfielen, entwaffneten und tödteten. Mit französischen Gewehren, Hacken u. dgl. wohl bewaffnet, kam ein Haufe dann in die Ortschaft Tanzberg und forderte die Insassen auf, sich ihnen anzuschliessen und die Franzosen in den Pfarren Weiniz, Semitsch und Möttling zu überfallen und niederzumachen; allein die Tanzberger weigerten sich, ein Theil flüchtete sich in die Wälder, andere begaben sich nach Tschernembl, um den Bezirkscommissär zu fragen, ob sie sich den Pöllandern anschliessen dürften! Indessen kam der Plan der Pöllander auch ohne die Mitwirkung der Tanzberger zur Ausführung: die Besatzungen von Möttling und Gottschee wurden überfallen, mehrere Soldaten getödtet, eine Abtheilung von 15 Mann italienischer Infanterie gefangen genommen und nach Fiume abgeführt. Von den gefangenen Offizieren wurde der eine später von Fiume zurückgeschickt, der andere mit seiner Truppe dort festgehalten. Die Pöllander überfielen einen französischen, von Neustadtl kommenden Geldtransport, nahmen denselben weg und tödteten den Führer der Escorte, Hauptmann Chambelli, und seinen Lieutenant. In Kostel nahmen die Bauern, wie es scheint, durch das an der Grenze liegende österreichische Militär dazu aufgemuntert, die Executionsmannschaft gefangen und führten sie über die Kulpa ins österreichische Lager. Ueberhaupt spielten die Pöllander und die Kostler bei diesen Vorgängen die Hauptrolle. Sobald General Baraguay d'Hilliers von diesen Vorfällen unterrichtet worden war, gab er dem General Souchy Befehl, sich an Ort und Stelle zu begeben und mit Strenge gegen die Schuldigen zu verfahren. Pölland und Kostel wurden zum abschreckenden Beispiel den Flammen übergeben. General Baraguay d'Hilliers erliess (16. Oktober) eine Proclamation, in welcher er sagte: ‚Die Verbrennung von Pölland und Kostel, der Tod aller Rebellen, welche mit den Waffen in der Hand gefangen werden, können den Bewohnern Krains das Los lehren, das die Ruchlosen erwartet, welche, durch englisches Gold bestochen oder durch einige Räuber irregeführt, gewagt haben, die Fahne des Aufruhrs gegen den Kaiser Napoleon zu erheben und seine Soldaten auf eine so grausame als niederträchtige Weise zu ermorden. Sie haben Feuer und Schwert über ihre Wohnsitze gerufen und Vertilgung ist ihren Schritten gefolgt. Sie wird auch noch alle diejenigen erreichen, welche versucht sein sollten, ihrem Beispiele zu folgen oder seinen Gesetzen ungehorsam zu sein.‘ Auch die Landesregierung hatte am 13. Oktober eine ‚Warnung‘ vor der Theilnahme am Aufstande erlassen und der Bischof Anton Kautschitsch seinen Klerus durch ein Rundschreiben aufgefordert, wie es Dienern des Friedens gezieme, durch eingreifende Vorstellungen das Landvolk von aufrührerischen Handlungen zurückzuhalten. Doch blieben alle diese Schritte vorläufig erfolglos. Im Zeitraume einer Woche seit dem ersten Ausbruche griff der Aufstand in ganz Unterkrain und Innerkrain um sich. Die Situation war kritisch. Es waren nicht mehr als 2800 Mann französische Truppen im Lande, und es verlautete, dass der grössere Theil Befehl erhalten habe, nach Tirol zu marschiren. Die Franzosen behaupteten, der Aufstand werde durch österreichische Beamte, insbesondere durch den Kreiscommissär von Adelsberg, einen Grafen von Auersperg, angeschürt und durch englisches Gold, das ein in Fiume gelandeter Emissär im Lande ausstreue, unterhalten und verfolge die Tendenz, sich über Oberkärnten mit den Tirolern in Verbindung zu setzen. In der That war es den im ganzen Lande zerstreuten und an Zahl geringen Besatzungen nicht möglich, den Wuthausbrüchen des durch die militärischen Erpressungen gereizten Volkes sogleich ein Ziel zu setzen. Bei Tschernembl fand am 12. Oktober ein hartnäckiges Gefecht statt, infolge dessen sich die Truppen nach Gradaz zurückzogen. In Gottschee wurden die französischen Besatzungen überfallen und grösstentheils niedergemacht. Der Kreiscommissär Gasperini, der zur Stillung der Unruhen nach Gottschee abgeordnet wurde, verfiel einem schrecklichen Schicksale. Er soll das Volk durch seine Strenge bei Eintreibung der Kriegscontribution gereizt haben. Ein Haufe Pöllander vereinigte sich mit den Gottscheer Insurgenten, überfiel das Schloss, schleppte den ihnen verhassten Beamten unter vielen Misshandlungen durch die Strassen und warf seinen furchtbar zerfleischten Leichnam zu Lienfeld in einen Graben.

Am 16. Oktober wagten die durch ihre Erfolge ermuthigten Insurgenten bereits einen *Angriff* auf *Neustadtl*. Hier lag ein italienisches Regiment unter General Zucchi mit einer Batterie. Infolge der Unruhen in Gottschee war diese Garnison bis auf zwei Compagnien mit zwei Feldgeschützen dahin abgezogen. Die Soldaten waren in den Häusern einquartiert. Auf diese günstigen Umstände bauten die Aufständischen ihren Plan. Um 9 Uhr vormittags rückte von der Strasse von Berschlin her ein in den Bezirken Seisenberg, Ainöd und Treffen aufgebotener Bauernhaufe in der Stärke von 400 Mann, schlecht bewaffnet, theils mit Gewehren, theils mit eisernen Spitzen und Haken auf hohen Stangen, von einigen Gottscheern geführt und die Beamten von Seisenberg, Ainöd und Treffen mit sich schleppend, doch ohne irgend eine militärische Leitung, in die Stadt. Bei den ersten Häusern fielen ihnen einige französische Soldaten in die Hände, welche später als Gefangene auf die Herrschaft Hopfenbach gebracht und gut behandelt wurden.

Die Ueberrumplung der Hauptstadt Unterkrains wäre vielleicht gelungen, wenn die Bauern nicht kostbare Zeit mit dem Versuche verloren hätten, den Kreishauptmann und seine Beamten zu bewegen, sich an ihre Spitze zu stellen. Das Kreisamtsgebäude war geschlossen. Die Aufrührer brachen das Thor ein und forderten den Kreishauptmann und seine Beamten vergeblich zur Theilnahme auf. Die Beamten wurden schliesslich mit den Bauern handgemein, und es gelang dem Kreishauptmann, dem Kassier und dem Kreisboten, das Thor zu gewinnen und zu sperren. Inzwischen hatte die Garnison Zeit, sich zu sammeln. Die beiden auf dem Platze vor dem Fichtenau'schen Hause aufgeführten Geschütze zersprengten mit einigen Kartätschenladungen den führerlosen Haufen. Gegen Mittag hörte das Feuer auf, und nur einzelne Schüsse fielen noch, wenn ein Bauer aus seinem Versteck hervorkam und sich retten wollte. Ein Theil der Bauern hatte das Schloss der Capitelherrschaft überfallen, die Wohnung des Generals Zucchi geplündert und seinen Kammerdiener misshandelt. Sie wurden hier von den Franzosen überrascht, festgenommen und, wie es hiess, im Schlosshofe sämmtlich erschossen. Von der französischen Garnison waren nur 3 Mann todt geblieben, 5 verwundet, 11 gefangen; von den Bauern blieben 35 bis 40, deren Leichen in die Gurk geworfen wurden. In der Mitternacht des 16. Oktober kam General Zucchi mit Infanterie und Cavallerie von Gottschee zurück und liess die Mannschaft auf dem Platze bivouakiren. Als die Franzosen durch das Dorf Berschlin marschirten, fiel aus einem Hause ein Schuss auf General Zucchi. Diese Handlung der Feindseligkeit und wohl auch die Betheiligung an den erzählten Begebenheiten veranlassten den General zu dem Befehle, die Dörfer Berschlin und Pretschna zu plündern und in Brand zu stecken, was auch geschah. Nur das Haus des als Geissel nach Palmanuova abgeführten Herrn von Fichtenau trotzte durch seine Festigkeit den Flammen, dagegen wurde die Meierei der Capitelherrschaft auf dem sogenannten Capitelberge bis zum Boden niedergebrannt. Die Verbrennung von S. Michael hinderte nur die Fürbitte des Kreishauptmanns und einiger Frauen in der Stadt, jene von Treffen die Verwendung des damaligen Dechants Michael Muschitsch. Am 20. Oktober brach das ganze französische Militär nach Laibach auf. Die Bewachung der Stadt wurde den Bürgern anvertraut, bald aber rückte eine Colonne Jäger und Grenadiere des 71. und 82. Regiments in Neustadtl ein, und es wurde ihre Verpflegung auf Landeskosten angeordnet.

In Gottschee hatten die Racheacte der Bauern schlimmere Folgen für die dabei unbetheiligten Stadtbewohner. Die Stadt sollte den Flammen preisgegeben werden, da kam ein Abgesandter des französischen Befehlshabers von Tschernembl mit der Nachricht, die Gottscheer seien unschuldig an den Blutscenen, ja es habe der Pfarrer von Tschermoschniz, der bekannte Bienenzüchter Jonke, den Franzosen viel Gutes erwiesen, indem er eine bedeutende Anzahl gefangener Franzosen vor dem sicheren Tode rettete. Es möge also die Stadt verschont werden. Die Fürbitte wurde erhört, insoferne Gottschee dem Schicksale der völligen Zerstörung entging, aber jenes der Plünderung blieb ihm nicht erspart. Sie soll in der Stadt und Umgebung durch drei Tage (vom 16. bis 18. Oktober) gedauert und einen Schaden von 80,000 Gulden verursacht haben.

Ausser Unterkrain gab es nur vereinzelte Aufruhrscenen von geringer Bedeutung. Die Herrschaft *Haasberg* wurde in der Nacht vom 11. auf den 12. Oktober von 300 Bauern überfallen, welche drohten, das Thor zu erbrechen. Der Administrator Saller öffnete, ein mit Flinten, Mistgabeln und Knitteln bewaffneter Haufe drang herein und forderte die Auslieferung des Beamten Laurin, der die Executionsgelder in Zirkniz einkassirte. Man durchsuchte alles, ohne ihn zu finden; dann forderten die Bauern die Rückzahlung ihres ‚Blutgeldes', wie sie es nannten, das ist der französischen Kriegscontribution im Betrage von 9000 Gulden. Der Administrator, der von den Mordscenen in Gottschee gehört hatte, lieferte den Bauern das Geld aus, ‚weil die Pflicht jedes Menschen, in Gefahren auf seine Selbsterhaltung zu denken, die erste und wichtigste ist', wie er in seinem diesfälligen Berichte an das Kreisamt sagte. Bei diesem Vorfalle liessen sich die Bauern vernehmen, dass sie nur auf die Gottscheer und Oblaker warteten, um dann, mehrere tausend Mann stark, auf Adelsberg, Laibach und Triest zu ziehen und die Franzosen zu verjagen, was mit Rücksicht auf die kurze, seit dem Ausbruche in Gottschee (8./9. Oktober) verstrichene Zeit allerdings auf ein planmässiges Vorgehen der Bündler hindeutet. In Freudenthal zwangen die Unterthanen ebenfalls den Verwalter zur Herausgabe der eingehobenen Contributionsgelder.

Laibach wurde von der Bewegung nicht ergriffen, obwohl die Bauern am 15. Oktober 8000 Mann stark bis Pesendorf streiften, den Postwagen visitirten, einen französischen Offizier gefangennahmen und die Postverbindung mit Laibach absperrten. Aus der Umgebung Laibachs fiel ein einziges Opfer: Johann Sanuschkar, ein aus Rudnig gebürtiger 23jähriger Bauer, wurde mit den Waffen in der Hand ergriffen, vor das Kriegsgericht gestellt und am 12. Oktober nachmittags 5 Uhr in Laibach an der Mauer der Hauptwache erschossen.

In *Idria* wurde der französische Bergadministrator Toulon in der Nacht des 16. Oktober von 800 bewaffneten Bauern überfallen, geplündert und eingesperrt; er brachte 26 Stunden im Arreste zu, doch gelang es ihm in wunderbarer Weise, sich aus den Händen der Bauern zu befreien. Die Bergarbeiter hatten sich an dieser Gewaltscene nicht betheiligt, ungeachtet sie durch Vorenthaltung ihres Lohnes und der für sie bestimmten Lebensmittelvorräthe durch die in steter Geldverlegenheit schwebende und überall nach Geld haschende französische Regierung empfindlich litten.

Mit der Plünderung von Gottschee war dem Unterkrainer Aufstande ein Ende gemacht; allerdings liess aber die in der Bevölkerung herrschende Erbitterung fortwährend einen Wiederausbruch befürchten. Die in Laibach noch immer neben dem französischen Generalgouverneur tagende provisorische Landesregierung wendete sich daher an den Bischof, um ihn zu bitten, sich in die aufständischen Gegenden zu begeben und das aufgeregte Volk mit dem Gewicht seines Namens und seiner Ueberzeugung zu beruhigen. Indem die Regierung (19ten Oktober) den commandirenden General um einen Pass für den Bischof ersuchte und ihr Bedauern über das Vorgefallene ausdrückte, ergriff sie zugleich den Anlass, denselben um Amnestie für die schuldige Landbevölkerung zu bitten, in welcher sie das einzige Mittel erblicke, „das Land vom Abgrunde zu retten und dem Kaiser Napoleon das Leben seiner braven Soldaten zu ersparen, welches die Unterdrückung dieser Unruhen durch Gewalt noch kosten könnte." General Baraguay d'Hilliers erwiderte, ‚au nom de l'humanité et pour celebrer dignement le retour de la paix publique' nehme er den Antrag hinsichtlich des Bischofs an und verspreche den zum Gehorsam Rückkehrenden volle Verzeihung, vorbehaltlich der Genehmigung des Vicekönigs, die er selbst ansuchen wolle. In der That war die Mission des Bischofs vom besten Erfolge begleitet.

Am 30. Oktober war das Land vollständig beruhigt. An diesem Tage ersuchte der Intendant den Generalgouverneur, von den nach Palmanuova internirten *Geisseln* die Handelsleute Damian und Recher freizulassen, da sie ‚einer Klasse angehören, welche sich immer wohlgesinnt bezeigt'. Auch für den Grafen Hallerstein verwendete er sich wegen seiner geschwächten Gesundheit und da seine ‚Grundsätze' nach den eingeholten Informationen ‚nicht so schlimm' seien, wie die des übrigen Adels der Provinz. Es möge ihm ein Pass ausgestellt werden mit der Weisung, Laibach zu bewohnen, wo er ein Haus besitze. Am 4. November ersuchte Graf Fargues den General Zucchi, allen Geisseln in Palmanuova Pässe zur Rückkehr nach Laibach ausfertigen zu lassen, und verständigte davon den Baron Hallerstein gleichzeitig zu seiner und der übrigen Geisseln Kenntniss. Am 8. November wurden dieselben freigelassen und trafen am 11. November in Laibach ein, wo sie unter Polizeiaufsicht gestellt wurden.

Während Krain unter den Folgen eines rühmlichen, aber schlecht geleiteten und daher erfolglosen Versuchs zur Abschüttlung der Fremdherrschaft litt, war in Wien über sein Schicksal entschieden worden. Im Frieden von Schönbrunn (14. Oktober 1809) wurden Oberkärnten, Krain,

Görz und Gradisca, Triest und Oesterreichisch-Istrien, das ungarische Littorale, Civil- und Militärkroatien bis zur Save an Frankreich abgetreten, welches diese Länder mit dem von Italien abgetrennten venetianischen Istrien, Dalmatien und Ragusa unter dem Namen der ‚Illyrischen Provinzen' vereinigte. Aus diesem Anlasse wurde auch die krainische Grenze gegen Steiermark regulirt, indem der Markt Möttnig der leichteren Ueberwachung wegen zu Krain geschlagen, dagegen der ganze, wenig fruchtbare Jaselnikberg an Steiermark abgetreten wurde. Gleichzeitig ernannte Kaiser Napoleon den Marschall *Marmont*, Herzog von Ragusa, zum Generalgouverneur und den Staatsrath Grafen Dauchy zum Generalintendanten der Illyrischen Provinzen. Am 21sten Oktober verliess General Baraguay d'Hilliers Krain, um mit seinem Corps nach Tirol zu marschieren; an seiner Stelle übernahm das Commando General Clauzel. Am 22. Oktober verkündete Kanonendonner vom Castell und Geläute aller Glocken den Laibachern die feierliche Kundmachung des Friedensschlusses. Mit welchen Gefühlen musste diese Kunde ein Land erfüllen, das seit Jahrhunderten unter dem milden Scepter Habsburg-Lothringens in unwandelbarer Treue und Loyalität Freud' und Leid mit dem Reiche getheilt und jetzt durch die Hand eines Eroberers von dem Herzen der Monarchie losgerissen wurde, um einer ungewissen Zukunft entgegenzugehen!

Am 3. November kam der französische Generalintendant Dauchy in Laibach an und stieg im Bischofhofe ab, der von nun an französisches ‚Regierungspalais' ward. Er stellte im Namen des Kaisers und des Vicekönigs baldige Erleichterung der Lasten des Krieges in Aussicht. Die Einhebung der Kriegscontribution wurde eingestellt, nur die für die Subsistenz der Militärtransporte nothwendigen Requisitionen sollten fortdauern. Die Truppendurchmärsche zur Räumung des österreichischen Gebiets hatten schon am 26. Oktober begonnen und sollten bis in den Januar fortdauern, da nach einem am 27. Oktober von Marschall Berthier in Wien getroffenen Abkommen die Franzosen das österreichische Gebiet bis 4. Januar 1810 zu räumen hatten.

Am 5. November rückte die erste Abtheilung des Armeecorps des Marschalls Marmont in Laibach ein, wo sie Rasttag hielt. Ein Theil dieses Corps war zur Besetzung Krains bestimmt. Das Land litt unter den starken Requisitionen, aber die französischen Truppen beobachteten auf dem Durchmarsche eine vorzügliche Disciplin. Auch auf dem Lande wurde die Verpflegung willig geleistet, nur in Adelsberg machten Fälle von Widersetzlichkeit die Absendung von zwei Compagnien nothwendig.

Am 11. November befahl der Intendant Graf Fargues in einem Schreiben an den Vicepräsidenten der Regierung, Franz X. Freiherrn von Lichtenberg, am folgenden Tage (12. November) überall die österreichischen Wappen zu entfernen und die französische Fahne auf dem Regierungsgebäude aufzuhissen. In der That wurde am 12. November der seit Karl VI. an der Fronte des Rathhauses prangende österreichische Adler abgenommen. Dasselbe geschah an diesem Tage an allen öffentlichen und Privatgebäuden. Am 13. wurde auch der kleinere österreichische Adler von der Thurmspitze des Rathhauses entfernt. Das alte ruhmgekrönte Wappenthier mit den Farben des Reichs musste überall dem siegestrunkenen neufränkischen Aar weichen, dem Feldzeichen der Legionen, welche ausgezogen waren, um ein neues Weltreich zu gründen und die Freiheit der Völker in Fesseln zu schlagen.

2. Marschall Marmont als der erste Generalgouverneur der Illyrischen Provinzen (November 1809 bis Februar 1811). Die ersten Massregeln in Handels- und Finanzsachen.

Schon während der dem Friedensschluss vorangegangenen Unterhandlungen hatte Kaiser Napoleon den erst vor kurzem zum Marschall ernannten Herzog von Ragusa oft über die Provinzen zu Rathe gezogen, welche er von Oesterreich als den Preis des Friedens zu begehren beabsichtigte. Marschall Marmont hatte dieselben in längerem Aufenthalte kennen gelernt und wies dem Kaiser alle Vortheile nach, welche aus den eroberten Ländern zu ziehen wären. Der Kaiser betrachtete diese Provinzen als einen zur Deckung Italiens und Frankreichs vorgeschobenen Vorposten, als eine militärisch zu regierende und zu verwaltende Grenzmark, ähnlich den Marken der Karolinger, und sagte lachend zu Marmont: ‚Und Sie werden Markgraf.‘[1] Als Napoleon nach geschlossenem Frieden nach Fontainebleau zurückkehrte, begab sich Marmont wiederholt dahin, um des Kaisers Ansichten über die Illyrischen Provinzen kennen zu lernen und seine Instructionen in Empfang zu nehmen. Es wurde eine provisorische Organisation beschlossen, welche Marmont mit dem Titel eines Generalgouverneurs alle Gewalt eines Vicekönigs einräumte. Es wurde ihm in der Person

[1] ‚Illyrien ist eine an die Thore Wiens vorgeschobene Schildwache; ich werde es später gegen Galizien zurückgeben.‘ Worte Napoleons, citirt in den ‚Napoleonischen Ideen‘ vom Prinzen Napoleon Louis Bonaparte. Deutsche Uebersetzung, Wien 1865, S. 74.

des Staatsraths Dauchy ein Generalintendant an die Seite gegeben, welcher die ganze Verwaltung mit Ausnahme der Justiz leiten sollte. Diese letztere sollte unter Baron Coffinhal als General-Justizcommissär stehen, der schon am 23. Mai 1809 in Laibach angekommen war und den Sitticherhof bezogen hatte. Marmont sollte mit einem einzigen Minister in Paris, dem der Finanzen, hinsichtlich sämmtlicher Angelegenheiten Illyriens und mit dem des Kriegs in Armeesachen correspondiren. Beim Abschied gab ihm der Kaiser als Generalinstruction die Weisung, ‚das Beste zu thun'. Am 4. November reiste der Marschall von Paris ab und kam nach kurzem Aufenthalte in Mailand, wo er mit dem Vicekönig Eugen inbetreff der Abtretung Dalmatiens und Istriens an Frankreich verkehrte, in der Nacht des 17. November in Laibach an, das zur Residenz des Gouverneurs wegen der Nähe der österreichischen Grenze und der vortheilhaften Lage als Beobachtungsposten gewählt worden war. Zum Gouvernementspalais wurde der Bischofhof bestimmt; der Bischof musste sich in das Seminarsgebäude zurückziehen.

Die *provisorische* Organisation der Illyrischen Provinzen liess die österreichischen Behörden, soweit sie nicht durch das Generalgouvernement und die ihm beigegebenen Beamten ersetzt waren, fortbestehen. Durch einen Erlass des Vicekönigs vom 2. November 1809 waren die Beamten der von Frankreich erworbenen Länder mit Beibehaltung ihres Charakters und ihrer Besoldung in ihren Stellen bestätigt worden. Am 1. Dezember 1809 sollten sie nach der Messe bei dem Magistrat oder der Ortsobrigkeit dem Kaiser Napoleon den Eid der Treue und des Gehorsams schwören. Eine Abschrift des bezüglichen Protokolls sollte dem Chef des Generalstabs vorgelegt werden. Am 3. Dezember 1809 legten die öffentlichen Beamten Laibachs im Regierungsgebäude dem neuen Regenten den geforderten Eid ab. Die neuen Herren hatten das Arrangement der unerlässlichen Festlichkeiten und der byzantinischen Hofpoesie übernommen, welche sich in dem kaum erst republikanischen Frankreich sehr schnell wieder eingebürgert hatte. Im ständischen Schauspielhause war ‚auf Veranstaltung der Einwohner Laibachs' Freitheater und darauf ‚Freiball' für die ‚gemeine, militärische und Civilklasse.' Die Bühne zeigte das Bildniss Napoleons decorirt und mit folgender Inschrift:

‚De tes nouveaux sujets daigne acceuillir l'hommage,
Ils te jurent tendresse, amour, fidélité,
Et maintenant soumis à ton noble courage
Il ne manque plus rien à leur félicité.'

Für die Honoratioren der Stadt und sämmtliche Offiziere war im Saale der Schiesstätte glänzendes Souper und Freiball, dem der Marschall mit der ganzen Generalität beiwohnte. Wie das officielle Blatt schreibt, ward der Marschall ‚unter dem Kanonendonner mit hohem Jubel empfangen und verbreitete durch seinen anspruchslosen, durch Fröhlichkeit und Heiterkeit gemilderten Ernst überall Freude und Vergnügen‘. Von den Civilautoritäten waren Generalintendant Dauchy und Intendant Fargues zugegen. Mehrere Toaste auf das Wohl des Kaisers und der Kaiserin wurden ausgebracht; das Fest dauerte bis sechs Uhr morgens und die Stadt war die ganze Nacht hindurch, vielleicht auch mit Rücksicht auf die Sicherheit der neuen Herrschaft in einem so bedeutungsvollen Momente, erleuchtet.

Der Mann, in dessen Händen nun das Schicksal Illyriens und mit ihm unseres Vaterlandes lag, war einer der ehrenhaftesten Charaktere der französischen Armee. Geboren 20. Juli 1774 zur Châtillon-sur-Seine, trat er schon mit 15 Jahren in den Kriegsdienst, kämpfte am Rhein (1795), in Italien (1796), begleitete den Obergeneral nach Egypten, erhielt nach der Schlacht von Marengo den Titel eines Divisionsgenerals und wirkte bei der Einnahme Ulms im Feldzuge von 1805 mit. Er war von seinem Jugendfreund Bonaparte, als dieser das Directorium gestürzt hatte, in den Staatsrath berufen worden und dankte der glücklichen, Festigkeit mit Milde und Gerechtigkeit vereinigenden Verwaltung Dalmatiens den Herzogstitel von Ragusa. Die Marschallswürde war ihm nach dem Treffen bei Znaim, das er gewann, auf dem Schlachtfelde zutheil geworden. Er war seinem Kaiser treu ergeben, voll Begeisterung für dessen Ruhm, aber kein kriecherischer Höfling und kein roher Satrap, sondern ein Mann, der die Künste des Friedens nicht minder schätzte als das aufregende Glücksspiel des Krieges, in welchem doch seine ganze Jugend verflossen war.

Als Marschall Marmont die Regierung Illyriens antrat, war die Lage der Provinz in mehr als einer Beziehung eine schwierige. Dalmatien, wo General Knesevich einen Aufstand gegen die französische Herrschaft erregt hatte, musste pacificirt werden. Es geschah schnell und mit Energie. Die Türken, welche die kroatische Grenze beunruhigt hatten, wurden durch das erste entschlossene Einschreiten des Marschalls so eingeschüchtert, dass der Name Marmonts in diesen Gegenden lange gleichbedeutend mit Knecht Ruprecht blieb. Nicht so leicht liessen sich die finanziellen Verhältnisse ordnen. Die Bedürfnisse der französischen Truppen sollten durch die Einnahmen der Provinz gedeckt werden. Sie waren ausdrücklich durch den Kaiser darauf hingewiesen, welcher seinen Grundsatz, dass der Krieg den Krieg ernähren müsse, auch auf den Frieden angewendet wissen wollte, wenn man überhaupt in dieser kriegerischen Weltmonarchie von Frieden reden konnte, während in Spanien der Volkskrieg forttobte und immer neue Opfer forderte. Der Generalintendant Dauchy war nicht der Mann, den gebieterischen Anforderungen des Marschalls zu genügen, welche schwer zu befriedigen, wenn auch vielleicht durch die Nothwendigkeit gerechtfertigt waren. Der Marschall gerieth hier in einen innern Widerspruch. Er war ein wohlwollender und gerechter Mann, aber er war zugleich Soldat und kannte als solcher keinen Widerstand gegen seine Befehle. Der Civilbeamte kannte besser die Lage des Volks und die Schwierigkeiten, welche durch die erbarmungslose Eintreibung der Requisitionen in diesem durch wiederholte Feldzüge heimgesuchten Lande entstehen mussten. Wenn wir lesen, dass der Marschall dem Generalintendanten einerseits Unfähigkeit und Anmassung vorwarf und ihn dann wieder beschuldigte, die neuen Unterthanen gegen den Kaiser und die Armee aufzuhetzen, so müssen wir glauben, dass der Intendant in wohlerwogener Rücksicht auf das Wohl der Administrirten deren Partei gegen die oft schonungslosen Anforderungen des Militärs ergriffen habe. In dieser Anschauung bestärken uns auch die Berichte des Intendanten von Krain, Grafen Fargues, über die Stimmung der Bevölkerung. Diese zeigte nach dem Ausdrucke des Intendanten wenig Neigung (affection) für das neue Gouvernement. Nachdem die durch Napoleons Vermälung mit der Erzherzogin Maria Louise genährte Hoffnung, unter den Scepter der alten Dynastie zurückzukehren, getäuscht worden, hatte die Gewissheit, unter der französischen Herrschaft verbleiben zu müssen, eine allgemeine Entmuthigung hervorgerufen. Die Landbevölkerung, durch alle Arten von Requisitionen ausgesogen, zum Militärtransport gezwungen und ihres einzigen Reichthums, des Viehes beraubt, sah sich bis zur Ernte aller Subsistenzmittel entblösst; sie klagte, dass sie wie ein erobertes Volk behandelt werde, und der Intendant selbst musste zugestehen, dass ihre Klagen ‚nicht ohne Grund' seien. Die Bürger verhielten sich resignirt, der Adel aber gab sich keine Mühe, seine der neuen Ordnung feindseligen Gefühle zu verbergen, sondern gab ihnen vielmehr offenen Ausdruck. Auch der Klerus, der nach der Meinung des Intendanten der Volksmeinung eine beliebige Richtung geben konnte, schien nicht geneigt, im französischen Sinne auf dieselbe einzuwirken.

Die zunächst durch die Leiden des Krieges und der ihm folgenden bewaffneten Occupation verursachte allgemeine Noth musste durch die fortschreitende *Entwerthung des österreichischen Papiergeldes*, dessen Umlauf durch die fortwährenden Kriege auf 1060 Millionen angewachsen war, gesteigert werden. Schon im Dezember 1809 setzte die französische Regierung den Cours der österreichischen Banknoten für alle Zahlungen an öffentlichen Kassen auf 25 Prozent fest (die einzige *Lotterie* ausgenommen, welche provisorisch die Bancozettel im vollen Werthe annahm und auszahlte). Am 10. Januar 1810 setzte ein Befehl des Generalintendanten die Wiener Bancozettel auf den sechsten Theil ihres Nennwerthes herab. Die französische Regierung ist also dem durch ausserordentliche Verhältnisse unausweichlich gewordenen österreichischen Finanzpatent von 1811 lange zuvorgekommen.

Endlich vervielfältigte der *Gerichtsstillstand* und die Menge der im Lande herumstreifenden österreichischen *Deserteure* die straflosen Räubereien und Verbrechen und machte die Lage der Besitzenden vollends unerträglich. Alle diese Misstände so viel als möglich zu heben, Ordnung und Sicherheit herzustellen und die Hilfsquellen der Provinz zu entwickeln, war nun das eifrigste Bestreben des Marschalls, und die Geschichte muss ihm die Gerechtigkeit widerfahren lassen, dass es ihm grossentheils gelungen ist, seine Aufgabe zu lösen.

Nachdem der Marschall einen Theil des Winters von 1809 dazu verwendet hatte, von der Verwaltung der eroberten Provinzen Kenntniss zu nehmen und ihre ersten Bedürfnisse zu decken, beschäftigte ihn ein dringendes Werk: der neue *Zolltarif.* Als Grundsätze für denselben wurden festgesetzt: Einfuhrzölle, die stark genug seien, um den grösstmöglichen Ertrag zu geben, und doch nicht so hoch, um die Contrebande zu ermuthigen; Begünstigung der eigenen Industrie der Illyrischen Provinzen, selbst vor jener Frankreichs und Italiens; Transitzölle für die aus oder nach Oesterreich gehenden Waren, welche den Preis der Waren nicht zu solcher Höhe treiben sollten, um den Durchfuhrhandel in eine andere Richtung zu drängen; endlich Erhöhung des Transitzolls für österreichische Manufacturwaren, mit Rücksicht auf die Nachbarschaft Illyriens. Der nach diesen Grundsätzen entworfene Tarif wurde an den französischen Consul in Triest, Maurice Séguier, gesendet, welcher ihn mit den angesehensten Grosshändlern berieth, und so gelang es, diese schwierige Arbeit bald und mit gutem Erfolge ins Werk zu setzen. Marmont leitete den Transport der Baumwolle aus dem Orient über Illyrien; von 60,000 stieg die Zahl der versendeten Ballen auf 200,000. Ein kaiserliches Decret befahl, die Cottons der Levante nur über Illyrien und Italien nach Frankreich einführen zu lassen. Das *Continentalsystem*, diese ‚fixe Idee des Kaisers', welche er, wie Marmont sagt, gegen den Wunsch und das Bedürfniss von ganz Europa durchführen wollte und welches durch die Licenzen — Ausnahmen zum Vortheil des Kaisers — ‚zu einer elenden Finanzspeculation wurde' (Marmonts eigene Worte), verdammte der Marschall vollständig, und als Napoleon, Ende Juli 1810, die Umfrage stellte, ob die Zulassung von Colonialwaren mit erhöhten Abgaben nicht mehr werth sei, als die Zurückweisung und Confiscation derselben, bejahte sie der Generalgouverneur. Leider fiel die Entscheidung nicht in seinem Sinne aus; der ausgeprägteste Zug im Charakter Napoleons, sein Stolz, liess ihn vergessen, dass, wie der Marschall treffend sagt, ‚jede Macht, um Dauer zu haben, auf die Vernunft gegründet sein und ihre Aeusserung durch Mässigung und Gerechtigkeit geregelt sein müsse'. Das starrsinnige Festhalten am Continentalsystem, der Einfluss derjenigen, welche der herrschenden Leidenschaft des Imperators huldigten, machte die Katastrophe unausweichlich.

Das *österreichische Papiergeld* konnte nicht plötzlich ausser Cours gesetzt werden, weil das Silber selten und als Tauschmittel unzureichend war. Um den Abfluss des Papiergeldes zu beschleunigen, setzte Marmont den Cours herab, was ermöglichte, dass dasselbe schon im März 1810 ganz ausser Cours gesetzt werden konnte. Ein Erlass des Generalgouverneurs vom 16. November 1810 verbot die Einfuhr der Bancozettel in die Illyrischen Provinzen; kein Contract durfte mehr auf diese Valuta lauten, kein Geschäftsmann in seinen Büchern oder seiner Correspondenz sich derselben bedienen, bei Strafe der Ungiltigkeit der Acte oder Geschäfte, Confiscation des Papiers, Erlag des Dreifachen seines Werthes und Arrest von acht Tagen bis drei Monaten; im Falle der Wiederholung Schliessung des Comptoirs oder Verkaufslocales, Einstellung der Functionen des Notars oder sonstigen öffentlichen Functionärs, der ein Geschäft auf Bancozettel abgeschlossen. Die Negociirung dieses Papiers auf der Börse und dem Platze wurde mit 1. Januar 1811 eingestellt, ebenso jeder Geschäftsabschluss in demselben. Bis zu diesem Termine mussten die verpönten Geldzeichen aus dem Lande gebracht sein, die noch weiter vorgefundenen sollten confiscirt, Nachsuchungen zur Durchführung dieser Massregel gepflogen werden. Uebrigens hatten die Illyrischen Provinzen sich zu dieser Zeit bereits ihres Papiergeldes entledigt, indem sie dasselbe in Wien gegen Silber umtauschten. Jedenfalls litten sie unter dieser Calamität weniger, als die österreichischen Nachbarn.

In der *Besteuerung* trat für das Jahr 1810 nach dem ausdrücklichen Befehle Napoleons keine Aenderung ein; mit 1. Januar 1811 wurden die neuen Steuern eingeführt und erhoben, welche in einer Grundsteuer nach dem Masstabe der Josefinischen Regulirung und einer Personalsteuer nach den erhobenen Einkünften der Besteuerten bestanden (Real- und Personal-Steuerpatent vom 16. Juli 1810). Das Pulver- und Salpetermonopol wurde mit Erlass vom 17. Dezember 1810 eingeführt. Das Zahlenlotto wurde in officiösen Artikeln angepriesen und auf gewonnene Ternos aufmerksam gemacht.

Das *Budget der Illyrischen Provinzen* konnte für das Jahr 1810, da dieselben durch Armeerequisitionen und die Entwerthung des Papiergeldes stark gelitten hatten und der Kaiser eine Vermehrung der Steuern für dieses Jahr nicht zulassen wollte, nicht anders als passiv sein; Marmont veranschlagte den Bedarf für die Verwaltung, den Unterhalt von 24 Bataillonen, den Generalstab und die festen Plätze, endlich für den Sold der Grenzregimenter auf 18 bis 19 Millionen, den Reinertrag der Steuern aber auf nicht mehr als fünf Millionen. Seit 1. November 1809 hatten die Truppen keinen Sold erhalten und waren daher lediglich auf Naturalrequisitionen angewiesen; nicht besser ging es den Grenzregimentern; eine in Triest gemachte Anleihe von 1.500,000 Francs deckte die dringendsten Bedürfnisse. Für das Jahr 1811, in welchem bereits die französischen Gesetze in Kraft treten sollten, wurden die Einnahmen der Illyrischen Provinzen auf 10.043,000 (darunter die Grundsteuer mit 4.500,000), die Ausgaben auf 6.600,000 Francs festgesetzt; der Ueberschuss sollte für die Ausgaben des Krieges und der Kriegsverwaltung verwendet werden. Obwohl demnach die finanziellen Verhältnisse der Illyrischen Provinzen eben nicht die glänzendsten waren, obwohl der Generalgouverneur sehr häufig durch die Sorge für die augenblicklichen und dringendsten Bedürfnisse in Anspruch genommen war, so verfloss doch die Epoche seiner Administration nicht resultatlos, wie aus nachfolgender Darstellung entnommen werden dürfte.

3. Die Organisation der Militär- und Civilverwaltung:

Intendantenernennungen. Télégraphe officiel. Post. Polizei und Gensdarmerie. Impfung. Forstverwaltung. Geistliche Angelegenheiten. Die Juden. Handel und Gewerbe. Landwirthschaft.

Die französische Invasion riss Krains tapfere Söhne von dem alten ruhmvollen Banner los, das ihnen in hundert Schlachten vorangeleuchtet, um ihr Los an die neufränkischen Adler zu knüpfen. Das vaterländische Regiment Baron *Simbschen* Nr. 43 wurde am 19. Februar 1810 in Steiermark aufgelöst. Die Illyrischen Provinzen wurden bereits im Jahre der Besitzergreifung *militärisch organisirt*. Es wurden zwei Militärdivisionen gebildet. Die *erste* umfasste den Villacher Kreis, Krain, Görz, Triest, Istrien, das kroatische Littorale von Zengg an und mit Einschluss dieses Orts, die quarnerischen Inseln mit Ausnahme von Pago und Arbe, das Civilgebiet von Kroatien und jenes der vier Grenzregimenter des Banats (Banat, Sluin, Ogulin); die *zweite* das Gebiet der beiden Grenzregimenter Licca und Ottoschaz, das kroatische Littorale von Zengg an ohne dieses; die Inseln Pago und Arbe, Dalmatien, die östlichen Inseln, Ragusa, die Bocche di Cattaro. Die erste Division theilte sich in fünf Bezirke, deren Hauptorte Villach, Laibach, Triest, Fiume, Karlstadt waren; die zweite zerfiel in drei Bezirke mit den Hauptorten Zara, Gospich, Ragusa. Cattaro gehörte zum letzten Bezirke. Jede Division ward von einem Divisions- und jeder Bezirk von einem Brigadegeneral oder Stabsoffizier befehligt. Nach dem Friedensabschluss waren die Bewohner der an Frankreich abgetretenen österreichischen Provinzen zur Auswanderung binnen sechs Jahren berechtigt. Da dieser Friedensartikel jedoch benützt worden zu sein scheint, um sich der Conscription zu entziehen, so erliess der Generalgouverneur am 31. Dezember 1810 die Erläuterung, dass die gedachte Begünstigung nur den Familienhäuptern, nicht aber den im conscriptionspflichtigen Alter befindlichen Familiengliedern zustehe. Am 9. Februar 1811 ordnete ein Decret des Generalgouverneurs die Errichtung eines ‚Illyrischen Regiments' (‚Chasseurs Illyriens') von 4000 Mann[1] an, abgesehen von Nebenbranchen und Extracorps, für welche Illyrien ebenfalls seine Mannschaft zu stellen hatte. Die Ausgehobenen wurden nach Italien geschickt und folgten später den französischen Adlern auf die Eisfelder Russlands.

Der Marschall sorgte übrigens in grossherziger Weise für invalid gewordene österreichische Offiziere und für die Witwen der im letzten Feldzuge gebliebenen österreichischen Offiziere. Er liess ihre Pensionen nach dem österreichischen Gesetze reguliren. Ueber die an kroatische Soldaten verliehenen österreichischen Tapferkeitsmedaillen liess der Marschall Erkundigung einziehen und betrieb ihren Austausch gegen das Kreuz der Ehrenlegion. Er sagt hierüber: ‚Es war politisch, die

---

[1] Davon entfielen auf Krain 2784 Mann (Kreis Adelsberg 375, Laibach 1695, Neustadtl 714).

österreichischen Auszeichnungen verschwinden zu lassen, aber auch billig, tapferen Soldaten ein mit ihrem Blute verdientes Ehrenzeichen zurückzugeben. Der Muth, der sich in der Erfüllung der Pflicht bemerklich macht, muss geehrt werden, mag er nun zu unserem Vortheil oder nicht angewendet worden sein, und der neue Herrscher ehrt sich selbst und übt einen Act hoher Gerechtigkeit, indem er mit Gunst und Wohlwollen die ehemaligen Vertheidiger des erworbenen Landes behandelt.‘

An der Spitze der inneren Verwaltung mit Ausnahme der Justiz, welche Baron Coffinhal als General-Justizcommissär leitete, standen, wie wir bereits erwähnt haben, die *Intendanten*. Der erste Generalintendant Illyriens, Graf Dauchy, wurde, wohl infolge der geschilderten Differenzen mit Marschall Marmont, in den Staatsrath rückberufen und durch Baron *Belleville* ersetzt. Mit Decret vom 28. August 1810 erfolgten die Ernennungen der neuen Intendanten für Krain. Graf Fargues wurde durch Mr. *Baselli*, ‚ex-conseiller de la Régence‘ (Mitglied der durch das Generalgouvernement aufgelösten provisorischen Regierung), ersetzt, erhielt eine Mission nach Agram, trat als Auditeur in den Staatsrath zurück und soll später Maire von Lyon gewesen sein. Mr. Baselli erhielt jedoch nur den Laibacher Kreis (Haute Carniole) zugewiesen; sein Generalsecretär wurde der frühere Secretär des Grafen Fargues, Mr. *Paris*. Der frühere Kreiscommissär (oder Kreishauptmann, ‚ex-capitaine du cercle de Laybach‘ nennt ihn das Decret) *Wilcher* wurde zum Intendanten von Unterkrain mit dem Sitze in Neustadtl ernannt, an Stelle des Mr. *Breteuil*, der in den Staatsrath berufen wurde. Am 1. Jänner 1811 wurde Wilcher als Intendant nach Oberkärnten versetzt, machte sich später österreichischer Gesinnung verdächtig und wurde von den Franzosen gefänglich abgeführt. Zum Generalsecretär der Neustadtler Intendanz wurde Mr. *Geoffroy*, Exbeamter der Generalintendanz, ernannt. An die Spitze der Intendanz von Innerkrain mit dem Sitze in Adelsberg kam *Godefroi Adrian de Varburg*, früher Mitglied der Görzer Regierung, an die Stelle des Auditeurs *Petit de Beauverger*, der wieder in den Staatsrath eintrat. Generalsecretär dieser Intendanz wurde *Luycks de Begipont*, welcher bereits Secretär des Herrn de Beauverger gewesen war. Leopold *Lichtenberg* fils, so nennt ihn das Decret vom 6. September, wurde zum Intendanten von Görz an Stelle des in den Staatsrath berufenen Mr. Cochelet ernannt, und der Ex-Polizeicommissär von Görz, *Tournal*, zu dessen Generalsecretär; endlich der Expräfect von Istrien, *Calafati*, zum Intendanten von Istrien.

Das Bedürfniss, auf die öffentliche Meinung der neuen Unterthanen Frankreichs einzuwirken, führte zur Schaffung eines *Regierungsorgans*, des ‚*Télégraphe officiel des Provinces Illyriennes*'. Der Name ‚Télégraphe' sollte die für jene Zeit telegraphenähnliche Schnelligkeit andeuten, mit welcher dem Publicum die politischen Nachrichten zukommen sollten. Der Generalgouverneur, unter dessen Auspicien der ‚Télégraphe' das Licht der Welt erblickte, wollte demselben die ihm täglich durch Stafette aus Paris zukommenden, nicht mehr als acht Tage alten Neuigkeiten mittheilen. Die Pränumerationsankündigung erschien am ersten September 1810 in französischer, italienischer, deutscher und illyrischer Sprache. Darnach sollte das neue Blatt, zweimal wöchentlich (Mittwoch und Samstag mittags) erscheinend, zum Preise von 20 Frs. jährlich die öffentlichen Acte des Kaiserreichs und des illyrischen Gouvernements, sowie andere, welche ‚auf den Geist des Lesers und die Interessen des Handels von Einfluss sein können' (‚ainsi que les autres, qui pourront influer sur l'esprit du lecteur et sur les intérêts du commerce'), in einem Supplement aber die Civilacte und gesetzlichen Bekanntmachungen der Gerichtstribunale, sowie auch Privatankündigungen bringen. Drucker und Verleger war Josef Sardi, welchen der Marschall zum Typographen und Director der kaiserlichen Regierungsdruckerei in Laibach ernannt hatte. Die erste Nummer erschien am 3. Oktober 1810 in kl. Folio.

In der Einleitung ‚Aux Abonnés' heisst es unter anderm, dass das Blatt durch die Mehrsprachigkeit der Ausgabe in dem Umfange beschränkt sei und daher nicht alle Gegenstände, die es wünschte, behandeln könne. (Quant à l'esprit du Télégraphe illyrien, les bornes dans lesquelles il est forcé de se renfermer, par la multiplicité des éditions que l'on en fait en plusieurs langues, ne lui permettent pas de se livrer entièrement à tout celui qui l'anime et qu'il désireroit de propager avec énergie *parmi les peuples nouvellement soumis au plus grand, au plus puissant des Souverains.*)

Aber die Massregeln einer wohlthätigen (bienfaisant) und väterlichen Regierung, von denen das Blatt Rechenschaft geben wird, werden von selbst sprechen (parleront d'elles mêmes), und die verschiedenen, die illyrischen Provinzen bildenden Völker werden leicht empfinden, wie die Interessen ihrer Heimat (de leurs patries respectives) mit dem allgemeinen Interesse des grossen (vaste) Kaiserreichs des Occidents (Empire de l'Occident) verknüpft sind.

Der Aufruf schliesst:

‚Des principes incontestables, qui tiennent également à la sagesse, au bon ordre, et à ces mêmes intérêts respectifs, doivent l'emporter sur cet esprit d'affection, qui ne seroit blamable, qu'autant qu'il seroit exclusif; car il est juste de convenir d'ailleurs, que la simple affection ne sauroit ne pas exister, étant l'effet nécessaire d'une habitude enracinée depuis plusieurs siècles.

Il est cependant bien sûr, que la génération qui croît et s'avance, trouvera aisément son compte dans les grands événemens qui sont arrivés, et qu'il n'y aura plus pour elle d'obstacle qui l'empêche de reconnoître et de sentir, combien les innovations étoient demandées et commandées par les intérêts mêmes de l'humanité.

Le grand oeuvre n'est pas encore accompli et ne le sera même qu'autant qu'on pourra le concilier avec les passions et les habitudes. On aura toujours infinement gagné, si, en réglant mieux les unes, on aura changé et amélioré les autres, moyennant l'éducation, les connaissances, les établissemens et les lois soutenues d'un grand pouvoir.'

Vom 1. Januar 1811 an wurde der ‚Télégraphe' mit der ‚Laibacher Zeitung' vereinigt, deren Redacteur Professor *Pesenegger* war. Von da an erschien das Regierungsblatt deutsch, französisch und illyrisch. Die Redaction des auf Deutschland bezüglichen Theils übernahm Pesenegger. Die italienischen Nachrichten redigirte Vitali. Beaumes war ‚Directeur' des ‚Télégraphe.'[1]

Das *Postwesen* wurde vorläufig auf österreichischem Fuss belassen, nur hatte der Intendant mittelst Schreibens vom 29. November 1809 an den Postdirector Kermel angeordnet, dass die Briefträger und Postillone die französischen Farben und eine Kupferplatte mit der Aufschrift ‚Briefpostdienst (Pferdepostdienst) der Illyrischen Provinzen' in der Landessprache tragen sollten. Ein Erlass des Generalintendanten vom 20. Dezember 1809 regelte vom 1. Januar 1810 angefangen die Postgebühren. Als Porto für einen einfachen Brief wurden vier Kreuzer in gutem Gelde für das Inland, Dalmatien ausgenommen, und acht Kreuzer für das Ausland festgesetzt.

Ein regelmässiger Dienst für die ganze Ausdehnung der Provinz wurde eingerichtet. Zweimal wöchentlich empfing der Marschall Nachricht von den entferntesten Punkten.

---

[1] Die Laibacher Studienbibliothek besitzt ein wohlerhaltenes Exemplar, wohl ein Unicum, dieses Blattes. Es enthält die Pränumerationseinladung, dann Nr. 1 französisch-italienisch, Nr. 2 französisch, Nr. 3 französisch-italienisch, Nr. 4 französisch, 6—10 italienisch, 11—26 französisch. Dann folgt der Jahrgang 1811 Nr. 1 bis 64 französisch (65 fehlt); 66—104 (28. Dezember); 1812: Nr. 1—64, 65 (doppelt, abweichenden Inhalts), 66—105; 1813: Nr. 1—68 französisch, 69—71 dreispaltig (deutsch-französisch-italienisch), 72—75 französisch. Die letzte Nummer ist 75, vom 22. September 1813.

Die Geschäfte der *Polizei* besorgte im Beginne der französischen Herrschaft die Militärbehörde. Der jeweilige Platzcommandant fungirte als Polizeicommissär. Am 15. Januar 1810 wurde ein Herr *Toussaint* vom Herzog von Ragusa zum Commissaire Général de Police ernannt. Der Intendant Graf Fargues setzte sich mit demselben in Verbindung und forderte ihn auf, ihm alle drei Tage über alle Vorfälle und die öffentliche Stimmung (esprit public) einen Rapport abzustatten und über alle wichtigeren Vorfälle binnen 24 Stunden zu berichten. Der Generalcommissär der Polizei leitete unmittelbar alle, selbst die niederen Polizeianstalten, welche letztere übrigens, insoferne sie den Detaildienst jeder Gemeinde betrafen, von den Gemeindevorstehungen, und zwar in Gemeinden von mehr als 5000 Seelen durch einen eigenen Polizeicommissär, in den übrigen aber durch ein Mitglied des Municipalrathes ausgeübt wurden. Der Verkehr war noch im Jahre 1810 durch die sogenannten Passirzettel (Laissez passer) beschränkt, welche jeder Einwohner, selbst um im heimischen Bezirke seinen Geschäften nachgehen zu können, bei den damals noch bestandenen Bezirkscommissariaten lösen musste, wofür eine unbedeutende Gebühr entrichtet und an den General-Polizeicommissär abgeführt wurde. Die Massregeln zur Aufrechthaltung der innern und äussern Ruhe und Sicherheit wurden durch das französische Gouvernement nicht vernachlässigt. Das Zusammenwirken der Civil- und Militärautoritäten, der Polizei nemlich und der Gensdarmerie, als der militärisch organisirten executiven Staatspolizeimacht, hatte den besten Erfolg. Die zahlreichen Räuberbanden, welche, eine Erbschaft der früheren Verwaltung, die Strassen vorzüglich in Istrien, auf dem Küstenlande, aber auch in Krain bis vor die Thore von Laibach unsicher machten, wurden durch das kräftige Eingreifen des Gouvernements, durch das standrechtliche Verfahren und die mit demselben verknüpfte Anordnung, die Todesurtheile in der Heimat und vor dem Familienhause der Verbrecher vollziehen und letztere dort auch am Galgen vermodern zu lassen, insbesondere aber durch die von Marschall Marmont selbst im Jahre 1810 verfügte Massregel, die Gemeinden für die in ihren Bezirken verübten Raubanfälle verantwortlich zu machen, nach und nach ganz ausgerottet. Am 30. Januar 1810 sah Laibach das Todesurtheil eines Special-Kriegsgerichts unter dem Vorsitze des Barons von Rouselle, Oberst des fünften Linienregiments und Mitglied der Ehrenlegion, an fünf Bauern aus der Gegend von S. Oswald vor der Mauer des Friedhofes von S. Christoph vollziehen. Die Verurtheilten gehörten zu einer Bande, welche unter Mitwirkung von zwei Schulmeistern und des Pfarrers von S. Oswald den Capitän Boissac, Generaladjutanten, und den Herrn Vernazz, Secretär und Dolmetsch des Marschalls Marmont, sowie mehrere andere französische Offiziere und Militärpersonen ermordet hatte, eine verdammenswerthe That, in welcher wir aber wohl nur einen verspäteten und sicher nicht mehr zeitgemässen Ausläufer der verunglückten Oktoberinsurrection zu sehen haben. Die Verurtheilung erfolgte auf Grund der Artikel I, II, IV und VI des Gesetzes vom 29. Nivose des Jahres VI der Republik, und das Kriegsgericht verordnete den Druck, öffentlichen Anschlag und die Vertheilung von 600 Exemplaren des Urtheils in französischer, deutscher und slovenischer Sprache, ein weiterer Beweis für die Wichtigkeit, welche diesem Fall beigelegt wurde. Die Bauernschaft zeigte sich übrigens den grössten Theil des Jahres 1810 hindurch noch sehr aufgeregt durch die Eintreibung der Kriegscontribution und gab sich daher leicht zum Werkzeug gewissenloser Aufwiegler her. So wurde im Juni 1810 ein gewisser *Keubel*, österreichischer Exfourier und Bediensteter der Tabakregie, verhaftet, weil er den Bauern vorgespiegelt hatte, die grundherrlichen Abgaben wären aufgehoben, infolge dessen dieselben auch die Zahlung der Kriegscontribution verweigerten.

In Bezug auf *Lebensmittelversorgung* traf das französische Gouvernement zweckmässige Anstalten und wachte mit Strenge über ihre Durchführung. So wurden am 17. Juni 1810 die Fleischhauer Martin Gregoranz und Johann Urbas verhaftet, als verdächtig, ‚absichtlich Schwierigkeiten in der Approvisionirung verursacht zu haben'; die Laibacher Fleischhauer wurden ihres Privilegiums verlustig erklärt und die Fleischausschrotung zu 12 Kreuzer das Wiener Pfund (livre) einem Mr. Layoux übertragen. Anfänglich waren die Lebensbedürfnisse allgemein tarifirt, später wurde der Tarif nur für die nothwendigsten Artikel von den Gemeindevorstehungen unter Aufsicht der Intendanzen festgestellt. Die von der französischen Regierung proclamirte *Gewerbefreiheit* erzielte übrigens eine grössere Concurrenz der Verkäufer und damit auch billigere Preise.

Auch das gute Verhältniss Marmonts zu den österreichischen Nachbarbehörden und das Entgegenkommen der letzteren trug wesentlich zur Linderung der Noth bei, welche infolge des Krieges durch den Mangel an Schlachtvieh sich einstellte. Die österreichische Regierung bewilligte die freie Einfuhr von 12,000 ungarischen Ochsen und unbeschränkte Einfuhr von Getreide.

Die *Aufhebung der Spielbanken* in Laibach, Görz und Fiume, welche im Jahre 1810 erfolgte, macht dem französischen Gouvernement

Ehre; freilich waren dieselben zunächst eben durch die Truppenanhäufung in diesen Gegenden herbeigezogen worden, und es wurde in einigem Gegensatze mit dieser Massregel die Zahlenlotterie als Einkommensquelle zur Demoralisirung der unteren Volksklassen beibehalten und sogar, wie wir gesehen haben, officiös angepriesen.

In Bezug auf die *Presse* sah sich die Regierung zu einer, freilich durch die aussergewöhnlichen Verhältnisse beim Beginne ihrer Wirksamkeit einigermassen gerechtfertigten, Präventivmassregel veranlasst. Am 27. Juli 1810 wurde eine *Generalcensur* (Censure Générale) der Illyrischen Provinzen in Laibach errichtet, für Bücher und periodische Schriften. Die Triester Zeitungen mussten vor ihrer Veröffentlichung zur Genehmigung nach Laibach geschickt werden.

In *sanitätischer* Beziehung geschah viel für die *Impfung*: Am 26. Oktober 1810 erliess der Generalgouverneur eine diesfällige Instruction in deutscher, französischer, italienischer und slovenischer Sprache. Die Intendanten wurden beauftragt, dieselbe an alle Sanitätsoffiziere, Civilfunctionäre, Bischöfe, Seelsorger und überhaupt an die einflussreichsten Personen ihres Arrondissements zu vertheilen. Eine öffentliche Kundmachung erging an die Bevölkerung. Es wurde für das Jahr 1811 eine Prämie von 3 Frs. für jedes glücklich vaccinirte Individuum ausgesetzt, die Aufnahme in Lyceen oder andere öffentliche Staatsanstalten von der Nachweisung der Impfung abhängig gemacht, und diese directe und indirecte Aufmunterung war von augenblicklichem Erfolge. Laibach und seine Umgebung, der Adelsberger und Neustädtler Kreis, Civil- und Militärkroatien zeichneten sich durch die Menge der geimpften Kinder aus. Im Neustadtler Kreise allein belief sich ihre Zahl auf mehr als 9000. Da jedoch die Regierung ihre Versprechungen nicht einhielt, nicht allein die Prämien nicht zahlte, sondern nicht einmal die geleisteten Vorschüsse und Auslagen vergütete, so erkaltete der Eifer, und es scheiterten demnach die besten Absichten an dem unzulänglichen Budget der Illyrischen Provinzen.

Für die *Forstverwaltung*, *Jagd* und *Fischerei* wurden drei Administrationen unter dem Titel ‚Conservationen der Gewässer und Wälder' errichtet; die erste für Krain, Kärnten und Istrien mit dem Sitze in Laibach, die zweite für Civilkroatien, Fiume und die quarnerischen Inseln in Karlstadt, die dritte für Dalmatien und Ragusa in Fiume. Dem Conservateur war ein ansehnliches Personale von Inspectoren, Unterinspectoren, Forstmeistern, Förstern und Forstmessern beigegeben. Conservateur und Generalinspector in Laibach war im Dezember 1810 *Ladevèse*, Inspector *Bonniot*. Das System war gut, aber seine Ausführung mangelhaft. Die Conservateurs waren keine Fachmänner, bereisten ihre Bezirke selten und liessen dadurch den übrigen Oberbeamten freien Spielraum zu Erpressungen jeder Art. Dass die Waldungen nicht gänzlich devastirt wurden, verhütete nur die Treue der eingebornen Forstmeister und der wegen vollkommener Sperrung des Seehandels ungemein niedrige Holzpreis. Auf die Gemeindewaldungen übten die Conservateure keine Aufsicht, wenn sie auch gesetzlich geboten war; sie wurden nach Willkür ausgebeutet. Das *Jagdwesen* lag zur Zeit der französischen Herrschaft in Krain sehr darnieder und der Wildstand verminderte sich bedeutend.[1]

In *geistlichen Angelegenheiten* liess sich die Regierung des Marschalls Marmont nur durch öffentliche Rücksichten bestimmen, ohne besondere Bedachtnahme auf religiöse Bedürfnisse oder humane Zwecke. Die Güter des Deutschen und des Malteser-Ritterordens wurden im Dezember 1809 sequestrirt. Das Kapuzinerkloster in Laibach wurde (14. Juni 1810) aufgehoben und seine Insassen nach Lack gewiesen, ungeachtet die Vertreter (députés) der Stadt Laibach und ihrer Umgebung eine Bittschrift um ihre Belassung an den Generalgouverneur richteten, in welcher sie sich auf seine Grossmuth beriefen, von welcher die religiösen Orden Illyriens bereits vorzügliche Beweise erhalten hätten. Kloster und Kirche der Kapuziner wurden in ein Artilleriedepositorium umgewandelt. Empfindlicher war für Stadt und Land das Eingehen des Barmherzigen-Convents nach 25jähr. wohlthätiger Wirksamkeit (1785—1811). Noch am 13. August richtete Prior Faustus eine Bittschrift an General Baraguay d'Hilliers um Zahlung eines rückständigen Staatsbeitrags, indem er sich mit Recht darauf berief, dass dieses von Kaiser Josef gegründete Institut die Armen ohne Unterschied der Religion und des Standes unentgeltlich aufnehme und auch während des letzten Krieges viele kranke und verwundete französische Soldaten aufgenommen habe. Die Zuflüsse des Ordens versiegten allmälig, da die französische Regierung die Obligationsinteressen nicht zahlte und überhaupt die Humanitätsanstalten als Sache der Gemeinden erklärte, und am 8. März 1811 mussten die barmherzigen Brüder die Stätte ihres menschenfreundlichen Wirkens verlassen. Am 17ten Dezember 1810 ward das Collegiatcapitel in Neustadtl aufgehoben und an der S. Nicolaikirche ein Pfarrer mit 1000 Frs. Gehalt angestellt. Die Dotirung eines Kaplans und die übrigen Kirchenerfordernisse über-

---

[1] Beiläufig sei hier erwähnt, dass Marschall Marmont ein Viergespann von Hirschen hielt, deren einer den wildreichen Forsten von Zobelsperg entstammte.

liess die Regierung der Sorge der Gemeinde. Die geistlichen Seminarien hörten beim Eintritt der französischen Herrschaft auf, da ihre Einkünfte aus Stiftungskapitalien, deren Interessen die Regierung nicht zahlte, und aus dem Religionsfonde versiegten. Zu Anfang 1811 wurden jedoch für 30 Alumnen 3600 fl. bewilligt. Da sich die Regierung in der Absicht einer strengeren Handhabung der Conscriptionsgesetze vorbehielt, die Zahl der jährlich auszuweihenden Alumnen zu bestimmen, so machte sich bald ein Mangel an Seelsorgern umsomehr fühlbar, als viele schon wirklich dienende Priester aus Illyrien emigrirten.

Für die Bedürfnisse des *Verkehrs* wurde von Marschall Marmont in einsichtsvoller Weise Sorge getragen. An die Spitze des ‚*Chaussee- und Brückencorps*', gebildet aus den besten Civilingenieuren Krains, wurde der aus Frankreich berufene geschickte Ingenieur *Blanchard* gestellt. Dem *Handelsstand* gegenüber zeigte sich die Regierung den Privilegien nicht günstig. Sie begünstigte die Niederlassung fremder Kaufleute, insbesondere zur Hebung des Commissionshandels, trotz des Einspruches der Laibacher Handelsleute und der Municipalität. Nach drei Jahrhunderten mittelalterlicher Intoleranz machte sich der erste *Jude* unter französischem Schutze in Laibach ansässig. Abraham *Heimann*, von Memelsdorf in Baiern, war als Lieferant mit der französischen Armee von Toulon nach Wien gekommen, und als Laibach die Hauptstadt der illyrischen Provinzen geworden und die alten Pergamente unschädlich gemacht waren, liess sich Heimann mit seinem Neffen Simon in Laibach nieder und eröffnete ein Manufacturwaren-Geschäft. Als die österreichischen Bancozettel ausser Cours gesetzt wurden, machte Heimann dem Intendanten Grafen Fargues den Vorschlag, ein Bureau de change zur Einlösung und Ausserlandschaffung dieses Papiers zu errichten, was auch angenommen wurde. Der jüdische Eindringling kam den Laibacher Kaufleuten natürlich sehr ungelegen, hatte aber an den französischen Machthabern stets eine kräftige Stütze. Auf Heimanns Beschwerde, dass er kein Gewölbe zur Miethe erhalten könne, gab der Intendant kurzweg dem Maire von Laibach den Auftrag, den Eigenthümer des in der Spitalgasse Nr. 268 leer gestandenen Gewölbes zu verhalten, es dem Heimann zu vermiethen, was auch geschah. Abraham Heimann associirte sich sohin mit Moses Heimann unter der Firma Gebrüder Heimann. Dem Letzteren widerfuhr im Jahre 1811 bei einer nach Klagenfurt zur Auswechslung von Bancozetteln unternommenen Reise die Unannehmlichkeit, durch Namensverwechslung von der österreichischen Behörde arretirt und ungeachtet der energischesten Reclamationen Marmonts drei Wochen festgehalten zu werden, wodurch er wegen des inzwischen gesunkenen Kurses einen Verlust von 12,000 Gulden erlitt. Kurze Zeit darauf veranlassten die Gebrüder Heimann die Entdeckung eines Banknotenfälschers in Krainburg und verzichteten in patriotischem Gefühle auf die ihnen nach österreichischem Gesetz gebührende Belohnung.

Einer ausgiebigen Wirksamkeit auf dem Gebiete der *Landwirthschaft* waren die Zeitverhältnisse nicht günstig. Die krainische Landwirthschaftsgesellschaft hatte ihre Thätigkeit eingestellt. Marschall Marmont that, was unter diesen Umständen von Regierungs wegen möglich war, er liess 200 Pferde von der Artillerie und Cavallerie an vermögliche Landwirthe gegen Rückstellung unter Garantie vertheilen.

4. Organisation des öffentlichen Unterrichts:

Eröffnung der Centralschule in Laibach. Vodnik in seiner Wirksamkeit als Lehrer und Director. Walland, Raunicher, Hladnik. Errichtung des botanischen Gartens.

Der wichtigste von allen Zweigen des öffentlichen Dienstes in Bezug auf die Wohlfahrt und Entwicklung der Völker, das *Unterrichtswesen*, erhielt ohne Zweifel durch die Initiative des wohlwollenden und aufgeklärten Marschalls die erste umfassende Organisation durch eine Arrêté des Generalgouverneurs vom 4. Juli 1810. Die Schulen zerfielen darnach in ‚*Ecoles centrales*', ‚*Gymnases*' und ‚*Lycées*'. In jeder Gemeinde sollte eine *Primärschule* für Knaben, in jedem Cantons-(Bezirks-) Hauptort eine solche für Mädchen bestehen. Zwei Schulen für *Kunst* und *Gewerbe* (in Zara und Laibach) sollten den neuen Plan der öffentlichen Erziehung vollenden. Gymnasien sollte es 25 geben, in Laibach, Krainburg, Neustadtl, Adelsberg, Idria, Villach, Gmünd, Görz, Triest, Monfalcone, Capo d'Istria, Rovigno, Fiume, Zengg, Karlstadt, Scardona, Trau, Sebenico, Spalato, Veglia, Zara, Lesina, Macarsca, Ragusa und Cattaro; Lyceen in Laibach, Triest, Görz, Villach, Capo d'Istria, Fiume, Karlstadt, Zara, Ragusa; die Lyceen von Laibach und Zara wurden als Centralschulen organisirt, in welchen die Schüler der Gymnasien und Lyceen der anderen Provinzen ihre Bildung vollenden sollten. Bei jeder Centralschule sollte eine Bibliothek, ein physikalisches und chemisches Cabinet und ein botanischer Garten errichtet werden. Unterrichtssprache in den Primärschulen die Landessprache (la langue du pays); in den Lyceen und Centralschulen das Französische oder Italienische mit Vorbehalt des Lateinischen, wo es nöthig sein sollte. Gegenstände in den Primärschulen:

Lesen und Schreiben in der Landessprache, Elemente der Arithmetik und Katechismus, dieser nach Approbation des Generalgouverneurs; in den Gymnasien die Elemente des Französischen, Italienischen und Lateinischen, Arithmetik, Mass- und Gewichtssystem, Katechismus; Unterrichtssprache die Landessprache; in den Lyceen: Grammatik und Rhetorik des Französischen und Italienischen, Latein insoweit, dass die Schüler die Classiker expliciren können, Elemente der Geschichte und Geographie, Mathematik, Logik, Moral und Physik, im Laibacher Lyceum auch Kirchengeschichte, dogmatische und Moraltheologie; in den Centralschulen: französische, italienische und lateinische Beredtsamkeit, Metaphysik, Naturrecht und Moral, Universalgeschichte, Code Napoleon, Criminalrecht, Zeichnen, Architektur, Mathematik, Mechanik, Hydraulik, Experimentalphysik, allgemeine und pharmaceutische Chemie, Naturgeschichte und Botanik, Anatomie und Physiologie, Pathologie, Klinik, Heilmittellehre, Staatsmedicin, Chirurgie und Geburtshilfe. Die Eleven des Gymnasiums, der Lyceen und Centralschulen sollten wöchentlich einmal dem von einem Offizier abzuhaltenden militärischen Unterrichte beiwohnen. Die Zöglinge der Centralschulen behielt sich der Generalgouverneur vor, über Bericht des Generalinspectors des öffentlichen Unterrichts zur Ausübung der Medicin, Chirurgie, Pharmacie, Feldmesskunst, dann als Ingenieure, Architekten und Rechtsgelehrte (hommes de loi) zuzulassen. Die Leitung des öffentlichen Unterrichts sollte ein Generalinspector führen, welchem es oblag, den Lehrplan zu bestimmen; die Aufsicht über die Primärschulen wurde dem Gymnasialdirector, jene über die Gymnasien dem Regenten des Lyceums zugewiesen. Diese sollten zweimal des Jahres an den Generalinspector einen detaillirten Bericht erstatten, und dieser den Generalrapport im Wege des Intendanten dem Marschall vorlegen.

Die Ernennung der Lehrer an den Primärschulen sollte den Ortsautoritäten vorbehaltlich der Genehmigung des Generalgouverneurs zustehen, dieser die übrigen Professoren über Vorschlag des Generalintendanten ernennen.

Inbetreff der *Einführung der französischen Sprache* sagte die amtliche Zeitung: ‚Da das Französische die Sprache des Gouvernements und der Armee geworden ist, so sind Massregeln getroffen worden, dass alle Bewohner der illyrischen Städte in den Stand gesetzt werden, dieselbe zu erlernen. Zu diesem Ende sind in allen illyrischen höheren Lehranstalten Lehrstühle für die französische Sprache errichtet und sämmtliche Studirende, welche noch ferner des Vortheils ihrer Stipendien geniessen wollen, müssen sich dieselbe eigen machen.‘

Zum *Generalinspector* des öffentlichen Unterrichts war bereits im April 1810 Abbate Raphael *Zelli* ernannt worden, mit einem Gehalt von 18,000 Frs. und freier Wohnung im Schulgebäude. In Viterbo geboren, war Zelli vordem Paulanermönch in Rom; nach Aufhebung der Klöster wanderte er nach den österreichischen Staaten aus, wurde in Zara vom Gouverneur Grafen Goës als Professor der Philosophie angestellt, und als die Franzosen 1806 Zara erhielten, wusste sich Zelli durch seine Kenntnisse in der Chemie dem Herzog von Ragusa bemerkbar zu machen, der ihn zu seinem Privatlehrer machte und dessen Gunst ihm nun eine so einflussreiche Stellung verschaffte.

Die *Eröffnung der Centralschule* in *Laibach* erfolgte am 15. November 1810 im grossen Saale der öffentlichen Schulen in Gegenwart des Marschalls, der höchsten Civil-, Militär- und geistlichen Autoritäten und einer grossen Zahl von Schülern und Zuschauern. Es wurden zwei Eröffnungsreden gehalten, eine französische durch den Generalinspector und eine lateinische durch den Regenten der Centralschule, Canonicus Josef *Walland.*[1] Nach der Ankündigung der Directionskanzlei umfasste der Curs an dieser Schule ausser Philosophie und Theologie, wie am Lyceum, Medicin, Chirurgie, Chemie, Rechtswissenschaft, Architektur und Feldmesskunst (arpentage), und es sollten den Schülern dieser Anstalt auch die akademischen Grade verliehen werden können. Kanzler der Centralschule (chancelier) war Matthäus *Ravnikar*, geboren in Waatsch 20. September 1776, gestorben in Triest 20. November 1845 als Bischof dieser Diözese.[2]

Die Laibacher Centralschule erhielt (Decret vom 8. November 1810) einen später berühmt gewordenen Naturforscher zum Professor der Naturgeschichte und Botanik. Franz de Paula *Hladnik*, geboren 29. März 1773 in Idria, gestorben in Laibach 25. November 1844, war im Jahre 1802 Director der Normalschule, 1807 Präfect des Gymnasiums. Marschall Marmont, der zu der bestandenen chirurgischen auch eine medicinische Schule hinzugefügt hatte, begründete 1810 einen *botanischen Garten*, indem er dem Professor Hladnik nächst der Karlstädter Strasse ein Plätzchen von etwa 900 Quadrat-

---

[1] Josef Walland, geboren 28. Jänner 1763 zu Neudorf bei Radmannsdorf, Priester 15. November 1789, vollendete die höheren theologischen Studien in Wien, ward Katechet, Professor der Moral und Pastoral, 1805 Domherr, Schuloberaufseher, kam nach der Reoccupation Illyriens 1815 als Gubernialrath nach Triest, wurde 2. Oktober 1818 Bischof, 3. August 1830 Erzbischof in Görz und starb 11. Mai 1834.

[2] Wurzbach, biogr. Lex. XXV. 43.

klafter anwies, welches später die krainische Landwirthschaftsgesellschaft ansehnlich vergrösserte.

Marschall Marmont behielt die Lehrkräfte des früheren Lyceums in der neuen ‚Centralschule' bei; er bezeichnet sie ausdrücklich als ‚ausgezeichnet befähigte Leute'.

Als ein Beleg für die Fortschritte der Zöglinge an der Laibacher Centralschule erschien 1811 ein ‚Plan de ville de Laybach, pris par les élèves de la classe de mathematique et de dessin aux écoles centrales de Laybach. Dessiné par Jean Scherrer.[1]

Das Laibacher *Gymnasium* wurde durch das neue Studiensystem auf drei Klassen eingeschränkt, in welchen Geschichte in Verbindung mit Erdbeschreibung, Latein, Französisch, Mathematik, Mass- und Gewichtssystem und als unobligat Italienisch gelehrt wurde. Der Gymnasialdirector war zugleich Inspector der Primärschulen seines Bezirkes. Diese Stelle erhielt *Vodnik*, und zugleich wurde er Director der Kunst- und Gewerbeschule (‚école d'arts et metiers'), welche in drei Klassen getheilt war: Bau-, Tischler- und Schlosserschule. Jede Klasse hatte ihren Lehrer; Religion und Zeichnen lernten die Schüler in der städtischen Primärschule. Mit 12. November 1810 begann am Gymnasium der Unterricht nach dem neuen System. Vodnik lehrte Geschichte und Erdbeschreibung. Seine Collegen waren: *M. Stupper*, Lehrer des Französischen und des Mass- und Gewichtsystemes; Gregor *Doller* für Latein und Arithmetik; *Kallister* für Französisch und Geometrie; *Eisler* für lateinische Grammatik und Arithmetik; Franz *Chaurag* (schon im Jahre 1796 Sprachlehrer am Gymnasium)[2] für französische Literatur; *Pesenegger* für lateinische Literatur. Die Lehrer erhielten nur die allgemeine Weisung, ihre Gegenstände zu lehren und die Jugend so viel als möglich schon von der ersten Klasse an im Französischen zu üben. Einen detaillirten *Lehrplan* gab es nicht, dieser war Sache der Lehrerschaft. Grösstentheils mussten die früheren Lehrbücher beibehalten werden. Es mögen alle Gegenstände gelehrt worden sein, aber die Classification findet sich nur über Geschichte und Erdbeschreibung, Latein und Französisch. *Unterrichtssprache* war anfänglich das Deutsche und Slovenische, später das Französische. Das *Laibacher* Gymnasium zählte im Schuljahre 1810: 352, 1811: 343 Schüler, Zahlen, die nicht unter dem Durchschnitte der

[1] Im Musealarchiv, vide Musealheft 1856 S. 61.

[2] Das Französische war auch unter der österreichischen Regierung obligater Gegenstand.

österreichischen Herrschaft stehen. Das Gymnasium in *Neustadtl* bestand im Jahre 1811 ohne Abtheilung in zwei Semester blos aus der ersten und zweiten Klasse. Die französische Sprache war auch hier obligater Gegenstand.

Die tiefgreifendste Veränderung vollzog sich an der *Volksschule* (der französischen ‚Primärschule'). Den bischöflichen Consistorien wurde ihre Leitung entzogen, die Diöcesan-Schuloberaufseherstelle erlosch. Nach dem französischen Schulplane wurden die Katechetenstellen überflüssig, denn es genügte, den vorgeschriebenen, mehr die Pflichten des Staatsbürgers als jene des Katholiken betonenden ‚Catechisme de l'Empire françoise' memoriren zu lassen. Infolge dessen wurde auch der bisherige Normalschulkatechet Andreas Wruss auf die Pfarre Soderschiz befördert. An der Laibacher Hauptschule wurden zwei Klassen errichtet, in denen nach dem neuen Lehrplane die Anfangsgegenstände in der Landessprache gelehrt werden mussten. Schüler mit gutem Fortgange sollten aus dieser Schule in die erste lateinische Klasse übertreten. Ausser diesen beiden Klassen gab es noch eine dritte höhere für solche, welche nicht weiter studiren wollten. In dieser liess der Marschall das Deutsche unter der Bedingung zu, dass gleichzeitig das Französische gelehrt werde. Diese Klasse hiess auch die französisch-deutsche Elementarschule. Ausser Religion und den Sprachen wurde da Schönschreiben, Zeichnen, Erdbeschreibung, Arithmetik, Geometrie und Mechanik gelehrt. Als Lehrer fungirten: Josef *Golob*, Josef *Winscheg*, Friedrich *Strohmayer*, Andreas *Kopitar*, Vincenz *Dorfmeister* (Zeichnen) und als Repetent und Supplent Matthäus *Klander*. Der Gehalt war auf die wirklich bettelhafte Summe von 400 Francs festgesetzt, neben welcher alle sechs Lehrer noch ein Quartiergeld von 1200 Francs bezogen. Es wurde in den Primärschulen ein Schulgeld mit monatlich ein Franc eingeführt, dessen Ertrag für die Lehrerbesoldungen bestimmt war; das Abgängige musste die Gemeinde herbeischaffen.

Die österreichischen Schulmänner zeigten sich mit der Neugestaltung der Volksschule nicht zufrieden. Den bisherigen Normalschuldirector in Laibach, Johann *Eggenberger*, bestimmte die Absicht der französischen Regierung, das Deutsche aus der Volksschule zu verbannen und damit deutsche Kultur und Sitte zu vernichten, auf seine Stelle zu resigniren, weil er, wie er selbst sagt, unter solchen Umständen seinem Vaterlande Krain nicht mehr nützlich sein könne. Vodnik übernahm die Direction der Laibacher Primärschulen unentgeltlich, dagegen erhielt er für die Direction der Gewerbeschule

600 Frs. Diese Schule war von 5 Maurer-, 7 Tischler- und 8 Schlosserlehrlingen besucht. Sie kostete 1327 Francs und die Lehrer hatten 400 bis 500 Francs Gehalt.

Während das Gymnasium unter französischer Herrschaft seinen Rang behauptete und die Schülerzahl constant blieb, sank der Besuch an der Laibacher Normalschule von 500 auf 250. Es mag dazu theils die allgemeine Militärpflicht, theils der missglückte Versuch, das Slovenische an die Stelle des Deutschen zu setzen, beigetragen haben.

5. Sociales Leben (Vereine, Theater). Officielle Feste. Die Huldigungsdeputation. Marmont verlässt Illyrien. Sein Verhältniss zur eroberten Provinz.

Es ist begreiflich, dass das gesellige Leben der Landeshauptstadt durch die Kriegswirren und die damit verbundenen Verluste und Umwälzungen gelitten hatte, aber bei der Erhebung Laibachs zur Hauptstadt einer von Lienz bis Ragusa sich ausdehnenden, durch günstige Lage und die Intelligenz ihrer Bewohner entwicklungsfähigen Provinz, und bei dem durch den Zusammenfluss von Beamten und Fremden gesteigerten Verkehr konnte es an Versuchen nicht fehlen, die Tage früheren lebensfrohen Genusses wieder heraufzubeschwören. Aus dem sogenannten Casino, das im Jahre 1800 ein gewisser Castagna im Theatergebäude errichtete und welches eigentlich nur in zwei abgesonderten Zimmern für Honoratioren mit Billard und Zeitungen bestand, entwickelte sich unter der Herrschaft der lebenslustigen französischen Nation durch die Bemühungen des Kaufmanns Franz *Galle* eine förmliche *Casinogesellschaft*. Die Statuten wurden in einer Versammlung im Theatercasino am 25. Februar 1810 angenommen und sofort durch den General-Polizeicommissär Toussaint, der als ein ‚für das Wohl der Stadt unermüdet thätiger Herr' gepriesen wird, dem Generalgouverneur zur Bestätigung vorgelegt, die am 30. März 1810 mit dem Beisatze erfolgte, der Marschall sehe die Errichtung dieser Gesellschaft mit Vergnügen, dieselbe könne für den Handel wie für die wechselseitige Annäherung der Bewohner Laibachs nicht anders als vortheilhaft sein, und die Grundsätze, auf denen sie beruhe, seien ganz dazu geeignet, ihr die Huld und Gewogenheit Sr. Excellenz zu erwerben. Am 22. April wurde das neue Casino am Hauptplatze im ersten Stock des Hauses Nr. 8 eröffnet. Zweck der Gesellschaft war nach den Statuten: ‚Beförderung des vaterländischen Handels überhaupt, Beförderung richtiger Einsicht in die Bildung und den Geschmack unseres Zeitalters, Beförderung einer für die gebildete Klasse anständigen gesellschaftlichen Unterhaltung, mit gänzlicher Beseitigung alles dessen, was in irgend eine, der öffentlichen Staatsverwaltung nachtheilige Beziehung gesetzt werden könnte'. Das Laibacher Wochenblatt (Nr. XX vom 18. Mai 1810) begrüsste das Casino als eine Anstalt, von welcher sich ‚mit Recht die glücklichsten Folgen für den Handel, für das gesellige Leben, für die Bildung und für die seit längerer Zeit immer mehr verscheuchte Annäherung der Mitbürger an einander erwarten lassen'. Dass das Casino dieser Erwartung entsprochen habe, ergibt sich schon aus der steigenden Mitgliederzahl, welche noch im Jahre 1813 sich auf 178 belief.

Wenn so ein neuer und bis auf den heutigen Tag wirksamer Mittelpunkt des geselligen Vergnügens, zugleich eine Börse für den Handelsstand, geschaffen wurde, erlitt die Geselligkeit andererseits einen grossen Verlust durch den gänzlichen Stillstand des ältesten Vereins: am 31. März 1809 hielt die *philharmonische Gesellschaft* ihre letzte Akademie in ihrem Saale, den bald darauf das Militär in Beschlag nahm. Die Gesellschaft sistirte sich selbst, die Beitragsleistungen hörten auf, die Direction führte aber die Geschäfte weiter. Das Kassebuch eröffnete der Kassier 1810 mit der lakonischen Bemerkung: ‚1810, französische Regierung. Gänzlicher Stillstand des gesellschaftlichen Vergnügens'. Ein einziges Lebenszeichen der Gesellschaft verzeichnen ihre Annalen unter französischer Herrschaft am 8. Januar 1811, indem ihre Mitglieder an diesem Tage bei einer Akademie zum Besten der Waisenkinder mitwirkten, welcher auch der Generalgouverneur beiwohnte.

Die *Laibacher Schützengesellschaft* erlitt im Beginne der Franzosenherrschaft einen herben Verlust: am 26. November 1809 starb im Alter von 42 Jahren ihr patriotischer und verdienstvoller Vorstand, Oberschützenmeister Valentin *Dreo.* Marschall Marmont eröffnete am 10. Dezember ein grosses Freischiessen auf der Schiesstätte und trug seinen Namen in das Schützenalbum ein. Die folgenden Jahre brachten an jedem Napoleonsfeste (15. August) ein Freischiessen. Bei dem des Jahres 1810 betheiligte sich der Generalgouverneur ebenfalls; das erste Best (12 Louisd'or) gewann ein Tiroler, Herr Fux, das zweite der Laibacher Glockengiesser Herr Vincenz Samassa.

Die *Laibacher Bühne* konnte unter dem neuen Regime keine Anziehungskraft für das deutsche Schauspiel haben, welches dem Geschmacke der Sieger nicht entsprach. Es wurde durch die italienische Oper ersetzt: Am 1. Mai 1810 ertheilte der Intendant einer italienischen Operngesellschaft (opera buffa) die Bewilligung zu zehn Vorstellungen, nachdem er ihre Ankündigung gesehen und genehmigt. Der ‚Télégraphe' schrieb in seiner Localrubrik am 6. Oktober 1810: ‚Jusqu'à présent l'on ne parle et l'on ne chante sur le théâtre de cette ville, qu'en allemand, le mieux que l'on sait. Ce soir on y parlera et chantera en français, le mieux que l'on saura. Ensuite l'on aura, dit-on, à la saison avancée des paroles et du chant italien par des gosiers italiens.

Il est au reste bien difficile qu'on puisse réunir beaucoup de monde au spectacle dans un pays ou les spectateurs sont partagés, comme ici, en differens langages. On peut dire, il est vrai, que le chant est une langue universelle; mais pour celui, qui n'entend pas les paroles, ce chant devient son, et n'est plus que de la musique instrumentale sur un instrument assez souvent mauvais ou mal joué, d'autantplus à découvert, que l'auditeur n'est pas distrait ou compensé par une espèce de plaisir ou d'occupation qu'il trouverait dans les paroles.'

Wir finden von italienischen Opernvorstellungen verzeichnet: 1810, 30. November: La scaltra Locandiera (L'Hôtesse rusée) von Farinelli; 11. Dezember: ‚L'avis au Jaloux' von Pavesi; 28. Dezember: ‚Les convenances théâtrales' von Guglielmi. Signora Angolini als Primadonna.

Die *officiellen Feste* trugen einiges zur Belebung der Geselligkeit bei. Am Napoleonstage gab es öffentliche Spiele, Illumination, Feuerwerk; am 4. Dezember 1810 wurde in Laibach die Erinnerung an die Dreikaiserschlacht (Austerlitz) und die Krönung mit besonderer Feierlichkeit begangen. Es fanden öffentliche Gebete in der Landessprache (langue du pays) statt, zur Danksagung für die glückliche Schwangerschaft der Kaiserin. Abends war die Stadt illuminirt, es gab ‚Transparents ingeniaux' an den von Autoritäten bewohnten Gebäuden. Am Thore des Gouvernementspalais (Bischofhof) ein Tableau mit Goldlettern: ‚Vive Napoleon', darüber eine Krone von der nemlichen Farbe, umgeben von Lorbeer- und Olivenzweigen. ‚C'étoit la manière la plus simple d'exprimer les voeux unanimes des peuples pour la personne de l'Empereur', wie der ‚Télégraphe' sagte. Abends war grosses Diner beim Generalgouverneur, dem ein glänzender Ball folgte. Die erste Quadrille eröffnete der Generalgouverneur mit seiner Gemalin, dann der Fürst Dietrichstein[1] und General Graf Lauriston, Adjutant des Kaisers.

---

[1] Fürst Dietrichstein befand sich damals in Laibach in der Angelegenheit der Louisenstrasse (von Karlstadt nach Fiume), für welche er bei Marmont eine besonders günstige Concession erwirkte.

Die Ständisch-Verordnetenstelle in Laibach hatte schon am 16ten Januar 1810 an die Landesregierung die Bitte gerichtet, die Liebe und unerschütterliche Anhänglichkeit der Stände und der Provinz Krain zu ihrem ‚jeweiligen' Monarchen auch dem ‚unüberwindlichen Eroberer, Sr. Majestät dem grossen Napoleon', durch eine Deputation ‚zu Füssen legen zu dürfen', es hatte aber die Generalintendanz diese Bitte abgelehnt, weil Krain für sich allein keine Deputation absenden, sondern diess nur im Namen aller Illyrischen Provinzen geschehen könne, dazu übrigens die Bewilligung Sr. Majestät erforderlich sei, auch den höheren Behörden vorbehalten bleiben müsse, die Glieder der Deputation zu bestimmen. Anfangs Januar 1811 ordnete aber Marschall Marmont die Absendung einer Huldigungsdeputation der Illyrischen Provinzen nach Paris an. *‚Ein Widerschein von dem Glanze des Kaiserthrons und von Paris sollte die neuen Unterthanen blenden, die nur eine verworrene Idee von unserer Grösse hatten.'* Die Städte Laibach, Villach, Görz, Ragusa, Fiume, Zara, Cattaro und Karlstadt stellten ihre Deputirten; jedes der sechs kroatischen Regimenter sandte einen Offizier, unter Anführung des Obersten Slivarich. Laibach vertraten der Weihbischof Ricci und der Maire Baron Lichtenberg. Beide erhielten aus diesem Anlasse den Orden der Ehrenlegion und der letztere überdies den Titel eines Barons des Kaiserreichs (‚Baron de l'Empire').

Am 1. Januar 1811 liess der Marschall aus Anlass des am kaiserlichen Hofe erwarteten freudigen Familienereignisses Spenden in Geld und Lebensmitteln an bedürftige Familien aller illyrischen Städte austheilen. Am 26. dieses Monats verliess er Laibach, um den Carneval in Triest zuzubringen; am 26. Februar begab er sich mit einmonatlichem Urlaub nach Paris und übertrug das Commando der Truppen in Illyrien einstweilen dem General Delzons. In Paris angelangt, berichtete er dem Kaiser über die Bedürfnisse der Illyrischen Provinzen und die Nothwendigkeit, ihre Organisation zu vollenden. Wirklich wurde zu diesem Behufe eine Commission ernannt, welche sich streng an Marmonts Ideen hielt. Unter anderem erwirkte er noch für die Illyrischen Provinzen die Betheiligung an dem ihnen bisher versagten Küstenverkehr mit Italien. Der traurige Zustand der Armee von Spanien bestimmte eben damals den Kaiser, Massena von dort abzuberufen. Er schlug dem Marschall vor, den Oberbefehl zu übernehmen, und eröffnete seinem Ehrgeize die Aussicht auf ein Vicekönigreich. Am 26. April 1811 reiste Marmont nach Spanien ab, und hiemit war seine Wirksamkeit als Generalgouverneur von Illyrien definitiv abgeschlossen.

Der Marschall war an der Spitze einer siegreichen Armee in das Land gekommen, welches unter den Kriegswirren so viel gelitten hatte; er war durch die Bedürfnisse der Armee, welche zu befriedigen die erste Pflicht seiner militärischen Stellung war, zu erhöhten Anforderungen an die Leistungsfähigkeit der neuen Provinz gezwungen, welche zu schonen und zu erhalten ihm andererseits als Haupt der Civiladministration oblag. Wie er diese Doppelstellung zu vereinigen gewusst, was er in der Verwaltung seiner Provinz angestrebt und erreicht, ist auf Grund authentischer Originalquellen und Berichte geschildert worden. Der Marschall zeigte sich als administratives Talent, als ehrenhafter, ritterlicher und loyaler Charakter, als ein Mann, dem es nicht genügte, durch die Gewalt der Bajonette zu herrschen, sondern der auch bestrebt war, die neuen Unterthanen Frankreichs mit ihrem Lose zu versöhnen, sie durch seine persönliche Liebenswürdigkeit, durch Festigkeit und Gerechtigkeit zu gewinnen. Er sucht die Bedürfnisse des Landes kennen zu lernen, zeigt viel Verständniss für dieselben und weiss sie mit Entschiedenheit gegen den autokratischen Willen des Kaisers zu vertheidigen. Er besucht die Minen von Idria, interessirt sich für alle Details der Quecksilbergewinnung; er bewundert die Adelsberger Grotte und den Zirknizer See und gibt eine Erklärung seines Erscheinens und Verschwindens, welche mit jener Arago's übereinstimmt. Er erkennt die ‚erbliche und entschiedene Zuneigung' an, welche die Bewohner Illyriens ‚mit Recht' für Oesterreich hegen, und wenn er sagt, dass er bei ihnen die ehrenhaftesten Erinnerungen zurückgelassen, so steht diese Aeusserung berechtigten Selbstgefühls in keinem Widerspruche mit den Berichten der Zeitgenossen und der Tradition in unserem Vaterlande.

6. Feuersbrünste in Neumarktl und Krainburg. Geburtsfeier des Königs von Rom. Der neue Generalgouverneur Graf Bertrand kommt in Laibach an (29. Juni 1811). Officielle Feste und Lustbarkeiten.

Während des auf Marschall Marmonts Abreise folgenden Interregnums wurden zwei blühende Städte Oberkrains von einem schrecklichen Unglück getroffen: Am 30. März 1811 brach in *Neumarktl* ein furchtbarer Brand aus, der 151 Häuser, über 100 Werkstätten und andere Gebäude verzehrte und welchem 75 Menschenleben zum Opfer fielen. Am 18. Mai 1811 brach in *Krainburg* im Hause Nr. 16 Feuer aus. Bei dem starken Winde breiteten sich die Flammen in zwei Stunden über Stadt und Umgebung aus. Von 263 Häusern, welche die Stadt sammt Vorstädten zählte, wurden 184 in Asche gelegt, 11 Scheunen mit Getreide und Futtervorräthen verbrannten, ein Weib kam in den Flammen um. Die Pfarre und das Schloss Kieselstein (‚La seigneurie') blieben verschont. Man schätzte den Schaden auf 300,000 Frs. Der Bürgermeister (sindic) Scaria und der Brigadier der Gensdarmerie retteten Kasse und Register des Steuereinnehmers. Der General-Polizeicommissär Toussaint brachte die Nachricht nach Laibach. Er begab sich sogleich zum Generalintendanten und zum Commandanten en Chef, General Delzons, und nachdem er ihre Weisungen empfangen, reiste er nach Krainburg ab, in Begleitung von 250 Mann Cavallerie unter Commando des Escadronschefs Brunn. Sie blieben die ganze Nacht auf der Brandstätte und steuerten dem Umsichgreifen des Feuers. Unter den Bewohnern Krainburgs zeichnete sich ausser dem schon genannten Bürgermeister der Besitzer des Schlosses Kieselstein, Natale Pagliarucci, durch besonderen Eifer aus. Die französische Regierung leitete sogleich Sammlungen im ganzen Umfange der Illyrischen Provinzen ein, welche für Neumarktl 14,786, für Krainburg 6952 Frs. ergaben, und steuerte selbst für letztere Stadt 6000 Frs. bei. Mit kaiserlichem Decret vom 25. Juli wurden ferner für Neumarktl 70,000 Frs., für Krainburg 30,000 Frs. bewilligt. Der Bürgermeister von Neumarktl richtete aus diesem Anlasse eine Danksagungsschrift in deutscher und französischer Sprache an Kaiser Napoleon.

Die Geburt des Königs von Rom (20. März 1811), in welcher Napoleon seine letzten Wünsche erfüllt, die Herrschaft seiner Dynastie befestigt sah, der Vorbote eines neuen romanischen Kaiserthums, weckte den freudigsten Widerhall in den Illyrischen Provinzen. War es doch das Kind einer österreichischen Prinzessin, knüpfte man doch an die innigere Annäherung der beiden Dynastien die nie ganz aufgegebene Hoffnung, dem alten Mutterlande wiedergegeben zu werden. Die Feier des freudigen Ereignisses war in Laibach nicht minder glänzend, als in allen übrigen Provinzen des weiten Reiches.

Am 28. März langte die Nachricht in Laibach an und wurde mit 101 Kanonenschüssen und dem Geläute aller Glocken begrüsst.

Am 31. März 10 Uhr vormittags begaben sich der Generalintendant Maitre des requêtes, Baron Belleville, und alle Civil- und Militärautoritäten in grosser Galla in die Kathedrale zu dem vom Bischof celebrirten Hochamt und dem von ausgezeichneten Künstlern (artistes distingués) ausgeführten Tedeum. Der Intendant von Oberkrain gab den Rekruten ein Diner. Der General-Polizeicommissär liess im Namen der Regierung Wein an die Soldaten und Spenden an die Dürftigen vertheilen, ja er wusste sogar einen Augenblick die peinliche Lage (pénible position) der Sträflinge durch eine doppelte Ration (double distribution) zu versüssen (adoucir).

Der Generalintendant gab ein Diner, dem der Bischof von Laibach und sein Weihbischof und die Autoritäten beiwohnten.

Um 8 Uhr abends Illumination, in der Redoute Bankett der Behörden und der angesehensten Einwohner, auf Subscription, während auf Kosten der Gesellschaft ein Ball für die übrigen Einwohner in der ‚salle du spectacle' abgehalten wurde. Der Tanz dauerte bis Tagesanbruch.

Mr. *Belloc*, Director des Enregistrement und der Domänen in Laibach, verfasste folgende Inschriften für die festliche Illumination:

In auspicatissima
Regis Romae
Natalitia
Inscriptiones temporariae.

—

Napoleonem Augustum
Principe suavissimo
Inclitae Napoleonidum Propaginis
Ac Imperii aeternitatis
Sponsore auctum
Illyrici voti compotes
Gratulantur

—

Fauste feliciter
Mariae Aloisiae Augustae
Matri Sobolis Augustae
Natae
Ad populorum securitatem
Imperii Firmamentum.

Der Professor des Zeichnens und der Architektur an den Centralschulen in Laibach, M. Hyazinth *Maina*, liess eine allegorische Zeichnung erscheinen, die er selbst in Kupfer stach, mit Virgils prophetischen Worten:

‚Jam nova progenies coelo demittitur alto,
Ille Deum vitam accipiet, Divisque videbit
Permistos heroas et ipse videbitur illis:
Pacatumque reget patriis virtutibus orbem.'

Conte *Agapito*, ein Istrianer, Professor der Beredtsamkeit und Universalgeschichte und Bibliothekar an den Centralschulen in Laibach, dichtete zu obiger Zeichnung ein italienisches Sonett.

Auch der 9. Juni, als der Tag der *Taufe* des Königs von Rom, wurde festlich begangen. Um 11 Uhr Hochamt in Gegenwart des Generalintendanten Baron Belleville, des Generals Baron Delzons, des General-Justizcommissärs Baron Coffinhal; Tedeum, Kanonenschüsse, Geläute aller Glocken. Die französischen und kroatischen Truppen standen unter den Waffen. Um halb 6 Uhr war Bankett beim Generalintendanten, abends Illumination. Mr. Agapito dichtete ein zweites Sonett:

Al fulminar del genio tuo guerriero
Cadde il mondo a' tuoi piè, vetusta Roma
Chi a te si oppose stoltamente fiero
Appena appena si rammenta o noma.

Tu gia vedesti sovra il Tebro altero
La barbarie natìa deposta e doma
Venir sommessi al tuo possente impero
I Re cattivi con la rasa chioma.

Le tue belliche glorie estinte al fine
Tu vedesti di pace ai dì tranquilli
Sacre e onorate ancor le tue ruine.

Ma nel figlio del Grande un dì vedrai
Quel che ne' Scipj tuoi, ne' tuoi Camilli
E negli Augusti non vedesti mai.

Am 29. Juni 1811 kam der Nachfolger Marschall Marmonts im Gouvernement der Illyrischen Provinzen, General Graf *Bertrand*, in Laibach an. Die Stadt Triest hatte zu seiner Begrüssung eine Deputation entsendet. Am folgenden Tage empfing er das Offiziercorps, den Klerus und die Civilautoritäten. Dann stieg er zu Pferde und liess eine Viertelstunde ausser der Stadt das 8. leichte Infanterieregiment, zwei Bataillone des 5. und 6. Regiments illyrischer Chasseurs und die französische und kroatische Artillerie Revue passiren. Am 30. Juli reiste er nach Triest ab, um dort einige Tage zuzubringen; gegen Ende August machte er eine Tour durch Istrien. Anfang September besuchte er Civil- und Militärkroatien, und zu Ende dieses Monats das illyrische Küstenland von Fiume bis an die Grenze von Türkisch-Albanien.

Graf Bertrand war es ohne Zweifel, welcher die kaiserlichen Spenden für die unglücklichen Städte Krainburg und Neumarktl ausgewirkt hatte; er liess überdies aus seiner eigenen Kasse 500 Frs. an die Krainburger vertheilen. Ein Mann von dem edlen und wohlwollenden Charakter Bertrands war ganz geeignet, das von Marschall Marmont mit Mässigung und Festigkeit begonnene Werk der Befriedung Illyriens fortzusetzen. Neben ernsten Gesetzgebungsarbeiten gab es ‚Panem et Circenses' für das Volk und gesellige Feste für die höhere Gesellschaft. Zu beiden boten den besten Anlass die officiellen Jahresfeste. So lesen wir, wie der Napoleonstag (15. August) des Jahres 1811 gefeiert wurde. Am Vorabend ertönten Artilleriesalven. Am folgenden Tage wurde nach stattgehabtem Hochamt und Tedeum eine grosse Revue abgehalten. Die Schützengesellschaft Laibachs (société des Arquebusiers), deren Mitglied der Generalgouverneur war, veranstaltete ein Festschiessen, das vier Tage dauerte. Unter den Bedingungen der von ‚Sigismond de Gandin, Chef des Arquebusiers', und Thomas Dreo, Sous-Chef', erlassenen Einladung heisst es: ‚8. L'arquebuse de Son Excellence sera placée en tête de tout les autres.' Abends war die Stadt illuminirt. Der Generalgouverneur veranstaltete ein Bankett, an welches sich ein Festball anschloss; um 1 Uhr morgens fand das Souper statt. Ausserdem gab es Weinvertheilung an die Soldaten, öffentlichen Gratisball in der ‚salle de spectacle' (Redoute) und ‚abondantes distributions de pain' an die Armen. Der 25. August, der Jahrestag (fête) der Kaiserin wurde durch ein Volksfest in der Umgebung Laibachs ‚dans une des prairies voisines', mit Kletterbäumen und Sackrennen in Eimern und zu Fuss, in der Stadt durch Diner und Ball beim Generalgouverneur und durch die unumgängliche Illumination gefeiert. Das Napoleonsfest des Jahres 1812 war durch ein Festschiessen, dem Schützen aus allen Theilen Illyriens und aus Tirol beiwohnten, ausgezeichnet; das Municipium von Laibach stattete zwei Bräute aus. Das alte beliebte Vergnügen der *Wasserfahrten* auf der Laibach lebte wieder auf. Wir lesen von einer Fahrt, welche die Bewohner Laibachs am 28. Mai 1812 unter Theilnahme des Generalgouverneurs und seiner Familie veranstalteten. Um 4 Uhr nachmittags setzte sich die Flottille eleganter Barken vom Zois-schen Hause am Rann aus in Bewegung, voraus ein Schiff mit der Musik. Junge Mädchen und Kinder, ‚présentant des fleurs', empfingen die Gesellschaft am Orte des Rendezvous, wo ‚geschmackvolle' Tafeln bereitstanden. Es gab da enthusiastische Toaste auf die Majestäten und den König von Rom. Es wurde ein ‚Vers' recitirt zu Ehren der Rückkehr des Generalgouverneurs (er hatte den Winter in Triest zugebracht, von wo er am 6. Mai nach Laibach zurückkehrte). Dem Diner folgten ‚ländliche Tänze‘ bis zum Sonnenuntergang, und dann stachen die illuminirten Schiffe vom Ufer ab, welches beiderseits mit Lampenpyramiden erleuchtet war. Aufsteigen eines Ballons, Feuerwerk und Ball im Gouvernementsgebäude endigten die Feier, ‚cette charmante fête, qui constamment offert le touchant spectacle du calme et du bonheur, dont jouissent les habitans de ces Provinces sous le gouvernement paternel de Sa Majesté‘, wie das officielle Blatt sagte. Wohl mochte man damals noch Feste befriedigten Stolzes feiern, denn das Kaiserreich stand auf der Höhe seiner Macht, aber unersättliche Herrschsucht trieb den Beherrscher Europa's, den Nachfolger der Cäsaren, immer weiter seinem Verhängniss entgegen. In dem Flammenmeere von Moskau ging sein Glücksstern unter. Noch feierte man in Laibach (18. Oktober 1812) durch Tedeum, Bankett und Illumination die französischen ‚Siege‘ in Russland und den Einzug in den Kreml, als der verhängnissvolle Rückzug begann, der von einer Armee von 610,000 Mann nur 58,000 rettete. Auch manchen tapferen Krainer deckte das grosse Leichentuch der russischen Schneefelder, wenige kehrten zurück, um von den grossartigen Kämpfen und Leiden, von Moskau und der Beresina zu erzählen. Am 3. Dezember verkündete das berühmte 29. Bulletin den athemlos harrenden Völkern, dass der Kaiser gesund, die grosse Armee vernichtet sei. Ungebeugt und schonungslos die letzten Hilfsquellen seines kolossalen Machtgebietes ausbeutend, schritt der Kaiser zu neuen Rüstungen. In Laibach feierte man in gewohnter Weise am 7. Dezember 1812 den Jahrestag der Krönung Napoleons und der Schlacht von Austerlitz. Der Canonicus Pinhak hielt die Festrede. In Triest apostrophirte Canonicus Rado die illyrischen Rekruten, welche das Machtgebot von der Seine zu neuen Kämpfen rief. Am Wendepunkt der Geschicke Illyriens angelangt, wollen wir unseren Blick seinen inneren Zuständen, der Kulturarbeit, zuwenden, welche der rastlose französische Geist mit unleugbarem Geschick und staunenswerther Ausdauer, unbeirrt durch die Kämpfe am Tajo und an der Moskwa, in unserem Vaterlande vollzogen hat.

7. Das kaiserliche Organisationsdecret für Illyrien.

Administrative Eintheilung. Intendanten. Finanzwesen. Polizei. Post. Bau- und Sanitätswesen. Municipaleinrichtungen. Justiz. Militär. Geistliche Angelegenheiten.

Ein kaiserliches Decret, gegeben im Palaste der Tuilerien 15ten April 1811 und veröffentlicht im Gesetzregister (Bulletin des Lois), Nr. 369 bis, setzte die *neue Organisation* der Illyrischen Provinzen fest. An die Spitze derselben wurde wie bisher ein *Generalgouverneur* mit einem *Generalsecretär*, einem *Generalintendanten* der Finanzen und einem *Justizcommissär* gestellt. Dem Generalintendanten wurden ein *Generaleinnehmer* (Receveur général) und ein *Schatzmeister* (Trésorier) zu- und untergeordnet.

Nach der vom Generalgouverneur am 13. Oktober 1811 genehmigten *Eintheilung* zerfiel Krain in drei *Districte*: Laibach, Neustadtl, Adelsberg, diese wieder in *Cantone*, die Cantone in *Arrondissements*, wie aus nachstehender Uebersicht hervorgeht:

District Laibach.

I. Canton Laibach (intra muros): Arrondissement Laibach.

II. Canton Laibach (extra muros): Arrondissements: 1. Stroblhof, 2. Tschernutsch, 3. S. Veit, 4. Zwischenwässern, 5. Salloch, 6. Dobruine, 7. Wrest, 8. Schelimle.

III. Canton Stein: Arrondissements: 1. Stein, 2. S. Martin, 3. Möttnig, 4. Kreuz, 5. Kaplavas, 6. Mannsburg.

IV. Canton Krainburg: Arrondissements: 1. Krainburg, 2. Naklas, 3. Flödnig, 4. S. Georgen, 5. Vodiz, 6. Zirklach, 7. Höflein, 8. Neumarktl, 9. Loka.

V. Canton Radmannsdorf: Arrondissements: 1. Radmannsdorf, 2. Kropp, 3. Vigaun, 4. Auriz, 5. Feistriz, 6. Kronau, 7. Assling.

VI. Canton Lack: Arrondissements: 1. Lack, 2. Altenlack, 3. Pölland, 4. Trata, 5. Altossliz, 6. Sairach, 7. Zarz, 8. Eisnern, 9. Selzach.

VII. Canton Gallenberg: Arrondissements: 1. Lukowiz, 2. S. Oswald, 3. Sagor, 4. Ponovitsch, 5. Kandersch, 6. Morautsch, 7. S. Helena, 8. Kreuzberg.

District Neustadtl.

VIII. Canton Neustadt (Neustadtl): Arrondissements: 1. Neustadtl, 2. Stoppitsch, 3. Töpliz, 4. Hönigstein, 5. S. Pierre, 6. Wrusniz

IX. Canton Landstrass: Arrondissements: 1. S. Bartelmä, 2. Landstrass, 3. Tschatesch, 4. Zirkle, 5. Gurkfeld, 6. Arch, 7. Bründl.

X. Canton Nassenfuss: Arrondissements: 1. S. Kantian, 2. S. Marguerite, 3. Neudegg, 4. Nassenfuss, 5. S. Ruprecht, 6. Savenstein, 7. Ratschach.

XI. Canton Littai: Arrondissements: 1. Maria Thal, 2. Hl. Kreuz, 3. Littai, 4. Preschgain.

XII. Canton Weixelburg: Arrondissements: 1. S. Martin, 2. Weichselburg, 3. Gutenfeld, 4. Auersperg, 5. Laschiz, 6. Sittich, 7. Grossgaber.

XIII. Canton Seisenberg: Arrondissements: 1. Treffen, 2. Döbernig, 3. Hinnach, 4. Seisenberg, 5. Gurk.

XIV. Canton Gottschee: Arrondissements: 1. Oblak, 2. Laaserbach, 3. Soderschiz, 4. Reifniz, 5. Niederdorf, 6. Malgern, 7. Gottschee, 8. Obergrass, 9. Rieg, 10. Mösel, 11. Nesselthal, 12. Kostel.

XV. Canton Möttling: Arrondissements: 1. Pölland, 2. Tschermoschniz, 3. Tschernembl, 4. Oberch, 5. Schweinberg, 6. Freithurn, 7. Gradaz, 8. Semitsch, 9. Möttling, 10. Ratschitsch (?).

District Adelsberg.

XVI. Canton Adelsberg: Arrondissements: 1. Adelsberg, 2. Präwald, 3. Unterkoschana.

XVII. Canton Idria: Arrondissements: 1. Idria (Idria Stadt, Unter-Idria), 2. Jelitschenverh, 3. Tschekounik, 4. Unter-, Mitter- Kanomla, 5. Karnize, 6. Oberkanomla, 7. Voiska.

XVIII. Canton Loitsch: Arrondissements: 1. Loitsch, 2. Neu-Oberlaibach, 3. Franzdorf, 4. Pillichgraz, 5. Suite de P.

XIX. Canton Senosetsch: Arrondissements: 1. Senosetsch, 2. Dolina, 3. Prem, 4. Dornegg, 5. Lippa, 6. Materia, 7. Castelnuovo.

XX. Canton Laas: Arrondissement Laas.

XXI. Canton Zirkniz: Arrondissements: 1. Zirkniz, 2. Planina.

Aenderungen in der Cantonseintheilung erfolgten mit Beschluss des ‚Petit Conseil d'Illyrie' in der Sitzung vom 7. Januar 1812 unter Vorsitz des Generalgouverneurs, im Beisein des Generalintendanten, des Generaljustizcommissärs, des ersten Präsidenten des Appellhofs, *Spalatini*, des zweiten Präsidenten, *M. Pepeu*, und des Generalsecretärs.

Anlass gab die durch Art. 76 und 184 des Decrets vom 15. April 1811 festgesetzte Zahl der *Friedensrichter* (21), welche für Krain unzureichend befunden wurde, wodurch sich die Nothwendigkeit herausstellte, auch die Zahl der Cantone zu erhöhen. Es wurde beschlossen, die Zahl der Friedensrichter auf 23 zu vermehren, und nachstehende Abänderungen in der Cantonseintheilung zu treffen: Aus dem Canton Gottschee wurde ein neuer Canton: *Reifniz*; ebenso aus Möttling: *Tschernembl*; aus Senosetsch: *Feistriz* ausgeschieden; der Canton *Laas* sollte mit Zirkniz künftig vereinigt den Canton *Zirkniz* bilden; der Canton Gallenberg sollte *Gallenberg-Moräutsch* heissen; der Hauptort des Cantons Loitsch Oberlaibach sein.

Gemäss kaiserlichen Decrets vom 10. Januar 1813 wurde ein *vierter District* mit dem Hauptort *Krainburg* gebildet. Er begriff die vier Cantone Krainburg, Lack, Stein, Radmannsdorf, welche aus dem

Laibacher District ausgeschieden wurden. Der District von Neustadtl wurde auf sechs Cantone reducirt (Neustadtl, Landstrass, Nassenfuss, Seisenberg, Gottschee, Möttling). Der District Laibach sollte künftighin aus den Cantonen Laibach intra und extra muros, Gallenberg, Littai und Grossgaber (Weixelburg) bestehen, welche beiden letzten aus dem Neustadtler District ausgeschieden wurden.

Zum *Intendanten* von Krain wurde mit kaiserlichem Decret vom 28. Juni 1811 Mr. *Moussaye*, Auditor im Staatsrath, ernannt. Er trat dieses Amt gegen Ende August an. Zu *Subdélégués* der Intendanzen in Krain wurden mit kaiserlichem Decret vom 30. August 1811 für Neustadtl: *Taufferer*, für Adelsberg: *Luycks* ernannt. Baron *Belleville* legte die schon unter Marmont bekleidete Stelle eines *Generalintendanten* aus Gesundheitsrücksichten nieder und kehrte am 1. Oktober nach Frankreich zurück. Comte de *Chabrol* wurde mit kaiserlichem Decret vom 16. August 1811 auf diesen Posten berufen, und langte bereits am 24. September 1811 in Laibach an.

Von *directen Steuern* blieb die *Grundsteuer*, deren Ordinarium für ganz Illyrien definitiv mit 4.500,000 Frs. festgesetzt wurde, und es wurde die *Patentsteuer* (für die Ausübung eines Gewerbes oder Handelsbetriebes, für 1811: 200,000 Frs.) eingeführt. Von *indirecten* Steuern wurden *Stempel-* (Patent vom 24. Juli 1811) und *Einregistrirungs-* (die in Oesterreich sogenannten ‚unmittelbaren') Gebühren eingeführt. Den Ertrag der letzteren präliminirte Marschall Marmont auf monatliche 150,000 Frs., in dem Budget von 1811 finden wir sie vereint mit Stempel, Domänen und Waldungen auf die Jahressumme von 1.200,000 Frs. festgesetzt. Von *Staatsmonopolen* bestanden jene auf Salz, Tabak, Lotto, Pulver und Salpeter. Im Jahre 1813 wurde der *Tabakbau* für Krain und Civilkroatien bewilligt. Die kaiserlich französische *Lotterie* bot Vortheile im Vergleiche mit der altösterreichischen. So bestand z. B. der französische Terno in dem 5500fachen des Einsatzes, während der altösterreichische den Einsatz nur 4800fach wiedergab. Einen Quaterno gab es im österreichischen Lotto nicht, wohl aber im französischen mit dem 75,000fachen des Einsatzes. Der Einsatz war unbeschränkt, nur beim Quaterno war das Maximum desselben auf 3 Frs. normirt. Es gab im französischen System ausserdem einen ‚bestimmten' Ambo mit 5100fachem Einsatz, keine Zahl wurde gesperrt u. s. w. Besondere Bekanntmachungen setzten dem Publicum diese Vorzüge des französischen Systems auseinander, eine Speculation auf niedrige Leidenschaften, unwürdig einer sonst gerechten und wohlmeinenden Administration.

Die *Verwaltung der Domänen* und der damit vereinigten *indirecten Steuern* stand unter einem *Director* in Laibach. Ihm unterstanden die *Inspectoren*, deren sich in jeder Intendanz oder Subdelegation einer befand, mit einem *Verificateur* (Controls- oder Censursbeamten) zur Seite. *Receveurs* besorgten die Einhebung der Domänenerträge und des Enregistrements gegen Perzente von der Brutto-Einnahme, während die übrigen Beamten fixe Gehalte bezogen. Die *Zolldirection* war in Triest etablirt. Sie hatte ihre Beamten, Aufsichtsbrigaden, Inspectoren, Unterinspectoren als überwachende Organe. Die Verhandlung über Zollstraffälle wurde vor dem Friedensrichter oder nach Umständen vor dem Tribunal erster Instanz mündlich geführt, wobei der Vorsteher des Zoll-Oberamtes als Kläger erschien und in wichtigeren Fällen den Kammerprocurator (Procureur Imperial) zur Seite hatte. Die Zollaufsichts-Mannschaft war militärisch organisirt in Brigaden, mit Brigadiers, Lieutenants, Unterlieutenants und einem Controleur des Brigades oder Lieutenant-Principal. Im Nothfalle musste diese Wache, wie die Gensdarmerie, ins Feld ziehen. Das *Salz- und Tabakgefälle* war vom 1. Januar 1810 bis 1. Juli 1812 verpachtet; von letzterem Zeitpunkte an wurden beide Gefälle in eigene Regie genommen und ihre Verwaltung einem Generaldirector in Triest mit drei Administratoren, einem Generalsecretär und einem Kassier übertragen. In Laibach bestand eine besondere Direction für Krain und Kärnten mit einem Director an der Spitze. Straffälle wurden, wenn nicht die Ablassung zustande kam, vor den Friedensrichter geleitet.

Zur Regelung der *Domesticalschuld* und der *Staatspensionen* wurde infolge des Organisationsstatuts eine Commission niedergesetzt, welche, aus Mr. de Las Cazes, Maitre des requêtes und kaiserlichen Kammerherrn, und den Staatsrathsauditoren Balbe und Chambaudoin bestehend, am 9. Juli 1811 in Laibach anlangte, um sogleich ihre Arbeit zu beginnen. Zur Deckung der Domesticalschuld bestimmte ein kaiserliches Decret vom 15. Januar 1812 ein Kapital von fünf Millionen Francs mit Verzinsung von $2^1/_2$ Perzent, vom 1. März 1812 angefangen.

Die *hohe Polizei* stand unter der unmittelbaren Aufsicht des Generalgouverneurs, welcher sich zur Durchführung seiner Anordnungen der Intendanten und Subdélégués, des Militärs und der Gensdarmerie bediente. Das Institut der General-Polizeicommissäre ging ein, doch fristete der General-Polizeicommissär in Laibach ein precäres Dasein durch specielle, ihm zeitweilig vom Generalgouverneur ertheilte Aufträge. Die wichtigste Stelle nahm fortan die *Gensdarmerie* ein, welche von Amts wegen auf alles die innere Ruhe, Sicherheit, Aufrechthaltung der Verfassung und Beobachtung der Gesetze Betreffende zu sehen hatte, welche selbst das Benehmen der öffentlichen Beamten beaufsichtigte. Die *correctionelle Polizei* war durch die neue Organisation den *Friedensgerichten* oder den *Justiztribunalen erster Instanz* zugewiesen. Schattenseiten der Polizeiverwaltung waren: Vernachlässigung der Armen-Versorgungs- und andern nützlichen Anstalten öffentlicher Wohlfahrt, deren Erhaltung die französische Regierung den Gemeindekassen aufbürdete, schlechter Zustand der Gefängnisse, Duldung fremden, besonders italienischen herren- und brodlosen Gesindels, wodurch die öffentliche Sicherheit gefährdet wurde, so dass zu Ende des Jahres 1812 in der Residenz des Generalgouverneurs nächtliche Diebereien und Einbrüche, ja selbst gewaltsame Angriffe auf Personen in den Abendstunden auf öffentlicher Gasse zu den alltäglichen Ereignissen gehörten. Im Jahre 1812 wurden sogenannte Aufenthalts- oder Sicherheitskarten (Cartes de domicile) eingeführt und auf Rechnung des General-Polizeicommissärs von den Gemeindevorstehern gegen Erlag von 75 Centimes ausgetheilt. Auslandspässe kosteten 5, Inlandspässe 2 Frs., nur jene für die Gottscheer ohne Unterschied 1 Frc. Auslandspässe verabfolgten nur die Domänenreceveurs in den Hauptorten der Provinz, nachdem die Ausfertigung über Certificate der Maires und Subdélégués von dem Intendanten genehmigt war, die Passformeln für das Inland wurden von den Steuereinnehmern in den Gemeinden ausgetheilt, von den Maires ausgefüllt und von den Subdélégués unterzeichnet.

Als Oberaufseher in *Bausachen* war im Sitze des Gouvernements ein Beamter aufgestellt, welcher nach dem Organisationsstatut den Titel eines *Inspecteur divisionnaire* führen sollte, aber gewöhnlich ‚*Directeur*' genannt wurde. Neben ihm stand in jeder Provinz ein *Provinzingenieur*, welchem die *Districtsingenieure* (*Conducteurs*) und *Bezirksaufseher* untergeordnet waren. In den Hauptortschaften bestanden *Baumeister* für die der Aufsicht der Gemeinden zugewiesenen Baulichkeiten, welche von den Gemeindekassen besoldet wurden.

Das *Sanitätswesen* wurde von der französischen Regierung als Gemeindesache betrachtet und geringerer Fürsorge gewürdigt. Die Gemeinden mussten 2 Perzent ihrer Einnahmen zur Verfügung der Regierung für das Sanitätswesen überhaupt und 1 Perzent zur Verbreitung der Impfung abgeben und die in den Districten aufgestellten Aerzte und Wundärzte besolden. Erst mit Arrêté des Generalgouverneurs vom 6. April 1812 wurde ein *Central-Sanitätsrath* (‚Conseil central de Santé') eingesetzt. Er bestand unter dem Vorsitze des Generalintendanten aus dem ersten Armeearzt (médecin en chef de l'armée) Bagneris, dem ersten Armeechirurgen (chirurgien major de l'armée) Vial, dem Intendanzarzt Dr. Jeuniker, welcher zugleich Spitalsarzt (médecin de l'hôpital général) war, und dem Professor der Anatomie an der Laibacher Centralschule, Anton Melzer. Erst mit Arrêté vom 14. August 1813 wurden die Intendanzärzte ernannt und ihre Bezüge festgestellt, und zwar für Dr. Jeuniker, da er zugleich Mitglied des Central-Sanitätsraths war, mit 1200, für die übrigen mit 800 Frs. Zur Verbreitung der Impfung hatte der Generalgouverneur schon mit Erlass vom 26ten August 1811 ein Centralcomité in Laibach eingesetzt. In diesem Jahre wurden in Krain 5594 Kinder geimpft, davon im District Neustadtl allein durch die Thätigkeit des Subdélégué Taufferer bis Ende August 4276, (Dr. Laschan impfte hier 2056, der Chirurg Raunacher 1187, der Chirurg Hafner 1033 Kinder). Im Jahre 1812 stieg die Gesammtzahl der Geimpften in Krain auf 7202.

Die *Pferdepost* wurde erst mit kaiserlichem Decret vom 17ten September 1811 nach französischem Fuss organisirt; die *Briefpost* erfuhr ihre Regelung durch Erlass des Generalgouverneurs vom 16ten Dezember 1811. Der *Postenlauf* (Couriers) wurde vom 1. Januar 1812 an derart festgesetzt, dass die Triester Post täglich, die deutsche über Franz viermal, die Orientpost (Neustadtl, Karlstadt, Kostainiza, Türkei) und jene von Fiume, Frankreich, Italien und Görz dreimal, dagegen jene von Dalmatien und Oberkärnten (Villach, Baiern, Tirol, Klagenfurt) zweimal wöchentlich in Laibach ankamen und abgingen. Von Triest bis Laibach kostete ein Passagierplatz 20 Frs. 68 Cs., von Laibach bis Franz 10 Frs. 34 Cs., von Laibach bis Kostainiza 36 Frs. 55 Cs.; dazu kam die Gebühr für die Postillone pr. Station mit 26 Cs. und ausserdem ‚la retribution convenable aux postillons.'

Das *Municipalwesen* war durch das Organisationsdecret nach dem Muster des französischen Reichs geregelt, mit *Maires* und *Adjuncten* als öffentlichen Functionären (Fonctionnaires publics municipaux) und *Municipalräthen*, deren Zahl sich nach der Bevölkerung richtete. Die *Budgets* der Gemeinden mit weniger als 10,000 Frs. Einkommen wurden vom Generalgouverneur nach dem Antrage des Intendanten festgesetzt, jene von höherem Einkommen unterlagen der Genehmigung des Staatsrathes in Paris. Die *Ernennungen* der Maires von Laibach, Triest, Zara, Ragusa, Karlstadt hatte sich der Kaiser vorbehalten. Mittlerweile übertrug der Generalgouverneur Bertrand mit Arrêté de dato Triest 13. Januar 1812 die Gemeindeverwaltung Laibachs provisorisch einer Commission, bestehend unter dem Vorsitze des Baron Codelli (Le Sieur Codelli, ancien président du cercle) aus nachbenannten Mitgliedern: Pagliarucci, Dr. Russ, Kaufmann Primiz, Dr. Rosmann, Kaufmann Jager, Frörenteich, Rudolf, Candutsch, Josef Alborghetti, Nikolas Recher, Pessiak sen., Lederwasch, Kuck, Dr. Pfandl, Josef Wagner, Buchhändler Korn, Aichholzer, Mulle, Zhebull, Wurschbauer, Malitsch, Savinscheg Vater, Valentin, Vogou. Vier dieser Mitglieder mit dem Präsidenten versahen die Amtshandlungen des Maires und seiner Adjuncten, die übrigen 20 bildeten den Ausschuss und versammelten sich in besonderen, vom Mairiegesetz ihnen vorgezeichneten Fällen. Infolge kaiserlichen Decrets vom 24. März 1812, gegeben im kaiserlichen Palaste des Elysée in Paris, erfolgte endlich am 4. Mai 1812 die Installation der Mairie von Laibach, die aus dem Freiherrn von Codelli als Maire, dann aus vier Adjuncten und 20 Municipalräthen bestand. Adjuncten waren: Anton Rudolf, Handelsmann; Sigmund von Pagliarucci, Besitzer; Dr. Johann Rosmann, Advocat; Georg Mulle, Handelsmann. Zu Municipalräthen wurden ernannt: Joh. Bapt. Jager, Leopold Frörenteich, Kaspar Candutsch, Josef Alborghetti, Niklas Recher, Michael Pessiak, Niklas Lederwasch, Michael Kuck, Dr. Jakob Pfandl, Apotheker Josef Wagner, Buchhändler W. H. Korn, J. B. Aichholzer, Franz Zhebull, Josef Wurschbauer, Andreas Malitsch, Josef Savinscheg, Franz Valentin, Leonhard Vogou, Franz Gallé, Thomas Dreo. Die französische Verwaltung betraute die Mairien mit einer neuen wichtigen Function, die *Führung der Civilstandsregister* (Geburten, Trauungen, Todesfälle) wurde ihnen übergeben.[1] In Hinsicht auf *Ehesachen* wurde mit Erlass des bischöflichen Ordinariats vom 1. Dezember 1811 kundgemacht, das österreichische Ehepatent werde durch Einführung der französischen Gesetze in Illyrien vom 1. Januar 1812 an ausser Kraft gesetzt, und in Hinkunft habe der Seelsorger nur jenen die kirchliche Einsegnung zu ertheilen, welche erweisen könnten, dass sie ihren Ehevertrag vor dem Civilbeamten geschlossen. Die Eheschliessung auf der Mairie wurde durch Trommelschlag verlautbart, und die Eingehung des Civilcontractes

[1] Indessen verfügte das Gouvernement, dass dort, wo die Maires zur Führung der Register nicht geeignet wären, die Pfarrer das Geschäft fortsetzen sollten. Erst zu Ende August 1812 wurden alle Tauf-, Trau- und Sterbebücher der Pfarrämter an die Mairien abgegeben. Das Ordinariat hatte übrigens der Curatgeistlichkeit die Weisung ertheilt, ihrerseits fortan die Tauf-, Trau- und Sterbefälle vorzumerken, was die Regierung geschehen liess.

überhob die Verehlichten, wenn es in ihrem Wunsche lag, jeder kirchlichen Ceremonie.

Als *Geschäftssprache* wurde in allen Mairien das Französische eingeführt, wie es überhaupt als *Verwaltungssprache* galt; thatsächlich fand es bald überall Eingang, die Mairien der kleinsten Gebirgsdörfer correspondirten mit den Behörden in dieser Weltsprache.

Die neue *Gerichtsorganisation* setzte als unterste Instanz *Friedensrichter* (*juges de paix*) ein, welche in Streitsachen bis 100 Frs. Recht zu sprechen, auch darüber hinaus Vergleiche abzuschliessen berechtigt waren, andernfalls aber die Streitsache im Wege des kaiserlichen Procurators an den Gerichtshof erster Instanz zu leiten hatten. Die Anzahl der Friedensrichter wurde in Uebereinstimmung mit der Anzahl der Cantons auf 21 festgesetzt und später mit dieser auf 23 vermehrt. Im Jahre 1812 erschien in Laibach eine ‚Sammlung der Formularien für Friedensrichter, deren Greffiers und Huissiers, zusammengetragen aus den besten Commentaren der Civilprocedur', im Drucke. *Gerichte erster Instanz* (*Tribunal de première instance*) wurden für die Städte Laibach, Neustadtl, Lienz, Fiume, Karlstadt, Görz, Zara, Spalato, Ragusa und Cattaro mit je einem Präsidenten, zwei Räthen (Richtern), drei Supplenten (Substituten), einem kaiserlichen Procurator und einem Actuar decretirt. In Neustadtl trat nie ein Gericht erster Instanz ins Leben. Diesen Gerichten waren alle Civilrechtsfälle zugewiesen, welche nicht vor die Friedensrichter gehörten und fand gegen ihre Beschlüsse kein Recurs statt, wenn es sich um keinen höheren Betrag als 1000 Frs. Kapital oder 50 Frs. Rente handelte. Die Gerichte erster Instanz entschieden auch im Berufungswege über die Urtheile der Friedensrichter. Die Criminalgerichtsbarkeit stand ebenfalls den Gerichten erster Instanz zu, insoweit sie nicht in den Wirkungskreis der *Prevotalhöfe* und *Kriegsgerichte* gehörte. Erstere, für jede Provinz mit dem Sitze im Hauptorte derselben, jedoch im Nothfalle auch mobil, bestanden aus einem Grand-Prevot, aus dem Präsidenten und dem ältesten Richter des Gerichtshofes erster Instanz und drei Beisitzern vom Militär, mindestens mit dem Capitänsrange. Für Krain war ein Gensdarmerie-Oberst als Grand-Prevot bestimmt, für die übrigen Prevotalhöfe Schwadrons-Chefs als Präsidenten. Beim Prevotalhofe fungirte auch der kaiserliche Procurator und der Greffier der ersten Instanz. Gegenstand dieser Gerichte waren: Empörung mit bewaffneter Hand, Zusammenrottung, auch ohne Waffen, Strassenraub, Münzfälschung, Mordthaten mit bewaffneter Zusammenrottung oder auf der Landstrasse. Gegen die Urtheile der

Prevotalhöfe gab es keinen Recurs. Die Kriegsgerichte erkannten über Falschwerber und Kundschafter ohne Unterschied, Zusammenrottung, Frevel gegen die Sicherheit und Ruhe der Provinz, Verführung zu Treubruch oder Widerspenstigkeit gegen die Regierung, wenn diese Verbrechen von Ausländern verübt wurden. *Appellhöfe* stellte das Statut von 1811 in Laibach, Zara und Ragusa auf, und zwar in Laibach mit einem Präsidenten, einem Vicepräsidenten, acht Richtern, vier Supplenten, einem kaiserlichen Generalprocurator, einem Substituten desselben und einem Greffier (Gerichtsvollzieher). Der Appellhof war in zwei Senate getheilt. Der Generalgouverneur, der Generalintendant und der General-Justizcommissär konnten den Vorsitz im Appellhofe einnehmen. Als Berufungsinstanz fungirte auch der *kleine Rath* (Petit conseil), aus dem Generalgouverneur, dem Generalintendanten, dem Justizcommissär und zwei Räthen des Appellhofes bestehend; an ihn ging die Beschwerde gegen die Urtheilssprüche der Gerichte erster Instanz und der Handelsgerichte, dann gegen die Beschlüsse der Appellhöfe in Civilsachen. Als *Specialgerichte* fungirten noch *Handelsgerichte* in Laibach, Triest, Fiume, Ragusa mit je einem Präsidenten, vier Richtern, zwei Supplenten und einem Actuar. Ihr Wirkungskreis ging bis 1000 Frs., darüber hinaus hatte der Appellhof zu entscheiden. Zu Richtern des Handelsgerichtes wurden Kaufleute, die mindestens fünf Jahre bereits selbständig Handelsgeschäfte betrieben, ernannt. Als *Gerichtssprache* war die französische erklärt, daneben jedoch auch die deutsche und die italienische mit dem Beisatze gestattet, dass die Parteien oder Advocaten stets eine, von einem beeideten Dolmetscher verfasste französische Uebersetzung beizubringen hatten. Als *Amtskleidung* war dem Richter bei den Friedensgerichten und den Gerichtshöfen erster Instanz die schwarze, beim Appellhofe die scharlachrothe Toga vorgeschrieben.

Advocaten waren für ganz Krain 21 bestellt, von denen 16 Eingeborne waren. *Notare* gab es nicht weniger als 54, und zwar je 23 für die Districte Laibach und Neustadtl und 8 für den District Adelsberg. Die Notariatskammer für Krain (‚Chambre des Notaires de la Province de la Carniole'), welche in Laibach in einem mit dem Bildniss des Kaisers Napoleon geschmückten Locale des ersten Stockes des dem Notar Dr. Andreas Repeschitz gehörigen Hauses am Alten Markt Nr. 16 ihren Sitz hatte, bestand aus einem Präsidenten, einem Syndicus und einem Secretär.

Der französische *Code penale* wurde mit kaiserlichem Decret vom 1. November 1811 in ganz Illyrien mit Ausnahme von Militärkroatien, dessen alte Einrichtungen über Rath des Marschalls Marmont sorgfältig geschont wurden, in Kraft gesetzt.

Die *Ernennung* der Mitglieder des Appellhofes in Laibach erfolgte mit kaiserlichem Decret vom 14. September 1811. Es waren dies folgende:

Erster Präsident: *Spalatini*, früher Rath beim Appellhof in Dalmatien, Präsident des Civil- und Criminaltribunals von Zara. *Präsident: Pepeu*, Advocat und Procureur, Fiscal beim Provinzial-Civiltribunal in Triest. *Richter:* 1. *Kupferschein*, Richter am Civil- und Criminaltribunal in Triest; 2. *Gisclon*, Advocat am Appellhof von Riom; 3. *Celebrini*, Assessor am Handelsgericht in Fiume; 4. *Alborghetti*, Richter am Civil- und Criminaltribunal in Triest; 5. *Repitsch*, früher Civil- und Criminalrichter in Pisino; 6. *Rupert*, kaiserlicher Procurator ‚pres le tribunal des nobles' in Laibach; 7. *Busan*, erster Richter des zweiten Arrondissements von Civilkroatien; 8. *Scheuchenstuhl* (Scheickenstull), Rath am Tribunal des nobles.

Suppléans: 1. Graf von *Auersperg*, fils d'un Président du tribunal des nobles; 2. *Lusner*, ancien Advocat in Laibach; 3. *Henkenschein*, ehemaliger Kreishauptmann (capitaine du cercle); 4. Josef *Kokail*, Bürgermeister und Expräsident des Tribunals der ersten Instanz in Laibach.

Procureur général: Pierre Bruno *Desclaux*, Advocat beim Cassationshofe, Generalsecretär des Justizcommissariats. *Substitut desselben:* Anton *Callan*, Advocat.

Greffier: Sigmund *Gandini*, Secretär beim Tribunal des nobles.

Für das Tribunal in Laibach wurden ernannt:

Präsident: Anton *Zenker*, Richter am Tribunal des nobles.

Richter: Gogala, Laurin.

Suppléans: die Advocaten Josef *Vogou*, Lukas *Rwss* (*Russ?*) und *Wurzbach.*

Kaiserlicher Procurator: Ernst Rosmann, Bannrichter von Krain.

Greffier: J. Bapt. *Pollak*, Advocat.

Für das Handelsgericht in Laibach vollzog die Ernennungen Generalgouverneur *Bertrand* am 29. November 1811, wie folgt:

Präsident: Anton *Damian*, Banquier und Kaufmann in Laibach.

Richter: 1. Jean Jager, 2. Leopold Frörenteich, 3. Anton Primiz, 4. Nikolaus Gaspazoti (Gasperotti?), Kaufleute.

Suppléans: Simon Leposchitz, Franz Galló, Kaufleute.

Greffier: Gagliardo fils, Beamter beim General-Justizcommissariat.

Mit kaiserlichem Decrete vom 14. Januar 1813 erfolgten folgende Veränderungen:

I. Am *Appellhof in Laibach:*

Präsident *Pepeu* zum Président assesseur du Commissaire Général de justice. Benoit d'*Auersperg* suppl. zum Richter (juge) mit Nachsicht der Verwandtschaft als beaufrère des Greffier. Ant. *Callan*, Substitut des Generalprocurators, zum Richter (juge); Ernst *Rosmann*, kais. Procurator bei dem Gerichtshof erster Instanz in Laibach, zum Richter (juge); *Crivellia* (?), Advocat im ‚Petit conseil' als juge suppl. anstelle Auerspergs; *Paglioni* fils, Advocat in Turin, zum Substitut des Generalprocurators, ‚assesseur du Commissaire Général de justice'; Jean B. de *Angelis*, ehemals Richter am Civil- und Criminaltribunal in Triest, zum Sustitute ordinaire des Generalprocurators.

II. Am *Tribunal erster Instanz* in Laibach.

Josef *Vogou*, Advocat, juge suppl. dieses Tribunals, erhielt die Stelle des Präsidenten (erledigt durch den Tod des Herrn *Zenker*); Mathieu *Lachainer*, Richter am Tribunal der ersten Instanz in Görz, zum Richter (juge); Wenzel *Gandini*, zum Richter (juge); Jean *Rosmann*, Advocat, Adjunct des Maire von Laibach, als suppl. Richter an die Stelle Vogou's; André X. *Repeschitz*, Advocat, als juge suppléant an die Stelle Wurzbachs; Max. *Wurzbach*, Advocat, suppl. Richter des Tribunals, als kaiserl. Procurator an die Stelle Rosmanns.

Zu *Advocaten* im Petit conseil des Gouverneurs wurden mit Arrêté vom 6. Juni 1812 die Herren Russ, Vogou, Wurzbach, Crivellia und Colugnati berufen.

Am 30. Dezember 1811 erfolgte die *feierliche Installation des Appellhofes in Laibach.*

Sämmtliche neuernannte Glieder des Appellhofes versammelten sich in dem Hauptsaal (principale salle) des Justizpalastes (palais de justice), welcher für die Sitzungen des Hofes bestimmt war.

Baron *Coffinhal*, Ritter des Ordens der Ehrenlegion, Rath des Cassationshofs, Generalcommissär der Justiz in Illyrien, begab sich von seinem Hotel unter Begleitung eines Cavalleriedetachements in den Justizpalast (*Landhaus*).

Im Palast angekommen, empfing ihn eine Deputation des Appellhofes, und er betrat den Saal unter Vortritt der dienstthuenden Huissiers.

Die Sitzung wurde, nachdem Coffinhal auf dem für ihn bestimmten Sitze Platz genommen, in Gegenwart des Generalintendanten *Chabrol*, des Mr. *Las Cases*, Präsident, und der Glieder der Liquidationscommission, des Intendanten *de la Moussaye* und der vorzüglichsten Autoritäten der Stadt eröffnet. Dann gab der Generalcommissär

Befehl zur Verlesung des Decrets, betreffend die Ernennungen der Mitglieder des Appelhofes.

Darauf wurden die bisher an der Barre aufgestellten Mitglieder des Appellhofes nach der Reihe durch einen der Audienzhuissiers vorgerufen und zur Eidesleistung zugelassen; jedes von den Mitgliedern, das Parquet betretend, sagte mit lauter Stimme die Eidesformel her: ‚Ich schwöre Gehorsam den Gesetzen des Kaiserreiches und Treue dem Kaiser.'

Der Generalcommissär gab der Reihe nach Jedem Act von seinem Eid und liess ihn auf dem Richtersitz Platz nehmen.

Darauf hielt derselbe eine Ansprache, in welcher er den ehemaligen Unterthanen Karls des Grossen den Vortheil darlegte, unter den Gesetzen des grossen Napoleon zu leben, des grössten seiner Nachfolger, gleichzeitig hochherziger Triumphator, grosser Gesetzgeber und Politiker, der allen seiner Regierung unterstehenden Ländern seine Macht durch grosse Wohlthaten gegen die Menschheit und durch, seines unsterblichen Genies würdige Einrichtungen bewiesen habe. Dann wendete er sich an die Magistrate, in deren Hut Leben, Ehre und Eigenthum der Völker gestellt sind, und schloss, dass er sich glücklich schätze, zu dem Glücke der Provinz haben beitragen zu können, indem er als Glieder des Appellhofes Männer vorschlug, welche in der öffentlichen Achtung durch ihre Einsicht, ihre Sitten, ihre Unbestechlichkeit, ihre Intelligenz und ihre Erfahrung eine so hohe Stufe einnehmen.

Der Präsident hielt sohin eine Dankrede, und der Generalprocurator machte den Schluss, indem er auf die von dem Kaiser den Illyrischen Provinzen erwiesenen Wohlthaten und die Vortheile der neuen Organisation hinwies.

Hierauf erklärte der General-Justizcommissär den Appellhof als installirt und hob die Sitzung auf.

Ueber den ganzen Vorgang wurde von Baron Coffinhal und Secretär Fournier ein Protokoll aufgenommen.

Infolge der französischen Gerichtsorganisation sollte auch die *Landtafel* aufgehoben werden. Der Inspector Franz Alborghetti erstattete aber einen eingehenden Bericht über diese alte und bewährte Institution, infolge dessen dieselbe beibehalten wurde.

Das fürchterliche Todeswerkzeug der Revolution, die *Guillotine*, kam in unserem Vaterlande glücklicherweise nicht in Anwendung. Es wurde zwar in Laibach (1812 oder 1813) in der Nähe der Schiessstätte behufs einer Execution aufgestellt, aber der arme Sünder starb in der Nacht vor dem Hinrichtungstage. Ein abgeschmacktes Gerücht erzählte, die Krainer hätten dem Delinquenten, ihrem Landsmann, Gift beigebracht, um seine Person und das ganze Vaterland von dieser Schmach zu retten.

Mit 1. Januar 1812 trat auch in Illyrien das französische *Conscriptionssystem* in Wirksamkeit. Der Generalintendant ersuchte den Bischof, dasselbe durch die Geistlichkeit möglichst unterstützen zu lassen. Auf Krain entfiel ein Contingent von 1100 Mann. Indessen war bereits im Jahre 1811 ein illyrisches Regiment in vier Bataillonen, ungefähr 4000 Mann stark, unter dem Commando des Obersten Chevalier Schmitz, der am 31. März in Paris den Eid ablegte, abgestellt und nach Italien geschickt worden. Am 12. März war bereits mehr als die Hälfte gestellt. Die Conscribirten mehrerer Kreise, darunter jener von Neustadtl, stellten die Bitte, ohne Gensdarmerie-Escorte marschiren zu dürfen, und kein einziger desertirte; gegen widerspenstige Conscribirte erkannten die Gerichte erster Instanz auf Geldstrafen von 500 Francs und ‚besondere Züchtigung' durch die Militärbehörde, worunter wir jedoch nicht die bei dem französischen Militär nicht geltende Prügelstrafe zu verstehen haben. Die Zahl dieser Rekrutirungsflüchtlinge war nicht bedeutend, wir finden erst im Oktober 1812 44, und im Februar 1813 91 solche Refractaires verurtheilt.

In der *geistlichen Verwaltung* Krains trat durch die französische Herrschaft in Bezug auf den *Umfang der Diöcese* insoferne eine Aenderung ein, als das Dekanat Weissenfels mit den davon abhängigen Pfarren zur Erzdiöcese Udine geschlagen, dagegen aber der Villacher Kreis und die drei Tiroler Cantone (166 Pfarren mit 125,494 Seelen) dem Laibacher Bisthum zugewiesen wurde, welches somit im Beginne des Jahres 1813 im ganzen 410 Pfarreien mit 491,114 Seelen zählte. In der zweiten Hälfte des Jahres 1811 trat die französische Verfassung hinsichtlich der *Seelsorgerdotirung* ins Leben, es gab hiernach Pfarren ersten, zweiten und dritten Ranges mit 1000, 900 und 700 Francs Staatsbesoldung und unentgeltlichem Genuss eines Pfarrhauses und Gartens, wofür die Gemeinde sorgen musste. Cooperatoren, Kapläne, Hilfspriester, überhaupt alle Geistlichen niederen subordinirten Ranges (Desservants) waren mit ihrem Unterhalte an die Gemeinden gewiesen. Mit 1. Januar 1812 wurde der *französische Kalender* eingeführt, und die katholischen Feiertage, ausser den Sonntagen, auf vier beschränkt. Dies waren der Christtag, die Feste Christi und Mariä Himmelfahrt, zugleich Napoleons Geburtsfest, dann Allerheiligen. Der Neujahrstag war als Civil- oder Nationalfest tolerirt. Obwohl nun an den abgeschafften Feiertagen kein feiertäglicher Gottesdienst mehr abgehalten wurde, besuchte doch das Volk auch an diesen Tagen die Kirchen so fleissig wie vordem und enthielt sich von der Arbeit, selbst der Handelsstand hielt an solchen Tagen seine Kaufläden gesperrt, und niemand brachte etwas zu öffentlichem Verkaufe. Ein officieller Festtag war der Napoleonstag (15. August), der zugleich als Erinnerungstag an die Wiederherstellung der Religion durch Napoleon gelten sollte und deshalb auch kirchlich gefeiert werden musste.

Wir finden die Geistlichkeit von Krain während der Dauer der französischen Herrschaft im besten Einvernehmen mit den weltlichen Behörden. Bischof Kautschitsch, dem noch im Juni 1813 der Orden der Ehrenlegion verliehen wurde, war ein eifriger Seelenhirt und erfreute sich des Beistandes zweier tüchtigen Kräfte: des Notars Anton Aloys Wolf, unseres späteren Fürstbischofs, und für die französischen Geschäftsverhandlungen des Andreas Meschutar, der später als Sectionschef im Ministerium für Cultus und Unterricht ehrenvoll wirkte und im Jahre 1865, 15. Dezember, in Baden bei Wien starb.

8. Schule und Bibliothek. Vodnik und Ch. Nodier. Die slovenische Literatur und die französische Presse. Handel und Gewerbe. Reformen im Unterthansverhältniss. Landwirthschaft. Freimaurer. Statistisches.

Mit dem Beginne des Schuljahres 1811/12 ergaben sich mehrere Aenderungen im Schulwesen: Die Centralschule ward in eine ‚*Akademie*' umgewandelt, mit einem theologischen, juridischen, medizinischen und philosophischen Kurse; aus dem Gymnasium ward ein ‚*Lyceum*' mit zwei Grammatical- und zwei Humanitätsklassen. Der philosophische Jahrgang wurde mitunter zum Lyceum gezählt, insbesondere die Rhetorik wurde als die höchste Klasse des Lyceums betrachtet. Die Gymnasien in Neustadtl und Adelsberg wurden *Collegien* benannt; jenes bestand in diesem Jahre aus einer Humanitäts- und der dritten Grammaticalklasse. Alle übrigen Schulen wurden in *Primärschulen* umgestaltet. Für Lyceum und Akademie in Laibach wurde ein Schulgeld von 12 Frs., für die Collegien von Neustadtl und Adelsberg mit 3 Frs. eingeführt. Mit Decret des Generalgouverneurs vom 12. November 1811 wurde der *Personalstand* der höheren Unterrichtsanstalten in Krain wie folgt festgesetzt:

Laibach, Akademie:

Walland, Professor der Moral und Kirchengeschichte.

Raunicher, Professor der Dogmatik und heiligen Schrift.

Dolliner, Institutions civiles und Code Napoleon.

Melzer Anton, Anatomie und Physiologie.

Melzer Anton, Chirurgie und Geburtshilfe.

Schmidt (?) Pathologie und Klinik (mit Arrêté vom 29. Mai 1812 kam an seine Stelle Sieur Jeuniker).

Kersnik, Physik und Chemie.

Hladnik, Naturgeschichte und Botanik.

Gunz, transcendentale Mathematik.

Kos, Philosophie.

Laibach, Lyceum.

Peesenegger, Latein und griechische Literatur.

Chawrag, französische Literatur und Geschichte.

Vodnik, zweites Jahr der Humanität.

Eisler, erstes Jahr der Humanität.

Doller, zweites Jahr der Grammatik.

Dellak, erstes Jahr der Grammatik.

Kalister, Elementar-Mathematik.

Kunst- und Gewerbeschule in Laibach.

Ein Instructeur menuisier.

Ein Instructeur serrurier.

Gratification (von 200 Frs.) für die Professoren des Zeichnens und der Architektur der Primärschulen.

Collegium Neustadt (Neustadtl).

Mavermayer, (?) Director und Professor der Humanität und der französischen Sprache.

Koschischich, (?) Professor der Grammatik und Mathematik.

Collegium Adelsberg.

Magaina, Director und Professor der Humanität und Mathematik.

Schutz, Professor der Grammatik und der französischen Sprache.

Vodnik war im Jahre 1811 nicht mehr Gymnasialdirector, sondern Lehrer der zweiten Humanitätsklasse, der Director der Akademie (Proviseur) besorgte auch die Leitung des Lyceums. In diesem Jahre verfasste Vodnik für die Elementarschulen, in denen nach dem Unterrichtsstatut das Slovenische Unterrichtssprache sein sollte, seine ‚Pismenost ali grammatika za perve šolo', für das Gymnasium aber, an welchem das Slovenische als Unterrichtssprache nicht ausgeschlossen war, übersetzte er ‚L'Homonds Elemens de la Grammaire française' ins Slovenische (‚Začetek grammatike, to je pismenosti francosko, gospoda Lhomonda'). Auch den französischen Katechismus übertrug er ins Slovenische (‚Keršanski nauk za Ilirske dežele, vzet iz katekizma za vse cerkve francoskega cesarstva‘). Die französische Regierung decretirte übrigens keine Unterrichtssprache für die höheren Schulen. Sie betrachtete dieselbe als Mittel zum Zwecke und überliess ihre Wahl den Lehranstalten. Am Gymnasium wurde nur Grammatik und die biblische Geschichte den Schülern in slovenischer Sprache vorgetragen, die Vortragssprache in den übrigen Gegenständen blieb die deutsche, welche es auch in den Humanitätsklassen und am Lyceum war, mit Ausnahme der Physik, Eloquenz und Geschichte, welche Gegenstände in französischer Sprache gelehrt wurden. Aus der slovenischen Sprache wurde weder geprüft noch klassificirt.

Die Leitung der Primärschulen und der Gewerbeschule führte Vodnik noch fort. Im Jahre 1812 wurde die städtische Primärschule wieder auf vier Klassen gebracht, und der Inspector ordneté an, dass in der dritten und vierten Klasse auch das Slovenische neben dem Französischen und Deutschen zu lehren sei. Vodniks Grammatik war hier bereits als Schulbuch eingeführt und Vodnik schrieb in diesem Jahre (1812) noch eine ‚Abeceda ali Azbuka‘ für die Primärschule. Die Gewerbeschule ging jedoch in diesem Jahre ein, vielleicht infolge der unregelmässigen Gehaltszahlung, — Vodnik erhielt seine Gehaltsrate für August und September 1811 erst am 17. März 1812.

Die allgemeine Einführung des Französischen als Geschäfts- und Unterrichtssprache konnte nicht ohne allen Einfluss auf die heranwachsende Generation bleiben, welche sich mit dieser Weltsprache den Weg zu allen Staatsämtern und Berufsarten eröffnet sah. Die französische Regierung versäumte auch nicht, die Anfänge der Französirung durch öffentliche Acte zu ermuthigen: Am 25. August 1812 wurde mit der Feier des Jahrestages der Kaiserin die Preisvertheilung im Lyceum verbunden, welche um 2 Uhr nachmittags im Beisein des Generalgouverneurs und der Chefs der Civil- und Militärautoritäten stattfand. Es wurden zwei Festreden gehalten, lateinisch und französisch. Die lateinische handelte vom Einfluss der Wissenschaften, die zweite, in französischer Sprache vom Generalinspector Zelli gesprochen, erörterte die grossen Absichten des Kaisers in Bezug auf den Jugendunterricht, die er mitten unter dem Geräusche der Waffen durchgeführt und durch die Stiftung der kaiserlichen Universität für immer befestigt habe. Darauf vertheilte der Generalgouverneur selbst unter Begleitung von Fanfaren den Schülern die Preise, bestehend in den besten französischen Klassikern, als ‚Lohn der ersten Bemühungen in dem Studium der *neuen Sprache ihrer Heimat.*‘

Wenn die französische Regierung bei allem entschiedenen Festhalten an der Herrschaft ihrer Sprache andererseits die nationale Empfindlichkeit der neuen Unterthanen klugerweise schonte, der Landessprache zum ersten male einen Platz in der Volksschule anwies und sie auch am Gymnasium als Unterrichtssprache nicht ausschloss, so konnten wohl in dem Geiste desjenigen Mannes, dessen Anregung ohne Zweifel die Regierung bei der Pflege der Landessprache gefolgt war, stolze Träume künftiger Grösse des neuen Illyriens sich regen. War ja doch Vodnik zugleich patriotischer Slovene, Geschichtsschreiber und Poet. In einem Momente, wo der neue Beherrscher Illyriens auf dem Zenith seines Ruhms stand, als Bundesgenosse Oesterreichs, an der Seite einer österreichischen Prinzessin, des theuersten Unterpfandes künftiger Freundschaft, stieg im Geiste des Dichters das Bild Illyriens empor in seiner einstigen Grösse und in der gehofften glücklichen Fortentwicklung unter dem Schutze des mächtigen Napoleon, und er sang seine Hymne auf das ‚wiedererweckte Illyrien', welche er seiner slovenischen Grammatik für die Primärschulen (‚Pismenost') vordrucken liess.

Das Regierungsblatt ‚Télégraphe officiel' brachte in seiner Nummer 61 vom 31. Juli 1811 im localen Theile (‚Provinces Illyriens') folgende Notiz:

‚Le petit recueil de poésies carnioliennes publié par M. l'Abbé *Vodnik, Directeur du Gymnase de Laybach* (Pesme sa pokùshino, Laybach chez Jean Retzer, 1806. On peut en trouver des exemplaires chez l'auteur aux ecoles publiques: Prix 50 Centimes) contient, au jugement de tous le gens de goût qui possedent la *langue illyrique* les meilleurs morceaux de poésie, qui aient été composés dans le dialecte carniolen. L'Abbé Vodnik vient de faire paroître au devant d'une grammaire carniolienne à l'usage des écoles primaires que nous nous réservons d'annoncer avec détails (Pismenost ali Gramatika sa Perve sholo. Laybach chez Leop. Eger 1811.) *une ode nouvelle* on il peint l'Illyrie renaissant à la voix de l'Empereur Napoléon. Nous croyons faire plaisir à nos lecteurs en inserant ici cette pièce et la version litterale que l'auteur luimême en a donnée en latin. *Le style de la pièce originale est, au jugement des conoisseurs plein de mouvement et d'énergie.* La version latine laissera juger au moins du mérite de la composition. L'auteur nous semble avoir habillement recuoilli tout les faits, toutes les circonstances propres à relever l'eclat du nom. illyrien. ‚*L'Amour de la patrie respire dans chacun de ses vers et c'est un feu sacré qui échauffe, anime la pièce entiere.*'

Wir lassen nun den Text des Gedichtes im slovenischen Original und in der für die Regierung, man möchte sagen, in usum Delphini angefertigten lateinischen Version wortgetreu nach dem Abdrucke des ‚Télégraphe' hier folgen:

Iliria oshivlena.

Napoleon rezhe:
  Iliria vstan!
Vstaja, isdiha:
  Kdo klizhe na dan?
O vites dobrótni
  Kaj Ti me budish?
Dash roko mogózhno,
  Me gori dershish!
Kaj bodem Ti dala? —
  Poglédam okróg
Islozhit ne mórem
  Skor svojih otrók.
Kdo najde Metúlo
  In Terpo moj grad?
Emona, Skardona
  Sta kómaj posnat.
Nasaj spét junake
  Kdo bode mi dal,
Ki jih se Spartanski
  Je vajvoda bal?
Od nekdaj snesbniki
  So najina last
Od tód se je nasha
  Raslégala zhast.
Je Galian hraber
  Na Padu pred njim
Dorashen je trésel
  V' osidju se Rim.
Shó mozhen na morju
  Ilirjan je bil,
K' se ladie tesat
  Je Rimiz vuzhil.
Pozhasi pa Rimiz,
  Na vojsko ravná
Se morja navaja
  Promaga obá.
Shiroko rasgraja
  Per sedem sto lét,
Al spravo sosédnjo
  Ni hotel imét.
Od séverja pride
  Nad njega vihár,
Nevródne gospóde
  Is vishkiga vdar'.

Sdaj Branzi in Gótje
  In Nemzi slovó
Ilir pa v' tamnize
  Posableno gré.
Dva sedem sto senzov
  Sarasha ga mah,
Napoleon tróbit
  Vkashe mu prah.
Ilirsko me klizhe
  Latiniz in Grék,
Slovensko me pravio
  Domazhi vsi prék.
Dobrovzhan, Kotóran,
  Primoriz, Gorénz,
Pokópjan po starim
  Se sovo Slovénz.
Od perviga tukaj
  Stanuje moj ród,
Zhe vé kdo sa drujga
  Naj rezhe, odkód?
S Bilipam in Saudram
  So jmóli terd boj
Latinze po mokrim
  Strahval je njih roj.
Svelizhana bódem
  Savupati smém,
Godí se eno zhudo
  Naprej ga povém,
Duh stopa v' Slovenze
  Napoleonov,
En sarod poganja
  Prerojen ves nov.
Operto eno roko
  Na Galio imam,
Ta drugo pa Grékam
  Priasno podam.
Na Grezie zhelu
  Korinto stoji
Iliria v serzu
  Europe leshi.
Korintu so rekli:
  Helensko oko
Iliria perstan
  Európini bo.

Illyria rediviva.

Napoleon dicit:
  Illyria surge!
Surgitat, suspirat:
  Quis vocat in lucem?
O heros benigne,
  Num tu me excitas?
Porrigis manum potentem,
  Me erectam sustines?
Quid tibi offeram?
  Adspicio circum
Non possum discernere
  Fore meas proles!
Quis invenit Metulum
  Et Terpon meam arcem?
Emona, Scardona
  Sunt vix agnoscendae.
Retro - iterum fortes
  Quis mihi dabit
Quos Spartanus
  Dux extimuit.
Ab antiquo Alpes
  Sunt nostrum amborum peculium
Ab hinc nostra
  Resonavit gloria.
Gallus est bello - strenuus
  Ad Padum, prae illo
Adulta tremuit
  In muris Roma.
Jam potens in mari
  Illyrius fuit,
Quum naves nesciare
  Romanus disceret.
Paulatim vero Romanus
  Bellum parat
Mari adsuescitat,
  Vincit ambos.
Late grassatus
  Circiter septem centum annos;
Ast concordiam vicinalem
  Noluit habere.
Ab Aquilone venit
  In eum turbo;
Indignos Caesares
  Ab alto percutit
Jam Franci, Gothi
  Et Germani, nominis
Fama - clarescunt;
  Illyrius autem in tenebras
Oblivionis abit.
  Bis septem centum soles
Crescitat - super illo muscus.
  Napoleon detergere
Jubet ei pulveres;
  Illyrium eum vocat
Latinus et Graecus
  Slovenos se dicunt
Indigenae omnes passim.
  Ragusinus, Catarinus
Littoris accola, Carniolus-superior
  Colapianus more - antiquo
Se vocat Slovenum.
  Ab origine hic
Colit ista gens;
  Si scit quis de alia
Dicat: unde?
  Cum Philippo et Alexandro
Illis fuerunt dura bella
  Latinos in udo motum-incutiens-superabat
Ipsorum examen.
  Magnificata ore
Confidere audeo;
  Fit quoddam miraculum,
Prae - illud - dico.
  Spiritus intrat in Slovenos
Napoleonis;
  Progenies mihi pullulat
Regenerata tota tellus.
  Unam manum innixam
In Galliam habeo;
  Alteram vero Graecis
Amico porrigo
  In Graeciae fronte
Corinthus sita est.
  Illyria in corde
Europae jacet.
  Corinthus fuit dicta
Graeciae oculus,
  Illyria annulus
Europae fiet.

Wie man sieht, unterscheidet sich der lateinische Text nicht unwesentlich von dem Texte der Vodnikausgabe unserer ‚Matica‘, aber auch die Wiedergabe des slovenischen Textes ist eine nicht ganz getreue. Man beachte vor allem die beiden in Cursivschrift gedruckten Stellen: ‚*Slovensko* me pravio — Domazhi vsi prek‘ und im Latein: ‚*Slovenos* se dicunt — Indigenae omnes passim.‘ Hier hat unser Vodnik dem französischen Freunde einen kleinen Streich gespielt, für die Landsleute blieb die nicht misszuverstehende Andeutung: ‚Das ist *unser* Land, Slovenien (Slovensko)‘, für den Franzosen musste es heissen: ‚Wir *heissen* uns *Slovenen*.‘ Das erstere konnte der französischen Regierung nicht gleichgiltig sein, denn sie konnte nicht die Absicht hegen, aus dem von Lienz bis Cattaro reichenden, deutsches, italienisches und slavisches Blut (dieses letzte wieder in verschiedenen Schattirungen) einigenden Illyrien ein Slovenenreich aufzubauen; dagegen hatte sie nichts einzuwenden, wenn die slavischen Eingebornen Illyriens sich Slovenen nennen wollten. Ohnehin war ja diese Behauptung weder von Kroaten noch von Dalmatinern ratificirt. Aus dem allem ergibt es sich aber auch bis zur Evidenz, dass Vodniks jedenfalls formvollendete, poetisch-schöne Hymne weniger eine Huldigung für Napoleon, als der schwärmerische Erguss nationalen Selbstgefühls, eine ‚patriotische Phantasie‘ war, für welche man mit dem offenen, warmfühlenden, durch und durch edlen Poeten nicht ins Gericht gehen kann. Wenn dieses vonseite der österreichischen Regierung nach dem Abzuge der Franzosen geschehen ist und der arme Vodnik deshalb in Zurücksetzung und Noth seine Tage endigen musste, so kann man darin eben nur ein trauriges Symptom der auf die Befreiungskriege gefolgten Reaction des Servilismus und der Demagogenriecherei erblicken, welche unser Dichter nach kurzem Begeisterungsrausche vergeblich durch seine ‚Illyria zveličana‘ zu beschwören versuchte.

Die *französische Presse* der Illyrischen Provinzen, repräsentirt durch ein einziges, noch dazu officielles Blatt, gewann an Bedeutung, als ein Mann zur Redaction des ‚Télégraphe‘ berufen wurde, dessen Name in der linguistischen wie in der schönen Literatur gleich guten Klang hat. Zu Besançon am 28. April 1780 geboren, hatte Charles *Nodier* sich anfangs der romantischen Richtung zugewendet, war wegen einer Ode gegen Napoleon als Royalist verfolgt, als Verbannter herumgeirrt, bis er im Januar 1813 von General Bertrand zum Bibliothekar in Laibach an Kallisters Stelle berufen und zugleich mit der Redaction des ‚Télégraphe‘ betraut wurde. Hier schrieb Nodier seinen Roman ‚Jean Sbogar‘ und bereicherte den bis dahin unbedeutenden

Illyrischen Moniteur mit interessanten Abhandlungen. Er zeigt sich da z. B. als Feind des platten geistlosen Rationalismus, wenn er über ein in Laibach unter officieller Aegide erschienenes Buch: ‚Recueil de droit et de preceptes de morale à l'usage de la jeunesse des Provinces Illyriennes, par N. A. Tournal (Ex-Polizeicommissär und Intendanzsecretär in Görz) 1812 (Druckerei Sassenberg, 8°, XII. und 447 pp.) schreibt:

Der Kritiker spricht sein Erstaunen aus, in einer so reichen Sammlung von Grundsätzen der Moral keinen einzigen zu finden, der aus dem Evangelium entlehnt wäre. Auch der ‚Nachfolge Christi' hätte man nicht vergessen sollen, eines Buches, von welchem der Philosoph Fontenelle sagte, es sei das schönste Buch, das aus den Händen eines Menschen gekommen seit dem Evangelium, das kein Menschenwerk ist. Hier sind wahre Schätze von Moral, und einer einfachen Moral, einer Moral, die für den Menschen gemacht ist, die von allen Geistern begriffen, von allen Herzen empfunden wird, weil sie auf eine vollkommene Kenntniss unserer Mängel begründet ist und nicht auf die stolzen Hypothesen menschlicher Philosophie. Welcher Abstand von der göttlichen Weisheit, welche diese Werke inspirirt hat, bis zum theatralischen Stoicismus, zu der pomphaften Selbstverleugnung (pompeuse abnégation) eines Seneca, und vor allem zu der mürrischen Misanthropie, zu dem zänkischen und verächtlichen Ton (au ton hargneux et contempteur) dieses traurigen La Rochefoucauld, der ein genialer Beobachter, ein geistreicher Schriftsteller und vielleicht ein praktischer Philosoph war, der aber kein Moralist ist. Dagegen, meint der Kritiker, hätte Herr T. nicht auf Confucius vergessen sollen, den einzigen Menschen, der eine Religion blos auf die Autorität der Vernunft gegründet hat; Plutarch, dessen Stil jenen Charakter von Freimuth und Menschenfreundlichkeit (Güte, bonhommie) hat, der die Vernunft liebenswürdig macht; Epictet, den die Sklaverei, die alles erniedrigt, nicht hindert, ein grosser Mensch zu sein, endlich M. Aurel, der — noch ein grösseres Wunder (bien plus etonnant) — die Weisheit auf den Thron setzt, den ein Tiber eingenommen. Wollte man aber die modernen Schriftsteller benützen, so durfte man weder Montaigne vernachlässigen, weit mehr originell als Seneca, selbst wenn er ihn zu copiren scheint, noch Pascal, dessen Melancholie, aus dem tiefen Gefühl der unglücklichen Lage des Menschen entspringend, den caustischen Humor La Rochefoucaulds soweit überragt, als das Genie den Geist; noch la Bruyère, der im Gegentheil mehr geneigt ist, sich an den Schwächen seiner Gattung zu ergetzen, als über ihr Elend zu seufzen, glücklicher, wenn er auch nicht weiser ist; noch Rousseau, den ein eigenthümliches Geschick mit den Irrthümern der Sophisten verknüpfte, ohne ihn in ihre Projecte zu verwickeln, und der alle Schwächen des Menschen hatte, um zu beweisen, was die Philosophen ein so grosses Interesse hatten, zu verbergen, das ist, dass sie Menschen sind'.

Interessant ist auch die Parallele zwischen Frankreich und Illyrien:

,Je ne crois pas qu'il soit un homme qui, en quittant la France pour l'Illyrie, n'ait cru revoir sa patrie, au moment où il est entré dans les Alpes Juliennes. Il y a dans la physionomie, dans les moeurs, dans tout le caractère national, je ne sais quelle conformité qui saisit le coeur; et si le hazard la fait naître au pied des Alpes helvétiques, cette conformité devient plus frappante encore; elle s'étend aux sites, au ciel, à l'air même qu'il respire, elle reproduit autour de lui toutes les harmonies de son berceau. Il ne recontrera plus rien qui ne lui retrace une habitude, un sentiment, une affection; et, si loin de la terre natale il croira retrouver à chaque pas cependant, ses bois, ses hameaux, ses compatriotes, ses frères.'

Treffend werden die aus der Lage Illyriens hervorgehenden Vortheile in Bezug auf Kultureinflüsse hervorgehoben:

,Un des grands avantages des Provinces Illyriennes, sous le rapport de leur situation et de leur figure géographique, c'est cette espèce de communauté qu'elles sont sur différens points avec les plus belles litératures du globe. Placées dans les temps anciens entre les deux terres classiques, touchant d'un côté au berceau d'Homère et de l'autre à celui de Virgile, elles jouissent d'une faculté unique dans les temps modernes. Leurs habitans parlent la langue de Corneille, celle du Tasse et celle de Schiller et de *Wieland* (!).'

Dieser denkwürdige Ausspruch findet sich im Feuilleton des ,Télégraphe officiel' Nr. 23 vom 21. Mai 1813, aus Anlass der Besprechung eines italienischen Buches von Tantini, Pisa 1812, betreffend den Stand der Wissenschaften in Deutschland.

Der ,Télégraphe' beschäftigte sich unter Nodiers Leitung mit Vorliebe mit der Sprache und Geschichte der ihm sympathischen Südslavenländer. Er fordert zu Beiträgen über die Statistik Illyriens, zur Fortsetzung der Arbeiten Scopoli's auf, er bringt Studien über illyrische, besonders morlakische Poesie, über das Studium der Landesgeschichte, über Sprache und Bodenbeschaffenheit. Im Juni 1813 hatte Vodnik sein deutsch-slovenisch-lateinisches Wörterbuch der Vollendung nahe gebracht. In zwei Monaten sollte es erscheinen. Das Regierungsblatt theilte im Feuilleton der Nummer 51 vom 27. Juni den Prospect mit, dem eine Textprobe beigegeben war. Darnach entstand das Werk aus 14,000 von Blas Kumerdey gesammelten Vocabeln, dazu kamen durch Mithilfe der die Naturwissenschaft studirenden Schüler viele Namen von Fischen und Fossilien, 230 von Vögeln, 550 von Bäumen und andern Pflanzen; die andern waren aus verschiedenen Quellen und aus dem Munde des Volkes gesammelt, darunter 6000 technische Ausdrücke. Das patriotische Unternehmen fand lebhaften Anklang, wir finden an der Spitze der Pränumerantenliste den Generalinspector Zelli und Charles Nodier. Aber es kam der Krieg und mit ihm der trübste Schicksalswechsel für den strebsamen Vodnik, und seine Arbeit blieb unvollendet und ungedruckt.

Im *Gewerbewesen* geschah durch die französische Regierung ein wichtiger Schritt zur Hebung der Production unter dem Stachel der Concurrenz. Die *Zünfte* wurden *aufgehoben*, volle *Gewerbefreiheit* eingeführt. Dagegen litt der Handel fortan unter dem Continentalsystem, am 11. Oktober 1812 wurden in Laibach confiscirte Waren im Werthe von 45- bis 50,000 Frs. auf öffentlichem Platze in Gegenwart des Generalintendanten, der vorzüglichsten Civil- und Militärautoritäten und der Domänenbeamten unter grossem Zulaufe des Volkes verbrannt.

Tiefgreifend und wohlthätig waren die Reformen auf dem Gebiete des *Unterthanswesens*. Der Unterthansverband wurde in Krain gänzlich aufgehoben, die Urbarialleistungen unter die privatrechtlichen Verpflichtungen eingereiht und alle Beschränkungen bezüglich der Zerstückelung der unterthänigen Realitäten und der freien Verfügung mit denselben hörten auf. Die blos persönlichen Roboten, wohin namentlich die nach dem Robotpatente vom 16. August 1782 in jährlich höchstens 12 Handtagen bestandene Robot der Inleute gehörte, wurden ganz aufgehoben, alle übrigen Roboten aber durch das Organisationsstatut von Illyrien, Art. 252, als unbedingt ablösbar erklärt. Durch die Einführung des französischen Civil- und Strafgesetzes und infolge der Aenderungen im Staatsorganismus wurden die Dominien jeder Jurisdiction enthoben, ihre ehemaligen Unterthanen erlangten gleiche staatsbürgerliche Rechte mit ihren ehemaligen Herren, welchen zur Einbringung grundherrlicher Forderungen nur der Civilrechtsweg offen blieb. Zugleich mit der Einführung eines neuen, auf den josephinischen Katastraldaten basirten Grundsteuerprovisoriums, nach welchem der vormals unterthänige Grundbesitzer die auf sein Besitzthum entfallende erhöhte Steuer ohne Rücksicht auf die darauf haftenden Giebigkeiten zu leisten hatte, wurde die früher bestandene 20percentige Dominicalsteuer, welche von den Dominien für die rectificirten Bezüge zu entrichten war, ganz aufgehoben, andererseits aber bezüglich aller Urbarial- und Zehentschuldigkeiten der Fünftelnachlass angeordnet

(Arrêté vom 16. Juli 1810), so dass die Dominien fernerhin nur mehr vier Fünftel der gedachten Schuldigkeiten zu fordern berechtigt blieben.

Auf dem Gebiete der *Landwirthschaft* finden wir ein einziges Beispiel patriotischer Thätigkeit, das von der um das Land so verdienten Familie Zois ausgeht. Baron Karl Zois brachte im Jahre 1812 Merinoschafe aus den Schäfereien des Conte Dandolo von Varese nach Krain.

Der einzige Verein zur Ausbildung reinen Menschenthums, geächtet und verfolgt in andern Staaten, fand eine Zufluchtsstätte in Illyrien. Am 1. Februar 1812 wurde eine *Freimaurerloge für Illyrien* in Laibach eröffnet, unter dem Titel: ‚La R. □ (Respectable loge) Franco-Illyrienne, sous le titre distinctif des Amis du Roi de Rome et de Napoleon'. Sie hatte ihren Versammlungsort im Redoutengebäude, dessen Fenster nach aussen bis auf eine kleine Oeffnung zugemauert wurden. Geistig begabte, in Wissenschaften und schönen Künsten unterrichtete Männer waren am willkommensten, und es musste sich jedes bemittelte Mitglied zu einer Aufnahmegebühr und zu jährlichen Beiträgen verpflichten, aus welchen die Ausgaben der Gesellschaft und die vielfachen Unterstützungen, die der Verein nach allen Seiten spendete, bestritten wurden. Die Loge bezweckte, soweit es den Brüdern bis zum zweiten Grade bekannt war, rein menschliche Vollendung in Tugend und Geselligkeit anzustreben und damit kunstsinnige Weisheit zu verbinden, weshalb auch den Brüdern bei der Aufnahme in die Loge zur Pflicht gemacht wurde, stets Männer von Ehre und Rechtschaffenheit zu sein und brüderlich an einander zu halten, wie verschieden sie auch sonst in Denkweise, Religion und bürgerlicher Stellung sein möchten. Alle Discussion über Religion und Staatsverfassung war von ihren Versammlungen ausgeschlossen. Der grosse Haufe machte sich freilich absonderliche Vorstellungen vom Treiben der Freimaurer und liess es sich nicht nehmen, das plötzliche geheimnissvolle Verschwinden des Advocaten Dr. Franz Repitsch aus Laibach damit in Verbindung zu bringen, der in der Nacht vom 7. September 1812 mit Freunden im Wirthshause ‚beim Haiducken' ein Gläschen über den Durst geleert und dabei auf die Brüder geschimpft haben sollte. Aber der Mairierapport der zweiten Februarhälfte 1813 lichtete das geheimnissvolle Dunkel, indem er die Nachricht von der Auffindung der Leiche des Vermissten im Laibachflusse bei Salloch brachte.

Der historische Verein in Laibach bewahrt noch ein Formular der Freimaurerdiplome, ausgestellt 6. März 1812 (Jahr 5812), und ein unter alten Metallwaren aufgefundenes Logensiegel (über Thalergrösse) mit der Umschrift: ‚Franco-Illyrienne S. L. T. D. des amis du Roi de Rome et de Napoleon (mit drei in ein Viereck eingeschlossenen Punkten). Im Felde ein Dreieck, in welchem sich ein mit Schein umgebener fünfkantiger Stern mit dem Buchstab *G* befindet. Umschrift des Dreiecks: ‚Amicitia — Caritas — O.·. de Laybach'.

Zur *Bevölkerungsstatistik* Krains während der französischen Herrschaft liegen uns nur vereinzelte Daten vor. Für das Jahr 1811 haben wir nachstehende officielle Uebersicht des Generalintendanten:

I. District Laibach:		
Laibach intra muros	13,369	
„ extra „	18,246	
Stein	14,716	
Krainburg	18,614	141,679
Radmannsdorf	23,529	
Lack	24,095	
Gallenberg	19,110	
II. District Neustadtl:		
Neustadtl	17,069	
Landstrass	20,790	
Nassenfuss	27,882	
Littai	10,711	156,335
Weixelburg	19,666	
Seisenberg	13,531	
Gottschee	29,682	
Möttling	26,904	
III. District Adelsberg:		
Adelsberg	11,034	
Idria	7061	
Loitsch	14,843	72,326
Senosetsch	27,875	
Laas	4453	
Zirkniz	7060	
Zusammen		370,340

Wippach bildete einen zum Görzer District gehörigen Canton mit den Arrondissements Wippach, Sturia, Schwarzenberg, S. Veit, mit einer Bevölkerung von . . . . 10,734 Seelen,
dazu obige . . . . 370,340 „
gibt die Gesammtbevölkerung Krains mit . . . . 381,074 Seelen.

Für Laibach geben uns die Kirchenbudgets von 1813 folgende Daten:

Pfarre S. Nikolaus	. . . .	3000 Seelen
„ S. Jakob	. . . .	2000 „
„ S. Joh. B. (Tirnau)	. . . .	1447 „
„ S. Peter [1]	. . . .	4276 „
„ Maria Verkündigung	. . . .	3100 „
	Zusammen . .	13823 Seelen.

Von Cajetan Palma erschien 1812 in Triest, in vier gestochenen Blättern im Masstabe von $^1/_{633000}$: Carte des Provinces Illyriennes, comprenant la Bosnie, Herzogowine, le Montenero et quelques pays adjacens. (Geographische Karte mit dem Länderbestand und der Eintheilung der Civil- und Militäradministration unter dem französischen Kaiserreiche, mit Post- und Commercialstrassen, Häfen, Festungen und festen Plätzen.) [2]

9. Das letzte Jahr der französischen Herrschaft in Illyrien. Die Generalgouverneure Junot und Fouché. Subscription zur Ausrüstung eines kroatischen Husarenregiments. Der Inselschatz von Veldes. Ueble Lage des Landes. Französische Siegesfeste. Bauernaufwiegler. Der letzte Napoleonstag.

General Graf Bertrand wurde im März 1813 von seiner Stelle als Generalgouverneur Illyriens abberufen, um seinem Kaiser als getreuer Pylades in den traurigen Kampf gegen das seine Fesseln brechende deutsche Volk zu folgen. Marschall Junot, Herzog von Abrantes, ward zu Bertrands Nachfolger ernannt und kam am 23. März in Laibach an. Das von Deutschland drohend emporsteigende Kriegsgewölk warf seine Schatten bereits unheilkündend in die fernste Grenzmark des französischen Reichs, die Illyrischen Provinzen. Kriegsvorbereitungen drängten die friedliche Arbeit des Organisirens, die Anfänge hoffnungsvoller Entwicklung in den Hintergrund. Es begannen die militärischen Contributionen, vorerst unter dem Titel der ‚Ergebenheitsbeweise'.

---

[1] Hier der Beisatz: ‚avec des villages des autres Mairies' (das wären also wohl die nach S. Peter eingepfarrten Dörfer?).

[2] Vgl. Valentinelli, Supplementi al saggio bibliografico della Dalmazia e del Montenegro. Zagrabia 1862, S. 13, wo es erläuternd heisst: ‚contiene la ripartizione territoriale ed *il futuro compimento* delle provincie illiriche.'

Das dringendste Bedürfniss der Armeereorganisation nach der fast vollständigen Vernichtung der französischen Streitmacht in Russland war Cavallerie, deren Ersatz wegen der zeitraubenden Ausbildung immer der schwierigste ist. Schon General Bertrand hatte den Gedanken gefasst, die Equipirung und Montirung eines kroatischen Husarenregiments, welches er in der Militärgrenze aushob, aus den ‚freiwilligen‘ Gaben zu bestreiten, zu welchen die Bewohner der Illyrischen Provinzen von den Intendanten im Wege der Maires ‚aufgemuntert‘ wurden. Die Kosten eines equipirten Reiters wurden dabei ohne Pferd mit 500 und mit demselben auf 2000 Frs. angeschlagen. Die Stadt Laibach, ‚nacheifernd‘ — wie die Intendanz in einem Rundschreiben an die Maires des Laibacher Districts sagte — ‚dem Beispiele der französischen Capitale und aller anderen Städte und Ortschaften des Kaiserreichs‘, bot dem Kaiser sechs ausgerüstete und equipirte Reiter an und hatte dafür die Summe von 12,000 Frs. am 20. Februar bereits in die Kasse des Generaleinnehmers eingezahlt; die Freimaurerloge stellte ein Pferd; die Beamten betheiligten sich ausserdem mit bedeutenden Summen, so subscribirte der Generalintendant Graf Chabrol 20 Pferde, der Intendant von Krain M. Rouen de Malet 1000 Frs. Die übrigen Cantone Krains subscribirten 65,000 Frs., und dies unter einer allgemeinen Stockung des Handels und der Eisenproduction, insbesondere verursacht durch das Verbot Oesterreichs, Roheisen in Illyrien einzuführen.

Da die französische Regierung sich in fortwährender Geldverlegenheit befand, indem die Steuern, insbesondere das drückende Enregistrement, immer spärlicher flossen, so beschloss die Generalintendanz, die Schätze der Kirchen und Wallfahrtsorte für patriotische Zwecke flüssig zu machen. Unter andern sollte dieses Schicksal auch den Kirchenschatz des Veldeser Inselkirchleins treffen. Der Händler Jakob Klinar (Petran) brachte die Nachricht von diesem durch den ‚Télégraphe‘ bereits veröffentlichten Beschlusse nach Seebach, von wo sich dieselbe mit Blitzesschnelle weiter verbreitete. Die Bauern wählten den Jakob Klinar und den Jakob Kokail, ebenfalls Händler in Seebach, zu Bevollmächtigten, um durch den Maire Ignaz Novak eine Vorstellung höhernorts anzubringen. In dieser aus Auritz vom 19ten März 1813 datirten Eingabe wurde nicht nur die von der Wallfahrt abhängige Subsistenz der Umgegend, sondern auch die Eigenschaft der Kirche als ‚Amtskirche‘ für die Gemeinden Ufer und Seebach und die Stimmung des Volkes zur Begründung der Bitte angeführt, die Veräusserung zu verschieben und vorläufig eine Unterhandlung zu

‚leidentlicher Ablösung' mit den Bittstellern einzuleiten. Inzwischen erschien jedoch der Domänenreceveur von Radmannsdorf zur Schätzung und Hebung des Kirchenguts. Es wurde ihm die Bittschrift vorgewiesen, worauf er sich schweigend entfernte und bald darauf in Begleitung eines Silberarbeiters aus Laibach wieder zurückkehrte. Da erhoben sich die Weiber und hinderten die Abfahrt zur Insel, indem sie zuerst den Receveur umringten und mit Bitten bestürmten und dann die Schiffe vom Ufer entfernten. Der Receveur liess infolge dessen den Mairie-Adjuncten Anton Pototschnik verhaften, den er für den Urheber des Widerstandes ansah. Dann requirirte er Gensdarmerie und die Forstmannschaft unter Anführung des kaiserlichen Forstmeisters von Veldes, welche, den Forstmeister zu Pferde an der Spitze, gegen Seebach auszogen, um die Beischaffung eines Schiffes zu erzwingen. Als jedoch der Receveur in Begleitung eines Forstknechtes einen Kahn bestieg, nahm das Volk eine drohende Haltung an, die Sturmglocken ertönten, und der Beamte sah sich genöthigt, den Rückweg auf das Schloss Veldes zu nehmen. Dem zu seinem Schutze herbeieilenden Forstmeister fiel die Badinhaberin Burjovka (Ursula Ferjan) aus Schalkendorf in die Zügel und brachte sein Pferd zum Stehen. Der Forstmeister feuerte sein Pistol ab, das jedoch nur das Kleid der kühnen Angreiferin streifte. Die herbeieilenden Bauern wurden vom Maire und seinem Adjuncten besänftigt, und der Receveur konnte sich unter dem Schutze der bewaffneten Macht zurückziehen. Uebrigens wurde vom Generalintendanten am 3. April 1813 die Weisung ertheilt, mit dem Verkaufe des der Kirche gehörigen Silbergeräthes nicht vorzugehen, sondern dasselbe zu schätzen und an die Bezirksinsassen gegen Erlag des baren Betrages oder Ausstellung einer Obligation zu erfolgen, was auch geschah.

Der Befreiungskampf entwickelte sich bald auf sächsischem Boden, dessen Fürsten Pflichten der Dankbarkeit an Napoleon banden, auf den Feldern von Grossgörschen (Lützen) und Bautzen rollten die ehernen Kriegswürfel (2. und 20. Mai 1813) und leuchtete des Kaisers Glücksstern noch einmal auf, aber die Trauer um den gefallenen treuen Grossmarschall Duroc, den die Todeskugel an der Seite des Gebieters ereilte (22. Mai auf der Verfolgung nach der Schlacht von Bautzen), dämpfte die Siegesfreude, und der heldenmüthige Widerstand der jungen deutschen Freiwilligen bewies dem Welteroberer, dass jetzt nicht mehr allein die Heere der Fürsten, sondern die Völker selbst für die Befreiung des Heimatbodens kämpften. In Laibach feierte man die Siege in Sachsen am 6. Juni durch Tedeum in der Domkirche und Illumination.

Der Waffenstillstand belebte noch einmal in den hart heimgesuchten Bewohnern Illyriens die Hoffnung auf Frieden und Erlösung von den drückenden Lasten des Krieges. Die Friedensverhandlungen in Prag bildeten in der zweiten Julihälfte das Tagesgespräch in Laibach, während die Zurüstungen der Franzosen immer deutlicher auf den nahen Kriegsausbruch hinwiesen. Man baute bereits Speculationen auf die Eventualität hin, dass Krain wieder einmal der Kampfplatz zwischen Oesterreich und Frankreich würde. Ein gewisser Pascotini beabsichtigte eine Spielbank in Laibach zu eröffnen, in der Voraussicht, dass der Vicekönig sein Hauptquartier hier aufschlagen könnte, die Polizei vereitelte jedoch die Ausführung dieses Vorhabens. Der Friedenscongress von Prag verlief resultatlos, trotzig verweigerte Napoleon jede Abtretung eroberten Landes. Am 12. August erklärte ihm Oesterreich den Krieg, und nun waren die Tage französischer Herrschaft in Illyrien gezählt. Zwar hielt die Regierung noch fest ihre Hand über das eroberte Land. Im August 1813 dämpfte sie einen Bauernaufstand in Unterkrain durch Verhaftung der Rädelsführer, und am 15. August feierte sie den *letzten Napoleonstag* mit reicherem Programm als gewöhnlich.

Am Vorabend Artilleriesalven, die zweite Salve morgens, die dritte mittags, im Augenblicke wo das Tedeum angestimmt wurde. Um 9 Uhr vormittags Vertheilung von Brod an die Armen. Versammlung beim Generalgouverneur, um sich en grande cortège in die Kirche zu begeben. Solennes Hochamt und Tedeum. Krönung von zwei Rosenköniginnen (rosières). Truppenrevue. Oeffentliche Spiele, abends Illumination, öffentlicher Ball im Theater.

Der Tag war regnerisch bis 1 Uhr mittags; demungeachtet fand die Feier nach dem Programme statt, um 1 Uhr die Krönung der Rosenköniginnen. Der Rest der Feier war vom schönsten Wetter begünstigt. An dem Festdiner beim Generalgouverneur nahmen auch mehrere Deputirte der Illyrischen Provinzen theil. Der Generalgouverneur brachte den Toast auf den Kaiser und den König von Rom aus mit dem Beisatze: ‚Puisse la paix couronner ses glorieux travaux!' (Man wusste noch nichts von der Kriegserklärung, die erst am 12. August erfolgt war). Der Festball beim Generalgouverneur dauerte bis 1 Uhr, um welche Stunde der Gouverneur sich zurückzog.

Zu diesem Napoleonstage brachte der ‚Télégraphe officiel' Nr. 65 vom 15. August nachstehendes Huldigungsgedicht von ‚Martin Kuralt Illyr.'

Die XV. Augusti
Elatae ad coelos Mariae sacro,
Napoleonis Natali.

Sunt terras inter, sunt et commercia coelos
Omniaque aeterno foedere juncta vigent.
Ingerit humanis sua Zeus miracula rebus
Et rapere et multum lux solet una dare.
Iste dies, summam qui matrum vexit ad astra,
Summum etiam terris *Napoleonta* tulit.

Unsers Erdballs Verkehr reicht bis an die fernesten Sterne,
Und das Weltall besteht fest nur durch ewigen Bund.
Jupiter mischt oft göttliche Wunder in menschliche Dinge;
Viel nimmt manchmal und viel gibt auch der nemliche Tag.
Dieser enttrug die grösste der Mütter zum Himmel, der Männer
Grössten, Napoleon, sandt' er der Erde zurück.

10. Marschall Junot verlässt Laibach. Der letzte Generalgouverneur, Herzog von Otranto, kommt in Laibach an. Vorrücken der Oesterreicher nach Krain. Angriff auf den Loibl. Rückzug des Generals Belotti. Krainburg von Oberst Paumgarten erstürmt. Rebrovich besetzt Weixelburg.

Marschall Junot war bald nach dem Antritte seiner Stelle als Generalgouverneur in Wahnsinn verfallen. Er musste Illyrien verlassen, und der Divisionsgeneral Comte *Danthouard* wurde zum Militärcommandanten während der Abwesenheit des Generalgouverneurs ernannt und kam am 27. Juli in Laibach an. Doch schon mit Decret vom 17. Juli hatte Napoleon in Dresden den berühmtesten Polizeimann seiner Zeit, *Fouché*, Herzog von Otranto, zum Nachfolger Junots ernannt, und dieser traf am 29. Juli in Begleitung des ihm beigegebenen Staatsrathauditeurs M. de *Chassenon* in Laibach ein. Gleichzeitig wurde Divisionsgeneral *Fresia* zum Militärcommando der Illyrischen Provinzen berufen. Fouché bezog nicht das Gouvernementspalais, sondern stieg im Baron Zois'schen Hause ab, während der Bischofhof zu seinem Empfange hergerichtet werden sollte. Doch die Ereignisse drängten, der neue Generalgouverneur kam nicht zu ruhigem Genusse seiner Herrschaft. Krain wurde der letzte Schauplatz französischer Heere in Oesterreich, Laibach der entscheidende Mittelpunkt ihrer Kämpfe, dessen Wegnahme der Rückzug hinter den Isonzo folgen musste. Wenige, aber tapfere und umsichtig geführte österreichische Truppen erfochten hier glänzende Resultate über die zwar wacker sich haltenden, aber meist schlecht geleiteten Franzosen.

Am 10. August hatte bereits die Bewegung der Armee des Vicekönigs gegen Krain und Kärnten begonnen, am 16. war sie beendet. Sie deckte die grossen Zugangsstrassen nach Italien über Laibach und Pontafel. Eine Brigade der Division Lechi unter General Belotti hielt Laibach besetzt. Die Armee des Vicekönigs zählte 53,000 Mann, doch wenig Cavallerie. Ihm gegenüber stand an der kärntnerischen Grenze, mit dem Hauptquartier in Klagenfurt, unter Feldzeugmeister Hiller, 32 Bataillone und 40 Schwadronen in der Stärke von 32,000 Mann zählend, die österreichische Armee. Die beiden Heere rückten schnell einander entgegen, General Fölseis auf der Strasse von Cilli bis Egg ob Podpetsch, der linke Flügel unter Feldmarschall-Lieutenant Radivojevich besetzte bereits am 19. August Karlstadt, wo die Grenzer dem General Janin den Gehorsam versagten und den österreichischen Fahnen zueilten. Von da detachirte er den Oberst Milutinovich mit einem Bataillon Gradiskaner nach Neustadtl, der sich sofort durch ein von Rann über die Save gekommenes Bataillon Broder Grenzer mit General Fölseis in Verbindung setzte. Hiedurch war des Vicekönigs Plan, die Savelinie zu gewinnen, vereitelt, er beschloss daher, um seinen Rücken zu decken, sich des Loibls zu bemächtigen, auf welchem die Oesterreicher zwischen S. Leonhard uud S. Anna Schanzen aufgeworfen hatten. Während die französische Hauptcolonne die Stellungen der Gegner zwischen Villach und Rosegg angriff und den Brückenkopf von Rosegg erstürmte, erhielt General Belotti den Befehl, den Loibl zu nehmen. Am 26. August trat er seinen Marsch an und am 29. griff er die Verschanzungen an, welche eine einzige Compagnie Jäger, 92 Mann unter Hauptmann Moll, muthvoll vertheidigte. Der Fall eines höheren Offiziers am sogenannten ‚Strutz', einer vorragenden Felsklippe auf der Höhe der ersten grossen Strassenkrümmung ober der S. Annakirche, war für die Franzosen das Signal zum Rückzuge. Bei dem Gefallenen fanden die Jäger eine nähere Beschreibung des Loibls und der darüber führenden Strasse von dem damaligen Maire Neumarktls, welcher deshalb nach dem Abzuge der Franzosen von den Oesterreichern zur Rechenschaft gezogen wurde. General Belotti setzte am folgenden Tage seinen Rückzug fort, wurde aber bei Neumarktl von den Jägern des Oberstlieutenants Gödling erreicht und bis Krainburg verfolgt. Hier trafen die Jäger mit Oberst Paumgarten zusammen, der mit einem Bataillon Chasteler über den Kankerpass gekommen war. Belotti vertheidigte sich zwar in Krainburg mit Hartnäckigkeit, wurde aber gegen Abend von den stürmenden Oesterreichern aus den Vorstädten geworfen, räumte in der Nacht, aus Besorgniss abgeschnitten zu werden, die

Stadt und zog sich, nachdem er die Brücke hinter sich zerstört, bis Zwischenwässern zurück.

Inzwischen war General Pino mit sieben Bataillons und zwei Schwadronen aus Laibach nach Weixelburg marschirt und hatte daselbst der Avantgarde des Feldmarschallieutenants Radivojevich, geführt von General Rebrovich, gegenüber Stellung genommen. Auf die Nachricht von General Belotti's Niederlage ging aber Pino auf Laibach zurück und liess die Brücke von Tschernutsch durch General Belotti besetzen. Infolge dessen besetzte General Rebrovich Weixelburg und schob Abtheilungen bis S. Marcin vor.

Der Generalgouverneur hatte bereits am Abend des 25. August Laibach verlassen, um sich nach Triest zu begeben, nachdem er die Nachricht von dem Vorrücken des kühnen Parteigängers Graf Nugent auf Fiume erhalten hatte; am 27. August kam er in Triest an, die Stadt illuminirte ‚freiwillig', die Stadtkapelle spielte unter den Fenstern des Gouvernementsgebäudes, wie in den schönsten Tagen französischer Herrschaft. Die Herren Illyriens behaupteten ihre Stellung mit Anstand bis zum letzten Augenblicke.

11. Krainburg wieder erobert. Der Vicekönig nimmt die Stellung der Oesterreicher bei Feistriz. Vollständige Niederlage des Generals Belotti bei Utik (8. September). Milutinovich siegt bei S. Marein (12. September) und Weixelburg (16. September). Journalistischer Scheidegruss an Illyrien.

Die Wegnahme von Krainburg gefährdete die Savelinie und trennte die Verbindung zwischen dem rechten und linken Flügel der französischen Armee. Der Vicekönig befahl daher dem General Belotti, Krainburg wieder zu nehmen, was demselben auch am 2. September gelang. Ein leichtes Regiment besetzte diesen Uebergangspunkt der Save. Der Vicekönig beschloss nun, um sich durch den Besitz des Loibls zu sichern, die feste Stellung der Oesterreicher bei Feistriz zu forciren. Zu diesem Ende wurde die Division Marcognet auf Neumarktl und die Garde von Tarvis auf Assling dirigirt. Der Vicekönig brach am frühen Morgen des 6. September mit zwei Bataillonen seiner Garde von Assling auf, um, von einem der Gegend kundigen Bauer geführt, über das Bärenthal Feistriz zu erreichen. Hier zeigte es sich, wie oft das Schicksal des Krieges von einer einzigen Vedette abhängt. An der Spitze der Colonne in dichtem Nebel gehend, sah der Vicekönig plötzlich eine Gewehrmündung wenige Schritte entfernt auf sich gerichtet. Er gestand später selbst offenherzig, wie ihm das Blut in den

Adern erstarrt, bis er aus dem geringen deutschen Wortschatz, den er den Lectionen seiner Gemalin, einer bairischen Prinzessin, verdankte, das Wort ‚Gut Freund' herausgebracht, auf welches die Schildwache das Gewehr aus dem Anschlag zog. Rasch packte nun Eugen den Jäger am Halse, die nachrückenden Franzosen bewältigten die Vedette, einen Rekruten vom 8. Jägerbataillon, und nachdem er in Sicherheit gebracht war, legten sich die italienischen Gardejäger in den Hinterhalt. Bald kam auch eine österreichische Patrouille, welche sofort gefangen genommen wurde.[1] Der nächste feindliche Posten ward nun angegriffen und nach Feistriz zurückgeworfen, die Verbindung mit der von S. Jakob heranrückenden Brigade Campi hergestellt, Feistriz umgangen, aber erst nach tapferster Gegenwehr, wobei das Schloss in Flammen aufging, mit grossem Verluste genommen. Hauptmann Moll behauptete sich aber noch lange im Besitze des Loibls.

Nachdem der Vicekönig durch die Zurückdrängung der Oesterreicher auf das linke Drauufer seinen linken Flügel gesichert hatte, traf er Anstalten, seinem nach den Meldungen der Untergenerale von allen Seiten mit Uebermacht angegriffenen rechten Flügel zu Hilfe zu kommen. General Palombini erhielt den Befehl, mit der Brigade Ruggieri, von der drei Bataillone bereits in Loitsch standen, bis Adelsberg vorzurücken; General Belotti sollte von Krainburg nach Tschernutsch aufbrechen, die dortige Brücke besetzen und die Save bis Salloch bewachen. Er brach auch am 8. September von Krainburg auf, wählte aber zu seinem Marsche in unbegreiflicher Verblendung das *linke* Saveufer, wurde bei Utik von General Fölseis umringt, sein Regiment vernichtet, er selbst verwundet und gefangen.

Die italienische Armee zog sich nun näher um Laibach zusammen. Am 10. September besetzte die Division Marcognet Laibach sowie den Brückenkopf von Tschernutsch und dehnte sich rechts an der Save bis Salloch, wo die Brücke zerstört worden war, und seitwärts Kaltenbrunn aus. Am folgenden Tage kam der Vicekönig in Laibach an, bezog das Schloss Leopoldsruhe und besichtigte sogleich die Befestigungen. Er beschloss die Division Palombini unter Pino gegen Nugent vorrücken zu lassen und in eigener Person den Obersten Milutinovich anzugreifen, der mit einem Bataillon Gradiskaner und zwei Schwadronen Radetzky-Husaren die Stellung von S. Marein besetzt hielt.

---

[1] So erzählt diesen Vorfall Feldzeugmeister Freiherr von Welden aus dem Munde des Vicekönigs selbst. (‚Krieg der Oesterreicher in Italien 1813 und 1814', Graz 1855, S. 26—27.)

Als am 12. September um 7 Uhr morgens die Spitze der feindlichen Colonne auf der Strasse von Laibach sichtbar wurde, concentrirte sich Milutinovich, der zwei Compagnien Kreuzer als Verstärkung erhalten hatte und dessen ganze Streitmacht daher aus acht Compagnien bestand, auf der Höhe von S. Marcin mit sechs Compagnien, während je eine Compagnie den linken Flügel in Weisskirchen und den rechten in Lestje deckte. Um 8 Uhr entwickelte sich die ganze Streitmacht des Vicekönigs unter seiner persönlichen Anführung, bestehend aus einem Bataillon der Garde, einem Bataillon der Brigade Palombini, zwei Schwadronen Dragoner und einer reitenden Batterie, in der Tiefe von Geweihten Brunn. Ein Bataillon sollte die Stellung des Obersten Milutinovich umgehen. Dieser hoffte, dass dasselbe auf die Verstärkungen stossen würde, die er sich von General Rebrovich erbeten hatte, aber es war 4 Uhr Nachmittag, und noch war keine Verstärkung da. Da fasste Milutinovich den kühnen Entschluss, dem überlegenen Feinde zuvorzukommen, und befahl dem Hauptmann Nikitsch, dem umgehenden Bataillon entgegenzurücken und es aus dem Hinterhalte anzugreifen. Die kühne That gelang, das Bataillon, ermüdet durch achtstündigen Bergmarsch, löste sich in wilder Flucht auf. Der in Weisskirchen befehligende Hauptmann Martini hatte den Auftrag, bei dem ersten Feuer auf dem rechten Flügel gleichfalls zum Angriff zu schreiten, pünktlich vollzogen. Hier sammelte sich indess der Feind in grösserer Stärke, so dass Milutinovich nach und nach alle seine Compagnien bis auf eine zur Verstärkung senden musste. Aber der Angriff wurde tapfer zurückgeschlagen und der Feind bis zum Einbruch der Nacht aufgehalten. Um 9 Uhr abends trat der Vicekönig mit der italienischen Garde den Rückzug an. Er hatte einen Verlust von 2 Offizieren und 95 Mann an Gefangenen und 500 Todte und Verwundete, während Milutinovich nur 47 Todte und Verwundete zählte und 28 Mann an Gefangenen verlor. Seinen Heldenmuth lohnte das Ritterkreuz des Maria-Theresienordens und die Beförderung zum Generalmajor. In diesem Gefecht hatte sich auch ein Nachkomme des altberühmten Geschlechts der Starhemberge, Graf Anton Gundaker, Oberst der Radetzky-Husaren, ausgezeichnet.

Der Vicekönig hielt das kühne Vorgehen des Obersten Milutinovich für einen Beweis der Stärke des österreichischen Corps. General Rebrovich aber, der sich inzwischen mit Oberst Milutinovich vereinigt hatte, beschloss in Voraussicht eines feindlichen Angriffes mit Uebermacht, dem er mit seiner geringen Truppenzahl (ein Bataillon Gradiskaner, vier Compagnien S. Georger und drei Compagnien

Broder Grenzer) nicht hätte standhalten können, den Rückzug bis zum Bärenberg, wo er eine vortheilhafte Stellung nahm, während der Vicekönig mit vier Gardebataillonen Weixelburg besetzte. Als General Rebrovich durch ein Bataillon Erzherzog Franz-Karl-Infanterie, zwei Schwadronen Radetzky-Husaren und eine halbe Batterie aus Karlstadt verstärkt worden war, beschloss er am 15. September Weixelburg durch einen kühnen Ueberfall zu nehmen. Oberst Milutinovich erhielt den Auftrag, mit dem Bataillon Gradiskaner den Feind in der rechten Flanke zu umgehen; er machte zu diesem Zwecke einen beschwerlichen Nachtmarsch und hatte, als der Morgen graute, das von den Garden besetzte alte Schloss Weixelburg umgangen. Drei Compagnien nahmen das Schloss im ersten Anlaufe, wurden aber von der Garde wieder hinausgeworfen und nahmen es zum zweitenmale. Mit den drei anderen Compagnien griff der Oberst die rechte Flanke des feindlichen Treffens, die sich an einen steilen Abhang lehnte, an und schlug sie nach längerem Kampfe in die Flucht. Im Orte Weixelburg sammelten sich die Franzosen wieder, wurden aber neuerdings geworfen. Rittmeister Graf Esterhazy sprengte mit seiner Husarenschwadron auf ein zur Deckung des Rückzuges aufgestelltes französisches Bataillon mit zwei Geschützen auf der Höhe von Grosslupp ein, hielt sein Feuer aus, ritt es über den Haufen, eroberte die Geschütze und nahm die Mannschaft fast ganz gefangen. Oberst Milutinovich ging bis S. Marein vor, nahm es im ersten Anlaufe, und am Abend bezogen die Sieger die vortheilhafte Position bei diesem Orte. Die Franzosen verloren einen Oberst (Clement, von der Artillerie), 9 Offiziere und 900 Mann an Gefangenen, hatten überdiess eine sehr bedeutende Anzahl Todte und Verwundete und büssten 2 Kanonen und eine Fahne ein. Die Oesterreicher verloren einen Offizier und 100 Mann. Der Vicekönig sah sich durch die Entschlossenheit des Gegners genöthigt, die Division Marcognet gegen S. Marein abzuschicken, um die verlorenen Positionen wieder zu gewinnen und den General Rebrovich zurückzuschlagen.

Die entschiedenen Erfolge des österreichischen Corps blieben nicht ohne Nachwirkung: die Bauern griffen zu den Waffen, in der Meinung, es gelte nur mehr, die Arbeit des Militärs zu vollenden und den Feind aus dem Lande zu jagen. Bald waren sie über die Lage enttäuscht, und am 15. September wurden mehrere mit den Waffen in der Hand ergriffene Insurgenten in Laibach füsilirt.

Das officielle Blatt war dem Rückzuge des Generalgouverneurs nach Triest gefolgt. Am 15. September brachte es seinen letzten officiösen Premier an der Spitze der Nummer. Wir geben denselben im Originaltexte wieder:

‚Nous nous empressons de publier les nouvelles suivantes, extraites du Moniteur; elles donneront un démenti officiel à tous les mensonges impudens de la Gazette de Vienne. Les redacteurs de cette feuille reprochent aux habitans d'Illyrie de montrer, dans cette circonstance, des sentimens *français*. Ce reproche est bien étrange! L'Empereur d'Autriche nous a fait *Français* sans nous consulter, et sans doute parcequ'il ne pouvait nous conserver *Autrichiens* et l'on nous fait un crime aujourd'hui d'être *Français!* Nous ne comprenons rien à cet esprit d'injustice et de contradiction. Comment ose-t-on nous croire capables de nous couvrir d'infamie? Notre fidélité envers l'Autriche, lorsque nous en etions les sujets, pouvait-elle laisser quelque doute sur notre fidélité à la France, dont nous faisons partie? Les Illyriens ont constamment fait preuve des sentimens de courage, d'honneur et de bonsens; on voudrait qu'ils devinssent des lâches, des traitres ou des insensés.'

‚Eh! dans quel tems nous propose-t-on de renoncer à être *Français*; au moment même où les armées *françaises* viennent de cueillir de nouveaux lauriers, ou leur Empereur, par des prodiges toujours plus etonnans, a vaincu, mis en déroute les armées autrichiennes et menace d'envahir les trois royaumes de leur monarchie!'

Um die historische Wahrheit gegen diesen officiösen Schmerzensschrei zu wahren, müssen wir constatiren, dass, wenn auch früher Sympathien für die französische Herrschaft in Illyrien bestanden, doch mit dem Wechsel des Kriegsglücks und mit dem Wiedererwachen der Hoffnung, unter den alterprobten Schirm der österreichischen Doppeladler zurückzukehren, wie mit einem Schlage die Lage sich änderte. Illyriens Bewohner erleichterten durch ihre entgegenkommende Haltung gegen die österreichischen Truppen und durch thätiges Mitwirken an ihren Operationen wesentlich den Erfolg derselben, wie uns ein hochgeachteter Mitkämpfer jener Tage bezeugt.[1]

12. Laibachs Bedrängnisse unter den Kriegswirren. Neuer Angriffsplan des Vicekönigs. Ueberfall von Weisskirchen. Rückzug des Generals Rebrovich. Die Franzosen in Grosslaschiz überfallen und zersprengt. Sieg bei Zirknitz. Milutinovich vereinigt sich zu Grosslupp mit Rebrovich.

Seit dem Kriegsausbruche war Laibach von Truppen überschwemmt, am 25. August war bereits die Division des Generals Pino, 15,000 Mann stark, in der Stadt und Umgebung aufgestellt. Am

[1] Feldzeugmeister Ludwig Freiherr v. Welden in seinem bereits citirten Werke S. 11.

4. September liess der französische Commandant auf Befehl des Vicekönigs zur Feier des Sieges Napoleons bei Dresden (26. August) 50 Kanonenschüsse vom Castell lösen und ordnete eine Illumination an, welche aber sehr sparsam ausfiel. Standen doch die Oesterreicher vor den Thoren, und die Vorposten des Generals Rebrovich näherten sich der Stadt auf der Unterkrainer Strasse bis auf eine halbe Stunde Entfernung; es wurde an der Savebrücke und bei Zwischenwässern geplänkelt. Am 7. September verkündete eine Proclamation des Vicekönigs aus Krainburg einen angeblich von Kaiser Napoleon am 28. August über die von ihren Monarchen persönlich geführten Heere der Oesterreicher, Russen und Preussen erfochtenen ‚vollständigen' Sieg. Ob damit das Vorgehen Napoleons mit den Garden bis Pirna, welches auf den 28. August fällt, oder der für die Franzosen glückliche Anfang der Kämpfe bei Kulm, welche aber mit der vollständigen Niederlage Vandamme's endeten, gemeint war, ist nicht zu entnehmen.

Am. 11. September wurde Laibach das Hauptquartier des Vicekönigs, 16 Bataillone Infanterie und einige Schwadronen Cavallerie lagerten grösstentheils in S. Veit und Schischka, die Garde in Laibach. In der Nacht des 13. September wurden 32 Wagen mit verwundeten Franzosen von der Affaire bei S. Marein in die Stadt gebracht. Am 16. September eilten drei Bataillone mit sechs Kanonen und zwei Haubitzen von der Savebrücke, welche von General Fölseis bedroht wurde, nach der Unterkrainer Strasse, um die Retirade der bei Weixelburg geschlagenen Franzosen zu decken; eine Menge verwundeter, zum Theil durch die Attake der Husaren fürchterlich zugerichteter Franzosen wurde nach Laibach gebracht. Noch am folgenden Tage wurden die versprengten Franzosen bei der Karlstädter Brücke gesammelt und auf das Castell transportirt. Die Einquartierungslast, die Militärfuhren, die Arbeiten an der Savebrücke und dem Castell, zu denen die Einwohner Laibachs gezwungen wurden, die Contributionen und Requisitionen aller Art machten die Bevölkerung fast erliegen, und die Desorganisation des französischen Militärs seit der zweiten Septemberwoche, die zwangsweisen Requisitionen und Plünderungen in den Vorstädten trieben sie zur Verzweiflung. Der Maire richtete an den Intendanten die Bitte, beim Vicekönig zu interveniren, damit dem Militär mit Strenge Achtung des Privateigenthums eingeschärft werde. Eine nachhaltige Wirkung konnte man sich jedoch von dieser Bitte kaum versprechen, da die Regierung sich in solcher Geldverlegenheit befand, dass sie seit August die Lieferungen nicht mehr bezahlen konnte.

Wir nehmen den Faden der Kriegsereignisse wieder auf: Um seinen rechten Flügel frei zu machen und die Wegnahme von Triest und Görz in seinem Rücken zu verhindern, beschloss der Vicekönig, den General Rebrovich in der Fronte durch die Division Marcognet von Laibach aus und in der Flanke durch die Division Palombini von Adelsberg aus angreifen zu lassen. Am 19. September begann die Vorrückung gegen den linken Flügel des Generals Rebrovich, der von Sonegg über Weisskirchen, S. Marcin und längs der Laibach mit General Fölseis in Verbindung stand. Es gelang den Franzosen, drei Compagnien von Erzherzog Franz Karl-Infanterie kurz vor Einbruch der Nacht in Weisskirchen zu überfallen und zu zersprengen. Sie sammelten sich zwar wieder und gingen zum Angriff vor, aber die Franzosen behaupteten sich im Besitze des Orts. Da General Rebrovich Nachricht hatte, dass die Division Palombini über Zirkniz gegen ihn vorrücke, zog er sich am 20. September unter dem Schutze eines starken Nebels, ohne von den Franzosen bemerkt zu werden, auf den Bärenberg zurück. Am 22. September besetzte General Janin Weixelburg.

Um sich gegen die Division Palombini zu sichern, welche den General Perreymont mit zwei Bataillons und einer Schwadron auf Obergurk zur Herstellung der Verbindung mit General Janin geschickt hatte, liess General Rebrovich am 22. September die Obersten Graf Starhemberg und Milutinovich mit einem Bataillon Gradiskaner, einem Bataillon S. Georger und einer Husaren-Escadron auf Seisenberg vorrücken. Die Franzosen wichen infolge dessen am 23. bis Gutenfeld zurück. Die tapfern Führer folgten dem zurückweichenden Feinde auf dem Fusse und beschlossen, ihn in Grosslaschiz zu überfallen. Am 25. ging eine Abtheilung S. Georger über die Strasse von Reifniz dem Feinde in den Rücken, eine zweite suchte von Ponikve aus dessen rechte Flanke zu gewinnen, der Rest rückte auf der Strasse von Laibach zum Angriff vor. Die drei Colonnen trafen in Grosslaschiz ein, als General Perreymont, sich vollständig sicher glaubend, bei der Tafel sass. Der Ueberfall hatte alle Wirkung eines panischen Schreckens. Der Feind wurde vollständig zersprengt, Oberst Starhemberg verfolgte denselben bis Kumpole und machte 300 Gefangene, die Oesterreicher hatten einen einzigen Verwundeten. Mittlerweile hatte General Radivojevich von Karlstadt die Brigade des Generals Csivich, ein Bataillon Szluiner, drei Compagnien Oguliner und ein Zug Husaren, über Möttling gegen die Division Palombini entsendet. Csivich war am 25. eben in Reifniz angekommen und hatte sich am 27. mit den kühn vordringenden Obersten Milutinovich und Starhemberg bei Oblak vereinigt. Die Franzosen, über die Stärke des Feindes sich täuschend, nahmen den Rückzug auf Zirkniz. Hinter diesem Orte stellten sie zwei leichte Bataillons zur Deckung sehr vortheilhaft auf. Oberstlieutenant Pichler griff sie mit fünf Compagnien Szluiner und einem Flügel Husaren an und schlug sie in die Flucht; aber die Grenzer, den Feind mit zu grosser Hitze verfolgend, fielen in einen Hinterhalt und wurden durch eine mörderische Salve und einen darauf folgenden Bajonnetangriff zum Weichen gebracht. In diesem entscheidenden Augenblicke gelang es dem Obersten Milutinovich, drei seiner Compagnien zu sammeln und dem Feinde entgegenzuführen, ihn mit dem Bajonnet zurückzuwerfen und seine Stellung auf einer Anhöhe so lange zu behaupten, bis auch die übrigen Truppen sich wieder gesammelt und Stellung genommen hatten. Die Franzosen zogen sich auf Mauniz und von da noch an demselben Abend nach Adelsberg zurück. Sie verloren 400 Gefangene, darunter einen Oberst, zwei Stabs- und zehn Oberoffiziere; die Oesterreicher hatten nur einen Offizier und 100 Mann an Todten, Verwundeten und Gefangenen eingebüsst. Während General Csivich dem Feinde folgte, marschirten die Obersten Milutinovich und Starhemberg über Grosslaschiz und Auersperg auf S. Marein und vereinigten sich am 28. September bei Grosslupp mit der Brigade Rebrovich.

13. Vorrücken des Feldzeugmeisters Hiller in Oberkrain. Vergeblicher Angriff des Generals Fölseis auf die Brücke von Tschernutsch. Der Vicekönig räumt Laibach. General Fölseis rückt nach und vereinigt sich in Laibach mit Rebrovich. Die Citadelle capitulirt nach fünftägiger Einschliessung. Reoccupation Krains durch Oesterreich.

Während General Rebrovich einen Erfolg nach dem andern errang, war auch Feldzeugmeister Hiller an der Nordgrenze Krains nicht müssig geblieben. Er besetzte den Loibl und bemächtigte sich der nach Assling und Neumarktl-Krainburg führenden Strassen; General Frimont griff bei Assling am 23. September die Brigade des Generals Campi an, warf sie zurück und breitete sich von Krainburg über Radmannsdorf bis in das Thal der Wocheiner Save aus, indem er Streifparteien bis Tolmein und Caporetto am Isonzo schickte. Am 25ten September versuchte auch General Fölseis die Brückenschanze von Tschernutsch wegzunehmen; die Vertheidiger derselben, ein italienisches und ein französisches Bataillon und eine Abtheilung Gardejäger unter dem Befehle des Generals Fontana, hielten aber wiederholte

Angriffe standhaft aus, und General Fölseis musste sich mit beträchtlichem Verluste zurückziehen.

Da der Vicekönig Laibach von allen Seiten bedroht sah und zugleich das Vorrücken Hillers über Tirol nach Italien und somit die Gefährdung seiner Rückzugslinie auf Görz besorgte, so entschloss er sich am 28. September zur Räumung Illyriens. Die Kranken und Blessirten wurden am Rann für Oberlaibach eingeschifft; um 2 Uhr nachmittags brach der Vicekönig mit der berittenen Garde, nachdem er noch die Forts besichtigt, nach Oberlaibach auf. In der folgenden Nacht folgten die in Schischka und S. Veit liegenden Truppen; die Brigade des Generals Pegot, welche in den Verschanzungen von Tschernutsch stand, rückte als Arriegarde nach; der Festungscommandant zog sich aufs Castell zurück. General Fölseis aber stellte die abgetragene Savebrücke so schnell als möglich her und trat den Marsch auf Laibach an.

Um halb 1 Uhr nachmittags näherten sich die Osterreicher auf mehreren Seiten der Stadt, zur nemlichen Zeit eröffnete das Castell ein Kartätschenfeuer; demungeachtet zeigten sich um ³/₄ auf 1 Uhr die ersten österreichischen Uhlanen in der Stadt, die sich jedoch sogleich wieder auf die Wiener Strasse zurückzogen. Bis 5 Uhr abends waren aber bereits mehrere österreichische Piquets in den Vorstädten aufgestellt, und an der Wiener Linie befanden sich bei 120 Infanteristen und 100 Uhlanen; die Franzosen zogen sich hinter die Pallisaden zurück. Um 11 Uhr nachts wurde von der Mairie der Stadt und den Vorstädten der Befehl ertheilt, in aller Eile für 4—6000 Oesterreicher zu kochen; man kam demselben mit der grössten Bereitwilligkeit nach und bewirthete die Truppen auf mehreren Punkten der Stadt zwischen 2 bis 3 Uhr nachts. Am 30. September morgens setzte sich der grösste Theil der Truppen zur Verfolgung des Feindes gegen Oberlaibach in Bewegung, nur die zur Blockirung des Castells erforderlichen blieben zurück. Während der Nacht verhielten sich die Franzosen auf dem Castell ganz ruhig, mit Tagesanbruch hörte man aber bereits ihr Kleingewehrfeuer, und um 7 Uhr war der Kanonendonner allgemein.

Um halb 9 Uhr kam ein österreichischer Parlamentär vor die Spitalbrücke, wo er aber mit Kleingewehrfeuer vom Castell empfangen wurde; indessen gelang es ihm später bei S. Florian, zum Pallisadenthor zu gelangen und eine schriftliche Aufforderung zu übergeben, auf welche er nach einer halben Stunde die schriftliche Antwort des Festungscommandanten erhielt. Es hiess, die Franzosen hätten bis 2 Uhr nachmittags Bedenkzeit, bis zu welcher Zeit die Feindseligkeiten eingestellt seien. Um 2 Uhr nachmittags fing jedoch das Kanonen- und

Kleingewehrfeuer wieder an. Die Oesterreicher hatten am Kohlberge (Golovc) eine Batterie errichtet, von welcher sie das Castell beschossen. Um 6 Uhr abends wurde das Feuer auf beiden Seiten eingestellt. Die Oesterreicher hatten zwei französische Kanonen demontirt und einige Franzosen blessirt; das Castell hatte noch keinen Schaden gelitten.

Am 1. Oktober war das beiderseitige Feuer von 2 bis 4 Uhr nachmittags sehr lebhaft. Um 3 Uhr fiel eine Haubitzkugel auf das Jager'sche Haus an der Schusterbrücke, durchbrach den Dachstuhl, zerplatzte aber unter dem Dache, ohne weitern Schaden anzurichten. Von 4 bis 5 Uhr war es wieder still; um 5 Uhr erneuerte sich das Feuer mit grösserer Stärke, mehrere österreichische Kugeln flogen über das Castell in die Stadt, ohne jedoch einen Schaden zu verursachen; desto unglücklicher war das letzte Haus in Hühnerdorf, in welches eine französische Kanonenkugel fiel, den Hausherrn tödtete und einer Dienstmagd aus der Stadt, welche eben vom Golovc, wohin sie Essen für die Oesterreicher trug, auf dem Rückwege war, eine Hand zerschmetterte. Um 5 Uhr ging die erste Post wieder von Laibach nach allen Richtungen ab.

Am 2. Oktober fielen nur wenige Kanonenschüsse vom Castell, während das österreichische Blockadecorps mit dem Feuer innehielt; auch der folgende Tag verging ziemlich ruhig; es rückten 4—5000 Mann österreichischer Truppen ein, welche theils in der Schischka und in der S. Petersvorstadt einquartiert wurden, theils nach Oberlaibach zur Verfolgung des Feindes aufbrachen. Um 5 Uhr abends hörten die Bewohner Laibachs zum ersten male seit der Occupation von Krain durch die Franzosen eine österreichische Musikbande vor dem Rathhause spielen, die versammelte Volksmenge brach zu wiederholten malen in den Ruf aus: „Es lebe Kaiser Franz!“

Am 4. Oktober um 10 Uhr vormittags wurde das Namensfest des Kaisers in der Kirche der Barmherzigen durch Hochamt und Tedeum gefeiert, wobei das österreichische Militär, Infanterie und Cavallerie, in Parade ausrückte. Eine unzählbare Volksmenge füllte die Kirche und den Platz vor derselben und vereinigte sich nach geendigter Messe mit dem Militär in begeisterten Hochrufen auf Kaiser Franz. An diesem Vormittag geschah kein Schuss. Der Nachmittag brachte unserer schwergeprüften Landeshauptstadt die letzten bangen Stunden. Es wurde den Bewohnern der Stadt und der Vorstädte die bevorstehende Beschiessung des Castells mit Haubitzen angesagt, ihnen befohlen, nach 2 Uhr zu Hause zu bleiben und Vorkehrungen gegen eine allfällige Feuersbrunst zu treffen. Es wurden daher Feuerspritzen in Bereitschaft gestellt, in den Häusern alle leeren Geschirre mit Wasser gefüllt und die Rauchfangkehrer auf dem Rathhause versammelt, um überall, wo es nöthig wäre, Hilfe zu leisten. Um 4 Uhr fing der Kanonendonner an, der bis 8 Uhr abends dauerte; 13 Haubitzenkugeln kamen über das Castell in die Stadt geflogen, welche zwar mehrere Häuser beschädigten, aber glücklicherweise keinen Brand verursachten.

Inzwischen war die Lage der Besatzung eine sehr bedrängte geworden, die Zahl der Kranken und Verwundeten mehrte sich täglich, Ueberläufer erzählten, dass es nur noch 15 gesunde Kanoniere und 150 waffenfähige Infanteristen gebe; dass das Brod zu Ende gehe, so dass auf 10 Mann des Tages nur ein Laib Brod entfalle, und dass die Artilleristen nicht länger ausharren wollten, wenn der Commandant nicht zu capituliren sich entschliesse. Alle diese Nachrichten bestätigte auch die am 5. Oktober um 1 Uhr nachmittags erfolgte Capitulation, welche um 6 Uhr abends durch 50 Kanonenschüsse verkündet wurde. Die Besatzung, 250 Mann stark, wurde als kriegsgefangen nach Karlstadt transportirt. Auf die Kunde von der Capitulation strömte alles aus den Häusern, in denen man bisher in banger Erwartung verharrt, um sich von der frohen Nachricht zu überzeugen. Die Stadt illuminirte, die ärmlichsten Vorstadtgässchen strahlten im hellsten Schimmer, eine fröhliche Menge füllte die Gassen und Plätze, alles war ‚Leben und Freude', wie der Zeitgenosse schreibt, dem wir diese interessanten Daten über die Belagerungszeit Laibachs danken.

Am 13. Oktober traf Feldzeugmeister Freiherr von Lattermann, von Kaiser Franz zum Civil- und Militärgouverneur Illyriens ernannt, in Laibach ein und stieg in der Burg ab, vor welcher er vor 46 Jahren als Cadet des Infanterieregiments Marquis Botta Wache gestanden.[1] In einer Proclamation vom 17. Oktober kündigte er an, dass die in Besitz genommenen Provinzen bis zum Friedenschlusse als eroberte zu behandeln seien, daher bis dahin alle Beamten in ihren Functionen zu bleiben, doch den Eid in seine Hände zu leisten hätten. Alle französischen Gesetze blieben vorläufig in Kraft, doch wurde am 26sten November der österreichische Kalender und die frühere Kirchenordnung wieder eingeführt. Eine andere Verordnung erklärte die Ehen für künftighin ungiltig, wenn sie blos vor dem Civilbeamten und nicht auch vor dem Pfarrer eingegangen würden. Zufolge einer Verordnung

---

[1] Wurzbach, biogr. Lex. XIV. 187—188.

vom 14. Juni 1814 wurden die Civilstandsregister vom 1. Juli 1814 an wieder den Seelsorgern überwiesen. Der Verband zwischen den Grundobrigkeiten und ihren Unterthanen wurde wieder hergestellt, und zwar im wesentlichen nach jenen Grundlagen, welche unter der Regierung Kaiser Josefs II. gegeben und bis zur Abtretung Krains an Frankreich in Geltung waren (Currende des Generalgouvernements vom 26. Juli 1814, Z. 9811). Die Patrimonialgerichtsbarkeit wurde jedoch nicht wieder eingeführt und die Gerichtsverwaltung eigens gewählten grösseren Bezirksdominien ‚ex delegatione principis' übertragen (Verordnung des Generalgouvernements vom 23. Juni 1814 Z. 8174). Damit entfiel jeder *persönliche* Unterthansverband, der mit allerhöchster Entschliessung vom 28. September 1795 bestimmte Begriff der *Unterthänigkeit* erlosch von selbst, es blieb nur mehr ein *Real*-Unterthansverband. Auch die durch die französischen Gesetze aufgehobene Untheilbarkeit der Bauerngüter wurde nicht wieder eingeführt, wohl aber die Rechte der Dominien als Obereigenthümer der unterthänigen Realitäten bezüglich deren Zerstückung entsprechend gewahrt. Die Robot der Innleute blieb fortan aufgehoben.

Die weitere Reorganisirungsarbeit liegt ausser dem Plane dieses Werkes.

Verzeichniss

der Quellen zur Geschichte der französischen Herrschaft in Illyrien (1809—1813).

Archiv des historischen Vereins für Krain in Laibach.

Archiv des Stadtmagistrates in Laibach.

Mittheilungen des historischen Vereins für Krain, 1849: Biographie des Präf. Franz de Paula Hladnik.

— 1851: Chronologische Geschichte der k. k. Normalhauptschule in Laibach. — Beiträge zur Geschichte der französischen Zwischenregierung in Illyrien, von H. C. (Dr. H. Costa). — Der Landsturm 1809, von Pf. Zalokar.

— 1853 S. 48: Die Freimaurerloge in Illyrien, von Dr. H. Costa — Aufzeichnungen des Kaplans Magajna. — Die Dekanatspfarre Adelsberg, von Dechant Kurz.

— 1856 S. 70: Markt Möttnig.

— 1856 S. 77: Landeschronik von Hitzinger; S. 101: Statistik des Laibacher Gymnasiums von Dir. Nečasek.

— 1857 S. 20: Erwerbungen Nr. 41.

— 1859: Geschichte von Neumarktl

— 1860 (Nov.): Schilderung des Zustandes aller in das geistliche, überhaupt Religions- und kirchliche Fach einschlagenden Gegenstände in Illyrien während der französischen Regierungsepoche (1809—1813), von A. Dimitz.

— 1861 (*März-April*): Beiträge zur Geschichte des Verwaltungswesens während der französischen Zwischenregierung (1809—1813) von A. Dimitz. — Nečasek: Vorschrift über den Unterricht und die Disciplin der Gymnasien vom 10. August 1810. — (*Mai*): Bau-, Strassen- und Brückenwesen in Illyrien, von A. Dimitz. — (*Juli*): Zustand des Sanitätswesens unter der französischen Zwischenregierung, von A. Dimitz. — (*Dez.*): Die Guillotine in Laibach zur Zeit der französischen Occupation, von J. Navratil. Die Landtafel in Krain, von demselben.

— 1863 S. 19: Bittschrift des Prior Faustus der Barmherzigen Brüder und der Kapuziner in Laibach, von A. Dimitz.

— 1864 S. 98: Casino in Laibach.

— 1865 S. 44: Landsturm 1809, von Dr. H. Costa.

— 1868: Die Correspondenz des Intendanten Grafen Fargues (1809–1810). Von August Dimitz, aus den Acten des Laibacher Kreisamtes nach der *von Karoline Dimitz gelieferten Abschrift und Uebersetzung.*

Musealheft, Laibach 1856, S. 10.

Programm des Rudolfswerther Obergymnasiums, Laibach 1868: Chronologische Darstellung der wichtigeren, die Stadt Rudolfswerth betreffenden Daten etc.

Jahresbericht der k. k. Muster- und Lehrerbildungsschule zu Laibach am Schlusse des Schuljahres 1869, Laibach: ‚Historische Notizen über die k. k. Normalhauptschule in Laibach 1810—1825.'

Gymnasialprogramm, Laibach 1875: Prof. Pleteršnik: ‚Vodnik'.

Bulletin des Lois, Gesetzregister Nr. 369 bis. (Französisch mit gegenüberstehender deutscher, sehr schlechter und ungenauer Uebersetzung.) Bibliothek der Juristischen Gesellschaft in Laibach.

Correspondenz des Intendanten von Krain, Grafen Fargues, Manuscript (Abschrift).

Lokal- und Personalstand der Diözes von Laibach. Mit Anfang des Jahres 1813. Laibach, gedruckt bei J. Sassenberg, Pächter der Edel v. Kleinmayr'schen Buchdruckerey.

Lippich Dr., Topographie Laibachs, 1834.

Laibacher Zeitung 1809 (Bibliothek des Herrn Franz Victor Langer von Podgoro, Reichsrathsabgeordneten etc., zu Poganiz).

Télégraphe officiel (officielles Blatt der französischen Regierung in Illyrien) 1810 bis 1813. (Laibacher Studienbibliothek.)

Denkwürdigkeiten des Marschalls Marmont, Herzogs von Ragusa, von 1792 bis 1841. Nach dessen hinterlassenem Originalmanuscript. Aus dem Französischen von Dr. E. Burckhardt. Vollständige Ausgabe. Halle 1857, 9 Bde. (III. Band, 12. bis 14. Buch mit Actenstücken, betrifft zunächst die Illyrischen Provinzen.)

Tagebuch seit dem Anfange des österreichisch-französischen Krieges im Jahre 1813 bis zur Einnahme des Laybacher Castells durch die Oesterreicher. Das Land Illyrien, vorzüglich aber die Umgebungen Illyriens Hauptstadt betreffend. Laybach 1813. (Musealarchiv.)

Carniolia 1841 Nr. 6: Historisches Tagebuch; 1842 Nr. 79: Historisches Tagebuch.

Die Juden in Krain. Kulturgeschichtliche Skizze von A. Dimitz. (Laibacher Zeitung 1866, Feuilleton.)

Dr. H. Costa, Sprachenfrage in Illyrien. (Triester Zeitung 1861, abgedruckt auch in den Blättern aus Krain 1861 S. 67.)

— Justizverwaltung in Illyrien. (Mitth. der juristischen Gesellschaft in Laibach, II. (1866), 241.

Dr. E. H. Costa, Vodnikalbum, Laibach 1859.

Vodnikove pesmi. Vredil Fr. Levstik. Izdala in založila ‚Matica Slovenska'. V Ljubljani 1869.

Letopis Matice 1874 S. 96.

Laibacher Schulzeitung 1875: ‚Krain unter französischer Herrschaft'. (Geht von 1797 bis 1809.)

Dr. Keesbacher, Geschichte der philharmonischen Gesellschaft. (Blätter aus Krain 1862.)

Radics, P. von, Geschichte der Laibacher Schützengesellschaft. (Blätter aus Krain 1862.)

— Herbard von Auersperg, Wien 1862, S. 250 (Anmerkung) bis 255, nach einem Manuscript des hist. Vereins für Krain.

Sporschil, Feldzug der Oesterreicher in Illyrien und Italien 1813 und 1814 Braunschweig 1842. Mit Benützung officieller Quellen (auch Vaudoncourt's: ‚Histoire des campagnes d'Italie en 1813 et 1814. London 1817').

Welden Ludwig Freih. von, Feldzeugmeister. Der Krieg von 1809 zwischen Oesterreich und Frankreich. Wien 1872.

— Der Krieg der Oesterreicher in Italien gegen die Franzosen in den Jahren 1813 und 1814. Zweite Ausgabe. Graz 1855.

Handbuch der Geschichte des Herzogthums Kärnten, von Heinrich Hermann. III. Bd., 1. Heft, Klagenfurt 1857, S. 272 bis 287 u. Anm.

Löwenthal, Geschichte der Stadt Triest, 1857, II. Band, 4. Abschnitt. (Von der französischen Zwischenregierung bis zum Jahr 1813.)

Inhaltsverzeichniss.

Achtes Buch:

Vom Regierungsantritte Leopolds I. (1657) bis auf das Ende der französischen Herrschaft in Illyrien (1813).

Viertes Kapitel:

Die Zeiten Leopolds II. und Franz' I. S. 235—292.

Fünftes Kapitel:

Verzeichniss der Subscribenten.

Der k. k. Landesschulrath in Laibach bestellte infolge Ermächtigung Sr. Excellenz des Herrn Ministers für Kultus und Unterricht, Dr. v. Stremayr, 25 Exemplare zur Betheilung der hierländigen Bezirkslehrerbibliotheken.

A.

Ahačič Dr. Karl, Advocat in Laibach.
Ambrosch F. X., Agent in Triest.
Ambrožič Dr. Franz, Stadtarzt in Laibach.
Apfaltrern Otto Freiherr v., Gutsbesitzer in Kreuz.
Apfaltrern Rudolf Freiherr v., Gutsbesitzer in Grünhof.
Arko Joh., k. k. Notar in Laibach.
Arko jun., Fleischhauer in Loitsch.
Ascher Franz X., Beamter der krainischen Industrie-Gesellschaft in Sava.
Ascher & Comp., Buchhandlung in Berlin.
Auer Georg, Bierbrauer in Laibach.
Auersperg Alfons Graf v., k. k. Linienschiffslieutenant, in Laibach.
Auersperg Anton Alexander Graf v., Geh. Rath, Mitglied des Herrenhauses etc., in Graz.
Ažman Joh., Pfarrer in Lengenfeld.

B.

Bačnik Joh., Pfarrer in Prečina.
Baer & Comp., Buchhandlung in Frankfurt a. M.
Bakeš Wilhelm, k. k. Regierungs-Concipist in Gurkfeld.
Bamberg Ludwig, Buchhandlung in Greifswalde.
Beck'sche Universitäts-Buchhandlung in Wien, 3 Exemplare.
Beckh v. Wiedmannstetter Leopold, k. k. Oberlieutenant in Graz.
Beischlag Karl, Director der Laibacher Gasfabrik.
Bergdirection, k. k., in Idria.
Boseljak Paul, k. k. Notar in Adelsberg.
Božek Ruprecht, Gymnasialschüler in Laibach.
Bibliothek des k. k. 17. Infanterie-Regiments Baron Kuhn in Triest, 2 Exempl.

Bibliothek des fürstbischöflichen Seminars in Laibach.
Bičman Josef, Verwalter in Prassberg.
Bischöfliche Kanzlei in Triest, 2 Exemplare.
Blagay d'Ursini Ludwig Graf v., Herrschaftsbesitzer in Weissenstein.
Blaznik Jakob, Pfarrer in Hrenovice.
Bobik Stefan, k. k. Steueramts-Controlor in Sittich.
Böhm Ferdinand Dr., k. k. Bezirksarzt in Rudolfswerth.
Bononi Josef, Pfarrer in Radmannsdorf.
Bradaška Franz, königl. Gymnasial-Director in Warasdin.
Braumüller Wilhelm & Sohn, k. k. Universitäts-Buchhandlung in Wien.
Bregar Franz, Gemeindevorstand in Weixelburg.
Brockhaus F. A., Sortiments-Buchhandlung in Leipzig.
Brolich Johann, k. k. Oberlandesgerichtsrath in Pension in Laibach.
Brolich Mathias, Dechant in S. Marein.
Buchhandlung Akademische in Göttingen.
Buchdandlung Akademische in Upsala.
Buchholz & Diebol, Buchhandlung in Troppau.
Bürger Leopold, Handelsmann in Laibach.

C.

Calve's Universitäts-Buchhandlung in Prag.
Casino-Verein in Laibach.
Čeh Mate, k. k. Forst- & Rent-Controlor in Idria.
Chorinsky Graf Rudolf, k. k. Regierungsrath in Laibach.
Clarici, Güterinspector in Breitenau bei Rudolfswerth.
Codelli Anton Freiherr v. Fahnenfeld, Privatier in Laibach.
del Cott, k. k. Bezirksarzt in Rann.
Čuček Franz, k. k. Gerichtsadjunct in Laibach.
Čuden Jakob, k. k. Oberlieutenant im 9. Fest.-Art.-Bataillon in Franzensfeste.
Czörnig Karl Freiherr v., k. k. Finanzrath in Triest.

D.

Danner Hermann, Buchhandlung in Linz.
Dase Julius, Buchhandlung in Triest.
Deschmann Karl, Reichsraths-Abgeordneter etc., in Laibach.
Dettela Otto, Gutsbesitzer in Ehrenau.
Deu Dr. Eduard, Advocat in Adelsberg.
Dieter Heinrich, Buchhandlung in Salzburg.
Direction des k. k. Strafhauses in Laibach.
Doberlet Franz, Möbelhändler in Laibach.
Dollenz Joh., k. k. Linienschiffsfähnrich in Fiume.
Dollhof Wilhelm, k. k. Bezirkshauptmann in Gottschee.
Domicelj Anton, Curat in Schwarzenberg bei Idria.
Dralka Jos., k. k. Regierungssecretär in Laibach.
Drexel Theophil, Buchhandlung in Cilli.
Dürr Julius, Handelsgärtner in Laibach.

E.

Ebenhöch Fr. Ign., Buchhandlung in Linz.
Ekel Jos., k. k. Bezirkshauptmann in Rudolfswerth.
Ehrfeld Franz, Restaurateur in Laibach.
Eisl Dr. Adolf, k. k. Sanitätsrath in Laibach.
Eppich Johann, k. k. Bezirksschulinspector in Laibach.
Erschen Ignaz, k. k. Steueramtsadjunct in Loitsch.
Eržen Dr. Ferdinand, k. k. Bezirksarzt in Littai.

F.

Faesy & Frick, Buchhandlung in Wien.
Ferstl, Buchhandlung in Graz, 4 Exemplare.
Fischer Hugo, Comptoirist in Laibach.
Fladung August v., k. k. Bezirkshauptmann in Laibach.
Föderl jun., Bäckermeister in Laibach.
Formacher, Edler auf Lilienberg, Friedrich v., k. k. Notar in Rudolfswerth.
Franceschi Joh. de, in Sturia bei Heidenschaft.
Franziskaner-Convent in Laibach.
Fritsche, Buchhandlung in Essegg.
Fürst Ernst, Apotheker in Graz.
Fux Dr. Franz, k. k. Sanitätsrath in Laibach.

G.

Gallé Adolf, Gutsbesitzer in Laibach.
Gallé Karl, Gutsbesitzer in Freudenthal.
Gallé Fanny, Hausbesitzerin in Laibach.
Gallé Victor, Fabrikant in Laibach.
Gariboldi Anton Ritter v., Landtagsabgeordneter in Laibach.
Gariboldi Franz Ritter v., k. k. Landesgerichtsrath in Laibach.
Gariboldi Leopold Ritter v., k. k. Professor in Laibach.
Gatsch Alois in Landstrass.
Gerčar Andreas, Lehrer in Tschatesch.
Gerčar Josef, Pfarrer in h. Dreifaltigkeit bei Nassenfuss.
Gerold & Comp., Buchhandlung in Wien, 5 Exemplare.
Gortscher Anton, k. k. Landesgerichtspräsident in Laibach.
Gewerkschaft am Savestrome in Sagor.
Globočnik Anton, k. k. Bezirkshauptmann in Adelsberg.
Globočnik Joh., Werksbesitzer in Eisnern.
Globočnik Franz, k. k. Realschulprofessor in Laibach.
Golé Jos., Geschäftsleiter der Buchdruckerei des S. Hermagoras-Vereines in Klagenfurt.
Golli Andreas, k. k. Steueramtscontrolor in Landstrass.
Gollob Fr., Realitätenbesitzer in Oberlaibach.
Goltsch Franz, Schuhmacher und Hausbesitzer in Laibach.
Götz Johann, k. k. Ingenieur in Laibach.
Govekar Franz, Lehrer in Brunndorf.

Gozani Ferdinand v., Marquis de St. Georges, Gutsbesitzer in Wolfsbüchel.
Gregorič Dr., k. Sanitätsrath, Spitaldirector in Pakrac bei Sissek.
Grimschitz Johann Freiherr v., k. k. Statthaltereirath in Pension in Laibach.
Gross Jakob, Pfarrer in Sagor.
Grosse Friedrich, Buchhandlung in Olmütz.
Gruden Jakob, Pfarrer in Weisskirchen bei Rudolfswerth.
Gutmannsthal Ludwig, Ritter v. Benvenutti, Gutsbesitzer in Savenstein.
Gwaiz Franz, Stadtzimmermeister in Laibach.
Gymnasial-Direction, k. k., in Laibach.
Gymnasial-Direction, k. k., in Gottschee.
Gymnasial-Direction, k. k., in Rudolfswerth.

H.

Haas Johann, Buchhandlung in Wels.
Habit Gustav, Stationschef der Südbahn in Laibach.
Handels- und Gewerbekammer für Krain in Laibach.
Hanhart Julius, Handelsmann aus Alexandrien, in Neumarktl.
Hanss Franz, k. k. Oberingenieur in Laibach.
Hape Josef, Lehrer in Laibach.
Hartmann Joh. Alfred, Handelsmann in Laibach.
Hartmann Leopold, Buchhandlung in Agram, 2 Exemplare.
Hauffen Josef, Privatier in Laibach.
Heckenast Gustav, Buchhandlung in Pest.
Heinrich Anton, k. k. Gymnasial-Professor in Laibach.
Heinricher Bertha, Lehrerin in Graz.
Helf C., Antiquariats-Buchhandlung in Wien, 2 Exemplare.
Helf C., Sortiments-Buchhandlung in Wien, 2 Exemplare.
Hesse August, Buchhandlung in Graz, 2 Exemplare.
Heyne Eduard, k. k. Steuereinnehmer in Laas.
Hinterlechner Dr. Franz, k. k. Bezirkscommissär in Tschernembl.
Hlebec Gottfried, P. Guardian in Rann.
Hočevar Josef, Pfarrer in Igg.
Hoffer Dr. Eduard, Realschulprofessor in Graz.
Höffern Leopold, Ritter v. Saalfeld, k. k. Regierungsrath in Laibach.
Hohn Gustav, Assecuranz-Beamter, in Laibach.
Hohn Hugo, k. k. Postofficial in Pola.
Holzer Ernst, Oberrealschüler in Laibach.
Hönig Ignaz, k. k. Gymnasialprofessor in Laibach.
Hotschevar Johann, k. k. Regierungsrath in Laibach.
Hrovat Ladislaus P., Gymnasialprofessor in Rudolfswerth.
Hrovath Blasius, Director der k. k. Lehrerbildungsanstalt in Laibach.
Huth Irma, Instituts-Vorsteherin in Laibach.

J.

Jabornegg Max, k. k. Bezirkssecretär in Gottschee.
Jagoditz Emanuel, k. k. Steuer-Oberinspector in Laibach.
Janusch Vincenz, k. k. Postmeister in Vir.

Iber Joh., Handlungs-Commis in Laibach.
Jeran Lukas, päpstl. Kämmerer, Weltpriester in Laibach.
Jereb Matthäus, Pfarrer in Javorje (Oberkrain).
Jeretin Martin, k. k. Bezirkssecretär in Littai.
Jermann Josef, k. k. Bezirkscommissär in Pettau.
Jeršan Anton in Mauniz.
Jeuniker Vincenz, k. k. Kreisgerichts-Präsident in Rudolfswerth.
Jurmann Franz, Werksbeamte in Prevali.

K.

Kaltenegger Dr. Friedrich Ritter v., k. k. Hofrath, Landeshauptmann etc., in Laibach.
Kappler Dr. Josef, k. k. Bezirksarzt in Laibach.
Kapretz Joh., k. k. Oberlandesgerichtsrath in Laibach.
Kapus Fr. in Cilli.
Karabaczek Gustav, Südbahningenieur in Laibach.
Karun Franz, Pfarrer in Laibach.
Kaučič Anton, Gutsverwalter in Gorica (Steiermark).
Kaučič Jakob, k. k. Grundbuchsführer in Rann.
Kecel Johann, Bürgermeister in Stein.
Keesbacher Dr. Friedrich, Sanitätsrath in Laibach.
Kerčon Josef, Pfarrer in Predoslje bei Krainburg.
Kermauner Valentin, k. k. Gymnasialprofessor in Laibach.
Kerne Johann, Lehrer in S. Veit bei Laibach.
Khern Karl, k. k. Oberfinanzrath in Pension in Laibach.
Klančič Stefan, k. k. Bezirkshauptmann in Stein.
Klauser Christian, k. k. Landesgerichtsadjunct in Laibach.
Kleinmayr Ferd. v., Buchhandlung in Klagenfurt.
Klemen Anton, Pfarrer in Flödnig.
Klofutar Dr. Leonhard, Ehrendomherr und Mitglied des k. k. Landesschulraths in Laibach.
Kljun Karl, Domkaplan in Laibach.
Knappitsch Balthasar, k. k. Realschulprofessor in Laibach.
Kocuvan Andreas, Kaplan in S. Georgen bei Radkersburg.
Kogej Josef, Dechant in Idria.
Kokalj Franz, Lehrer in Laibach.
Kokole Franz, k. k. Steueramts-Controlor in Castelnuovo.
Konschegg Vincenz, k. k. Gymnasialprofessor in Laibach.
Koprziva Fr., Werkskassier in Sagor.
Koren Miroslav, k. k. Postmeister in Planina.
Korn Heinrich, Schieferdecker und Hausbesitzer in Laibach.
Kosler Johann, Fabriksbesitzer in Laibach.
Kosler Dr. Josef, Fabriksbesitzer in Laibach.
Kosler Peter, Landeshauptmann-Stellvertreter in Laibach.
Köstl Gustav, Pfarrer in Laibach.
Kottnik Franz, Realitätenbesitzer in Oberlaibach.
Kovač Johann, Buchdrucker in Laibach.

Kovač Dr. Wilhelm, Stadtphysicus in Laibach.
Kozina Georg, k. k. Oberrealschulprofessor in Laibach.
Krajec Joh., Buchdruckerei-Factor in Laibach.
Kraschna Josef, k. k. Rechnungsrevident in Laibach.
Kraupp Moriz, Director der Baumwollspinnerei und Weberei in Laibach.
Kraus Dr. Albert, k. k. Gerichtsadjunct in Laibach.
Kreč Matthäus, landschaftlicher Secretär in Laibach.
Kremscher Leopold, Buchbinder in Laibach.
Krenner Max, Procuraführer der krainischen Baugesellschaft in Laibach.
Krenner Marie, Handelsmanns-Witwe in Laibach.
Krisper Valentin, Handelsmann in Laibach.
Križnar Friedrich, k. k. Realschullehrer in Laibach.
Krob Laurenz. k. k. Gymnasialdirector in Krainburg.
Kronabethvogel Anton, k. k. Notar in Stein.
Kulavic Dr. Johann, k. k. Hofkaplan in Wien.
Kuralt J. A , k. k. Auscultant in Gurkfeld.
Kuscher Josef, Handelsmann in Laibach.
Kuster Michael, k. k. Bezirksschulinspector in Krainburg.
Kymmel N., Buchhandlung in Riga.

L.

Lang Alexander, Buchhandlung in Moskau.
Langer Franz Victor, Ritt. v. Podgoro, Gutsbesitzer in Poganiz bei Rudolfswerth.
Lanthieri Karl Fr. Reichsgraf v., in Wippach.
Laschan Anton, k. k. Regierungsrath in Pension, Bürgermeister der Landeshauptstadt Laibach.
Lauter Anton, Pfarrer in Heiligenkreuz bei Landstrass.
Lavrenčič Franz in Graz.
Lazar Michael, Religionslehrer an der k. k. Lehrerinenbildungsanstalt in Laibach.
Ledenig Julius, k. k. Bezirksrichter in Gottschee.
Lehmann Ernst v., k. k. Oberlandesgerichtsrath in Graz.
Lehrerbibliothek des Bezirkes Gurkfeld, 3 Exemplare.
Lehrerbibliothek des Bezirkes Laibach, 2 Exemplare.
Leinmüller Josef, k. k. Oberingenieur in Rudolfswerth.
Lenard Anton, Privatier in Laibach.
Leon J. F., Buchhandlung in Klagenfurt, 2 Exemplare.
Lercher Georg, Buchhandlung in Laibach, 5 Exemplare.
Leuschner & Lubensky, Buchhandlung in Graz, 8 Exemplare.
Levec Franz, Supplent der k. k. Oberrealschule in Laibach.
Levitschnigg Dr. Bartelmä, Dechant in Hermagor.
Levizhnik Franz, Pfarrer in Mariafeld bei Laibach.
Lichtenberg Leo Freiherr v., in Habbach.
Liegel Eduard, Buchhandlung in Klagenfurt, 3 Exemplare.
Linhart Wilhelm, k. k. Professor in Laibach.
Lippold M. Vincenz, k. k. Oberbergrath in Idria.
Löhner Moritz, Buchhandlung in Krems.
Luckmann Karl, Director der krain. Industriegesellschaft in Laibach.

Luckmann Josef, Handelsmann in Laibach.
Ludewig H., Buchhandlung in Graz, 3 Exemplare.
Lundar Franz, Lehrer in Ratschach.
Luschan Albert Ritter v., k. k. Finanz-Obercommissär und Finanzwachinspector in Laibach.
Luschin Dr. Ritter v., k. k. Landesgerichts-Präsident in Pension in Wien.

M.

Mader Josef, Dr. med. in Laibach.
Mahr Ferdinand, Director der Handelslehranstalt in Laibach.
Malinšek Franja in Tazen.
Mallitsch Andreas, Realitätenbesitzer in Laibach.
Mallner Johann, Hôtelbesitzer in Veldes.
Mally Dr. Ignaz, k. k. Bezirksarzt in Krainburg.
Manz G. J., Buchhandlung in Wien.
Marcus, Buchhandlung in Bonn.
Margheri-Comandona Graf v., Herrschaftsbesitzer in Wördl.
Martin H., Buchhandlung in Wien.
Martinak Wilhelm, k. k. Bezirksgerichtsadjunct in Illirisch-Feistriz.
Martinc Kaspar, Pfarrer in Waltendorf (Unterkrain).
Mattor H. Alfred, Apotheker in Möttling.
Meditz Josef, Eisenhändler in Wien.
Meltzer Karl, k. k. Gymnasialprofessor in Pension in Laibach.
Merk Josef, k. k. Bezirkscommissär in Adelsberg.
Meršol Matthäus, Canonicus in Laibach.
Metternich-Winneburg Fürst Lothar, k. k. Hofrath in Linz.
Mežnarec Anton, Dechant in Krainburg.
Michitsch Josef, Handelsmann in Leitmeritz.
Mikusch Lorenz, Handelsmann in Laibach.
Milikowski J., Buchhandlung in Lemberg.
Millitz Rudolf, Buchdruckereibesitzer in Laibach.
Millner Vincenz, k. k. Landeszahlamts-Official in Laibach.
Mitscher & Röstel, Buchhandlung in Berlin.
Modic Johann, Werkskassier in Wocheiner-Feistriz.
Moos Nikolaus, k. k. Bezirksrichter in Loitsch.
Morawec Gustav, Musiklehrer in Laibach.
Moschó Dr. Alfons, Advocat in Laibach.
Mrhal Dr. Johann, k. k. Oberrealschuldirector und Schulrath in Laibach.
Müller Johann, Pfarrer in Neudegg.
Munda Dr. Franz, Advocat in Laibach.
Murnik Joh., Landesausschussbeisitzer und Handelskammer-Secretär in Laibach.

N.

Napreth Richard, k. k. Postcontrolor in Laibach.
Nekermann Fr., k. k. Gerichtskanzlist in Gottschee.
Noost Ignaz, k. k. Postofficial in Klagenfurt.
Novak Josef, Dechant in Gottschee.

O.

Obresa Adolf in Zirkniz.
Obresa, Realitätenbesitzer in Oberlaibach.
Ogrinz Anton, k. k. Bezirkshauptmann in Loitsch.
Opl Josef, k. k. Realschuldirector in Klagenfurt.
Orožen Ignaz, Domherr in Marburg.

P.

Pace Anton Graf v., k. k. Regierungsconcipist in Rudolfswerth.
Pajk Johann, k. k. Bezirkshauptmann in Pension in Laibach, 2 Exemplare.
Paller Franz, k. k. Statthaltereirath in Laibach.
Parapat Johann, Pfarradministrator in Vranjapeč bei Stein.
Pauer Jakob, Consistorialrath und Dechant in Mariazell.
Päuer Bartelmä, k. k. Bezirksvorsteher in Pension in Laibach.
Paulič Dr. Ignaz, k. k. Bezirksarzt in Tschernembl.
Paulin Alexander in Birkendorf.
Pavšler Josef, Canonicus in Laibach.
Poharc Wenzel, Pfarrer in Zayer.
Perdan Johann, Handelsmann in Laibach.
Pestotnik Johann, Dr. med., Primarius im Civilspitale in Laibach.
Peterka Fanny in Laibach.
Peterlin Anton in S. Michael bei Rudolfswerth.
Peternel Michael, k. k. pensionirter Realschulprofessor in Laibach.
Pfaundler Karl, Buchhandlung in Innsbruck.
Pfeffer'sche Buchandlung in Halle a. d. S.
Pfefferer Dr. Anton, Advocat in Laibach.
Pfefferer Friedrich, k. k. Bezirkscommissär in Gottschee.
Pfeifer Jos., landschaftlicher Secretär in Laibach.
Pfeifer Wilhelm, Reichsrathsabgeordneter in Gurkfeld.
Pichler Josef, k. k. Gerichtssecretär in Tschernembl.
Pirker Raimund, k. k. Landesschulinspector in Laibach.
Plautz Joh. jun., Handelsmann in Laibach.
Pleschko Karl, k. k. Bezirksrichter in Oberlaibach.
Plhak Julius, Oberlehrer in Sagor.
Podkrajšek Franz in Sagor.
Pogačar Dr. Joh. Chrisost., Fürstbischof von Laibach.
Pogačar Martin, fürstbischöflicher Kanzler in Laibach.
Pogačar Simon, Verpflegsbeamter in Laibach.
Pogatschnigg Jul., Werksdirector in Sachsenfeld bei Cilli.
Poklukar Dr. Josef, Landtagsabgeordneter in Laibach.
Pollak Eduard, Dechant in Haselbach bei Gurkfeld.
Ponitz Ambrosius, Lehrer in Reifenberg (Istrien), 2 Exemplare.
Polscher Victor, k. k. Feldwebel des 17. Infanterie-Regiments in Laibach.
Posch Karl, k. k. Steueramtsadjunct in Nassenfuss.
Possel Benjamin in Samobor (Kroatien).
Potočnik Franz, k. k. Baurath in Pension in Laibach.
Potočnik Michael, Beichtvater des Ursulinerinnenconvents in Laibach.

Praprotnik Andreas, Schuldirector in Laibach.
Pregl Michael, Verwalter der D.-R.-O.-Commenda in Laibach.
Prelesnik, landschaftlicher Beamter in Laibach.
Pressnitz Josef, Sparkassekassier in Laibach.
Protnar Johann, Pfarradministrator in Golac bei Castelnuovo.

R.

Rabic J. in Kanker.
Račič Dr. Josef, k. k. Finanzprocuraturs-Concipist in Laibach.
Rakovec Lovro, pensionirter Marinekaplan und Curat in S. Canzian bei Divazza.
Ramor Franz, Verzehrungssteuerbeamter in Veldes.
Rastern Nikomed Freiherr v., Erben, in Scherenbüchel.
Raunicher Ludwig, k. k. Landesgerichtsrath in Laibach.
Razlag Dr. Jakob, Advocat und Reichsrathsabgeordneter, in Rann.
Realschulbibliothek in Laibach.
Recher Jeanette, Private in Laibach.
Rodango Josef v., jubilirter k. k. Landtafeldirector in Laibach.
Rehn Victorine, Institutsvorsteherin in Laibach.
Remič Primus, Pfarrer in Bischoflack.
Ribitsch Dr., k. k. Notar in Laibach.
Ribnikar Franz in Lees.
Ribnikar Primus, Pfarrer in Sittich.
Robič Lukas, k. k. Steuer-Oberinspector in Pension in Laibach.
Rosman Joh., Cooperator in Laibach.
Roth Josef, Ritter v. Rothenhorst, k. k. Hofrath in Laibach
Roth Johann, k. k. Notar in Egg ob Podpetsch.
Rohschütz-Rothschütz, Baron, in Smerek bei Weixelburg.
Rozman Georg, Cooperator in Igg.
Ruard Victor, Gutsbesitzer in Veldes.
Rudesch Franz, Erben, in Laibach.
Rudholzer Nikolaus, Uhrmacher in Laibach.
Rudholzer Wilhelm, Uhrmacher in Laibach.
Rudolf'sche Buchhandlung in Odessa.
Rüling Dr. Reinhold v., k. k. Bezirkscommissär in Gurkfeld.

S.

Sajiz Dr. Josef, k. k. Oberfinanzrath in Laibach.
Sajovic Dr. Josef, Advocat in Laibach.
Sajovic Ferdinand, Handelsmann in Krainburg.
Sallmayer'sche Buchhandlung in Wien.
Salzer Johann, k. k. Forstrath und Landes-Forstinspector in Triest.
Samassa Albert, k. k. Hofglockengiesser in Laibach.
Samassa Anton, Privatier in Laibach.
Samuda Anton, k. k. Finanzconcipist in Laibach.
Sandböck Fr., Buchhandlung in Steyer.
Sanein Josef, Seelsorger in Ričmanje (Post Dolina).
Savinschegg Dr. Josef Ritter v., Herrschaftsbesitzer in Möttling.

Schaffer Dr. Adolf, Reichsrathsabgeordneter in Laibach.
Schaschel Felix, k. k. Bezirkscommissär in Laibach.
Schaumburg Karl, k. k. Oberbaurath in Wien.
Schaunig, Apotheker in Krainburg.
Schepitz Karl, k. k. Steuereinnehmer in Gonobiz.
Schettina Johann, k. k. Staatsanwalts-Substitut in Laibach.
Scheyer Moritz, Forstmeister in Ratschach.
Schiffer Franz, Dr. med., k. k. Professor und Sanitätsrath in Laibach.
Schifferer Dr., k. k. Oberarzt in Laibach.
Schimpff F. H., Buchhandlung in Triest, 5 Exemplare.
Schindler Dr. Albert, k. k. Landesthierarzt in Laibach.
Schlebier in Gonobiz.
Schlechter Karl, k. k. Rechnungsrath in Pension in Laibach.
Schlesinger Dr. Ludwig, Director der Oberrealschule in Leitmeritz.
Schmidt Ferdinand, Privatier in Laibach.
Schmidt W., Buchhandlung in Pola.
Schollmayer Franz, Forsttaxator in Laibach.
Schrey Dr. Robert v. Redlwerth, Advocat, Landtagsabgeordneter etc. in Laibach.
Seschun Lorenz, k. k. Steueramtscontrolor in Grosslaschiz.
Seschun Valentin, Pfarrer in Gutenfeld, pr. Videm bei Grosslaschiz.
Seunig Eduard, Privatier in Laibach.
Sijanec Fr., Lehrer in Allerheiligen bei Friedau.
Sima Joh., k. k. Bezirksschulinspector in Laibach.
Simmel & Comp., Buchhandlung in Leipzig.
Skodlar Heinrich, Privatier in Graz.
Skofic Lorenz, k. k. Landeszahlamts-Controlor in Laibach.
Skubic Anton, k. k. Gymnasialprofessor in Laibach.
Skvarza Johann, Pfarradministrator in Slavina bei Prestraneck.
Slibar Martin, Dechant in Oberlaibach.
Smolo Victor, Privatier in Laibach.
Smolej Adam, k. k. Steueramtscontrolor in Illirisch-Feistriz.
Smuk Margarethe, Realitätenbesitzerin in Vir.
Šolar Johann, k. k. Landesschulinspector in Laibach.
Souvan Ferdinand, Handelsmann in Laibach.
Souvan Johann in Graz.
Sparkasse, krainische, in Laibach, 2 Exemplare.
Sparovic Heinrich, Pfarr-Cooperator in Kronau.
Steiner Dr., k. k. Notar in Krainburg.
Steklassa Johann, k. k. Gymnasialprofessor in Karlstadt.
Stern Philipp, Director der Oelfabrik Osterberg bei Salloch.
Stettner Julius, Handelsmann in Triest.
Strohal Franz, k. k. Evidenzhaltungs-Geometer in Laibach.
Strucelj Georg, k. k. Gerichtsadjunct in Rudolfswerth.
Strucelj Mathias, Dechant in Dornegg bei Illirisch-Feistriz.
Suchadobnik Ferdinand, k. k. Steueramtscontrolor in Gottschee.
Šuklje Franz, k. k. Gymnasialprofessor in Laibach.
Šuklje Julie, Uebungslehrerin in Laibach.

Supančič, k. k. Gymnasialprofessor in Laibach.
Supantschitsch, k. k. Geometer in Laibach.
Supantschitsch Josef, k. k. Steuereinnehmer in Grosslaschiz.
Suppan Franz, Buchhandlung in Agram, 8 Exemplare.
Suppan Dr. Josef, Advocat in Laibach.
Suppanz Dr. Barth., k. k. Notar in Laibach.
Suschnik A. in Bischoflack.
Svetec Lukas, k. k. Notar in Littai.
Svetličič Franz, Pfarrer in Godovic bei Idria.

T.

Tandler Constantin, Buchhandlung in Rudolfswerth, 3 Exemplare.
Tanšek Ivan, Rechtsconcipient in Rann.
Tautscher Karl, Bauunternehmer in Laibach.
Terpinz Josefine, Herrschafts- und Fabriksbesitzerin in Kaltenbrunn.
Terstenjak Martin, Pfarrer in Ponigl.
Thuma Johann, Lehrer in Mannsburg.
Thurn-Valesassina Gustav Graf in Radmannsdorf.
Thurn-Valesassina Hyacinth Graf in Radmannsdorf.
Tomitz Franz, Bahnarzt in Laibach.
Tomšič Franz, Ingenieur der k. k. Generalinspection in Spalato.
Tormin Rudolf, k. k. pensionirter Oberstlieutenant in Laibach.
Trattnik Johann, k. k. Steuerinspector in Adelsberg.
Trauner Josef, Lehrer in Laibach.
Treitz Dr., k. k. Bezirksarzt in Gottschee.
Treo Wilhelm, Baumeister in Laibach.
Treun Anton in Assling.
Treun Mathias, Handelsmann in Laibach.
Triller Dr. Johann, k. k. Notar in Bischoflack.
Trnkoczy Victor v., Apotheker in Laibach.
Trojar Johann, Lehrer in Veldes.
Tušek Joh., k. k. Gymnasialprofessor in Laibach.
Twrdy Josef, k. k. Rechnungsofficial in Laibach.

U.

Ulčar Lorenz, k. k. Gerichtsadjunct in Laibach.
Urbantschitsch Ferdinand, k. k. Hilfsämterdirector in Laibach.
Urbas Anton, Domherr in Laibach.
Ursulinerinnen-Convent in Laibach.

V.

Vacano Benjamin, k. k. Mappen-Archivar in Laibach.
Valenta Dr. A., Professor, Director der Landes-Wohlthätigkeitsanstalten, k. k. Sanitätsrath in Laibach.
Valentič Anton in Občina bei Triest.
Vencaiz Johann, k. k. Gerichtsadjunct in Gottschee.
Verderber Johann, k. k. Steuer-Oberinspector in Laibach.

Vestenek Dr. Julius Ritter v., k. k. Bezirkshauptmann in Littai, 2 Exemplare.
Volčič P. Salesius, Franziskaner-Ordenspriester in Laibach.
Voss Leopold, Buchhandlung in Leipzig.
Vouk P. Bernard, Gymnasialprofessor in Rudolfswerth.

W.

Wagner'sche k. k. Universitätsbuchhandlung in Innsbruck.
Waldherr Alois, Institutsinhaber in Laibach.
Weise Julius, Buchhandlung in Stuttgart.
Wenedikter Dr., Advocat in Gottschee.
Widmann Bohuslav Ritter v., k. k. Landespräsident in Krain.
Widmar Johann in S. Peter (Krain).
Widmer Dr. Bartholomäus, Fürstbischof, in Krainburg.
Wilfan Simon, Domprobst in Rudolfswerth.
Windisch-Grätz Hugo Fürst, in Haasberg.
Winiker Karl, Buchhandlung in Brünn.
Witschel Franz, landschaftlicher Ingenieur in Laibach.
Wohlfarth R., Buchhandlung in Graz.
Wokulat Ferdinand, Buchhandlung in Görz, 2 Exemplare.
Wolf Adam, k. k. Universitätsprofessor in Graz.
Wurmbrand Hellwig Graf v., k. k. Rittmeister a. D. in Laibach.
Wurner Michael, k. k. Gymnasialprofessor in Laibach.
Wurnik Joh., Bildhauer in Radmannsdorf.

Z.

Zabukovšek J. N. in Tuhelj bei Klanjec.
Žakelj Friedrich, k. k. Gymnasialprofessor in Laibach.
Zamejic Andreas, Professor der Theologie in Laibach.
Zarnik Dr. Franz, Landesausschussbeisitzer in Laibach.
Zhuber v. Okrog Raimund, k. k. Landesgerichtsrath in Laibach.
Ziakowsky Emil, k. k. Realschulprofessor in Laibach.
Zierheimb Zeno Baron, Cooperator in S. Veit.
Žirovnik Johann, Lehrer in Altenmarkt bei Laas.
Zitz Nikolaus, k. k. Garnisonskaplan in Laibach.
Zöhrer Josef, Musiklehrer in Laibach.
Zois Michael, Freiherr v. Edelstein, Gutsbesitzer in Laibach.
Zormann Anton, Pfarrer in Kolovrat bei Trojana.
Zupan Thomas, k. k. Professor, Weltpriester in Krainburg.
Žvanut Mathias in Triest, 2 Exemplare.